Meyer · Höfer · Bach · Oberlack
JVEG

Meyer · Höfer · Bach · Oberlack

JVEG

Die Vergütung und Entschädigung von Sachverständigen, Zeugen, Dritten und von ehrenamtlichen Richtern

Kommentar

Bearbeitet von

Henning Oberlack
Regierungsrat im Justizministerium NRW

Mitbegründet von
Paul Meyer (†)
Regierungsrat

Weitergeführt von
Albert Höfer (†)
Ministerialrat

Wolfgang Bach
Regierungsdirektor a.D.

26., überarbeitete und erweiterte Auflage

Carl Heymanns Verlag 2014

Bibliografische Information der Deutschen Nationalbibliothek
Die Deutsche Bibliothek verzeichnet diese Publikation in der Deutschen Nationalbibliografie; detaillierte bibliografische Daten sind im Internet über http://dnb.ddb.de abrufbar.

ISBN 978-3-452-27878-4

www.wolterskluwer.de
www.heymanns.com

Umschlagkonzeption: Martina Busch, Grafikdesign, Homburg Kirrberg
Satz: Innodata, Noida, Indien
Druck und Weiterverarbeitung: Paper&Tinta, Nadma, Polen

Gedruckt auf säurefreiem, alterungsbeständigem und chlorfreiem Papier.

Vorwort zur 26. Auflage

Am 1. August 2013 ist das Zweite Gesetz zur Modernisierung des Kostenrechts (2. KostRMoG) vom 23. Juli 2013 (BGBl. I S. 2586 ff.) in Kraft getreten. Es schließt an das – nunmehr Erste – Gesetz zur Modernisierung des Kostenrechts (KostRMoG) vom 5. Mai 2004 (BGBl. I S. 718 ff.) an und enthält in Artikel 7 auch weitere wichtige Änderungen des JVEG.

Mit dem (Ersten) Kostenrechtsmodernisierungsgesetz 2004 waren die bis dahin geltenden Gesetze über die Entschädigung von Zeugen und Sachverständigen (ZSEG) und das Gesetz über die Entschädigung der ehrenamtlichen Richter (EhrRiEG) aufgehoben worden und durch das Gesetz über die Vergütung von Sachverständigen, Dolmetscherinnen. Dolmetschern, Übersetzerinnen und Übersetzern sowie die Entschädigung von ehrenamtlichen Richterinnen, ehrenamtlichen Richtern, Zeuginnen, Zeugen und Dritten (Justizvergütungs- und -entschädigungsgesetz – JVEG) ersetzt worden.

Eine erste Reparatur geschah im 2. Justizmodernisierungsgesetz vom 22. Dezember 2006 (BGBl. I S. 3416 ff.), mit dem die vom Gesetzgeber ohnehin nicht gewollte Zubilligung der Auslagen für das Handexemplar des Sachverständigen auch im Gesetz (§ 7 Abs. 2 Satz 3) mit Wirkung zum 1. Januar 2007 ausdrücklich ausgeschlossen wurde.

Im Jahr 2009 gab das Bundesministerium der Justiz eine Marktanalyse in Auftrag, mit der das Institut »Hommerich Forschung – Prof. Dr. Christoph Hommerich« aus Bergisch-Gladbach beauftragt wurde. Die Ergebnisse wurden unter dem Titel "Justizvergütungs- und entschädigungsgesetz, Evaluation und Marktanalyse« in der Reihe »Rechtstatsachenforschung« vom Bundesministerium der Justiz im Jahr 2010 veröffentlicht (Bundesanzeiger Verlagsges. mbh) und dienten als Grundlage für die Höhe der Honorare für Sachverständige und Sprachmittler (Dolmetscher und Übersetzer) und die Erstellung des neuen Katalogs der Sachgebiete in § 9.

Die Änderungen des JVEG nehmen sich im 2. KostRMoG – zumindest nach ihrer Anzahl – recht bescheiden aus. Im Gesetzgebungsverfahren hat der Bundesrat zahlreiche Änderungsvorschläge gemacht, die jedoch nicht Eingang in das Gesetz gefunden haben (s. BT-Drucksache 17/11471 neu, darin Stellungnahme des Bundesrats – Seite 291 ff. – und Gegenäußerung der Bundesregierung – Seite 331 ff. –). Damit wurde die Chance verpasst, weitere Problemfelder aus der gerichtlichen Praxis einer Lösung zuzuführen. Der Kommentar wird sich diesen Punkten widmen.

Als besonders positive Änderungen sind die klärenden Regelungen zu den Fristen für die Geltendmachung von Ansprüchen (§ 2) und für die Versagung der Vergütung (§ 8a) hervorzuheben. Dies gilt ebenso für die inhaltsgleichen Ergänzungen in §§ 17 und 21, nach denen Zeugen und ehrenamtlichen Richtern, die Lohnersatzleistungen erhalten, keine Entschädigung für die Haushaltsführung zugebilligt werden kann.

Damit wurde eine Unsicherheit behoben, die vom Gesetzgeber nicht verursacht worden war, die aber die Rechtsprechung über eine längere Zeit beschäftigt hat.

Das Werk berücksichtigt auch Entscheidungen, die noch nicht veröffentlicht sind. diese Entscheidungen sind zum Teil über Suchmaschinen im Internet abrufbar. Für Entscheidungen von Gerichten in Nordrhein-Westfalen gibt es eine Rechtsprechungsdatenbank (www.justiz.nzrw.de, dort unter Rechtsbibliothek).

Das JVEG ist nunmehr neun Jahre in Kraft.

Die in den Vorauflagen jeweils zu Beginn der Kommentierung der einzelnen Bestimmungen aufgeführte Bezugnahme auf das ZSEG und das EhrRiEG sollen im Hinblick darauf entfallen. Die bislang zitierte Rechtsprechung zum ZSEG und EhrRiEG ist ebenfalls weitestgehend aufgegeben worden. Als »historischer Rückblick« ist die Vorbemerkung vor § 1 JVEG zur 25. Auflage 2004 nochmals abgedruckt.

Hagen, im September 2013 *Henning Oberlack*

Inhaltsverzeichnis

Literatur, Abkürzungen

a.A.	anderer Ansicht
a.a.O.	am angeführten Ort
abl.	ablehnend(e)
ABl.	Amtsblatt
ABl. Saar	Amtsblatt des Saarlandes
Abs.	Absatz
a.F.	alte Fassung
AFG	Arbeitsförderungsgesetz
AG	Amtsgericht
AktG	Aktiengesetz
AllMBl.	Allgemeines Ministerialblatt der Bayerischen Staatsregierung, des Bayerischen Ministerpräsidenten, der Bayerischen Staatskanzlei, des Bayerischen Staatsministeriums des Innern, des Bayerischen Staatsministeriums für …
AmtsBl. M-V	Amtsblatt für Mecklenburg-Vorpommern
Anl.	Anlage
Anm.	Anmerkung(en)
AnwBl.	Anwaltsblatt
AO	Abgabenordnung
ArbG	Arbeitsgericht
ArbGG	Arbeitsgerichtsgesetz
Art.	Artikel
AV	Allgemeine Verfügung
BÄK-INTERN	Informationsdienst der Bundesärztekammer
BAG	Bundesarbeitsgericht
BAnz.	Bundesanzeiger
BArbG	Bundesarbeitsgericht
BAT	Bundesangestelltentarif
Baumbach/Lauterbach/Albers/Hartmann	Zivilprozessordnung, Kommentar, 71. Auflage 2013
BauR	Zeitschrift für das gesamte öffentliche und zivile Baurecht
Ba.-Wü.	Baden-Württemberg
BayJMBl.	Bayerisches Justizministerialblatt
BayLSG	Bayerisches Landesozialgericht
BayObLG	Bayerisches Oberstes Landgericht
BayObLGZ	Entscheidungen des Bayerischen Obersten Landgerichts in Zivilsachen
BayStM	Bayerisches Staatsministerium
BayVBl.	Bayerische Verwaltungsblätter

BayVGH	Bayerischer Verwaltungsgerichtshof
BB	Betriebs-Berater, Zeitschrift für Recht und Wirtschaft
Bbg	Brandenburg
BBiG	Berufsbildungsgesetz
BBl.	Büroblatt für gerichtliche Beamte, Zeitschrift
beck-RS	online-Rechtssprechungsservice des Beck-Verlags
Binz	Binz/Dörndorfer/Petzold/Zimmermann, Gerichtskostengesetz. Justizvergütungs- und -entschädigungsgesetz: GKG JVEG, Kommentar, 2007
Bleutge	Dr. Peter Bleutge, Gesetz über die Entschädigung von Zeugen und Sachverständigen, Kommentar, 4. Auflage 2008
BMJ	Bundesjustizminister(ium)
BPflV	Bundespflegesatzverordnung
BRAGO	Bundesgebührenordnung für Rechtsanwälte
BRAO	Bundesrechtsanwaltsordnung
BR-Drucks.	Bundesrats-Drucksache
Breith.	Sammlung von Entscheidungen auf dem Gebiet der Sozialversicherung, Herausgeber: Dr. Hermann Breithaupt
Brem. GBl.	Gesetzblatt der Freien Hansestadt Bremen
BRKG	Bundesreisekostengesetz
BSG	Bundessozialgericht
BSHG	Bundessozialhilfegesetz
BStBl.	Bundessteuerblatt
BStMdJ	Bayerische Staatsminister(ium) der Justiz
BT-Drucks.	Bundestags-Drucksache
BVerfG	Bundesverfassungsgericht
BVerfGG	Gesetz über das Bundesverfassungsgericht
BVerwG	Bundesverwaltungsgericht
BWGBl.	Gesetzblatt für Baden-Württemberg
CR	Computer und Recht, Zeitschrift
DAR	Deutsches Autorecht, Zeitschrift
DB	Der Betrieb, Wochenschrift für Betriebswirtschaft-Steuerrecht-Wirtschaftsrecht-Arbeitsrecht
DEKRA	Deutscher Kraftfahrzeug-Überwachungsverein
dgl./dergl.	dergleichen
DGVZ	Deutsche Gerichtsvollzieherzeitung
d.h.	das heißt
DÖD	Der öffentliche Dienst, Personalmanagement und Recht, – Zeitschrift
DR	Deutsches Recht, Zeitschrift
DRiZ	Deutsche Richterzeitung
DS	Der Sachverständige, Zeitschrift

DStZ	Deutsche Steuer-Zeitung
DWW	Deutsche Wohnungswirtschaft, Zeitschrift
EFG	Entscheidungen der Finanzgerichte
EStG	Einkommensteuergesetz
EuGH	Europäischer Gerichtshof
evtl.	eventuell
EWiR	Entscheidungen zum Wirtschaftsrecht
EZulV	Erschwerniszulagenverordnung
FamFG	Gesetz über das Verfahren in Familiensachen und in den Angelegenheiten der freiwilligen Gerichtsbarkeit (FamFG)
FamGKG	Gesetz über Gerichtskosten in Familiensachen (FamGKG)[
FamRZ	Zeitschrift für das gesamte Familienrecht
FeV	Verordnung über die Zulassung von Personen zum Straßenverkehr (Fahrerlaubnis-Verordnung – FeV) vom 18.8.1998 (BGBl. I S. 2214)
FGO	Finanzgerichtsordnung
Fn.	Fußnote
GABl.	Gemeinsames Amtsblatt des Landes Baden- Württemberg
GBl. Ba.-Wü.	Gesetzblatt für Baden-Württemberg
GBl. Bremen	Gesetzblatt der Freien Hansestadt Bremen
GebOZS	Gebührenordnung für Zeugen und Sachverständige
GG	Grundgesetz
ggfs.	gegebenenfalls
ggü.	gegenüber
GKG	Gerichtskostengesetz
GNotKG	Gesetz über Kosten der freiwilligen Gerichtsbarkeit für Gerichte und Notare (Gerichts- und Notarkostengesetz – GNotKG)
GOÄ	Gebührenordnung für Ärzte
grds.	grundsätzlich
GS NW	Sammlung des bereinigten Landesrechts Nordrhein-Westfalen
GutAVO/GAV	Gutachterausschussverordnung
GV/GVBl./GVOBl.	Gesetz- und Verordnungsblatt
GVBl. Berlin	Gesetz- und Verordnungsblatt für Berlin
GVBl. Hessen	Gesetz- und Verordnungsblatt für das Land Hessen
GVBl. LSA	Gesetz- und Verordnungsblatt für das Land Sachsen-Anhalt

GVBl. Meckl.-Vorp.	Gesetz- und Verordnungsblatt für Mecklenburg Vorpommern
GV. NW/GVBl. NW/GV.NRW.	Gesetz- und Verordnungsblatt für das Land Nordrhein-Westfalen
GVBl. RP	Gesetz- und Verordnungsblatt für das Land Rheinland-Pfalz
GVG	Gerichtsverfassungsgesetz
GVGA	Geschäftsanweisung für Gerichtsvollzieher
GvKostG	Gesetz über Kosten der Gerichtsvollzieher
GVOBl. SchlH.	Gesetz- und Verordnungsblatt für das Land Schleswig-Holstein
GWB	Gesetz gegen Wettbewerbsbeschränkungen
HambGVBl	Hamburgisches Gesetz- und Verordnungsblatt
HambJVBl	Hamburgisches Justizverwaltungsblatt
Hartmann	Kostengesetze, Kommentar, 43. Auflage 2013
Hbg.	Hamburg
Hess.	Hessen
Hess.JMBl.	Justiz-Ministerial-Blatt für Hessen
HRR	Höchstrichterliche Rechtsprechung
i.d.R.	in der Regel
IfS	Institut für Sachverständigenwesen e.V.
i.H.d.	in Höhe des
i.S.	im Sinne
IM	Innenminister(ium)
insb.	insbesondere
InsO	Insolvenzordnung
i.V.m.	in Verbindung mit
i.R.d.	im Rahmen des/der
i.S.d.	im Sinne des/der
i.Ü.	im Übrigen
JBeitrO	Justizbeitreibungsordnung
JBl. RP	Justizblatt Rheinland-Pfalz
Jessnitzer/Ulrich	Kurt Jessnitzer, Professor Jürgen Ulrich, Der gerichtliche Sachverständige, Komentar, 12. Auflage 2007
JGG	Jugendgerichtsgesetz
JM	Justizminister(ium)
JMBl.	Justizministerialblatt
JMBl.NW/NRW	Justizministerialblatt für das Land Nordrhein-Westfalen
JurBüro	Das juristische Büro, Zeitschrift
Juris	Juristisches Informationssystem für die Bundesrepublik Deutschland

Justiz / Die Justiz	Die Justiz, Amtsblatt des Justizministeriums Baden-Württemberg
JVBl.	Justizverwaltungsblatt, Zeitschrift
JVEG	Justizvergütungs- und -entschädigungsgesetz
JVKostG	Justizverwaltungskostengesetz
JVKostO	Justizverwaltungskostenordnung
JVV	Justizverwaltungsvorschriften, Sammlung
KG	Kammergericht
Kissel	Kissel/Mayer, Gerichtsverfassungsgesetz: GVG, Kommentar, 6. Auflage 2010
KO	Konkursordnung
KostRÄndG	Gesetz zur Änderung und Ergänzung kostenrechtlicher Vorschriften vom 26.7.1957 (BGBl. I S. 861)
KostRÄndG 1994	Gesetz zur Änderung von Kostengesetzen und anderen Gesetzen (Kostenrechtsänderungsgesetz 1994) vom 24.6.1994 (BGBl. I S. 1325)
KostREuroUG	Gesetz zur Umstellung des Kostenrechts und der Steuerberatergebührenverordnung auf Euro vom 27.4.2001 (BGBl. I S. 751)
KostRModG	(Erstes) Kostenrechtsmodernisierungsgesetz vom 5. Mai 2004
2. KostRMoG	Zweites Gesetz zur Modernisierung des Kostenrechts vom 23. Juli 2013
KostO	Kostenordnung
KRspr. / KostRSpr.	Kostenrechtsprechung, Nachschlagewerk wichtiger Kostenentscheidungen
KV-FamGKG	Kostenverzeichnis zum Gesetz über Gerichtskosten in Familiensachen (FamGKG)
KV-GKG	Kostenverzeichnis zum Gerichtskostengesetz (§ 3 Abs. 2 GKG – Anlage 1 –)
KV-GNotKG	Kostenverzeichnis zum Gerichts- und Notarkostengesetz (GNotKG)
LAG	Landesarbeitsgericht
LG	Landgericht
LHO	Landeshaushaltsordnung
LJV	Landesjustizverwaltung
Löwe/Rosenberg	Die Strafprozessordnung und das Gerichtsverfassungsgesetz, Kommentar, 26. Aufl. 2006
LPVG	Personalvertretungsgesetz für das Land Nordrhein-Westfalen
LRKG	Landesreisekostengesetz
LS	Leitsatz
LSA	Land Sachsen-Anhalt

LSG	Landessozialgericht
LStR	Lohnsteuerrichtlinien
LV	Landesverfügung
LVG	Landesverwaltungsgericht
LVwVfG	Landesverwaltungsverfahrensgesetz
LwVG	Gesetz über das gerichtliche Verfahren in Landwirtschaftssachen
MBl.	Ministerialblatt
MBL.LSA	Ministerialblatt für das Land Sachsen-Anhalt
MBl.NRW.	Ministerialblatt für das Land Nordrhein-Westfalen
MdI	Minister(ium) des Innern
MdJ	Minister(ium) der Justiz
MdJuE	Minister(ium) der Justiz und für Europaangelegenheiten
MIK	Ministerium für Inneres und Kommunales NRW
MDR	Monatsschrift für Deutsches Recht
MedR	Medizinrecht, Zeitschrift
MED SACH	Der medizinische Sachverständige, Zeitschrift
Meso	Entscheidungssammlung zur Medizin im Sozialrecht (EzMeso)
Meyer-Ladewig/Keller/ Leitherer	Sozialgerichtsgesetz, Kommentar, 10. Auflage 2012
MinPräs.	Ministerpräsident/in
MTL	Manteltarifvertrag für Arbeiter der Länder
Münchener Kommentar	zur Zivilprozessordnung (ZPO), 4. Auflage 2012
MV / M.-V.	Mecklenburg-Vorpommern
m.w.N.	mit weiteren Nachweisen
Nds.	Niedersachsen
NdsGVBl.	Niedersächsisches Gesetz- und Verordnungsblatt
NdsMBL.	Niedersächsisches Ministerialblatt
Nds.Rpfl.	Niedersächsische Rechtspflege, Zeitschrift
NJW	Neue Juristische Wochenschrift
NJW-RR	Neue Juristische Wochenschrift – Rechtsprechungsreport
NStE	Neue Entscheidungssammlung für Strafrecht
NStZ	Neue Zeitschrift für Strafrecht
NStZ-RR	Neue Zeitschrift für Strafrecht – Rechtsprechungsreport
NVwZ-RR	Neue Zeitschrift für Verwaltungsrecht – Rechtsprechungs-Report Verwaltungsrecht, Zeitschrift
NW/NRW	Nordrhein-Westfalen
NWVBl.	Nordrhein-Westfälische Verwaltungsblätter, Zeitschrift für öffentliches Recht und öffentliche Verwaltung

o.Ä.	oder Ähnliches
OLG	Oberlandesgericht
OLGR	OLG-Report, Schnelldienst zur Zivilrechtsprechung des jeweiligen Oberlandesgerichts
OLGZ	Rechtsprechung der Oberlandesgerichte auf dem Gebiet des Zivilrechts, Sammlung
Otto	Otto/Klüsener/May, Das neue Kostenrecht. Einführung. Texte. Materialien, 2004, Bundesanzeiger-Verlag
OVG	Oberverwaltungsgericht
OWiG	Gesetz über Ordnungswidrigkeiten
PatG	Patentgesetz
RdErl.	Runderlass
Rdn.	Randnummer
RdSchr.	Rundschreiben
RiA	Recht im Amt, Zeitschrift für den öffentlichen Dienst
RegBl.	Regierungsblatt
RP	Rheinland-Pfalz
Rpfleger	Der Deutsche Rechtspfleger, Zeitschrift
r+s	recht und schaden, Zeitschrift
RV / RdVfg	Rundverfügung
RVG	Rechtsanwaltsvergütungsgesetz
Rn.	Randnummer
s.a.	siehe auch
Sachv.	Der Sachverständige, Zeitschrift
SchlH	Schleswig-Holstein
SchlHA	Schleswig-Holsteinische Anzeigen, Zeitschrift
SchlHOLG	Schleswig-Holsteinisches Oberlandesgericht
Schneider	Hagen Schneider, JVEG: Justizvergütungs- und -entschädigungsgesetz, Kommentar, 2007
SG	Sozialgericht
SGB	Sozialgesetzbuch
SGb.	Die Sozialgerichtsbarkeit, Zeitschrift
SGG	Sozialgerichtsgesetz
SMBl.NW/NRW	Sammlung des bereinigten Ministerialblattes für das Land Nordrhein-Westfalen
SN	Sachsen
ST	Sachsen-Anhalt
StAnz.	Staatsanzeiger
Stein/Jonas	Zivilprozessordnung, Kommentar, 22. Auflage 2013
StGB	Strafgesetzbuch
Stöber	Forderungspfändung, Erläuterungsbuch, 15. Auflage 2010

StPO	Strafprozessordnung
StV	Strafverteidiger, Zeitschrift
Thür.	Thüringen
Thür. GVBl.	Gesetz- und Verordnungsblatt für das Land Thüringen
TKG	Telekommunikationsgesetz
TÜV	Technischer Überwachungs-Verein
TV-L	Tarifvertrag für den öffentlichen Dienst der Länder
u.a.	unter anderem
UdG	Urkundsbeamter der Geschäftsstelle
USt	Umsatzsteuer
UStG	Umsatzsteuergesetz
UStR	Umsatzsteuer-Richtlinien
u.U.	unter Umständen
VerglO	Vergleichsordnung
VersR	Versicherungsrecht, Zeitschrift
VerwGO	Verwaltungsgerichtsordnung
VG	Verwaltungsgericht
VGH	Verwaltungsgerichtshof
vgl.	vergleiche
VO	Verordnung
VOBl.	Verordnungsblatt
VV	Verwaltungsverordnung / Verwaltungsvorschriften
VV-LHO	Verwaltungsvorschriften zur Landeshaushaltsordnung
wistra	Zeitschrift für Wirtschaft, Steuer und Strafrecht
WM	Wertpapiermitteilungen, Zeitschrift
WM	Wohnungswirtschaft & Mietrecht, Zeitschrift
z.B.	zum Beispiel
ZBR	Zeitschrift für Beamtenrecht
ZfBR	Zeitschrift für deutsches und internationales Baurecht
Zimmermann	Dr. Peter Zimmermann, Justizvergütungs- und -entschädigungsgesetz (JVEG), Kommentar, 2005
ZIP	Zeitschrift für Wirtschaftsrecht
ZMR	Zeitschrift für Miet- und Raumrecht
Zöller	Zivilprozessordnung, Kommentar, 30. Auflage 2013
ZPO	Zivilprozessordnung
ZSEG	Gesetz über die Entschädigung von Zeugen und Sachverständigen
ZSW	Zeitschrift für das gesamte Sachverständigenwesen
zust.	zustimmend
z.Zt.	zurzeit

Gesetz über die Vergütung von Sachverständigen, Dolmetscherinnen, Dolmetschern, Übersetzerinnen und Übersetzern sowie die Entschädigung von ehrenamtlichen Richterinnen, ehrenamtlichen Richtern, Zeuginnen, Zeugen und Dritten (Justizvergütungs- und -entschädigungsgesetz – JVEG)

Vom 5. Mai 2004 (BGBl. I Seite 718),
zuletzt geändert durch Gesetz vom 23. Juli 2013 (BGBl. I Seite 2586)

Inhaltsübersicht

Abschnitt 1 Allgemeine Vorschriften

§ 1 Geltungsbereich und Anspruchsberechtigte

(1) Dieses Gesetz regelt

1. die Vergütung der Sachverständigen, Dolmetscherinnen, Dolmetscher, Übersetzerinnen und Übersetzer, die von dem Gericht, der Staatsanwaltschaft, der Finanzbehörde in den Fällen, in denen diese das Ermittlungsverfahren selbstständig durchführt, der Verwaltungsbehörde im Verfahren nach dem Gesetz über Ordnungswidrigkeiten oder dem Gerichtsvollzieher herangezogen werden;
2. die Entschädigung der ehrenamtlichen Richterinnen und Richter bei den ordentlichen Gerichten und den Gerichten für Arbeitssachen sowie bei den Gerichten der Verwaltungs-, der Finanz- und der Sozialgerichtsbarkeit mit Ausnahme der ehrenamtlichen Richterinnen und Richter in Handelssachen, in berufsgerichtlichen Verfahren oder bei Dienstgerichten sowie
3. die Entschädigung der Zeuginnen, Zeugen und Dritten (§ 23), die von den in Nummer 1 genannten Stellen herangezogen werden.

Eine Vergütung oder Entschädigung wird nur nach diesem Gesetz gewährt. Der Anspruch auf Vergütung nach Satz 1 Nr. 1 steht demjenigen zu, der beauftragt worden ist; dies gilt auch, wenn der Mitarbeiter einer Unternehmung die Leistung erbringt, der Auftrag jedoch der Unternehmung erteilt worden ist.

(2) Dieses Gesetz gilt auch, wenn Behörden oder sonstige öffentliche Stellen von den in Absatz 1 Satz 1 Nr. 1 genannten Stellen zu Sachverständigenleistungen herangezogen werden. Für Angehörige einer Behörde oder einer sonstigen öffentlichen Stelle, die weder Ehrenbeamte noch ehrenamtlich tätig sind, gilt dieses Gesetz nicht, wenn sie ein Gutachten in Erfüllung ihrer Dienstaufgaben erstatten, vertreten oder erläutern.

(3) Einer Heranziehung durch die Staatsanwaltschaft oder durch die Finanzbehörde in den Fällen des Absatzes 1 Satz 1 Nr. 1 steht eine Heranziehung durch die Polizei oder eine andere Strafverfolgungsbehörde im Auftrag oder mit vorheriger Billigung der Staatsanwaltschaft oder der Finanzbehörde gleich. Satz 1 gilt im Verfahren der Verwaltungsbehörde nach dem Gesetz über Ordnungswidrigkeiten entsprechend.

(4) Die Vertrauenspersonen in den Ausschüssen zur Wahl der Schöffen und die Vertrauensleute in den Ausschüssen zur Wahl der ehrenamtlichen Richter bei den Gerichten der Verwaltungs- und der Finanzgerichtsbarkeit werden wie ehrenamtliche Richter entschädigt.

(5) Die Vorschriften dieses Gesetzes über die gerichtliche Festsetzung und die Beschwerde gehen den Regelungen der für das zugrunde liegende Verfahren geltenden Verfahrensvorschriften vor.

§ 2 Geltendmachung und Erlöschen des Anspruchs, Verjährung

(1) Der Anspruch auf Vergütung oder Entschädigung erlischt, wenn er nicht binnen drei Monaten bei der Stelle, die den Berechtigten herangezogen oder beauftragt hat, geltend gemacht wird; hierüber und über den Beginn der Frist ist der Berechtigte zu belehren. Die Frist beginnt

1. im Fall der schriftlichen Begutachtung oder der Anfertigung einer Übersetzung mit Eingang des Gutachtens oder der Übersetzung bei der Stelle, die den Berechtigten beauftragt hat,
2. im Fall der Vernehmung als Sachverständiger oder Zeuge oder der Zuziehung als Dolmetscher mit Beendigung der Vernehmung oder Zuziehung,
3. bei vorzeitiger Beendigung der Heranziehung oder des Auftrags in den Fällen der Nummern 1 und 2 mit der Bekanntgabe der Erledigung an den Berechtigten,
4. in den Fällen des § 23 mit Beendigung der Maßnahme und
5. im Fall der Dienstleistung als ehrenamtlicher Richter oder Mitglied eines Ausschusses im Sinne des § 1 Abs. 4 mit Beendigung der Amtsperiode, jedoch nicht vor dem Ende der Amtstätigkeit.

Wird der Berechtigte in den Fällen des Satzes 2 Nummer 1 und 2 in demselben Verfahren, im gerichtlichen Verfahren in demselben Rechtszug, mehrfach herangezogen, ist für den Beginn aller Fristen die letzte Heranziehung maßgebend. Die Frist kann auf begründeten Antrag von der in Satz 1 genannten Stelle verlängert werden; lehnt sie eine Verlängerung ab, hat sie den Antrag unverzüglich dem nach § 4 Abs. 1 für die Festsetzung der Vergütung oder Entschädigung zuständigen Gericht vorzulegen, das durch unanfechtbaren Beschluss entscheidet. Weist das Gericht den Antrag zurück, erlischt der Anspruch, wenn die Frist nach Satz 1 abgelaufen und der Anspruch nicht binnen zwei Wochen ab Bekanntgabe der Entscheidung bei der in Satz 1 genannten Stelle geltend gemacht worden ist.

(2) War der Berechtigte ohne sein Verschulden an der Einhaltung einer Frist nach Absatz 1 gehindert, gewährt ihm das Gericht auf Antrag Wiedereinsetzung in den vorigen Stand, wenn er innerhalb von zwei Wochen nach Beseitigung des Hindernisses den Anspruch beziffert und die Tatsachen glaubhaft macht, welche die Wiedereinsetzung begründen. Ein Fehlen des Verschuldens wird vermutet, wenn eine Belehrung nach Absatz 1 Satz 1 unterblieben oder fehlerhaft ist. Nach Ablauf eines Jahres, von dem Ende der versäumten Frist an gerechnet, kann die Wiedereinsetzung nicht mehr beantragt werden. Gegen die Ablehnung der Wiedereinsetzung findet die Beschwerde statt. Sie ist nur zulässig, wenn sie innerhalb von zwei Wochen eingelegt wird. Die Frist beginnt mit der Zustellung der Entscheidung. § 4 Abs. 4 Satz 1 bis 3 und Abs. 6 bis 8 ist entsprechend anzuwenden.

(3) Der Anspruch auf Vergütung oder Entschädigung verjährt in drei Jahren nach Ablauf des Kalenderjahrs, in dem der nach Absatz 1 Satz 2 Nr. 1 bis 4 maßgebliche

Zeitpunkt eingetreten ist. Auf die Verjährung sind die Vorschriften des Bürgerlichen Gesetzbuchs anzuwenden. Durch den Antrag auf gerichtliche Festsetzung (§ 4) wird die Verjährung wie durch Klageerhebung gehemmt. Die Verjährung wird nicht von Amts wegen berücksichtigt.

(4) Der Anspruch auf Erstattung zu viel gezahlter Vergütung oder Entschädigung verjährt in drei Jahren nach Ablauf des Kalenderjahrs, in dem die Zahlung erfolgt ist. § 5 Abs. 3 des Gerichtskostengesetzes gilt entsprechend.

§ 3 Vorschuss

Auf Antrag ist ein angemessener Vorschuss zu bewilligen, wenn dem Berechtigten erhebliche Fahrtkosten oder sonstige Aufwendungen entstanden sind oder voraussichtlich entstehen werden oder wenn die zu erwartende Vergütung für bereits erbrachte Teilleistungen einen Betrag von 2 000 Euro übersteigt.

§ 4 Gerichtliche Festsetzung und Beschwerde

(1) Die Festsetzung der Vergütung, der Entschädigung oder des Vorschusses erfolgt durch gerichtlichen Beschluss, wenn der Berechtigte oder die Staatskasse die gerichtliche Festsetzung beantragt oder das Gericht sie für angemessen hält. Zuständig ist

1. das Gericht, von dem der Berechtigte herangezogen worden ist, bei dem er als ehrenamtlicher Richter mitgewirkt hat oder bei dem der Ausschuss im Sinne des § 1 Abs. 4 gebildet ist;
2. das Gericht, bei dem die Staatsanwaltschaft besteht, wenn die Heranziehung durch die Staatsanwaltschaft oder in deren Auftrag oder mit deren vorheriger Billigung durch die Polizei oder eine andere Strafverfolgungsbehörde erfolgt ist, nach Erhebung der öffentlichen Klage jedoch das für die Durchführung des Verfahrens zuständige Gericht;
3. das Landgericht, bei dem die Staatsanwaltschaft besteht, die für das Ermittlungsverfahren zuständig wäre, wenn die Heranziehung in den Fällen des § 1 Abs. 1 Satz 1 Nr. 1 durch die Finanzbehörde oder in deren Auftrag oder mit deren vorheriger Billigung durch die Polizei oder eine andere Strafverfolgungsbehörde erfolgt ist, nach Erhebung der öffentlichen Klage jedoch das für die Durchführung des Verfahrens zuständige Gericht;
4. das Amtsgericht, in dessen Bezirk der Gerichtsvollzieher seinen Amtssitz hat, wenn die Heranziehung durch den Gerichtsvollzieher erfolgt ist, abweichend davon im Verfahren der Zwangsvollstreckung das Vollstreckungsgericht.

(2) Ist die Heranziehung durch die Verwaltungsbehörde im Bußgeldverfahren erfolgt, werden die zu gewährende Vergütung oder Entschädigung und der Vorschuss durch gerichtlichen Beschluss festgesetzt, wenn der Berechtigte gerichtliche Entscheidung gegen die Festsetzung durch die Verwaltungsbehörde beantragt. Für das Verfahren gilt § 62 des Gesetzes über Ordnungswidrigkeiten.

(3) Gegen den Beschluss nach Absatz 1 können der Berechtigte und die Staatskasse Beschwerde einlegen, wenn der Wert des Beschwerdegegenstands 200 Euro übersteigt oder wenn sie das Gericht, das die angefochtene Entscheidung erlassen hat, wegen der grundsätzlichen Bedeutung der zur Entscheidung stehenden Frage in dem Beschluss zulässt.

(4) Soweit das Gericht die Beschwerde für zulässig und begründet hält, hat es ihr abzuhelfen; im Übrigen ist die Beschwerde unverzüglich dem Beschwerdegericht vorzulegen. Beschwerdegericht ist das nächsthöhere Gericht. Eine Beschwerde an einen obersten Gerichtshof des Bundes findet nicht statt. Das Beschwerdegericht ist an die Zulassung der Beschwerde gebunden; die Nichtzulassung ist unanfechtbar.

(5) Die weitere Beschwerde ist nur zulässig, wenn das Landgericht als Beschwerdegericht entschieden und sie wegen der grundsätzlichen Bedeutung der zur Entscheidung stehenden Frage in dem Beschluss zugelassen hat. Sie kann nur darauf gestützt werden, dass die Entscheidung auf einer Verletzung des Rechts beruht; die §§ 546 und 547 der Zivilprozessordnung gelten entsprechend. Über die weitere Beschwerde entscheidet das Oberlandesgericht. Absatz 4 Satz 1 und 4 gilt entsprechend.

(6) Anträge und Erklärungen können ohne Mitwirkung eines Bevollmächtigten schriftlich eingereicht oder zu Protokoll der Geschäftsstelle abgegeben werden; § 129a der Zivilprozessordnung gilt entsprechend. Für die Bevollmächtigung gelten die Regelungen der für das zugrunde liegende Verfahren geltenden Verfahrensordnung entsprechend. Die Beschwerde ist bei dem Gericht einzulegen, dessen Entscheidung angefochten wird.

(7) Das Gericht entscheidet über den Antrag durch eines seiner Mitglieder als Einzelrichter; dies gilt auch für die Beschwerde, wenn die angefochtene Entscheidung von einem Einzelrichter oder einem Rechtspfleger erlassen wurde. Der Einzelrichter überträgt das Verfahren der Kammer oder dem Senat, wenn die Sache besondere Schwierigkeiten tatsächlicher oder rechtlicher Art aufweist oder die Rechtssache grundsätzliche Bedeutung hat. Das Gericht entscheidet jedoch immer ohne Mitwirkung ehrenamtlicher Richter. Auf eine erfolgte oder unterlassene Übertragung kann ein Rechtsmittel nicht gestützt werden.

(8) Die Verfahren sind gebührenfrei. Kosten werden nicht erstattet.

(9) Die Beschlüsse nach den Absätzen 1, 2, 4 und 5 wirken nicht zu Lasten des Kostenschuldners.

§ 4a Abhilfe bei Verletzung des Anspruchs auf rechtliches Gehör

(1) Auf die Rüge eines durch die Entscheidung nach diesem Gesetz beschwerten Beteiligten ist das Verfahren fortzuführen, wenn

1. ein Rechtsmittel oder ein anderer Rechtsbehelf gegen die Entscheidung nicht gegeben ist und
2. das Gericht den Anspruch dieses Beteiligten auf rechtliches Gehör in entscheidungserheblicher Weise verletzt hat.

(2) Die Rüge ist innerhalb von zwei Wochen nach Kenntnis von der Verletzung des rechtlichen Gehörs zu erheben; der Zeitpunkt der Kenntniserlangung ist glaubhaft zu machen. Nach Ablauf eines Jahres seit Bekanntmachung der angegriffenen Entscheidung kann die Rüge nicht mehr erhoben werden. Formlos mitgeteilte Entscheidungen gelten mit dem dritten Tage nach Aufgabe zur Post als bekannt gemacht. Die Rüge ist bei dem Gericht zu erheben, dessen Entscheidung angegriffen wird; § 4 Abs. 6 Satz 1 und 2 gilt entsprechend. Die Rüge muss die angegriffene Entscheidung bezeichnen und das Vorliegen der in Absatz 1 Nr. 2 genannten Voraussetzungen darlegen.

(3) Den übrigen Beteiligten ist, soweit erforderlich, Gelegenheit zur Stellungnahme zu geben.

(4) Das Gericht hat von Amts wegen zu prüfen, ob die Rüge an sich statthaft und ob sie in der gesetzlichen Form und Frist erhoben ist. Mangelt es an einem dieser Erfordernisse, so ist die Rüge als unzulässig zu verwerfen. Ist die Rüge unbegründet, weist das Gericht sie zurück. Die Entscheidung ergeht durch unanfechtbaren Beschluss. Der Beschluss soll kurz begründet werden.

(5) Ist die Rüge begründet, so hilft ihr das Gericht ab, indem es das Verfahren fortführt, soweit dies aufgrund der Rüge geboten ist.

(6) Kosten werden nicht erstattet.

§ 4b Elektronische Akte, elektronisches Dokument

In Verfahren nach diesem Gesetz sind die verfahrensrechtlichen Vorschriften über die elektronische Akte und über das elektronische Dokument anzuwenden, die für das Verfahren gelten, in dem der Anspruchsberechtigte herangezogen worden ist.

§ 4c Rechtsbehelfsbelehrung [tritt am 1. Januar 2014 in Kraft]

Jede anfechtbare Entscheidung hat eine Belehrung über den statthaften Rechtsbehelf sowie über die Stelle, bei der dieser Rechtsbehelf einzulegen ist, über deren Sitz und über die einzuhaltende Form zu enthalten.

Abschnitt 2 Gemeinsame Vorschriften

§ 5 Fahrtkostenersatz

(1) Bei Benutzung von öffentlichen, regelmäßig verkehrenden Beförderungsmitteln werden die tatsächlich entstandenen Auslagen bis zur Höhe der entsprechenden Kosten für die Benutzung der ersten Wagenklasse der Bahn einschließlich der Auslagen für Platzreservierung und Beförderung des notwendigen Gepäcks ersetzt.

(2) Bei Benutzung eines eigenen oder unentgeltlich zur Nutzung überlassenen Kraftfahrzeugs werden

1. dem Zeugen oder dem Dritten (§ 23) zur Abgeltung der Betriebskosten sowie zur Abgeltung der Abnutzung des Kraftfahrzeugs 0,25 Euro,

2. den in § 1 Abs. 1 Satz 1 Nr. 1 und 2 genannten Anspruchsberechtigten zur Abgeltung der Anschaffungs-, Unterhaltungs- und Betriebskosten sowie zur Abgeltung der Abnutzung des Kraftfahrzeugs 0,30 Euro

für jeden gefahrenen Kilometer ersetzt zuzüglich der durch die Benutzung des Kraftfahrzeugs aus Anlass der Reise regelmäßig anfallenden baren Auslagen, insbesondere der Parkentgelte. Bei der Benutzung durch mehrere Personen kann die Pauschale nur einmal geltend gemacht werden. Bei der Benutzung eines Kraftfahrzeugs, das nicht zu den Fahrzeugen nach Absatz 1 oder Satz 1 zählt, werden die tatsächlich entstandenen Auslagen bis zur Höhe der in Satz 1 genannten Fahrtkosten ersetzt; zusätzlich werden die durch die Benutzung des Kraftfahrzeugs aus Anlass der Reise angefallenen regelmäßigen baren Auslagen, insbesondere die Parkentgelte, ersetzt, soweit sie der Berechtigte zu tragen hat.

(3) Höhere als die in Absatz 1 oder Absatz 2 bezeichneten Fahrtkosten werden ersetzt, soweit dadurch Mehrbeträge an Vergütung oder Entschädigung erspart werden oder höhere Fahrtkosten wegen besonderer Umstände notwendig sind.

(4) Für Reisen während der Terminsdauer werden die Fahrtkosten nur insoweit ersetzt, als dadurch Mehrbeträge an Vergütung oder Entschädigung erspart werden, die beim Verbleiben an der Terminsstelle gewährt werden müssten.

(5) Wird die Reise zum Ort des Termins von einem anderen als dem in der Ladung oder Terminsmitteilung bezeichneten oder der zuständigen Stelle unverzüglich angezeigten Ort angetreten oder wird zu einem anderen als zu diesem Ort zurückgefahren, werden Mehrkosten nach billigem Ermessen nur dann ersetzt, wenn der Berechtigte zu diesen Fahrten durch besondere Umstände genötigt war.

§ 6 Entschädigung für Aufwand

(1) Wer innerhalb der Gemeinde, in der der Termin stattfindet, weder wohnt noch berufstätig ist, erhält für die Zeit, während der er aus Anlass der Wahrnehmung des Termins von seiner Wohnung und seinem Tätigkeitsmittelpunkt abwesend sein muss, ein Tagegeld, dessen Höhe sich nach § 4 Abs. 5 Satz 1 Nr. 5 Satz 2 des Einkommensteuergesetzes bestimmt.

(2) Ist eine auswärtige Übernachtung notwendig, wird ein Übernachtungsgeld nach den Bestimmungen des Bundesreisekostengesetzes gewährt.

§ 7 Ersatz für sonstige Aufwendungen

(1) Auch die in den §§ 5, 6 und 12 nicht besonders genannten baren Auslagen werden ersetzt, soweit sie notwendig sind. Dies gilt insbesondere für die Kosten notwendiger Vertretungen und notwendiger Begleitpersonen.

(2) Für die Anfertigung von Kopien und Ausdrucken werden ersetzt

1. bis zu einer Größe von DIN A3 0,50 Euro je Seite für die ersten 50 Seiten und 0,15 Euro für jede weitere Seite,
2. in einer Größe von mehr als DIN A3 3 Euro je Seite und

3. für Farbkopien und -ausdrucke jeweils das Doppelte der Beträge nach Nummer 1 oder Nummer 2.

Die Höhe der Pauschalen ist in derselben Angelegenheit einheitlich zu berechnen. Die Pauschale wird nur für Kopien und Ausdrucke aus Behörden- und Gerichtsakten gewährt, soweit deren Herstellung zur sachgemäßen Vorbereitung oder Bearbeitung der Angelegenheit geboten war, sowie für Kopien und zusätzliche Ausdrucke, die nach Aufforderung durch die heranziehende Stelle angefertigt worden sind. Werden Kopien oder Ausdrucke in einer Größe von mehr als DIN A3 gegen Entgelt von einem Dritten angefertigt, kann der Berechtigte anstelle der Pauschale die baren Auslagen ersetzt verlangen.

(3) Für die Überlassung von elektronisch gespeicherten Dateien anstelle der in Absatz 2 genannten Kopien und Ausdrucke werden 1,50 Euro je Datei ersetzt. Für die in einem Arbeitsgang überlassenen oder in einem Arbeitsgang auf denselben Datenträger übertragenen Dokumente werden höchstens 5 Euro ersetzt.

Abschnitt 3 Vergütung von Sachverständigen, Dolmetschern und Übersetzern

§ 8 Grundsatz der Vergütung

(1) Sachverständige, Dolmetscher und Übersetzer erhalten als Vergütung

1. ein Honorar für ihre Leistungen (§§ 9 bis 11),
2. Fahrtkostenersatz (§ 5),
3. Entschädigung für Aufwand (§ 6) sowie
4. Ersatz für sonstige und für besondere Aufwendungen (§§ 7 und 12).

(2) Soweit das Honorar nach Stundensätzen zu bemessen ist, wird es für jede Stunde der erforderlichen Zeit einschließlich notwendiger Reise- und Wartezeiten gewährt. Die letzte bereits begonnene Stunde wird voll gerechnet, wenn sie zu mehr als 30 Minuten für die Erbringung der Leistung erforderlich war; anderenfalls beträgt das Honorar die Hälfte des sich für eine volle Stunde ergebenden Betrags.

(3) Soweit vergütungspflichtige Leistungen oder Aufwendungen auf die gleichzeitige Erledigung mehrerer Angelegenheiten entfallen, ist die Vergütung nach der Anzahl der Angelegenheiten aufzuteilen.

(4) Den Sachverständigen, Dolmetschern und Übersetzern, die ihren gewöhnlichen Aufenthalt im Ausland haben, kann unter Berücksichtigung ihrer persönlichen Verhältnisse, insbesondere ihres regelmäßigen Erwerbseinkommens, nach billigem Ermessen eine höhere als die in Absatz 1 bestimmte Vergütung gewährt werden.

§ 8a Wegfall oder Beschränkung des Vergütungsanspruchs

(1) Der Anspruch auf Vergütung entfällt, wenn der Berechtigte es unterlässt, der heranziehenden Stelle unverzüglich solche Umstände anzuzeigen, die zu seiner Ablehnung durch einen Beteiligten berechtigen, es sei denn, er hat die Unterlassung nicht zu vertreten.

(2) Der Berechtigte erhält eine Vergütung nur insoweit, als seine Leistung bestimmungsgemäß verwertbar ist, wenn er

1. gegen die Verpflichtung aus § 407a Absatz 1 bis 3 Satz 1 der Zivilprozessordnung verstoßen hat, es sei denn, er hat den Verstoß nicht zu vertreten;
2. eine mangelhafte Leistung erbracht hat;
3. im Rahmen der Leistungserbringung grob fahrlässig oder vorsätzlich Gründe geschaffen hat, die einen Beteiligten zur Ablehnung wegen der Besorgnis der Befangenheit berechtigen; oder
4. trotz Festsetzung eines weiteren Ordnungsgeldes seine Leistung nicht vollständig erbracht hat.

Soweit das Gericht die Leistung berücksichtigt, gilt sie als verwertbar.

(3) Steht die geltend gemachte Vergütung erheblich außer Verhältnis zum Wert des Streitgegenstands und hat der Berechtigte nicht rechtzeitig nach § 407a Absatz 3 Satz 2 der Zivilprozessordnung auf diesen Umstand hingewiesen, bestimmt das Gericht nach Anhörung der Beteiligten nach billigem Ermessen eine Vergütung, die in einem angemessenen Verhältnis zum Wert des Streitgegenstands steht.

(4) Übersteigt die Vergütung den angeforderten Auslagenvorschuss erheblich und hat der Berechtigte nicht rechtzeitig nach § 407a Absatz 3 Satz 2 der Zivilprozessordnung auf diesen Umstand hingewiesen, erhält er die Vergütung nur in Höhe des Auslagenvorschusses.

(5) Die Absätze 3 und 4 sind nicht anzuwenden, wenn der Berechtigte die Verletzung der ihm obliegenden Hinweispflicht nicht zu vertreten hat.

§ 9 Honorar für die Leistung der Sachverständigen und Dolmetscher

(1) Der Sachverständige erhält für jede Stunde ein Honorar

in der Honorargruppe …	in Höhe von … Euro
1	65
2	70
3	75
4	80
5	85
6	90
7	95
8	100
9	105
10	110

11	115
12	120
13	125
M 1	65
M 2	75
M 3	100

Die Zuordnung der Leistungen zu einer Honorargruppe bestimmt sich entsprechend der Entscheidung über die Heranziehung nach der Anlage 1. Ist die Leistung auf einem Sachgebiet zu erbringen, das in keiner Honorargruppe genannt wird, ist sie unter Berücksichtigung der allgemein für Leistungen dieser Art außergerichtlich und außerbehördlich vereinbarten Stundensätze einer Honorargruppe nach billigem Ermessen zuzuordnen; dies gilt entsprechend, wenn ein medizinisches oder psychologisches Gutachten einen Gegenstand betrifft, der in keiner Honorargruppe genannt wird. Ist die Leistung auf mehreren Sachgebieten zu erbringen oder betrifft das medizinische oder psychologische Gutachten mehrere Gegenstände und sind die Sachgebiete oder Gegenstände verschiedenen Honorargruppen zugeordnet, bemisst sich das Honorar einheitlich für die gesamte erforderliche Zeit nach der höchsten dieser Honorargruppen; jedoch gilt Satz 3 entsprechend, wenn dies mit Rücksicht auf den Schwerpunkt der Leistung zu einem unbilligen Ergebnis führen würde. § 4 gilt entsprechend mit der Maßgabe, dass die Beschwerde auch zulässig ist, wenn der Wert des Beschwerdegegenstands 200 Euro nicht übersteigt. Die Beschwerde ist nur zulässig, solange der Anspruch auf Vergütung noch nicht geltend gemacht worden ist.

(2) Beauftragt das Gericht den vorläufigen Insolvenzverwalter, als Sachverständiger zu prüfen, ob ein Eröffnungsgrund vorliegt und welche Aussichten für eine Fortführung des Unternehmens des Schuldners bestehen (§ 22 Absatz 1 Satz 2 Nummer 3 der Insolvenzordnung, auch in Verbindung mit § 22 Absatz 2 der Insolvenzordnung), beträgt das Honorar in diesem Fall abweichend von Absatz 1 für jede Stunde 80 Euro.

(3) Das Honorar des Dolmetschers beträgt für jede Stunde 70 Euro und, wenn er ausdrücklich für simultanes Dolmetschen herangezogen worden ist, 75 Euro; maßgebend ist ausschließlich die bei der Heranziehung im Voraus mitgeteilte Art des Dolmetschens. Ein ausschließlich als Dolmetscher Tätiger erhält eine Ausfallentschädigung, soweit er durch die Aufhebung eines Termins, zu dem er geladen war und dessen Aufhebung nicht durch einen in seiner Person liegenden Grund veranlasst war, einen Einkommensverlust erlitten hat und ihm die Aufhebung erst am Terminstag oder an einem der beiden vorhergehenden Tage mitgeteilt worden ist. Die Ausfallentschädigung wird bis zu einem Betrag gewährt, der dem Honorar für zwei Stunden entspricht.

§ 10 Honorar für besondere Leistungen

(1) Soweit ein Sachverständiger oder ein sachverständiger Zeuge Leistungen erbringt, die in der Anlage 2 bezeichnet sind, bemisst sich das Honorar oder die Entschädigung nach dieser Anlage.

(2) Für Leistungen der in Abschnitt O des Gebührenverzeichnisses für ärztliche Leistungen (Anlage zur Gebührenordnung für Ärzte) bezeichneten Art bemisst sich das Honorar in entsprechender Anwendung dieses Gebührenverzeichnisses nach dem 1,3fachen Gebührensatz. § 4 Absatz 2 Satz 1, Absatz 2a Satz 1, Absatz 3 und 4 Satz 1 und § 10 der Gebührenordnung für Ärzte gelten entsprechend; im Übrigen bleiben die §§ 7 und 12 unberührt.

(3) Soweit für die Erbringung einer Leistung nach Absatz 1 oder Absatz 2 zusätzliche Zeit erforderlich ist, erhält der Berechtigte ein Honorar nach der Honorargruppe 1.

§ 11 Honorar für Übersetzungen

(1) Das Honorar für eine Übersetzung beträgt 1,55 Euro für jeweils angefangene 55 Anschläge des schriftlichen Textes (Grundhonorar). Bei nicht elektronisch zur Verfügung gestellten editierbaren Texten erhöht sich das Honorar auf 1,75 Euro für jeweils angefangene 55 Anschläge (erhöhtes Honorar). Ist die Übersetzung wegen der besonderen Umstände des Einzelfalls, insbesondere wegen der häufigen Verwendung von Fachausdrücken, der schweren Lesbarkeit des Textes, einer besonderen Eilbedürftigkeit oder weil es sich um eine in Deutschland selten vorkommende Fremdsprache handelt, besonders erschwert, beträgt das Grundhonorar 1,85 Euro und das erhöhte Honorar 2,05 Euro. Maßgebend für die Anzahl der Anschläge ist der Text in der Zielsprache; werden jedoch nur in der Ausgangssprache lateinische Schriftzeichen verwendet, ist die Anzahl der Anschläge des Textes in der Ausgangssprache maßgebend. Wäre eine Zählung der Anschläge mit unverhältnismäßigem Aufwand verbunden, wird deren Anzahl unter Berücksichtigung der durchschnittlichen Anzahl der Anschläge je Zeile nach der Anzahl der Zeilen bestimmt.

(2) Für eine oder für mehrere Übersetzungen aufgrund desselben Auftrags beträgt das Honorar mindestens 15 Euro.

(3) Soweit die Leistung des Übersetzers in der Überprüfung von Schriftstücken oder Aufzeichnungen der Telekommunikation auf bestimmte Inhalte besteht, ohne dass er insoweit eine schriftliche Übersetzung anfertigen muss, erhält er ein Honorar wie ein Dolmetscher.

§ 12 Ersatz für besondere Aufwendungen

(1) Soweit in diesem Gesetz nichts anderes bestimmt ist, sind mit der Vergütung nach den §§ 9 bis 11 auch die üblichen Gemeinkosten sowie der mit der Erstattung des Gutachtens oder der Übersetzung üblicherweise verbundene Aufwand abgegolten. Es werden jedoch gesondert ersetzt

1. die für die Vorbereitung und Erstattung des Gutachtens oder der Übersetzung aufgewendeten notwendigen besonderen Kosten, einschließlich der insoweit notwendigen Aufwendungen für Hilfskräfte, sowie die für eine Untersuchung verbrauchten Stoffe und Werkzeuge;

2. für jedes zur Vorbereitung und Erstattung des Gutachtens erforderliche Foto 2 Euro und, wenn die Fotos nicht Teil des schriftlichen Gutachtens sind (§ 7 Absatz 2), 0,50 Euro für den zweiten und jeden weiteren Abzug oder Ausdruck eines Fotos;
3. für die Erstellung des schriftlichen Gutachtens 0,90 Euro je angefangene 1 000 Anschläge; ist die Zahl der Anschläge nicht bekannt, ist diese zu schätzen;
4. die auf die Vergütung entfallende Umsatzsteuer, sofern diese nicht nach § 19 Abs. 1 des Umsatzsteuergesetzes unerhoben bleibt.

(2) Ein auf die Hilfskräfte (Absatz 1 Satz 2 Nr. 1) entfallender Teil der Gemeinkosten wird durch einen Zuschlag von 15 Prozent auf den Betrag abgegolten, der als notwendige Aufwendung für die Hilfskräfte zu ersetzen ist, es sei denn, die Hinzuziehung der Hilfskräfte hat keine oder nur unwesentlich erhöhte Gemeinkosten veranlasst.

§ 13 Besondere Vergütung

(1) Haben sich die Parteien oder Beteiligten dem Gericht gegenüber mit einer bestimmten oder einer von der gesetzlichen Regelung abweichenden Vergütung einverstanden erklärt, wird der Sachverständige, Dolmetscher oder Übersetzer unter Gewährung dieser Vergütung erst herangezogen, wenn ein ausreichender Betrag für die gesamte Vergütung an die Staatskasse gezahlt ist. Hat in einem Verfahren nach dem Gesetz über Ordnungswidrigkeiten die Verfolgungsbehörde eine entsprechende Erklärung abgegeben, bedarf es auch dann keiner Vorschusszahlung, wenn die Verfolgungsbehörde nicht von der Zahlung der Kosten befreit ist. In einem Verfahren, in dem Gerichtskosten in keinem Fall erhoben werden, genügt es, wenn ein die Mehrkosten deckender Betrag gezahlt worden ist, für den die Parteien oder Beteiligten nach Absatz 6 haften.

(2) Die Erklärung nur einer Partei oder eines Beteiligten oder die Erklärung der Strafverfolgungsbehörde oder der Verfolgungsbehörde genügt, soweit sie sich auf den Stundensatz nach § 9 oder bei schriftlichen Übersetzungen auf ein Honorar für jeweils angefangene 55 Anschläge nach § 11 bezieht und das Gericht zustimmt. Die Zustimmung soll nur erteilt werden, wenn das Doppelte des nach § 9 oder § 11 zulässigen Honorars nicht überschritten wird und wenn sich zu dem gesetzlich bestimmten Honorar keine geeignete Person zur Übernahme der Tätigkeit bereit erklärt. Vor der Zustimmung hat das Gericht die andere Partei oder die anderen Beteiligten zu hören. Die Zustimmung und die Ablehnung der Zustimmung sind unanfechtbar.

(3) Derjenige, dem Prozess- oder Verfahrenskostenhilfe bewilligt worden ist, kann eine Erklärung nach Absatz 1 nur abgeben, die sich auf den Stundensatz nach § 9 oder bei schriftlichen Übersetzungen auf ein Honorar für jeweils angefangene 55 Anschläge nach § 11 bezieht. Wäre er ohne Rücksicht auf die Prozess- oder Verfahrenskostenhilfe zur vorschussweisen Zahlung der Vergütung verpflichtet, hat er einen ausreichenden Betrag für das gegenüber der gesetzlichen Regelung oder der vereinbarten Vergütung (§ 14) zu erwartende zusätzliche Honorar an die Staatskasse zu zahlen; § 122 Abs. 1 Nr. 1 Buchstabe a der Zivilprozessordnung ist insoweit nicht

anzuwenden. Der Betrag wird durch unanfechtbaren Beschluss festgesetzt. Zugleich bestimmt das Gericht, welcher Honorargruppe die Leistung des Sachverständigen ohne Berücksichtigung der Erklärungen der Parteien oder Beteiligten zuzuordnen oder mit welchem Betrag für 55 Anschläge in diesem Fall eine Übersetzung zu honorieren wäre.

(4) Ist eine Vereinbarung nach den Absätzen 1 und 3 zur zweckentsprechenden Rechtsverfolgung notwendig und ist derjenige, dem Prozess- oder Verfahrenskostenhilfe bewilligt worden ist, zur Zahlung des nach Absatz 3 Satz 2 erforderlichen Betrags außerstande, bedarf es der Zahlung nicht, wenn das Gericht seiner Erklärung zustimmt. Die Zustimmung soll nur erteilt werden, wenn das Doppelte des nach § 9 oder § 11 zulässigen Honorars nicht überschritten wird. Die Zustimmung und die Ablehnung der Zustimmung sind unanfechtbar.

(5) Im Musterverfahren nach dem Kapitalanleger-Musterverfahrensgesetz ist die Vergütung unabhängig davon zu gewähren, ob ein ausreichender Betrag an die Staatskasse gezahlt ist. Im Fall des Absatzes 2 genügt die Erklärung eines Beteiligten (§ 8 des Musterverfahrens). Die Absätze 3 und 4 sind nicht anzuwenden. Die Anhörung der übrigen Beteiligten des Musterverfahrens kann dadurch ersetzt werden, dass die Vergütungshöhe, für die die Zustimmung des Gerichts erteilt werden soll, öffentlich bekannt gemacht wird. Die öffentliche Bekanntmachung wird durch Eintragung in das Klageregister nach § 4 des Kapitalanleger-Musterverfahrensgesetzes bewirkt. Zwischen der öffentlichen Bekanntmachung und der Entscheidung über die Zustimmung müssen mindestens vier Wochen liegen.

(6) Schuldet nach den kostenrechtlichen Vorschriften keine Partei oder kein Beteiligter die Vergütung, haften die Parteien oder Beteiligten, die eine Erklärung nach Absatz 1 oder Absatz 3 abgegeben haben, für die hierdurch entstandenen Mehrkosten als Gesamtschuldner, im Innenverhältnis nach Kopfteilen. Für die Strafverfolgungs- oder Verfolgungsbehörde haftet diejenige Körperschaft, der die Behörde angehört, wenn die Körperschaft nicht von der Zahlung der Kosten befreit ist. Der auf eine Partei oder einen Beteiligten entfallende Anteil bleibt unberücksichtigt, wenn das Gericht der Erklärung nach Absatz 4 zugestimmt hat. Der Sachverständige, Dolmetscher oder Übersetzer hat eine Berechnung der gesetzlichen Vergütung einzureichen.

§ 14 Vereinbarung der Vergütung

Mit Sachverständigen, Dolmetschern und Übersetzern, die häufiger herangezogen werden, kann die oberste Landesbehörde, für die Gerichte und Behörden des Bundes die oberste Bundesbehörde, oder eine von diesen bestimmte Stelle eine Vereinbarung über die zu gewährende Vergütung treffen, deren Höhe die nach diesem Gesetz vorgesehene Vergütung nicht überschreiten darf.

Abschnitt 4 Entschädigung von ehrenamtlichen Richtern

§ 15 Grundsatz der Entschädigung

(1) Ehrenamtliche Richter erhalten als Entschädigung

1. Fahrtkostenersatz (§ 5),
2. Entschädigung für Aufwand (§ 6),
3. Ersatz für sonstige Aufwendungen (§ 7),
4. Entschädigung für Zeitversäumnis (§ 16),
5. Entschädigung für Nachteile bei der Haushaltsführung (§ 17) sowie
6. Entschädigung für Verdienstausfall (§ 18).

(2) Soweit die Entschädigung nach Stunden bemessen ist, wird sie für die gesamte Dauer der Heranziehung einschließlich notwendiger Reise- und Wartezeiten, jedoch für nicht mehr als zehn Stunden je Tag, gewährt. Die letzte bereits begonnene Stunde wird voll gerechnet.

(3) Die Entschädigung wird auch gewährt,

1. wenn ehrenamtliche Richter von der zuständigen staatlichen Stelle zu Einführungs- und Fortbildungstagungen herangezogen werden,
2. wenn ehrenamtliche Richter bei den Gerichten der Arbeits- und der Sozialgerichtsbarkeit in dieser Eigenschaft an der Wahl von gesetzlich für sie vorgesehenen Ausschüssen oder an den Sitzungen solcher Ausschüsse teilnehmen (§§ 29, 38 des Arbeitsgerichtsgesetzes, §§ 23, 35 Abs. 1, § 47 des Sozialgerichtsgesetzes).

§ 16 Entschädigung für Zeitversäumnis

Die Entschädigung für Zeitversäumnis beträgt 6 Euro je Stunde.

§ 17 Entschädigung für Nachteile bei der Haushaltsführung

Ehrenamtliche Richter, die einen eigenen Haushalt für mehrere Personen führen, erhalten neben der Entschädigung nach § 16 eine zusätzliche Entschädigung für Nachteile bei der Haushaltsführung von 14 Euro je Stunde, wenn sie nicht erwerbstätig sind oder wenn sie teilzeitbeschäftigt sind und außerhalb ihrer vereinbarten regelmäßigen täglichen Arbeitszeit herangezogen werden. Ehrenamtliche Richter, die ein Erwerbsersatzeinkommen beziehen, stehen erwerbstätigen ehrenamtlichen Richtern gleich. Die Entschädigung von Teilzeitbeschäftigten wird für höchstens zehn Stunden je Tag gewährt abzüglich der Zahl an Stunden, die der vereinbarten regelmäßigen täglichen Arbeitszeit entspricht. Die Entschädigung wird nicht gewährt, soweit Kosten einer notwendigen Vertretung erstattet werden.

§ 18 Entschädigung für Verdienstausfall

Für den Verdienstausfall wird neben der Entschädigung nach § 16 eine zusätzliche Entschädigung gewährt, die sich nach dem regelmäßigen Bruttoverdienst einschließlich der vom Arbeitgeber zu tragenden Sozialversicherungsbeiträge richtet, jedoch höchstens 24 Euro je Stunde beträgt. Die Entschädigung beträgt bis zu 46 Euro je Stunde für ehrenamtliche Richter, die in demselben Verfahren an mehr als 20 Tagen herangezogen oder innerhalb eines Zeitraums von 30 Tagen an mindestens sechs Tagen ihrer regelmäßigen Erwerbstätigkeit entzogen werden. Sie beträgt bis zu

61 Euro je Stunde für ehrenamtliche Richter, die in demselben Verfahren an mehr als 50 Tagen herangezogen werden.

Abschnitt 5 Entschädigung von Zeugen und Dritten

§ 19 Grundsatz der Entschädigung

(1) Zeugen erhalten als Entschädigung

1. Fahrtkostenersatz (§ 5),
2. Entschädigung für Aufwand (§ 6),
3. Ersatz für sonstige Aufwendungen (§ 7),
4. Entschädigung für Zeitversäumnis (§ 20),
5. Entschädigung für Nachteile bei der Haushaltsführung (§ 21) sowie
6. Entschädigung für Verdienstausfall (§ 22).

Dies gilt auch bei schriftlicher Beantwortung der Beweisfrage.

(2) Soweit die Entschädigung nach Stunden bemessen ist, wird sie für die gesamte Dauer der Heranziehung einschließlich notwendiger Reise- und Wartezeiten, jedoch für nicht mehr als zehn Stunden je Tag, gewährt. Die letzte bereits begonnene Stunde wird voll gerechnet, wenn insgesamt mehr als 30 Minuten auf die Heranziehung entfallen; anderenfalls beträgt die Entschädigung die Hälfte des sich für eine volle Stunde ergebenden Betrags.

(3) Soweit die Entschädigung durch die gleichzeitige Heranziehung in verschiedenen Angelegenheiten veranlasst ist, ist sie auf diese Angelegenheiten nach dem Verhältnis der Entschädigungen zu verteilen, die bei gesonderter Heranziehung begründet wären.

(4) Den Zeugen, die ihren gewöhnlichen Aufenthalt im Ausland haben, kann unter Berücksichtigung ihrer persönlichen Verhältnisse, insbesondere ihres regelmäßigen Erwerbseinkommens, nach billigem Ermessen eine höhere als die in den §§ 20 bis 22 bestimmte Entschädigung gewährt werden.

§ 20 Entschädigung für Zeitversäumnis

Die Entschädigung für Zeitversäumnis beträgt 3,50 Euro je Stunde, soweit weder für einen Verdienstausfall noch für Nachteile bei der Haushaltsführung eine Entschädigung zu gewähren ist, es sei denn, dem Zeugen ist durch seine Heranziehung ersichtlich kein Nachteil entstanden.

§ 21 Entschädigung für Nachteile bei der Haushaltsführung

Zeugen, die einen eigenen Haushalt für mehrere Personen führen, erhalten eine Entschädigung für Nachteile bei der Haushaltsführung von 14 Euro je Stunde, wenn sie nicht erwerbstätig sind oder wenn sie teilzeitbeschäftigt sind und außerhalb ihrer vereinbarten regelmäßigen täglichen Arbeitszeit herangezogen werden. Zeugen, die ein Erwerbsersatzeinkommen beziehen, stehen erwerbstätigen Zeugen gleich. Die Entschädigung von Teilzeitbeschäftigten wird für höchstens zehn Stunden je Tag gewährt abzüglich der Zahl an Stunden, die der vereinbarten regelmäßigen täglichen Arbeitszeit entspricht. Die Entschädigung wird nicht gewährt, soweit Kosten einer notwendigen Vertretung erstattet werden.

§ 22 Entschädigung für Verdienstausfall

Zeugen, denen ein Verdienstausfall entsteht, erhalten eine Entschädigung, die sich nach dem regelmäßigen Bruttoverdienst einschließlich der vom Arbeitgeber zu tragenden Sozialversicherungsbeiträge richtet und für jede Stunde höchstens 21 Euro beträgt. Gefangene, die keinen Verdienstausfall aus einem privatrechtlichen Arbeitsverhältnis haben, erhalten Ersatz in Höhe der entgangenen Zuwendung der Vollzugsbehörde.

§ 23 Entschädigung Dritter

(1) Soweit von denjenigen, die Telekommunikationsdienste erbringen oder daran mitwirken (Telekommunikationsunternehmen), Anordnungen zur Überwachung der Telekommunikation umgesetzt oder Auskünfte erteilt werden, für die in der Anlage 3 zu diesem Gesetz besondere Entschädigungen bestimmt sind, bemisst sich die Entschädigung ausschließlich nach dieser Anlage.

(2) Dritte, die aufgrund einer gerichtlichen Anordnung nach § 142 Abs. 1 Satz 1 oder § 144 Abs. 1 der Zivilprozessordnung Urkunden, sonstige Unterlagen oder andere Gegenstände vorlegen oder deren Inaugenscheinnahme dulden, sowie Dritte, die aufgrund eines Beweiszwecken dienenden Ersuchens der Strafverfolgungsbehörde

1. Gegenstände herausgeben (§ 95 Abs. 1, § 98a der Strafprozessordnung) oder die Pflicht zur Herausgabe entsprechend einer Anheimgabe der Strafverfolgungsbehörde abwenden oder
2. in anderen als den in Absatz 1 genannten Fällen Auskunft erteilen,

werden wie Zeugen entschädigt. Bedient sich der Dritte eines Arbeitnehmers oder einer anderen Person, werden ihm die Aufwendungen dafür (§ 7) im Rahmen des § 22 ersetzt; § 19 Abs. 2 und 3 gilt entsprechend.

(3) Die notwendige Benutzung einer eigenen Datenverarbeitungsanlage für Zwecke der Rasterfahndung wird entschädigt, wenn die Investitionssumme für die im Einzelfall benutzte Hard- und Software zusammen mehr als 10 000 Euro beträgt. Die Entschädigung beträgt

1. bei einer Investitionssumme von mehr als 10 000 bis 25 000 Euro für jede Stunde der Benutzung 5 Euro; die gesamte Benutzungsdauer ist auf volle Stunden aufzurunden;
2. bei sonstigen Datenverarbeitungsanlagen
   a) neben der Entschädigung nach Absatz 2 für jede Stunde der Benutzung der Anlage bei der Entwicklung eines für den Einzelfall erforderlichen, besonderen Anwendungsprogramms 10 Euro und

b) für die übrige Dauer der Benutzung einschließlich des hierbei erforderlichen Personalaufwands ein Zehnmillionstel der Investitionssumme je Sekunde für die Zeit, in der die Zentraleinheit belegt ist (CPU-Sekunde), höchstens 0,30 Euro je CPU-Sekunde.

Die Investitionssumme und die verbrauchte CPU-Zeit sind glaubhaft zu machen.

(4) Der eigenen elektronischen Datenverarbeitungsanlage steht eine fremde gleich, wenn die durch die Auskunftserteilung entstandenen direkt zurechenbaren Kosten (§ 7) nicht sicher feststellbar sind.

Abschnitt 6 Schlussvorschriften

§ 24 Übergangsvorschrift

Die Vergütung und die Entschädigung sind nach bisherigem Recht zu berechnen, wenn der Auftrag an den Sachverständigen, Dolmetscher oder Übersetzer vor dem Inkrafttreten einer Gesetzesänderung erteilt oder der Berechtigte vor diesem Zeitpunkt herangezogen worden ist. Dies gilt auch, wenn Vorschriften geändert werden, auf die dieses Gesetz verweist.

§ 25 Übergangsvorschrift aus Anlass des Inkrafttretens dieses Gesetzes

Das Gesetz über die Entschädigung der ehrenamtlichen Richter in der Fassung der Bekanntmachung vom 1. Oktober 1969 (BGBI. I S. 1753), zuletzt geändert durch Artikel 1 Abs. 4 des Gesetzes vom 22. Februar 2002 (BGBl. I S. 981), und das Gesetz über die Entschädigung von Zeugen und Sachverständigen in der Fassung der Bekanntmachung vom 1. Oktober 1969 (BGBI. l S. 1756), zuletzt geändert durch Artikel 1 Abs. 5 des Gesetzes vom 22. Februar 2002 (BGBl. I S. 981), sowie Verweisungen auf diese Gesetze sind weiter anzuwenden, wenn der Auftrag an den Sachverständigen, Dolmetscher oder Übersetzer vor dem 1. Juli 2004 erteilt oder der Berechtigte vor diesem Zeitpunkt herangezogen worden ist. Satz 1 gilt für Heranziehungen vor dem 1. Juli 2004 auch dann, wenn der Berechtigte in derselben Rechtssache auch nach dem 1. Juli 2004 herangezogen worden ist.

Anlage 1 (zu § 9 Abs. 1)

Nr.	Sachgebietsbezeichnung	Honorargruppe
1	Abfallstoffe – soweit nicht Sachgebiet 3 oder 18 – einschließlich Altfahrzeuge und -geräte	11
2	Akustik, Lärmschutz – soweit nicht Sachgebiet 4	4
3	Altlasten und Bodenschutz	4
4	*Bauwesen – soweit nicht Sachgebiet 13 – einschließlich technische Gebäudeausrüstung*	
4.1	Planung	4
4.2	handwerklich-technische Ausführung	2
4.3	Schadensfeststellung, -ursachenermittlung und -bewertung – soweit nicht Sachgebiet 4.1 oder 4.2 –, Bauvertragswesen, Baubetrieb und Abrechnung von Bauleistungen	5
4.4	Baustoffe	6
5	Berufskunde und Tätigkeitsanalyse	10
6	*Betriebswirtschaft*	
6.1	Unternehmensbewertung, Betriebsunterbrechungs- und -verlagerungsschäden	11
6.2	Kapitalanlagen und private Finanzplanung	13
6.3	Besteuerung	3
7	Bewertung von Immobilien	6
8	Brandursachenermittlung	4
9	Briefmarken und Münzen	2
10	*Datenverarbeitung, Elektronik und Telekommunikation*	
10.1	Datenverarbeitung (Hardware und Software)	8
10.2	Elektronik – soweit nicht Sachgebiet 38 – (insbesondere Mess-, Steuerungs- und Regelungselektronik)	9
10.3	Telekommunikation (insbesondere Telefonanlagen, Mobilfunk, Übertragungstechnik)	8
11	Elektrotechnische Anlagen und Geräte – soweit nicht Sachgebiet 4 oder 10	4
12	Fahrzeugbau	3
13	*Garten- und Landschaftsbau einschließlich Sportanlagenbau*	
13.1	Planung	3

Nr.	Sachgebietsbezeichnung	Honorargruppe
13.2	handwerklich-technische Ausführung	3
13.3	Schadensfeststellung, -ursachenermittlung und -bewertung – soweit nicht Sachgebiet 13.1 oder 13.2	4
14	Gesundheitshandwerk	2
15	Grafisches Gewerbe	6
16	Hausrat und Inneneinrichtung	3
17	Honorarabrechnungen von Architekten und Ingenieuren	9
18	Immissionen	2
19	Kältetechnik – soweit nicht Sachgebiet 4	5
20	Kraftfahrzeugschäden und -bewertung	8
21	Kunst und Antiquitäten	3
22	Lebensmittelchemie und -technologie	6
23	Maschinen und Anlagen – soweit nicht Sachgebiet 4, 10 oder 11	6
24	Medizintechnik	7
25	Mieten und Pachten	10
26	Möbel – soweit nicht Sachgebiet 21	2
27	Musikinstrumente	2
28	Rundfunk- und Fernsehtechnik	2
29	Schiffe, Wassersportfahrzeuge	4
30	Schmuck, Juwelen, Perlen, Gold- und Silberwaren	2
31	Schrift- und Urkundenuntersuchung	8
32	Schweißtechnik	5
33	Spedition, Transport, Lagerwirtschaft	5
34	Sprengtechnik	2
35	Textilien, Leder und Pelze	2
36	Tiere	2
37	Ursachenermittlung und Rekonstruktion bei Fahrzeugunfällen	12
38	Verkehrsregelungs- und -überwachungstechnik	5
39	*Vermessungs- und Katasterwesen*	
39.1	Vermessungstechnik	1
39.2	Vermessungs- und Katasterwesen im Übrigen	9
40	Versicherungsmathematik	10

Gegenstand medizinischer und psychologischer Gutachten	Honorargruppe
Einfache gutachtliche Beurteilungen, insbesondere – in Gebührenrechtsfragen, – zur Minderung der Erwerbsfähigkeit nach einer Monoverletzung, – zur Haft-, Verhandlungs- oder Vernehmungsfähigkeit, – zur Verlängerung einer Betreuung.	M 1
Beschreibende (Ist-Zustands-)Begutachtung nach standardisiertem Schema ohne Erörterung spezieller Kausalzusammenhänge mit einfacher medizinischer Verlaufsprognose und mit durchschnittlichem Schwierigkeitsgrad, insbesondere Gutachten – in Verfahren nach dem SGB IX, – zur Minderung der Erwerbsfähigkeit und zur Invalidität, – zu rechtsmedizinischen und toxikologischen Fragestellungen im Zusammenhang mit der Feststellung einer Beeinträchtigung der Fahrtüchtigkeit durch Alkohol, Drogen, Medikamente oder Krankheiten, – zu spurenkundlichen oder rechtsmedizinischen Fragestellungen mit Befunderhebungen (z.B. bei Verletzungen und anderen Unfallfolgen), – zu einfachen Fragestellungen zur Schuldfähigkeit ohne besondere Schwierigkeiten der Persönlichkeitsdiagnostik, – zur Einrichtung oder Aufhebung einer Betreuung und der Anordnung eines Einwilligungsvorbehalts gemäß § 1903 BGB, – zu Unterhaltsstreitigkeiten aufgrund einer Erwerbs- oder Arbeitsunfähigkeit, – zu neurologisch-psychologischen Fragestellungen in Verfahren nach der FeV.	M2

Gegenstand medizinischer und psychologischer Gutachten	Honorargruppe
Gutachten mit hohem Schwierigkeitsgrad (Begutachtungen spezieller Kausalzusammenhänge und/oder differenzialdiagnostischer Probleme und/oder Beurteilung der Prognose und/oder Beurteilung strittiger Kausalitätsfragen), insbesondere Gutachten – zum Kausalzusammenhang bei problematischen Verletzungsfolgen, – zu ärztlichen Behandlungsfehlern, – in Verfahren nach dem OEG, – in Verfahren nach dem HHG, – zur Schuldfähigkeit bei Schwierigkeiten der Persönlichkeitsdiagnostik, – in Verfahren zur Anordnung einer Maßregel der Besserung und Sicherung (in Verfahren zur Entziehung der Fahrerlaubnis zu neurologisch/psychologischen Fragestellungen), – zur Kriminalprognose, – zur Aussagetüchtigkeit, – zur Widerstandsfähigkeit, – in Verfahren nach den §§ 3, 10, 17 und 105 JGG, – in Unterbringungsverfahren, – in Verfahren nach § 1905 BGB, – in Verfahren nach dem TSG, – in Verfahren zur Regelung von Sorge- oder Umgangsrechten, – zur Geschäfts-, Testier- oder Prozessfähigkeit, – zu Berufskrankheiten und zur Minderung der Erwerbsfähigkeit bei besonderen Schwierigkeiten, – zu rechtsmedizinischen, toxikologischen und spurenkundlichen Fragestellungen im Zusammenhang mit einer abschließenden Todesursachenklärung, ärztlichen Behandlungsfehlern oder einer Beurteilung der Schuldfähigkeit.	M3

Anlage 2 (zu § 10 Abs. 1)

Nr.	Bezeichnung der Leistung	Honorar
Abschnitt 1. Leichenschau und Obduktion		
(1) Das Honorar in den Fällen der Nummern 100, 102 bis 106 umfasst den zur Niederschrift gegebenen Bericht; in den Fällen der Nummern 102 bis 106 umfasst das Honorar auch das vorläufige Gutachten. Das Honorar nach den Nummern 102 bis 106 erhält jeder Obduzent gesondert. (2) Aufwendungen für die Nutzung fremder Kühlzellen, Sektionssäle und sonstiger Einrichtungen werden bis zu einem Betrag von 300 € gesondert erstattet, wenn die Nutzung wegen der großen Entfernung zwischen dem Fundort der Leiche und dem rechtsmedizinischen Institut geboten ist.		
100	Besichtigung einer Leiche, von Teilen einer Leiche, eines Embryos oder eines Fetus oder Mitwirkung bei einer richterlichen Leichenschau	60,00 €
	für mehrere Leistungen bei derselben Gelegenheit jedoch höchstens	140,00 €
101	Fertigung eines Berichts, der schriftlich zu erstatten oder nachträglich zur Niederschrift zu geben ist	30,00 €
	für mehrere Leistungen bei derselben Gelegenheit jedoch höchstens	100,00 €
102	Obduktion	380,00 €
103	Obduktion unter besonders ungünstigen äußeren Bedingungen:	
	Das Honorar 102 beträgt	500,00 €
104	Obduktion unter anderen besonders ungünstigen Bedingungen (Zustand der Leiche etc.):	
	Das Honorar 102 beträgt	670,00 €
105	Sektion von Teilen einer Leiche oder Öffnung eines Embryos oder nicht lebensfähigen Fetus	100,00 €
106	Sektion oder Öffnung unter besonders ungünstigen Bedingungen:	
	Das Honorar 105 beträgt	140,00 €
Abschnitt 2. Befund		
200	Ausstellung eines Befundscheins oder Erteilung einer schriftlichen Auskunft ohne nähere gutachtliche Äußerung	21,00 €

Nr.	Bezeichnung der Leistung	Honorar
201	Die Leistung der in Nummer 200 genannten Art ist außergewöhnlich umfangreich:	
	Das Honorar 200 beträgt	bis zu 44,00 €
202	Zeugnis über einen ärztlichen Befund mit von der heranziehenden Stelle geforderter kurzer gutachtlicher Äußerung oder Formbogengutachten, wenn sich die Fragen auf Vorgeschichte, Angaben und Befund beschränken und nur ein kurzes Gutachten erfordern	38,00 €
203	Die Leistung der in Nummer 202 genannten Art ist außergewöhnlich umfangreich:	
	Das Honorar 202 beträgt	bis zu 75,00 €
Abschnitt 3. Untersuchungen, Blutentnahme		
300	Untersuchung eines Lebensmittels, Bedarfsgegenstands, Arzneimittels, von Luft, Gasen, Böden, Klärschlämmen, Wässern oder Abwässern und dgl. und eine kurze schriftliche gutachtliche Äußerung:	
	Das Honorar beträgt für jede Einzelbestimmung je Probe	5,00 bis 60,00 €
301	Die Leistung der in Nummer 300 genannten Art ist außergewöhnlich umfangreich oder schwierig:	
	Das Honorar 300 beträgt	bis zu 1 000,00 €
302	Mikroskopische, physikalische, chemische, toxikologische, bakteriologische, serologische Untersuchung, wenn das Untersuchungsmaterial von Menschen oder Tieren stammt:	
	Das Honorar beträgt je Organ oder Körperflüssigkeit	5,00 bis 60,00 €
	Das Honorar umfasst das verbrauchte Material, soweit es sich um geringwertige Stoffe handelt, und eine kurze gutachtliche Äußerung.	
303	Die Leistung der in Nummer 302 genannten Art ist außergewöhnlich umfangreich oder schwierig:	
	Das Honorar 302 beträgt	bis zu 1 000,00 €
304	Herstellung einer DNA-Probe und ihre Überprüfung auf Geeignetheit (z.B. Hochmolekularität, humane Herkunft, Ausmaß der Degradation, Kontrolle des Verdaus)	bis zu 205,00 €

Nr.	Bezeichnung der Leistung	Honorar
	Das Honorar umfasst das verbrauchte Material, soweit es sich um geringwertige Stoffe handelt, und eine kurze gutachtliche Äußerung.	
305	Elektrophysiologische Untersuchung eines Menschen	15,00 bis 135,00 €
	Das Honorar umfasst eine kurze gutachtliche Äußerung und den mit der Untersuchung verbundenen Aufwand.	
306	Raster-elektronische Untersuchung eines Menschen oder einer Leiche, auch mit Analysenzusatz	15,00 bis 355,00 €
	Das Honorar umfasst eine kurze gutachtliche Äußerung und den mit der Untersuchung verbundenen Aufwand.	
307	Blutentnahme	9,00 €
	Das Honorar umfasst eine Niederschrift über die Feststellung der Identität.	
Abschnitt 4. Abstammungsgutachten		
Vorbemerkung 4: (1) Das Honorar umfasst die gesamte Tätigkeit des Sachverständigen einschließlich aller Aufwendungen mit Ausnahme der Umsatzsteuer und mit Ausnahme der Auslagen für Probenentnahmen durch vom Sachverständigen beauftragte Personen, soweit nichts anderes bestimmt ist. Das Honorar umfasst ferner den Aufwand für die Anfertigung des schriftlichen Gutachtens und von drei Überstücken.		
(2) Das Honorar für Leistungen der in Abschnitt M III 13 des Gebührenverzeichnisses für ärztliche Leistungen (Anlage zur GOÄ) bezeichneten Art bemisst sich in entsprechender Anwendung dieses Gebührenverzeichnisses nach dem 1,15fachen Gebührensatz. § 4 Abs. 2 Satz 1, Abs. 2a Satz 1, Abs. 3 und 4 Satz 1 und § 10 GOÄ gelten entsprechend.		
400	Erstellung des Gutachtens	140,00 €
	Das Honorar umfasst 1. die administrative Abwicklung, insbesondere die Organisation der Probenentnahmen, und 2. das schriftliche Gutachten, erforderlichenfalls mit biostatistischer Auswertung.	

Nr.	Bezeichnung der Leistung	Honorar
401	Biostatistische Auswertung, wenn der mögliche Vater für die Untersuchungen nicht zur Verfügung steht und andere mit ihm verwandte Personen an seiner Stelle in die Begutachtung einbezogen werden (Defizienzfall):	
	je Person	25,00 €
	Beauftragt der Sachverständige eine andere Person mit der biostatistischen Auswertung in einem Defizienzfall, werden ihm abweichend von Vorbemerkung 4 Absatz 1 Satz 1 die hierfür anfallenden Auslagen ersetzt.	
402	Entnahme einer genetischen Probe einschließlich der Niederschrift sowie der qualifizierten Aufklärung nach dem GenDG:	
	je Person	25,00 €
	Untersuchung mittels 1. Short Tandem Repeat Systemen (STR) oder 2. diallelischer Polymorphismen: – Single Nucleotide Polymorphisms (SNP) oder – Deletions-/Insertionspolymorphismen (DIP)	
403	– bis zu 20 Systeme: je Person	120,00 €
404	– 21 bis 30 Systeme: je Person	170,00 €
405	– mehr als 30 Systeme: je Person	220,00 €
406	Mindestens zwei Testkits werden eingesetzt, die Untersuchungen erfolgen aus voneinander unabhängigen DNA-Präparationen und die eingesetzten parallelen Analysemethoden sind im Gutachten ausdrücklich dargelegt:	
	Die Honorare nach den Nummern 403 bis 405 erhöhen sich um jeweils	80,00 €
407	Herstellung einer DNA-Probe aus anderem Untersuchungsmaterial als Blut oder Mundschleimhautabstrichen einschließlich Durchführung des Tests auf Eignung:	
	je Person	bis zu 120,00 €

Anlage 3 (zu § 23 Abs. 1)

Nr.	Tätigkeit	Höhe
Allgemeine Vorbemerkung:		
(1) Die Entschädigung nach dieser Anlage schließt alle mit der Erledigung des Ersuchens der Strafverfolgungsbehörde verbundenen Tätigkeiten des Telekommunikationsunternehmens sowie etwa anfallende sonstige Aufwendungen (§ 7 JVEG) ein.		
(2) Für Leistungen, die die Strafverfolgungsbehörden über eine zentrale Kontaktstelle des Generalbundesanwalts, des Bundeskriminalamtes, der Bundespolizei oder des Zollkriminalamtes oder über entsprechende für ein Bundesland oder für mehrere Bundesländer zuständige Kontaktstellen anfordern und abrechnen, ermäßigen sich die Entschädigungsbeträge nach den Nummern 100, 101, 300 bis 312, 400 und 401 um 20 Prozent, wenn bei der Anforderung darauf hingewiesen worden ist, dass es sich bei der anfordernden Stelle um eine zentrale Kontaktstelle handelt.		
Abschnitt 1. Überwachung der Telekommunikation		
Vorbemerkung 1: (1) Die Vorschriften dieses Abschnitts gelten für die Heranziehung im Zusammenhang mit Funktionsprüfungen der Aufzeichnungs- und Auswertungseinrichtungen der berechtigten Stellen entsprechend. (2) Leitungskosten werden nur entschädigt, wenn die betreffende Leitung innerhalb des Überwachungszeitraums mindestens einmal zur Übermittlung überwachter Telekommunikation an die Strafverfolgungsbehörde genutzt worden ist. (3) Für die Überwachung eines Voice-over-IP-Anschlusses oder eines Zugangs zu einem elektronischen Postfach richtet sich die Entschädigung für die Leitungskosten nach den Nummern 102 bis 104. Dies gilt auch für die Überwachung eines Mobilfunkanschlusses, es sei denn, dass auch die Überwachung des über diesen Anschluss abgewickelten Datenverkehrs angeordnet worden ist und für die Übermittlung von Daten Leitungen mit Übertragungsgeschwindigkeiten von mehr als 144 kbit/s genutzt werden müssen und auch genutzt worden sind. In diesem Fall richtet sich die Entschädigung einheitlich nach den Nummern 111 bis 113.		
100	Umsetzung einer Anordnung zur Überwachung der Telekommunikation, unabhängig von der Zahl der dem Anschluss zugeordneten Kennungen:	
	je Anschluss	100,00 €
	Mit der Entschädigung ist auch der Aufwand für die Abschaltung der Maßnahme entgolten.	
101	Verlängerung einer Maßnahme zur Überwachung der Telekommunikation oder Umschaltung einer solchen Maßnahme auf Veranlassung der Strafverfolgungsbehörde auf einen anderen Anschluss dieser Stelle	35,00 €

Nr.	Tätigkeit	Höhe
	Leitungskosten für die Übermittlung der zu überwachenden Telekommunikation:	
	für jeden überwachten Anschluss,	
102	– wenn die Überwachungsmaßnahme nicht länger als eine Woche dauert	24,00 €
103	– wenn die Überwachungsmaßnahme länger als eine Woche, jedoch nicht länger als zwei Wochen dauert	42,00 €
104	– wenn die Überwachungsmaßnahme länger als zwei Wochen dauert:	
	je angefangenen Monat	75,00 €
	Der überwachte Anschluss ist ein ISDN-Basisanschluss:	
105	– Die Entschädigung nach Nummer 102 beträgt	40,00 €
106	– Die Entschädigung nach Nummer 103 beträgt	70,00 €
107	– Die Entschädigung nach Nummer 104 beträgt	125,00 €
	Der überwachte Anschluss ist ein ISDN-Primärmultiplexanschluss:	
108	– Die Entschädigung nach Nummer 102 beträgt	490,00 €
109	– Die Entschädigung nach Nummer 103 beträgt	855,00 €
110	– Die Entschädigung nach Nummer 104 beträgt	1 525,00 €
	Der überwachte Anschluss ist ein digitaler Teilnehmeranschluss mit einer Übertragungsgeschwindigkeit von mehr als 144 kbit/s, aber kein ISDN-Primärmultiplexanschluss:	
111	– Die Entschädigung nach Nummer 102 beträgt	65,00 €
112	– Die Entschädigung nach Nummer 103 beträgt	110,00 €
113	– Die Entschädigung nach Nummer 104 beträgt	200,00 €

Nr.	Tätigkeit	Höhe
	Abschnitt 2. Auskünfte über Bestandsdaten	
200	Auskunft über Bestandsdaten nach § 3 Nr. 3 TKG, sofern	
1.	die Auskunft nicht über das automatisierte Auskunftsverfahren nach § 112 TKG erteilt werden kann und die Unmöglichkeit der Auskunftserteilung auf diesem Wege nicht vom Unternehmen zu vertreten ist und	
2.	für die Erteilung der Auskunft nicht auf Verkehrsdaten zurückgegriffen werden muss:	
	je angefragten Kundendatensatz	18,00 €
201	Auskunft über Bestandsdaten, zu deren Erteilung auf Verkehrsdaten zurückgegriffen werden muss:	
	für bis zu 10 in demselben Verfahren gleichzeitig angefragte Kennungen, die der Auskunftserteilung zugrunde liegen	35,00 €
	Bei mehr als 10 angefragten Kennungen wird die Pauschale für jeweils bis zu 10 weitere Kennungen erneut gewährt. Kennung ist auch eine IP-Adresse.	
	Abschnitt 3. Auskünfte über Verkehrsdaten	
300	Auskunft über gespeicherte Verkehrsdaten:	
	für jede Kennung, die der Auskunftserteilung zugrunde liegt	30,00 €
	Die Mitteilung der die Kennung betreffenden Standortdaten ist mit abgegolten.	
301	Die Auskunft wird im Fall der Nummer 300 aufgrund eines einheitlichen Ersuchens auch oder ausschließlich für künftig anfallende Verkehrsdaten zu bestimmten Zeitpunkten erteilt:	
	für die zweite und jede weitere in dem Ersuchen verlangte Teilauskunft	10,00 €
302	Auskunft über gespeicherte Verkehrsdaten zu Verbindungen, die zu einer bestimmten Zieladresse hergestellt wurden, durch Suche in allen Datensätzen der abgehenden Verbindungen eines Betreibers (Zielwahlsuche):	
	je Zieladresse	90,00 €
	Die Mitteilung der Standortdaten der Zieladresse ist mit abgegolten.	

Nr.	Tätigkeit	Höhe
303	Die Auskunft wird im Fall der Nummer 302 aufgrund eines einheitlichen Ersuchens auch oder ausschließlich für künftig anfallende Verkehrsdaten zu bestimmten Zeitpunkten erteilt:	
	für die zweite und jede weitere in dem Ersuchen verlangte Teilauskunft	70,00 €
304	Auskunft über gespeicherte Verkehrsdaten für eine von der Strafverfolgungsbehörde benannte Funkzelle (Funkzellenabfrage)	30,00 €
305	Auskunft über gespeicherte Verkehrsdaten für mehr als eine von der Strafverfolgungsbehörde benannte Funkzelle:	
	Die Pauschale 304 erhöht sich für jede weitere Funkzelle um	4,00 €
306	Auskunft über gespeicherte Verkehrsdaten in Fällen, in denen lediglich Ort und Zeitraum bekannt sind:	
	Die Abfrage erfolgt für einen bestimmten, durch eine Adresse bezeichneten Standort	60,00 €
	Die Auskunft erfolgt für eine Fläche:	
307	– Die Entfernung der am weitesten voneinander entfernten Punkte beträgt nicht mehr als 10 Kilometer:	
	Die Entschädigung nach Nummer 306 beträgt	190,00 €
308	– Die Entfernung der am weitesten voneinander entfernten Punkte beträgt mehr als 10 und nicht mehr als 25 Kilometer:	
	Die Entschädigung nach Nummer 306 beträgt	490,00 €
309	– Die Entfernung der am weitesten voneinander entfernten Punkte beträgt mehr als 25, aber nicht mehr als 45 Kilometer:	
	Die Entschädigung nach Nummer 306 beträgt	930,00 €
	Liegen die am weitesten voneinander entfernten Punkte mehr als 45 Kilometer auseinander, ist für den darüber hinausgehenden Abstand die Entschädigung nach den Nummern 307 bis 309 gesondert zu berechnen.	
310	Die Auskunft erfolgt für eine bestimmte Wegstrecke:	
	Die Entschädigung nach Nummer 306 beträgt für jeweils angefangene 10 Kilometer Länge	110,00 €

Nr.	Tätigkeit	Höhe
311	Umsetzung einer Anordnung zur Übermittlung künftig anfallender Verkehrsdaten in Echtzeit:	
	je Anschluss	100,00 €
	Mit der Entschädigung ist auch der Aufwand für die Abschaltung der Übermittlung und die Mitteilung der den Anschluss betreffenden Standortdaten entgolten.	
312	Verlängerung der Maßnahme im Fall der Nummer 311	35,00 €
	Leitungskosten für die Übermittlung der Verkehrsdaten in den Fällen der Nummern 311 und 312:	
313	– wenn die Dauer der angeordneten Übermittlung nicht länger als eine Woche dauert	8,00 €
314	– wenn die Dauer der angeordneten Übermittlung länger als eine Woche, jedoch nicht länger als zwei Wochen dauert	14,00 €
315	– wenn die Dauer der angeordneten Übermittlung länger als zwei Wochen dauert:	
	je angefangenen Monat	25,00 €
316	Übermittlung der Verkehrsdaten auf einem Datenträger	10,00 €
	Abschnitt 4. Sonstige Auskünfte	
400	Auskunft über den letzten dem Netz bekannten Standort eines Mobiltelefons (Standortabfrage)	90,00 €
401	Auskunft über die Struktur von Funkzellen:	
	je Funkzelle	35,00 €

Teil I Erläuterungen zu den Bestimmungen des JVEG

Gesetz über die Vergütung von Sachverständigen, Dolmetscherinnen, Dolmetschern, Übersetzerinnen und Übersetzern sowie die Entschädigung von ehrenamtlichen Richterinnen, ehrenamtlichen Richtern, Zeuginnen, Zeugen und Dritten (Justizvergütungs- und -entschädigungsgesetz – JVEG)

Vom 5. Mai 2004 (BGBl. I Seite 718),
zuletzt geändert durch Gesetz vom 23. Juli 2013 (BGBl. I Seite 2586)

Vorbemerkung vor § 1 JVEG

Durch Art. 2 des Gesetzes zur Modernisierung des Kostenrechts (KostRMoG) vom 05.05.2004 (BGBl. I S. 718) sind mit Wirkung vom 01.07.2004 mit dem Gesetz über die Vergütung von Sachverständigen, Dolmetscherinnen. Dolmetschern, Übersetzerinnen und Übersetzern sowie die Entschädigung von ehrenamtlichen Richterinnen, ehrenamtlichen Richtern, Zeuginnen, Zeugen und Dritten (Justizvergütungs- und -entschädigungsgesetz – JVEG) die Vergütung und Entschädigung des vorgenannten Personenkreises auf eine neue Rechtsgrundlage gestellt worden. 1

Die bis dahin geltenden Gesetze über die Entschädigung von Zeugen und Sachverständigen (ZSEG) und das Gesetz über die Entschädigung der ehrenamtlichen Richter (EhrRiEG) sind zum Zeitpunkt des Inkrafttretens des JVEG aufgehoben worden.

Eine eigenständige Entschädigungsregelung für Zeugen, Sachverständige, Dolmetscher und Übersetzer (Beweispersonen) bestand in Deutschland bereits seit 1878. In diesem Jahr wurde die ***»Gebührenordnung für Zeugen und Sachverständige vom 30. Juni 1878 (RGBl. 1878 S. 173) – GebOZS –«*** in Anlehnung an das preußische »Gesetz, betreffend die Gebühren der Zeugen und Sachverständigen in gerichtlichen Angelegenheiten vom 1. Juli 1875 (Pr.GS. 1875 S. 545)« für ganz Deutschland in Kraft gesetzt.

Das neue Gesetz fasste die bis dahin in verschiedenen Gebührentaxen und Regulativen enthaltenen Entschädigungsregelungen für Zeugen und Sachverständige zu einer einheitlichen Bestimmung für die »in den vor die ordentlichen Gerichte gehörigen Rechtssachen, auf welche die Civilprozeßordnung, die Strafprozeßordnung oder die Konkursordnung Anwendung findet« herangezogenen Zeugen und Sachverständigen zusammen.

Wenn auch in der Folgezeit die Regelungen der GebOZS mehrfach den sich rasch ändernden wirtschaftlichen und technischen Veränderungen angepasst werden mussten, durch **das KostRÄndG 1957 in das ZSEG** überführt wurden und auch danach ständig zu aktualisieren waren, hatten sich die Entschädigungsregelung für die von den Gerichten herangezogenen Beweispersonen in mehr als 125 Jahren dem Grunde nach bewährt. Durch das Gesetz zur Umstellung des Kostenrechts auf Euro – KostREuroUG – vom 27.04.2001 (BGBl. I S. 751) waren die Entschädigungssätze des ZSEG schließlich an die neue europäische Währung angepasst worden.

Daneben bestand als Entschädigungsregelung für die bei den Gerichten tätigen ehrenamtlichen Laienrichter das Gesetz über die Entschädigung der ehrenamtlichen Richter – EhrRiEG –. In diesem Gesetz war die Entschädigung der ehrenamtlichen Richter vergleichbar der Entschädigung von Zeugen nach dem ZSEG geregelt.

Die Entschädigungsregelungen des ZSEG und des EhrRiEG sind nunmehr im neuen JVEG zusammengefasst worden.

Das JVEG ist damit das um die Entschädigung der ehrenamtlichen Richter erweiterte und modifizierte ZSEG.

Abschnitt 1 Allgemeine Vorschriften

§ 1 JVEG Geltungsbereich und Anspruchsberechtigte

(1) Dieses Gesetz regelt

1. **die Vergütung der Sachverständigen, Dolmetscherinnen, Dolmetscher, Übersetzerinnen und Übersetzer, die von dem Gericht, der Staatsanwaltschaft, der Finanzbehörde in den Fällen, in denen diese das Ermittlungsverfahren selbständig durchführt, der Verwaltungsbehörde im Verfahren nach dem Gesetz über Ordnungswidrigkeiten oder dem Gerichtsvollzieher herangezogen werden;**
2. **die Entschädigung der ehrenamtlichen Richterinnen und Richter bei den ordentlichen Gerichten und den Gerichten für Arbeitssachen sowie bei den Gerichten der Verwaltungs-, der Finanz- und der Sozialgerichtsbarkeit mit Ausnahme der ehrenamtlichen Richterinnen und Richter in Handelssachen, in berufsgerichtlichen Verfahren oder bei Dienstgerichten sowie**
3. **die Entschädigung der Zeuginnen, Zeugen und Dritten (§ 23), die von den in Nummer 1 genannten Stellen herangezogen werden.**

Eine Vergütung oder Entschädigung wird nur nach diesem Gesetz gewährt. Der Anspruch auf Vergütung nach Satz 1 Nr. 1 steht demjenigen zu, der beauftragt worden ist; dies gilt auch, wenn der Mitarbeiter einer Unternehmung die Leistung erbringt, der Auftrag jedoch der Unternehmung erteilt worden ist.

(2) Dieses Gesetz gilt auch, wenn Behörden oder sonstige öffentliche Stellen von den in Absatz 1 Nr. 1 genannten Stellen zu Sachverständigenleistungen herangezogen werden. Für Angehörige einer Behörde oder einer sonstigen öffentlichen Stelle, die weder Ehrenbeamte noch ehrenamtlich tätig sind, gilt dieses Gesetz nicht, wenn sie ein Gutachten in Erfüllung ihrer Dienstaufgaben erstatten, vertreten oder erläutern.

(3) Einer Heranziehung durch die Staatsanwaltschaft oder durch die Finanzbehörde in den Fällen des Absatzes 1 Satz 1 Nr. 1 steht eine Heranziehung durch die Polizei oder eine andere Strafverfolgungsbehörde im Auftrag oder mit vorherigen Billigung durch die Staatsanwaltschaft oder der Finanzbehörde gleich. Satz 1 gilt im Verfahren der Verwaltungsbehörde nach dem Gesetz über Ordnungswidrigkeiten entsprechend.

(4) Die Vertrauenspersonen in den Ausschüssen zur Wahl der Schöffen und die Vertrauensleute in den Ausschüssen zur Wahl der ehrenamtlichen Richter bei den Gerichten der Verwaltungs- und der Finanzgerichtsbarkeit werden wie ehrenamtliche Richter entschädigt.

(5) Die Vorschriften dieses Gesetzes über die gerichtliche Festsetzung und die Beschwerde gehen den Regelungen der für das zugrunde liegende Verfahren geltenden Verfahrensvorschriften vor.

Übersicht Rdn.

I. Vergütung und Entschädigung

1 a) Die Sachverständigen (einschließlich der Dolmetscher und Übersetzer) erhalten für ihre Leistung eine durch die Sätze der §§ 9 bis 11 begrenzte Vergütung und zwar auch dann, wenn sie durch eine im privaten Bereich geltende Gebührenordnung für ihre Leistung eine höhere Vergütung erzielen würden.

Für die herangezogenen Zeugen, Dritten (§ 23) und die ehrenamtliche Richter gilt weiterhin das Entschädigungsprinzip.

b) Die Regelung des § 1 Abs. 1 Satz 2, dass »eine Vergütung oder Entschädigung nur nach diesem Gesetz zu gewähren« ist, geht mit den anderen »Justizkostengesetzen« (z.B. in § 1 Satz 1 GKG, in § 1 GNotKG oder in § 1 Abs. 1 GvKostG) konform. Danach besteht ein Vergütungs- oder Entschädigungsanspruch nur dann, wenn dieser im JVEG ausdrücklich bestimmt ist. Eine analoge Anwendung der Regelungen des JVEG auf in diesem Gesetz nicht genannte Ansprüche ist im Justizkostenrecht nicht vorgesehen.

II. Heranziehende Stellen

2 Die von dem Gericht oder dem Staatsanwalt herangezogenen Beweispersonen erhalten eine Vergütung oder Entschädigung nach dem JVEG, wenn sie von

- dem Gericht – Rdn. 3 –,
- der Staatsanwaltschaft – Rdn. 4 –,
- der das Ermittlungsverfahren selbstständig führenden Finanzbehörde – Rdn. 5 –,
- der Verwaltungsbehörde im Verfahren nach dem Gesetz über Ordnungswidrigkeiten – Rdn. 6 –,
- der Polizei – Rdn. 7 –,
- anderen Strafverfolgungsbehörden – Rdn. 7 – oder
- dem Gerichtsvollzieher – Rdn. 8 –

herangezogen worden sind.

Einen Entschädigungsanspruch nach dem JVEG haben ferner die bei den ordentlichen Gerichten, den Gerichten für Arbeitssachen und den Gerichten der Verwaltungs-, der Finanz- und der Sozialgerichtsbarkeit als ehrenamtliche Richter in Anspruch genommenen Personen (Abs. 1 Nr. 2).

– S.a. Rdn. 22 –.

Gerichte

3 Das JVEG gilt aufgrund des § 1 Abs. 1 Nr. 1 und 3 unmittelbar in **gerichtlichen Verfahren aller Gerichtsbarkeiten**, in denen Sachverständige, Zeugen oder Dritte (Beweispersonen) sowie ehrenamtliche Richter von einem deutschen Gericht herangezogen werden.

Hierbei spielt es keine Rolle, ob es sich bei dem die Personen heranziehenden Gericht um

- ein **Gericht der ordentlichen Gerichtsbarkeit** (AG, LG, OLG, den BGH),
- ein **Gericht der Verwaltungs-, Finanz-, Arbeits- oder Sozialgerichtsbarkeit,**
- ein **Verfassungsgericht**,
- ein **Berufsgericht**

handelt.

Zeugen, die vor ein **ausländisches Gericht** geladen werden, oder Sachverständige, die zur Erstattung eines Gutachtens von einem solchen Gericht unmittelbar aufgefordert werden, haben einen Anspruch auf Entschädigung nur nach den dort geltenden Bestimmungen.

Zeugen, die aufgrund eines **Rechtshilfeersuchens** eines deutschen Gerichts im Ausland vernommen werden, haben keinen Entschädigungsanspruch nach § 1 gegen das ersuchende deutsche Gericht, sondern nur gegen die zuständige ausländische Behörde entsprechend der dortigen Regelung. Nach Art. 14 und 18 der Verordnung (EG) Nr. 1206/2001 des Rates vom 28. Mai 2001 über die Zusammenarbeit zwischen den Gerichten der Mitgliedstaaten auf dem Gebiet der Beweisaufnahme in Zivil- oder

Handelssachen ist ein ersuchendes Gericht nicht verpflichtet, dem ersuchten Gericht einen Vorschuss für die Entschädigung eines Zeugen zu zahlen oder die dem vernommenen Zeugen gezahlte Entschädigung zu erstatten.[1]

Der **von einem Rechtsanwalt (Pflichtverteidiger)** für Besprechungen mit seinem der deutschen Sprache nicht hinreichend mächtigen Mandanten **hinzugezogene Dolmetscher** ist auch dann nicht von einem Gericht herangezogen, wenn dem Beschuldigten ein Dolmetscher vom Gericht auf Kosten der Staatskasse beigeordnet worden ist.

Der Dolmetscher hat deshalb keinen unmittelbaren Anspruch auf Zahlung seiner Entschädigung gegen die Staatskasse, sondern allein gegen den ihn beauftragenden Anwalt.[2]

Staatsanwaltschaft

Sachverständige, Zeugen und Dritte, die von einer deutschen **Staatsanwaltschaft** 4
herangezogen werden, sind nach dem JVEG zu entschädigen.

Auch die von einem **Amtsanwalt** vernommenen Beweispersonen sind »von der Staatsanwaltschaft« herangezogen. Nach § 142 Abs. 1 Nr. 3 GVG wird das Amt der Staatsanwaltschaft bei den Amtsgerichten durch Staatsanwälte oder Amtsanwälte wahrgenommen.

– S.a. Rdn. 7 –.

Finanzbehörde

Die Bestimmungen des JVEG sind unmittelbar auf die in § 1 genannten Bewei- 5
spersonen anzuwenden, die von der Finanzbehörde in den Fällen herangezogen werden, in denen diese anstelle der Staatsanwaltschaft das Ermittlungsverfahren selbstständig führt (s. § 386 Abs. 2 der Abgabenordnung – AO).

In allen anderen Fällen werden die von der Finanzbehörde herangezogenen Beweispersonen nur dann entsprechend dem JVEG vergütet oder entschädigt, wenn dies in den einschlägigen Gesetzen ausdrücklich bestimmt ist.

Verwaltungsbehörde

Dasselbe gilt für Sachverständige, Zeugen und Dritte, die im Verfahren nach dem 6
Gesetz über Ordnungswidrigkeiten von der Verwaltungsbehörde herangezogen werden.

In anderen Verwaltungsverfahren können die herangezogenen Personen nur dann nach Maßgabe des JVEG vergütet oder entschädigt werden, wenn dies nach den einschlägigen Verfahrensvorschriften vorgesehen ist.

1 EuGH, Urteil vom 17.02.2011 – C-283/09 –, juris.
2 LG Düsseldorf, Beschl. v. 19.07.2007 – XII – 45/04 – und vom 13.01.2011 - 11 KLs 43/10 [juris].

Polizei, andere Strafverfolgungsbehörden

7 Unmittelbar gilt das JVEG auch für Sachverständige, Zeugen und Dritte, die von der Polizei oder einer anderen Strafverfolgungsbehörde *im Auftrag oder mit vorheriger Billigung* der Staatsanwaltschaft, der Finanzbehörde oder der Verwaltungsbehörde im Verfahren nach dem Gesetz über Ordnungswidrigkeiten herangezogen worden sind.

Zieht die Polizei oder eine andere Strafverfolgungsbehörde in eigener Zuständigkeit Sachverständige, Zeugen und Dritte heran, so findet selbst bei einer nachträglichen Billigung dieser Maßnahme durch die Staatsanwaltschaft, die Finanzbehörde oder die Ordnungsbehörde die Regelung des JVEG keine unmittelbare Anwendung.[3] Die Vergütung und Entschädigung der Beweispersonen kann nur dann entsprechend der Regelung des JVEG erfolgen, wenn dies an anderer Stelle (z.B. in den Landespolizeigesetzen) zugelassen ist.

Gerichtsvollzieher

8 Auch Sachverständige, Dolmetscher, Übersetzer und Zeugen, die von einem Gerichtsvollzieher als Vollstreckungsorgan herangezogen werden, sind von diesem unmittelbar nach den Bestimmungen des JVEG zu vergüten bzw. zu entschädigen.

III. Andere heranziehende Stellen

Justizverwaltung

9 a) Zeugen, Sachverständige und Dritte, die in Justizverwaltungsangelegenheiten vernommen werden, sind nicht vom »Gericht« herangezogen. Justizverwaltungsangelegenheiten sind keine gerichtlichen Verfahren. Das JVEG findet auf die Entschädigung oder Vergütung der von der Justizverwaltung herangezogenen Beweispersonen **keine unmittelbare Anwendung.** Das schließt jedoch nicht aus, dass bei einer Heranziehung von Beweispersonen durch die Justizverwaltung die Anwendung der Entschädigungsregelungen des JVEG zwischen der Justizverwaltung und den Beweispersonen »vereinbart« werden kann.
Auch auf die **Vergütung für die gutachterliche Stellungnahme eines Psychiaters** mit forensischer Erfahrung vor der Verlegung in den offenen Vollzug **bei Gefangenen** mit lebenslanger Freiheitsstrafe können die Regelungen des JVEG nur entsprechend angewendet werden. Bei der Einholung der Stellungnahme durch den Präsidenten des Justizvollzugsamts handelt es sich um Heranziehung eines Sachverständigen in einer Justizverwaltungsangelegenheit.[4]

b) Für die **Geltendmachung des Entschädigungs- oder Vergütungsanspruchs** und für Einwendungen gegen die Höhe der Entschädigung bzw. Vergütung gelten dann auch nicht die §§ 2 bis 4. Der Anspruch ist ggf. im Klageweg zu verfolgen.

---

3 Amtl. Begründung – BT-Drucks. Nr. 15/1971 – S. 218 –.

4 *NRW*: RV d. JM vom 19.05.1999 (4511 – IV A.19) in der Fassung vom 09.06.2004 – Richtlinien betreffend Verlegung in den offenen Vollzug, Vollzugslockerungen, Urlaub –.

c) Dem Vollzug der Untersuchungshaft dient eine nach § 119 Abs. 3 StPO angeordnete Überwachung der Besuche und des Briefverkehrs eines Untersuchungsgefangenen. Die erforderlichen Maßnahmen werden zwar von dem Richter angeordnet bzw. in dringenden Fällen genehmigt (§ 119 Abs. 6 StPO). Ihre Durchführung obliegt jedoch dem Leiter der Untersuchungshaftanstalt und dessen Aufsichtsbeamten. Dieser hat i.d.R. den für die angeordnete Überwachung eines der deutschen Sprache nicht mächtigen Untersuchungsgefangenen erforderlichen Dolmetscher oder Übersetzer heranzuziehen. **Die Heranziehung im Vollzug der Untersuchungshaft ist eine Heranziehung durch die Justizverwaltung** und keine Heranziehung von dem Gericht oder dem Staatsanwalt i.S.d. § 1 JVEG.

Das schließt jedoch nicht aus, dass auch bei einer Heranziehung von Dolmetschern und Übersetzern durch die Justizverwaltung die Anwendung die Vergütungsregelungen des JVEG zwischen der Justizverwaltung und den herangezogenen Personen »vereinbart« werden kann. Eine solche Regelung kann generell für die Vergütung von Übersetzern und Dolmetschern, die bei der Überwachung des Schriftverkehrs und der Besuche Untersuchungsgefangener zugezogen werden, getroffen werden, oder auch im Einzelfall erfolgen.

Es handelt sich bei den vorgenannten Vergütungen dann **um Kosten der Untersuchungshaft**. Kosten der Untersuchungshaft sind »Kosten einer Haft außer Zwangshaft« und damit gerichtliche Auslagen i.S.d. Nr. 9011 KV-GKG. Sie können von dem in die Kosten des Verfahrens verurteilten Betroffenen nur erhoben werden, »wenn sie nach § 50 Abs. 1 StVollzG zu erheben wären« und dann auch nur »in Höhe des Haftkostenbeitrags nach § 50 Abs. 2 und 3 StVollzG«. Der Begriff »Kosten einer Haft« ist nicht näher definiert; es ist daher davon auszugehen, dass mit den Kosten einer Haft alle im Vollzug einer Haft anfallenden Aufwendungen zu verstehen sind, d.h. auch die insoweit an Dolmetscher und Übersetzer zu zahlenden Beträge sind »Haftkosten« und zwar unabhängig davon, auf welcher Grundlage diese berechnet worden sind.

Durch den pauschalen Haftkostenbeitrag werden alle »Haftkosten«, gleich in welcher Art und Höhe sie anfallen, abgegolten. Ein Ansatz einzelner bestimmter Haftaufwendungen neben oder anstelle des Haftkostenbeitrags ist ausgeschlossen. Das gilt auch für die im Vollzuge einer Haft anfallenden Dolmetscher- und Übersetzerhonorare.

Schiedspersonen

Auf die von Schiedspersonen (Schiedsmann/Schiedsfrau) in einem Güteverfahren **10**
herangezogenen **Zeugen** oder **Sachverständigen** findet das JVEG keine Anwendung. Sie erhalten im Schiedsverfahren i.d.R. keine Entschädigung.

Eine Sonderregelung besteht lediglich für den von der Schiedsperson hinzugezogenen **Dolmetscher** oder **Übersetzer**; dieser ist ggf. nach den Bestimmungen des JVEG zu vergüten, sofern dies in den einschlägigen Verfahrensregelungen für die Schiedsstellen vorgesehen ist.

Notar

11 Für den von einem Notar nach § 16 BeurkG zugezogenen **Dolmetscher** bzw. für einen durch den Notar nach § 22 f. BeurkG herangezogenen **Beurkundungszeugen** gelten die Regelungen des JVEG nicht.

Rechtsanwalt

12 Auch für den **von einem Rechtsanwalt (Pflichtverteidiger) hinzugezogenen Dolmetscher** für Besprechungen mit seinem der deutschen Sprache nicht hinreichend mächtigen Mandanten finden die Regelungen des JVEG keine unmittelbare Anwendung, und zwar auch dann nicht, wenn der Pflichtverteidiger die an den Dolmetscher gezahlte Vergütung als seine notwendigen Aufwendungen gegen die Staatskasse geltend macht. Da der Pflichtverteidiger aber gehalten ist, der Staatskasse ggü. nur unbedingt erforderliche Kosten geltend zu machen, erscheint eine sinngemäße Anwendung der Regelungen des Abschnitts 3 JVEG für die Bemessung der notwendigen Dolmetschervergütung sachgerecht.[5]

Zur Vergütung eines Rechtsanwalts für **eigene Dolmetscher- oder Übersetzerleistungen** s. § 9 Rdn. 10, § 11 Rdn. 10.

Bürgermeister

13 Ein von dem Bürgermeister bei der Errichtung eines Nottestaments (§§ 2249 und 2250 Abs. 1 BGB) zur Beurkundung hinzugezogener **Zeuge** erhält in Baden-Württemberg eine Vergütung von 2,50 € für jede angefangene Stunde seiner Inanspruchnahme.[6]

Verwaltungsbehörden, Ausschüsse

14 Nach § 1 erstreckt sich der Geltungsbereich des JVEG unmittelbar nur auf die in Rdn. 2 genannten Verfahren.

Ob und inwieweit Zeugen, Sachverständige, Dolmetscher, Übersetzer oder sonstige Personen in anderen Verwaltungsverfahren nach den Bestimmungen des JVEG zu entschädigen oder zu vergüten sind, richtet sich nach bestehenden bundes- oder landesrechtlichen Gesetzen oder Verwaltungsvorschriften. Nur wenn in diesen Bestimmungen hinsichtlich der Entschädigung oder Vergütung der betreffenden Personen auf die Regelungen des JVEG verwiesen wird, kann auch in Verfahren vor anderen als den in § 1 JVEG genannten Stellen hierauf zurückgegriffen werden.

---

5 OLG Stuttgart, in Justiz 96.190 = JurBüro 96.659 zum ZSEG; OLG Köln, Beschl. v. 08.12.1998 - 2 Ws 661/98 [juris].

6 *Ba.-Wü.*: § 17 Landesjustizkostengesetz in der Fassung vom 15.01.1993 (BWGBl. S. 110, ber. 244), zuletzt geändert durch Gesetz vom 28.07.2005 (BWGBl. 2005 S. 580).

IV. Unmittelbar anspruchsberechtigte Personen

Sachverständiger

a) Einen **Vergütungsanspruch nach dem JVEG** haben die von Gerichten oder Staatsanwaltschaften sowie die von den übrigen in § 1 genannten anderen Stellen hinzugezogenen Sachverständigen, Dolmetscher und Übersetzer. Zur Abgrenzung zwischen Zeugen, sachverständigen Zeugen und Sachverständigen wird auf die Erläuterungen zu § 8 Rdn. 2 verwiesen. 15

b) Kommt eine **Vergütung nach dem JVEG nicht in Betracht**, weil eine Heranziehung i.S.d. § 1 JVEG nicht vorliegt, so richtet sich der Vergütungsanspruch des Sachverständigen nach den Bestimmungen des BGB. Soweit im Einzelfall für die Tätigkeit des Sachverständigen eine bestimmte Gebührenordnung nicht besteht und die »übliche Vergütung« auch sonst nicht feststeht, kann u.a. das JVEG für die Bemessung der »üblichen Vergütung« des Sachverständigen entsprechende Anwendung finden.

c) Hat ein Sachverständiger in der **irrigen Annahme**, er sei zum gerichtlichen Sachverständigen ernannt worden, ein Gutachten erstellt, so kann die Leistung ganz oder teilweise in entsprechender Anwendung der Vorschriften des JVEG vergütet werden, soweit das Gutachten oder Teile davon von dem Gericht verwertet werden können.[7]

d) Der in Erfüllung einer gerichtlichen Weisung **von dem Betroffenen zu Therapiegesprächen aufgesuchte Arzt** ist nicht von dem Gericht herangezogen worden. Er hat keinen Anspruch auf Vergütung nach dem JVEG. Die Justizbehörden haben dem Arzt auch nicht das dem Betroffenen nach der GOÄ berechnete Honorar zu ersetzen.[8]

e) Eine **im Bewährungsbeschluss enthaltene Weisung** an den Betroffenen, sich nach der bedingten Entlassung einmal monatlich zur therapeutischen Nachbetreuung einem Facharzt vorzustellen, ist keine Heranziehung durch das Gericht i.S.d. § 1. Der die Nachbetreuung ausführende Arzt ist kein Sachverständiger i.S.d. JVEG und hat keinen Anspruch nach diesem Gesetz.[9] Dasselbe gilt für einen Sachverständigen, der im Rahmen eines als Bewährungsauflage durchzuführenden Urinkontrollprogramms eine Untersuchung von Urinproben vornimmt.[10] Auftraggeber des Sachverständigen in den vorgenannten Fällen ist nicht das Gericht, sondern der Proband.

f) Ist dem Betroffenen von der Strafvollstreckungskammer für die Dauer einer angeordneten Führungsaufsicht aufgegeben worden, sich nach näherer Weisung durch seinen Bewährungshelfer oder die Führungsaufsichtsstelle einer **Drogenkontrolle** zu unterziehen, so ist in der von dem Bewährungshelfer veranlassten

---

7 LG Düsseldorf, Beschl. v. 19.07.2007 – XII – 45/04 –.
8 LG Paderborn, in MDR 91.1099 zum ZSEG.
9 LG Paderborn, in JurBüro 93.492 zum ZSEG.
10 LG Osnabrück, in Nds.Rpfl. 95.134 zum ZSEG.

ärztlichen Drogenkontrolle kein Heranziehen der Ärzte durch das Gericht i.S.d. § 1 Abs. 1 zu sehen.[11]

Dolmetscher

16 a) Der i.R.d. § 1 hinzugezogene Dolmetscher hat einen Vergütungsanspruchsanspruch nach dem JVEG wie ein Sachverständiger. Er ist ein Sprachensachverständiger.

b) Die Frage, ob in Anlehnung an Art. 6 Abs. 3 Buchst. e) MRK die Beiordnung eines Dolmetschers zur Führung von Gesprächen **zwischen einem der deutschen Sprache nicht mächtigen Beschuldigten und seinem Verteidiger** zulässig ist oder nicht, ist in der Rechtsprechung umstritten.[12]

Hat das Gericht dem Angeklagten auf seinen Antrag einen Dolmetscher beigeordnet, so ist dieser aus der Staatskasse zu vergüten. Für die Bemessung der Vergütung sind die Regelungen des JVEG unmittelbar anzuwenden.

Zieht der Pflichtverteidigerzu Gesprächen mit dem Angeklagten einen Dolmetscher ohne Zustimmung des Gerichts hinzu, erlangt der Dolmetscher keinen eigenen unmittelbaren Vergütungsanspruch gegen die Landeskasse, weil er nicht durch das Gericht hinzugezogen worden ist. Die Dolmetscherkosten können nur im Rahmen der Festsetzung der Pflichtverteidigervergütung berücksichtigt werden.[13] Ist die akustische Besuchsüberwachung eines ausländischen Untersuchungsgefangenen angeordnet worden und die Hinzuziehung eines Dolmetschers erforderlich, weil sich der Untersuchungsgefangene und seine Besucher nicht in der deutschen Sprache verständigen können, sind die Kosten eines vom Untersuchungsgefangenen selbst hinzugezogenen Dolmetschers in entsprechender Anwendung des JVEG (aus der Staatskasse) zu vergüten, weil es sich zwar nicht um eine »angeordnete«, aber um eine gerichtlich veranlasste Hinzuziehung handelt, aber um eine »gerichtlich veranlasste« Heranziehung[14] – S. hierzu auch § 9 Rdn. 6 –.

Übersetzer

17 Der nach § 1 zugezogene Übersetzer ist ebenfalls wie ein Sachverständiger zu vergüten, er hat aber einen Vergütungsanspruch ausschließlich i.R.d. § 11 JVEG.

– I.Ü. s. § 11 Rdn. 1 –.

---

11 OLG Hamm, Beschl. v. 24.06.1997 – 3 Ws 602/96, zum ZSEG.

12 OLG Köln, Beschl. v. 08.12.1998 - 2 Ws 661/98 [juris]; Bejahend: OLG Oldenburg, Beschl. v. 24.06.2011, - 1 Ws 241/11 - in NStZ 2011, 719; OLG Celle, Beschl. v. 09.03.2011, - 1 Ws 102/11 - beck-online; ablehnend: OLG Düsseldorf, Beschl. v. 20.12.2010, - III-1 Ws 271/10 - NStZ 2011, 719; LG Düsseldorf, Beschl. v. 13.01.2011 - 11 KLs 43/10 [juris]. .

13 LG Düsseldorf, Beschl. v. 19.07.2007 - XII - 45/04.

14 LG Düsseldorf, Beschl. v. 02.03.2011 - 7 Qs 12/11, juris.

Beauftragte juristische Person oder Personenvereinigung 18

Mit § 1 Abs. 1 Satz 3 wird zum Ausdruck gebracht, dass der Anspruch auf Vergütung nach den Regelungen des JVEG nicht nur dem einzelnen Sachverständigen, Dolmetscher oder Übersetzer als im Verfahren tätige natürliche Person, sondern auch einer juristischen Person oder einer Personenvereinigung zustehen kann, wenn diese (etwa der Technische Überwachungsverein oder ein Übersetzungsbüro) den Auftrag zur Leistung erhält, den dann ein – angestellter oder freier – Mitarbeiter als Sachverständiger, Dolmetscher oder Übersetzer erbringt.[15] Dann erwirbt die juristische Person oder die Personenvereinigung unmittelbar den Vergütungsanspruch gegen die Staatskasse.

– S.a. Rdn. 49 –.

Zeuge

a) Einen Anspruch auf Entschädigung nach den Regelungen des JVEG haben die von Gerichten und Staatsanwaltschaften oder von einer sonstigen in § 1 genannten Stelle herangezogenen Zeugen. 19
Ein Zeuge ist **eine natürliche Person, die über von ihr wahrgenommene Tatsachen Auskunft geben kann.**

b) Ein **sachverständiger Zeuge** gibt Auskunft über eigene Wahrnehmungen; er ist hierzu jedoch nur aufgrund seiner besonderen Fachkenntnisse in der Lage. Er ist i.d.R. wie ein Zeuge zu entschädigen.

  – S.a. § 8 Rdn. 2 –.

c) Ein ordnungsgemäß **entschuldigter Zeuge**, dem Auslagen für die Beschaffung eines ärztlichen Zeugnisses oder sonstige Auslagen (z.B. Anwaltskosten für das Entschuldigungsschreiben) entstanden sind, hat Anspruch auf Ersatz dieser Auslagen.[16]

  – S.a. § 7 Rdn. 5 –.
  – I.Ü. s. § 19 Rdn. 1 f. –.

Anderweitig geladene oder gestellte Zeugen/Sachverständige

a) Personen, die **im Strafverfahren von dem Angeklagten, dem Privatkläger oder Nebenkläger nach §§ 220, 386 Abs. 2, 397 StPO unmittelbar als Zeugen oder Sachverständige geladen werden**, sind gem. § 220 Abs. 2 StPO zum Erscheinen verpflichtet, wenn ihnen bei der Ladung die gesetzliche Entschädigung oder Vergütung für Reisekosten und Versäumnis bar dargeboten oder deren Einzahlung bei der Gerichtskasse nachgewiesen wird.[17] 20

---

15 BT-Drucks. 15/1971 – Begründung zu § 1 JVEG – S. 218 –; OLG Düsseldorf, Beschl. vom 28.04.2010 - I-10 W 181/10 - in JurBüro 2011, 433.

16 OLG Hamburg, in Rpfleger 71.269 = AnwBl. 71.316 = MDR 71.685 zum ZSEG.

17 Behandlung der eingezahlten Beträge ist in Verwaltungsvorschriften der Länder geregelt; in *NRW*: RV d. JM vom 29.08.1980 – 5221 – I B. 33 –.

Ordnet das Gericht gem. § 220 Abs. 3 StPO durch Beschluss oder im Urteil an, dass dem erschienenen Zeugen (Sachverständigen) die gesetzliche Entschädigung (Vergütung) zu gewähren ist, so ist er in gleicher Weise nach den Vorschriften des JVEG aus der Staatskasse zu entschädigen (zu vergüten) wie ein vom Gericht geladener Zeuge (Sachverständiger). Beträge, die der Zeuge oder Sachverständige bereits nach § 220 StPO von dem Angeklagten erhalten hat oder die von dem Angeklagten für ihn hinterlegt sind, sind anzurechnen. Nur der verbleibende Mehrbetrag ist aus der Staatskasse zu zahlen.[18]

Die gesetzliche Entschädigung nach § 220 Abs. 3 StPO erfasst nur die ab der Ladung zur Vernehmung erbrachten Leistungen eines Sachverständigen, nicht auch die Kosten eines zuvor im Auftrag des Angeklagten erstellten schriftlichen Gutachtens.[19]

Auch der Zeuge oder Sachverständige, der von dem Angeklagten nicht gem. § 220 StPO unmittelbar geladen, sondern zur Sitzung mitgebracht, d.h. zur Verhandlung gestellt worden ist, hat nach der herrschenden Meinung den gleichen Entschädigungs- bzw. Vergütungsanspruch wie der nach § 220 StPO unmittelbar geladene Zeuge.[20]

Eine Anordnung des Gerichts, dass der unmittelbar geladene oder gestellte Zeuge oder Sachverständige zu entschädigen oder zu vergüten ist, ergeht nur auf Antrag des Vernommenen, des Angeklagten oder der Staatsanwaltschaft. Der Antrag kann in der Hauptverhandlung oder nach der Hauptverhandlung noch innerhalb der Dreimonatsfrist des § 2 JVEG gestellt werden. Nach § 220 Abs. 3 StPO ist die Anordnung der Entschädigung aus der Staatskasse abhängig

1. von einem entsprechenden Antrag und
2. davon, dass nach dem Ergebnis der Hauptverhandlung die Vernehmung der unmittelbar geladenen Person der Sache dienlich war. Die Frage, ob die Vernehmung einer gestellten Beweisperson zur Aufklärung der Sache dienlich war, ist unabhängig von der Frage zu beurteilen, ob ihre Aussage den Angeklagten be- oder entlastet hat. Die Sachdienlichkeit ist auch nicht gleichbedeutend mit der Entscheidungserheblichkeit. Vielmehr kommt es darauf an, ob die Vernehmung die zu fällende Entscheidung oder den weiteren Verfahrensgang beeinflusst hat.[21]

b) Personen, **die nicht als Zeugen oder Sachverständige geladen sind, aber vernommen werden, weil sie zufällig oder aus anderem Anlass an Gerichtsstelle anwesend sind,** haben nur einen begrenzten Entschädigungs- oder Vergütungsanspruch. Einem so vernommenen Sachverständigen kann aber die Vergütung für die Dauer der Leistung nicht verweigert werden. I.Ü. haben Zeugen und Sachverständige in derartigen Fällen einen Anspruch auf Entschädigung oder Vergütung nach dem JVEG nur insoweit, als sich die Notwendigkeit ihrer Anwesenheit

18 *Löwe-Rosenberg*, Anm. 35 zu § 220 StPO;
19 OLG München, in Rpfleger 81.498 = JurBüro 81.1851 = MDR 81.1037.
20 *Loewe-Rosenberg*, Anm. 26 zu § 220 StPO.
21 OLG Hamm, Beschl. v. 05.04.1990 – 1 Ws 64/90, in Juris/ZSEG.

an Gerichtsstelle durch ihre Vernehmung verlängert und ihnen dadurch ein Anspruch auf Versäumnisentschädigung sowie Mehrausgaben für Reise und Aufwand entstehen.

c) Einen gleichfalls begrenzten Entschädigungs- bzw. Vergütungsanspruch haben Zeugen und Sachverständige, die zwar als solche geladen und erschienen sind, die sich aber gleichzeitig auch aus einem anderen Anlass an die Gerichtsstelle begeben mussten, z.B. als Verfahrensbeteiligter in einer anderen Sache. In solchen Fällen werden Ansprüche nach dem JVEG überhaupt nicht oder doch nur insoweit zu gewähren sein, als sich durch ihre Inanspruchnahme als Beweisperson der Aufenthalt an der Gerichtsstelle verlängert und dadurch ein besonderer Erwerbsverlust sowie Mehrausgaben für Reise und Aufwand entstehen.

Dritte

Dritte, die nach den §§ 142, 144 ZPO zur Vorlegung von Urkunden, sonstigen Unterlagen oder Augenscheinsobjekten oder zur Duldung der Inaugenscheinnahme verpflichtet sind sowie Dritte, die aufgrund eines Beweiszwecken dienenden Ersuchens der Strafverfolgungsbehörde Gegenstände herausgeben, die Überwachung des Fernmeldeverkehrs ermöglichen oder Auskünfte erteilen, werden nach § 23 wie Zeugen entsprechend den Vorschriften des JVEG entschädigt. Wegen der Einzelheiten hierzu wird auf die Erläuterungen zu § 23 verwiesen. 21

Soweit Dritte in anderen Verfahren (z.B. vor dem VG) auf Bitten des Gerichts eine schriftliche Auskunft (schlichte Mitteilung einer Tatsache) erteilen, sieht das JVEG für die Auskunft eine Entschädigung nicht vor. Eine analoge Anwendung der Regelung des § 23 ist vom Gesetzgeber nicht vorgesehen.[22]

Ehrenamtliche Richter

Einen Entschädigungsanspruch haben nach § 1 Abs. 1 Nr. 2 die an der Rechtsprechung beteiligten ehrenamtlichen Richter (Laienrichter, Schöffen). Die Beteiligung von ehrenamtlichen Richtern an der Rechtsprechung ist ein fester Bestandteil unserer gesamten Rechtspflege. Neben der Beteiligung von ehrenamtlichen Richtern in der Strafrechtspflege beim Schöffengericht und der Strafkammer sind ehrenamtliche Richter in Zivilsachen bei der Kammer für Handelssachen, in Verfahren in Landwirtschaftssachen, in Verfahren bei den Gerichten der Arbeits-, der Sozial-, der Finanz- und der Verwaltungsgerichtsbarkeit sowie bei den Berufsgerichten tätig.[23] 22

Einen Entschädigungsanspruch nach dem JVEG haben ferner die in den bei den Gerichten eingerichteten Wahlausschüssen tätigen Vertrauenspersonen (Abs. 4). Ausgenommen von der Entschädigungsregelung nach den Bestimmungen des JVEG sind nach Abs. 1 Nr. 2 die ehrenamtlichen Richter in Handelssachen, in berufsgerichtlichen Verfahren und in Verfahren bei den Dienstgerichten.

---

22 VG Berlin in NVwZ-RR 99.415 zu § 17 a ZSEG.

23 S.a. *Kissel*, Kommentar zum Gerichtsverfassungsgesetz, 7. Aufl. 2013, Rn. 4 – 7 zu § 29 GVG.

Die ehrenamtlichen »Handelsrichter« erhalten eine Entschädigung nach § 107 GVG.[24]

V. Ansprüche sonstiger Personen

Partei

23 a) Das JVEG regelt nur den öffentlich-rechtlichen **Vergütungs-** und **Entschädigungsanspruch der nach § 1 herangezogenen Personen gegen den Staat.** **Den Parteien** steht ein Entschädigungsanspruch nach dem JVEG nicht zu.
Auch die Bewilligung von PKH begründet keinen Anspruch der Partei auf Reisekostenentschädigung nach dem JVEG. Im Fall der Mittellosigkeit kann ihnen nach anderen Vorschriften eine Reisekostenentschädigung und ein Reisekostenvorschuss bewilligt werden.
Wenn eine Partei einen Zeugen oder Sachverständigen, z.B. einem im Ausland lebenden Zeugen, der zum Erscheinen vor einem deutschen Gericht nicht verpflichtet ist, oder einem Sachverständigen, der nach § 407 ZPO, § 75 StPO zur Erstattung eines Gutachtens nicht verpflichtet ist, eine Entschädigung bzw. Vergütung zusagt, so berührt das den Entschädigungsanspruch des Zeugen oder Vergütungsanspruch des Sachverständigen gegen die Staatskasse nicht. Die weiter gehende, auf einem privatrechtlichen Vertragsverhältnis zwischen der Partei und dem Zeugen oder Sachverständigen beruhende, Entschädigung oder Vergütung gehört nicht zu erstattungsfähigen Kosten des Verfahrens. Als **notwendige Kosten i.S.d. § 91 Abs. 1 ZPO** sind nur die nach dem JVEG aus der Staatskasse zu zahlenden Ansprüche anzusehen.

b) Eine über die Sätze des JVEG hinausgehende Vergütung kann einem Sachverständigen nur unter den Voraussetzungen des § 13 gezahlt werden. Die **nach § 13 gezahlte besondere Vergütung** ist eine nach dem JVEG gezahlte Vergütung und zählt damit zu den erstattungsfähigen notwendigen Verfahrenskosten.

c) Parteien, die ein **Privatgutachten** einholen und im Rechtsstreit vorlegen, sind hinsichtlich der an den Sachverständigen zu zahlenden Vergütung nicht an die Sätze des JVEG gebunden. Sofern die Kosten eines Privatgutachtens grds. als erstattungsfähig angesehen werden, ist die Höhe der erstattungsfähigen Kosten nicht begrenzt auf die nach dem JVEG einem von dem Gericht herangezogenen Sachverständigen zu gewährende Vergütung. Erstattungsfähig sind die »angemessenen« Kosten. Über die Angemessenheit der als notwendige Auslagen zu erstattenden Kosten entscheidet der Rechtspfleger im Kostenfestsetzungsverfahren. Die Grundsätze des JVEG können jedoch als Richtlinien für die Frage der Angemessenheit von Bedeutung sein.

---

24 § 107 GVG: »(1) Die ehrenamtlichen Richter, die weder ihren Wohnsitz noch ihre gewerbliche Niederlassung am Sitz der Kammer für Handelssachen haben, erhalten Tage- und Übernachtungsgelder nach den für Richter am Landgericht geltenden Vorschriften.
(2) Den ehrenamtlichen Richtern werden die Fahrtkosten in entsprechender Anwendung des § 5 des Justizvergütungs- und -entschädigungsgesetzes ersetzt.

d) Auslagen für die Entschädigung von Zeugen, **die von der Partei selbst entschädigt** worden sind, können, wenn die Partei grds. Anspruch auf Erstattung der von ihr an einen Zeugen gezahlten Beträge hat, im Kostenfestsetzungsverfahren nur bis zur Höhe der nach dem JVEG zulässigen Entschädigung berücksichtigt werden.[25]
Allerdings wird bereits die Frage, ob die Partei hinsichtlich ihrer Aufwendungen für Zahlungen an die von ihr benannten Zeugen einen Anspruch nach § 91 Abs. 1 ZPO gegen den unterlegenen Prozessgegner hat, in Rechtsprechung und Schrifttum uneinheitlich beantwortet.
Mit der wohl überwiegend vertretenen Auffassung[26] bin ich der Ansicht, dass es für die Frage der Erstattungsfähigkeit dieser Aufwendungen nur darauf ankommen kann, ob diese zur zweckentsprechenden Rechtsverfolgung notwendig waren. Wird die Notwendigkeit der von der Partei beigebrachten Beweismittel – hier: der Zeugen – anerkannt, so sind die Aufwendungen dafür auch als notwendige Kosten der zweckentsprechenden Rechtsverfolgung anzusehen.
Hierbei ist es unbeachtlich, ob die Entschädigung der Zeugen durch die Staatskasse erfolgt und der Erstattungsanspruch dann über den Gerichtskostenansatz gegen den Kostenpflichtigen geltend gemacht wird oder ob die Entschädigung der Zeugen durch die Partei vorgenommen wird und diese ihren Erstattungsanspruch über § 91 Abs. 1 ZPO im Wege der Kostenfestsetzung verfolgt. Das muss auch dann gelten, wenn ein Zeuge ggü. der Staatskasse ausdrücklich auf eine Entschädigung verzichtet oder seinen Anspruch nicht innerhalb der Frist des § 2 geltend macht, weil er z.B. bereits durch die Partei entschädigt worden ist. Die Nichtinanspruchnahme der Staatskasse durch den Zeugen beseitigt nicht die Einstufung der Parteiaufwendungen für den Zeugen als notwendige Kosten der Rechtsverfolgung oder Rechtsverteidigung i.S.d. § 91 Abs. 1 Satz 1 ZPO.

e) Nach § 91 Abs. 1 ZPO sind bei der Bemessung der **Entschädigung des Prozessgegners** für die durch notwendige Reisen oder durch die notwendige Wahrnehmung von Terminen entstandene Zeitversäumnis »die für die Entschädigung von Zeugen geltenden Vorschriften entsprechend anzuwenden«.
Obwohl nach dem Wortlaut des § 91 Abs. 1 Satz 2 ZPO die Vorschriften des JVEG nur auf die entstandene »Zeitversäumnis« Anwendung findet, entspricht es inzwischen gefestigter Rechtsprechung, dass für die Erstattung der Auslagen der Partei, insb. für die Erstattung der Reisekosten,[27] die Sätze des JVEG Berechnungsgrundlage sind. Das wird dann auch für die Berechnung der erforderlichen Dokumentenpauschale zu gelten haben.

---

25 OLG Frankfurt am Main, in JurBüro 83.1253; OLG Karlsruhe, in JurBüro 91.1514.

26 *Baumbach/Lauterbach/Albers/Hartmann*, 71. Aufl., Anm. »Zeuge und Sachverständiger« Rn. 297 zu § 91 ZPO; Stein/Jonas, ZPO, 22. Aufl., Rn. 31 zu § 91 ZPO; *Musielak*, Kommentar zur ZPO, 9. Aufl. 2012, Rn. 8 zu § 91 ZPO; a.A.: OLG Hamburg, in JurBüro 72.332; OLG Bamberg, in JurBüro 77.1619; OLG Hamburg, in MDR 87.147; OLG Koblenz, in OLGR 97.231.

27 OVG Rheinland-Pfalz (Koblenz) in JurBüro 91.260 = AnwBl. 91.164;

Die Dreimonatsfrist des § 2 Abs. 1 gilt für den Kostenerstattungsanspruch der obsiegenden Partei nach § 91 Abs. 1 ZPO nicht.[28]

f) Beauftragt die Partei im amtsgerichtlichen Prozess einen **Jurastudenten** mit der Wahrnehmung ihrer Interessen, so sind dessen Reisekosten in entsprechender Anwendung der Sätze des JVEG wie auch eine geltend gemachte Aufwandsentschädigung i.H.d. tatsächlichen Zeitverlustes erstattungsfähig, soweit dadurch die Kosten eines anwaltlichen Prozessbevollmächtigten nicht überschritten werden.[29]

g) Ist eine **juristische Person** Prozesspartei, stellt sich die Frage, ob sie für die durch prozessbedingte Reisen oder die Wahrnehmung von Gerichtsterminen entstandene Zeitversäumnis ihrer Mitarbeiter (Geschäftsführer oder leitende Angestellte) eine Entschädigung nach § 20 oder nach § 22 geltend machen kann. Die Frage kann hinsichtlich der Entschädigung nach § 20 nicht grds. verneint werden.[30] Eine »Verdienstausfallentschädigung« nach § 22 wird der juristischen Person jedenfalls dann nicht zugestanden werden können, wenn die Vertretung der juristischen Person auch in Rechtssachen zu dem Aufgabengebiet ihrer Mitarbeiter zählt und die juristische Person durch die Inanspruchnahme ihrer Mitarbeiter keine finanzielle Einbuße erlitten hat. Eine Entschädigung nach § 22 ohne einen tatsächlichen Einkommensverlust ist gesetzlich nicht vorgesehen. Ist jedoch mit der Zeitversäumnis der Mitarbeiter ein fühlbarer Nachteil für die juristische Person verbunden, kann dies für eine Entschädigung nach § 20 ausreichen.[31]
U.U. kann die juristische Person die Nachteilentschädigung nach § 20 erhalten, »es sei denn, dass sie durch die Heranziehung (ihrer Mitarbeiter) ersichtlich keinen Nachteil erlitten hat«.[32] Ein Nachteil i.S.d. § 20 kann darin erblickt werden, dass der Geschäftsführer einer juristischen Person für die Dauer einer Terminwahrnehmung seinen ihm sonst obliegenden Aufgaben entzogen war.[33]
Einer **juristischen Person des öffentlichen Rechts** steht für die Terminwahrnehmung durch einen ihrer Bediensteten ein Erstattungsanspruch wegen Zeitversäumnis nicht zu.[34] Sie kann auch eine Verdienstausfallentschädigung für die

28 OVG Rheinland-Pfalz, Beschl. v. 26.09.2005 – 8 E 10879/05, in Rpfleger 06.48.

29 LG Bonn, in JurBüro 91.546.

30 OLG Hamburg, in JurBüro 91.1089 m. Anm. von *Mümmler*; OLG Brandenburg, in OLGR 97.15; OLG Köln, in JurBüro 2000.84.

31 OLG Düsseldorf, in OLGR 97.360; OLG Stuttgart, in Justiz 01.360; OLG Stuttgart, in Justiz 01.361 – Höchstsatz des § 2 Abs. 2 Satz 1 ZSEG auch ohne Nachweis –; a.A. BVerwG, Beschl. v. 29.12.2004 – 9 KSt 6.04, in Rpfleger 05.331 – kein Anspruch auf Entschädigung wegen Zeitversäumnis.

32 OLG Hamm, in MDR 97.206 = OLGR 97.97.

33 OLG Hamm, in MDR 97.206 = OLGR 97.97.

34 BVerwG in Rpfleger 89.255; OLG Bamberg, in JurBüro 90.210; VGH Ba.-Wü. in KRspr. § 162 VwGO Nr. 209 LS; OVG Niedersachsen in Nds.Rpfl. 96.259; OVG Saarland (Saarlouis) in Juris/ZSEG; a.A. OLG Stuttgart, in Justiz 90.185 = MDR 90.635 = JurBüro 90.889 m. abl. Anm. von *Mümmler*; OLG Bamberg, in JurBüro 92.242; LAG Sachsen-Anhalt, in JMBl. LSA 2000.205 – billigt Nachteilsentschädigung zu –.

Zeitversäumnis eines beamteten oder angestellten Bediensteten zwecks Unterrichtung ihres Prozessbevollmächtigten regelmäßig nicht beanspruchen.[35]

h) Das JVEG findet kraft ausdrücklicher Bestimmung auch in anderen Fällen Anwendung, in denen es sich nicht um Zeugen und Sachverständige handelt. So sind z.B. **der Erziehungsberechtigte und der gesetzliche Vertreter**, die in einer Jugendgerichtssache nach § 50 Abs. 2 JGG[36] zur Hauptverhandlung geladen sind, nach Satz 2 dieser Vorschrift wie Zeugen zu entschädigen, obwohl sie nicht als »Zeugen herangezogen worden sind«.

i) Der nach § 640e ZPO zur mündlichen Verhandlung geladene **Elternteil** ist nicht Zeuge i.S.d. § 1 und hat daher keinen Entschädigungsanspruch nach dem JVEG.[37]

Vormund, Pfleger, Betreuer

a) **Grds. werden Betreuungsangelegenheiten unentgeltlich geführt** (§ 1836 Abs. 1 Satz 1 BGB). Unentgeltlich bedeutet, dass die Betreuungsperson i.d.R. für ihre Tätigkeit keine Vergütung beanspruchen kann. Dieser Grundsatz hat jedoch durch die zwischenzeitlich in starken Umfang eingesetzten Berufsbetreuungspersonen, denen stets eine Vergütung zusteht, eine deutliche Einschränkung erfahren. 24

Einer ehrenamtlichen Betreuungsperson kann bei einem vermögenden Betroffenen durch das Gericht eine Vergütung gewährt werden, wenn Umfang und Schwierigkeit der Betreuungstätigkeit dies rechtfertigen.

Die Betreuungsperson soll jedoch durch ihre Tätigkeit auf keinen Fall eine finanzielle Einbuße erleiden.[38] Ihr steht daher stets ein Anspruch auf Ersatz der durch die Führung der Betreuung erforderlichen Aufwendungen zu.

b) Die **gesetzliche Grundlage für die Entschädigung und Vergütung** der mit Betreuungsaufgaben betrauten Personen bilden die §§ 1835, 1835a, 1836, 1836c bis 1836e BGB sowie das Gesetz über die Vergütung von Vormündern und Betreuern (Vormünder- und Betreuervergütungsgesetz – VBVG) vom 21.04.2005 (BGBl. I S. 1076). In diesen Vorschriften wird nur ganz eingeschränkt auf die Bestimmungen des JVEG verwiesen (z.B. auf die Fahrtkostenregelung des § 5 in § 1835 Abs. 1 Satz 1 BGB bzw. auf die Regelung des § 22 in § 1835a Abs. 1 Satz 1 BGB).

---

35 SchlHOLG in JurBüro 90.622 = SchlHA 90.73; VGH Ba.-Wü. in Justiz 90.341 = JurBüro 90.1005 = MDR 92.108 zum ZSEG; a.A. OLG Karlsruhe, in Rpfleger 93.484 zum ZSEG.

36 (2) Der Vorsitzende soll auch die Ladung des Erziehungsberechtigten und des gesetzlichen Vertreters anordnen. Die Vorschriften über die Ladung, die Folgen des Ausbleibens und die Entschädigung von Zeugen gelten entsprechend.

37 LG Schweinfurt, in JurBüro 71.890 m. zust. Anm. von *Mümmler*.

38 BR-Drucks. 59/89 S. 10 als Begründung für den § 1835 Abs. 2 BGB: »Diese Regelung entspricht dem Grundsatz, daß der ehrenamtliche Vormund nicht auch noch finanzielle Einbußen durch seine Tätigkeit erleiden soll«.

Beteiligte im Sozialgerichtsverfahren

25 Nach § 191 SGG[39] werden im Sozialgerichtsverfahren einem **Beteiligten, dessen persönliches Erscheinen angeordnet ist**, auf Antrag bare Auslagen erstattet und Zeitverlust wie einem Zeugen entschädigt.

Bei der Entschädigung für Fahrtkosten ist auch § 5 zu beachten.[40]

Ein Beteiligter kann auch entschädigt werden, wenn er ohne Anordnung erscheint und **das Gericht das Erscheinen für geboten hält.**

§ 191 SGG gilt nicht für **Mitglieder oder Vertreter juristischer Personen oder Behörden.**

Ein Kläger, der sich auf Anordnung des Gerichts nach § 191 SGG **zu einer ärztlichen Untersuchung** begibt, ist wie ein Zeuge zu entschädigen.[41]

Die Einholung einer **Auskunft nach § 144 Abs. 2 AFG** stellt weder eine Heranziehung als Zeuge (oder Sachverständiger) nach § 21 SGB X noch eine Heranziehung nach § 23 dar.[42]

Freigesprochene Beschuldigte

26 a) Zu den einem freigesprochenen Beschuldigten gem. § 467 StPO aus der Staatskasse zu erstattenden notwendigen Auslagen gehört nach § 464 a Abs. 2 Nr. 1 StPO auch die »Entschädigung für eine notwendige Zeitversäumnis **nach den Vorschriften, die für die Entschädigung von Zeugen gelten**«.
Für die Bemessung der Entschädigung finden daher die Bestimmungen des JVEG Anwendung. Ob die Zeitversäumnis nur insoweit zu erstatten ist, als sie aus der Heranziehung des Beschuldigten durch den Staatsanwalt oder das Gericht entstanden ist oder ob auch der Verdienstausfall zu erstatten ist, der durch notwendige Reisen zu dem Verteidiger oder durch polizeiliche Vernehmungen entstanden ist, ist in der Rechtsprechung umstritten.[43] Nach der überwiegend vertretenen Auffassung wird die Verweisung in § 464 a Abs. 2 Nr. 1 StPO nicht als eine Rechtsgrund-, sondern als eine Rechtsfolgenverweisung angesehen werden können. Danach ist einem Freigesprochenen nicht nur die durch eine staatsanwaltliche oder gerichtliche Hinzuziehung bedingte Zeitversäumnis zu entschädigen, vielmehr wird es darauf abzustellen sein, **ob die Zeitversäumnis »verteidigungsbedingt« notwendig war.**[44] Somit ist auch eine durch die notwen-

39 Ist das persönliche Erscheinen eines Beteiligten angeordnet worden, so werden ihm auf Antrag bare Auslagen und Zeitverlust wie einem Zeugen vergütet; sie können vergütet werden, wenn er ohne Anordnung erscheint und das Gericht das Erscheinen für geboten hält.

40 SG Hamburg (5. 9. 95) in Juris/ZSEG.

41 LSG Stuttgart in NJW 67.319; BayLSG in KRspr. § 191 SGG Nr. 1.

42 BSG (18.05.1995) in Juris/ZSEG.

43 OLG Hamm, in NJW 73.259; OLG Braunschweig, in KRspr. StPO § 464 a Nr. 16 m. Anm. von *Herget*.

44 OLG Karlsruhe, in MDR 86.694.

dige Information eines Verteidigers bedingte Zeitversäumnis entsprechend Abschnitt 5 JVEG zu entschädigen.[45]

b) Die Höhe der einem freigesprochenen Beschuldigten zu ersetzenden **Reisekosten** richtet sich nach der Regelung des § 5. Hat der Beschuldigte die Reise von einem anderen als dem in der Ladung bezeichneten Ort angetreten, so ist § 5 Abs. 5 und entsprechend anzuwenden.[46]

– S.a. § 5 Rdn. 22 –.

c) Auf **sonstige verteidigungsbedingt notwendige Auslagen** des Freigesprochenen sind die Regelungen der §§ 6, 7 JVEG anzuwenden.[47]
Der Anspruchsberechtigte muss entsprechend den §§ 103, 104 ZPO seine Ansprüche konkret begründen und glaubhaft machen. Die Geltendmachung einer Pauschale für Portoauslagen, Telefonkosten, Parkentgelte, Literatur, Kopien pp. ist ausgeschlossen.[48]

d) Für die Festsetzung der notwendigen Auslagen des Freigesprochenen gegen die Staatskasse gelten ausschließlich die Verfahrensregelungen der Zivilprozessordnung entsprechend (§ 464 b Satz 3 StPO, §§ 104 ff. ZPO). Die Verfahrensregelungen des JVEG, insb. **die §§ 2, 4 sind nicht anzuwenden**. Dies gilt auch für die Festsetzung der Entschädigung für eine notwendige Zeitversäumnis i.S.d. § 464 a Abs. 2 Nr. 1 StPO. Der Anspruch **erlischt nicht** nach Ablauf der Frist des § 2.

Auskunftspersonen

Personen, denen nach dem **Auslands-Rechtsauskunftgesetz** die Beantwortung eines 27
Auskunftsersuchens übertragen wird, sind nach § 6 Abs. 2[49] dieses Gesetzes wie Sachverständige nach dem JVEG zu entschädigen. Für solche Anträge ist das Amtsgericht der Empfangsstelle zuständig.

Leitet die Empfangsstelle das Ersuchen an eine von der Landesregierung bestimmte Stelle weiter, so ist dafür das Amtsgericht am Sitz der von der Landesregierung bestimmten Stelle zuständig.

Auskunftspflichtige, die im **Besteuerungsverfahren von der Finanzbehörde** zu Beweiszwecken herangezogen werden (§ 107 AO), werden auf Antrag in entspre-

45 OLG Koblenz, in JBl. RP 95.339; OLG Zweibrücken, in JurBüro 96.198 = MDR 96.318 = JBl. RP 97.40; OLG Hamm, in Rpfleger 96.420; OLG Düsseldorf, in AnwBl. 01.577; a.A.: LG Passau, in JurBüro 96.489.

46 LG Baden-Baden, in Rpfleger 89.254.

47 OLG Koblenz, in JBl. RP 95.339.

48 OLG Zweibrücken, in JBl. RP 97.40.

49 (2) Auf das Verhältnis der nach Absatz 1 bestellten Person zur Empfangsstelle finden die Vorschriften der §§ 407, 407a, 408, 409, 411 Abs. 1, 2, und des § 412 Abs. 1 der Zivilprozeßordnung entsprechende Anwendung. Die nach Absatz 1 bestellte Person erhält eine Vergütung wie ein Sachverständiger nach dem Justizvergütungs- und -entschädigungsgesetz. In den Fällen der §§ 409, 411 Abs. 2 der Zivilprozeßordnung und des § 4 des Justizvergütungs- und -entschädigungsgesetzes ist das Amtsgericht am Sitz der Empfangsstelle zuständig.

chender Anwendung des JVEG entschädigt. Auskunftspersonen i.S.d. § 107 AO sind nicht nur natürliche, sondern auch juristische Personen, z.B. Banken.[50] Keine Entschädigung erhalten die Beteiligten des Besteuerungsverfahrens und diejenigen Personen, die für die Beteiligten die Auskunftspflicht zu erfüllen haben.

Bewährungshelfer

28 Werden Bewährungshelfer in dieser Eigenschaft vom Gericht oder von der Staatsanwaltschaft zu Beweiszwecken herangezogen oder in der Hauptverhandlung informatorisch über Verhältnisse ihrer Probanden gehört, so werden sie ausschließlich nach dem JVEG abgefunden.[51]

Insolvenzverwalter

29 Der vom Gericht mit der Prüfung nach § 22 Abs. 1 Satz 2 Nr. 3 InsO beauftragte vorläufige Insolvenzverwalter ist als Sachverständiger nach dem JVEG zu vergüten. Der Vergütungsanspruch besteht neben dem Anspruch auf Vergütung als Insolvenzverwalter.

Einigungsstellenmitglieder

30 Für die Vergütung der **Einigungsstellenmitglieder nach § 76 a BetrVG** können die Sätze der §§ 8, 9 als Orientierungshilfe herangezogen werden.

Dem **Vorsitzenden der Einigungsstelle nach § 67 LPVG NW** kann eine Entschädigung für Zeitaufwand gewährt werden (§ 67 Abs. 2 Satz 3 LPVG); die Entschädigung richtet sich nach den §§ 8, 9.

Ermittlungsbeauftragte

31 Der vom Untersuchungsausschuss des Deutschen Bundestages nach § 10 Untersuchungsausschussgesetz bestimmte Ermittlungsbeauftragte ist wie ein Sachverständiger mit dem Höchstsatz nach § 9 Abs. 1 Satz 2 zu vergüten (§ 35 Untersuchungsausschussgesetz).[52]

VI. Voraussetzungen für den Entschädigungs- oder Vergütungsanspruch

Heranziehung

32 Jeder Zeuge, Sachverständige, Dritte oder ehrenamtliche Richter, der vom Gericht, dem Staatsanwalt oder einer sonstigen Stelle nach § 1 herangezogen wird, hat einen Anspruch auf Entschädigung oder Vergütung nach den Bestimmungen des JVEG.

»Herangezogen« in diesem Sinne ist auch der Zeuge oder Sachverständige, der aufgrund einer Ladung vor dem Gericht, dem Staatsanwalt oder der Behörde

50 BFH in BB 81.1142.

51 *NRW*: RV d. JM NRW vom 07.03.1973 (2123 – I C.19) in der Fassung vom 01.07.2004;

52 Gesetz zur Regelung des Rechts der Untersuchungsausschüsse des Deutschen Bundestages vom 19. Juni 2001 (I S. 1142)

erscheint, zu dessen Vernehmung es jedoch aus Gründen, die er nicht zu vertreten hat, nicht kommt. Auch er hat Anspruch auf Entschädigung oder Vergütung nach den Regelungen des JVEG.

Das Gleiche gilt für Zeugen und Sachverständige, die nach § 273 ZPO vorsorglich vom Gericht geladen oder für Zeugen, die zwangsweise vorgeführt werden, oder die sich auf Anordnung des Gerichts einer Blutentnahme oder einer Untersuchung unterziehen.

Herangezogen sind ferner Zeugen, denen es nach § 377 Abs. 3 ZPO nachgelassen ist, eine Beweisfrage schriftlich zu beantworten.

Entstehen des Entschädigungs- oder Vergütungsanspruchs

Der öffentlich-rechtliche **Entschädigungs- oder Vergütungsanspruch** eines Zeugen, Sachverständigen, ehrenamtlichen Richters oder Dritten **entsteht**, wenn diesem aufgrund der Anordnung des Gerichts, der Staatsanwaltschaft oder sonstigen Behörde Aufwendungen erwachsen, die nach den Bestimmungen des JVEG zu erstatten sind. 33

Ausschluss oder Verlust des Entschädigungs- oder Vergütungsanspruchs

Das JVEG enthält keine Regelungen über den **Ausschluss oder den Verlust des Entschädigungs- oder Vergütungsanspruchs** aufgrund des Verhaltens einer Beweis- oder Auskunftsperson oder eines ehrenamtlichen Richters. Der Anspruch fällt grds. ohne Rücksicht auf die Verwertbarkeit der erbrachten Leistung (Erscheinen, Aussage, Beeidigung pp.) an. Er ist nur dann zu versagen, wenn die bestimmungsgemäße Entschädigung oder Vergütung grob unbillig wäre, weil die Beweis- oder Auskunftsperson die Unverwertbarkeit der ihr obliegenden Leistung vorsätzlich oder fahrlässig herbeigeführt hat.[53] Es besteht jedenfalls kein Entschädigungsanspruch für Zeugen oder Kläger, wenn sie die Durchführung der Beweisaufnahme schuldhaft vereiteln.[54] 34

Zum **Verlust der Sachverständigenvergütung** wird auf die Erläuterungen in Rdn. 8a. verwiesen.

Ein Ausschluss oder Verlust des Entschädigungs- oder Vergütungsanspruchs ist von der Anweisungsstelle oder im Verfahren nach § 4 vom Gericht festzustellen.

Versehentlich geladene Personen

Personen, die versehentlich geladen sind oder denen etwa aufgrund einer **Personen- oder Namensverwechslung** die Ladung zugeht, haben, wenn sie aufgrund dieser Ladung erscheinen, einen Vergütungs- oder Entschädigungsanspruch, wenn sie nicht erkennen konnten, dass die Ladung ihnen irrtümlich zugegangen ist und sie nicht vor Gericht zu erscheinen brauchten.[55] Einen Anspruch wird man ihnen jedoch dann 35

53 OLG München, in MDR 84.948 = JurBüro 84.1876; SchlHOLG in SchlHA 90.59.

54 LSG Niedersachsen in Nds.Rpfl. 2000.123.

55 Ebenso: *Stein-Jonas*, ZPO, 22. Aufl., Rn. 2 zu § 401 ZPO.

nicht zubilligen können, wenn sie bei Aufwendung der ihnen nach ihren persönlichen Verhältnissen zumutbaren Sorgfalt die Unrichtigkeit unzweifelhaft erkennen mussten.

Abbestellte Personen

36 Eine Beweisperson, die trotz Abbestellung erscheint, hat dann einen Vergütungs- oder Entschädigungsanspruch, wenn ohne ihr Verschulden die Abbestellung sie nicht mehr erreichte. Ob ein Verschulden des Zeugen oder Sachverständigen vorliegt, muss im Einzelfall nach billigem Ermessen unter Berücksichtigung aller in Betracht kommenden Umstände beurteilt werden. Dass der Zeuge in allen Fällen eine etwaige Abbestellung abwarten und deshalb die letzte Reisegelegenheit benutzen oder die vorzeitige Abreise oder einen Ortswechsel wegen einer möglichen Abbestellung anzeigen müsse, kann i.d.R. nicht verlangt werden.

Dass der Anspruchsberechtigte einen Wechsel seines Aufenthaltsortes nicht angezeigt hat, kann nicht als ein den Vergütungs- oder Entschädigungsanspruch ausschließendes Verschulden angesehen werden, wenn er mit der Abbestellung nicht rechnen konnte.[56]

Ist dem Zeugen, der mitgeteilt hat, dass er sich zum Zeitpunkt des Termins in Urlaub befinde, aufgegeben worden, die Reise zum Termin vom Urlaubsort aus anzutreten, so ist er ohne gerichtliche Anordnung nicht verpflichtet, seine Urlaubsanschrift mitzuteilen. Wird der Termin verlegt und der Zeuge erscheint, weil er wegen des Fehlens der Urlaubsanschrift nicht abbestellt werden konnte, so hat er einen Anspruch auf Entschädigung. Hat das Gericht aus besonderen Gründen ein Interesse daran, den Aufenthalt eines Zeugen oder Sachverständigen jederzeit zu kennen, so wird die Verpflichtung der Beweisperson, einen Wechsel des Aufenthaltsortes anzuzeigen, in der Ladung besonders anzuordnen sein.

Verspätet erschienene Personen

37 Eine verspätetet erschienene Beweis- oder Auskunftsperson hat, wenn sie vernommen wird, einen Anspruch auf die Entschädigung oder Vergütung. Ist die Vernehmung wegen der Verspätung nicht mehr durchführbar, so besteht ein Anspruch nur dann, wenn die Verspätung unverschuldet war.

Ist auf die Vernehmung des zu spät erschienenen Zeugen oder Sachverständigen bereits vor seinem Erscheinen verzichtet worden, so hat dieser einen Entschädigungs- bzw. Vergütungsanspruch, wenn seine Verspätung unverschuldet war oder bei verschuldeter Verspätung auch dann, wenn ohne die eingetretene Verspätung auf seine Vernehmung verzichtet worden wäre.

56 OLG Hamm, in DS 95 Heft 5 S. 2 m. Anm. von *Jessnitzer*.

Zeugnis-/Gutachtenverweigerung

a) Zeugen und Sachverständige, die ihr Zeugnis oder Gutachten verweigern, verlieren, wenn sie **zu der Weigerung gesetzlich berechtigt waren**, durch ihre Weigerung nicht ihren Anspruch auf Entschädigung bzw. Vergütung für das Erscheinen in dem zur Vernehmung bestimmten Termin. 38
Ein Zeuge wird, wenn er erschienen ist, nicht darauf verwiesen werden können, dass er nach § 386 ZPO die Möglichkeit hatte, seine Weigerung schriftlich oder zu Protokoll der Geschäftsstelle zu erklären. Hat er seine Weigerung schriftlich oder zu Protokoll der Geschäftsstelle erklärt und ist er darauf hingewiesen worden, dass er zum Erscheinen im Termin nicht verpflichtet ist, so wird ihm für die Terminwahrnehmung ein Entschädigungsanspruch zu versagen sein.
Der Sachverständige, der nicht nach § 407 ZPO, § 75 StPO zur Erstattung des Gutachtens verpflichtet ist, muss, wenn er der Heranziehung keine Folge leisten will, dies dem Gericht schriftlich mitteilen. Erscheint er trotzdem zum Termin, hat er keinen Anspruch auf Vergütung.

b) Ein Sachverständiger, der die Erstattung des Gutachtens **ohne ausreichenden Grund verweigert**, hat keinen Anspruch auf Vergütung für geleistete Vorarbeiten. Justizfiskus und Sachverständiger stehen in einem öffentlich-rechtlichen Vertragsverhältnis, aus dem für den Sachverständigen ein Vergütungsanspruch erst entsteht, wenn er die Gutachterpflicht vollständig erfüllt hat. Eine Vergütung für eine Teilleistung kommt nur in Betracht, wenn der Sachverständige die Beendigung der Arbeit aus einem zureichenden Grund verweigern kann und verweigert oder wenn die erbrachte Leistung auch als Teilleistung für das Gericht oder die Behörde verwertbar ist.[57]

c) In einem **Termin über die Rechtmäßigkeit der Weigerung** (§§ 387 bis 389 ZPO) ist der Zeuge oder der Sachverständige Partei. Er hat daher keinen Anspruch auf eine Entschädigung oder Vergütung nach dem JVEG. Über die Kosten der Prozessparteien ist nach den §§ 91 ff. ZPO zu entscheiden. Sie sind ggf. im Kostenfestsetzungsverfahren geltend zu machen. Verzichtet der Zeuge oder Sachverständige in dem Termin über die Rechtmäßigkeit der Zeugnisverweigerung nachträglich auf sein Zeugnisverweigerungsrecht und wird er anschließend sofort zu dem Beweisthema vernommen, so erwächst ihm dadurch noch nicht ein Anspruch auf eine Entschädigung oder Vergütung für den vorangegangenen Termin; jedoch wird man ihm einen Anspruch zugestehen müssen, soweit ihm durch die anschließende Vernehmung Mehraufwendungen entstehen.

Zur Vergütung des Sachverständigen, wenn: 39
- das in Auftrag gegebene **Gutachten nicht erstattet wird**,
- **der Sachverständige mit Erfolg abgelehnt** wird oder
- das **Gutachten aus einem anderen Grund unverwertbar** ist,

wird auf die Erläuterungen zu Rdn. 9 lit. a) verwiesen.

57 LSG Baden-Württemberg in Justiz 78.416 LS.

Beauftragung eines anderen Sachverständigen

40 Der vom Gericht beauftragte Sachverständige ist nicht befugt, namens des Gerichts einen anderen Sachverständigen heranzuziehen (§ 407 a Abs. 2 Satz 1 ZPO). Die Auswahl eines Sachverständigen obliegt grds. dem Gericht.[58] Ist der von dem Gericht beauftragte Sachverständige nicht in der Lage, das geforderte Gutachten zu erbringen, und beauftragt er deshalb einen anderen Sachverständigen, so hat dieser mangels eines entsprechenden Auftragsverhältnisses keinen Anspruch auf Erstattung der Sachverständigenvergütung gegen die Staatskasse.

Kreditinstitute und andere Stellen

41 Banken, Sparkassen oder andere Stellen, die vom Gericht, von der Staatsanwaltschaft oder der sonst nach § 1 Abs. 1 zuständigen Behörde zu **Hilfeleistungen bei der Beschaffung von Beweismaterial** für gerichtliche Verfahren oder staatsanwaltschaftliche oder andere Ermittlungsverfahren herangezogen werden, haben nach § 23 einen gesetzlichen Anspruch auf Erstattung der ihnen durch die Zusammenstellung, Aufarbeitung und Herausgabe von Unterlagen entstandenen Personal- und Sachkosten. Auf die Anmerkungen zu § 23 wird hingewiesen.

Eine von der **Finanzbehörde im Besteuerungsverfahren** zur Erteilung einer schriftlichen Auskunft herangezogene Bank ist hinsichtlich ihrer Aufwendungen in entsprechender Anwendung des JVEG wie ein Zeuge zu entschädigen (§ 107 Abgabenordnung - AO -).[59]

Wiedereinziehung der Entschädigungs- oder Vergütungsleistungen

42 a) Nach Nr. 9005 KV-GKG, Nr. 31005 KV-GNotKG, § 107 Abs. 3 Nr. 5 OWiG und Nr. 703 KV-GvKostG werden die an Zeugen, Sachverständige oder Dritte nach dem JVEG gezahlten Beträge als **Gerichtskosten oder Verfahrenskosten bzw. Kosten des Gerichtsvollziehers** von dem zur Kostentragung Verpflichteten wieder eingezogen. Das gilt auch dann, wenn ein Behördenbediensteter für seine Sachverständigentätigkeit nach § 1 Abs. 2 persönlich keine Entschädigung erhalten hat, weil er in Erfüllung seiner Dienstaufgaben tätig geworden ist und der Entschädigungsanspruch seiner Dienstbehörde zusteht. Der nach dem JVEG zu zahlende Betrag ist auch dann von dem Kostenschuldner als Verfahrenskosten einzuziehen, wenn aus Gründen der Verwaltungsvereinfachung auf die Zahlung aus einer öffentlichen Kasse in die andere verzichtet worden ist.

b) Auch Vergütungsbeträge, die an Sachverständige für solche Leistungen ausgezahlt worden sind, die für das Gericht nicht verwertbar waren – z.B. bei Ablehnung des Sachverständigen wegen Besorgnis der Befangenheit –, sind grds. vom Gerichts-

58 LG Frankenthal, in Rpfleger 82.242 zum ZSEG.

59 »Auskunftspflichtige, Vorlagepflichtige und Sachverständige, die die Finanzbehörde zu Beweiszwecken herangezogen hat, erhalten auf Antrag eine Entschädigung oder Vergütung in entsprechender Anwendung des. Dies gilt nicht für die Beteiligten und für die Personen, die für die Beteiligten die Auskunfts- oder Vorlagepflicht zu erfüllen haben.

kostenansatz nicht ausgenommen. Eine »**unrichtige Sachbehandlung**« durch Sachverständige fällt nicht unter die Regelung des § 21 GKG.[60]

c) An Zeugen, Sachverständige, Dritte oder ehrenamtliche Richter **zu viel gezahlte Beträge** können von diesen nach § 1 Nr. 8 JBeitrO wieder eingezogen werden.

VII. Entschädigung oder Vergütung von Behörden und sonstigen öffentlichen Stellen

Behördengutachten

a) Für alle eingeholte Gutachten ist die Vergütung **grds. nach den Regelungen des JVEG** zu berechnen und zwar unabhängig davon, ob es sich um das Gutachten eines privaten Sachverständigen oder um ein »Behördengutachten« handelt. 43
Ebenso wie der private Sachverständige für die Erfüllung seiner öffentlich-rechtlichen Sachverständigenpflicht als Vergütung nur die Beträge des JVEG erhält, selbst wenn er sonst für gleiche oder ähnliche Leistungen eine höhere Vergütung fordern kann, bekommt auch eine Behörde für ein von ihr erstelltes Gutachten nur eine Vergütung nach den Bestimmungen des JVEG. Das gilt auch dann, wenn in einer als Rechtsvorschrift erlassenen Gebührenordnung für eine entsprechende Tätigkeit höhere oder niedrigere Gebühren vorgesehen sind.[61] Die für die Behörde sonst geltende Gebührenordnung findet bei Gutachten, die durch die Behörde für das Gericht, den Staatsanwalt oder die sonst nach § 1 Abs. 1 zuständige Behörde erstattet werden, keine Anwendung.

b) Der Anspruch der Behörde auf Vergütung nach dem JVEG besteht unabhängig davon, ob die Behörde eine eigene Gebührenordnung besitzt oder nicht. Auch Behörden, die keine Gebührenordnung besitzen und z.B. im Rahmen ihres amtlichen Wirkungskreises gerichtliche Gutachten als **Akt der Amtshilfe** grds. kostenlos erstatten mussten, oder das Bundespatentamt, das auf Anforderung des Gerichts oder des Staatsanwalts nach § 29 PatG ein Gutachten über Fragen, die Patente betreffen, erstattet, haben einen Anspruch auf Vergütung nach dem JVEG. Das gilt auch dann, wenn für derartige Leistungen nach Landesrecht Gebührenfreiheit in Betracht kommt.[62]

– S.a. Rdn. 45 –.

c) Soweit eine Behörde im Rahmen ihrer Amtstätigkeit Aufgaben wahrzunehmen hat, die entweder unmittelbar der Strafverfolgung dienen (z.B. Polizeibehörden) oder doch in ein Strafverfahren übergehen können (z.B. Gewerbeaufsichtsämter, Behörden der Gesundheits- und Lebensmittelüberwachung), ist auch eine erforderlich werdende **gutachtliche Stellungnahme** vor Gericht oder ggü. dem Staatsanwalt Teil der Amtstätigkeit der Behörde.

---

60 OLG Hamburg, in JurBüro 78.898 = MDR 78.237; *Oestreich/Winter/Hellstab*, GKG, Rn. 11 zu § 8 GKG a.F.

61 OLG Stuttgart, in Justiz 81.484 zum ZSEG.

62 OLG Stuttgart, in Justiz 87.465; OLG Düsseldorf, in JurBüro 89.1459 = JMBl. NW 89.178 = MDR 89.1022 zum ZSEG.

Anhörung einer Behörde

44 Nicht jede von einer Behörde oder einer sonstigen öffentlichen Stelle auf Anfordern des Gerichts erteilte Auskunft ist eine Sachverständigenleistung i.S.d. JVEG. Nach diesem Gesetz werden nur solche Sachverständigen vergütet, die von der zuständigen Stelle nach § 1 Abs. 1 herangezogen worden sind. Die gesetzlich vorgeschriebene Anhörung von Behörden und sonstigen Stellen durch das Gericht (z.B. Anhörung der Landwirtschaftsbehörde[63] nach § 32 LwVG, etc.) ist keine Heranziehung nach § 1 Abs. 1. Auch die Erteilung von Auskünften, die das Gericht gem. im Verfahren über den Versorgungsausgleich anfordert, stellt keine Heranziehung dar. Der ersuchten Stelle steht daher keine Entschädigung nach den JVEG zu.[64]

Amtshilfe

45 Leistet eine Behörde einem Gericht Amtshilfe und hat sie deshalb einen Anspruch auf Auslagenerstattung (vgl. § 8 Abs. 1 VwVfG NRW), so können die Auslagen in entsprechender Anwendung des JVEG erstattet werden.[65]

Zahlungsverzicht

46 Um Zahlungen aus einer Landeskasse in eine andere zu vermeiden, ist in einzelnen Ländern von allen Landesbehörden oder für einzelne Verwaltungszweige auf die Zahlung der der Behörde zustehenden Sachverständigenvergütung verzichtet worden. Durch den Zahlungsverzicht soll insb. der Verwaltungsaufwand vermieden werden, der dadurch entsteht, dass innerhalb eines Landes Haushaltsmittel von einem Ressort zum anderen verlagert werden, ohne dass dies den Gesamthaushalt des jeweiligen Landes entlastet. Das gilt insb. dann, wenn für die nach dem JVEG zu zahlenden Beträge ein Dritter nicht in Anspruch genommen werden kann.

Die Zahlungspflicht des gerichtlichen Kostenschuldners bleibt davon unberührt. Die nach dem JVEG geschuldeten Sachverständigenkosten werden, auch wenn keine Zahlung erfolgt, von der Behörde zu den Gerichtsakten mitgeteilt, dort geprüft und im gerichtlichen Kostenansatz berücksichtigt.

Einzelne Behörden

47 a) Für die Gutachtertätigkeit der von einem Gericht oder Staatsanwalt als Sachverständige zu Beweiszwecken herangezogenen **Gerichtsärzte als Angehörige der Gesundheitsämter** ist die Vergütung nach den Bestimmungen des JVEG zu bemessen und nicht nach der Gebührenordnung für Gesundheitsämter.[66]

---

63 AG Bad Iburg, in Nds.Rpfl. 95.45.

64 OLG Stuttgart, in JurBüro 80.110 m.w.N. = Justiz 79.439 = KRspr. § 1 Nr. 65 LS m. Anm. von *Lappe*; KG in Rpfleger 81.207 = JurBüro 81.740.

65 OLG Hamburg, in NStZ 87.131 = Rpfleger 87.340 = JurBüro 88.387 = NStE Nr. 1 zu § 11 ZSEG.

66 *Ba.-Wü –.*: Durchführung des gerichtsärztlichen Dienstes durch die Gesundheitsämter, Bek. d. JM. vom 12.02.1992 – 3134 – II/236, in Justiz 92.98.

Für **Ärzte der Gesundheitsämter** gehört die Erstattung von Gutachten für Gerichte zu den Dienstaufgaben.

b) Gutachten, die für Gerichte und Staatsanwaltschaften durch Bedienstete der **bayerischen Fachbehörden der Wasserwirtschaft** erstattet werden, sind grds. als Dienstaufgabe anzusehen. Das gilt auch, wenn ein Bediensteter persönlich mit der Gutachtenerstellung beauftragt worden ist.[67]

c) Die Erstattung von Gutachten auf dem Gebiet des Immissionsschutzes im Auftrag von Gerichten gehört zu den Aufgaben der **Landesanstalt für Immissionsschutz Nordrhein-Westfalen.**[68] Der mit der Erstattung des Gutachtens beauftragte Bedienstete der Landesanstalt hat daher keinen speziellen persönlichen Erstattungsanspruch.

d) Der **Gutachterausschuss nach dem Bundesbaugesetz** ist für Gutachten, die von dem Gericht oder der Staatsanwaltschaft angefordert sind, nach den Bestimmungen des JVEG zu vergüten,[69] wobei für alle Ausschussmitglieder einschließlich der Mitarbeiter der Geschäftsstelle ein einheitlicher Stundensatz zu gewähren ist.[70]
Die Einstufung der Mitarbeiter der Geschäftsstelle als Hilfskräfte kann nicht dazu führen, dass diese Hilfskräfte die eigentliche Gutachterstellung übernehmen und dass für deren Tätigkeit eine Vergütung nach dem Prinzip des vollen Aufwendungsersatzes zugebilligt wird.[71]
USt fällt bei dem Gutachterausschuss nicht an und ist daher auch nicht zu erstatten.[72]

e) Der **Deutsche Wetterdienst** ist für die Erstellung einer von dem Gericht oder der Staatsanwaltschaft angeforderten Wetterauskunft und für die Erstellung eines Gutachtens nach den Bestimmungen des JVEG zu vergüten. Bei dem Deutschen Wetterdienst handelt es sich um eine teilrechtsfähige Anstalt des öffentlichen Rechts im Geschäftsbereich des Bundesministeriums für Verkehr, Bau und Stadtentwicklung, die nicht nach einer eigenen Gebührenordnung abrechnen kann.[73] Ein Fall der Amtshilfe liegt nicht vor, weil die Erbringung meteorologischer Dienstleistungen dem Deutschen Wetterdienst als eigene Aufgabe obliegt (§ 4 Abs. 1 Nr. 1 ff DWD-Gesetz).

---

67 Bek. d. BayStMin. d. I. vom 04.04.1990 – AllMBl. 1990 S. 394/BayJMBl. 1990 S. 59 –.

68 Bek. d. Min. für Umwelt, Raumordnung und Landwirtschaft vom 07.07.1988 – MBl. NW S. 1205/SMBl. NW 2005 –.

69 LG Wuppertal, in KRspr. § 1 ZSEG Nr. 8; OLG Saarbrücken, in KRspr. § 1 Nr. 10; OLG Düsseldorf, in OLGR 94.199 = KRspr. § 3 ZSEG Nr. 19 LS; s.a. *LSA*: Nr. 6 des RdErl. des MI vom 26.09.1994 – 46.2-05401/10, in MBl.LSA 1994 S. 2454.

70 OLG Stuttgart, in Rpfleger 94.183 = Justiz 94.194; LG Hildesheim, in Nds.Rpfl. 96.308 zum ZSEG.

71 OLG Düsseldorf, in OLGR 94.199.

72 OLG München, in Rpfleger 76.264 = JurBüro 76.1362.

73 LG Mönchengladbach (5 T 256/11) v. 24.10.2011 zu AG Mönchengladbach (35 C 346/09) v. 12.9.2011; so auch *Schneider*, JVEG, Rn. 99 zu § 1.

48 Ein Unternehmen kann, jedenfalls wenn es in der Rechtsform einer **juristischen Person** auftritt, als Sachverständiger herangezogen werden mit der Folge, dass ihm und nicht dem einzelnen Sachverständigen ein Vergütungsanspruch zusteht.[74]

– S.a. Rdn. 18 –.

49 Auch der **Technische Überwachungsverein** oder der Deutsche Kfz-Überwachungsverein (DEKRA) ist als Sachverständiger nach den Vorschriften des JVEG zu honorieren, wenn er vom Gericht oder der Staatsanwaltschaft herangezogen und mit der Erstattung eines Gutachtens beauftragt wird.[75] Das gilt auch dann, wenn das Gericht im Beweisbeschluss ausdrücklich eine bei dem TÜV angestellte Betriebsärztin als Sachverständige benannt hat.[76]

– S.a. Rdn. 18 –.

50 Die Erstattung von Gutachten durch die **Rechtsanwaltskammer** nach § 4 Abs. 4, § 14 Abs. 2 RVG ist keine Heranziehung i.S.d. § 1 und daher keine Sachverständigentätigkeit i.S.d. § 1.[77] Die Rechtsanwaltskammer wird nach der herrschenden Meinung nicht als Sachverständige tätig, sondern ihre Aufgaben nach § 62 Abs. 1 BRAO wahr. Sie übernimmt damit Funktionen staatlicher Verwaltung und wird im Rahmen mittelbarer Staatsverwaltung tätig. Das JVEG gewährt nach § 1 Abs. 1 Nr. 1 eine Vergütung jedoch nur für Sachverständige im Rahmen einer Beweiserhebung, jedoch nicht für öffentliche Stellen bei einer Anhörung.

51 Nicht selten ersuchen die Gerichte (Staatsanwaltschaften) in Zivilsachen bzw. in Bußgeld- und Strafverfahren die **Gemeinden um Übersendung von Ampelphasenplänen** und um Stellungnahme zum Betrieb von Lichtzeichenanlagen.

Darüber, wie diese Ersuchen »verfahrensrechtlich« einzuordnen sind, gibt es unterschiedliche Auffassungen. Hiernach kann es sich bei dem Ersuchen handeln um:

a) ein Begehren auf **Amtshilfe** i.S.d. Art. 35 Abs. 1 GG,
b) einen Antrag auf Erteilung einer **Behördenauskunft** i.S.v. § 273 Abs. 2 Nr. 2 ZPO bzw. § 161 StPO,
c) eine **Heranziehung** i.S.d. § 1 Abs. 1 und zwar entweder
   - der Behördenbediensteten als (sachverständige) **Zeugen** oder
   - der Behörde (Behördenangehörigen) als **Sachverständige**,
d) die Inanspruchnahme eines **Dritten i.S.d. § 23**.

Nur in den Fällen zu c) und d) kommt eine Vergütung der Gemeinde bzw. derer Behördenangehöriger nach den Regelungen des JVEG in Betracht.

---

74 LG Stuttgart, in Justiz 72.123 zum ZSEG.
75 VG Oldenburg in Nds.Rpfl. 83.162; OVG Niedersachsen in Nds.Rpfl. 83.259 zum ZSEG.
76 Sächsisches LSG (Chemnitz) in JurBüro 01.486 zum ZSEG.
77 OLG Hamm, in JurBüro 85.1188 = MDR 85.663; OLG München, in MDR 89.922 = Rpfleger 89.477 = JurBüro 89.1680 m.w.N.; OLG Schleswig, in JurBüro 89.1679 = SchlHA 90.11; LG Baden-Baden, in Justiz 01.424 zum ZSEG.

I.d.R. stellt sich das an die Gemeinde gerichtete Ersuchen als ein Begehren auf **Amtshilfe i.S.d. Art. 35 GG** dar, zu der die Behörden des Bundes, der Länder und der Gemeinden untereinander verpflichtet sind. Bei den Ampelphasenplänen handelt es sich um »sonstige Beweismittel«, die sich im Besitz der Gemeinden befinden (§ 5 Abs. 1 Nr. 4 VwVfG NRW). Das Überlassen dieser Pläne an das ersuchende Gericht (die Staatsanwaltschaft) verursacht weder einen unverhältnismäßig großen Aufwand, noch gefährdet es ernstlich die eigenen Aufgaben der Gemeinde (§ 5 Abs. 3 Nrn. 2 und 3 VwVfG NRW). Für die Amtshilfe darf der ersuchenden Stelle keine Gebühr in Rechnung gestellt werden (§ 8 Abs. 1 Satz 1 VwVfG) und dürfen Auslagen nur dann angefordert werden, wenn diese im Einzelfall 35 € übersteigen (§ 8 Abs. 1 Satz 2 VwVfG NRW). Zu den Auslagen zählen jedoch nicht die Personalkosten, weil diese grds. über die Gebühren abgegolten werden (§ 9 Abs. 1 Nr. 1 GebG NRW).

Selbst wenn das Ersuchen auf Übersendung von Ampelphasenplänen und auf Stellungnahme zum Betrieb der Lichtzeichenanlagen nicht als Amtshilfe angesehen werden sollte, könnten nach den einschlägigen Regelungen des Haushaltsrechts der ersuchten Dienststelle nur die Aufwendungen für zusätzliche Ausgaben erstattet werden, die der ersuchten Dienststelle in Ausführung der Leistung unmittelbar entstanden sind, nicht hingegeben der sonstige Verwaltungsaufwand, zu dem auch die Personalkosten zählen. Damit gilt für diese nichts anderes als im Fall der Amtshilfe.

Auch Behördenauskünfte dürften grds. kostenfrei zu erteilen sein.[78]

VIII. Angehörige einer Behörde oder einer sonstigen öffentlichen Stelle als Sachverständige

Während Abs. 2 Satz 1 die Frage regelt, welche Vergütung einer Behörde oder einer 52 sonstigen öffentlichen Stelle zu gewähren ist, die im Rahmen ihrer örtlichen oder sachlichen Zuständigkeit im Wege der Amtshilfe dem Gericht oder der Staatsanwaltschaft eine Auskunft erteilt oder ein Gutachten erstattet, trifft Abs. 2 Satz 2 **Bestimmungen über den persönlichen Vergütungsanspruch von Behördenangehörigen**, die als Gutachter für Gericht oder Staatsanwaltschaft tätig werden.

Sachverständige, zu deren Dienstaufgaben die Erstattung des angeforderten Gutachtens gehört, erhalten für diese Tätigkeit ihre Dienstbezüge. Würden sie für dieselbe Tätigkeit außerdem eine Vergütung nach dem JVEG erhalten, würde für die Tätigkeit ein doppeltes Entgelt aus verschiedenen öffentlichen Kassen gezahlt. Das soll verhindert werden. Diese Regelung findet Anwendung auf Bedienstete (Beamte, Angestellte) von Kommunalbehörden, anderen Behörden und sonstigen öffentlichen Stellen, d.h. auf alle Sachverständige, zu deren Dienstaufgaben die Erstattung des vom Gericht oder dem Staatsanwalt angeforderten Gutachtens gehört und die für diese Tätigkeit Dienstbezüge aus einer öffentlichen Kasse erhalten.

78 LG Duisburg, Beschl. v. 29.08.1988 – 10 O 66/88 – zum ZSEG.

53 Da für jedes im Auftrag des Gerichts oder der Staatsanwaltschaft erstattete Gutachten ein Anspruch auf Vergütung nach dem JVEG besteht, unabhängig davon, ob das Gutachten von einem privaten Gutachter oder einer Behörde erstattet ist, hat die Frage, ob der Auftrag zur Erstattung des Gutachtens der Behörde oder persönlich dem das Gutachten fertigenden Bediensteten dieser Behörde erteilt worden ist, kaum noch eine praktische Bedeutung. Die Frage, ob überhaupt eine Vergütung zu zahlen ist, kann nur dann streitig werden, wenn unklar ist, ob zwischen der Justizverwaltung und der das Gutachten erstattenden Behörde ein Zahlungsverzicht – s. Rdn. 47 – vereinbart worden ist. Für die **Höhe der Vergütung** ist es gleichgültig, ob der Bedienstete oder die Behörde mit der Erstattung des Gutachtens beauftragt war.

Die Frage, ob der Sachverständige das Gutachten in Erfüllung seiner Dienstaufgaben erstattet und die Vergütung daher der Behörde zusteht, ist **nach dem Aufgabenbereich der Behörde und dem Dienstrecht** des Sachverständigen zu beurteilen.

Da die Abgrenzung Einzelfall schwierig sein kann, sind hierzu in einzelnen Ländern klärende Verwaltungsvorschriften erlassen worden.

54 Die Vergütung für die Sachverständigenleistung steht der Behörde oder der öffentlichen Stelle stets dann zu, wenn die **Leistung zu ihren amtlichen Aufgaben** gehört und von ihr oder von einem ihrer Bediensteten **in Erfüllung seiner Dienstaufgaben** erbracht wird.[79] Die Sachverständigenleistung wird von einem Bediensteten in Erfüllung seiner Dienstaufgaben erbracht, wenn sie ihm nach der Geschäftsverteilung oder einer anderen allgemeinen Regelung obliegt oder im Einzelfall zugewiesen worden ist. Es kommt hierbei nicht darauf an, ob die Behörde oder Stelle selbst oder einer ihrer Bediensteten persönlich aufgefordert worden ist, die Sachverständigenleistung zu erbringen. Selbst wenn der nach der Geschäftsverteilung zuständige Bedienstete wegen seiner besonderen Sachkunde persönlich zum Sachverständigen bestellt worden ist, erbringt er mit der Erstattung des Gutachtens eine Leistung, die zu seinen Dienstaufgaben gehört und durch das Gehalt abgegolten ist. Die Vergütung für die Sachverständigenleistung steht daher stets der Behörde zu.

Selbst wenn keine Vorschrift besteht, die ausdrücklich die Tätigkeit als gerichtlicher Sachverständiger einem Behördenbediensteten als Dienstaufgabe zuweist, kann die Tätigkeit doch zu den Dienstaufgaben des Bediensteten gehören. Das wird, wenn nicht eine ausdrückliche Bestimmung des Dienstrechts entgegensteht, dann der Fall sein, wenn die Tätigkeit als Sachverständiger vor Gericht in einem so engen Zusammenhang mit seiner dienstlichen Tätigkeit steht und sich nach Art und Umfang so wenig von dieser Tätigkeit abhebt, dass sie bei natürlicher Betrachtung als eine Fortsetzung und Ergänzung seiner allgemeinen dienstlichen Tätigkeit erscheint.[80]

79 OLG Stuttgart, in Justiz 81.484.

80 OLG München, in JurBüro 73.571 = KRspr. § 1 ZSEG Nr. 41 LS m. Anm. von *Lappe*; LG Krefeld, in KRspr § 1 ZSEG Nr. 50 LS.

Wenn die Erstattung von Gutachten zu den Dienstaufgaben des Angehörigen einer Behörde gehört, hat er auch dann keinen persönlichen Vergütungsanspruch, wenn er das Gutachten **außerhalb der Dienststunden oder während seines Urlaubes** erstattet.[81] Die Tatsache, dass eine dienstliche Aufgabe während des Urlaubs geleistet wird, ändert nichts an ihrem dienstlichen Charakter. Auch die während des Urlaubs erledigte Dienstaufgabe ist durch das Gehalt abgegolten. 55

Zu den Dienstaufgaben gehört nicht nur die reine labortechnische Untersuchungsarbeit, sondern **auch die mündliche Erläuterung** der Methode und des wissenschaftlichen Ergebnisses der Untersuchung in der Hauptverhandlung. 56

Soweit die Gutachtertätigkeit des Sachverständigen in der Hauptverhandlung sich auf die Vertretung und Erläuterung des zu seinen Dienstaufgaben gehörenden schriftlichen Gutachtens beschränkt, hat der Sachverständige nach dem klaren und eindeutigen Wortlaut des § 1 Abs. 2 keinen persönlichen Anspruch auf eine Vergütung.[82] Nur wenn sich die Sachverständigentätigkeit in der Hauptverhandlung auf Fragen erstreckt, deren Beantwortung nicht mehr zu den Dienstaufgaben des Sachverständigen gehört, kann ihm insoweit eine Vergütung nach dem JVEG persönlich gewährt werden.[83] Die Tatsache, dass die Abgrenzung im Einzelfall schwierig sein kann, vermag es nicht zu rechtfertigen, dem Sachverständigen in jedem Fall für die mündliche Gutachtertätigkeit in der Hauptverhandlung und damit auch für die zu seinen Dienstaufgaben gehörende Vertretung und Erläuterung des schriftlichen Gutachtens eine persönliche Vergütung zu bewilligen.

Nimmt im Rahmen eines als Dienstaufgabe erstellten Gutachtens ein Sachverständiger Stellung zu den Folgen des von ihm festgestellten Blutalkoholgehalts, also zur Beeinträchtigung der Fahrtüchtigkeit und Zurechnungsfähigkeit, so geht dies über den Rahmen seiner Dienstaufgaben hinaus.

Für die Begutachtung der Fahrtüchtigkeit und der Zurechnungsfähigkeit steht dem Sachverständigen demnach ein persönlicher Vergütungsanspruch zu. Für die Erläuterung der Untersuchung der Blutprobe und die Ermittlung des Blutalkoholgehalts zur Tatzeit sowie die Darlegung dieser Berechnung in der Hauptverhandlung hat er keinen Anspruch auf Vergütung.

Ein Behördenbediensteter, der in Erfüllung seiner Dienstaufgaben ein Gutachten erstattet, hat, soweit nicht abweichende Verwaltungsvorschriften bestehen, auch wegen seiner **Reisekosten** keinen unmittelbaren Anspruch gegen das Gericht oder die Staatsanwaltschaft. Seine Reisekosten muss er wie bei jeder anderen Dienstreise von seiner Dienststelle erhalten, die ihrerseits ihre Ansprüche nach § 1 Abs. 1 und 2 geltend machen kann. 57

---

81 LG München, in Rpfleger 73.335 = JurBüro 73.1001; a.A. OLG Nürnberg, in KRspr. § 1 ZSEG Nr. 33 m. abl. Anm. v. *Lappe*.

82 LG Flensburg, in JurBüro 76.941.

83 OLG Frankfurt am Main, in MDR 73.338 zum ZSEG.

58 Im Allgemeinen bestimmt sich die Frage, inwieweit die gutachterliche Äußerung eines **Arztes eines Gesundheitsamts oder einer Landesklinik (einem Landeskrankenhaus)** zu den Dienstaufgaben des Arztes gehört, nach dem Dienstrecht des Arztes. Eine kurze gutachtliche Äußerung wird in aller Regel zu den Dienstaufgaben des Anstaltsarztes gehören, nicht dagegen die Erstattung eines ausführlichen fachärztlichen Gutachtens.

Die Beantwortung einer an das Landeskrankenhaus gerichteten Anfrage durch den Anstaltsarzt, ob der Zweck einer im Strafverfahren angeordneten Unterbringung erreicht ist, gehört i.d.R. zu den Dienstaufgaben des Arztes.[84]

Dabei macht es keinen Unterschied, ob die Antwort in die Form einer kurz gefassten Stellungnahme oder unaufgefordert in die Form eines ausführlichen Gutachtens gekleidet ist.

Die Vergütung nach dem JVEG für die i.R.d. Dienstaufgaben erbrachten gutachterlichen Leistungen steht dem Landeskrankenhaus zu, nicht dem einzelnen Anstaltsarzt.

IX. Vorrang der Verfahrensvorschriften nach dem JVEG

59 Die Behandlung und die Entscheidungen über Anträge auf Vergütung oder Entschädigung, auf gerichtliche Festsetzung nach § 4 und Beschwerdeverfahren richten sich ausschließlich nach den Vorschriften des JVEG. Die jeweiligen Verfahrensvorschriften für das Ausgangsverfahren, in dem Ansprüche auf Vergütung oder Entschädigung entstehen, sind dagegen nicht maßgeblich. Die kostenrechtlichen Vorschriften als die spezielleren Vorschriften gehen somit immer vor.

– S. auch § 4c –.

Die Neuregelung schafft eine Erleichterung für die Berechtigten. Wenn ihre Vergütung oder Entschädigung gekürzt oder abgelehnt wird, müssen sie nicht aufwändig prüfen, welche Rechtsbehelfe bzw. Rechtsmittel nach welchen Verfahrensvorschriften einzulegen sind. Ihnen steht immer der Weg nach § 4 Abs. 1 (Antrag auf gerichtliche Festsetzung) oder die Beschwerde nach § 4 Abs. 3 gegen eine gerichtliche Festsetzung offen. Beide Möglichkeiten sind unbefristet. Ab dem 1. Januar 2014 wird darauf gemäß § 4 c in jedem Fall gesondert hingewiesen.

Gemäß Abs. 1 Satz 2 wird eine Vergütung oder Entschädigung nur nach diesem Gesetz gewährt. Die Vorschriften des JVEG wurden deshalb von der gerichtlichen Praxis bislang bereits für Anträge und Entscheidungen zur Vergütung und Entschädigung herangezogen. Dies wird durch das Anfügen des neuen Abs. 5 nunmehr gesetzlich geklärt. Entsprechende Regelungen finden sich auch in anderen Kostengesetzen, z.B. in § 1 Abs. 6 GNotKG, § 1 Abs. 5 GKG, § 1 Abs. 2 FamGKG).

84 LG Bayreuth, in Rpfleger 82.82; LG Kleve, in JurBüro 87.81 zum ZSEG.

§ 2 JVEG Geltendmachung und Erlöschen des Anspruchs, Verjährung

(1) Der Anspruch auf Vergütung oder Entschädigung erlischt, wenn er nicht binnen drei Monaten bei der Stelle, die den Berechtigten herangezogen oder beauftragt hat, geltend gemacht wird, hierüber und über den Beginn der Frist ist der Berechtigte zu belehren. Die Frist beginnt

1. im Fall der schriftlichen Begutachtung oder der Anfertigung einer Übersetzung mit Eingang des Gutachtens oder der Übersetzung bei der Stelle, die den Berechtigten beauftragt hat,
2. im Fall der Vernehmung als Sachverständiger oder Zeuge oder der Zuziehung als Dolmetscher mit Beendigung der Vernehmung oder Zuziehung,
3. bei vorzeitiger Beendigung der Heranziehung oder des Auftrags in den Fällen der Nummern 1 und 2 mit der Bekanntgabe der Erledigung an den Berechtigten,
4. in den Fällen des § 23 mit Beendigung der Maßnahme und
5. im Fall der Dienstleistung als ehrenamtlicher Richter oder Mitglied eines Ausschusses im Sinne des § 1 Abs. 4 mit Beendigung der Amtsperiode, jedoch nicht vor dem Ende der Amtstätigkeit.

Wird der Berechtigte in den Fällen des Satzes 2 Nummer 1 und 2 in demselben Verfahren, im gerichtlichen Verfahren in demselben Rechtszug, mehrfach herangezogen, ist für den Beginn aller Fristen die letzte Heranziehung maßgebend. Die Frist kann auf begründeten Antrag von der in Satz 1 genannten Stelle verlängert werden; lehnt sie eine Verlängerung ab, hat sie den Antrag unverzüglich dem nach § 4 Abs. 1 für die Festsetzung der Vergütung oder Entschädigung zuständigen Gericht vorzulegen, das durch unanfechtbaren Beschluss entscheidet. Weist das Gericht den Antrag zurück, erlischt der Anspruch, wenn die Frist nach Satz 1 abgelaufen und der Anspruch nicht binnen zwei Wochen ab Bekanntgabe der Entscheidung bei der in Satz 1 genannten Stelle geltend gemacht worden ist.

(2) War der Berechtigte ohne sein Verschulden an der Einhaltung der Frist nach Absatz 1 gehindert, gewährt ihm das Gericht auf Antrag Wiedereinsetzung in den vorigen Stand, wenn er innerhalb von zwei Wochen nach Beseitigung des Hindernisses den Anspruch beziffert und die Tatsachen glaubhaft macht, welche die Wiedereinsetzung begründen. Ein Fehlen des Verschuldens wird vermutet, wenn eine Belehrung nach Absatz 1 Satz 1 unterblieben oder fehlerhaft ist. Nach Ablauf eines Jahres, von dem Ende der versäumten Frist an gerechnet, kann die Wiedereinsetzung nicht mehr verlangt werden. Gegen die Ablehnung der Wiedereinsetzung findet die Beschwerde statt. Sie ist nur zulässig, wenn sie innerhalb von zwei Wochen eingelegt wird. Die Frist beginnt mit der Zustellung der Entscheidung. § 4 Abs. 4 Satz 1 bis 3 und Abs. 6 bis 8 ist entsprechend anzuwenden.

(3) Der Anspruch auf Vergütung oder Entschädigung verjährt in drei Jahren nach Ablauf des Kalenderjahres, in dem der nach Abs. 1 Satz 2 Nr. 1 bis 4 maßgebliche Zeitpunkt eingetreten ist. Auf die Verjährung sind die Vorschriften des Bürgerlichen Gesetzbuches anzuwenden. Durch den Antrag auf gerichtliche Festsetzung

(§ 4) wird die Verjährung wie durch Klageerhebung gehemmt. Die Verjährung wird nicht von Amts wegen berücksichtigt.

(4) Der Anspruch auf Erstattung zu viel gezahlter Vergütung oder Entschädigung verjährt in drei Jahren nach Ablauf des Kalenderjahres, in dem die Zahlung erfolgt ist. § 5 Abs. 3 des Gerichtskostengesetzes gilt entsprechend.

Übersicht Rdn.

I. Vorbemerkung

1 Mit den durch das 2. KostRMoG eingeführten Änderungen werden wesentliche Schritte zu einer einfacheren und konfliktfreien Vergütung vollzogen. Das Verfahren wurde anspruchstellerfreundlicher ausgeformt. Zu einem vollständigen Wegfall der Frist, wie sie insbesondere die Sachverständigen und ihre Verbände von Beginn an gefordert haben (s. *Bleutge* »Die Novelle zum JVEG« in DS 2013, 256; so auch *Ulrich* »JVEG: Vorher-Nachher« in DS 2013, 264), hat sich der Gesetzgeber nicht entschlossen.

Die Gesetzesbegründung (BT-Drucksache 17/11471 (neu) S. 258) führt dazu aus, es werde immer wieder beklagt, dass Berechtigte die Frist zur Geltendmachung der ihnen zustehenden Vergütung oder Entschädigung versäumen. Als wesentlichen Grund dafür zitiert die Gesetzesbegründung »Unkenntnisse über die Ausschlussfrist oder ein Missverständnis über den Beginn der Frist«, wenn der Berechtigte ein weiteres Mal herangezogen wird.

Hinsichtlich der Entschädigung von Zeugen und Dritten erscheint dies zutreffend. Hinsichtlich der Vergütung von Sachverständigen verwundert die Begründung mit Blick auf das durch das KostRMoG 2004 neugeschaffene Bild des hauptberuflichen Sachverständigen, der seine Einkünfte aus dieser Tätigkeit erzielt. Von einem solchen Sachverständigen darf erwartet werden, dass er ein wirksames System für die Abrechnung seiner Vergütung - mittels entsprechendem Personaleinsatz und durch Einsatz entsprechender Abrechnungsprogramme - unterhält, um eine fristgerechte Abrechnung zu gewährleisten,

Den ohnehin bereits vordruckmäßig vorgesehenen Hinweisen auf die Abrechnungsfrist und ein mögliches Erlöschen des Anspruchs (Vordrucke ZP 22, ZP 23 u.a.) wurde durch die Aufnahme einer Belehrungsverpflichtung stärker Geltung verschafft.

Die Belehrungspflicht soll nach dem Gesetzentwurf (BT-Drucksache, a.a.O) für erstmalig oder selten herangezogene Personen wichtig sein. Eine unterlassene Belehrung soll in jedem Fall einen Antrag auf Wiedereinsetzung in den vorherigen Stand begründen.

II. Vergütung und Entschädigung auf Verlangen

An die Anspruchsberechtigten dürfen Vergütungen bzw. Entschädigungen nach dem JVEG nur gezahlt werden, **wenn sie den Anspruch geltend machen (verlangen).** 2

Als **Verlangen gilt jede Erklärung, aus der sich ergibt, dass eine Vergütung oder Entschädigung beansprucht wird.**[1] Sie ist an keine Form gebunden. Das Verlangen kann mündlich oder schriftlich sowohl bei der Stelle (z.B. Gericht oder der Staatsanwaltschaft), die die anspruchsberechtigte Person herangezogen hat, als auch bei der Anweisungsstelle (Urkundsbeamten der Geschäftsstelle) dieser Behörde erklärt werden. Das Verlangen ist angebracht, wenn der Anspruch grds. geltend gemacht wird.

So muss z.B. ein Zeuge zu erkennen geben, dass er eine Zeugenentschädigung begehrt. Die Höhe der Entschädigung braucht dabei von ihm noch nicht beziffert zu werden. Es genügt, wenn der Zeuge innerhalb der Frist des Abs. 1 Satz 1 die Übersendung des Formulars für die Geltendmachung von Zeugenentschädigung erbittet, da hierdurch das Entschädigungsverlangen ggü. dem Gericht hinreichend zum Ausdruck gebracht wird.[2] Hat der Zeuge innerhalb der Dreimonatsfrist nur allgemein seinen Anspruch auf Entschädigung gestellt, **ohne ihn zu beziffern**, so kann er dies bis zum Ablauf der Verjährungsfrist noch nachholen. Ist das Verlangen auf Entschädigung eindeutig gestellt, muss die Anweisungsstelle i.R.d. Fürsorgepflicht, spätestens nach der Erinnerung des Zeugen an seine Entschädigung, bei dem Zeugen die Höhe der begehrten Entschädigung erfragen.

Hat der Zeuge innerhalb der Dreimonatsfrist einen bezifferten Anspruch geltend gemacht, kann er bis zum Ablauf der Verjährungsfrist **Nachforderungen** stellen.

Von einem Sachverständigen wird man verlangen können, dass er innerhalb der nach Abs. 1 gesetzten Frist seinen Vergütungsanspruch **aufgeschlüsselt nach den verschiedenen Ansprüchen** (s. § 8 Abs. 1) vollständig geltend macht. Die Angabe der geforderten Endsumme allein genügt nicht.[3]

Bei der Geltendmachung seiner Vergütung sollte der Anspruchsberechtigte in seiner »**Kostenrechnung**« die einzelnen Ansprüche so schlüssig darstellen, dass sie von der anweisenden Stelle (oder dem Gericht) i.V.m. den vorliegenden Sachakten zweifelsfrei

1 LG Würzburg, in JurBüro 77.829 zum ZSEG.
2 LG Passau, in KRspr. § 15 ZSEG Nr. 11; OLG Düsseldorf, in JurBüro 96.490 zum ZSEG.
3 LSG München v. 03.11.2008 – L 15 SF 154/08 P KO, in KostRspr. § 2 JVEG Nr. 4 = JurBüro 09,150; SchlHOLG, Beschl. v. 29.04.2013 - 9 W 34/13 - in SchlHA 13, 329.

nachvollziehbar sind und die Zahlbarmachung der Vergütung ohne weitere notwendige Rückfragen zügig vorgenommen werden kann.

Der Anspruch muss von der anspruchsberechtigten Person **selbst oder ihrem gesetzlichen Vertreter** geltend gemacht werden.

Stirbt z.B. der Sachverständige vor Vollendung des Gutachtens, so haben seine **Erben** Anspruch auf Vergütung der von dem Sachverständigen vor seinem Tode erbrachten Leistung, auch wenn das Gutachten noch nicht erstattet war oder die fertiggestellte Teilleistung für das Gericht oder die Staatsanwaltschaft nicht verwertbar ist. Die Erben eines verstorbenen Zeugen oder Sachverständigen können innerhalb der in Abs. 1 vorgesehenen Frist ihr Vergütungsverlangen stellen.

Werden Entschädigungen oder Vergütungen an die Anspruchsberechtigten gezahlt, **ohne dass eine Entschädigung oder Vergütung überhaupt oder in dieser Höhe verlangt worden ist**, so kann das Verlangen noch innerhalb der Dreimonatsfrist nachgeholt werden. Ob das Verlangen, auch wenn es nicht ausdrücklich erklärt worden ist, schon aus sonstigen Erklärungen oder Handlungen der anspruchsberechtigten Person geschlossen werden kann, wird nach der Lage des Einzelfalles zu entscheiden sein.

III. Frist zur Geltendmachung der Ansprüche

3 Durch Abs. 1 wird die **Frist zur Geltendmachung** der Vergütungs- bzw. Entschädigungsansprüche für alle Anspruchsberechtigten **auf 3 Monate vereinheitlicht**. Sie gilt daher für die Entschädigungsansprüche von Zeugen und Dritten, für die Entschädigungsansprüche der ehrenamtlichen Richter und der in § 1 Abs. 4 JVEG genannten Vertrauenspersonen und Vertrauensleute und die Vergütungsansprüche von Sachverständigen, Dolmetschern und Übersetzern.

Damit die Berechtigten die Frist zur Geltendmachung der ihnen zustehenden Vergütung oder Entschädigung nicht versäumen, müssen sie gemäß Abs. 1 Satz 1, 1. Hs zum einen darüber belehrt werden, dass ihre Ansprüche nach Ablauf von drei Monaten erlöschen. Zum anderen erstreckt sich die Belehrungspflicht auch auf den Zeitpunkts des Fristbeginns.

Die Dreimonatsfrist beginnt

1. für Sachverständige und Übersetzer, von denen eine schriftliche Begutachtung oder die Anfertigung einer Übersetzung gefordert wurde, mit dem Eingang des Gutachtens oder der Übersetzung bei der heranziehenden Stelle (Abs. 1 Satz 2 Nr. 1),
2. für Zeugen, Sachverständige oder Dolmetscher, die vernommen oder hinzugezogen werden, mit der Beendigung der Vernehmung oder Zuziehung (Abs. 1 Satz 2 Nr. 2),
3. für Zeugen, Sachverständige oder Dolmetscher bei vorzeitiger Beendigung der Heranziehung oder des Auftrags mit der Bekanntgabe der Erledigung an den Berechtigten (Abs. 1 Satz 2 Nr. 3),
4. für Dritte i.S.d. § 23 mit der Beendigung der Maßnahme (Abs. 1 Satz 2 Nr. 4) und

5. für die ehrenamtlichen Richter und die in § 1 Abs. 4 genannten Personen mit der Beendigung der Amtsperiode, jedoch nicht vor Ende ihrer Amtstätigkeit (Abs. 1 Satz 2 Nr. 5).

Vorzeitige Beendigung der Heranziehung (Abs. 1 S. 2 Nr. 3)

Es kann zu Verfahrenssituationen kommen, in denen einem Anspruchsteller nicht klar ist, ob seine Tätigkeit bereits beendet ist oder von der heranziehenden Stelle als beendet angesehen wird. Hieraus können Zweifel über den Beginn der Frist zur Geltendmachung herrühren. Für den Fall der vorzeitigen Beendigung in den Fällen des Absatzes 1 Satz 2 Nr. 1 und 2 ist deshalb in der neuen Nummer 3 des Satzes 2 eine ausdrückliche Regelung aufgenommen worden, die die heranziehende Stelle verpflichtet, dem Herangezogenen den Zeitpunkt der Beendigung seiner Tätigkeit mitzuteilen. Nach der Gesetzesbegründung (BT-Drucksache. 17/11471 neu S. 258) betrifft dies z.B. den Fall, dass ein Zivilprozess vor Abgabe eines Sachverständigengutachtens endet.

Ist ein Zeuge von einem Sachverständigen untersucht worden, so beginnt die Frist für den Zeugen noch nicht mit seiner Entlassung durch den Sachverständigen, sondern erst mit der Beendigung der Beweisaufnahme, d.h. mit der Beendigung der Hinzuziehung durch das Gericht.

Beendigung der Amtsperiode oder der Amtstätigkeit (Abs. 1 Satz 2 Nr. 5)

Der Fristbeginn für ehrenamtliche Richter und für Personen, die ehrenamtlichen Richtern gleichstehen, wird weiter nach hinten verlagert. Während bisher das Ende der Amtsperiode maßgeblich war, ist nunmehr das Ende des Schöffenamtes maßgeblicher Zeitpunkt.

Das Schöffenamt endet mit der letzten Sitzung, für die der Schöffe herangezogen wird. Dies kann ein Zeitpunkt sein, der nach dem Ablauf seiner turnusmäßigen Amtsperiode (eine Amtsperiode für Schöffen beträgt zurzeit fünf Kalenderjahre) liegt.

Mehrfache Heranziehung (Abs. 1 Satz 3)

In der Praxis werden Zeugen in einem Verfahren bzw. in einem Rechtszug gelegentlich mehrfach herangezogen, z.B. wenn sie an mehreren aufeinanderfolgenden Sitzungstagen vernommen werden oder wenn sie zunächst eine Aussage schriftlich erstattet haben (§ 377 ZPO) und das Gericht Ergänzungen dieser schriftlichen Aussage verlangt. Ebenso kann ein Zeuge durch einen Sachverständigen (Arzt) mehrfach untersucht worden sein.[4]

Ebenso werden Sachverständige in einem Verfahren bzw. in einem Rechtszug häufig mehrfach beauftragt, z.B. zunächst mit der Fertigung eines Gutachtens und anschließend mit der Erläuterung des Gutachtens in einem Termin. In diesen Fällen soll künftig die Frist für sämtliche Vergütungen und Entschädigungen erst mit der letzten

4 LSG Stuttgart, Beschl. v. 31.07.2012 in JurBüro 12, 603;

Heranziehung beginnen. Durch diese Regelung werden Streitigkeiten vermieden und die heranziehenden Stellen von dem Aufwand mehrfacher Abrechnungen entlastet, weil z.B. Sachverständige bei angekündigter mehrfacher Heranziehung nur einmal einen Gesamtvergütungsantrag stellen.

Die Verlängerung der Frist zur Geltendmachung der Vergütungs- und Entschädigungsansprüche hat keinen Einfluss auf die Anwendung der Übergangsvorschriften in § 24 JVEG. Für die Frage, ob altes oder neues Recht anzuwenden ist, ist allein maßgeblich, wann ein Auftrag erteilt oder ein Berechtigter herangezogen worden ist. Zu welchem Zeitpunkt der Anspruch spätestens geltend gemacht werden muss, hat darauf keinen Einfluss.

IV. Verlängerung der Frist (Abs. 1 Satz 4)

4 Infolge der relativ kurzen Frist zur Geltendmachung der Vergütungs- oder Entschädigungsansprüche kann es dem Anspruchsberechtigten in Einzelfällen Schwierigkeiten bereiten, seine Vergütungs- oder Entschädigungsberechnung rechtzeitig vorzulegen. Der Berechtigte kann daher nach Abs. 1 Satz 4 unter Angabe von Gründen eine Fristverlängerung beantragen. Ein berechtigtes Interesse an einer angemessenen Fristverlängerung ist bspw. gegeben, wenn sich der Sachverständige bei der Gutachtenerstellung eines von ihm unabhängigen Dritten als Hilfskraft bedient hat und dieser Dritte sein Honorar ggü. dem Sachverständigen noch nicht geltend gemacht hat.[5]

– S.a. § 12 Rdn. 15, 20 –.

Die Fristverlängerung ist bei der Stelle zu beantragen, die den Anspruchsberechtigten nach § 1 herangezogen hat.

Der Antrag auf Fristverlängerung ist innerhalb der Dreimonatsfrist nach Abs. 1 Satz 1 zu stellen. Eine Fristverlängerung nach Ablauf der Frist ist begrifflich nicht möglich. Der Irrtum des Anspruchsberechtigten über den Beginn der Dreimonatsfrist ist auch kein Wiedereinsetzungsgrund nach § 2 Abs. 2 Satz 1.[6]

Lehnt die zur Entscheidung berufene Stelle die Fristverlängerung ab, so hat sie den Antrag unverzüglich dem nach § 4 Abs. 1 für die Festsetzung der Vergütung oder Entschädigung zuständigen Gericht zur Entscheidung vorzulegen. Dieses entscheidet unanfechtbar über den Antrag durch Beschluss.

Weist das Gericht den Antrag auf Fristverlängerung zurück, so erlischt der Anspruch auf Vergütung oder Entschädigung wenn

a) die Frist nach Abs. 1 Satz 1 abgelaufen **und**
b) der Anspruch nicht binnen 2 Wochen ab Bekanntgabe der gerichtlichen Entscheidung bei der heranziehenden Stelle geltend gemacht worden ist.

---

5 BT-Drucks. 15/1971 – Begründung zu § 2 JVEG – S. 219 –.
6 LG Hannover, Beschl. v. 02.06.2005 – 83 StVK 2/05, in JurBüro 05.550 m. zust. Anm. von *Bund* = Nds.Rpfl. 05.349.

Die Regelung in Abs. 1 Satz 4 soll verhindern, dass der Anspruchsberechtigte trotz seines Antrags auf Fristverlängerung innerhalb der Frist nach Abs. 1 Satz 1 seinen – dann unvollständigen – Anspruch abrechnen muss oder bei endgültiger Ablehnung der Fristverlängerung in Gefahr läuft, seinen Anspruch schon vor Bekanntgabe der ablehnenden Entscheidung endgültig zu verlieren.[7]

V. Wiedereinsetzung in den vorigen Stand (Abs. 2)

Die Anspruchsberechtigten haben im Fall der schuldlosen Versäumung der Dreimo- 5
natsfrist nach Abs. 1 Satz 1 oder der Zweiwochenfrist nach Abs. 1 Satz 5 die Möglichkeit, bei dem nach § 4 Abs. 1 zuständigen Gericht einen Antrag auf Wiedereinsetzung in den vorherigen Stand zu stellen.

Wiedereinsetzung in den vorherigen Stand zu gewähren, wenn die anspruchsberechtigte Person innerhalb von 2 Wochen nach Beseitigung des Hindernisses glaubhaft macht, dass sie ohne eigenes Verschulden nicht in der Lage war, die Frist einzuhalten und den Anspruch beziffert. Ist die heranziehende Stelle ihrer Belehrungspflicht nach Absatz 1 Satz 1 nicht nachgekommen, wird unterstellt, dass die Versäumung der Frist vom Anspruchsberechtigten nicht verschuldet ist.

Die Wiedereinsetzung in den vorigen Stand ist ausgeschlossen, wenn, von dem Ende der versäumten Frist an gerechnet, mehr als ein Jahr verstrichen ist.

Gegen die Ablehnung der Wiedereinsetzung kann der Anspruchsberechtigte binnen einer Frist von 2 Wochen, die mit der Zustellung der ablehnenden Entscheidung beginnt, Beschwerde einlegen. I.Ü. gelten die Regelungen des § 4 Abs. 4 Satz 1 bis 3 und Abs. 6 bis 8 entsprechend.

– S. hierzu § 4 Rdn. 14 f. –.

Gewährt das Gericht dem Sachverständigen Wiedereinsetzung, ist diese Entscheidung für die Staatskasse unanfechtbar. [8]

VI. Pfändung, Abtretung des Entschädigungs- oder Vergütungsanspruchs

a) Das Gesetz sagt über die Pfändbarkeit und Abtretbarkeit des Anspruchs auf 6
Entschädigung oder auf die Sachverständigenvergütung nichts.
So sind z.B. künftige, **noch nicht entstandene Ansprüche auf Zeugenentschädigung** jedenfalls nicht pfändbar, da durch die Pfändung der Zweck der Entschädigung, dem Zeugen das Erscheinen vor Gericht, seine Vernehmung und die Rückkehr an seinen Wohnort zu ermöglichen, gefährdet werden könnte. Auch der Anspruch auf Gewährung eines Vorschusses ist nicht pfändbar. Die Ansprüche können daher auch nicht abgetreten werden.

7 BT-Drucks. 15/1971 – Begründung zu § 2 JVEG – S. 219 –.
8 OLG Koblenz, Beschl. v. 27.02.2012 - 14 W 107/12 - JurBüro 12, 320 = MDR 12, 428;

Dagegen kann **eine bereits entstandene Zeugenentschädigung** abgetreten werden, auch wenn die Höhe des Anspruchs zum Zeitpunkt der Abtretung noch nicht festgestellt ist. Es genügt, dass die Höhe des Entschädigungsanspruchs bestimmbar ist. Der Zessionar kann das Verlangen auf Entschädigung stellen und ggf. auch die gerichtliche Festsetzung nach § 4 beantragen.[9]

Die Frage, ob eine bereits fällige Zeugenentschädigung pfändbar ist, hat keine praktische Bedeutung, da Zeugenentschädigungen regelmäßig in unmittelbarem Anschluss an die Vernehmung verlangt und ausgezahlt werden.

b) Der Anspruch auf **eine künftige Sachverständigenvergütung** ist abtretbar. Auch die Pfändbarkeit des künftigen Anspruchs wird zu bejahen sein, wenn die Forderung hinreichend genau bezeichnet werden kann. So kann der künftige Anspruch des Sachverständigen auf Vergütung bereits gepfändet werden, wenn der Sachverständige mit der Begutachtung zwar beauftragt ist, aber seine Leistungen noch nicht erbracht hat und demzufolge auch die Höhe seiner künftigen Vergütung noch nicht feststeht. Zur Pfändbarkeit der künftigen Vergütung ist es ausreichend, dass für die Forderung eine rechtliche Grundlage vorhanden ist, nach der die Forderung entsprechend ihrer Art und nach der Person des Drittschuldners bestimmbar ist.[10]

Dagegen werden künftige Vergütungsansprüche aus Aufträgen, mit denen ein Sachverständiger möglicherweise erst in der Zukunft betraut wird, nicht pfändbar sein, da für diese Fälle die künftige Forderung nicht hinreichend konkretisiert werden kann.

Eine bereits **entstandene Sachverständigenvergütung** ist sowohl pfändbar als auch abtretbar.

VII. Berechnung und Zahlung der Entschädigung oder Vergütung

7 Die einem ehrenamtlichen Richter, Zeugen, Dritten oder Sachverständigen aus der Staatskasse zu zahlende Entschädigung oder Vergütung wird im Regelfall **im Verwaltungsweg** berechnet (festgestellt), zur Zahlung angewiesen und durch die zuständige Kasse/Zahlstelle ausgezahlt.

Zuständig für die Berechnung und Anweisung der Entschädigung bzw. Vergütung bei den Gerichten und Staatsanwaltschaften ist der **Urkundsbeamte der Geschäftsstelle – UdG – (Anweisungsstelle)**. Welcher Bedienstete für die Berechnung und Anweisung der Beträge zuständig ist, wird von der Verwaltung durch die Geschäftsverteilung bestimmt. Es kann dabei auch eine gemeinsame Anweisungsstelle für mehrere Behörden (AG, LG, Staatsanwaltschaft) eingerichtet werden.

Die Berechnung (Feststellung) und Anweisung der Entschädigung bzw. Vergütung sind **haushaltsrechtliche Verwaltungsakte.**[11] Sie unterliegen der Rechnungsprüfung

---

9 LG Düsseldorf, in KRspr. § 2 ZSEG Nr. 4.

10 *Stöber*, Rn. 429.

11 BGH in Rpfleger 69.88 = MDR 69.216 = NJW 69.556 zum ZSEG.

durch die dafür zuständigen Stellen (z.B. Rechnungsprüfungsämter, Landesrechnungshof) ebenso wie jede andere Zahlungsanordnung über Haushaltseinnahmen und -ausgaben. Die Anweisungsstelle ist daher gehalten, bei der Berechnung und Anweisung der Entschädigung und Vergütung neben den Bestimmungen des JVEG auch die einschlägigen haushaltsrechtlichen Vorschriften (z.B. VV-LHO) zu beachten.

Für die Feststellung und Anweisung der Entschädigung und Vergütung sind von der Anweisungsstelle die dafür vorgesehenen **amtlichen Vordrucke** zu verwenden. Die Ausgestaltung dieser Vordrucke richtet sich nach den haushaltsrechtlichen Vorschriften der einzelnen Länder und des Bundes sowie nach den Bedürfnissen der einzelnen Kassenorganisationen.

Über einen Antrag auf Zahlung des Anspruchs ist im Allgemeinen unverzüglich zu entscheiden. Müssen Akten wegen der Einlegung eines Rechtsmittels oder aus sonstigen Gründen für längere Zeit versandt werden, so soll über einen zu den Sachakten eingereichten Vergütungs- oder Entschädigungsantrag – z.B. bei schriftlichen Gutachten – noch vor der Versendung der Akten befunden werden. Die Länder haben dazu die Verwaltungsanordnungen über die Beschleunigung der Festsetzung der entstandenen Ansprüche erlassen.

Die überarbeitete Bestimmung hat in Nordrhein-Westfalen den folgenden Wortlaut:

Beschleunigung der Festsetzung und Anweisung von Vergütungen, Entschädigungen und Auslagen in Rechtssachen sowie des Kostenansatzes AV d. JM vom 20.03.1987 (5601 – I B. 3) – JMBl. NRW S. 91 –, zuletzt geändert durch AV d. JM vom 08.06.2004 (5601 – Z. .3) – JMBl. NRW S. 159 –

1. Müssen Akten wegen der Einlegung von Rechtsmitteln oder aus sonstigen Gründen für längere Zeit versandt werden, so sind folgende Geschäfte möglichst noch vor der Versendung der Akten vorzunehmen:
   - 1.1 die Festsetzung der aus der Staatskasse zu gewährenden Vergütungen der Rechtsanwälte und Steuerberater gemäß den dazu ergangenen besonderen Verwaltungsvorschriften,
   - 1.2 die Festsetzung der aus der Landeskasse an Betreuungspersonen zu zahlenden Entschädigungen (Ersatz von Aufwendungen, Vergütungen, Aufwandsentschädigungen),
   - 1.3 die Festsetzung der Entschädigungen von ehrenamtlichen Richterinnen, ehrenamtlichen Richtern, Zeuginnen, Zeugen und Dritten,
   - 1.4 die Festsetzung der Vergütungen von Sachverständigen, Dolmetscherinnen, Dolmetschern, Übersetzerinnen und Übersetzern,
   - 1.5 die Anweisung sonstiger Auslagen in Rechtssachen,
   - 1.6 der Kostenansatz nach §§ 4 ff. Kostenverfügung.
2. Kann dies nicht geschehen, insb. weil ein Festsetzungsantrag erst nach der Aktenversendung eingeht, so sind die Akten kurzfristig zurückzufordern.

2.1 Bei der Verweisung oder Abgabe eines Verfahrens an ein Gericht eines anderen Bundeslandes bleiben § 6 KostVfg und Nr. 2.2.1 der in Nr. 1.1 angeführten Verwaltungsvorschriften unberührt.

3. Über Vergütungs- und Entschädigungsanträge ist im Allgemeinen unverzüglich zu befinden. Werden zu Teilansprüchen der beantragten Vergütungen oder Entschädigungen längerfristige Aufklärungen oder gerichtliche Entscheidungen erforderlich, so sollen i.d.R. die unstreitigen Beträge – soweit es sich hierbei nicht um verhältnismäßig niedrige Beträge handelt – schon vorab festgesetzt und angewiesen werden. Das gilt insb. auch für Entschädigungen nach Nr. 1.2.
4. Die AV d. JM vom 23.05.1958 (5601 – I B. 3) – JMBl. NW S. 148 – wird aufgehoben.

Inhaltsgleiche Regelungen bestehen in den Ländern Baden-Württemberg, Bayern, Bremen, Hamburg, Mecklenburg-Vorpommern, Rheinland-Pfalz, Saarland, Sachsen-Anhalt und Schleswig-Holstein.[12]

Folgt die Anweisungsstelle dem Antrag des Anspruchsberechtigten nicht, so sind die **Kürzungen** der beantragten Entschädigung und Vergütung sowie die Gründe dafür dem Antragsteller mitzuteilen.

Ist dieser mit der von der Anweisungsstelle vorgenommenen Absetzung nicht einverstanden, so kann er die gerichtliche Festsetzung nach § 4 beantragen.

Bei strittigen Auffassungen zur Höhe der zu berechnenden Entschädigung oder Vergütung zwischen der Anweisungsstelle und dem Anspruchsberechtigten sollten, sofern die unterschiedlichen Auffassungen nur einzelne Positionen der beantragten Entschädigung oder Vergütung betreffen, die **unstreitigen Beträge** berechnet und angewiesen werden.[13] Es wird nicht hingenommen werden können, dass bei

12 ***RP***: Rundschreiben des Ministeriums der Justiz vom 01.04.1987 (5600-3-3/87) – JBl. S. 89 –, geändert durch Rundschreiben des Ministeriums der Justiz vom 16.06.2004 (5600-1-14) – JBl. S. 182 –;
Hamburg: AV der Justizbehörde vom 23.09.1987 (HambJVBl. S. 73), geändert durch AV der Justizbehörde vom 03.08.2004 (HambJVBl. S. 51);
Ba.-Wü.: AV d. JuM vom 14.07.1997 (5601/I/13) – Die Justiz S. 371 –, geändert durch VwV d. JuM vom 03.09.2004 (5601/0013) – Die Justiz S. 373 –:
Sachsen-Anhalt: AV des MJ vom 19.03.1992 (MBl. LSA S. 502), geändert durch AV des MJ vom 16.08.2004 – 5600-202.13 – (MBl. LSA S. 219) –.
Bayern: Bekanntmachung des Bayerischen Staatsministeriums der Justiz vom 25.02.2005 – 5600 – VI – 5299/04 – betr. Beschleunigung der Festsetzung und Anordnung der Auszahlung (Anweisung) von Vergütungen, Entschädigungen und Auslagen in Rechtssachen sowie des Kostenansatzes (BeschlFAKoBek) in BayJMBl. 2005 S. 26 –;
SchlH: Beschleunigung der Festsetzung und Anweisung) von Vergütungen, Entschädigungen und Auslagen in Rechtssachen sowie des Kostenansatzes, Gem. AV d. MJAE u. d. MSGF vom 28.11.2005 – II 312/5600 – 69 –/VIII 102. 9. 015., in SchlHA 2006 S. 15.

13 Schleswig-Holsteinisches VG in JurBüro 04.98.

Auseinandersetzungen über Teile des Anspruchs auch die Auszahlung der unstreitigen Beträge bis zur restlosen Klärung der strittigen Auffassungen hinausgeschoben wird.

Die von der Anweisungsstelle vorgenommene Feststellung und Anweisung kann von ihr sowohl aus eigener Entschließung als auch aufgrund einer Beanstandung der Rechnungsprüfungsstelle **geändert werden, wenn sich nachträglich ergibt, dass die erfolgte Berechnung unrichtig war.**

Hilft die Anweisungsstelle einer Beanstandung der Rechnungsprüfungsstelle nicht ab, so kann diese, wenn sie die Angelegenheit weiter verfolgen will, durch den Vertreter der Staatskasse die gerichtliche Entscheidung nach § 4 herbeiführen lassen. Weder die Rechnungsprüfungsstelle noch der Vertreter der Staatskasse haben ggü. der Anweisungsstelle eine unmittelbare Weisungsbefugnis. Sie können ihre Auffassungen nur im Verfahren nach § 4 geltend machen.

Die **Zahlung der berechneten und angewiesenen Entschädigung und Vergütung** erfolgt durch die zuständige Kasse oder Zahlstelle. Zeugenentschädigungen werden im Allgemeinen bar ausgezahlt, während bei der Sachverständigenvergütung oder der Entschädigung von Dritten und von ehrenamtlichen Richtern der unbare Überweisungsweg die Regel ist.

VIII. Verjährung (Abs. 3)

a) Auf die Verjährung der Ansprüche nach dem JVEG sind die Vorschriften des BGB (§§ 194 bis 218 BGB) anzuwenden. Danach verjährt der **Entschädigungs- oder Vergütungsanspruch** nach Abs. 3 i.V.m. § 195 BGB – sofern er nicht bereits nach Abs. 1 erloschen ist – in 3 Jahren nach Ablauf des Jahres, in dem der Anspruch erstmalig geltend gemacht werden kann (Abs. 3 Satz 1 i.V.m. Abs. 1 Satz 2); d.h. mit Ablauf des 31. 12. des dritten Jahres. 8

– S.a. Rdn. 3 –.

Durch das von dem Anspruchsberechtigten nach Abs. 1 Satz 1 gestellte Verlangen auf Entschädigung oder Vergütung wird der Lauf der Verjährungsfrist nicht unterbrochen. Erforderlich hierfür ist vielmehr ein Antrag auf gerichtliche Festsetzung der Entschädigung oder Vergütung nach § 4.

Die Verjährung des Entschädigungs- oder Vergütungsanspruchs ist nicht von Amts wegen zu berücksichtigen, sondern nur bei Erhebung der Verjährungseinrede durch die zuständige Stelle. Die Anweisungsstelle hat daher, wenn Verjährung in Betracht kommen kann, die Akten dem Vertreter der Staatskasse (Bezirksrevisor) zur Prüfung vorzulegen, ob dieser die Verjährungseinrede erheben will oder nicht.

Die von dem Vertreter der Staatskasse gegenüber dem Anspruch erhobene **Einrede der Verjährung** ist ein Akt der Justizverwaltung. Die Erhebung der Verjährungseinrede kann von dem betroffenen Anspruchsberechtigten nach dieser Vorschrift durch einen Antrag auf gerichtliche Entscheidung angefochten werden. Über den Antrag entscheidet das Amtsgericht, in dessen Bezirk die für die Zahlung der Entschädigung oder Vergütung zuständige Kasse ihren Sitz hat.

b) Die Einrede der Verjährung gegen eine verspätet geltend gemachte Sachverständigenvergütung kann **nicht von dem Kostenschuldner** im Wege der Erinnerung gegen den Kostenansatz erhoben werden. Der Kostenschuldner kann im Erinnerungsverfahren jedoch geltend machen, dass die Auszahlung der verjährten Sachverständigenvergütung eine unrichtige Sachbehandlung (§ 21 GKG) darstelle mit der Folge, dass die Sachverständigenvergütung nicht als gerichtliche Auslage nach Nr. 9005 KV-GKG zu erheben ist.[14]
c) Die Rückforderung einer verjährten Entschädigung bzw. Vergütung von dem Anspruchsberechtigten ist im Hinblick auf § 214 Abs. 2 BGB nicht möglich.

9 Der **Anspruch der Staatskasse auf Erstattung zu viel gezahlter Entschädigung oder Vergütung** verjährt in 3 Jahren (Abs. 4 i.V.m. § 5 Abs. 3 GKG).[15] Die Verjährungsfrist beginnt mit dem Schluss des Jahres, in welchem die Zahlung der überhöhten Entschädigung oder Vergütung erfolgt ist. Sie beginnt ferner mit der Aufforderung an den Anspruchsberechtigten, die überzahlte Entschädigung zu erstatten.

Auf die Kenntnis des Vertreters der Staatskasse von der »unrichtigen« Entschädigung oder Vergütung kommt es nicht an. Der Erstattungsanspruch entsteht auch nicht erst durch eine nachträgliche gerichtliche Entscheidung nach § 4 oder durch eine gerichtliche Entscheidung im Kostenerinnerungs- oder Kostenbeschwerdeverfahren.

Die Erhebung der Verjährungseinrede ggü. dem **Erstattungsanspruch der Staatskasse** muss durch den Anspruchsberechtigten erfolgen.

Bei kleinen Anspruchsbeträgen unter 25,00 € tritt weder eine Unterbrechung der Verjährung ein noch wird sie oder ihr Ablauf gehemmt (Abs. 4 i.V.m. § 5 Abs. 3 Satz 4 GKG).

IX. Rückforderung zu viel gezahlter Beträge

10 **Eine Änderung** der durch die Anweisungsstelle vorgenommenen Festsetzung **der Entschädigung oder Vergütung ist grds. möglich.** Die Änderung ist nicht an eine Frist gebunden. Es ist auch nicht erforderlich, dass das Verfahren noch anhängig ist.

---

14 OLG Nürnberg, Beschl. v. 02.10.1989 – 4 U 3454/82, in Juris/ZSEG.

15 § 5 Abs. 3 GKG: (3) Auf die Verjährung sind die Vorschriften des Bürgerlichen Gesetzbuches anzuwenden; die Verjährung wird nicht von Amtswegen berücksichtigt. Die Verjährung der Ansprüche auf Zahlung der Kosten beginnt auch durch die Aufforderung zur Zahlung oder durch eine dem Schuldner mitgeteilte Stundung erneut. Ist der Aufenthalt des Kostenschuldners unbekannt, genügt die Zustellung durch Aufgabe zur Post unter seiner letzten bekannten Anschrift. Bei Kostenbeträgen unter 25 € beginnt die Verjährung weder erneut noch wird sie gehemmt.

Wird aufgrund einer geänderten Festsetzung ein zu viel gezahlter Betrag von dem ehrenamtlichen Richter, Zeugen, Dritten oder Sachverständigen zurückgefordert, so kann dieser die **gerichtliche Festsetzung nach** § 4 beantragen und hier ggf. den Einwand der Verjährung geltend machen.

In Anbetracht der relativen kurzen Verjährungsfrist von 3 Jahren – Rdn. 9 – gibt es keine zwingenden Gründe mehr, z.B. einem Zeugen oder Sachverständigen einen weiter gehenden Vertrauensschutz einzuräumen.[16] Eine Änderung der Festsetzung und Rückforderung einer zu viel gezahlten Entschädigung und Vergütung innerhalb der Frist des Abs. 4 wird daher grds. zulässig sein.[17]

Ggü. dem öffentlich-rechtlichen Erstattungsanspruch der Staatskasse wegen zu viel gezahlter Entschädigung oder Vergütung kann der Zeuge oder Sachverständige nicht die Einrede des Wegfalls der Bereicherung nach § 818 Abs. 3 BGB erheben.[18]

An Anspruchsberechtigte zu viel gezahlte Beträge werden, wenn sie nicht aufgrund 11
einer Rückzahlungsaufforderung freiwillig zurückgezahlt werden, nach § 1 Nr. 8 JBeitrO im **Verwaltungszwangsverfahren** beigetrieben.

Die zuständige Kasse darf aufgrund der ihr zugegangenen Annahmeanordnung den zurückzuzahlenden Betrag nach § 5 Abs. 1 JBeitrO erst beitreiben, wenn seit der Zahlungsaufforderung 2 Wochen verstrichen sind, ohne dass der zur Zahlung Verpflichtete die gerichtliche Festsetzung nach § 4 beantragt hat. Erfolgt nach der Zahlungsaufforderung eine gerichtliche Festsetzung, so wird, sofern diese anfechtbar ist, erneut mit dem Vollstreckungsbeginn 2 Wochen zu warten sein um dem Rückzahlungspflichtigen Gelegenheit zur Einlegung der Beschwerde zu geben.

Nach § 8 JBeitrO sind bei Rückzahlungsansprüchen gegen Zeugen und Sachverständige Einwendungen, die den Anspruch selbst, die Haftung für den Anspruch und die Verpflichtung zur Duldung der Zwangsvollstreckung betreffen, nach den Vorschriften über die Festsetzung des Anspruchs nach § 4 gerichtlich geltend zu machen.[19]

Die Beantwortung der Frage nach einer evtl. Schadensersatzverbindlichkeit gegen 12
den Bediensteten der Anweisungsstelle wegen einer nicht wieder einziehbaren Überzahlung, die aufgrund einer unrichtigen Berechnung und Anweisung geleistet worden ist, richtet sich nach den allgemeinen beamtenrechtlichen Vorschriften.

16 A.A. OLG Zweibrücken, in Rpfleger 91.84 = BauR 91.499; OLG Karlsruhe, in Justiz 91.208; *Volze* in DS 92.9.

17 *Bleutge*, Kommentar, § 15 ZSEG Rn. 15.

18 OLG Frankfurt am Main, in Rpfleger 74.413; OLG Hamm, in Rpfleger 73.36 = NJW 73.574; in JurBüro 80.251; a.A.: OLG Koblenz, in KRspr. § 16 ZSEG Nr. 47.

19 OLG Hamm, in JMBl. NW 71.215; OLG Koblenz, in Rpfleger 81.328 zum ZSEG.

§ 3 JVEG Vorschuss

Auf Antrag ist ein angemessener Vorschuss zu bewilligen, wenn dem Berechtigten erhebliche Fahrtkosten oder sonstige Aufwendungen entstanden sind oder voraussichtlich entstehen werden oder wenn die zu erwartende Vergütung für bereits erbrachte Teilleistungen einen Betrag von 2000 Euro übersteigt.

Übersicht Rdn.

I. Ansprüche, auf die ein Vorschuss bewilligt werden kann.

1 Nach § 3 kann jeder der nach § 1 herangezogenen Person ein angemessener Vorschuss bewilligt werden, wenn dieser

a) **erhebliche Fahrtkosten** oder
b) **sonstige Aufwendungen** entstanden sind oder entstehen werden oder
c) wenn **die zu erwartende Vergütung** für bereits erbrachte Teilleistungen einen Betrag von 2.000,00 € übersteigt.

II. Voraussetzungen für den Vorschuss auf die Fahrtkosten und die sonstigen Aufwendungen

2 a) Auf die **bereits entstandenen oder noch entstehenden Fahrtkosten** (§ 5 JVEG) kann einem Anspruchsberechtigten ein Vorschuss bewilligt werden, wenn diese Kosten erheblich sind und

1. ihm z.B. nicht zugemutet werden kann, die erheblichen Fahrtkosten aus eigenen Mitteln vorzuschießen oder
2. er nicht über die Mittel für die Reise verfügt.

Wann von »**erheblichen Fahrtkosten**« auszugehen ist, die aus eigenen Mitteln vorzuschießen sind, wird wesentlich von der Höhe dieser Kosten und den wirtschaftlichen Verhältnissen des Berechtigten abhängen.

Auch bei weiter Entfernung zwischen Aufenthalts- und Terminsort wird ein Vorschuss nicht zu gewähren sein, wenn dem Hinzugezogenen nach seinen guten wirtschaftlichen Verhältnissen zugemutet werden kann, die für ihn nicht erheblichen Fahrtkosten vorzuschießen.

Umgekehrt kann bei z.B. Anspruchsberechtigten mit nur geringem Einkommen auch bei kurzer Entfernung die Vorlage der Fahrtkosten bereits unzumutbar sein. »Erheblich« aus der Sicht des Anspruchsberechtigten werden die Fahrtkosten immer dann sein, wenn deren Zahlung für den Hinzugezogenen eine merkliche Einschränkung in seiner Lebensführung oder der Lebensführung seiner Familie

zur Folge haben würde. In keinem Fall kann von einem Anspruchsberechtigten die Inanspruchnahme fremder Mittel verlangt werden.
»Erheblich« für einen Anspruchsberechtigten werden auch niedrigere Fahrtkosten immer dann sein, wenn dieser mittellos ist. Wann die Voraussetzungen der »**Mittellosigkeit**« vorliegen, wird die Anweisungsstelle oder ggf. das Gericht nach eigenem Ermessen zu beurteilen haben – s.a. Rdn. 6 –. Für den Nachweis der Mittellosigkeit ist eine besondere Form nicht vorgeschrieben. Es muss daher der Anweisungs- oder der sonst zuständigen Stelle überlassen bleiben, wie sie sich die erforderlichen Kenntnisse von den wirtschaftlichen Verhältnissen des Antragstellers verschafft. Sofern sich diese Erkenntnisse nicht bereits aus dem Vorschussbegehren ergeben, können u.U. eine Darlegung der wirtschaftlichen Verhältnisse und deren Glaubhaftmachung erforderlich sein. Die bloße Behauptung der Mittellosigkeit reicht im Regelfall nicht aus, die Vorschussgewährung zu begründen.

b) Unter den vorgenannten Voraussetzungen kann einem Anspruchsberechtigten ferner ein **Vorschuss auf die »sonstigen Aufwendungen«** gewährt werden. »Sonstige Aufwendungen« sind in Anlehnung an die gesetzliche Formulierung in § 7 die in den §§ 5, 6 und 12 nicht besonders genannten Auslagen. Das würde bedeuten, dass z.B. auf die Aufwandsentschädigung nach § 6 und auf die besonderen Aufwendungen eines Sachverständigen nach § 12 ein Vorschuss nicht gewährt werden könnte. Da nach der Gesetzesbegründung[1] zu § 3 eine leichtere Anwendung der bisherigen Vorschussregelungen , aber keine Verschlechterung in der Vorschussgewährung angestrebt wurde, kann der Begriff »sonstige Aufwendungen« in § 3 nur als Abgrenzung zu dem Begriff »Fahrtkosten« verstanden werden.
Der Vorschuss nach § 3 kann daher sowohl auf die Fahrtkosten nach § 5 als auch auf die sonstigen Aufwendungen nach den §§ 6, 7, 12 gewährt werden.

c) Ein Vorschuss kann, wie sich schon aus dem Begriff »Vorschuss« ergibt, nur für solche Aufwendungen gewährt werden, auf deren spätere endgültige Erstattung ein Anspruch besteht.
Ein Vorschuss kann daher u.a. gewährt werden auf
– Aufwendungen, die nach den §§ 6, 7 ersetzt werden,
– Kosten für die notwendige Inanspruchnahme von Hilfskräften sowie
– die Kosten für die für eine Untersuchung verbrauchten Stoffe und Werkzeuge (§ 12).

Die Kosten eines Sachverständigen für die Anschaffung von Geräten und Werkzeugen, die zwar für die Erstattung des Gutachtens benötigt, aber dafür nicht verbraucht werden, sind nach § 12 nicht erstattungsfähig. Auf die Kosten solcher Anschaffungen, die dem Sachverständigen auch nach Fertigstellung des Gutachtens noch zur Verfügung stehen, kann daher ein Vorschuss nicht gewährt werden.

1 BT-Drucks. 15/1971 – Begründung zu § 3 JVEG S. 219 –.

Ein Vorschuss auf die Entlohnung von Hilfskräften, die der Sachverständige i.R.d. Gutachtenauftrags heranzieht, kann nicht gewährt werden, wenn diese Arbeiten in sich nicht abgeschlossen, dem Gutachter ggü. nicht abgegrenzt und vor der Fertigstellung des Gutachtens einer Beurteilung auf ihre Notwendigkeit nicht zugänglich sind. Das ist z.B. der Fall, wenn ein mit der Gutachtenerstellung beauftragter Wirtschaftsprüfer einen anderen Wirtschaftsprüfer heranzieht, mit ihm die Durchführung des Gutachtens abstimmt, aber sich die kritische Durcharbeitung des von der Hilfskraft fertig gestellten Gutachtens vorbehält.[2]

d) Die Höhe und die Notwendigkeit der baren Aufwendungen, für die ein Vorschuss begehrt wird, wird der Anspruchsberechtigte im Einzelnen darzulegen und zu versichern haben. Die Unzumutbarkeit einer Vorfinanzierung ist, sofern sie nach der Höhe der notwendigen Aufwendungen oder der voraussichtlichen Dauer der Heranziehung nicht offensichtlich ist, glaubhaft zu machen.

e) Ein Vorschuss auf die **Entschädigung** eines ehrenamtlichen Richters, eines Zeugen oder Dritten **für Zeitversäumnis, Nachteile bei der Haushaltsführung und Verdienstausfall** nach den §§ 16 bis 18, 20 bis 23 ist gesetzlich nicht vorgesehen. Die insoweit zu entschädigenden Nachteile sind weder »sonstigen Aufwendungen« noch »Vergütung« i.S.d. § 3.

III. Vorschuss auf die zu erwartende Vergütung

3 Neu ist die nur für Sachverständige geltende Regelung in § 3, wonach dem Anspruchsberechtigten ein Anspruch auf eine Abschlagszahlung auf seine Vergütung zusteht, wenn die von ihm bereits erbrachten Leistungen eine Teilvergütung i.H.v. 2.000,00 € begründen.[3] Ein Vorschuss auf die voraussichtliche Vergütung für noch nicht erbrachte Leistungen kann nicht gewährt werden.

IV. Antrag

4 Der Vorschuss wird nur auf Antrag gewährt. Der Antrag ist nicht an eine bestimmte Form gebunden. So kann z.B. die Mitteilung eines Zeugen, dass er zum Termin nicht erscheinen könne, weil ihm für die Reise die erforderlichen Mittel fehlen, bereits als Antrag auf Gewährung eines Vorschusses auf die Reisekosten angesehen werden.

V. Festsetzung des Vorschusses

5 Für die Bewilligung und Anweisung des Vorschusses gilt dieselbe Regelung, die auch für die Festsetzung der Entschädigung oder Vergütung selbst gilt. Die Bewilligung und Anweisung des Vorschusses erfolgt daher i.d.R. im **Verwaltungsweg** durch den Urkundsbeamten der Geschäftsstelle.

– S. hierzu § 2 Rdn. 7 –.

---

2 OLG München, in Rpfleger 76.190 = JurBüro 77.85 zum ZSEG.

3 OLG Düsseldorf, Beschl. v. 15.07.2010 – I – 10 W 55/10 –.

Zuständig ist der Urkundsbeamte der Geschäftsstelle der Stelle, die den Anspruchsberechtigten geladen oder als Sachverständigen beauftragt hat. Nur in Eilfällen, in denen eine rechtzeitige Vorschussbewilligung – z.B. von Reisekosten – durch den Urkundsbeamten des ladenden Gerichts nicht mehr möglich ist, kann auch der Urkundsbeamte der Geschäftsstelle des Amtsgerichts, in dessen Bezirk sich der Zeuge oder Sachverständige aufhält, einen Vorschuss bewilligen.

Nur wenn der Anspruchsberechtigte oder die Staatskasse zum Vorschussbegehren die richterliche Entscheidung beantragen, oder das Gericht eine solche Entscheidung für angemessen hält, ist nach § 4 über den Vorschussantrag **durch gerichtlichen Beschluss** zu entscheiden.

Zuständig für die gerichtliche Festsetzung des Vorschusses ist immer das in § 4 Abs. 1 bezeichnete Gericht, das den Anspruchsberechtigten geladen hat und zwar auch dann, wenn in Eilfällen der Urkundsbeamte der Geschäftsstelle des Amtsgerichts am Aufenthaltsort den Vorschuss bewilligt hat.

VI. Bestimmungen der Landesjustizverwaltungen zur Gewährung von Reiseentschädigungen und Vorschusszahlungen für Reiseentschädigungen

Die nachstehende in NRW[4] geltende Fassung der Bestimmungen hat den folgenden 6
Wortlaut:

---

4 AV d. JM vom 26. Mai 2006 (5670 - Z. 14) - JMBl. NRW S. 145 -; inhaltsgleiche Regelungen anderer Länder:
Baden-Württemberg: Verwaltungsvorschrift des Justizministeriums (VwV Reiseentschädigung) vom 27.04.2006 (Az.: 5110/10199) – Die Justiz S. 245 –;
Bayern: Bekanntmachung des Bayerischen Staatsministeriums der Justiz vom 14.06.2006 – 5110 – VI – 1930/03 (Reiseentschädigungsbekanntmachung – ReiBek);
Niedersachsen: AV d. MJ v. 26.05.2006 (5110 – 204.26) – Nds. Rpfl. S. 177 –;
Brandenburg: Allgemeine Verfügung vom 22.05.2006 (5600-II.14) (JMBl. BB S. 71);
Hamburg: AV der Justizbehörde vom 26.06.2006 (AZ 5110/1-8) (HambJVBl. S. 71);
Thüringen: Verwaltungsvorschrift des Thüringer Justizministeriums vom 19.06.2006 (5670-1/06) (Thür.JMBl. S. 45);
Rheinland-Pfalz: Verwaltungsvorschrift des Ministeriums der Justiz vom 09.05.2006 (5110-I-1) (JBl.RP. S. 91);
Sachsen: Verwaltungsvorschrift vom 16.05.2006 (Sächsisches JMBl. S. 58 f);
Berlin: AV vom 02.06.2006 (II B - 5110/1);
Saarland: AV Nr. 8/2006 vom 15.06.2006;
Sachsen-Anhalt: AV d. MJ vom 15.06.2006 (5670 (08) 202.2;
Bremen: AV vom 22.06.2006 (5670);
Hessen: Verwaltungsvorschrift vom 09-08.2006 (JMBl. Hessen vom 01.09.2006 S. 427;
Mecklemburg-Vorpommern: Verwaltungsvorschrift vom 26.06.2006 (ABl. MV vom 26.06.2006, S. 447);
Schleswig-Holstein: AV d. MJAE vom 29.06.2006 – II 312/5110-5 SH – (SchlHA 2006 S. 231);
BMJ: Erlass vom 28.07.2006 (RB 6 - 5670 - R3 1062/2004).

Gewährung von Reiseentschädigungen an mittellose Personen und Vorschusszahlungen für Reiseentschädigungen an Zeuginnen, Zeugen, Sachverständige, Dolmetscherinnen, Dolmetscher, Übersetzerinnen und Übersetzer, ehrenamtliche Richterinnen, ehrenamtliche Richter und Dritte AV vom 26.05.2006 (5670 – Z. 14) – JMBl. NRW. S. 145 –

I.

Die Landesjustizverwaltungen haben die folgende bundeseinheitliche Neufassung der Bestimmungen über die Gewährung von Reiseentschädigungen an mittellose Personen und Vorschusszahlungen für Reiseentschädigungen an Zeuginnen, Zeugen, Sachverständige, Dolmetscherinnen, Dolmetscher, Übersetzerinnen und Übersetzer, ehrenamtliche Richterinnen, ehrenamtliche Richter und Dritte beschlossen:

1

7 Mittellosen Parteien, Beschuldigten oder anderen Beteiligten können auf Antrag Mittel für die Reise zum Ort einer Verhandlung, Vernehmung oder Untersuchung und für die Rückreise gewährt werden. Hierauf soll in der Ladung oder in anderer geeigneter Weise hingewiesen werden. Die gewährten Mittel gehören zu den Kosten des Verfahrens (vgl. Nrn. 9008 Nr. 2 und 9015 der Anlage zu § 3 Abs. 2 GKG, § 137 Abs. 1 Nr. 11 KostO). Als mittellos im Sinne dieser Vorschrift sind Personen anzusehen, die nicht in der Lage sind, die Kosten der Reise aus eigenen Mitteln zu bestreiten. Die Vorschriften über die Bewilligung von PKH bleiben unberührt.

1.1

8 Über die Bewilligung entscheidet das Gericht, bei staatsanwaltlichen Verhandlungen, Vernehmungen und Untersuchungen die Staatsanwaltschaft. Nach Bewilligung verfährt die Geschäftsstelle, soweit in der Bewilligung nichts anderes bestimmt ist, wie folgt:

1.1.1

9 Die Reiseentschädigung wird durch die für den Erlass der Auszahlungsanordnung zuständige Anweisungsstelle zur Zahlung angewiesen.

1.1.2

10 Die Reiseentschädigung ist so zu bemessen, dass sie die notwendigen Kosten der Hin- und Rückreise deckt. Zu den Reisekosten gehören entsprechend den Vorschriften des JVEG neben den Fahrkosten ggf. auch unvermeidbare Tagegelder (entsprechend § 6 Abs. 1 JVEG) und Übernachtungskosten (entsprechend § 6 Abs. 2 JVEG), ferner ggf. Reisekosten für eine notwendige Begleitperson sowie Kosten für eine notwendige Vertretung (entsprechend § 7 Abs. 1 Satz 2 JVEG). Eine Erstattung von Verdienstausfall kommt nicht in Betracht.

1.1.3

Regelmäßig sind Fahrkarten der zweiten Wagenklasse der Deutschen Bahn oder eines anderen Anbieters im öffentlichen Personenverkehr zur Verfügung zu stellen. Eine Auszahlung kommt nur im Ausnahmefall in Betracht. 11

1.1.4

Eine Durchschrift der Kassenanordnung oder ein Nachweis über die Gewährung von Reiseentschädigungen ist zu den Sachakten zu nehmen. Auf der Kassenanordnung ist dies zu bescheinigen. 12

1.1.5

Wird eine Reiseentschädigung bewilligt, bevor die Ladung abgesandt worden ist, ist dies nach der Art, und soweit möglich, auch nach der Höhe in auffallender Form in der Ladung zu vermerken. Wird schon vor dem Termin eine Kassenanordnung vorbereitet, so ist der Betrag, sofern aktenkundig, auffällig zu vermerken. 13

1.1.6

Fällt der Grund der Reise weg oder erscheint der Antragsteller nicht zum Termin, ist die zur Verfügung gestellte Fahrkarte oder die Reiseentschädigung zurückzufordern. Ggf. ist dafür zu sorgen, dass der Fahrpreis für die nicht benutzte Fahrkarte erstattet wird. 14

1.2

Ist in Eilfällen die Übermittlung oder die Auszahlung des Betrages an die Antragstellerin oder den Antragsteller durch die zuständige Anweisungsstelle nicht mehr möglich, kann die Geschäftsstelle des Amtsgerichts, in dessen Bezirk sich der Antragsteller aufhält, ersucht werden, die Beschaffung der Fahrkarte oder die Auszahlung des Betrages für die Hin- und Rückfahrt zu veranlassen. Die gewährte Reiseentschädigung ist auf der Ladung auffällig zu vermerken. Die ladende Stelle ist unverzüglich von der Gewährung der Reiseentschädigung zu benachrichtigen. 15

1.3

Der Anspruch erlischt, wenn er nicht binnen 3 Monaten nach der Verhandlung, Vernehmung oder Untersuchung geltend gemacht wird. 16

2

Ist es in Eilfällen nicht möglich, die Entscheidung des zuständigen Gerichts oder der zuständigen Staatsanwaltschaft einzuholen, kann die Präsidentin oder der Präsident bzw. die Direktorin oder der Direktor des Amtsgerichts, in dessen Bezirk sich der Antragsteller aufhält, im Verwaltungsweg eine Reiseentschädigung bewilligen. Abschnitt I. Nr. 1 Nrn. 1.1.1 bis 1.1.3 und 1.1.6 gelten entsprechend. Die gewährte 17

Reiseentschädigung ist auf der Ladung auffällig zu vermerken; die ladende Stelle ist unverzüglich von der Bewilligung und der Gewährung der Reiseentschädigung zu benachrichtigen.

3

18 Zeugen, Sachverständigen, Dolmetschern, Übersetzern, ehrenamtlichen Richtern und Dritten ist nach § 3 JVEG auf Antrag ein Vorschuss für Reiseentschädigungen zu bewilligen, wenn der oder dem Berechtigten voraussichtlich erhebliche Fahrtkosten oder sonstige Aufwendungen voraussichtlich entstehen werden. Hierauf soll in der Ladung oder in anderer geeigneter Weise hingewiesen werden.

3.1

19 Für die Bewilligung und Anweisung gelten folgende Bestimmungen:

3.1.1

20 Die Vorschüsse werden von der zum Erlass der Auszahlungsanordnung zuständigen Anweisungsstelle bewilligt und zur Zahlung angewiesen.

3.1.2

21 Nr. 1.1.2 bis 1.1.6 gelten entsprechend der Maßgabe, dass Fahrkosten bis zur Höhe der Kosten für die Benutzung der ersten Wagenklasse gewährt werden können.

3.1.3

22 Bei der Vorbereitung der Anweisung für die Entschädigung von Zeugen, ehrenamtlichen Richtern und Dritten sowie für die Vergütung von Sachverständigen, Dolmetschern und Übersetzern vor dem Termin ist die Vorschusszahlung, sofern sie aktenkundig ist, in auffälliger Weise zu vermerken.

Wird die Berechnung der Entschädigung oder Vergütung nicht schriftlich eingereicht, sind die Antragsteller in jedem Fall zu befragen, ob und ggf. in welcher Höhe sie Vorschüsse erhalten haben, um deren Anrechnung sicherzustellen. Die Befragung ist in der Auszahlungsanordnung zu vermerken.

3.1.4

23 Ist in Eilfällen die Übermittlung einer Fahrkarte oder die Auszahlung des Betrages nicht mehr möglich, kann auch die Geschäftsstelle des Amtsgerichts, in dessen Bezirk sich der Antragsteller aufhält, einen Vorschuss nach § 3 JVEG bewilligen und zur Zahlung anweisen. Ist ein Antrag auf gerichtliche Festsetzung des Vorschusses gestellt oder wird eine Festsetzung für angemessen erachtet, kann in dringenden Fällen auf Ersuchen des für die Entscheidung nach § 4 Abs. 1 JVEG zuständigen Gerichts eine Fahrkarte für ein bestimmtes Beförderungsmittel zur Verfügung gestellt und/oder ein festgesetzter Vorschuss ausgezahlt werden. Die Auszahlung des Vorschusses ist in der

Ladung auffällig zu vermerken. Die ladende Stelle ist von der Gewährung des Vorschusses unverzüglich zu benachrichtigen.

II. (Ergänzungsbestimmungen NRW)[5]

Abweichend bzw. ergänzend zu den vorstehenden Regelungen in Abschnitt I. bestimme ich Folgendes: 24

1. Auszahlungsverfahren

1.1

Auszahlungen erfolgen in dem automatisierten Verfahren HKR-TV.

1.2

Die jeweilige Auszahlung ist in den Akten unter Angabe der HKR-TV-Nummer und der Sicherungsnummer in auffälliger Weise zu vermerken oder durch einen Ausdruck der erteilten Auszahlungsanordnung nachzuweisen.

---

5 ***Baden-Württemberg***: II. Abweichend bzw. ergänzend zu den vorgenannten Bestimmungen wird Folgendes bestimmt: – Auszug –

1. Auszahlungsverfahren

Die Auszahlungsanordnung ist auf den dafür von der Landesoberkasse Baden-Württemberg aufgelegten besonderen Vordrucken oder im automatisierten Haushaltsmanagementsystem (HMS) zu erteilen.

2. Beschaffung von Fahrkarten

Fahrkarten sind grds. nach den Bestimmungen über die Beschaffung von Fahrkarten für Dienstreisen zu beschaffen. In Eilfällen oder sonstigen begründeten Einzelfällen kann eine andere Art der Fahrkartenbeschaffung gewählt werden. Die Nutzung der Online-Buchung der Deutschen Bahn AG ist zulässig.

3. Beschaffung von Flugscheinen

Kommt ausnahmsweise die Beschaffung eines Flugscheins in Betracht, ist dieser grds. nach den für Dienstreisen geltenden Vorschriften zu beschaffen. Es ist sicherzustellen, dass der Flugpreis nicht dem Reisenden, sondern der Dienststelle in Rechnung gestellt wird. Zur sachgemäßen Verwendung des Flugscheins empfiehlt es sich, darauf hinzuwirken, dass der Flugschein am Schalter der Fluggesellschaft hinterlegt wird und dem Reisenden nur gegen Prüfung der Identität ausgehändigt wird.

4. …

Bayern: III. Ergänzend hierzu wird bestimmt: – Auszug –

1. Überlässt das Prozessgericht die Ladung einem Sachverständigen, so ist er zu veranlassen, in die Ladung einen Hinweis gemäß Abschnitt II Nr. 1 Satz 1 und 2 aufzunehmen und die Ladungsfrist angemessen festzusetzen. Es ist zweckmäßig, dem Sachverständigen für den Hinweis entsprechende Merkblätter zur Verfügung zu stellen.

2. Dem Sachverständigen ist weiter aufzugeben, das Prozessgericht unverzüglich zu benachrichtigen, wenn er Prozessbeteiligte abbestellt, die er selbst geladen hat. Geht eine solche Meldung ein, so sind die nach Abschnitt II Nr. 1.1.6 erforderlichen Maßnahmen zu treffen.

IV. …

1.3

Mit der Erteilung der Auszahlungsanordnung können auch andere Beschäftigte betraut werden.

2. Beschaffung von Flugscheinen

Die Beschaffung von Flugscheinen richtet sich nach den Bestimmungen der RV d. JM vom 11.11.2004 (5670 – Z. 14.1) in der jeweils geltenden Fassung.

3. Beschaffung von Fahrkarten

Fahrkarten sind grds. nach den Bestimmungen über die Beschaffung von Fahrkarten für Dienstreisen (RV d. JM vom 26.01.2005 – 2141 – Z. 137) in der jeweils geltenden Fassung zu beschaffen.

In Eilfällen oder sonstigen begründeten Einzelfällen kann eine andere Art der Fahrkartenbeschaffung gewählt werden. Dabei sollen möglichst bevorzugt die aktuellen Angebote der Deutschen Bahn AG (z.B. »Bahn-Tix« der DB Personenverkehr GmbH) genutzt werden.

4. Zahlungen an ehrenamtliche Richter

Zahlungen an ehrenamtliche Richter nach Abschnitt 1.3 zählen nicht zu den Kosten des Verfahrens gemäß Nr. 9008 Nr. 2 und 9015 der Anlage 1 zu § 3 Abs. 2 GKG und § 137 Abs. 1 Nr. 11 KostO (Abschnitt I. Nr. 1 Satz 3).

III.

Diese AV tritt am 01.07.2006 in Kraft. Gleichzeitig wird die AV d. JM vom 01.08.1977 (5670 – I B. 14) – JMBl. NW S. 182 – aufgehoben.

§ 4 JVEG Gerichtliche Festsetzung und Beschwerde

(1) Die Festsetzung der Vergütung, der Entschädigung oder des Vorschusses erfolgt durch gerichtlichen Beschluss, wenn der Berechtigte oder die Staatskasse die gerichtliche Festsetzung beantragt oder das Gericht sie für angemessen hält. Zuständig ist

1. **das Gericht, von dem der Berechtigte herangezogen worden ist, bei dem er als ehrenamtlicher Richter mitgewirkt hat oder bei dem der Ausschuss im Sinne des § 1 Abs. 4 gebildet ist,**
2. **das Gericht, bei dem die Staatsanwaltschaft errichtet ist, wenn die Heranziehung durch die Staatsanwaltschaft oder in deren Auftrag oder mit deren vorheriger Billigung durch die Polizei oder eine andere Strafverfolgungsbehörde erfolgt ist, nach Erhebung der öffentlichen Klage jedoch das für die Durchführung des Verfahrens zuständige Gericht;**

3. das Landgericht, bei dem die Staatsanwaltschaft errichtet ist, die für das Ermittlungsverfahren zuständig wäre, wenn die Heranziehung in den Fällen des § 1 Abs. 1 Satz 1 Nr. 1 durch die Finanzbehörde oder in deren Auftrag oder mit deren vorheriger Billigung durch die Polizei oder eine andere Strafverfolgungsbehörde erfolgt ist, nach Erhebung der öffentlichen Klage jedoch das für die Durchführung des Verfahrens zuständige Gericht;
4. das Amtsgericht, in dessen Bezirk der Gerichtsvollzieher seinen Amtssitz hat, wenn die Heranziehung durch den Gerichtsvollzieher erfolgt ist, abweichend davon im Verfahren der Zwangsvollstreckung das Vollstreckungsgericht.

(2) Ist die Heranziehung durch die Verwaltungsbehörde im Bußgeldverfahren erfolgt, werden die zu gewährende Vergütung oder Entschädigung und der Vorschuss durch gerichtlichen Beschluss festgesetzt, wenn der Berechtigte gerichtliche Entscheidung gegen die Festsetzung durch die Verwaltungsbehörde beantragt. Für das Verfahren gilt § 62 des Gesetzes über Ordnungswidrigkeiten.

(3) Gegen den Beschluss nach Absatz 1 können der Berechtigte und die Staatskasse Beschwerde einlegen, wenn der Wert des Beschwerdegegenstandes 200 Euro übersteigt oder wenn sie das Gericht, das die angefochtene Entscheidung erlassen hat, wegen der grundsätzlichen Bedeutung der zur Entscheidung stehenden Frage in dem Beschluss zulässt.

(4) Soweit das Gericht die Beschwerde für zulässig und begründet hält, hat es ihr abzuhelfen; im Übrigen ist die Beschwerde unverzüglich dem Beschwerdegericht vorzulegen. Beschwerdegericht ist das nächsthöhere Gericht. Eine Beschwerde an einen obersten Gerichtshof des Bundes findet nicht statt. Das Beschwerdegericht ist an die Zulassung der Beschwerde gebunden; die Nichtzulassung ist unanfechtbar.

(5) Die weitere Beschwerde ist nur zulässig, wenn das Landgericht als Beschwerdegericht entschieden und sie wegen der grundsätzlichen Bedeutung der zur Entscheidung stehenden Frage zugelassen hat. Sie kann nur darauf gestützt werden, dass die Entscheidung auf einer Verletzung des Rechts beruht; die §§ 546 und 547 der Zivilprozessordnung gelten entsprechend. Über die weitere Beschwerde entscheidet das Oberlandesgericht. Absatz 4 Satz 1 und 4 gilt entsprechend.

(6) Anträge und Erklärungen können ohne Mitwirkung eines Bevollmächtigten schriftlich eingereicht oder zu Protokoll der Geschäftsstelle abgegeben werden; § 129a der Zivilprozessordnung gilt entsprechend. Die Beschwerde ist bei dem Gericht einzulegen, dessen Entscheidung angefochten wird.

(7) Das Gericht entscheidet über den Antrag durch eines seiner Mitglieder als Einzelrichter; dies gilt auch für die Beschwerde, wenn die angefochtene Entscheidung von einem Einzelrichter oder einem Rechtspfleger erlassen wurde. Der Einzelrichter überträgt das Verfahren der Kammer oder dem Senat, wenn die Sache besondere Schwierigkeiten tatsächlicher oder rechtlicher Art aufweist oder die Rechtssache grundsätzliche Bedeutung hat. Das Gericht entscheidet jedoch immer ohne Mitwirkung ehrenamtlicher Richter. Auf eine erfolgte oder unterlassene Übertragung kann ein Rechtsmittel nicht gestützt werden.

(8) Die Verfahren sind gebührenfrei. Kosten werden nicht erstattet.

(9) Die Beschlüsse nach den Absätzen 1, 2, 4 und 5 wirken nicht zu Lasten des Kostenschuldners.

Übersicht **Rdn.**

I. Gerichtliche Festsetzung

1 **Antrag auf gerichtliche Festsetzung**

2 Die Entschädigung eines ehrenamtlichen Richters, eines Zeugen oder Dritten sowie die Vergütung eines Sachverständigen oder ein entsprechender Vorschuss werden nur dann nach § 4 durch gerichtlichen Beschluss festgesetzt, wenn:
- der ehrenamtliche Richter,
- der Zeuge,
- der Dritte,
- der Sachverständige, Dolmetscher, Übersetzer oder
- der Vertreter der Staatskasse
- die richterliche Festsetzung beantragt
  oder
- das Gericht sie für angemessen hält.

Der Antrag auf gerichtliche Festsetzung der Ansprüche ist an **keine Form** gebunden. Er kann mündlich oder schriftlich bei der Stelle, die den Anspruchsberechtigten herangezogen hat, bei deren Geschäftsstelle oder auch bei der Anweisungsstelle, soweit eine besondere Anweisungsstelle eingerichtet ist, gestellt sowie vor der Geschäftsstelle eines jeden Amtsgerichts zu Protokoll abgegeben werden (Abs. 6 i.V.m. § 129a ZPO). Die Mitwirkung eines Bevollmächtigten bei der Antragstellung ist nicht erforderlich. Ferner können nach Abs. 6 i.V.m. § 130a ZPO Anträge, Erklärungen und Beschwerden in der Form elektronischer Dokumente abgegeben werden, sofern die Voraussetzungen nach § 130a Abs. 2 ZPO vorliegen.

Einwendungen gegen die Berechnung der Ansprüche

3 Einwendungen gegen die Berechnung und Anweisung der Entschädigung bzw. Vergütung durch die Anweisungsstelle sind kein Rechtsbehelf.[1] Insofern gilt das Verbot der »reformatio in peius« nicht.[2] Jede Einwendung des Anspruchsberechtigten gegen die im Verwaltungsweg berechnete und angewiesene Entschädigung oder Vergütung ist, sofern sie nicht der Anweisungsstelle Anlass gibt, ihre Berechnung und Anweisung i.S.d. Einwendung zu ändern, als Antrag auf gerichtliche Festsetzung anzusehen.[3]

1 LG Würzburg, in JurBüro 77.997 zum ZSEG.
2 LSG Erfurt, Beschl. v. 13.04.2005 – L 6 SF 2/05, in KostRsp. JVEG § 4 Nr. 1 LS.
3 LG Dresden, Beschl. v. 22.06.2005 – 10 O 2618/04, in Rpfleger 05.633.

Beanstandung der Rechnungsprüfung

Eine »Beanstandung« der festgesetzten und angewiesenen Ansprüche durch die Rechnungsprüfungsstelle (Prüfungsamt, Rechnungshof) stellt dagegen nicht ohne Weiteres einen Antrag auf gerichtliche Festsetzung dar. Die »Beanstandung« ist zunächst nur eine Aufforderung an die Anweisungsstelle, ihre Berechnung und Anweisung i.S.d. Beanstandung von Amts wegen zu ändern. Die Anweisungsstelle ist an diese Beanstandung nicht gebunden. Wenn sie der Beanstandung keine Folge leistet, kann die beanstandende Stelle durch einen Antrag des Vertreters der Staatskasse die gerichtliche Festsetzung nach § 4 herbeiführen. 4

Antragsfrist

Der Antrag auf die gerichtliche Festsetzung ist nicht an eine Frist gebunden. Er braucht insb. nicht innerhalb der im § 2 Abs. 1 gesetzten Frist gestellt zu werden, wenn nur der Vergütungs- oder Entschädigungsanspruch innerhalb der in § 2 Abs. 1 genannten Frist geltend gemacht worden ist. 5

– S. auch § 2 Rdn. 2 -

Der Antrag auf gerichtliche Festsetzung kann auch schon gestellt werden, **bevor eine Berechnung und Anweisung im Verwaltungswege erfolgt ist.** Wenn zugleich mit der Einreichung der Liquidation gerichtliche Festsetzung beantragt wird, unterbleibt eine vorherige Berechnung und Anweisung der Entschädigung oder Vergütung im Verwaltungswege.

Antragsberechtigte

Einen Antrag auf gerichtliche Festsetzung nach § 4 können i.d.R. nur der **Anspruchsberechtigte nach § 1 und der Vertreter der Staatskasse** stellen. 6

Hat ein Zeuge oder Sachverständiger seinen entstandenen Entschädigungs- oder Vergütungsanspruch abgetreten, so kann auch der **Abtretungsnehmer** die gerichtliche Festsetzung beantragen.

Eine von dem **Sachverständigen zugezogene Hilfskraft oder ein von ihm beauftragter Dritter** kann nicht die gerichtliche Festsetzung der von dem Sachverständigen zu zahlenden Entschädigung beantragen, da sie einen Anspruch nur gegen den Sachverständigen, nicht jedoch gegen die Staatskasse haben. Antragsberechtigt ist insoweit nur der Sachverständige selbst.

– S.a. § 12 Rdn. 15 –.

Die Anweisungsstelle kann eine gerichtliche Festsetzung nicht beantragen, da ihr nicht die Vertretung der Staatskasse obliegt. Das Gericht kann aber die Festsetzung vornehmen, wenn es aufgrund der Anregung der Anweisungsstelle diese Festsetzung für angemessen hält.

Im Verfahren über Anträge auf Festsetzung der Entschädigung vor dem AG oder LG und bei der Anfechtung der Entscheidungen dieser Gerichte auch vor dem OLG, vor Verwaltungs- und Finanzgerichten wird die Staatskasse vertreten durch den **Bezirks-**

revisor.[4] Dieser hat in dem Festsetzungsverfahren nach § 4 eine Parteistellung. Allen am Festsetzungsverfahren beteiligten Parteien ist rechtliches Gehör zu gewähren,[5] dazu gehört jedoch nicht der Kostenschuldner.[6]

Eine Ablehnung des Bezirksrevisors wegen Besorgnis der Befangenheit ist nicht statthaft.[7]

Verfahrensbeteiligte

7 Die Verfahrensbeteiligten können **keine gerichtliche Festsetzung** beantragen.[8] Das gilt in Strafverfahren auch für die Staatsanwaltschaft oder in Steuerstrafverfahren für das Finanzamt.[9]

Die **kostenpflichtige Partei (Kostenschuldner)** kann eine gerichtliche Überprüfung der im Kostenansatz (Nr. 9005 KV-GKG, Nr. 31005 KV-GNotKG) enthaltenen Zeugenentschädigung oder Sachverständigenvergütung **nur im Verfahren über eine Erinnerung und Beschwerde gegen den Kostenansatz (§ 66 GKG,** § 81 GNotKG) erreichen.[10] Sie ist weder an der Festsetzung der Entschädigung bzw. Vergütung durch den Urkundsbeamten der Geschäftsstelle noch am Verfahren nach § 4 beteiligt.[11] Nur im Erinnerungs-/Beschwerdeverfahren gegen den Kostenansatz kann sie geltend machen, dass die von ihr über den Gerichtskostenansatz geforderte Entschädigung oder Vergütung zu Unrecht oder in zu hohem Betrage gezahlt worden seien und deshalb von ihr nicht oder nicht in dieser Höhe als bare Auslagen des Verfahrens gefordert werden dürfen.[12]

Das gilt auch dann, wenn die Partei diese Kosten bereits gezahlt hat.

Daran ändert nichts, dass die Ansprüche des Zeugen oder Sachverständigen bereits nach § 4 durch gerichtlichen Beschluss festgesetzt ist. Solche Entscheidungen wirken

---

4 *NRW*: Vertretungsordnung JM NRW, AV d. JM vom 27.07.2011 (5002 – Z. 10) – in der Fassung vom 18.06.2013 – JMBl. NRW S. 148.

5 OLG Düsseldorf, in JMBl. NW 88.80 = JurBüro 88.661 = Rpfleger 88.116 zum ZSEG.

6 OLG Koblenz, in Rpfleger 81.37 zum ZSEG.

7 OLG Koblenz, in Rpfleger 85.172 = KRspr. § 16 ZSEG Nr. 82 LS m.w.N.

8 OLG Koblenz, in Rpfleger 85.333 = ZSW 85.106; in Rpfleger 87.341; OLG Oldenburg, in Nds.Rpfl. 85.206 = NJW 86.265 zum ZSEG.

9 OLG München, in Rpfleger 82.317 = JurBüro 82.891 zum ZSEG.

10 OLG Frankfurt am Main, in KRspr. § 16 ZSEG Nr. 2; OLG Koblenz, in Rpfleger 81.37 = KRspr. § 16 ZSEG Nr. 67 LS m. Anm. von *Lappe*; OLG München, in Rpfleger 80.303; OLG Koblenz, in Rpfleger 85.333 = ZSW 85.106 m. Anm. von *K. Müller* = KRspr. § 16 ZSEG Nr. 85 m.w.N.

11 OLG Hamm, Beschl. v. 18.04.1996 – 17 W 14/94 –; OLG Naumburg, in OLGR 98.423 = JMBl. LSA 98.513; OLG Koblenz, Beschl. v. 16.11.2005 – 14 W 713/05, in FamRZ 06.634 LS.

12 OLG München, in Rpfleger 80.303; OLG Koblenz, in Rpfleger 81.37; OLG Köln, in JurBüro 82.890; BGH in Rpfleger 84.120; OLG Frankfurt am Main, in MDR 85.152; OLG Düsseldorf, in JurBüro 96.43; OLG Nürnberg, in MDR 99.1023 = FamRZ 2000.177 zum ZSEG; OLG Brandenburg, Beschl. v. 04.10.2005 – 10 WF 205/05, in FamRZ 07.235.

nicht zulasten des Kostenschuldners (Abs. 9). Sie können deshalb im Verfahren der Erinnerung gegen den Kostenansatz nachgeprüft werden.[13]

Gibt ein Sachverständiger im Kostenerinnerungsverfahren eine Stellungnahme zu seiner im Gerichtskostenansatz enthaltenen und beanstandeten Vergütung ab, so erhält er für seine Stellungnahme keine Vergütung nach dem JVEG. Die Stellungnahme im Kostenerinnerungsverfahren erfolgt außerhalb des vergütungspflichtigen Gutachterauftrags und ist daher nicht gesondert zu vergüten.[14]

Auch im späteren **Kostenfestsetzungsverfahren** können die Parteien noch rügen, dass die Staatskasse eine zu hohe Vergütung für den Sachverständigen gezahlt habe.[15]

Haben sich die Parteien gem. § 13 Abs. 1 dem Gericht ggü. mit der Zahlung einer bestimmten Vergütung an den Sachverständigen einverstanden erklärt, so können sie die Höhe dieser dem Sachverständigen entsprechend der Vereinbarung gezahlten Vergütung nicht nach § 66 GKG (§ 81 GNotKG) anfechten, es sei denn, sie machen geltend, dass die Voraussetzungen des § 13 nicht vorgelegen hätten.

Auch wenn nach § 13 Abs. 2 die Zustimmung einer Partei durch das Gericht ersetzt worden ist, kann die Höhe der gezahlten Vergütung nicht im Verfahren der Kostenerinnerung angefochten werden. Eine solche Anfechtung wäre im Ergebnis eine Anfechtung der gerichtlichen Zustimmung, die nach § 13 Abs. 2 Satz 4 unanfechtbar ist.

Eine gerichtliche Entscheidung zugunsten des Kostenschuldners, durch die eine im Gerichtskostenansatz enthaltene Zeugenentschädigung oder Sachverständigenvergütung herabgesetzt wird, **wirkt sich unmittelbar gegen den Zeugen oder Sachverständigen nicht aus.** Sie kann der Anweisungsstelle jedoch Anlass geben, die bisherige Festsetzung der Entschädigung oder Vergütung zu ändern, sofern diese nicht bereits nach § 4 rechtskräftig festgesetzt worden ist.

Dem Erstattungsanspruch der Staatskasse gegen den Zeugen oder Sachverständigen steht jedoch der Einwand der Verjährung ggü.

– S.a. § 2 Rdn. 8 –.

Macht der Zeuge oder Sachverständige hiervon Gebrauch oder war die Entschädigung oder Vergütung bereits nach § 4 rechtskräftig festgesetzt worden, so wirkt sich die gerichtliche Entscheidung im Kostenansatzverfahren nur zulasten der Staatskasse aus.

Es verbietet sich jedoch, eine im Verwaltungswege festgesetzte und bereits ausgezahlte Vergütung im Wege der richterlichen Festsetzung nach § 4 herabzusetzen, wenn der Sachverständige darauf vertrauen durfte, dass es bei der ihm bewilligten Entschädigung verbleiben werde.[16]

---

13 BayObLG in JurBüro 82.110; OLG Koblenz, in Rpfleger 87.341.

14 OLG Koblenz, Beschl. v. 29.11.2006 – 14 W 692/06, in MDR 07.493 m.w.N. = JurBüro 2007, 95 = DS 2007, 115 = FamRZ 2007, 850

15 OLG Koblenz, in Rpfleger 87.341.

16 OLG Köln, in OLGR 99.114 zum ZSEG.

Rechtsschutzbedürfnis

8 Eine **Beschwer** ist für den Festsetzungsantrag nicht erforderlich. Der Vertreter der Staatskasse kann daher auch dann noch die gerichtliche Festsetzung beantragen, wenn der Entschädigungs- oder Vergütungsbetrag über den Kostenansatz bereits vom Kostenschuldner erstattet worden ist.[17] Auch in diesen Fällen, in denen eine finanzielle Benachteiligung der Staatskasse nur noch dann eintreten könnte, wenn die dem Kostenschuldner in Rechnung gestellte Zeugenentschädigung oder Sachverständigenvergütung auf Erinnerung des Kostenschuldners (§ 66 GKG, § 81 GNotKG) herabgesetzt würde, kann ein berechtigtes Interesse der Staatskasse an einer gerichtlichen Festsetzung der Entschädigung bestehen.

Ein Antrag eines Sachverständigen auf Festsetzung ist wegen offensichtlichen **Rechtsmissbrauchs** unzulässig, wenn die Verfolgung prozessfremder Ziele im Vordergrund steht.[18]

Festsetzung von Amts wegen

9 Für das Gericht wird ein Anlass, die Festsetzung von sich aus vorzunehmen, i.d.R. nur bei Sachverständigenvergütungen und hier insb. in den Fällen bestehen, in denen die Zuordnung des Sachverständigen zu einer bestimmten Honorargruppe nicht zweifelsfrei feststeht.

– S.a. § 9 Rdn. 4 –.

Festsetzung durch das Gericht

10 a) Bei der Festsetzung der Entschädigung oder Vergütung nach Abs. 1 wird der Richter nicht als Verwaltungsbeamter, sondern **als Richter (das Gericht)** tätig. Diese richterliche Tätigkeit unterliegt dem Spruchrichterprivileg jedoch nur insoweit, als es sich um eine Maßnahme handelt, mit der das Gericht die Grundlagen für eine Entscheidung in der Hauptsache gewinnen will, z.B. wenn es darum geht, die Vergütung des Sachverständigen zu versagen, weil er die Unverwertbarkeit seines Gutachtens schuldhaft verursacht hat. Soweit das Gericht nur die Erforderlichkeit des vom Sachverständigen angegebenen Zeitaufwandes zu überprüfen hat, unterliegt die richterliche Tätigkeit nicht dem Spruchrichterprivileg des § 839 Abs. 2 Satz 1 BGB.[19]

b) Im Verfahren nach § 4 kann der für die gerichtliche Festsetzung der Sachverständigenvergütung zuständige Richter **wegen Besorgnis der Befangenheit**

---

17 OLG Hamm, in JVBl. 71.95; LG Essen, in JVBl. 71.72 zum ZSEG; a.A.: AG Hoya, in Nds. Rpfl. 70.180 = KRspr. § 16 ZSEG Nr. 16 m. abl. Anm. von *Lappe*; OLG Bamberg, in JurBüro 78.1728 zum ZSEG.

18 SG Berlin, Beschl. v. 30.01.1995 – S 67 (S 48 Vs 873/91) ZF 30/93 – innerhalb von 18 Monaten sind mehr als 90 Anträge auf gerichtliche Festsetzung ohne Begründung gestellt, in der Absicht, das Gericht mit Arbeit »zuzuschütten«.

19 BGH in DRiZ 84.102 = MDR 84.363 = VersR 84.77.

gem. § 42 ZPO abgelehnt werden.[20] Gegen einen das Ablehnungsgesuch zurückweisenden Beschluss ist nach § 46 Abs. 2 ZPO die sofortige Beschwerde statthaft.

Ein Ablehnungsantrag wird nicht dadurch unzulässig, dass der abgelehnte Richter inzwischen vor der Entscheidung über die sofortige Beschwerde unter Verstoß gegen § 47 ZPO eine gerichtliche Festsetzung nach § 4 vorgenommen hat.

c) **Zuständig für die Festsetzung ist nach Abs. 1 Satz 2 Nr. 1 das Gericht (der Richter – also auch der Einzelrichter** –), von dem der Anspruchsberechtigte nach § 1 herangezogen worden ist.

Der **Einzelrichter**, der z.B. einen Sachverständigen zugezogen hat, ist auch dann noch für die Festsetzung der Vergütung des Sachverständigen zuständig, **wenn er die Sache zwischenzeitlich an die Kammer (den Senat) abgegeben hat.**[21] Wenn statt des zuständigen Einzelrichters die unzuständige Kammer entschieden hat, so nötigt diese Zuständigkeitsverletzung nicht zur Aufhebung der Entscheidung.[22]

Ist aufgrund eines Beweisbeschlusses (des Gerichts) von dem Sachverständigen nur **ein schriftliches Gutachten** eingereicht worden, so ist für die Festsetzung der Sachverständigenentschädigung das Gericht zuständig, dem das Gutachten eingereicht ist, nicht der mit der Durchführung der Beweisaufnahme beauftragte Berichterstatter.

Wird ein Zeuge oder Sachverständiger **im Wege der Rechtshilfe** vernommen, so ist für die Festsetzung seiner Entschädigung bzw. Vergütung nur das ersuchte Gericht zuständig.[23] Herangezogen ist der Anspruchsberechtigte nämlich nicht von dem Gericht, das die Beweisaufnahme angeordnet hat, sondern von dem Gericht, das die Vernehmung durchgeführt hat.

Ein Zuständigkeitsstreit zwischen dem ersuchenden und dem ersuchten Gericht über die Verpflichtung zur Festsetzung der Entschädigung ist nach § 159 GVG zu entscheiden.

In einem Verfahren, in dem der **Rechtspfleger** sachlich entscheidet und im Rahmen seiner Zuständigkeit Zeugen oder Sachverständige herangezogen hat, ist er auch für die Festsetzung der Entschädigung bzw. Vergütung zuständig.

d) In **Bußgeldverfahren nach dem OWiG vor der Verwaltungsbehörde (Abs. 2)** ist gegen die Berechnung und Anweisung der Entschädigung oder Vergütung zugezogener Zeugen und Sachverständigen durch die Verwaltungsbehörde der Antrag auf gerichtliche Entscheidung nach § 62 Abs. 2 OWiG i.V.m. § 68 OWiG

---

20 OLG Frankfurt am Main, in OLGR 97.305 zum ZSEG.
21 OLG Hamm, in JMBl. NW 71.263 zum ZSEG.
22 OLG Hamm, in JVBl. 71.143 = JMBl. NW 71.263 zum ZSEG.
23 OLG Saarbrücken, in JurBüro 90.107 zum ZSEG.

vorgesehen.[24] Die Festsetzung der Ansprüche von Zeugen und Sachverständigen erfolgt mithin nicht nach § 4, sondern nach den Regelungen der §§ 62, 68 OWiG. Die gerichtliche Entscheidung ist nach § 62 Abs. 1 Satz 3 OWiG unanfechtbar.[25]

e) Für die Festsetzung der Entschädigung bzw. Vergütung eines **von dem Gerichtsvollzieher** hinzugezogenen Zeugen oder Sachverständigen – s. § 1 Rdn. 8 – ist das Amtsgericht zuständig, in dessen Bezirk der Gerichtsvollzieher seinen Amtssitz hat. Erfolgt die Heranziehung in einem Zwangsvollstreckungsverfahren, so ist nach § 764 ZPO[26] das Vollstreckungsgericht zuständig.

f) Wenn der Zeuge, Dritte oder Sachverständige **von der Staatsanwaltschaft** herangezogen wird, ist nach Abs. 1 Satz 2 Nr. 2 das Gericht zuständig, bei dem die Staatsanwaltschaft errichtet ist. Daraus folgt, dass für die Festsetzung der Entschädigung oder Vergütung der von der Staatsanwaltschaft hinzugezogenen Anspruchsberechtigten zuständig ist
   - **das LG**, wenn die Staatsanwaltschaft bei diesem errichtet ist oder
   - **das OLG**, für die Staatsanwaltschaft bei dem OLG.

Welche Kammer des LG oder welcher Senat des OLG zuständig ist, wird durch die Geschäftsverteilung bestimmt.

Dasselbe gilt, wenn die **Heranziehung** i.S.d. § 1 Abs. 1 Nr. 1 und Abs. 3 im Auftrag der Staatsanwaltschaft oder mit deren vorheriger Billigung **durch die Polizei** oder eine **andere Strafverfolgungsbehörde** erfolgt.

Zuständig ist ferner das LG, bei dem die Staatsanwaltschaft errichtet ist, die für das Ermittlungsverfahren zuständig wäre, wenn die **Heranziehung im Auftrag der**

---

24 **§ 62 OWiG (Auszug):**

(1) Gegen Anordnungen, Verfügungen und sonstige Maßnahmen, die von der Verwaltungsbehörde im Bußgeldverfahren getroffen werden, können der Betroffene und andere Personen, gegen die sich die Maßnahme richtet, gerichtliche Entscheidung beantragen …

(2) Über den Antrag entscheidet das nach § 68 zuständige Gericht. … Die Entscheidung des Gerichts ist nicht anfechtbar, soweit das Gesetz nichts anderes bestimmt.

§ 68 OWiG (Auszug):

(1) Bei einem Einspruch gegen den Bußgeldbescheid entscheidet das Amtsgericht, in dessen Bezirk die Verwaltungsbehörde ihren Sitz hat. Der Richter beim Amtsgericht entscheidet allein.

(2) Im Verfahren gegen Jugendliche und Heranwachsende ist der Jugendrichter zuständig.

(3) …

25 BT-Drucks. 15/1971 – Begründungen zu § 4 Abs. 2 – S. 220 und zu § 57 RVG – S. 252 –.

26 **§ 764 ZPO:**

(1) Die den Gerichten zugewiesene Anordnung von Vollstreckungshandlungen und Mitwirkung bei solchen gehört zur Zuständigkeit der Amtsgerichte als Vollstreckungsgerichte.

(2) Als Vollstreckungsgericht ist, sofern nicht das Gesetz ein anderes Amtsgericht bezeichnet, das Amtsgericht anzusehen, in dessen Bezirk das Vollstreckungsverfahren stattfinden soll oder stattgefunden hat.

(3) Die Entscheidungen des Vollstreckungsgerichts ergehen durch Beschluss.

Finanzbehörde oder mit deren vorheriger Billigung durch die Polizei oder eine andere Strafverfolgungsbehörde erfolgt.

Da eine Staatsanwaltschaft jedenfalls nicht bei einem Amtsgericht errichtet ist, kann zunächst für die Entschädigung oder Vergütung einer von der Staatsanwaltschaft oder in deren Auftrag oder Billigung hinzugezogenen Beweispersonen **das Amtsgericht nicht** zuständig sein.

Das gilt auch dann, wenn der Zeuge oder Sachverständige von einem Amtsanwalt herangezogen worden ist. Die Amtsanwaltschaft ist ein Teil der (bei dem LG errichteten) Staatsanwaltschaft. Zuständig für die Festsetzung der Entschädigung ist daher das LG.

Nur in den Fällen, in denen nach Erhebung der öffentlichen Klage das Amtsgericht das für die Durchführung des Verfahrens zuständige Gericht ist, ist dieses auch für die Festsetzung nach § 4 zuständig.

Bei der Festsetzung nach § 4 entscheidet das Gericht stets **ohne Mitwirkung der** 11
ehrenamtlichen Richter (Abs. 7 Satz 3).

Gerichtliche Entscheidung

a) Die **Festsetzung nach § 4 erfolgt durch Beschluss** ohne mündliche Verhandlung. 12
Der Festsetzungsbeschluss kann den Parteien (ehrenamtlichen Richtern, Zeugen, Dritten, Sachverständigen und Vertreter der Staatskasse) formlos mitgeteilt werden. Eine Zustellung ist nicht erforderlich, da die nach Abs. 2 zulässige Beschwerde nicht an eine Frist gebunden ist.

b) Das Gericht ist bei der Festsetzung der Entschädigung **an die gestellten Anträge nur insoweit gebunden, als es nicht mehr festsetzen kann, als »verlangt« ist.**[27] I.R.d. allgemein gestellten Verlangens auf Entschädigung kann das Gericht auch Beträge festsetzen, deren Ablehnung durch die Anweisungsstelle bei dem Antrag auf gerichtliche Festsetzung nicht beanstandet worden ist.
Ebenso kann die von der Anweisungsstelle vorgenommene Berechnung und Anweisung sowohl in den Einzelansätzen als auch in der Gesamtsumme verschlechtert werden. Das Verbot der »reformatio in peius« greift bei der gerichtlichen Festsetzung ggü. der von der im Verwaltungswege berechneten Entschädigung oder Vergütung nicht ein.[28] Die gerichtliche Festsetzung ist keine Abänderung der von der Anweisungsstelle vorgenommenen Berechnung, sondern eine davon unabhängige erstmalige Festsetzung nach § 4, wodurch eine vorherige Berechnung der Beträge im Verwaltungsweg gegenstandslos wird.

c) Das Gericht muss im Verfahren nach § 4 **die gesamte Entschädigung oder Vergütung festsetzen** und darf sich nicht darauf beschränken, nur eine allgemeine, nicht erschöpfende Richtlinie zu geben.

27 OLG Düsseldorf, in JurBüro 82.1229 zum ZSEG.
28 OLG Düsseldorf, in JMBl. NW 83.143; OLG Karlsruhe, in Justiz 87.384 = JurBüro 88.389; OLG Karlsruhe, in OLGR 99.403.

§ 4 verlangt, dass das Gericht die zu gewährende Entschädigung oder Vergütung festsetzt. Es hat deshalb die gesamte Vergütung nach Art und Höhe einschließlich der Zeitangaben des Sachverständigen insgesamt zu überprüfen[29] und betragsmäßig beziffert festzusetzen. Die Festsetzung nur einzelner Vergütungselemente (z.B. Zuordnung zu einer Honorargruppe – s.a. § 9 Rdn. 2 –, bestimmte Einzelposten) ist nicht zulässig.[30]

d) Zwar ist grds. die gesamte Vergütungsberechnung durch das Gericht zu überprüfen; wird jedoch die Festsetzung einer Vergütung beantragt, die aufgrund **einer nach § 13 geschlossenen Vereinbarung** verlangt wird, so ist von dem Gericht nur zu prüfen, ob die berechnete Vergütung der getroffenen Vereinbarung entspricht und ob die Vereinbarung die Voraussetzungen des § 13 erfüllt.

e) Im Festsetzungsverfahren nach § 4 besteht auch bei verzögerter Auszahlung **kein Anspruch auf Verzinsung** des Entschädigungs- oder Vergütungsanspruchs für die Zeit zwischen Antragstellung und Auszahlung.

f) **Die Entscheidung des Gerichts nach § 4 erwächst nicht in Rechtskraft.** Das Gericht ist daher nicht gehindert, seine Festsetzung nachträglich zuungunsten des Sachverständigen zu ändern, wenn es aufgrund neuer Tatsachenerkenntnisse z.B. zu dem Ergebnis gelangt, dass dem Sachverständigen wegen Unverwertbarkeit des Gutachtens eine Vergütung nicht zusteht[31] oder wegen ungerechtfertigter Bereicherung zurückzuerstatten ist.[32]

Sonstige Festsetzungen

13 a) Wegen der Zuständigkeit für die Festsetzung der Entschädigung von Personen, denen die Beantwortung eines **Auskunftsersuchens über ausländisches Recht** nach dem Gesetz zur Ausführung des Europäischen Übereinkommens vom 07.06.1968 betreffend Auskünfte über ausländisches Recht vom 05.07.1974 (BGBl. I S. 1433) übertragen ist, wird auf § 1 Rdn. 27 verwiesen.

b) Auf die Festsetzung der Beträge, die **mittellosen Parteien oder Beschuldigten** für die Reise zum Terminsort gezahlt werden, findet § 4 keine Anwendung.

c) Im **Verwaltungsangelegenheiten**, in denen für die Entschädigung der dort beigezogenen Zeugen und Sachverständigen die Bestimmungen des JVEG eine entsprechende Anwendung finden, ist die gerichtliche Festsetzung nach § 4 i.d.R. ausgeschlossen. Hier ist der Entschädigungsanspruch ggf. mit einer Leistungsklage durchsetzbar.

---

29 OLG Koblenz, in JurBüro 76.988 LS zum ZSEG.

30 OLG München, in OLGR 96.10 = JurBüro 96.321 zum ZSEG; OLG Celle, Beschl. v. 06.07.2005 – 2 W 141/05, in JurBüro 05.550 m. Anm. von *Bund*; OLG Celle, Beschl. v. 06.07.2005 – 2 W 142/05, in JurBüro 05.658 m. Anm. von *Bund*.

31 OLG Düsseldorf, in MDR 95.1267 = OLGR 96.24 = JurBüro 96.323 zum ZSEG.

32 KG, Beschl. v. 14.03.2011 - 1 Ws 16/11 - = JurBüro 11, 11.

d) Ein durch die Polizeibehörde **aus eigener Entschließung** herangezogener Dolmetscher kann seinen Vergütungsanspruch gegen diese nur im Wege einer verwaltungsgerichtlichen Leistungsklage geltend machen.[33]

II. Anfechtung der gerichtlichen Festsetzung mit der Beschwerde

Beschwerde

a) Durch § 4 ist das Verfahren zur Festsetzung der Entschädigung bzw. Vergütung von ehrenamtlichen Richtern, Zeugen, Dritten und Sachverständigen abschließend und erschöpfend geregelt. 14
Der Anspruchsberechtigte, der sich durch die gerichtliche Festsetzung oder durch deren Ablehnung in seinen Anspruch geschmälert fühlt, kann **nur im Beschwerdeverfahren** das im Rechtszug höhere Gericht anrufen, nicht aber durch Erhebung einer Klage Abhilfe suchen.
Die Regelungen für die Beschwerde richten sich danach nicht nach den jeweiligen Verfahrensgesetzen, sondern einheitlich für alle Gerichtsbarkeiten nach dem in Abs. 3 bis 5 selbstständig geregelten Verfahren. Die Vorschrift des § 4 geht hiernach den in den Verfahrensgesetzen enthaltenen Beschwerdebestimmungen vor.[34]

– s. auch § 1 Abschnitt IX. –

b) Im Verfahren nach § 4 Abs. 3 ist auch die **Anschlussbeschwerde** zulässig.[35]
c) Die Beschwerde ist an keine Frist gebunden. Für sie wird jedoch dieselbe Begrenzung gelten müssen wie für die Abänderungsbefugnis der Anweisungsstelle.[36]

– S.a. § 2 Rdn. 7 –.

d) Die Beschwerde unterliegt jedoch wie alle unbefristeten Rechtsmittel dem allgemeinen **Einwand der Verwirkung**. Ein Anspruch ist verwirkt, wenn seit der Möglichkeit seiner Geltendmachung längere Zeit verstrichen und der Anspruchsberechtigte untätig geblieben ist, obwohl nach den Umständen des Falles zu erwarten gewesen wäre, dass er etwas zur Durchsetzung seines Anspruchs unternommen hätte. Danach kann die Beschwerde verwirkt sein, wenn sie erst nach unangemessen langer Zeit eingelegt wird[37] und der Beschwerdegegner sich auf die

33 LG Mainz, in KRspr. § 1 ZSEG Nr. 113 LS; OLG Zweibrücken, in NJW 97.2692 = MDR 97.980 zum ZSEG.

34 OLG München, in JurBüro 86.1226 zum ZSEG; a.A. HessVerwGH in KRspr. § 16 ZSEG Nr. 15 m. abl. Anm. von *Lappe*; OVG Niedersachsen, in KRspr. § 16 ZSEG Nr. 56 m. abl. Anm. von *Lappe*; OVG Hamburg in KRspr. § 16 ZSEG Nr. 62 m. zust. Anm. von *Noll*.

35 OLG Saarbrücken, in KRspr. § 16 ZSEG Nr. 90 LS.

36 OLG Koblenz, in KRspr. § 16 Nr. 42; OLG Nürnberg, in JurBüro 80.1552; OLG Frankfurt am Main, in JurBüro 78.100; OLG Hamburg, in JurBüro 81.740 = KRspr. § 16 ZSEG Nr. 68 LS m.w.N.; OLG Koblenz, in JurBüro 86.419 zum ZSEG.

37 OLG Frankfurt am Main, in OLGR 92.116.

durch die angefochtene Entscheidung geschaffene Rechtslage verlassen durfte.[38] Das gilt auch, wenn der Beschwerdegegner die Staatskasse ist.[39]

e) Nach § 4 Abs. 6 können Anträge einschließlich Beschwerden und Erklärungen **schriftlich oder zu Protokoll der Geschäftsstelle** unter Beachtung des § 129a ZPO[40] eingereicht werden. Wird eine Beschwerde bei dem Beschwerdegericht eingelegt, so ist sie zunächst dem entscheidenden Gericht zuzuleiten, das prüfen muss, ob es seine Entscheidung abändern will. Auch eine zu Protokoll der Geschäftsstelle eines für die Entscheidung unzuständigen Gerichts gegebene Beschwerde, die an das zuständige Gericht weitergeleitet wird, ist gültig. Für die Beschwerde besteht kein Anwaltszwang (Abs. 6 Satz 1, vgl. auch § 4 Rdn. 2, 19).

f) Wird einem Sachverständigen grundlos der erteilte Gutachtenauftrag entzogen und ihm sein Vergütungsanspruch aberkannt, so steht ihm zwar gegen die **Entziehung des Auftrags** eine Beschwerde nicht zu. Gegen die Versagung seiner Vergütung ist jedoch die Beschwerde nach § 4 Abs. 3 zulässig.[41]

Beschwerdewert

15 a) Die Beschwerde ist nur zulässig, wenn der Wert des Beschwerdegegenstandes **200,00 € übersteigt** (Abs. 3 Satz 1). Der Anspruchsberechtigte kann nur wegen zu niedriger Festsetzung der Entschädigung oder Vergütung, die Staatskasse nur wegen zu hoher Festsetzung Beschwerde einlegen, wenn der Unterschied zwischen der erfolgten Festsetzung und dem angestrebten Betrag den Grenzwert von 200,00 € übersteigt. Dabei ist im Fall einer teilweisen Abhilfe durch die Vorinstanz hinsichtlich der Höhe des Beschwerdewertes nicht auf den Zeitpunkt der Einlegung des Rechtsmittels, sondern auf den der Entscheidung des Beschwerdegerichts abzustellen.[42]

Die Beschwerde ist unzulässig, wenn die Beschwerdesumme nur infolge Erweiterung des in der ersten Instanz Beantragten erreicht wird.

---

38 OLG Koblenz, in JurBüro 86.419; OLG Düsseldorf, in OLGR 96.246 = MDR 97.62; OLG Koblenz, in JurBüro 2000.210 – die Beschwerde ist verwirkt, wenn sie 18 Monate nach der Zustellung der angefochtenen Entscheidung eingelegt wird –; OLG Saarbrücken, in JurBüro 89.1465 – keine Verwirkung nach 9 Monaten seit der Zustellung –; OLG Köln, in JurBüro 99.320 – auch kein Antrag auf Neufestsetzung anstelle der Beschwerde –.

39 LG Kiel, in Rpfleger 96.346 m. zust. Anm. von *Döring*.

40 § 129a ZPO – Anträge und Erklärungen zu Protokoll –:
(1) Anträge und Erklärungen, deren Abgabe vor dem Urkundsbeamten der Geschäftsstelle zulässig ist, können vor der Geschäftsstelle eines jeden Amtsgerichts zu Protokoll abgegeben werden.
(2) Die Geschäftsstelle hat das Protokoll unverzüglich an das Gericht zu übermitteln, an das der Antrag oder die Erklärung gerichtet ist. Die Wirkung einer Prozesshandlung tritt frühestens ein, wenn das Protokoll dort eingeht. Die Übermittlung des Protokolls kann demjenigen, der den Antrag oder die Erklärung zu Protokoll abgegeben hat, mit seiner Zustimmung überlassen werden.

41 OLG Brandenburg, in ZfBR 96.98 zum ZSEG.

42 OLG Karlsruhe, in Justiz 93.411 = JurBüro 94.180 zum ZSEG.

b) Auch die **Versagung rechtlichen Gehörs** durch das festsetzende Gericht eröffnet nicht die Beschwerdeinstanz, wenn der Wert des Beschwerdegegenstandes 200,00 € nicht übersteigt. Etwaige Grundrechtsverstöße sind grds. von dem Gericht selbst zu beseitigen.[43] Kommt eine Beschwerdeentscheidung wegen Unterschreitung des Beschwerdewertes nicht in Betracht, so kann die beschwerte Partei bei Vorliegen der sonstigen Voraussetzungen die Anhörungsrüge nach § 4a erheben.

– S. § 4a Rdn. 3 –.

c) Die Frage, ob die **USt** für die Beschwerdesumme mitzurechnen ist, ist umstritten; mit der in Rechtsprechung und Literatur herrschenden Meinung ist sie zu bejahen.[44] Das gilt aber nur für Sachverständige, die die USt neben der sonstigen Vergütung geltend machen können (§ 12 Abs. 1 Nr. 4).

d) Hat ein Gericht einen **Dolmetscher für mehrere am selben Tage verhandelte Verfahren** hinzugezogen und auf dessen Antrag die ihm zu zahlenden Entschädigungen einheitlich festgesetzt, so unterliegt die Festsetzung nicht der Beschwerde, wenn in keinem der Ausgangsverfahren eine den Mindestbeschwerdewert von 200,00 € übersteigende Entschädigung streitig bleibt.[45]
Dasselbe gilt, wenn ein Antragsteller die aufgrund verschiedener Auskunftsersuchen nach § 23 JVEG zu erteilenden Rechnungen, die für sich allein den Beschwerdewert nicht erreichen, zusammenfasst, um dadurch den Beschwerdewert zu übersteigen.[46]

e) Abweichend der bisherigen Regelung hat das Gericht, das die angefochtene Entscheidung erlassen hat, nach Abs. 3 die Möglichkeit, die Beschwerde bei Gegenstandswerten von bis zu 200,00 € wegen der grundsätzlichen Bedeutung der zur Entscheidung stehenden Frage zuzulassen. Mit der Einführung der **Zulassungsbeschwerde** sollen die Einheitlichkeit der Rechtsprechung und die Rechtsfortbildung auf dem Gebiet der Entschädigung und Vergütung von ehrenamtlichen Richtern, Zeugen, Dritten und Sachverständigen gestärkt werden. Über die Zulassung der Beschwerde ist in der angefochtenen Entscheidung zu befinden;[47] die Zulassung kann nicht nachgeholt werden.[48] Die nachträgliche Zulassung ist für das Beschwerdegericht nicht bindend.[49]
Ist die angefochtene Entscheidung mit einem Gegenstandswert von bis zu 200,00 € von dem Rechtspfleger getroffen worden, so ist zunächst der Rechtspfleger zur Entscheidung über die Zulassung der Beschwerde berufen. Für den Fall der Nichtzulassung ist gegen die Entscheidung des Rechtspflegers die befristete Erinnerung nach § 11 Abs. 2 RPflG gegeben. Der zur Entscheidung

---

43 OLG Düsseldorf, in JMBl. NW 88.80 = JurBüro 88.661 = Rpfleger 88.116 zum ZSEG.
44 OLG Koblenz, in MDR 92.196.
45 OVG Nordrhein-Westfalen in NWVBl. 93.313.
46 OLG Hamm, in JurBüro 99.319; OLG Hamm, Beschl. v. 18.03.1999 – 3 Ws 8 u. 176 – 193/99.
47 *Zimmermann*, JVEG, Rn. 20 zu § 4 JVEG.
48 OLG Stuttgart, Beschl. v. 26.06.2005 – 4 Ws 115/05, in Die Justiz 05.436.
49 OLG München, Beschl. v. 05.07.2007 – 11 W 1704/06, FamRZ 07.2001 – LS –.

über die Erinnerung zuständige Richter kann dann erneut über die Zulassung der Beschwerde entscheiden. Seine Entscheidung über die Nichtzulassung der Beschwerde ist unanfechtbar (Abs. 4 Satz 3).[50]

Beschwerdeberechtigte

16 a) Beschwerdeberechtigt sind
- **der ehrenamtliche Richter,**
- der **Zeuge**,
- **der Dritte**
- der **Sachverständige** und
- **die Staatskasse.**

Dass die festgesetzte Entschädigung von den Parteien zu zahlen oder durch einen von den Parteien gezahlten Auslagenvorschuss gedeckt ist, schließt die Beschwerdebefugnis der Staatskasse nicht aus.[51]

b) Die **Parteien eines Rechtsstreites** sind am Verfahren nach § 4 nicht beteiligt und haben daher auch **kein Beschwerderecht.**[52]

– S. § 4 Rdn. 7 –.

c) Die von dem Sachverständigen zugezogene **Hilfskraft** oder ein von ihm beauftragter Dritter hat wegen der ihr vom Sachverständigen für ihre Tätigkeit zu zahlenden Vergütung, die dem Sachverständigen als Aufwand nach § 12 festgesetzt ist, **kein eigenes Beschwerderecht**, da ihr Anspruch sich nur gegen den Sachverständigen, nicht gegen die Staatskasse richtet. Wegen einer zu geringen Festsetzung des Aufwandes für eine Hilfskraft kann nur der Sachverständige Beschwerde einlegen.

– s.a. § 4 Rdn. 6 –

d) Das **Finanzamt** ist am Verfahren über die Entschädigung von Zeugen und Sachverständigen nach § 4, das aus einem von ihm geführten Steuerstrafverfahren erwachsen ist, nicht beteiligt und somit **nicht befugt, Beschwerde einzulegen.**[53]

Beschwerdegericht

17 a) Das zur Entscheidung über eine Beschwerde nach § 4 Abs. 3 zuständige Gericht ist allgemein das dem erkennenden Gericht übergeordnete Gericht – **nächsthöhere Gericht** – (Abs. 4 Satz 2).
Das gilt auch in bürgerlichen Rechtsstreitigkeiten der in § 119 Abs. 1 Nr. 1, Abs. 2 und 3 GVG bezeichneten Art, in denen nach den für das Hauptverfahren

---

50 BT-Drucks. 15/1971 – Begründung zu § 4 Abs. 3 JVEG – S. 220 – i.V.m. § 66 Abs. 2 GKG – S. 185/186 –.
51 OLG Nürnberg, in MDR 99.1023 = FamRZ 00.177 zum ZSEG.
52 OLG Brandenburg, Beschl. v. 04.10.2005 – 10 WF 205/05, in FamRZ 07.235.
53 OLG München, in Rpfleger 82.317 = JurBüro 82.891 zum ZSEG.

maßgebenden Zuständigkeitsvorschriften das OLG entscheidet, wenn das Amtsgericht die angefochtene Entscheidung erlassen hat. Für den Bereich des JVEG besteht für eine solche Ausnahmeregelung kein Bedürfnis, da die nach § 4 zu treffenden Beschwerdeentscheidungen nicht in gleichem Maße besondere Kenntnisse auf dem Gebiet des Familienrechts voraussetzen wie im Hauptverfahren oder im Verfahren nach dem GKG (§ 66 Abs. 3 GKG);[54] Beschwerdegericht ist daher in den Fällen, in denen das FamG die Sachverständigenvergütung festgesetzt hat, als nächsthöheres Gericht das LG und nicht das OLG (KG).[55]

– s. auch § 1 Abschnitt IX -

b) Über eine Beschwerde gegen die Festsetzung durch einen ersuchten Richter entscheidet nicht das Prozessgericht, sondern das dem **ersuchten Richter übergeordnete Gericht**; § 576 ZPO gilt nicht.

Beschwerdeentscheidung

Die Beschwerde gegen die richterliche Festsetzung ist eine Tatsacheninstanz. Das Beschwerdegericht hat anstelle des Erstrichters zu entscheiden. Dem Beschwerdegericht obliegt damit die volle Nachprüfung der Festsetzung. Sie umfasst alle die für die Bemessung der Entschädigung oder Vergütung maßgeblichen Umstände. Dies schließt notwendigerweise auch die Überprüfung des billigen Ermessens ein.[56] **18**

– S.a. Rdn. 12 lit c) –.

Im Beschwerdeverfahren nach § 4 gilt das Verschlechterungsverbot (reformatio in peius) nicht. Das Beschwerdegericht kann daher alle festgesetzten Beträge überprüfen und die einzelnen Rechnungspositionen ggf. auch zum Nachteil des Beschwerdeführers herabsetzen.[57]

Über eine Beschwerde nach § 4 Abs. 3, die sich gegen einen Beschluss der kleinen Strafkammer richtet, den der Vorsitzende außerhalb der Hauptverhandlung ohne Mitwirkung der Schöffen erlassen hat, entscheidet der Strafsenat in der Besetzung von drei Richtern.[58]

---

54 BT-Drucks. 15/1971 – Begründung zu § 4 JVEG – S. 220 –; OLG Celle, Beschl. v. 10.02.2005 – 10 WF 48/05, in Nds.Rpfl. 05.226.

55 KG, Beschl. v. 23.08.2007 – 19 WF 194/07, in JurBüro 08.378 = FamRZ 08.1101 = JurBüro 08.378; OLG München, Beschl. v. 06.07.2010 - 11 WF 636/10 - in MDR 10, 24.; OLG Celle, Beschl. v. 30.04.2013 - 10 WF 122/13 in JurBüro 2013, 4.38 = NJW-RR 13, 961;

56 OLG Oldenburg, in JurBüro 81.86; *Kamphausen* in JurBüro 83.415; *Mümmler* in JurBüro 83.416 zum ZSEG; a.A.: OLG Frankfurt am Main, in JurBüro 83.413 zum ZSEG.

57 SchlHOLG in SchlHA 85.46 = MDR 85.79 = KRspr. § 16 ZSEG Nr. 83 LS m. abl. Anm. von *Lappe* = JurBüro 85.1374 zum ZSEG; a.A.: OLG Hamm, in JMBl. NW 65.105 zum ZSEG.

58 OLG Düsseldorf, Beschl. v. 05.01.2007 – II-3 Ws 574/06, in JMBl. NRW 07.139.

Weitere Beschwerde

19 Gegen die Entscheidung des LG als Beschwerdegerichts ist nach Abs. 5 **eine weitere Beschwerde nur zulässig**, wenn das LG diese wegen der grundsätzlichen Bedeutung der zur Entscheidung stehenden Frage zugelassen hat. Die weitere Beschwerde kann nur darauf gestützt werden, dass die angefochtene Entscheidung auf Verletzung des Rechts i.S.d. §§ 546, 547 ZPO[59] beruht. Das zur Entscheidung über die weitere Beschwerde berufene **OLG** ist an die Zulassung der weiteren Beschwerde gebunden und die Nichtzulassung der weiteren Beschwerde ist unanfechtbar.

Auch für die weitere Beschwerde besteht kein Anwaltszwang (Abs. 6 Satz 1, vgl. auch Rdn. 2 und Rdn. 14 lit. e).

Ausnahmsweise ist eine weitere Beschwerde statthaft, falls das erste Gericht willkürlich und daher unter Vorstoß gegen Art. 3 Abs. 1 GG Rechtsnormen unberücksichtigt gelassen hat, wobei i.Ü. unerheblich ist, ob der angefochtene Beschluss verfahrens- oder materiellrechtliche Vorschriften verletzt.[60] Zur Regelung der Überprüfung von gerichtlichen Verstößen gegen den Anspruch auf Gewährung des rechtlichen Gehörs nach Art. 103 Abs. 1 GG s. § 4 a.

Gegenvorstellung

20 Eine Gegenvorstellung (außerordentliche Beschwerde) ist im Entschädigungsfestsetzungsverfahren nur in dem Umfang zulässig, als sie im Zivilprozess zugelassen ist.

Diese kann sich nur gegen gerichtliche Entscheidungen richten, die
- nicht mehr angefochten werden können,
- auch nicht der materiellen Rechtskraft unterliegen und
- unter Grundrechtsverstoß zustande gekommen sind.[61]

---

59 **§ 546 ZPO** – Begriff der Rechtsverletzung -
Das Recht ist verletzt, wenn eine Rechtsnorm nicht oder nicht richtig angewendet worden ist.
§ 547 ZPO – Absolute Revisionsgründe -
Eine Entscheidung ist stets als auf einer Verletzung des Rechts beruhend anzusehen,
1. wenn das erkennende Gericht nicht vorschriftsmäßig besetzt war;
2. wenn bei der Entscheidung ein Richter mitgewirkt hat, der von der Ausübung des Richteramts kraft Gesetzes ausgeschlossen war, sofern nicht dieses Hindernis mittels eines Ablehnungsgesuchs ohne Erfolg geltend gemacht ist;
3. wenn bei der Entscheidung ein Richter mitgewirkt hat, obgleich er wegen Besorgnis der Befangenheit abgelehnt und das Ablehnungsgesuch für begründet erklärt war;
4. wenn eine Partei in dem Verfahren nicht nach Vorschrift der Gesetze vertreten war, sofern sie nicht die Prozessführung ausdrücklich oder stillschweigend genehmigt hat;
5. wenn die Entscheidung aufgrund einer mündlichen Verhandlung ergangen ist, bei der die Vorschriften über die Öffentlichkeit des Verfahrens verletzt sind,
6. wenn die Entscheidung entgegen den Bestimmungen dieses Gesetzes nicht mit Gründen versehen ist.

60 OLG Düsseldorf, in JurBüro 87.1102; in JurBüro 94.182 zum ZSEG.

61 OLG München, in JurBüro 86.1226 zum ZSEG.

Die Möglichkeit eines Gerichts, seine eigene Entscheidung auf eine Gegenvorstellung hin noch einmal zu überprüfen, hängt allein davon ab, ob eine einmal erlassene gerichtliche Entscheidung abgeändert werden darf oder nicht, wobei die Rechtskraft nicht geeignet ist, die Frage der Abänderbarkeit von Beschlüssen zu klären. Die Frage der Abänderbarkeit bzw. Nichtabänderbarkeit einer gerichtlichen Entscheidung beurteilt sich nach der Qualität des unterlaufenen Fehlers. Liegt ein Grundrechtsverstoß vor – etwa die Verletzung des rechtlichen Gehörs –, so ist die Entscheidung auf eine Gegenvorstellung hin abänderbar, sofern das Gericht nicht – wie bei rechtskräftigen Urteilen – an seine Vorentscheidung gebunden oder durch das Prozessrecht an der selbstständigen Änderung gehindert ist. Weder das JVEG noch die – ergänzend heranzuziehende – ZPO binden in den Fällen des § 4 das Gericht an seine Entscheidung oder hindern es an einer selbstständigen Änderung.[62]

Das außerordentliche Rechtsmittel darf jedoch nicht dazu führen, dass das Rechtsmittelsystem entgegen den Vorstellungen des Gesetzgebers unzulässig ausgeweitet wird. Es findet seine Grundlage nur im verfassungsrechtlichen Willkürverbot des Art. 3 Abs. 1 GG und ist daher nur zulässig, wenn die angefochtene Entscheidung auf einer Gesetzesauslegung beruht, die offensichtlich dem Wortlaut und dem Zweck des Gesetzes widerspricht und die eine Gesetzesanwendung zur Folge hat, die durch das Gesetz ersichtlich ausgeschlossen werden sollte.[63]

Keine Beschwerdemöglichkeit

In der **Finanzgerichtsbarkeit**, in der unter dem BFH nur eine Instanz der Finanz- 21
gerichte vorhanden ist, ist eine Beschwerde gegen die Festsetzung durch das FG nicht zulässig.[64]

Auch die Festsetzungen nach § 4 durch **die OLG, die OVG, die LAG und die LSG** können nicht mit der Beschwerde angefochten werden.

§ 4a JVEG Abhilfe bei Verletzung des Anspruchs auf Rechtliches Gehör

(1) Auf die Rüge eines durch die Entscheidung nach diesem Gesetz beschwerten Beteiligten ist das Verfahren fortzusetzen, wenn

1. **ein Rechtmittel oder ein anderer Rechtsbehelf gegen die Entscheidung nicht gegeben ist und**
2. **das Gericht den Anspruch dieses Beteiligten auf rechtliches Gehör in entscheidungserheblicher Weise verletzt hat.**

(2) Die Rüge ist innerhalb von zwei Wochen nach Kenntnis von der Verletzung des rechtlichen Gehörs zu erheben; der Zeitpunkt der Kenntniserlangung ist glaubhaft

62 OLG Karlsruhe, in MDR 93.289 = NStZ 93.88 = Justiz 93.204 zum ZSEG.

63 BayObLG in FamRZ 96.1159 zum ZSEG.

64 BFH, Beschl. v. 22.08.1989 – VII B 181/89, in Juris/ZSEG.

zu machen. Nach Ablauf eines Jahres seit Bekanntmachung der angegriffenen Entscheidung kann die Rüge nicht mehr erhoben werden. Formlos mitgeteilte Entscheidungen gelten mit dem dritten Tag nach Aufgabe zur Post als bekannt gemacht. Die Rüge ist bei dem Gericht zu erheben, dessen Entscheidung angegriffen wird; § 4 Abs. 6 Satz 1 gilt entsprechend. Die Rüge muss die angegriffene Entscheidung bezeichnen und das Vorliegen der in Absatz 1 Nr. 2 genannten Voraussetzungen darlegen.

(3) Den übrigen Beteiligten ist, soweit erforderlich, Gelegenheit zur Stellungnahme zu geben.

(4) Das Gericht hat von Amts wegen zu prüfen, ob die Rüge an sich statthaft und ob sie in der gesetzlichen Form und Frist erhoben ist. Mangelt es an einem der Erfordernisse, so ist die Rüge als unzulässig zu verwerfen. Ist die Rüge unbegründet, weist das Gericht sie zurück. Die Entscheidung ergeht durch unanfechtbaren Beschluss. Der Beschluss soll kurz begründet werden.

(5) Ist die Rüge begründet, so hilft ihr das Gericht ab, indem es das Verfahren fortführt, soweit dies aufgrund der Rüge geboten ist.

(6) Kosten werden nicht erstattet.

Übersicht

I. Vorbemerkung

1 § 4 a ist mit Wirkung vom 01.01.2005 durch das Gesetz über die Rechtsbehelfe bei Verletzung des Anspruchs auf rechtliches Gehör (Anhörungsrügengesetz) vom 09.12.2004 (BGBl. I S. 3220) in das JVEG aufgenommen worden. Der Gesetzgeber ist mit dem Anhörungsrügengesetz einer Aufforderung des BVerfG im Beschl. v. 30.04.2003 (1 PBvU 1/02) gefolgt, bis zum 31.12.2004 eine gesetzliche Regelung für die Überprüfung von gerichtlichen Verstößen gegen den Anspruch auf Gewährung des rechtlichen Gehörs nach Art. 103 Abs. 1 GG zu schaffen. § 4 a folgt der Regelung des § 321a ZPO bzw. dem inhaltsgleichen § 33a StPO.

II. Beschwerdeberechtigter

2 Die Anhörungsrüge nach § 4a JVEG kann nur von einem Anspruchsberechtigten nach § 1 JVEG oder von dem Vertreter der Staatskasse erhoben werden.

– S.a. § 4 Rdn. 16 –.

III. Voraussetzungen für die Anhörungsrüge

3 Der Beschwerdeberechtigte kann die Anhörungsrüge nur geltend machen, wenn er **durch die angegriffene Entscheidung beschwert ist, d.h.** wenn seinem Anliegen durch die angefochtene Entscheidung nicht oder nicht im vollem Umfange entsprochen worden ist, oder der festgesetzte Vergütungs- bzw. Entschädigungsanspruch aus der Sicht der Landeskasse zu hoch ist.

Ein bestimmter Beschwerdewert (s. § 4 Rdn. 15) ist nicht vorgegeben.

Die Anhörungsrüge ist ferner nur zulässig, wenn gegen die angefochtene Entscheidung ein **Rechtsmittel oder ein anderer Rechtsbehelf nicht gegeben** ist (§ 4 a Abs. 1 Nr. 1). Die Anhörungsrüge ist damit nicht statthaft, wenn gegen die angefochtene Entscheidung noch die Erhebung der Beschwerde nach § 4 möglich ist.

I.Ü. kommt die Anhörungsrüge nur gegen eine richterliche Entscheidung in Betracht. Gegen die Festsetzung der Ansprüche im Verwaltungswege durch den Urkundsbeamten der Geschäftsstelle (§ 2 Rdn. 7) oder gegen die Entscheidung durch den Rechtspfleger (§ 4 Rdn. 10 lit. c) letzter Abs.) ist die Anhörungsrüge nicht statthaft. Hier kann der Berechtigte seinen Anspruch durch den Antrag auf gerichtliche Entscheidung nach § 4 Abs. 1 bzw. durch die Erinnerung nach § 11 Abs. 2 RPflG weiter verfolgen.[1]

Schließlich muss das Gericht den Anspruch des die Anhörungsrüge geltend machenden Beteiligten auf rechtliches Gehör **in entscheidungserheblicher Weise** verletzt haben (§ 4 a Abs. 1 Nr. 2 JVEG). Lässt sich z.B. aus den Gründen der angefochtenen Entscheidung erkennen, dass das Gericht in seiner Entscheidung auch bei Verwertung der von dem Beschwerdeführer vorgetragenen Gründe zu keinem anderen Ergebnis gekommen wäre, so liegt in der Nichtverwertung des Sachvortrags keine Anhörungsverletzung in entscheidungserheblicher Weise vor. Eine entscheidungserhebliche Verletzung des rechtlichen Gehörs wird immer nur dann anzunehmen sein, wenn nicht auszuschließen ist, dass das Gericht bei Würdigung des rechtlichen Gehörs anders entschieden hätte.[2]

IV. Frist für die Anhörungsrüge

4 Nach Abs. 2 Satz 1 Halbs. 1 ist die Anhörungsrüge **innerhalb einer Frist von 2 Wochen** nach Kenntnis des Rügeberechtigten von der Verletzung des Anspruchs auf rechtliches Gehör geltend zu machen. Eine Verlängerung oder Verkürzung der Frist ist, wie bspw. in § 2 Abs. 1 Satz 4 zugelassen, in § 4 a Abs. 2 nicht vorgesehen.

Auch eine **Wiedereinsetzung in den vorigen Stand**, wie etwa nach § 2 Abs. 2 geregelt, sieht § 4 a Abs. 2 nicht vor. Ein Antrag auf Wiedereinsetzung in den vorigen Stand dürfte dennoch zulässig sein. Abweichend von der Regelung in § 321 a Abs. 2 Satz 1

1 Ebenso: *Zimmermann*, JVEG, Anm. 10 zu § 4a.
2 Ebenso: *Zimmermann*, JVEG, Anm. 13–14 zu § 4a.

ZPO hat der Gesetzgeber die 2-Wochenfrist in § 4 a Abs. 2 Satz 1 nicht als »Notfrist« bezeichnet, die vom Gericht nur dann verlängert werden kann, wenn dies im Gesetz ausdrücklich zugelassen ist.

Nach Ablauf eines Jahres seit Bekanntmachung der gerügten Entscheidung an den Verfahrensbeteiligten kann die Anhörungsrüge nicht mehr erhoben werden (§ 2 Abs. 2 Satz 2 i.V.m. § 321a Abs. 2 Satz 2 ZPO). Eine Fristverlängerung oder eine Wiedereinsetzung in den vorigen Stand sind nicht möglich (vgl. auch § 234 Abs. 3 ZPO).

Maßgeblich für den **Beginn der Fristen** sind der Zeitpunkt der Kenntnisnahme des Rügeberechtigten von der Verletzung des rechtlichen Gehörs bzw. der Zeitpunkt der Bekanntmachung der gerügten Entscheidung. Ist diese Entscheidung nicht förmlich zugestellt, sondern lediglich formlos durch Aufgabe zur Post mitgeteilt worden, so gilt sie mit dem dritten Tag nach Aufgabe zur Post als bekannt gemacht.

V. Verfahrensablauf

5 Die Anhörungsrüge ist **bei dem Gericht anzubringen**, gegen dessen Entscheidung sich die Rüge wendet. Die Rüge muss bei diesem Gericht binnen der Zweiwochen-Frist des § 4 a Abs. 2 Satz 1 eingegangen sein. Sie kann zu Protokoll der Geschäftsstelle eines jeden Amtsgerichts gegeben oder schriftlich eingereicht werden (§ 4a Abs. 2 Satz 4 JVEG in Verb. mit § 4 Abs. 6 Satz 1 JVEG und § 129a ZPO).

Die Geschäftsstelle hat das Protokoll unverzüglich an das Gericht zu übersenden, gegen dessen Entscheidung sich die Anhörungsrüge richtet. Die Frist des § 4a Abs. 2 Satz 1 ist nur gewahrt, wenn das Protokoll vor dem Ablauf der Frist bei diesem Gericht eingegangen ist (§ 129a Abs. 2 Satz 2 ZPO).

– S.a. § 4 Rdn. 14 lit. e) und § 4 Rdn. 15 lit. b) –.

In der Rügeschrift oder in dem Protokoll der Geschäftsstelle muss der Rügeführer die angegriffene Entscheidung bezeichnen und darlegen, dass das Gericht mit seiner Entscheidung den Anspruch des Rügeführers auf rechtliches Gehör in entscheidungserheblicher Weise verletzt hat (§ 4a Abs. 2 Satz 5). Dieser **notwendige Inhalt der Anhörungsrüge ist unabdingbar**. Es genügt daher nicht, dass der die Anhörungsrüge führende Beteiligte lediglich die Verletzung des rechtlichen Gehörs beklagt. Er muss auch dartun, dass das Gericht einen bestimmten Sachvortrag bei seiner Entscheidung nicht berücksichtigt habe und dass bei Würdigung des Sachvortrages die Entscheidung für ihn günstiger ausgefallen wäre. Eine fehlende Begründung kann bis zum Ablauf der Frist nach § 4a Abs. 2 Satz 1 nachgeholt werden.

Eine Anhörung der übrigen Beteiligten (§ 4a Abs. 3) ist nur dann erforderlich, wenn die erfolgreiche Anhörungsrüge erfolgreich ist und eine Nichtanhörung in ihre grundgesetzlichen Ansprüche eingreifen würde.

Vor seiner Entscheidung hat das Gericht von **Amts wegen zu prüfen, ob die Zulässigkeitsvoraussetzungen nach den Abs. 1 und 2 erfüllt sind** (§ 4a Abs. 4).

– S. Rdn. 3 –.

Ist eine der erforderlichen Zulassungsvoraussetzungen nicht erfüllt, ist die **Anhörungsrüge als unzulässig** zu verwerfen.

Erweist sich die **Anhörungsrüge als unbegründet**, so ist sie von dem Gericht zurückzuweisen.

Die Entscheidung ergeht durch unanfechtbaren Beschluss, der eine kurze Begründung enthalten soll.

Ist die **Anhörungsrüge statthaft und begründet**, so ist das Verfahren von dem Gericht in dem Stadium fortzusetzen, in dem es sich vor der angefochtenen Entscheidung befand und soweit die Fortsetzung aufgrund der erfolgreichen Anhörungsrüge geboten ist. I.d.R. wird die Fortsetzung des Verfahrens durch einen Abhilfebeschluss angeordnet.

§ 4b JVEG Elektronische Akte, elektronisches Dokument

In Verfahren nach diesem Gesetz sind die verfahrensrechtlichen Vorschriften über die elektronische Akte und über das elektronische Dokument anzuwenden, die für das Verfahren gelten, in dem der Anspruchsberechtigte herangezogen worden ist.

Übersicht **Rdn.**

I. Vorbemerkung

§ 4b ist mit Wirkung vom 01.04.2005 durch das Gesetz über die Verwendung elektronischer Kommunikationsformen in der Justiz (Justizkommunikationsgesetz – JKomG) vom 22.03.2005 (BGBl. I S. 837) in das JVEG aufgenommen worden. 1

II. Anzuwendende Regelungen

Durch § 4b wird dem Anspruchsberechtigten nach § 1 die Möglichkeit eingeräumt, seinen Entschädigungs- oder Vergütungsanspruch auch auf elektronischem Wege geltend zu machen. 2

Voraussetzung hierfür ist, dass auch in dem jeweiligen Verfahren, in dem der Anspruchsberechtigte herangezogen worden ist, für Anträge und Erklärungen die Aufzeichnung als elektronisches Dokument genügt.

Die gesetzlichen Grundlagen für das jeweilige Verfahren ergeben sich aus

- § 130a ZPO (in der folgenden Fassung)
  (1) Soweit für vorbereitende Schriftsätze und deren Anlagen, für Anträge und Erklärungen der Parteien sowie für Auskünfte, Aussagen, Gutachten und Erklärungen Dritter die Schriftform vorgesehen ist, genügt dieser Form die Aufzeichnung als elektronisches Dokument, wenn dieses für die Beratung durch das Gericht geeignet ist. Die verantwortende Person soll das Dokument mit einer qualifizierten elektronischen Signatur nach dem Signaturgesetz versehen. Ist ein übermitteltes elektronisches Dokument für das Gericht zur Bearbeitung nicht geeignet, ist dies dem Absender unter Angabe der geltenden technischen Rahmenbedingungen unverzüglich mitzuteilen.
  (2) Die Bundesregierung und die Landesregierungen bestimmen für ihren Bereich durch Rechtsverordnung den Zeitpunkt, von dem an elektronische Dokumente bei den Gerichten eingereicht werden können, sowie die für die Bearbeitung der Dokumente geeignete Form. Die Landesregierungen können die Ermächtigung durch Rechtsverordnung auf die Landesjustizverwaltungen übertragen. Die Zulassung der elektronischen Form kann auf einzelne Gerichte oder Verfahren beschränkt werden.
  (3) Ein elektronisches Dokument ist eingereicht, sobald die für den Empfang bestimmte Einrichtung des Gerichts es aufgezeichnet hat.
- § 14 FamFG,
- § 52a FGO,
- § 46 c ArbGG,
- § 65 a SGG,
- § 55 a VwGO,
- § 41 a StPO und
- § 110 a OWiG.

Weitere Voraussetzung für den Einsatz der elektronischen Dokumente ist ferner, dass die ermächtigten Stellen den Zeitpunkt und die für die Bearbeitung der Dokumente geeignete Form durch Rechtsverordnung bestimmt haben.[1]

---

1 Z.B.: ***Hessen***, Verordnung über den elektronischen Rechtsverkehr bei den in der Stadt Frankfurt am Main ansässigen Gerichten und Staatsanwaltschaften sowie bei dem AG Kassel, dem LG Kassel und der Staatsanwaltschaft bei dem LG Kassel und weiteren Amtsgerichten vom 22.11.2006 (GVBl. I S. 613).
Bremen, Verordnung über den elektronischen Rechtsverkehr mit den Gerichten und Staatsanwaltschaften im Land Bremen vom 16.11.2005 (GBl. Bremen S. 579);
Nordrhein-Westfalen, Verordnung über den elektronischen Rechtsverkehr bei den Amtsgerichten im Lande Nordrhein-Westfalen in Handelsregister- und Genossenschaftsregistersachen (Elektronische Rechstverkehrsverordnung Amtsgerichte - ERVVO AG) vom 21.04.2006 (SGV. NRW. 320); Verordnung über den elektronischen Rechtsverkehr bei dem Amtsgericht Olpe (Elektronische Rechtsverkehrsverordnung Amtsgericht Olpe - ERVVOAGOlpe) vom 05.08.2005 (SGV. NRW. 320); Verordnung über den elektronischen Rechtsverkehr bei den Verwaltungsgerichten und den Finanzgerichten im Lande Nordrhein-Westfalen (ERVVO VG/FG) vom 07.11.2012 (SGV. NRW. 320); Verordnung über

III. Qualifizierte Signatur

Sofern eine Aufzeichnung als elektronisches Dokument genügt, soll die verantwortende Person das Dokument mit einer qualifizierten Signatur nach dem Signaturgesetz[2] anstelle einer Unterschrift versehen. 3

»Qualifizierte elektronische Signaturen« sind nach § 2 Nr. 3 SigG elektronische Signaturen nach § 2 Nr. 2 SigG, die auf einem zum Zeitpunkt ihrer Erzeugung

---

den elektronischen Rechtsverkehr bei den Sozialgerichten im Lande Nordrhein-Westfalen (ERVVO SG) vom 07.11.2012 (SGV. NRW. 320).

Niedersachsen, Verordnung über den elektronischen Rechtsverkehr in der Justiz (ERVVO-Just) vom 3 Juli 2006 (Nds. GVBl. S. 247); Verordnung über den elektronischen Rechtsverkehr in Registersachen (ERVVO-Register) vom 04.04.2007 (Nds.GVBl. 2007 S. 134).

Berlin, Verordnung zur Übertragung von Ermächtigungen auf dem Gebiet des elektronischen Rechtsverkehrs und der elektronischen Aktenführung (ERVV) vom 19.12.2006 (GVBl. Berlin S. 1167).

Hamburg, Verordnung über den elektronischen Rechtsverkehr bei dem Handels- und Genossenschaftsregister sowie zur Weiterübertragung von Ermächtigungen im elektronischen Rechtsverkehr vom 02.01.2007 (HmbGVBl. 2007 S. 1).

Mecklenburg-Vorpommern, Verordnung über den elektronischen Rechtsverkehr in Mecklenburg-Vorpommern (ERVVO M-V) vom 05.01.2007 (GVBl. M-V 2007 S. 24).

2 Gesetz über Rahmenbedingungen für elektronische Signaturen (Signaturgesetz – SigG) vom 16.05.2001 (BGBl. I S. 876), zuletzt geändert durch Gesetz vom 07.08.2013 (BGBl. I S. 3154)

§ 2 Begriffsbestimmungen (Auszug)

Im Sinne dieses Gesetzes sind

1. »elektronische Signaturen« Daten in elektronischer Form, die anderen elektronischen Daten beigefügt oder logisch mit ihnen verknüpft sind und die zur Authentifizierung dienen,

2. »fortgeschrittene elektronische Signaturen« elektronische Signaturen nach Nummer 1, die

a) ausschließlich dem Signaturschlüssel-Inhaber zugeordnet sind,

b) die Identifizierung des Signaturschlüssel-Inhabers ermöglichen,

c) mit Mitteln erzeugt werden, die der Signaturschlüssel-Inhaber unter seiner alleinigen Kontrolle halten kann, und

d) mit den Daten, auf die sie sich beziehen, so verknüpft sind, dass eine nachträgliche Veränderung der Daten erkannt werden kann.

*3. »**qualifizierte elektronische Signaturen**« elektronische Signaturen nach Nummer 2, die*

a) auf einem zum Zeitpunkt ihrer Erzeugung gültigen qualifizierten Zertifikat beruhen und

b) mit einer sicheren Signaturerstellungseinheit erzeugt werden.

4. …

5. …

6. »Zertifikate« elektronische Bescheinigungen, mit denen Signaturprüfschlüssel einer Person zugeordnet werden und die Identität dieser Person bestätigt wird,

*7. »**qualifizierte Zertifikate**« elektronische Bescheinigungen nach Nummer 6 für natürliche Personen, die die Voraussetzungen des § 7 erfüllen und von Zertifizierungsdiensetanbietern ausgestellt werden, die mindestens die Anforderungen nach den §§ 4 bis 14 oder § 23 dieses Gesetzes und der sich darauf beziehenden Vorschriften der Rechtsverordnung nach § 24 beziehen,*

8. …

9. …

gültigen qualifizierten Zertifikat (§ 2 Nr. 7 SigG) beruhen und mit einer sicheren Signaturerstellungseinheit (§ 2 Nr. 10 SigG) erzeugt werden.

IV. Bearbeitungsmängel

4 Kann das übermittelte elektronische Dokument bei dem empfangenden Gericht aus technischen oder sonstigen Gründen nicht bearbeitet werden, so hat das Empfangsgericht den Absender hierüber unverzüglich, d.h. ohne schuldhaftes Zögern i.S.d. § 121 Abs. 1 Satz 1 BGB, unter gleichzeitiger Angabe der geltenden technischen Rahmenbedingungen in Kenntnis zu setzen, unter denen ein elektronisches Dokument empfangen und bearbeitet werden kann.

Kann der Absender das elektronische Dokument nicht an die an die bei dem Empfangsgericht vorhandenen Voraussetzungen anpassen, wird der zu übermittelnde Text in konventioneller Schriftform einzureichen sein.

V. Einreichung des elektronischen Dokuments

5 Ein an das Empfangsgericht gerichtetes elektronisches Dokument ist bei diesem eingegangen, wenn es von der zum Empfang bestimmten Einrichtung des Gerichts (Poststelle, elektronisches Postfach) vollständig und einwandfrei verständlich aufgezeichnet worden ist. Maßgeblich ist der Zeitpunkt der abgeschlossenen Aufzeichnung; auf den Zeitpunkt der Beendigung der Absendung des elektronischen Dokuments kommt es nicht an.

§ 4c JVEG Rechtsbehelfsbelehrung

[tritt am 1. Januar 2014 in Kraft]

Jede anfechtbare Entscheidung hat eine Belehrung über den statthaften Rechtsbehelf sowie über die Stelle, bei der dieser Rechtsbehelf einzulegen ist, über deren Sitz und über die einzuhaltende Form zu enthalten.

Übersicht **Rdn.**

---

*10. »**sichere Signaturerstellungseinheiten**« Software- und Hardwareeinheiten zur Speicherung und Anwendung des jeweiligen Signaturschlüssels, die mindestens die Anforderungen nach § 17 oder § 23 dieses Gesetzes und der sich darauf beziehenden Vorschriften der Rechtsverordnung nach § 24 erfüllen und die für qualifizierte elektronische Signaturen bestimmt sind,*
11 – 15. …

I. Vorbemerkung

§ 4 c ist durch Artikel 13 des Gesetzes zur Einführung einer Rechtsbehelfsbelehrung 1
im Zivilprozess und zur Änderung anderer Vorschriften vom 5. Dezember 2012 (BGBl. I S. 2418) in das JVEG aufgenommen worden. Er tritt am 1. Januar 2014 in Kraft.

Im Zivilprozess, sowohl im Erkenntnisverfahren als auch im Zwangsvollstreckungsverfahren, sind Rechtsbehelfsbelehrungen bisher nicht vorgeschrieben. Das Fehlen einer Rechtsbehelfsbelehrung erschwert die Orientierung im gerichtlichen Instanzenzug und erhöht die Gefahr unzulässiger Rechtsbehelfe, weil sich Form, Frist und zuständiges Gericht für den Rechtsbehelf nicht aus der Entscheidung entnehmen lassen.

Die Einführung einer Rechtsbehelfsbelehrung durch das Gesetz vom 5. Dezember 2012 hilft diesem Mangel ab. Auch im Kostenrecht besteht nun eine generelle Belehrungspflicht zu Rechtsbehelfen (vgl. z.B. § 5b GKG; § 8a FamGKG; § 3a GvKostG; § 12c RVG). Die Belehrungspflicht besteht auch dann, wenn eine Partei oder ein Beteiligter anwaltlich vertreten ist.

II. Auswirkungen

Mit Inkrafttreten der Regelung muss jede anfechtbare Entscheidung aus dem Bereich 2
des JVEG mit einer Belehrung darüber versehen werden, wie diese Entscheidung angefochten werden kann. Darin sind
1. der statthafte Rechtsbehelf,
2. die Stelle, bei der der Rechtsbehelf einzulegen ist,
3. deren Sitz und
4. die einzuhaltende Form für den Rechtsbehelf anzugeben.

Sämtliche Entscheidungen, die angefochten werden können, sind mit einer Rechts- 3
behelfsbelehrung zu versehen, unabhängig davon, ob der statthafte Rechtsbehelf befristet oder unbefristet ist. Für das JVEG bedeutet dies, dass jede Festsetzung (im Verwaltungswege durch die Festsetzungsbeamten), mit einem Hinweis auf eine mögliche gerichtliche Festsetzung nach § 4 Abs. 1 zu versehen ist und jede Entscheidung über einen Antrag auf gerichtliche Festsetzung mit einem Hinweis auf die Beschwerdemöglichkeit nach § 4 Abs. 3.

Eine Rechtsbehelfsbelehrung durch einen Hinweis auf eine mögliche gerichtliche Festsetzung nach § 4 Abs. 1 ist dann nicht erforderlich, wenn dem Antrag von der Festsetzungsstelle vollständig entsprochen wird. In diesen Fällen ist der Antragsteller gar nicht beschwert.

Abschnitt 2 Gemeinsame Vorschriften

§ 5 JVEG Fahrtkostenersatz

(1) Bei Benutzung von öffentlich, regelmäßig verkehrenden Beförderungsmitteln werden die tatsächlich entstandenen Auslagen bis zur Höhe der entsprechenden Kosten für die Benutzung der ersten Wagenklasse der Bahn einschließlich der Auslagen für Platzreservierung und Beförderung des notwendigen Gepäcks ersetzt.

(2) Bei Benutzung eines eigenen oder unentgeltlich zur Benutzung überlassenen Kraftfahrzeugs werden

1. dem Zeugen oder dem Dritten (§ 23) zur Abgeltung der Betriebskosten sowie zur Abgeltung der Abnutzung des Kraftfahrzeugs 0,25 Euro,
2. den in § 1 Absatz 1 Satz 1 Nr. 1 und 2 genannten Anspruchsberechtigten zur Abgeltung der Anschaffungs-, Unterhaltungs- und Betriebskosten sowie zur Abgeltung der Abnutzung des Kraftfahrzeugs 0,30 Euro

für jeden gefahrenen Kilometer ersetzt zuzüglich der durch die Benutzung des Kraftfahrzeugs aus Anlass der Reise regelmäßig anfallenden baren Auslagen, insbesondere der Parkentgelte. Bei der Benutzung durch mehrere Personen kann die Pauschale nur einmal verlangt werden. Bei der Benutzung eines Kraftfahrzeugs, das nicht zu den Fahrzeugen nach Absatz 1 oder Satz 1 zählt, werden die tatsächlich entstandenen Auslagen bis zur Höhe der nach Satz 1 genannten Fahrtkosten ersetzt; zusätzlich werden die durch die Benutzung des Kraftfahrzeugs aus Anlass der Reise angefallenen regelmäßigen baren Auslagen, insbesondere die Parkentgelte ersetzt, soweit sie der Berechtigte zu tragen hat.

(3) Höhere als die in Absatz 1 oder Absatz 2 bezeichneten Fahrtkosten werden ersetzt, soweit dadurch Mehrbeträge an Vergütung oder Entschädigung erspart werden oder höhere Fahrtkosten wegen besonderer Umstände notwendig sind.

(4) Für Reisen während der Terminsdauer werden Fahrtkosten nur insoweit ersetzt, als dadurch Mehrbeträge an Vergütung oder Entschädigung erspart werden, die beim Verbleiben an der Terminsstelle gewährt werden müssten.

(5) Wird die Reise zum Ort des Termins von einem anderen als dem in der Ladung oder Terminsmitteilung bezeichneten oder der zuständigen Stelle unverzüglich Ort angetreten oder wird zu einem anderen als diesem Ort zurückgefahren, werden die Mehrkosten nach billigem Ermessen nur dann ersetzt, wenn der Berechtigte zu diesen Fahrten durch besondere Umstände genötigt war.

Übersicht Rdn.

I. Allgemeine Bemerkungen

Tatsächlich entstandene Fahrtkosten

I.R.d. gemeinsamen Aufwendungsersatzvorschriften in den §§ 5 bis 7 JVEG regelt § 5 den »Ersatz« von Fahrtkosten an Zeugen, Sachverständige, ehrenamtliche Richter und an wie Zeugen zu entschädigende Dritte. Der Ersatzanspruch besteht nur, soweit dem Anspruchsberechtigten **Fahrtkosten** »aus Anlass seiner Heranziehung« auch **tatsächlich entstanden** sind. Hat der Zeuge, Sachverständige oder Dritte für die aus Anlass seiner Inanspruchnahme erforderliche Reise überhaupt keine Fahrtkosten aufwenden müssen, kann auch ein »Fahrtkostenersatz« nicht in Betracht kommen. 1

Für **Fußwege** oder für die **Benutzung von Fahrrädern** sieht § 5 keinen Fahrtkostenersatz vor, da insoweit keine zu ersetzenden Aufwendungen anfallen. Eine frühere anderslautende Regelung im ZSEG war 1986 auf Empfehlung des Rechtsausschusses des Deutschen Bundestages[1] ausdrücklich gestrichen worden.

Wahl des Beförderungsmittels

Grds. sind die Beweispersonen, die ehrenamtlichen Richter oder die Dritten (§ 23) in der Wahl des benutzten Beförderungsmittels frei. Gleichwohl ist die die Entschädigung oder Vergütung anweisende Stelle nach den haushaltsrechtlichen Vorschriften zur Prüfung verpflichtet, ob die entstandenen Reisekosten notwendig waren.[2] Hat jedoch das heranziehende Gericht dem Anspruchsberechtigten vor Antritt der Reise zu seiner Vernehmung für die Fahrt zum Gericht die Benutzung eines bestimmten Verkehrsmittels gestattet, so ist von der Anweisungsstelle nicht mehr zu prüfen, ob die genehmigte Benutzung eines bestimmten Verkehrsmittels notwendig war.[3] 2

Wahl des Reiseweges

Auch in der Auswahl des Reiseweges ist die anspruchsberechtigte Person frei; grds. wird jedoch die **Reisestrecke** auszuwählen sein, durch die letztlich die Gesamtentschädigung am niedrigsten ausfällt. 3

So können z.B. die Mehrkosten durch die Wahl eines **Umweges** gerechtfertigt sein, wenn durch eine besonders schnelle und günstige Verbindung die Reisedauer abgekürzt und die Gesamtentschädigung des Anspruchsberechtigten dadurch geringer wird.

1 BT-Drucks. 10/6400 S. 45.
2 LG Dresden, Beschl. v. 22.06.2005 – 10 O 2618/04, in Rpfleger 05.633.
3 NRW: RV d. JM vom 15.06.2004 (5671 – Z.5).

Entfernungsberechnung

4 Maßgebend für die Berechnung der Fahrtkostenentschädigung ist die Entfernung von der Wohnung (bzw. der Arbeitsstelle) des Anspruchsberechtigten bis zum Ort seiner Heranziehung (z.B. bis zum Gerichtsgebäude).

Bei der Berechnung ist von der **tatsächlichen Entfernung** auszugehen.

II. Benutzung öffentlicher, regelmäßig verkehrende Beförderungsmittel

5 Benutzt die anspruchsberechtigte Person bei ihrer Heranziehung öffentliche, regelmäßig verkehrende Beförderungsmittel, so werden die tatsächlich entstandenen Aufwendungen bis zur Höhe der entsprechenden Kosten für die Benutzung der ersten Wagenklasse der Bahn einschließlich der Auslagen für Platzreservierung und Beförderung des notwendigen Gepäcks ersetzt. Auf die persönlichen Verhältnisse des Zeugen, Sachverständigen, ehrenamtlichen Richters oder des Dritten kommt es bei der Auswahl der Wagenklasse ggü. der Regelung im ZSEG nicht mehr an.

Öffentliche, regelmäßig verkehrende Beförderungsmittel sind ohne Rücksicht auf den Verkehrsträger alle **einem unbeschränkten Benutzerkreis zugängliche, im planmäßigen Linienverkehr eingesetzte Beförderungsmittel**, wie Eisenbahn, Straßenbahn, Autobus, Schiff oder Flugzeug.

Höhere als die in Abs. 1 genannten Fahrtkosten können nur erstattet werden, wenn die Benutzung der teureren Verkehrsverbindung durch besondere Umstände gerechtfertigt erscheint, insb. dann, wenn dadurch die Gesamtentschädigung geringer wird (Abs. 3).

Bei Benutzung eines öffentlichen Verkehrsmittels bedarf es i.d.R. eines **Nachweises über die Höhe der Fahrtkosten** nicht. Auch für die Frage, welche Wagenklasse der Zeuge, Sachverständige, ehrenamtliche Richter oder Dritte benutzt hat, genügt im Allgemeinen die Erklärung des Reisenden.

Hat ein Anspruchsberechtigter die 2. Wagenklasse benutzt, obwohl er die 1. Wagenklasse hätte benutzen dürfen, so steht ihm Fahrtkostenersatz nur i.H.d. Kosten der 2. Wagenklasse zu, da nur diese tatsächlich entstanden sind.

6 Sind dem Zeugen, Sachverständigen, ehrenamtlichen Richter oder Dritten überhaupt **keine Fahrtkosten entstanden**, weil er z.B. als Polizeibeamter, Eisenbahner oder Straßenbahner für die Fahrt eine **Freifahrtberechtigung** in Anspruch genommen hat, so hat er keinen Anspruch auf Entschädigung nach § 5.

Wenn ein Zeuge, der eine Freifahrtberechtigung hat, diese aus Gründen, die er nicht zu vertreten hat, nicht benutzen kann und deshalb eine Fahrkarte löst, sind ihm die Fahrtkosten zu erstatten. Das gilt insb. dann, wenn ein Verkehrsunternehmen ihre Bediensteten anhält, bei Fahrten aus Anlass einer Vernehmung als Zeuge Fahrkarten zu lösen.

7 Entstehen dem Zeugen oder Sachverständigen für die aus Anlass der Heranziehung notwendig gewordene Reise mit öffentlichen Verkehrsmitteln keine besonderen

Fahrtkosten, weil er für die gefahrene Strecke eine **Zeit-, Bezirks-, Netz- oder Verbundkarte** besitzt, die er aus anderem Anlass beschafft hat oder die ihm von seinem Arbeitgeber oder Dienstherrn zur Verfügung gestellt worden ist, so hat er weder einen Anspruch auf Ersatz einer normalen Einzelfahrkarte noch auf Ersatz eines Anteils an den Kosten für die Beschaffung der o.a. Fahrtausweise.[4]

Dasselbe gilt grds. für die Kosten einer aus einem anderen Anlass beschafften **BahnCard**. 8

Die BahnCard wird von einem Anspruchsberechtigten durchweg nicht für eine bestimmte Einzelreise erworben. Sie soll in erster Linie dem Anspruchsberechtigten, der innerhalb eines Jahres aus verschiedenen Gründen häufig die Verkehrsverbindungen der Deutschen Bahn AG in Anspruch nimmt, die Möglichkeit eröffnen, **für sich** verbilligte Fahrausweise zu erwerben.

Bei einem Zeugen, der i.d.R. im zeitlichen Geltungsbereich der BahnCard nicht mehr als einmal infolge seiner Heranziehung durch das Gericht oder die Staatsanwaltschaft einen Fahrausweis der Deutschen Bahn AG benötigt, dient daher der Erwerb der BahnCard nahezu ausschließlich privaten Interessen. Bei den von ihm für die BahnCard verauslagten Kosten handelt es daher nicht um notwendige Aufwendungen **aus Anlass seiner Heranziehung**, d.h. weder um Fahrtkosten i.S.d. § 5 noch um sonst nicht anderweitig gedeckte Aufwendungen i.S.d. § 7 Abs. 1. Eine Erstattung der Kosten für die BahnCard – auch nicht eine anteilige – scheidet für ihn aus. Das gilt auch dann, wenn der Zeuge erstmals infolge seiner Heranziehung einen Fahrausweis der Deutschen Bahn AG benötigt und aus diesem Anlass zugleich eine BahnCard erwirbt.[5] Auch in diesem Fall steht die geplante Nutzung der BahnCard für künftige Reisen im begonnenen Geltungsjahr deutlich im privaten Interesse.

Dasselbe gilt im Grundsatz auch für einen Sachverständigen. Es ist hier aber nicht ausgeschlossen, dass ein Sachverständiger, der häufig als Gutachter herangezogen wird, für die im Rahmen seiner Gutachtertätigkeit anfallenden Reisen ständig die Züge der Deutschen Bahn AG benutzt und ausschließlich aus diesem Grund eine BahnCard erworben hat. Die Aufwendungen sind in diesem Fall zweifelsfrei der Sachverständigentätigkeit zuzuordnen.

Dann kann eine Fahrtkostenentschädigung nach § 5 nur in Betracht kommen, wenn es sich bei den Aufwendungen für den Erwerb der BahnCard bereits um »Fahrtkosten« i.S.d. Abs. 1 handelt.

Fahrtkosten im Sinne dieser Regelung sind auf jeden Fall die Kosten für die mittels BahnCard erworbenen »ermäßigten Fahrausweise«. Für die Kosten des Erwerbs der BahnCard kann das aber nicht als selbstverständlich unterstellt werden. Anders als bei Zeit-, Netz- oder Bezirkskarten der Deutschen Bahn AG, die zweifelsfrei »Fahraus-

4 LG Kiel, in KRspr § 9 ZSEG Nr. 1 m. zust. Anm. von *Lappe*; VG Schleswig in AnwBl. 78.144.

5 A.A. OLG Hamm, in OLGR 96.156 = JurBüro 96.598 zum ZSEG.

weise« zur Benutzung der Züge im Geltungsbereich der Karten sind, kann die BahnCard für sich nicht als »Fahrausweis« angesehen werden, der zur Benutzung eines bestimmten Zuges berechtigt. Die BahnCard gibt dem Benutzer lediglich das Recht, für die einzelne Reise die eingeräumte Fahrpreisermäßigung in Anspruch zu nehmen. Als Fahrtkosten i.S.d. § 5 Abs. 1 dürften nur die Kosten für die im Einzelfall benötigten Fahrausweise zu verstehen sein und nicht die – ggf. anteiligen – Kosten für den Erwerb der BahnCard. Diese Kosten könnten dann jedoch als »nicht besonders genannte Aufwendungen« i.S.d. § 7 Abs. 1 angesehen werden.

Unabhängig davon, ob man die Aufwendungen für den Erwerb der BahnCard bereits als »Fahrtkosten« i.S.d. § 5 oder als »sonstige Aufwendungen« des Sachverständigen i.S.d. § 7 ansieht, wird es nicht zu vertreten sein, anteilige BahnCard-Aufwendungen in die Vergütungsberechnung für den einzelnen Auftrag einfließen zu lassen.

Grds. müssten die Aufwendungen für den Erwerb der BahnCard auf alle im Geltungszeitraum anfallenden Bahnreisen des Sachverständigen verteilt werden. Das ist praktisch nicht durchführbar, weil zu Beginn der Geltungsdauer der BahnCard im Allgemeinen nicht vorhersehbar ist, wie viele Einzelreisen für den Sachverständigen binnen Jahresfrist anfallen werden. Mit der Abrechnung der innerhalb eines Jahres ausgeführten Reisen im Rahmen von Einzelaufträgen kann aus verständlichen Gründen auch nicht bis zum Ende der Gültigkeitsdauer der BahnCard gewartet werden.

Eine fiktive Berechnung der auf die Einzelvergütung entfallenden anteiligen Kosten der BahnCard[6] ist nicht unproblematisch, weil von der entschädigenden Stelle dann im Jahresablauf jedenfalls überprüft werden müsste, ob die fiktiv berechneten anteiligen Kosten nicht den tatsächlich aufgewendeten Betrag übersteigen. Auch diese Prüfung scheidet aus praktischen Gründen aus, zumal für die Berechnung der jeweiligen Entschädigung für den Einzelauftrag i.d.R. mehrere Stellen (Gerichte oder Staatsanwaltschaften) zuständig sind. Die Nichtberücksichtigung der Anschaffungskosten für die Bahncard ist von den Sachverständigen und ihren Verbänden seit Jahren kritisiert worden (s. dazu Aufsatz von *Bleutge* »Die Novelle zum JVEG«, in DS 2013, S. 256).

Es gibt keine Möglichkeit, die Kosten für den Erwerb der BahnCard auf die Vergütungen des Sachverständigen[7] für die im Jahreszeitraum ausgeführten Gutachteraufträge exakt zu verteilen. Hierauf kann aber auch nicht verzichtet werden, weil die aus der Staatskasse zu zahlenden Vergütungen in den Gerichtskostenansatz einfließen können und dann sowohl in Bezug auf die Notwendigkeit als auf die Höhe

6 OLG Koblenz, in KRspr. § 9 ZSEG Nr. 22 LS m. Anm. von *Herget* = Rpfleger 94.85.

7 S.a. OVG Nordrhein-Westfalen, Beschl. v. 24.02.2006 – 2 E 1123/05, in Rpfleger 06.443 – zu Aufwendungen eines Rechtsanwalts für eine Bahncard; OLG Düsseldorf, Beschl. v. 07.04.2009 – I-10 W 32/09, in JurBüro 09.375 = RPfleger 09.593 = KostRsp. JVEG 5 Nr. 3.

dieser Vergütungen durch den Kostenschuldner oder im Erinnerungsverfahren durch das Gericht überprüfbar sein müssen.

Auch die Kosten für **zuschlagpflichtige Züge** sind i.R.d. Abs. 1 zu ersetzen. 9

Dasselbe gilt für die durch das **Lösen in den Zügen** oder durch das **Nachlösen** der Zuschläge bedingten Kosten.

Für die Benutzung der **Inter-City-Express-Züge (ICE)** erhebt die Deutsche Bahn 10
keine Zuschläge. Es gelten vielmehr besondere ICE-Fahrpreise sowohl für die allgemeinen Fahrkarten als auch für die Sonderangebote der Deutschen Bahn AG.

Die Auslagen für **Platzreservierung und Platzkarten** werden nach Abs. 1 ersetzt. 11

Die Kosten für die Benutzung eines **Liege- oder Schlafwagens** können nach Abs. 3 12
erstattet werden, wenn sich die Entschädigung des Zeugen für Verdienstausfall bzw. die Leistungsvergütung des Sachverständigen durch die Benutzung des Liege- oder Schlafwagens um mindestens den gleichen Betrag vermindern.

Die Kosten für die **Beförderung von Reisegepäck** sind nach Abs. 1 erstattungsfähig, 13
soweit die Mitnahme des notwendigen Gepäcks aus Anlass der Hinzuziehung des Zeugen, Sachverständigen, ehrenamtlichen Richters oder Dritten erforderlich war. Das kann der Fall sein, wenn der Anspruchsberechtigte mit einer mehrtägigen Inanspruchnahme rechnen oder Akten und sonstige Unterlagen mitnehmen muss.

Zu den erstattungsfähigen Kosten für die Beförderung des Gepäcks werden auch die Kosten der üblichen **Reisegepäckversicherung** zu rechnen sein. Man wird einem Anspruchsberechtigten nicht zumuten können, sein Gepäck unversichert zu lassen oder die Kosten der Versicherung selbst zu tragen.

Sieht man die Aufwendungen für die Reisegepäckversicherung nicht als »Kosten für die Beförderung des notwendigen Gepäcks« an, sind sie jedenfalls über § 7 Abs. 1 als »sonstige Aufwendungen« zu erstatten.

Auch die nach den Umständen des Einzelfalles notwendigen Kosten eines **Gepäckträgers** sind als Kosten für die Beförderung des Gepäcks erstattungsfähig.

Flugzeugbenutzung

Wird die **Gesamtentschädigung oder -vergütung bei Benutzung eines Flugzeuges** 14
nicht höher als bei Benutzung anderer regelmäßig verkehrender Beförderungsmittel, weil durch die Zeitersparnis entsprechend geringere Entschädigungen für Verdienstausfall oder geringere Leistungsvergütungen und/oder ein geringerer Aufwand (z.B. Übernachtungskosten) entstehen, so bestehen gegen die Erstattung der Kosten für den Flugschein nach Abs. 3 keine Bedenken.

Sonst dürften die Mehrkosten einer Flugzeugbenutzung nur erstattungsfähig sein, wenn besondere Umstände (z.B. weite Auslandsreisen, Unsicherheit des Landweges) die Benutzung eines Flugzeugs notwendig machen.

Zeitersparnis allein rechtfertigt nicht die Erstattung der Flugkosten, wenn dadurch die Gesamtentschädigung/-vergütung höher würde als bei Benutzung eines anderen Verkehrsmittels. Wenn sich allerdings durch die Flugzeugbenutzung die Reisedauer erheblich verringert, ist eine Erstattung der Flugkosten auch dann zu vertreten, wenn diese nur geringfügig über den anderweitigen Gesamtreisekosten liegen.

Zudem müssen die Kosten der Flugreise in einem angemessenen Verhältnis zur Bedeutung der streitigen Angelegenheit stehen. Für Bagatellstreitigkeiten kommt eine Erstattung von Flugreisekosten nicht in Betracht.[8]

III. Benutzung eines Kfzs

Benutzung eines eigenen Kfzs

15 Fahrtkosten für die Benutzung des eigenen Kfzs sind nach Abs. 2 grds. zu erstatten. Die Höhe der Fahrtkostenentschädigung bei Benutzung des eigenen Kfz beträgt

a)	für Zeugen und Dritte (§ 23)	0,25 €,
b)	für Sachverständige, Dolmetscher. Übersetzer und ehrenamtliche Richter für jeden gefahrenen Kilometer	0,30 €

Eine zunächst vorgesehene einheitliche Kilometerentschädigung von 0,30 € für alle Anspruchsberechtigten ist vom Gesetzgeber nicht verwirklicht worden.

Wird das eigene Kfz gleichzeitig durch mehrere Anspruchsberechtigte benutzt, kann das Kilometerentgelt nur einmal beansprucht werden; es ist auf die einzelnen Anspruchsberechtigten zu verteilen.

Neben der »Kilometerentschädigung« werden ersetzt die weiteren aus Anlass der Reise regelmäßig anfallenden baren Auslagen, wie **Parkgebühren, Straßenbenutzungsgebühren, Fährkosten** usw.

Die Kosten für einen **Fahrer**, den der Sachverständige im Zusammenhang mit der Wahrnehmung eines Ortstermins beschäftigt hat, können weder nach § 5 – als Fahrtkosten – noch nach § 12 – als Kosten einer Hilfsperson – erstattet werden.[9]

Benutzung eines Mietwagen oder Taxi

16 Benutzt ein Anspruchsberechtigter anlässlich seiner Heranziehung einen Mietwagen oder ein Taxi, so sind die ortsüblichen Kosten – einschließlich eines notwendigen Wartegeldes – als angemessen anzusehen und zu erstatten, soweit sie nach den besonderen Umständen nach Abs. 3 notwendig waren. Höhere als die nach den Abs. 1 und 2 zu erstattenden Fahrtkosten sind in jedem Fall zu begründen.

---

8 BGH, Beschl. v. 13.12.2007 - IX ZB 112/05 in JurBüro 08, 208 = MDR 08, 412 = Rpfleger 08, 279.

9 OLG Hamm, Beschl. v. 15.11.1996 – 1 WF 415/96 zum ZSEG –.

Benutzung eines von einem Dritten unentgeltlich zur Verfügung gestellten Kfz

Benutzt der Anspruchsberechtigte ein ihm von einem Dritten unentgeltlich zur Verfügung gestelltes Kfz, so werden ihm dieselben »Fahrtkosten« erstattet wie bei der Benutzung eines eigenen Kfz. 17

Da es sich auch bei der Fahrtkostenentschädigung um einen »Aufwendungsersatz« handelt, kann sie nur bei einem entsprechenden Aufwand der hinzugezogenen Person entstehen. Bei der Benutzung des von einem Dritten »unentgeltlich« zur Verfügung gestellten Kfz kommt die Fahrtkostenentschädigung daher nur in Betracht, wenn die Beweisperson zumindest die »Treibstoffkosten« getragen hat. Sind der Beweisperson überhaupt keine Aufwendungen erwachsen, weil von dem Dritten auch die Betriebskosten voll getragen worden sind, scheidet mangels entsprechender Aufwendungen auch ein Fahrtkostenersatz nach Abs. 2 aus. Der Dritte selbst hat keinen Anspruch nach dem JVEG.

Mitnahme in einem anderen Kfz

a) Wer in einem fremden Kfz mitgenommen wird und für die Mitnahme einen **Anteil an den Betriebskosten** zahlen muss, hat einen Anspruch auf Erstattung dieser Kosten in den Grenzen des § 5. 18
Wird der Anspruchsberechtigte **unentgeltlich** in einem Kfz mitgenommen, hat er infolgedessen keine Fahrtaufwendungen gehabt, kommt ein Fahrtkostenersatz nicht in Betracht.[10] Soweit in der Literatur[11] unter Hinweis auf frühere Rechtsprechung ein »Kilometergeld« nach Abs. 2 zuerkannt wird, wird übersehen, dass mindestens seit dem Wegfall der »Entschädigung für Fußwege und für Fahrradbenutzung« dem Grundsatz Rechnung getragen wurde, dass eine Fahrtkostenentschädigung nur bei einem entsprechenden Aufwand gewährt werden kann.

   – S.a. § 5 Rdn. 1 –.

b) Einem Rechtsanwalt kann nicht zugemutet werden, lediglich der Kostenersparnis halber seinen als Zeugen geladenen Mandanten auf größere Entfernungen in seinem Auto mitzunehmen. Die Kosten der gesonderten Bahnfahrt des Zeugen sind daher in jedem Fall als notwendig anzusehen.[12]

IV. Höhere Fahrtkosten

Höhere Fahrtkosten als die nach Abs. 1 oder Abs. 2 zu berechnenden Fahrtkosten können einem Anspruchsberechtigten nur dann erstattet werden, wenn die insgesamt zu berechnende Entschädigung oder Vergütung für die Heranziehung dadurch niedriger wird oder wenn die höheren Kosten durch besondere Umstände gerechtfertigt sind. 19

10 LG Traunstein, in JurBüro 96.491 zum ZSEG.
11 *Bleutge*, Rn. 17 zu § 9 ZSEG.
12 OLG Karlsruhe, in KRspr. § 9 ZSEG Nr. 4 LS.

Die besonderen Umstände können sowohl sachlicher (z.B. Eilfälle, ungewöhnlich schlechte Verkehrsverhältnisse) als auch persönlicher Art sein (z.B. körperliches Gebrechen, hohes Alter, ganz besonders liegende geschäftliche Interessen).

Repräsentationserwägungen allein rechtfertigen höhere Fahrtkosten nicht. Auch eine berufliche Überlastung ist kein besonderer Umstand i.S.d. Abs. 3.

V. Besondere Reisen

Mehrere Reisen an einem Tag

20 Nimmt z.B. ein Sachverständiger **an einem Tag mehrere Termine** nacheinander wahr, so kann er selbstverständlich die Fahrtkosten für die Hin- und Rückreise – ebenso wie die Reisezeiten – nur einmal berechnen.

Die Frage, wie Fahrtkosten und Reisezeiten zu berechnen und zu verteilen sind, taucht besonders dann auf, wenn die Beweistermine nacheinander an verschiedenen Orten stattfinden. Der Sachverständige kann in diesem Fall Fahrtkosten und Reisezeiten nicht so berechnen, als sei er jeweils von seinem Wohnort zum Terminsort gefahren. Da der Sachverständige keinen Gesamtauftrag für alle von ihm nacheinander an verschiedenen Orten wahrgenommenen Termine erhalten hat, sondern in jeder Sache einzeln von dem jeweils zuständigen Gericht beauftragt worden ist, müssen die in den einzelnen Sachen tatsächlich entstandenen Kosten jeweils für sich betrachtet und getrennt berechnet werden.[13]

▶ **Beispiel:**
Hat der in A wohnhafte Sachverständige nacheinander Termine in B, C und D wahrzunehmen, so erhält er Fahrtkosten und Vergütung für die Reisezeit erstattet zu dem Termin in:
- B für die Reise von A nach B,
- C für die Reise von B nach C,
- D für die Reise von C nach D und die Rückreise nach A.

Der Sachverständige wird dem Gericht mitteilen müssen, dass er die Wahrnehmung der Termine an den verschiedenen Orten miteinander verbinden wird; ggf. ist er von der Anweisungsstelle danach zu befragen.

Reisen während der Terminsdauer (Abs. 4)

21 Wenn der Anspruchsberechtigte während der Terminsdauer nach Hause fährt, kann er unter Einrechnung der Fahrtkosten insgesamt keine höhere Entschädigung oder Vergütung erhalten, als wenn er während der gesamten Dauer der Heranziehung am Terminsort geblieben wäre.

---

13 OLG Hamm, in OLGR 96.251 zum ZSEG.

Ist die Entfernung zwischen dem Wohnort des Anspruchsberechtigten und dem Terminsort nur gering und sind die Verkehrsverbindungen so günstig, dass man ihm die Fahrt zu seinem Wohnort während einer Heranziehung – z.B. bei einer Unterbrechung einer Beweisaufnahme – unbedenklich zumuten kann, so wird man diese Fahrt von ihm auch verlangen können, wenn sich hierdurch infolge Einsparung evtl. Kosten für Übernachtungen und evtl. Entschädigungen für Aufwand und Verdienstausfall (bei einem Zeugen) die Gesamtentschädigung des Anspruchsberechtigten ermäßigt. Für die Frage, ob die zusätzlichen Fahrten während der Terminsdauer zumutbar sind, werden auch Beginn und Ende der Beweisaufnahme zu berücksichtigen sein. Auch der Gesundheitszustand des herangezogenen Zeugen oder Sachverständigen kann es u.U. gerechtfertigt erscheinen lassen, dass er während der gesamten mehrtägigen Dauer des Termins am Gerichtsort verbleibt.

Reisen von bzw. zu einem anderen Ort (Abs. 5)

a) Zeigt z.B. ein Zeuge oder Sachverständige nach Erhalt der Ladung zum Beweistermin an, er werde die Reise zum Termin **von seinem Urlaubsort** antreten, sofern auf sein Erscheinen nicht verzichtet werde, und teilt ihm darauf das Gericht mit, er müsse zum Termin erscheinen, so hat der Zeuge oder Sachverständige einen Anspruch auf Erstattung der durch die Reise vom Urlaubsort zum Terminsort entstandenen höheren Kosten auch dann, wenn er nach dem Gerichtstermin nicht mehr an den Urlaubsort, sondern in seine Wohnung zurückkehrt.[14] 22
b) Fährt der Zeuge oder Sachverständige **im Anschluss** an die Vernehmung oder an eine notwendige Besichtigung **in Urlaub**, so sind Fahrtkosten und Aufwandsentschädigung so zu bemessen, als ob er nicht in Urlaub gefahren wäre.[15] Dies entspricht auch der im Reisekostenrecht für Beamte getroffenen Regelung.
c) Erhält der Zeuge oder Sachverständige, der nach Erhalt der Ladung **unverzüglich**, d.h. ohne schuldhafte Verzögerung, **dem Gericht angezeigt hat**, dass er die Reise von einem anderen als dem in der Ladung bezeichneten Ort antritt, keine Abbestellung, so kann er davon ausgehen, dass das Gericht sein Erscheinen auch von dem angegebenen anderen Ort aus wünscht. Er hat dann Anspruch auch auf die durch die evtl. weitere Reise entstehenden höheren Kosten.
Ist die Reise von dem angegebenen Ort zum Gerichtsort kürzer und ist die Gesamtentschädigung geringer, so ist eine vorherige Mitteilung an das Gericht nicht erforderlich. Der Zeuge oder Sachverständige hat aber selbstverständlich nur einen Anspruch auf die tatsächlichen geringeren Kosten.
d) Wird ein Sachverständige **an seiner Dienststelle oder beruflichen Niederlassung geladen** und tritt er die Reise von seinem Wohnort an, so kann er nur die tatsächlich entstandenen Fahrtkosten und Reisezeiten vergütet erhalten, aber nicht mehr, als entstanden wären, wenn er die Fahrt von seiner Dienststelle (Niederlassung) aus angetreten hätte.[16] Sind die Kosten für die Reise von der Wohnung

14 OLG Düsseldorf, in JurBüro 84.1069 zum ZSEG.
15 VGH Ba.-Wü. in KRspr. § 9 ZSEG Nr. 6.
16 OLG München, in JurBüro 89.864 zum ZSEG.

des Sachverständigen bis zum Ort der Verrichtung höher, als wenn er die Reise von seiner Dienststelle aus angetreten hätte, so kann er, wenn er an seiner Dienststelle geladen war, die höheren Kosten nur dann erstattet erhalten, wenn er das Gericht rechtzeitig darauf hingewiesen hat, dass er die Reise von seinem Wohnort aus antreten werde.

e) Hat der Zeuge oder Sachverständige die Tatsache, dass er die Reise von einem anderen als dem in der Ladung bezeichneten Ort antritt, **dem Gericht nicht oder schuldhaft so spät mitgeteilt**, dass eine Abbestellung ihn nicht mehr erreichte, so kann er nur die geringeren Kosten der Reise – einschließlich Verdienstausfall oder Leistungsvergütung und Aufwandsentschädigung – von dem in der Ladung bezeichneten Ort zum Gerichtsort und zurück erhalten,[17] es sei denn, das Gericht hätte den Zeugen oder Sachverständigen auch bei rechtzeitiger Mitteilung des Ortswechsels an den Sitz des Prozessgerichts geladen.[18]

f) Ein Zeuge, der nach dem Beweisbeschluss im Wege der **Rechtshilfe** von dem Amtsgericht seines Wohnsitzes vernommen werden soll, kann Reisekosten zum Ort des Prozessgerichts nicht erstattet erhalten, wenn er von diesem vernommen wird, nachdem die Partei ihn zum Termin mitgebracht und seine Vernehmung beantragt hat.

g) Gibt das Prozessgericht einem Zeugen im Voraus zu verstehen, es sei damit einverstanden, **dass er im Termin gestellt werde**, so ist er für die Reise zum Gerichtsort in gleicher Weise zu entschädigen, wie wenn er zum Termin geladen worden wäre.[19]

h) War der Zeuge oder Sachverständige durch **besondere, von ihm nicht zu vertretende Umstände**, die sowohl in seiner Person als auch in äußeren Einwirkungen bestehen können, genötigt, die Reise von einem anderen als den in der Ladung bezeichneten Ort anzutreten oder an einen anderen Ort als diesen zurückzufahren, so können ihm, auch wenn er dies dem Gericht nicht unverzüglich angezeigt hat, die dadurch entstandenen Mehrkosten ersetzt werden. Ob diese Entschädigung gewährt wird, steht im billigen Ermessen der Anweisungsstelle oder des Gerichts,[20] einen Anspruch hat der Zeuge oder Sachverständige nicht. Kommt eine Ermessensentscheidung durch die Anweisungsstelle in Betracht, erscheint es zweckmäßig, bereits hier eine Stellungnahme des Vertreters der Staatskasse einzuholen.

---

17 OLG Brandenburg, in JurBüro 10.314.
18 OLG Dresden, in OLGR 98.90 = JurBüro 98.269 zum ZSEG.
19 KG in Rpfleger 86.283 zum ZSEG.
20 OLG Dresden, in OLGR 98.90 = JurBüro 98.269 zum ZSEG.

§ 6 JVEG Entschädigung für Aufwand

(1) Wer innerhalb der Gemeinde, in der der Termin stattfindet, weder wohnt noch berufstätig ist, erhält für die Zeit, während der er aus Anlass der Wahrnehmung des Termins von seiner Wohnung und seinem Tätigkeitsmittelpunkt abwesend sein muss, ein Tagegeld, dessen Höhe sich nach § 4 Abs. 5 Satz 1 Nr. 5 Satz 2 des Einkommensteuergesetzes bestimmt.

(2) Ist eine auswärtige Übernachtung notwendig, wird ein Übernachtungsgeld nach den Bestimmungen des Bundesreisekostengesetzes gewährt.

Übersicht Rdn.

I. Aufwandsentschädigung

Werden Zeugen, Sachverständige, ehrenamtliche Richter und Dritte an einem Ort hinzugezogen, der nicht ihr Wohnort und nicht der Ort ist, an dem sie ihrem Beruf nachgehen, erhalten sie für den Mehraufwand aus Anlass der auswärtigen Terminswahrnehmung eine Aufwandsentschädigung, die insb. die Kosten für die notwendige Einnahme einer Mahlzeit oder Erfrischung ausgleichen soll. 1

Die Höhe der Entschädigung richtet sich nach § 4 Abs. 5 Satz 1 Nr. 5 Satz 2 des Einkommensteuergesetzes. Danach beträgt das Tagegeld regelmäßig

- bei 24-stündiger Abwesenheit 24 €,
- bei einer Abwesenheit von 14 bis weniger als 24 Stunden 12 € und
- bei einer Abwesenheit von 8 bis weniger als 14 Stunden 6 €.

Für die Bemessung der Entschädigung kommt es auf die persönlichen Verhältnisse des Zeugen oder Sachverständigen nicht mehr an.

Bei einer Abwesenheit bis zu 8 Stunden vom Wohnort oder dem Ort der Berufstätigkeit wird abweichend von der bisherigen Regelung keine Aufwandsentschädigung mehr gewährt.

I.Ü. erhalten bei Vorliegen der Voraussetzungen alle nach § 1 hinzugezogenen Personen das vorgenannte Tagegeld in voller Höhe.

II. Termin am Wohnort oder Ort der Berufstätigkeit

Bei einer Heranziehung der Zeugen, Sachverständigen, ehrenamtlichen Richter und Dritten an ihrem »Aufenthaltsort« (Wohnort oder Ort der Berufstätigkeit) besteht kein Anspruch auf Aufwandsentschädigung. 2

Der Gesetzgeber geht davon aus, dass bei Terminen am Aufenthaltsort oder bei einer Abwesenheit des Berechtigten von seinem Aufenthaltsort bis zu 8 Stunden keine

Aufwandsentschädigung mehr gezahlt wird. Der Wegfall der in diesem Fällen nach bisherigem Recht bisher gezahlten relativ geringen Entschädigungsbeträge soll regelmäßig mit der erhöhten Entschädigung der Zeugen und ehrenamtlichen Richter einschließlich der Vertrauensleute (§ 1 Abs. 4) für Zeitversäumnis und durch die höhere Vergütung der Sachverständigen, Dolmetscher und Übersetzer ausgeglichen sein.

Offen bleibt aber die Frage, ob diejenige hinzugezogene Person, die »innerhalb der Gemeinde, in der der Termin stattfindet, weder wohnt noch berufstätig ist«, sich aber aus anderen Gründen am Terminsort aufhält, eine Entschädigung nach § 6 beanspruchen kann. Der Begriff »Aufenthaltsort« wird in § 6 nicht verwendet. Als Aufenthaltsort wurde vor der Neuregelung die politische Gemeinde verstanden, in der sich ein Zeuge oder ein Sachverständiger zum Zeitpunkt der Ladung aufhält, weil er dort wohnt oder dort seinen Beruf ausübt. Aufenthaltsort war aber auch ein Urlaubs- oder Kurort, ein Kurs- oder Tagungsort, wenn z.B. ein Zeuge dort den Beweistermin wahrgenommen hat.

Aus den Gesetzesmaterialien[1] ist nicht zu erkennen, dass der Gesetzgeber den Begriff »Aufenthaltsort« durch die Fassung des § 6 einschränken wollte.

Es erscheint daher sachgerecht, dass sowohl eine hinzugezogene Person, die am Terminsort wohnt oder dort ihrem Beruf nachgeht, als auch eine hinzugezogene Person, die sich aus anderen Gründen bereits am Terminsort aufhält, keinen Entschädigungsanspruch nach § 6 hat.

III. Nachweis der Aufwendungen

3 Ein **Nachweis über die** durch die Terminswahrnehmung verursachten **Aufwendungen** i.d.R. nicht erforderlich. Ein solcher Nachweis ist auch praktisch unmöglich in allen Fällen, in denen die Entschädigung berechnet, angewiesen und ausgezahlt wird, ehe die Aufwendungen – z.B. für eine Mahlzeit zwischen Terminsende und Antritt der Rückreise – entstanden sind.

IV. Kosten einer Übernachtung

4 a) Eine Entschädigung bzw. Vergütung für die Kosten einer Übernachtung ist nur dann zu gewähren, wenn die Übernachtung aus Anlass der Heranziehung des Anspruchsberechtigten notwendig war.
Dauert eine Heranziehung **mehrere Tage**, so wird es vom Zeitpunkt, zu dem der Termin an den einzelnen Tagen beginnt oder endet, von der Entfernung zwischen dem Aufenthaltsort der hinzugezogenen Person und dem Terminsort sowie von den bestehenden Verkehrsverbindungen abhängen, ob eine Übernachtung des Anspruchsberechtigten am Terminsort notwendig ist oder ob es ihm zugemutet werden kann, täglich an den Aufenthalts- oder Wohnort zurückzukehren.
Auch wenn ein **Termin nur einen Tag** dauert, kann eine Übernachtung notwendig sein, wenn die hinzugezogene Person wegen eines frühen Termins-

1 BT-Drucks. 15/1971 S. 221 zu § 6 JVEG.

beginns sonst nicht rechtzeitig am Terminsort sein kann oder wenn ihr wegen des späten Terminsendes und einer etwaigen langen Rückfahrt die Rückreise am selben Tage nicht mehr zugemutet werden kann.

Wenn die hinzugezogenen Person nach Terminsende noch am selben Tage ohne zumutbare Schwierigkeiten an ihren Wohnort zurückkehren kann, darf ihr ein Übernachtungsgeld selbst dann nicht gezahlt werden, wenn sie tatsächlich am Terminsort übernachtet und die entstandenen Kosten nachweist.

b) Die **Höhe des Übernachtungsgeldes** richtet sich nach § 7 des Bundesreisekostengesetzes (BRKG) vom 26.05.2005 (BGBl. I S. 1418) mit dem folgenden Wortlaut:

»§ 7 **Übernachtungsgeld**

(1) Für eine notwendige Übernachtung erhalten Dienstreisende pauschal 20 Euro. Höhere Übernachtungskosten werden erstattet, soweit sie notwendig sind.

(2) Übernachtungsgeld wird nicht gewährt

1. für die Dauer der Benutzung von Beförderungsmitteln,
2. bei Dienstreisen am oder zum Wohnort für die Dauer des Aufenthalts an diesem Ort,
3. bei unentgeltlicher Bereitstellung einer Unterkunft des Amtes wegen, auch wenn diese Unterkunft aus ohne triftigen Grund nicht genutzt wird, und
4. in den Fällen, in denen das Entgelt für die Unterkunft in den erstattungsfähigen Fahrt- oder sonstigen Kosten enthalten ist, es sei denn, dass eine Übernachtung aufgrund einer zu frühen Ankunft am Geschäftsort oder zu späten Abfahrt von diesem zusätzlich erforderlich wird.«

Wird die Notwendigkeit einer Übernachtung aus Anlass der Heranziehung bejaht, beträgt das Übernachtungsgeld nach § 7 Abs. 1 Satz 1 BRKG **pauschal 20,00 €** und zwar unabhängig von der Höhe des tatsächlich entstandenen Übernachtungsaufwands. Der Gesetzgeber unterstellt hierbei, dass bei einer notwendigen Übernachtung ein Mindestaufwand von 20,00 € entstanden ist.

Die Kosten einer notwendigen Übernachtung sind Aufwendungen der nach § 1 JVEG zugezogenen Person, die nach den Regeln des JVEG (hier: § 6 Abs. 2 JVEG) ersetzt werden. Die Gewährung eines »Aufwendungsersatzes« setzt voraus, dass die anspruchsberechtigte Person tatsächlich entsprechende Aufwendungen hat, die dann nach § 6 JVEG ersetzt werden. Sind der herangezogenen Person **Übernachtungskosten überhaupt nicht entstanden**, weil z.B. die Übernachtung von einem Dritten kostenlos gewährt worden ist, kann auch ein Ersatz in Form eines Übernachtungsgelds nach § 6 Abs. 2 JVEG nicht geleistet werden.[2]

Höhere Übernachtungskosten als der Mindestbetrag von 20,00 € sind nach § 7 Abs. 1 Satz 2 BRKG zu erstatten, wenn die höheren Kosten notwendig sind. Die Notwendigkeit ist vom Antragsteller nachzuweisen.[3]

---

2 A.A. *Bund* in Anm. zu LG Hannover, Beschl. v. 21.03.2006 – 25 O 144/04, in JurBüro 06.491.

3 OLG Brandenburg, Beschl. v. 30.08.2006 - 6 W 118/06 - in KostRspr. JVEG § 6 Nr. 1 = AGS 08, 51.

Nach Nr. 7.1.1 der Allgemeinen Verwaltungsvorschrift zum Bundesreisekostengesetz (BRKGVwV) sind Übernachtungskosten **bis zu 60,00 €** grds. als notwendig i.S.d. § 7 Abs. 1 Satz 2 BRKG anzusehen.
Übersteigen die aufgewendeten Übernachtungskosten den Betrag von 60,00 €, so ist deren Notwendigkeit unter Berücksichtigung der am Übernachtungsort geforderten üblichen Übernachtungspreise und der vorhandenen zumutbaren Unterkünfte zu begründen. Unterbleibt diese Begründung, kann für die Übernachtung nur ein Betrag von 60,00 € erstattet werden.[4]

c) Die **Kosten des Frühstücks** rechnen nicht zu den Übernachtungskosten. Sie müssen aus der Aufwandsentschädigung nach Abs. 1 bestritten werden.
Sind die Kosten des Frühstücks im Übernachtungspreis eingeschlossen, so ist das Übernachtungsgeld entsprechend zu kürzen (S.a. § 6 Abs. 2 BRKG).
Ein in der Rechnung ausgewiesenes Bedienungsgeld rechnet mit zu den Übernachtungskosten, nicht aber sonstige außerhalb der Rechnung gezahlte Trinkgelder.

d) Das Gesetz sieht einen **Nachweis der Übernachtungskosten** nicht ausdrücklich vor. Da jedoch bei Übernachtungen stets eine Quittung über den gezahlten Betrag erteilt wird, erscheint es bei der unterschiedlichen Höhe der Übernachtungskosten zweckmäßig und vertretbar, von dem Anspruchsberechtigten dann die Vorlage eines Beleges über die entstandenen Aufwendungen zu verlangen, wenn die Übernachtung vor der Berechnung und Anweisung der Entschädigung oder Vergütung liegt.

e) Wenn durch die **Benutzung eines Schlafwagens** die Gesamtentschädigung oder -vergütung geringer wird, können auch statt der sonst für Übernachtungskosten zu gewährenden Entschädigung die Kosten des Schlafwagens ersetzt werden.
Hat der Anspruchsberechtigte zwar nicht am Terminsort übernachtet, aber seine Hin- und Rückreise zur Übernachtung unterbrochen, weil er das Reiseziel am selben Tage nicht mehr zu einer zumutbaren Zeit erreichen konnte, so sind ihm die Kosten der Übernachtung zu ersetzen. Auch wenn die Benutzung eines Schlafwagens möglich und billiger gewesen wäre, wird man ihn nicht darauf verweisen können, da eine Verpflichtung zur Benutzung des Schlafwagens nicht besteht.

f) Ist der Anspruchsberechtigte während der Nacht gereist und hat er keinen Schlaf- oder Liegewagen benutzt, so kann er, da Übernachtungskosten nicht entstanden sind, neben der nach Abs. 1 zu gewährenden Aufwandsentschädigung **keine zusätzliche Entschädigung für »fiktive« Übernachtungskosten** erhalten.
Nach Abs. 2 erhält die hinzugezogene Person nur einen Ersatz ihrer Aufwendungen, d.h. nur Ersatz der tatsächlich **entstandenen Kosten**, soweit sie angemessen sind. Übernachtungskosten können daher nur erstattet werden, soweit Kosten für die Übernachtung tatsächlich entstanden sind.[5]

---

4 LG Hannover, Beschl. v. 21.03.2006 – 25 O 144/04, in Nds.Rpfl. 06.327 = JurBüro 06.491 m. Anm. von *Bund*.

5 OLG Hamburg, in JurBüro 73.544 zum ZSEG.

§ 7 JVEG Ersatz für sonstige Aufwendungen

(1) Auch die in den §§ 5, 6 und 12 nicht besonders genannten Auslagen werden ersetzt, soweit sie notwendig sind. Dies gilt insbesondere für die Kosten notwendiger Vertretungen und notwendiger Begleitpersonen.

(2) Für die Anfertigung von Kopien und Ausdrucken werden ersetzt

1. **bis zu einer Größe von DIN A3 0,50 Euro je Seite für die ersten 50 Seiten und 0,15 Euro für jede weitere Seite,**
2. **in einer Größe von mehr als DIN A3 3 Euro je Seite und**
3. **für Farbkopien und -ausdrucke jeweils das Doppelte der Beträge nach Nummer 1 oder Nummer 2.**

Die Höhe der Pauschalen ist in derselben Angelegenheit einheitlich zu berechnen. Die Pauschale wird nur für Kopien und Ausdrucke aus Behörden- und Gerichtsakten gewährt, soweit deren Herstellung zur sachgemäßen Vorbereitung oder Bearbeitung der Angelegenheit geboten war, sowie für Kopien und zusätzliche Ausdrucke, die nach Aufforderung durch die heranziehende Stelle angefertigt worden sind. Werden Kopien oder Ausdrucke in einer Größe von mehr als DIN A3 gegen Entgelt von einem Dritten angefertigt, kann der Berechtigte anstelle der Pauschale die baren Auslagen ersetzt verlangen.

(3) Für die Überlassung von elektronisch gespeicherten Dateien anstelle der in Absatz 2 genannten Kopien und Ausdrucke werden 1,50 Euro je Datei ersetzt. Für die in einem Arbeitsgang überlassenen oder in einem Arbeitsgang auf denselben Datenträger übertragenen Dokumente werden höchstens 5 Euro ersetzt.

Übersicht **Rdn.**

I. Vorbemerkung

Der Auslagenersatz nach § 7 hat in der Vergangenheit zu Missverständnissen geführt. 1
Dabei wurde häufig übersehen, dass in § 12 eine Spezialvorschrift zu § 7 besteht, die dementsprechend Vorrang vor § 7 hat. Probleme ergaben sich insbesondere wegen der Abgeltung von Fotos und an deren Stelle tretenden Farbausdrucke. Dieser Problematik ist mit dem 2. KostRMoG Rechnung getragen worden, indem beide Vorschriften durch Streichungen und Umstellungen deutlicher dargestellt sind.

Fragen zu großformatigen Kopien und zu Farbkopien werden durch die Neufassung von Abs. 2 abschließend geklärt. Die Regelung für die Überlassung von elektronischen Dateien wurden ergänzt und damit klarer gefasst (Abs. 3).

Das Wort »Ablichtungen« wird durch das Wort »Kopie« ersetzt. Eine gleiche Regelung ist in den übrigen Kostengesetzen getroffen (Nr. 31000 KV GNotKG; Nr. 2000 KV-JVKostG; Nr. 9000 KVGKG; Nr. 700 KV-GvKostG). Die Änderung wird einerseits damit begründet, der Begriff »Kopie« sei mittlerweile der Gebräuchlichere. Andererseits würde möglichen Missverständnissen vorgebeugt, weil bisweilen auch das Erstellen elektronischer Dokumente, das Einscannen, als »ablichten« verstanden werden (BT-Drucksache 17/11471 neu, S. 156).

II. Sonstige Aufwendungen (Abs. 1 Satz 1)

2 Nach § 7 Abs. 1 Satz 1 können auch sonstige in den §§ 5, 6 und 12 nicht genannte **bare Aufwendungen** erstattet werden. Grundvoraussetzung ist aber, deren Notwendigkeit bzw. Erforderlichkeit

Als erstattungsfähige sonstige Auslagen kommen u.a. in Betracht:

- notwendige **Aufwendungen für ein ärztliches Zeugnis**, das eine hinzugezogene Person auf Erfordern oder aus eigener Entschließung beigebracht hat,
- die aufgewendete **Vergütung für eine erforderliche anwaltliche Vertretung**,
- postalische Aufwendungen,
- Entgelte für eine notwendige Inanspruchnahme von Telekommunikationsdienstleistungen,
- nicht über § 5 erstattete sonstige Reiseaufwendungen (s. hierzu § 5 Rdn. 13).

Die Notwendigkeit der von dem Zeugen, ehrenamtlichen Richter, Sachverständigen oder Dritten beanspruchten baren Auslagen ist sowohl dem Grunde als auch der Höhe nach darzulegen und von der anweisenden Stelle oder dem festsetzenden Gericht nach freiem Ermessen nachzuprüfen. Ein Nachweis der geltend gemachten Aufwendungen wird in den Fällen gefordert werden können, in denen die Erteilung von Quittungen oder Belegen verkehrsüblich ist.

3 Für eine **Aufwandsentschädigung** gelten ausschließlich die Entschädigungssätze des § 6. Ein diese Sätze übersteigender tatsächlich entstandener Aufwand kann nicht über § 7 entschädigt werden, da § 6 insoweit eine abschließende Regelung trifft.

4 Eine hinzugezogene Person ist verpflichtet, die Staatsanwaltschaft, das Gericht oder die sonstige heranziehende Stelle nach Empfang der Ladung auf Umstände hinzuweisen, die ihr Erscheinen **besonders kostspielig** machen, weil sie z.B. bei Wahrnehmung des Termins eine festgebuchte Urlaubsreise nicht antreten kann und durch den Rücktritt hohe Kosten entstehen können[1] oder weil durch eine notwendige Vertretung (z.B. in einer Arztpraxis) besonders hohe Aufwendungen entstehen werden. Der heranziehenden Stelle muss die Möglichkeit gegeben werden, einen kostengünstigeren Weg für die Beweisaufnahme zu wählen.[2]

1 OLG Hamm, Beschl. v. 26.09.1996 – 9 U 38/96 – zum ZSEG.
2 OLG Karlsruhe, in MDR 93.89 = Justiz 93.261 zum ZSEG.

Nimmt ein ausgebliebener Zeuge zur Abfassung eines Entschuldigungsschreibens die Hilfe eines Rechtsanwalts in Anspruch, so können, wenn nach den Umständen des Falles die Inanspruchnahme eines Rechtsanwalts **notwendig** war, die dadurch entstandenen Auslagen ersetzt werden.[3] Die **Anwaltskosten** berechnen sich nach dem RVG. 5

Anwaltskosten eines Zeugen zur Vorbereitung seiner gerichtlichen Vernehmung und zur Beistandsleistung während dieser Vernehmung stellen **keine notwendigen** Auslagen i.S.d. § 7 dar,[4] wenn der Zeuge den Rechtsanwalt ausschließlich im eigenen Interesse herangezogen hat.[5]

Notwendige Auslagen eines Zeugen im Beschwerdeverfahren gegen einen Ordnungsgeldbeschluss werden ihm nach § 7 ersetzt. Dazu können auch Rechtsanwaltskosten gehören.[6]

An notwendigen **Fernsprechkosten** kann eine hinzugezogene Person nur die reinen Gesprächsentgelte berechnen. Das Grundentgelt kann auch nicht anteilig erstattet werden, es zählt zu den nicht erstattungsfähigen Allgemeinkosten. 6

Zu den notwendigen baren Auslagen eines Anspruchsberechtigten gehören auch die nach einem erforderlich gewordenen **Rücktritt von einer Reise entstandenen Stornokosten** des Reiseveranstalters, wenn z.B. der Zeuge bei Buchung der Reise nicht damit rechnen konnte, während des vorgesehenen Reisetermins gerichtlich hinzugezogen zu werden. 7

Zu den erstattungsfähigen Stornokosten können auch die Rücktrittskosten für die Lebensgefährtin gehören, wenn die Reisekosten von dem Zeugen aufgebracht worden sind, um mit der Lebensgefährtin eine gemeinsame Reise zu unternehmen.[7]

Die aufgewendete Prämie für eine **Reiserücktrittskostenversicherung** fällt dagegen nicht unter die notwendigen Aufwendungen des § 7.[8]

Kosten für die **Anschaffung von Fachbüchern**, die der Sachverständige zur Vorbereitung des Gutachtens erworben hat, sind nur dann erstattungsfähig, wenn sie speziell für das erstattete Gutachten erforderlich waren. Dagegen sind die Kosten für die Beschaffung von Büchern, deren Inhalt der Sachverständige zwar kennen muss, 8

---

3 OLG Hamburg, in Rpfleger 71.269 = AnwBl. 71.316.

4 BVerfG in NJW 75.103 = MDR 75.290 = BVerfGE 38.105; FG Hamburg, in KRspr. § 11 ZSEG Nr. 15; OLG Düsseldorf, in JMBl.NW 80.35 = KRspr. § 11 ZSEG Nr. 11 LS m. Anm. von *Lappe*.

5 OLG Düsseldorf, in MDR 97.893 = JurBüro 98.153.

6 LG Passau, in KRspr. § 11 ZSEG Nr. 16 LS; OLG Düsseldorf, in MDR 85.60; VGH Ba.-Wü. in Justiz 95.417; a.A.: LG Würzburg, in JurBüro 80.1540 = KRspr. § 11 ZSEG Nr. 12 LS m. Anm. von *Lappe*; LG Gießen, in MDR 81.959 m. Anm. von *Herfurt*.

7 OLG München, in JurBüro 89.1741 zum ZSEG.

8 OLG Celle, in Rpfleger 90.273 = Nds.Rpfl. 90.210 = JurBüro 90.1048 zum ZSEG.

die aber nur solche Kenntnisse vermitteln, wie sie bei jedem Sachverständigen dieses Faches vorliegen müssen, nicht erstattungsfähig.

9 Die **Kosten einer notariellen Beurkundung** der eidesstattlichen Versicherung einer schriftlichen Zeugenaussage sind nach § 7 zu erstatten.

10 Soweit ein Zeuge durch einen Angestellten aus vorhandenen Unterlagen eine zur Vorbereitung seiner Zeugenaussage **notwendige Aufstellung** machen lässt, können ihm die dafür gemachten Aufwendungen als sonstige notwendige Auslagen nach § 7 erstattet werden.[9]

Wegen der Beschaffung von Unterlagen durch dritte Stellen wird auf die Erläuterungen zu § 23 verwiesen.

11 Auf eine Zeugenentschädigung kann keine **USt** gewährt werden.[10]

12 Zu den nach § 7 Abs. 1 zu erstattenden Auslagen kann auch eine **Kursgebühr** gehören.[11]

III. Vertretungs- und Begleitungskosten (Abs. 1 Satz 2)

Vertretungskosten bei Zeugen und ehrenamtlichen Richtern

13 a) Bei **Geschäftsleuten**, die ihr Geschäft allein führen, und bei anderen **freiberuflich tätigen Personen**, wie Apothekern, Ärzten pp. ist eine Vertretung während der durch die Heranziehung bedingten Abwesenheit von dem Geschäft oder der Praxis in aller Regel erforderlich. Auch in größeren Betrieben, in denen der Geschäftsinhaber selbst den Betrieb leitet und die Aufsicht führt, kann eine Vertretung notwendig sein.
Nach § 1619 BGB sind Dienste von Kindern, die dem elterlichen Hausstand angehören und von den Eltern unterhalten werden, auch im elterlichen Geschäft grds. unentgeltlich zu leisten. Entschädigungen, die z.B. ein Zeuge seinen Kindern für die Vertretung in seinem Geschäft während seiner Abwesenheit zahlt, sind nicht notwendig und daher auch nicht erstattungsfähig.[12]

b) Bei der als **Arbeitnehmer** im festen Gehalt oder im Lohnverhältnis stehenden anspruchsberechtigten Person ist die Notwendigkeit der Vertretung stets vom Standpunkt des Anspruchsberechtigten aus – nicht seines Arbeitgebers – zu beurteilen. Vertretungskosten können einem Zeugen mithin nur dann erstattet werden, wenn dieser vertraglich oder kraft gesetzlicher Bestimmungen verpflichtet war, einen Vertreter auf eigene Kosten zu stellen. Das wird nur ganz ausnahmsweise in Betracht kommen können.

c) Bei hinzugezogenen Personen, die ihren Haushalt selbst führen (sog. **Hausfrauen/ Hausmänner**), kann eine Vertretung notwendig sein zur Pflege oder Beauf-

9 OLG Düsseldorf, in KRspr. § 11 ZSEG Nr. 2.
10 OLG Koblenz, in MDR 94.1152 zum ZSEG.
11 Thüringer Landessozialgericht in JurBüro 03.96 zum ZSEG.
12 KG in Rpfleger 92.106 zum ZSEG.

sichtigung kleiner Kinder, zur Pflege von kranken Familienangehörigen oder auch dann, wenn die den Haushalt führende Person für berufstätige Familienangehörige das Essen zubereiten muss.

d) Kosten für die Betreuung von Hunden, die ein ehrenamtlicher Richter während seiner Sitzungstage von einem Dritten beaufsichtigen lässt, können zumindest dann nicht als notwendige Vertretungskosten nach § 7 Abs. 1 Satz 2 angesehen werden, wenn die Hundehaltung als Hobby betrieben wird.[13]

d) Ob eine **Vertretung notwendig** war, muss der anweisende Bedienstete und ggf. das Gericht nach der Lage des Einzelfalles unter Berücksichtigung der persönlichen und geschäftlichen Verhältnisse des Anspruchsberechtigten prüfen. In jedem Fall ist die Notwendigkeit der Vertretung von dem Anspruchsberechtigten detailliert darzulegen und glaubhaft zu machen.[14]

Bei der Beurteilung der Frage, ob die Vertretung notwendig war, wird man nicht von der vielleicht nur kurzen Dauer der Heranziehung ausgehen können, da z.B. ein Zeuge vorher nicht wissen kann, wie lange er durch seine Vernehmung in Anspruch genommen wird. Daher werden, wenn der Zeuge einen Vertreter für einen ganzen Tag entschädigen muss, Vertretungskosten für einen vollen Tag auch dann zu erstatten sein, wenn die Vernehmung des Zeugen nur kurze Zeit gedauert hat, zumal – abgesehen von Vertretungen im Haushalt – Vertreter für Stunden nur selten zu finden sein werden.

e) Die **Höhe der Vertretungskosten** ist betragsmäßig nicht begrenzt. Da nach Abs. 1 Satz 1 nur die **»notwendigen«** Auslagen zu ersetzen sind, haben die Anweisungsstelle und ggf. das festsetzende Gericht nicht nur zu prüfen, ob die Vertretung notwendig war, sondern auch, ob die geltend gemachten Vertretungskosten überhaupt in dieser Höhe erforderlich waren. Es steht zwar im Ermessen der hinzugezogenen Person, welche Vergütung sie ihren Vertreter zahlt, erstattungsfähig ist jedoch nur die angemessene und die in gleich oder ähnlich gelagerten Fällen üblicherweise gezahlte Vergütung.

Zur Verpflichtung des Zeugen, über erkennbare besonders hohe Vertretungskosten das Gericht vorher zu unterrichten, s. die Anmerkungen zu § 7 Rdn. 4.

I.d.R. werden die einem Zeugen, ehrenamtlichen Richter oder Sachverständigen selbst zustehenden Entschädigungs- bzw. Vergütungssätze auch für den Vertreter ausreichen. Es sind jedoch durchaus Fälle denkbar, in denen die ihnen zu gewährenden Höchstbeträge je Stunde für eine Vertretung nicht ausreichen. Hierbei wird berücksichtigt werden müssen, dass es häufig schwierig sein dürfte, überhaupt einen Vertreter zu bekommen und eine höhere Vergütung als Anreiz für die Übernahme der Vertretung angesehen werden kann.

f) Ein **Nachweis der geltend gemachten Vertretungskosten** ist zwar nicht zwingend vorgeschrieben. Die Ladungsvordrucke der ordentlichen Gerichte enthalten jedoch häufig einen Hinweis, dass Vertreterkosten durch eine Empfangsbeschei-

---

13 OLG Köln, Beschl. vom 11.02.2011 - 2 Ws 76/11 - in AGS 2011, 331 mit Anm. von *H. Schneider* = KostRsp. JVEG § 7 Nr. 8 mit Anm. von *Onderka*.

14 OLG Karlsruhe, in Justiz 87.384 = JurBüro 88.389 zum ZSEG.

nigung des Vertreters nachzuweisen sind. Das wird am Tage der Vernehmung nur dann möglich sein, wenn z.B. ein Zeuge mit seinem Vertreter einen Festbetrag als Vergütung vereinbart hat. I.d.R. wird jedoch ein Zeuge die Dauer seiner Vernehmung und damit die Dauer der Inanspruchnahme des Vertreters nicht vorhersehen und damit auch die – häufig nach Stundenbeträgen bemessene – Höhe der letztlich zu zahlenden Vertreterkosten nicht voraus berechnen können. Dann wird auch die Vorlage einer Empfangsbestätigung des Vertreters von dem Zeugen nicht verlangt werden können.

Die Erstattung der geltend und glaubhaft gemachten Vertreterkosten ist nicht von der Vorlage einer Empfangsbestätigung abhängig. Kann diese nicht vorgelegt werden, so empfiehlt es sich, auf dem Anweisungsbeleg Name und Anschrift des Vertreters zu vermerken. In Zweifelsfällen kann es angezeigt erscheinen, den Zeugen auf eine nachträgliche schriftliche Geltendmachung der Vertretervergütung mit einem entsprechenden Nachweis zu verweisen.

g) Die Erstattung der tatsächlich aufgewandten und nachgewiesenen Vertreterkosten **schließt i.d.R. eine Erstattung von Verdienstausfall an den Anspruchsberechtigten aus.** Die Vertretungskraft wird ja gerade eingestellt, um zu vermeiden, dass ein Verdienstausfall eintritt. Dennoch sind Fälle denkbar, wo beide Entschädigungen nebeneinander zu gewähren sind, z.B. bei einer Heimarbeiterin, die für die Dauer ihrer Heranziehung die Vertretung für die Beaufsichtigung ihrer Kleinkinder benötigt.

h) Bestellt ein Zeuge für die Zeit seiner Heranziehung aufgrund einer gerichtlichen Ladung eine Vertretung, die nicht von ihm entschädigt wird, sondern die vorgesehene Leistung auf eigene Rechnung erbringt, sind dem Zeugen keine nach § 7 Abs. 1 Satz 2 zu ersetzenden Vertretungskosten entstanden. Dem Zeugen ist jedoch für den infolge der durch seinen Vertreter erbrachten und diesem honorierten Leistungen ein Verdienstausfall entstanden, der nach § 22 Satz 1 bis zum Höchstsatz von 21,00 € je versäumte Arbeitsstunde zu entschädigen ist.[15]

Macht ein Zeuge keinen Verdienstausfall geltend, so sind ihm die notwendigen Vertreterkosten in voller Höhe zu erstatten. Der durch den Vertreter erzielte Verdienst ist, anders als bei einem Sachverständigen, der eine Leistungsvergütung erhält, nicht gegenzurechnen.[16]

Als Verdienstausfall kann ein Zeuge, der vertreten wird, immer nur die Differenz zwischen dem Betrag geltend machen, den sein Vertreter in seiner Abwesenheit verdient hat, und dem, was er selbst in der gleichen Zeit verdient haben würde.

Vertretungskosten bei Sachverständigen

14 a) Bei Sachverständigen gelten für die Erstattung von Vertretungskosten dieselben **Grundsätze wie bei Zeugen** und **ehrenamtlichen Richtern.** Auch hier sind sowohl

---

15 KG in JurBüro 04.441; LSG Erfurt, Beschl. v. 13.04.2005 in KostRspr. § 7 JVEG Nr. 1.

16 OLG Hamm, in KRspr § 11 ZSEG Nr. 1; OLG Bamberg, in JurBüro 87.79; OLG Düsseldorf, in MDR 93.485 = JurBüro 93.493; OLG Hamm, in OLGR 94.144 LS.

die Notwendigkeit als auch die Angemessenheit der gezahlten Vertreterkosten zu überprüfen.

b) Nach § 7 können die notwendigen Auslagen erstattet werden, d.h. eine tatsächlich eingetretene **Vermögenseinbuße** wird ausgeglichen. Der Sachverständige, der sich in seinem Beruf vertreten lässt, muss sich daher die Einnahmen, die sein Vertreter während seiner Abwesenheit in seiner Praxis oder seinem Geschäft für ihn erzielt, anrechnen lassen. Einen Anspruch auf Erstattung von Vertreterkosten hat er nur, wenn und soweit die Einnahmen, die der Vertreter während seiner Abwesenheit für ihn erzielt, geringer sind als die Vertreterkosten. Würden dem Sachverständigen neben seinem Honorar durch die volle Erstattung der Vertreterkosten die Einnahmen aus seiner Praxis oder seinem Geschäft ungeschmälert überlassen, so würde er für die Zeit seiner Sachverständigentätigkeit eine doppelte Einnahme erzielen. Sinn des § 7 ist es jedoch, Verluste auszugleichen, die dem Sachverständigen entstehen, wenn er sich für die Zeit seiner Sachverständigentätigkeit in seinen Berufsgeschäften vertreten lassen muss, nicht jedoch, ihm für diese Zeit doppelte Einnahmen zu sichern. Der Sachverständige, der die Erstattung von Vertreterkosten begehrt, muss daher den Nachweis führen, ob und in welcher Höhe ihm aus der Tätigkeit des Vertreters Einnahmen zugeflossen sind.[17]

c) Eine Entschädigung dafür, dass der Vertreter u.U. geringere Einnahmen erzielt hat, als der Sachverständige selbst in der gleichen Zeit erzielt haben würde, kann der Sachverständige, anders als ein Zeuge, nicht beanspruchen. Der Sachverständige erhält **keine Entschädigung für Verdienstausfall**, sondern eine Leistungsvergütung, die von der Höhe eines etwaigen Verdienstausfalls unabhängig ist. Die Leistungsvergütung stellt den durch Höchstsätze begrenzten Ausgleich dafür dar, dass der Sachverständige während seiner Sachverständigentätigkeit für die in § 1 genannte Stelle seiner sonstigen Berufstätigkeit nicht nachgehen konnte.

d) Der **Vertreter selbst hat keinen unmittelbaren Anspruch gegen die Staatskasse.** Sein Entschädigungsanspruch richtet sich nur gegen den Vertretenen. Der Anspruch auf Erstattung der Vertreterkosten aus der Staatskasse steht nur der Beweisperson zu und ist von dieser nach § 15 geltend zu machen.

Kosten einer notwendigen Begleitperson (§ 7 Abs. 1 Satz 2)

a) Eine Entschädigung für eine Begleitperson kann nur in den Fällen gewährt 15 werden, in denen eine **Begleitung der hinzugezogenen Person notwendig** ist, insb. dann, wenn diese wegen jugendlichen Alters oder wegen einer Behinderung einer Begleitperson bedarf. Ob eine Begleitperson erforderlich war, ist eine Tatfrage und in Zweifelsfällen vom Gericht nach freiem Ermessen zu entscheiden. Eine Entschädigung kann auch nur für eine solche Begleitperson gewährt werden, wie sie den Umständen nach geboten ist.

b) Eine altersmäßige Begrenzung, bis zu der **jugendliche Zeugen** eines Begleiters bedürfen, wird man nicht festlegen können. Es wird hier sowohl auf die äußeren Umstände des Einzelfalles, wie Entfernung und Schwierigkeit des Reiseweges,

---

17 OLG Koblenz, in KRspr. § 11 ZSEG Nr. 9; a.A.: KG in NStE Nr. 12 zu § 3 ZSEG.

Gegenstand der Beweisaufnahme, als auch auf die geistige Reife, praktische Lebenserfahrung und Gewandtheit des Zeugen ankommen. Bei der Frage, ob dem jugendlichen Zeugen zugemutet werden kann, der Ladung zum Beweistermin allein ohne eine Begleitperson Folge zu leisten, wird man besonders die bekannte Scheu fast aller Menschen, die noch nicht vor Gericht als Zeuge ausgesagt haben, berücksichtigen müssen.

Wenn **neben einem Kind ein Elternteil** geladen ist, ist die Gewährung einer Entschädigung für den anderen Elternteil als weitere Begleitperson des jugendlichen Zeugen i.d.R. ausgeschlossen.

c) Bei hinzugezogenen **Gebrechlichen** wird, wenn nicht die Notwendigkeit einer Begleitung offensichtlich ist, i.d.R. eine ärztliche Bescheinigung erforderlich und ausreichend sein.

d) Hat die nach § 1 hinzugezogene Person ihren Anspruch auf Erstattung der ihr durch die Begleitung entstandenen Kosten an die Begleitperson abgetreten, so gilt für die **Höhe der der Begleitperson zu erstattenden Entschädigung** das JVEG nicht unmittelbar. Die Begleitperson hat – wie ein Vertreter – keinen eigenen Erstattungsanspruch gegen die Staatskasse. Sie kann eine Erstattung nur in Erfüllung des ihr abgetretenen Anspruchs der hinzugezogenen Person auf Entschädigung der dieser entstandenen notwendigen Aufwendungen verlangen. Eine Überschreitung der im JVEG für die Entschädigung oder Vergütung der hinzugezogenen Person vorgesehenen Höchstsätze ist für die Kosten einer Begleitperson zwar nicht grds. ausgeschlossen, wird jedoch kaum einmal notwendig sein und bedürfte dann einer ausführlichen Begründung.

I.Ü. ist einer Begleitperson wie einem Zeugen der **Bruttoverdienstausfall** zu erstatten[18] (s. hierzu § 22 Rdn. 8).

e) Da nur die tatsächlich entstandenen Aufwendungen erstattet werden können, wird der Anspruchsberechtigte, der die Kosten einer Begleitperson geltend macht, i.d.R. die Höhe der entrichteten Kosten durch **Vorlage einer Quittung** der Begleitperson belegen müssen.

f) Der Anspruch eines zu begleitenden Zeugen auf **Entschädigung für Verdienstausfall** wird durch die Gewährung einer Entschädigung für die aufgewendeten Begleiterkosten **nicht eingeschränkt**, da die Notwendigkeit der Begleitung keineswegs die Erwerbstätigkeit des Zeugen ausschließt.

16 Die Kosten der **Vorführung von Gefangenen** als Zeugen sind nicht nach § 7 zu erstatten. Es handelt sich hierbei nicht um »Auslagen in Rechtssachen«, sondern um Kosten der Gefangenenbeförderung.

Für den Bereich des Straf- und Maßregelvollzuges fehlen Regelungen, die den Gefangenen oder Untergebrachten für die Kosten der Ausführung zu einem Zeugentermin einstehen lassen. Die hierbei entstandenen Aufwendungen sind daher keine »baren Auslagen«, die dem inhaftierten oder untergebrachten Zeugen gem. § 7 Abs. 1 Satz 2 ersetzt werden müssten.[19] Weder bei den Fahrt- noch bei den Personalkosten

18 LSG Erfurt, Beschl. v. 13.04.2005 – L 6 SF 2/05, in KostRsp. JVEG § 7 Nr. 1 LS.

der entsandten Begleitperson handelt es sich um Auslagen des Zeugen i.S.d. § 7 Abs. 1 Satz 2.

IV. Pauschale für Kopien und Ausdrucke (Abs. 2)

Durch das 2. Justizmodernisierungsgesetz ist mit der Änderung des § 7 Abs. 2 Satz 2 17
verdeutlich worden, dass die Ablichtungspauschale »nur« in den in § 7 ausdrücklich genannten Fällen gewährt werden kann. Die »Pauschale« nach Abs. 2 kann **nur**[20] **für** Kopien und Ausdrucken erstattet werden, die

– aus Behörden- und Gerichtsakten zur sachgemäßen Vorbereitung oder Bearbeitung der Angelegenheit hergestellt worden sind, sowie
– nach Aufforderung durch die heranziehende Stelle angefertigt worden sind.

Unter die Pauschale des Abs. 2 fallen danach insb. die von der heranziehenden Stelle erbetenen Mehrausfertigungen des schriftlichen Gutachtens, erforderte Mehrausfertigungen einer schriftlichen Zeugenaussage, notwendigerweise von dem Sachverständigen gefertigte Aktenauszüge usw.

Eine analoge Anwendung der Regelung des Abs. 2 auf andere Mehrfertigungen ist im JVEG nicht zugelassen.

– S.a. Rdn. 21 –.

Für **Urschriften** von Schreiben der herangezogenen Personen oder für die Urschrift 18
des vom Sachverständigen gefertigten Gutachtens fällt grds. keine Pauschale nach Abs. 2 und 3 an.

Wegen des mit der Herstellung des Gutachtens verbundenen anderweitigen Aufwandes s. § 12 Rdn. 26.

Die **Höhe der Pauschale** beträgt für jede Seite bei der Erledigung desselben Auftrags 19
je Seite zwischen 0,15 und 6,00 Euro. Dabei wird unterschieden nach der Größe der gefertigten Kopie (DIN-Format) und nach der Art der gefertigten Kopie (schwarz/weiß oder Farbkopie). Für Kopien in Farbe entsteht eine doppelt so hohe Pauschale wie für schwarz/weiß-Kopien.

1. Die Fertigung von schwarz/weiß-Kopien bis zu einer Größe von DIN A3 (inklusive) wird durch die Gewährung einer Pauschale in Höhe von 0,50 € für die ersten 50 Seiten abgegolten. Ab der 51. Seite wird jede weitere Seite mit einer Pauschale von 0,15 € abgegolten.
   Die Fertigung von schwarz/weiß-Kopien, die ein größeres Format haben als DIN A 3 (DIN A 2, DIN A 1, DIN A 0) werden mit einer Pauschale von 3,00 Euro je Seite abgegolten. Eine Reduzierung der Pauschale ab der 51. Seite findet nicht statt.

19 OLG Koblenz, in JBl.RP 91.33 = JurBüro 91.593 = NStZ 91.345 zum ZSEG.
20 BR-Drucks. 550/06 – Begründung der Änderung des § 7 Abs. 2 – S. 115 –.

2. Die Fertigung von Farb-Kopien bis zu einer Größe von DIN A3 (inklusive) wird durch die Gewährung einer Pauschale in Höhe von 1,00 € für die ersten 50 Seiten abgegolten. Ab der 51. Seite wird jede weitere Seiten mit einer Pauschale von 0,30 € abgegolten.
   Die Fertigung von Farb-Kopien, die ein größeres Format haben als DIN A 3 (DIN A 2, DIN A 1, DIN A 0) werden mit einer Pauschale von 6,00 Euro je Seite abgegolten. Eine Reduzierung der Pauschale ab der 51. Seite findet nicht statt.
   Werden Kopien, die ein größeres Format haben als DIN A 3, nicht selbst gefertigt, sondern von einem Dritten, etwa in einem copyshop, können anstelle der Pauschale von 3,00 und 6,00 Euro pro Kopie die tatsächlich entstandenen baren Auslagen ersetzt werden (Abs. 2 Satz 3).
3. Mit der Pauschale für die gefertigten Vervielfältigungen sollen alle damit verbundenen Aufwendungen abgegolten sein, insb. auch die Kosten einer von einem Sachverständigen insoweit eingesetzten Hilfskraft (Schreibkraft). Dasselbe gilt für die Mitwirkung des Sachverständigen bei der mechanischen Vervielfältigung des Gutachtens.[21] Auch der Aufwand eines Sachverständigen für nachgeforderte Mehrfertigungen des Gutachtens wird durch die Pauschale nach § 7 Abs. 2 abgegolten und rechtfertigt nicht eine Vergütung nach § 8.[22]

   – Wegen des Aufwandes für das Einfügen von Fotos in die Urschrift des Gutachtens s. § 12 Rdn. 25 –.

20 Für Mehrfertigungen, die ein Hinzugezogener **unaufgefordert** der heranziehenden Stelle einreicht, erhält er keine »Pauschale«.[23]

21 Für **Schreiben des Sachverständigen** selbst, die der Vorbereitung des Gutachtens dienen, entsteht keine Pauschale nach Abs. 2. Die »Schreibtätigkeit« des Sachverständigen ist vielmehr bei der Leistungsvergütung zu berücksichtigen.

Lässt der Sachverständige seine notwendigen Schreiben durch eine Schreibkraft ausführen, so kann er die Aufwendungen für diese Hilfskraft nach § 12 Abs. 1 Nr. 1 geltend machen.

Für eine **für die Handakten** des Sachverständigen gefertigte Mehrfertigung seines Gutachtens fällt keine Pauschale nach Abs. 2 an. Die in § 11 Abs. 2 ZSEG enthaltene Erstattungsregelung »oder für die Handakten des Sachverständigen« ist ausdrücklich vom Gesetzgeber nicht in die Nachfolgebestimmung des § 7 Abs. 2 JVEG übernommen worden. Durch das 2. Justizmodernisierungsgesetz ist mit der

21 OLG Düsseldorf, in JurBüro 82.1703.

22 OLG Celle, in Nds.Rpfl. 98.41 = JurBüro 98.269 – abgegolten durch die Leistungsvergütung –; OLG Celle, Beschl. v. 22.04.2005 – 8 W 173/04, in JurBüro 05.374 m. zust. Anm. von *Bund*.

23 LAG Hamm, in JurBüro 76.491; LG Hamburg, in WM 93.479; OLG Koblenz, in KRspr. § 11 ZSEG Nr. 26 LS.

Änderung des § 7 Abs. 2 Satz 2 verdeutlich worden, dass die Ablichtungspauschale »nur« in den in § 7 ausdrücklich genannten Fällen gewährt werden kann.

– S.a. Rdn. 17 –

Die Aufwendungen für eine für die Handakten des Sachverständigen gefertigte Ablichtung seines Gutachtens einschließlich evtl. Lichtbildkosten oder vom Sachverständigen zur mündlichen Erläuterung gefertigte farbliche Diagramme oder Skizzen sind als Gemeinkosten des Sachverständigen durch das Honorar nach § 9 JVEG abgegolten.

Die Kostenrechnung, das Übersendungsschreiben hierzu und der Antrag auf gerichtliche Festsetzung der Entschädigung gehören nicht zum Gutachten; sie liegen nur im Interesse des Sachverständigen. Für diese Arbeiten können daher, auch wenn die Kostenrechnung in zwei Stücken vom Gericht gefordert wird, weder »Schreibpauschale« noch Leistungsvergütung bewilligt werden.[24]

Auch für **Konzeptseiten** des Gutachtens scheidet eine Anwendung des § 7 Abs. 2 aus. Nicht zu ersetzen sind ferner die Kosten für **Sachstandsmitteilungen** an das Gericht. Solche Mitteilungen dienen nur der Darstellung des zeitlichen Ablaufs der Gutachtenerstellung. Sie haben weder mit dem Inhalt des Gutachtens noch mit seiner Erstellung etwas zu tun. Auch zielen sie nicht unmittelbar auf die Erstattung des Gutachtens ab. Sie sind insofern vergleichbar mit der Liquidation des Sachverständigen und seinem Übersendungsschreiben, für die weder eine Entschädigung für Zeitaufwand noch ein Ersatz von Auslagen zuzubilligen ist.[25]

Auf die **Höhe der tatsächlich entstandenen Kosten** für die Fertigung der Ablichtungen i.S.d. Abs. 2 kommt es nicht an. Die in § 7 Abs. 2 vorgenommene Pauschalierung schließt einen Vergleich mit den tatsächlich angefallenen Kosten im Einzelfall aus. Es können daher auch dann keine höheren »Schreibauslagen« erstattet werden, wenn der Sachverständige nachweist, dass die ihm für die Fertigung des Schreibwerks entstandenen Kosten höher sind.[26] 22

V. Überlassung von elektronisch gespeicherten Dateien (Abs. 3)

Die Übermittlung von Daten in elektronischer Form hat in den vergangenen Jahren stark zugenommen. Sachverständigen, die ihre Gutachten bereits in elektronischer Form erstellen, möchten ihre Gutachten auch in elektronischer Form an die heranziehende Stelle weiterleiten und nicht den Weg über einen Medienwechsel 23

24 KG in Rpfleger 71.447; OLG Koblenz, in JurBüro 83.741 m. Anm. von *Mümmler* = ZSW 83.66 m. Anm. von *Müller*.

25 OLG Hamm, in Rpfleger 90.228 = JurBüro 90.156; OLG München, in JurBüro 91.995 zum ZSEG.

26 BGH, in KRspr. § 8 ZSEG Nr. 12; LG Schweinfurt, in JurBüro 76.69 m. Anm. von *Mümmler*.

(elektronisch erstellte Dateien auf Papier ausdrucken und einreichen) wählen. Dieser Trend wird sich verstärken, je mehr der elektronische Rechtsverkehr zunimmt.

Werden **anstelle der einzureichenden Kopien** elektronisch gespeicherte Dateien »überlassen«, sind 1,50 Euro je Datei zu erstatten (Abs. 3 Satz 1). Dabei spielt es keine Rollen, auf welche Weise die Überlassung geschieht. Die Dateien können zum Beispiel auf DVD, CD-ROM oder USB-Stick gespeichert sein. Der bis zum Inkrafttreten des 2. KostRMoG geltende Betrag von 2,50 Euro ist reduziert worden, Durch die Reduzierung wurde der Tatsache Rechnung getragen, dass es allgemein immer leichter fällt, Dateien elektronisch zu erstellen und ihre Übermittlung auch finanziell immer günstiger wird. Als Anhaltspunkt für die Höhe der Pauschale hat der Gesetzgeber den Betrag herangezogen, der für den elektronischen Abruf von Dokumenten aus einem (elektronischen) Register erhoben wird (BT-Drucksache 17/11471 neu, S. 259, 235).

Werden mehrere Dateien überlassen, entstehen mehrere Überlassungspauschalen. Werden aber mehrere Dokumente in einem Arbeitsgang überlassen, wird die Überlassungspauschale auf 5 Euro begrenzt. Dies gilt auch, wenn mehrere Dokumente in einem Arbeitsgang auf denselben Datenträger übertragen werden. Die Höchstbetragsregelung ist in sämtlichen Kostengesetzen gleichermaßen geregelt (Nr. 31000 KV-GNotKG; Nr. 9000 KV-GKG; Nr. 2000 KV-FamGKG; Nr. 700 KV-GvKostG, s. hierzu auch BT-Drucksache 17/11471 neu, S. 259, 235).

VI. Anderweitig abgegoltene Auslagen

24 Soweit Auslagen anderweitig pauschal abgegolten sind, wie z.B. nach der Anlage 2 zu § 10, ist eine Erstattung dieser Aufwendungen über § 7 ausgeschlossen.

– S. § 10 Rdn. 9 –.

Abschnitt 3 Vergütung von Sachverständigen, Dolmetschern und Übersetzern

§ 8 JVEG Grundsatz der Vergütung

(1) Sachverständige, Dolmetscher und Übersetzer erhalten als Vergütung
1. ein Honorar für ihre Leistungen (§§ 9 bis 11),
2. Fahrtkostenersatz (§ 5),
3. Entschädigung für Aufwand (§ 6) sowie
4. Ersatz für sonstige und für besondere Aufwendungen (§§ 7 und 12).

(2) Soweit das Honorar nach Stundensätzen zu bemessen ist, wird es für jede Stunde der erforderlichen Zeit einschließlich notwendiger Reise- und Wartezeiten gewährt. Die letzte bereits begonnene Stunde wird voll gerechnet, wenn sie zu mehr als 30 Minuten für die Erbringung der Leistung erforderlich war; anderenfalls beträgt das Honorar die Hälfte des sich für eine volle Stunde ergebenden Betrags.

(3) Soweit vergütungspflichtige Leistungen oder Aufwendungen auf die gleichzeitige Erledigung mehrerer Angelegenheiten entfallen, ist die Vergütung nach der Anzahl der Angelegenheiten aufzuteilen.

(4) Den Sachverständigen, Dolmetschern und Übersetzern, die ihren gewöhnlichen Aufenthalt im Ausland haben, kann unter Berücksichtigung ihrer persönlichen Verhältnisse, insbesondere ihres regelmäßigen Erwerbseinkommens, nach billigem Ermessen eine höhere als die in Absatz 1 bestimmte Vergütung gewährt werden.

Übersicht Rdn.

I. Vergütungsanspruch des Sachverständigen im Allgemeinen (Abs. 1)

§ 8 Abs. 1 verweist auf die gesetzlichen Tatbestände, nach denen sich die Gesamtvergütung eines Sachverständigen, Dolmetschers oder Übersetzers berechnet. 1

Die Gesamtvergütung setzt sich zusammen aus

a) dem Honorar nach den §§ 9 bis 11;
Ein Sachverständiger (Dolmetscher, Übersetzer), der zur Abgabe eines Gutachtens nur dann verpflichtet ist,
- wenn er zur Erstattung von Gutachten öffentlich bestellt oder
- wenn er die Wissenschaft, die Kunst oder das Gewerbe, deren Kenntnis Voraussetzung der Begutachtung ist, öffentlich zum Erwerb ausübt oder

- wenn er zur Ausübung derselben öffentlich bestellt oder ermächtigt ist (§ 407 ZPO, § 75 StPO),

handelt auch bei Erstattung eines Gutachtens in Ausübung seiner Berufstätigkeit und hat daher einen Anspruch auf eine leistungsgerechte Vergütung in den durch das Gesetz gezogenen Grenzen.

Da der Sachverständige anders als der Zeuge nicht immer und nicht nur in Erfüllung einer Staatsbürgerpflicht, sondern i.d.R. in Ausübung seines Berufs tätig wird, kann von ihm nicht verlangt werden, dass er seine fachlichen Kenntnisse und Fähigkeiten dem Gericht oder der Staatsanwaltschaft unentgeltlich zur Verfügung stellt. Der Sachverständige wird daher nicht – wie ein Zeuge – für seinen Verdienstausfall entschädigt, sondern erhält für seine Leistung eine Vergütung.

Die Höhe eines **Verdienstausfalls** hat daher auf die Bemessung der dem Sachverständigen zu gewährenden Vergütung keinen Einfluss.

Der Sachverständige kann keine Vergütung nach der für seinen Berufsstand allgemein geltenden Gebührenordnung (z.B. Gebührenordnung für Ärzte[1] Gebührenordnung für Architekten, u.Ä.) beanspruchen, wenn er ein Gutachten für eine der in § 1 genannten Stellen erstattet. Seine Vergütung richtet sich in diesen Fällen ausschließlich nach den Bestimmungen des JVEG in den darin gesetzten Grenzen.

Bei der Festsetzung der Sachverständigenvergütung ist auch das **Gericht an die Sätze des JVEG gebunden**. Selbst bei Vorliegen ganz besonderer Leistungen kann es einem Sachverständigen keine über den gesetzlichen Rahmen hinausgehende Vergütung gewähren.

b) **dem Fahrtkostenersatz nach § 5;**

- s. hierzu § 5 Rdn. 1 f. –

c) **der Aufwandsentschädigung nach § 6;**

- s. hierzu § 6 Rdn. 1 f. –

d) **dem Ersatz für sonstige und besondere Aufwendungen nach den §§ 7 und 12;**

- s. hierzu § 7 Rdn. 1 f. und § 12 Rdn. 1 f. –.

II. Abgrenzung zwischen Zeugen, sachverständigen Zeugen und Sachverständigen

2 Die Leistungsvergütung des Sachverständigen ist i.d.R. höher als die Entschädigung eines Zeugen für Verdienstausfall. Der Bestimmung der Vergütungs- oder Entschädigungsart muss daher die Feststellung vorausgehen, ob eine Zeugenaussage oder eine Sachverständigentätigkeit vorliegt.

Die Frage, ob eine Beweisperson als Zeuge oder Sachverständiger anzusehen und zu entschädigen ist, ist weder davon abhängig, wie sie von der beweisführenden Partei

1 LSG Sachsen-Anhalt, Beschl. v. 30.07.2010 – L 3RJ 154/05-, JMBl. LSA 11, 138.

bezeichnet und im Beweisbeschluss aufgeführt ist noch davon, ob sie als Zeuge, Sachverständiger oder sachverständiger Zeuge geladen ist. Entscheidend ist ausschließlich der sachliche Gehalt der Vernehmung, und wenn es zu einer Vernehmung nicht kommt, der sachliche Gehalt der der Beweisperson gestellten Aufgabe.[2] Als Sachverständiger ist daher eine Person zu vergüten, die zuvor als sachverständiger Zeuge geladen worden war, die aber im Laufe der Vernehmung als Sachverständiger vernommen worden ist[3]

Der Sachverständige begutachtet aufgrund seiner besonderen Sachkunde auf einem Fachgebiet als Gehilfe des Gerichts einen von diesem festzustellenden Sachverhalt. Er ist in dieser Funktion grundsätzlich austauschbar.[4]

Der Zeuge hingegen soll lediglich von ihm beobachtete Tatsachen oder Zustände bekunden. Ein Zeuge ist eine natürliche Person, die über ihr Wissen von Tatsachen aufgrund von Wahrnehmungen aussagen soll. Der Zeuge schildert hiernach kraft seiner Erinnerung frühere Wahrnehmungen.

Auch der sachverständige Zeuge bekundet Tatsachen aufgrund seiner früheren Wahrnehmungen; er vermag dies jedoch nur aufgrund seiner besonderen Fachkenntnisse. Er ist insoweit nicht ersetzbar.[5]

Da für den sachverständigen Zeugen die Vorschriften über den Zeugenbeweis zur Anwendung kommen, gilt das nicht nur für die Frage der verfahrensrechtlichen Behandlung (z.B. Form des Eides) sondern auch für seine Entschädigung, sofern nicht im JVEG Abweichendes bestimmt ist.[6] Eine abweichende Regelung ist in § 10 für den Fall getroffen, dass ein sachverständiger Zeuge Verrichtungen der in der Anlage 2 bezeichneten Art erbringt. Nur für diese – ärztlichen Verrichtungen – ist ausdrücklich bestimmt, dass der sachverständige Zeuge wie ein Sachverständiger zu vergüten ist. Daraus ergibt sich im Gegenschluss, dass i.Ü. der sachverständige Zeuge nicht wie ein Sachverständiger zu vergüten, sondern wie ein Zeuge zu entschädigen ist.

Der Zeuge schildert aufgrund seiner Erinnerung frühere Wahrnehmungen, also Tatsachen. Sofern er das nur deshalb vermag, weil er besondere Fachkenntnisse hat, ist er sachverständiger Zeuge. Er ist verfahrensrechtlich und hinsichtlich seiner Entschädigung wie ein Zeuge zu behandeln.

---

2 OLG Düsseldorf, Beschl. vom 26.10.2010 – I -10 W 105/10 in BeckRS 10, 27738; OLG Düsseldorf, Beschl. vom 14.04.2011 – I -10 W 102/10 in BeckRS 11, 14275 – je m.w.N. -.

3 OLG Rostock, Beschl. v. 08.04.2008 – 1 U 42/08, in JurBüro 09.205 LS.

4 BVerwG, Beschl. v. 12.10.2010, 6 B 26/10 in NJW 11, 1983; OVG Lüneburg, Beschl. v. 23.12.2011, 5 OB 411/11 in NJW 12, 1307.

5 § 414 ZPO – inhaltsgleich § 85 StPO – hat hierzu folgenden Wortlaut:»*Insoweit zum Beweise vergangener Tatsachen oder Zustände, zu deren Wahrnehmung eine besondere Sachkunde erforderlich war, sachkundige Personen zu vernehmen sind, kommen die Vorschriften* über den Zeugenbeweis zur Anwendung.«; BVerwG, Beschl. v. 12.10.2010, 6 B 26/10 in NJW 11, 1983; 'OVG Lüneburg, Beschl. v. 23.12.2011, 5 OB 411/11 in NJW 12, 1307.

6 OLG Hamm, in NJW 72.2003 = Rpfleger 72.336 = JVBl. 72.192 = JurBüro 72.645 zum ZSEG.

Zieht die Beweisperson hingegen aus Tatsachen, die sie selbst oder Dritte wahrgenommen haben, aufgrund ihres Fachwissens Schlüsse, so wird sie als Sachverständiger tätig und ist auch als Sachverständiger zu vergüten.[7]

Ein Arzt, der zufällig einen Verkehrsunfall beobachtet und vor Gericht über den Unfallhergang aussagt, ist Zeuge wie jeder andere Zeuge des Unfallgeschehens.

Wird er dabei über die Art der bei einem Beteiligten als Folge des Unfalls eingetretenen Verletzungen, die er nur aufgrund seiner ärztlichen Fachkenntnisse beurteilen kann, vernommen, so ist er sachverständiger Zeuge und ebenfalls als Zeuge zu entschädigen.

Wird darüber hinaus, auf Verlangen des Gerichts, von ihm ein Urteil über Ursachen und Folgen der von ihm festgestellten Verletzungen abgegeben, das über die Wahrnehmungen, die er aufgrund seiner Sachkunde gemacht hat, hinausgeht, so ist er insoweit Sachverständiger und daher **für die gesamte Dauer seiner Vernehmung** als Sachverständiger zu vergüten.[8] Eine getrennte Honorierung jeweils für die Zeit, in der er als Zeuge oder als Sachverständiger ausgesagt hat, ist nicht nur praktisch undurchführbar, sondern wäre auch sachlich nicht gerechtfertigt, weil die Tatsachenfeststellung Voraussetzung für sein Sachverständigengutachten war, und daher rückschauend betrachtet zur Sachverständigentätigkeit gehört.[9]

Gibt ein Arzt, der als sachverständiger Zeuge geladen ist, ein Urteil über die Ursachen oder Folgen der von ihm festgestellten Verletzungen ab, ohne vom Gericht dazu beauftragt zu sein, hat er nur einen Anspruch, als Zeuge entschädigt zu werden. Wird die gutachtliche Äußerung nachträglich vom Gericht ausdrücklich als notwendig anerkannt oder bei seiner Entscheidung verwertet, so wird das einem vorher erteilten Auftrag gleich zu achten sein.[10]

Gibt ein Arzt dem Gericht auf Anfordern einen schriftlichen Bericht über den bei einem von ihm behandelten Patienten festgestellten Befund, so ist er sachverständiger Zeuge, aber gem. § 10 Abs. 1 (Anlage 2) wie ein Sachverständiger für die Ausstellung eines Befundscheines oder die Erteilung einer schriftlichen Auskunft ohne nähere gutachtliche Äußerung nach Abschnitt 2 der Anlage 2 zu § 10 zu vergüten.

Wird ein Sachverständiger – etwa in der nächsten Instanz – zur Auskunft über Vorkommnisse herangezogen, die im Zusammenhang mit der Erstellung des Gutachtens stehen, etwa Vorkommnisse bei einer zur Erstattung des Gutachtens

7 OLG Bamberg, in JurBüro 84.260 m. Anm. von *Kamphausen*; OLG Hamburg, in JurBüro 85.1218 zum ZSEG.

8 OLG Düsseldorf, in MDR 75.326 Rpfleger 75.71 = JurBüro 75.96; OLG Stuttgart, in JurBüro 78.1727; OLG Bamberg, in JurBüro 80.1221 zum ZSEG; OVG Lüneburg, Beschl. v. 23.12.2011, 5 OB 411/11 in NJW 12, 1307.

9 OLG Düsseldorf, in MDR 75.326 = Rpfleger 75.71 = JurBüro 75.96; OLG Köln, in MDR 93.391 zum ZSEG.

10 OLG Hamm, in NJW 72.2003 = Rpfleger 72.336 = JVBl. 72.192 = JurBüro 72.645 zum ZSEG.

durchgeführten Ortsbesichtigung, so ist er insoweit Zeuge und als Zeuge zu entschädigen[11] und zwar auch dann, wenn er in seiner späteren Vernehmung auf seine Sachkunde zurückgreifen muss, um dem Gericht zu veranschaulichen, auf welche Weise er seine Wahrnehmungen gemacht und seine Kenntnisse erworben hat.

Aussagen jedoch, die sachliche Erläuterungen eines erstatteten Gutachtens darstellen, sind Sachverständigenleistungen und entsprechend zu vergüten, wenn ein dahin gehender Auftrag des Gerichts vorliegt oder das Gericht diese sachlichen Erläuterungen als tragende Entscheidungsgründe vermerkt.[12]

Die Entscheidung, ob jemand als Sachverständiger anzusehen ist, richtet sich letztlich danach, ob er auswechselbar (dann ist er Sachverständiger) oder ob er unersetzlich ist (dann ist er Zeuge).[13]

Irrtümliche Ladung

Ein vom Gericht irrtümlich als Sachverständiger geladener **sachverständiger Zeuge** ist 3
zunächst als Sachverständiger hinzugezogen und hat einen Anspruch auf Vergütung für die Zeit, die zur Vorbereitung des Gutachtens erforderlich war, wenn der Irrtum für ihn nicht erkennbar war.[14]

Dasselbe gilt, wenn der Sachverständige vorsorglich beauftragt ist, sich als Sachverständiger auf einen Gerichtstermin vorzubereiten und mit der erstinstanzlichen inhaltlichen Verwertung seines Gutachtens und den dagegen gerichteten sachlichen Angriffen auseinanderzusetzen, auch wenn er dann vom Gericht nur als sachverständiger Zeuge vernommen worden ist.[15]

Einem **Sachverständigen**, der richterlich herangezogen wurde, kann im Festsetzungs- 4
verfahren nicht entgegengehalten werden, er hätte nicht beauftragt werden dürfen.[16]

III. Unwirksame Vereinbarung oder Zusicherung einer Vergütung

Sofern nicht die Voraussetzungen der §§ 10, 13 oder 14 gegeben sind, ist das Honorar 5
des Sachverständigen grds. nach den Bemessungskriterien der §§ 8, 9 zu ermitteln. Eine etwaige **Vereinbarung des Sachverständigen mit dem Gericht, der Strafverfolgungsbehörde oder eine vorherige Zusicherung des Gerichts** auf eine bestimmte pauschalierte Vergütung oder auf einen bestimmten Stundensatz[17] ist ohne jede

---

11 OLG Stuttgart, in Justiz 83.120 = JurBüro 83.1356 = KRspr. § 2 ZSEG Nr. 67 LS m.w.N.

12 OLG Düsseldorf, in VersR 83.544 zum ZSEG.

13 OLG Hamm, in JurBüro 88.792 m. Anm. von *Mümmler* = Rpfleger 88.207; LG Osnabrück, in JurBüro 98.483; *Bleutge*, Rn. 9 zu § 2 ZSEG; differenzierter: *Jessnitzer/Ulrich*, 12. Aufl., Rn. 14–16.

14 KG in JurBüro 92.633; – s. hierzu auch *Jessnitzer* in DS 6/93 S. 2.

15 OLG Hamm, Beschl. v. 24.06.1997 – 21 U 145/96 – zum ZSEG.

16 OLG Düsseldorf, in KRspr. § 16 ZSEG Nr. 93 LS.

17 LG Frankenthal, in JurBüro 87.1722; KG in JurBüro 89.698 m. Anm. von *Mümmler* zum ZSEG.

Bedeutung.[18] Der Richter kann die Staatskasse nicht im Voraus zur Zahlung einer bestimmten Vergütung verpflichten. Eine solche Zusage würde die spätere Überprüfung der Vergütung im Beschwerdeverfahren ausschließen.[19]

6 Der Sachverständige kann sich auch nicht auf seine **vorherige Mitteilung an das Gericht** berufen, dass das Gutachten voraussichtlich Kosten in einer bestimmten Höhe verursachen werde.[20]

7 Auch die **Mitteilung des Gerichts an den Sachverständigen**, dass über einen bestimmten Höchstbetrag nicht hinausgegangen werden dürfe, hat keine rechtliche Wirkung etwa in dem Sinne, dass dem Sachverständigen das genannte Honorar zugesichert werde. Selbst wenn der Sachverständige erklärt, dass er zu einer unter dem von ihm genannten Betrag liegenden Vergütung nicht tätig werden könne, ist dies für die Bemessung des Honorars ohne Belang.

8 Das Leistungshonorar richtet sich ausschließlich nach den Bestimmungen des JVEG. Soweit nicht die Voraussetzungen des § 13 vorliegen, ist das Gericht bei der Festsetzung der Sachverständigenvergütung auch nicht an **Zusagen** gebunden, **die eine Partei dem Sachverständigen ggü. abgegeben hat.**

Anhörung eines Sachverständigen

9 § 404 a ZPO ermöglicht dem Gericht, den Sachverständigen in besonderen Fällen bereits **vor Abfassung der Beweisfrage in einem Termin zu hören**, ihn in seine Aufgabe einzuweisen und ihm auf Verlangen den Auftrag zu erläutern. Hierdurch soll verhindert werden, dass die Beweisfrage falsch oder unvollständig abgefasst wird, der Sachverständige seinen Auftrag missversteht und das Gericht später ein weiteres Gutachten einholen muss.

Im Rahmen der gerichtlichen Anhörung erbringt der Sachverständige bereits eine Leistung im Sinne des § 9 Abs. 1. Ihm wird für jede Stunde der durch die Terminswahrnehmung erforderlichen Zeit das Honorar nach § 9 zu gewähren sein und zwar auch dann, wenn nach Erläuterung der Beweisfrage festgestellt werden sollte, dass diese nicht in das Fachgebiet des Sachverständigen fällt und er damit als Sachverständiger ausscheidet. Auch hier kann der Sachverständige den Stundensatz begehren, der ihm bei Ausführung des vorgesehenen Auftrags zugestanden hätte.

IV. Kostenmitteilungen des Sachverständigen

10 Arbeitsaufwand für die Kostenermittlung

Hat das Gericht den Sachverständigen beauftragt, die voraussichtlichen Kosten zu ermitteln, damit ein entsprechender Kostenvorschuss eingefordert werden kann, so ist

---

18 OLG Celle, in Juris/ZSEG = JurBüro 93.118; OLG Koblenz, in JurBüro 95.153 m. Anm. von *Enders* = MDR 95.211 zum ZSEG.

19 LG München, in Rpfleger 73.335 = JurBüro 73.1001 zum ZSEG.

20 OLG Hamburg, in JurBüro 83.743 = MDR 83.415 = ZSW 84.30 zum ZSEG.

der Sachverständige zu vergüten, wenn die Kostenermittlung einen nicht unerheblichen Arbeitsaufwand erforderte. Das gilt auch dann, wenn die Gutachtenerstattung später aus von ihm nicht zu vertretenden Gründen unterbleibt.[21] Der Stundensatz für die Vergütung richtet sich nach den Beurteilungskriterien des § 9 Abs. 1, die bei der Ausführung des Gutachtens anzuwenden wären.

Ist die Durchführung eines Sachverständigenbeweises von einem Auslagenvorschuss abhängig gemacht worden, und hat der Sachverständige auf Anfrage des Gerichts nach kurzer Prüfung ohne Schwierigkeiten und ohne nähere Befassung mit der Sache – bevor ihm ein Auftrag zur Erstattung des Gutachtens erteilt war – zunächst nur eine Schätzung seiner voraussichtlich entstehenden Kosten eingereicht, so kann er hierfür noch keine Vergütung begehren.[22] 11

V. Bemessung des Honorars nach Stundensätzen (Abs. 2)

Die Regelung des § 8 Abs. 2 gilt nur für die Berechnung des Honorars eines Sachverständigen, Dolmetschers oder Übersetzers, soweit dieses nach Stundensätzen zu bemessen ist. 12

Anstelle der nach der erforderlichen Zeit zu berechnenden Leistungsvergütung sind für bestimmte Leistungen, die in häufig wiederkehrender Art für das Gericht erbracht werden, in der Anlage 2 zu § 10 und in Abschnitt O des Gebührenverzeichnisses für ärztliche Leistungen (Anlage zur GOÄ) feste Vergütungssätze oder besondere Rahmenbeträge vorgesehen. Für diese Leistungen gilt die Regelung des § 8 Abs. 2 nicht.

Das nach Stundensätzen zu berechnende Honorar des Sachverständigen oder Dolmetschers ist nach der **»erforderlichen« Zeit** zu bemessen. Welche Zeit erforderlich ist, hängt nicht von der individuellen Arbeitsweise des jeweiligen Sachverständigen oder Dolmetschers ab. Sie ist nach einem objektiven Maßstab, für den weder die Angaben des Anspruchsberechtigten noch die tatsächlich aufgewendete Zeit schlechthin maßgebend sind, zu bestimmen. Als erforderlich wird die Zeit angesehen werden müssen, die ein Sachverständiger (Dolmetscher) mit durchschnittlicher Befähigung und Erfahrung bei sachgemäßer Auftragserledigung mit durchschnittlicher Arbeitsintensität benötigt, um die ihm gestellten Beweisfragen vollständig und sachgerecht zu beantworten.[23] Dabei sind der Umfang des ihm unterbreiteten Streitstoffes, der Grad der Schwierigkeit der zu beantwortenden Beweisfragen unter Berücksichtigung seiner Sachkunde auf dem 13

21 OLG Frankfurt am Main, in JurBüro 81.1865 m. Anm. von *Mümmler*; OLG Stuttgart, in Rpfleger 85.213; KG in JurBüro 88.658 = MDR 88.330 zum ZSEG; OLG Düsseldorf, Beschl. v. 15.07.2010 – I – 10 W 55/10 –.

22 KG in JurBüro 88.658 = MDR 88.330 zum ZSEG.

23 OLG Koblenz, Beschl. v. 19.09.2006 – 14 W 569/06 – in BeckRS 06, 12277; OLG Düsseldorf, Beschl. v. 18.09.2008 – I-10 W 60/08 – in BeckRS 09, 04216; ; SG Würzburg, Hinweisbeschluss vom 05.01.2010 – S 2 SF 37/09 in BeckRS 10, 71754; LSG Sachsen-Anhalt, Beschl. v. 30.07.2010 – L 3 RJ 154/05 in DÖV 11, 824 L = MedR 12, 151 = BeckRS 11, 74498; LSG Thüringen, Beschl. v. 15.03.2012 – L 6 SF 224/12 B in BeckRS 12, 67937;

betreffenden Gebiet und die Bedeutung der Streitsache angemessen zu berücksichtigen.[24]

Es ist daher von der Zeit auszugehen, die der Sachverständige nach allgemeiner Lebenserfahrung dauernd und durchschnittlich auf seine Berufstätigkeit verwendet. Es dürfen also nicht **Pausen** hinzugerechnet werden, die jeder Mensch zur Ernährung, Erholung und Nachtruhe immer einzulegen gezwungen ist. Die für eine **Mittagspause** von durchschnittlich einer Stunde[25] benötigte Zeit kann im Allgemeinen nicht als für die Gutachtenerstattung erforderlich berücksichtigt werden, es sei denn, dass der Sachverständige genötigt war, auch diese Zeit, die dadurch zur Leistungszeit wird, zur Vorbereitung seines Gutachtens zu verwenden. Dagegen können längere Sitzungsunterbrechungen »um die Mittagszeit«, die vom Gericht nicht als Mittagspause behandelt werden, nicht als Wartezeit angesehen werden und werden deshalb nicht gesondert vergütet.[26]

Der Begriff der »erforderlichen Zeit« ist ein unbestimmter Rechtsbegriff, den ggf. die Rechtsprechung ausfüllen muss.[27] Die heranziehende Stelle oder das Gericht haben daher nachzuprüfen, ob die von dem Sachverständigen (Dolmetscher) berechnete Arbeitszeit für die ihm aufgetragene Leistung erforderlich war. Erforderlich ist nur die Zeit, die z.B. der Sachverständige aufwenden muss, um die von der heranziehenden Stelle gestellten Beweisfragen zu beantworten, nicht aber die Zeit, die er zur Beantwortung ihm nicht gestellter Fragen benötigt.

In Einzelfällen, in denen eine erhebliche Überschreitung der durchschnittlich gewährten Vergütung für vergleichbare Sachverständigenleistungen festzustellen ist, kann es gerechtfertigt sein, abweichend von den allgemeinen Grundsätzen für die Festsetzung nicht die geltend gemachte Zeit heranzuziehen, sondern eine Kürzung vorzunehmen, die sich an dem durchschnittlichen Honorar der jeweiligen Fachgruppe orientiert.[28]

14 Grds. wird davon auszugehen sein, dass die Angaben des Sachverständigen über die **tatsächlich benötigte Zeit** richtig sind.[29] Der heranziehenden Stelle fehlt insoweit

---

LSG Bayern, Beschl. v. 14.05.2012 – L 15 SF 276/10 B E in BeckRS 12, 70087; SchlHLSG, Beschl. v. 08.10.2012, L 5 SF 64/11 KO in SchlHA 12, 476; SchlHLSG, Beschl. v. 08.10.2012, L 5 SF 93/11 KO in SchlHA 12, 474; s. auch BGH, Beschl. v. 13.08.2012 – X ZR 11/10 – in DS 12, 358 = BeckRS 12, 20588.

24 OLG Köln, in JurBüro 91.1396 = Rpfleger 92.41 zum ZSEG; Thüringer Landessozialgericht in MED Sach 05.137.

25 OLG Koblenz, Beschl. v. 21.09.2007 – 1 Ws 553/06 – LS, in NStZ-RR 08.31.= FamRZ 07.2002.

26 KG, Beschl. v. 15.02.2011 – 1 Ws 2/11 – in JurBüro 2011, 491.

27 OLG München, in OLGR 96.10 = JurBüro 96.321; OLG Karlsruhe, in OLGR 99.403; LSG Niedersachsen-Bremen in Nds.Rpfl. 03.160 zum ZSEG.

28 LG Berlin, in Juris/ZSEG.

29 OLG Düsseldorf, in JurBüro 86.1688; OLG Hamm, in MDR 87.419; OLG Zweibrücken, in JurBüro 88.116; OLG Hamm, in OLGR 96.251 zum ZSEG; Thüringer Landessozialgericht in MedSach 05.137.

i.d.R. auch jede Möglichkeit der Überprüfung. Ein Anlass zur Nachprüfung, ob die vom dem Sachverständigen angegebene Zeit auch erforderlich war, wird nur dann bestehen, wenn der angesetzte Zeitaufwand im Verhältnis zur erbrachten Leistung ungewöhnlich hoch erscheint.[30] In der Rechtsprechung (s. LSG Bayern, 14.05.2012 in BeckRS 12, 70087) hat sich der Begriff der »Plausibilitätsprüfung« durchgesetzt. Erscheint der geltend gemachte Zeitaufwand in diesem Sinne »plausibel«, das heißt, weicht er nicht erheblich von den Erfahrungswerten des Anweisungsbeamten für vergleichbare Fälle ab, bestehen gegen eine Annahme der Richtigkeit der Angaben des Sachverständigen keine Bedenken. Eine nach den Erfahrungswerten des Anweisungsbeamten ungewöhnliche Höhe des Zeitaufwandes, undifferenzierte Gestaltung der Leistungsabrechnung und Unstimmigkeiten bei der Leistungsbeschreibung geben jedenfalls Veranlassung, dem Sachverständigen eine spezifizierte und nachvollziehbare Darlegung seines tatsächlichen Zeitaufwandes und dessen Erforderlichkeit abzuverlangen.[31] Teile der Rechtsprechung arbeiten mit Richtwerten für die »erforderliche« Zeit für Aktenstudium, für Diktieren, Korrigieren und andere Tätigkeiten des Sachverständigen (s. SchlHLSG, in SchlHA 2012, 476 und SchlHA 2012, 474). Dies mag bei Gutachten bzw. Sachverständigen möglich sein, wenn und soweit Gutachtenaufträge und Gutachten inhaltsgleich oder inhaltsähnlich sind. Für den großen Bereich der ordentlichen Gerichtsbarkeit und die große Variationsbreite an Beweisfragen scheinen solche Richtwerte indes nicht sachgerecht.

Inwieweit z.B. das Gericht die Notwendigkeit des Zeitaufwandes aus eigener Sachkunde beurteilen kann (z.B. den Zeitaufwand für das Aktenstudium) oder hierzu weitere Ermittlungen anstellen muss, bleibt seinem Ermessen überlassen.

Eine Herabsetzung des von dem Sachverständigen berechneten Zeitaufwands muss jedoch in rechtlicher und tatsächlicher Hinsicht stets sorgfältig begründet werden. Die Begründung muss erkennen lassen, welche der von dem Sachverständigen im Einzelnen angegebenen Arbeitszeiten zu lang bemessen sind sowie in welcher Zeit und aus welchen Gründen die Einzelarbeit hätte schneller verrichtet werden können.[32]

Ein **längerer Zeitaufwand, als von dem Sachverständigen selbst berechnet** worden 15
ist, kann der Berechnung des Honorars nur dann zugrunde gelegt werden, wenn der für die Erstattung des Gutachtens geltend gemachte Zeitaufwand erheblich unter dem Zeitaufwand liegt, der nach der Erfahrung einem Sachverständigen mit durchschnittlichen Fachkenntnissen und durchschnittlicher Arbeitsintensität für die gleiche Leistung zugebilligt werden müsste. Da nach § 2 der Sachverständige nur »auf Verlangen« vergütet wird, darf jedoch die Gesamtsumme der bewilligten Vergütung

30 OLG Düsseldorf, in JurBüro 96.43; Thüringer LSG (Erfurt) in MED SACH 1996 S. 134 – als deutliche Abweichung ist eine Abweichung von den üblichen Erfahrungswerten von mehr als 15 % anzusehen –; OLG München, in JurBüro 98.484 = NJW-RR 99.73 zum ZSEG.

31 OLG Köln, in JurBüro 91.1396 = Rpfleger 92.41; OLG Köln, in OLGR 99.115 zum ZSEG.

32 OLG Düsseldorf, in KRspr. § 3 ZSEG Nr. 16 LS m. Anm. von *Herget* = MDR 93.1248; OLG Düsseldorf, in BauR 94.668 LS; OLG Düsseldorf, in JMBl. NW 95.154 = JurBüro 95.488; OLG Hamm, in DS 95 Heft 6 S. 4 m. Anm. von *Jessnitzer* – zum ZSEG.

den Betrag des beantragten Honorars nicht übersteigen. Eine Anhebung der Stundenzahl setzt also eine Kürzung der beantragten Vergütung an anderer Stelle voraus.[33]

16 Ein Sachverständiger, der durch andere Arbeiten so belastet ist, dass er nur mit großen Unterbrechungen an dem Gutachten arbeiten kann, benötigt jeweils eine Anlauf- und Einlesezeit, ehe er wieder dort weiter arbeiten kann, wo er vorher aufgehört hatte. Dadurch entsteht ein **höherer Zeitaufwand als bei einer zügigen Arbeitsweise** des Sachverständigen entstanden wäre. Wenn eine solche zeitraubende Arbeitsweise für den Sachverständigen unvermeidlich ist und dadurch wesentlich höhere Kosten entstehen, wird der Sachverständige vor Ausführung des Auftrags das Gericht auf die höheren Kosten hinweisen müssen.

17 Die **letzte begonnene Stunde der gesamten Gutachtertätigkeit** wird nur dann voll gerechnet, wenn sie zu mehr als 30 Minuten für die Sachverständigenleistung erforderlich war. Bei einer erforderlichen Zeit bis zu 30 Minuten beträgt die Vergütung für die letzte begonnene Stunde die Hälfte des Stundenhonorars; d.h., es wird rechnerisch nur auf die »volle« halbe Stunde abgerundet.

Arbeitet ein Sachverständiger mit Unterbrechungen mehrere Tage an einem Gutachten, so kann nicht an jedem Tag die letzte Stunde entsprechend berücksichtigt werden. Es ist vielmehr die gesamte auf das Gutachten verwandte Zeit zusammenzurechnen; die Gesamtzeit ist dann nach § 8 Abs. 2 Satz 2 JVEG aufzurunden. Das gilt auch für die aufgrund eines einheitlichen Auftrags an mehreren Sitzungstagen erbrachten Dolmetscherleistungen.[34]

Alle aufgrund eines einheitlichen Auftrags erbrachten Leistungen (z.B. Vorbereitung des Gutachtens, Aktenstudium, Reise- und Wartezeiten, Erstattung des Gutachtens) sind zusammenzurechnen, und die letzte begonnene (halbe) Stunde der hierfür insgesamt benötigten Zeit ist aufzurunden.

18 Eine Vergütung dafür, dass die dem Sachverständigen nach einer gutachtlichen Leistung an einem Tag noch verbleibende Zeit zur Ausführung eines anderen Auftrags nicht mehr ausreicht, lässt das JVEG nicht zu.

19 Das JVEG sieht für Sachverständige eine Vergütung nur nach dem für die gutachtliche Leistung erforderlichen Zeitaufwand vor, **nicht aber – wie bei Zeugen – auch für einen etwaigen Verdienstausfall**. Wird ein Beweistermin, zu dem der Sachverständige geladen ist, kurzfristig aufgehoben, so kann ihm für die Zeit, in der er zum Termin nicht zu erscheinen braucht, eine Verdienstausfallentschädigung nicht gewährt werden. Das gilt auch dann, wenn er sich den Beweistermin ganztägig von anderen geschäftlichen Verpflichtungen freigehalten und andere Aufträge abgelehnt hat.[35]

---

33 BayLSG in JVBl. 70.91; OLG München, in MDR 77.589 = JurBüro 77.699.

34 OLG Hamburg, in KRspr. § 17 ZSEG Nr. 57 LS.

35 OLG Köln, Beschl. v. 10.05.1988 – 2 Ws 93/88 – zum ZSEG.

VI. Gleichzeitige Erledigung mehrerer Angelegenheiten (Abs. 3)

Die Regelung des Abs. 3 soll klarstellen, »dass solche Leistungen oder Aufwendungen 20 des Sachverständigen, Dolmetschers oder Übersetzers, die der gleichzeitigen Erledigung mehrerer Aufträge dienen, nicht mehrfach abgerechnet werden dürfen«.[36]

Ist z.B. ein Bausachverständiger in getrennten Verfahren hinzugezogen worden und dient eine Reise dieses Sachverständigen der Ortsbesichtigung mehrerer Bauwerke, zu denen verschiedene Kläger in den getrennten Verfahren Gewährleistungsansprüche verfolgen, so kann der Sachverständigen die entsprechenden Fahrtkosten und den mit dieser Reise verbundenen zeitlichen Aufwand (Abs. 2) nur einmal abrechnen.[37] Diese »Reisevergütung« ist auf die einzelnen Angelegenheiten nach dem Verhältnis der Vergütungen zu verteilen, die bei gesonderter »Besichtigung« entstanden wären.

Entsprechend dem Grundsatz des Abs. 3, dass dieselben Leistungen des Sachverstän- 21 digen nicht mehrfach abgerechnet werden dürfen, ist die Aufrundung der letzten Stunde dann nicht zulässig, wenn der Sachverständige für die aufgerundete Zeit auch in einer anderen Sache zu vergüten ist. Die Regelung des Abs. 3 soll ausschließen, dass ein Sachverständiger, der in mehreren Verhandlungen, die jeweils weniger als eine Stunde dauern, hintereinander in Anspruch genommen wird, für dieselbe Zeit eine mehrfache Vergütung erhält.[38] Lediglich die letzte bereits begonnene (halbe) Stunde in der letzten der aufeinander folgenden Tätigkeiten ist aufzurunden, da der Sachverständige insoweit nicht mehr für dieselbe Zeit in einer weiteren Sache honoriert wird.

VII. Sachverständige, Dolmetscher und Übersetzer aus dem Ausland (Abs. 4)

Der § 8 Abs. 4 und gleichlautend § 19 Abs. 4 JVEG gelten auch für Übersetzer. 22

Nach § 1 herangezogene Personen, die ihren gewöhnlichen Aufenthalt im Ausland haben, erleiden bisweilen bei ihrer Heranziehung durch ein Gericht oder eine Staatsanwaltschaft innerhalb der Bundesrepublik einen nachweisbaren Verdienstausfall, der ein Mehrfaches der im JVEG genannten Sätze betragen kann. Der nach unseren deutschen Verhältnissen ungewöhnlich hohe Verdienstausfall kann darauf beruhen, dass im Ausland höhere Löhne gezahlt werden, aber auch darauf, dass die Wechselkurse nicht dem Verhältnis der inneren Kaufkraft der einzelnen Währungen entsprechen. Die Anwendung der nach deutschen Verhältnissen bemessenen Höchstbegrenzungen, die auf die oft anders gelagerten Einkommens- und Währungsverhältnisse in anderen Ländern nicht zutreffen, würde daher in derartigen Fällen zu völlig unbilligen Ergebnissen führen. § 8 Abs. 4 eröffnet der Anweisungsstelle die Möglichkeit, nach billigem Ermessen unter Berücksichtigung der persönlichen Verhältnisse, insb. des aus regelmäßiger Erwerbstätigkeit erzielten Einkommens eines Zeugen oder Sachverständigen, die Höchstsätze des JVEG zu überschreiten.

---

36 BT-Drucks. 15/1971 – Begründung Abs. 3 zu § 8 JVEG S. 222 –.

37 BT-Drucks. 15/1971 – Begründung Abs. 3 zu § 8 JVEG S. 222 –.

38 BR-Drucks. 719/68.

23 Eine Überschreitung der Vergütung nach dem JVEG ist unter den Voraussetzungen des Abs. 4 zulässig bei herangezogenen Beweispersonen, die ihren gewöhnlichen Aufenthalt im Ausland haben. **Gewöhnlicher Aufenthalt** des Zeugen, Sachverständigen, Dolmetschers oder Übersetzers ist der Ort, an dem dieser für ständig oder auf längere Zeit Wohnung genommen hat.

Jedoch ist der Aufenthalt an einem Urlaubsort im Ausland, in einem Krankenhaus, einem Sanatorium, einer Heil- und Pflegeanstalt oder einer Strafanstalt kein »gewöhnlicher«, sondern ein »außergewöhnlicher« Aufenthalt.

24 Auf die **Nationalität der anspruchsberechtigten Person** kommt es für eine Erhöhung nach Abs. 4 nicht an. So kann einem deutschen Zeugen, der seinen gewöhnlichen Aufenthalt im Ausland hat, u.U. eine höhere Entschädigung zugebilligt werden. Dagegen ist ein ausländischer Zeuge, der in Deutschland wohnt, auf die Entschädigung nach den Sätzen des JVEG angewiesen.

25 Zeugen, die ihren gewöhnlichen Aufenthalt im Ausland haben, sich jedoch zur Zeit ihrer Heranziehung durch das Gericht oder die sonst zuständige Stelle vorübergehend in Deutschland aufhalten, sind wie inländische Zeugen zum Erscheinen vor Gericht verpflichtet. Gleichwohl kann ihnen nach dem klaren Wortlaut des Abs. 4, der nur auf den »gewöhnlichen Aufenthaltsort« abstellt, eine höhere Entschädigung oder Vergütung gewährt werden. In diesen Fällen wird jedoch sorgfältig zu prüfen sein, ob unter Berücksichtigung aller Umstände eine Überschreitung der Höchstsätze des JVEG erforderlich ist.

Eine Überschreitung der Höchstsätze kann z.B. dann erforderlich sein, wenn ein Zeuge infolge seiner Heranziehung erst später an seinen gewöhnlichen Aufenthaltsort zurückkehren kann und dadurch das Einkommen verliert, das er sonst in dieser Zeit im Ausland gehabt hätte.

26 Eine Überschreitung der in § 6 festgelegten Höchstsätze der Aufwandsentschädigung ist nach Abs. 4 im Grundsatz möglich. Die Sätze des § 6 entsprechen den deutschen Lebens- und Preisverhältnissen und dürften daher im Regelfall auch für die **Aufenthaltskosten** einer aus dem Ausland nach Deutschland angereisten Beweisperson ausreichen.

Liegen besondere Umstände vor, wonach der Zeuge oder Sachverständige höhere Kosten aufwenden muss (z.B. für **Ritual- oder Diätkost**), als sie üblicherweise für einen »ausländischen« Zeugen oder Sachverständigen in Deutschland entstehen, werden ausnahmsweise die Sätze des § 6 überschritten werden können, soweit es zum Ausgleich der Mehrkosten erforderlich erscheint.

27 Für die **Reisezeiten im Ausland** kann die Aufwandsentschädigung nach § 8 Abs. 4 bis zur Höhe der Auslandstagegelder[39] bewilligt werden.

39 § 3 Auslandsreisekostenverordnung – ARV – vom 21.05.1991 (BGBl. I S. 1140), zuletzt geändert durch VO vom 26.05.2005 (BGBl. I S. 1418, 1422).

Da der Zeuge oder Sachverständige, der seinen gewöhnlichen Aufenthalt im Ausland hat, zum Erschienen vor einem deutschen Gericht nicht verpflichtet ist, und die Ablegung des Zeugnisses oder die Erstattung des Gutachtens für ihn nicht die Erfüllung einer staatsbürgerlichen Pflicht ist, kann man ihm, anders als inländischen Zeugen und Sachverständigen, keine Vermögenseinbuße zumuten. 28

Soweit der Verdienstausfall eines Zeugen durch Belege nachgewiesen ist, erscheint es daher billig, den vollen nachgewiesenen Verdienstausfall zu erstatten. Soweit ein Verdienstausfall in seiner genauen Höhe nicht nachweisbar ist, wird wie bei inländischen Zeugen der regelmäßige Bruttoverdienst Maßstab für die Bemessung der Entschädigung sein müssen mit der Maßgabe, dass die Begrenzung durch den Höchstsatz des § 22 entfällt. Soweit sich der Verdienstausfall innerhalb der Höchstgrenze der §§ 20 bis 22 hält, besteht kein Anlass zur Bewilligung einer höheren Entschädigung.

Auch für die Vergütung eines ausländischen Sachverständigen wird, anders als bei inländischen Sachverständigen, die Höhe des durch die Heranziehung erlittenen Erwerbsverlustes ein zu berücksichtigender Anhaltspunkt, jedoch keine absolute Bindung sein.

Ausländische Zeugen, die im Wege der Rechtshilfe von **einem ausländischen Gericht** vernommen werden, werden von diesem Gericht nach den dort geltenden Bestimmungen entschädigt. 29

Ob die persönlichen Verhältnisse des aus dem Ausland angereisten Zeugen oder Sachverständigen, insb. die regelmäßige Erwerbstätigkeit, nach billigem Ermessen bei der Entschädigungs- oder Vergütungsberechnung berücksichtigt sind, kann im Verfahren nach § 4 überprüft werden. 30

§ 8a JVEG Wegfall oder Beschränkung des Vergütungsanspruchs

(1) Der Anspruch auf Vergütung entfällt, wenn der Berechtigte es unterlässt, der heranziehenden Stelle unverzüglich solche Umstände anzuzeigen, die zu seiner Ablehnung durch einen Beteiligten berechtigen, es sei denn, er hat die Unterlassung nicht zu vertreten.

(2) Der Berechtigte erhält eine Vergütung nur insoweit, als seine Leistung bestimmungsgemäß verwertbar ist, wenn er

1. **gegen die Verpflichtung aus § 407a Absatz 1 bis 3 Satz 1 der Zivilprozessordnung verstoßen hat, es sei denn, er hat den Verstoß nicht zu vertreten;**
2. **eine mangelhafte Leistung erbracht hat;**
3. **im Rahmen der Leistungserbringung grob fahrlässig oder vorsätzlich Gründe geschaffen hat, die einen Beteiligten zur Ablehnung wegen der Besorgnis der Befangenheit berechtigen; oder**
4. **trotz Festsetzung eines weiteren Ordnungsgeldes seine Leistung nicht vollständig erbracht hat.**

Soweit das Gericht die Leistung berücksichtigt, gilt sie als verwertbar.

(3) Steht die geltend gemachte Vergütung erheblich außer Verhältnis zum Wert des Streitgegenstands und hat der Berechtigte nicht rechtzeitig nach § 407a Absatz 3 Satz 2 der Zivilprozessordnung auf diesen Umstand hingewiesen, bestimmt das Gericht nach Anhörung der Beteiligten nach billigem Ermessen eine Vergütung, die in einem angemessenen Verhältnis zum Wert des Streitgegenstands steht.

(4) Übersteigt die Vergütung den angeforderten Auslagenvorschuss erheblich und hat der Berechtigte nicht rechtzeitig nach § 407a Absatz 3 Satz 2 der Zivilprozessordnung auf diesen Umstand hingewiesen, erhält er die Vergütung nur in Höhe des Auslagenvorschusses.

(5) Die Absätze 3 und 4 sind nicht anzuwenden, wenn der Berechtigte die Verletzung der ihm obliegenden Hinweispflicht nicht zu vertreten hat.

Übersicht

I. Vorbemerkung

1 Mit § 8 a wird erstmals eine gesetzliche Regelung über einen möglichen Wegfall oder eine mögliche Beschränkung des Vergütungsanspruchs geschaffen. Ob eine Kürzung der Sachverständigenvergütung überhaupt möglich und ggfls. in welchem Maße sie gerechtfertigt war, hat aber bereits zuvor die Rechtsprechung über viele Jahre beschäftigt. Die Randnummern 8.18 bis 8.46 der Vorauflage geben ein beredtes Bild davon. Die bisherige Kommentierung mit einem Teil der dort zitierten Entscheidungen kann weiterhin zumindest sinngemäß herangezogen werden. Kritische Kommentare zu der Neuregelung finden sich bei *Bleutge* (Die Novelle zum JVEG – Änderungen, Verbesserungen, Mängel, Praxistipps in DS 2013, 256) und *Ulrich* (JVEG: Vorher-Nachher) in DS 2013, 264.

Abs. 1 führt Fälle auf, in denen eine Sachverständigenvergütung vollständig entfällt. Abs. 2 führt Fälle auf, die zu einer Reduzierung der Vergütung führen. In den Fällen des Abs. 3 kann das Gericht die Vergütung nach billigem Ermessen bestimmen, nach Abs. 4 kann die Vergütung beschränkt werden. Die Regelung gilt für Sachverständige, Dolmetscher und Übersetzer gleichermaßen.

II. Verlust des Vergütungsanspruchs (Abs. 1)

2 Nach Absatz 1 soll der schuldhaft unterlassene Hinweis auf bereits zum Zeitpunkt der Heranziehung vorliegende Umstände, welche die Ablehnung des Berechtigten rechtfertigen, den Vergütungsanspruch wegfallen lassen. Zwar wurde auch bisher in der

Literatur aus § 407a Absatz 1 ZPO die Pflicht zur Anzeige von Umständen, die zur Ablehnung wegen Befangenheitsbesorgnis berechtigen, hergeleitet (Zöller/Greger, 28. Auflage, § 413 ZPO, Rnr. 4); nunmehr ist jedoch eine ausdrückliche Normierung schon deshalb geboten, weil die Rechtsfolge von der des Absatzes 2 abweichen soll. Denn das anfängliche Vorliegen eines Ablehnungsgrunds soll – anders als bei dem im Verlaufe des Verfahrens herbeigeführten Ablehnungsgrund – zum vollständigen Wegfall des Vergütungsanspruchs führen.

Der Sachverständige (ebenso der Dolmetscher und der Übersetzer) hat der heranziehenden Stelle unverzüglich die Umstände anzuzeigen, die die Beteiligten zu seiner Ablehnung berechtigen. Liegen solche Ablehnungsgründe, etwa wegen der Besorgnis der Befangenheit, schon zu Beginn der Tätigkeit vor, entfällt der Anspruch auf Vergütung vollständig, sofern er die Unterlassung – die unverzügliche Anzeigepflicht – zu vertreten hat. Der Sachverständige hätte in diesen Fällen den Auftrag gar nicht annehmen dürfen. 3

So entfällt der Vergütungsanspruch, wenn der Sachverständige, der sich gutachtlich zu einem betrügerischen Kfz-Unfall äußern soll, zuvor für die am Ausgang dieses Verfahrens interessierte Versicherung tätig war und deshalb begründet als befangen abgelehnt worden ist.[1] Ein Honorar ist auch dann zu versagen, wenn der Sachverständige bereits bei der Auftragserteilung durch das Gericht nach der ihm bekannten Sachlage damit rechnen muss, dass es zu einer erfolgreichen Ablehnung seitens der einen oder beider Parteien kommen kann.[2] Der Grund für eine Besorgnis der Befangenheit des Sachverständigen ist regelmäßig gegeben, wenn der Sachverständige für die Gegenpartei ein den Streitgegenstand betreffendes entgeltliches Privatgutachten erstattet hat.[3] Dagegen begründet die Tatsache, dass der Sachverständige in der Vergangenheit in Einzelfällen Privatgutachten für Mandanten des Anwalts der gegnerischen Partei erstattet hat oder der Sachverständige und die Gegenpartei in beruflichen Beziehungen zu einem Dritten stehen, für sich genommen keine Zweifel an dessen Unparteilichkeit.[4] Die Mitwirkung und Vergütung eines (Bau-) Sachverständigen ist auch dann ausgeschlossen, wenn er die Gegenpartei und das Gericht vor Übernahme des Auftrags schuldhaft nicht darauf hingewiesen hat, dass er für die antragstellende Partei einen umfangreichen (Bau-) Auftrag ausführt.[5]

Entstehen Ablehnungsgründe aufgrund eines grob fahrlässigen oder vorsätzlichen Verhaltens des Sachverständigen (Dolmetschers oder Übersetzers) erst im Laufe des Verfahrens bzw. im Laufe der Tätigkeit, kann die Vergütung gemindert werden (Abs. 2 Nr. 3).

1 LG Tübingen, in JurBüro 87.82 zum ZSEG.
2 OLG Bamberg, in JurBüro 89.1169 zum ZSEG.
3 KG in KGReport 95.35; OLG Oldenburg, in OLGR 96.273 zum ZSEG.
4 OLG München, Beschl. v. 23.01.2006 – 1 W 290/05, in MDR 06.1309; OLG Stuttgart, Beschl. v. 19.01.2010 in Die Justiz. 202; a.A.: OLG Jena, Beschl. v. 03.09.2009 in MDR 10.170.
5 OLG Celle, in OLGR 1996.46; OLG Koblenz, in MDR 2002.1152 zum ZSEG.

Für die Vorprüfung des Sachverständigen, ob ihm die Erstattung aus subjektiven Gründen unmöglich ist, kann i.d.R. eine Vergütung nicht verlangt werden.[6] Das gilt jedenfalls für einen Fall, in dem der Sachverständige ohne Schwierigkeiten erkennen konnte, dass er bereits außergerichtlich für eine Partei tätig geworden ist.[7] Die mit der Rücksendung der Akten verbundenen Aufwendungen sind dem Sachverständigen nach § 7 zu ersetzen.

III. Minderung des Vergütungsanspruchs (Abs. 2)

4 Absatz 2 Satz 1 führt die weiteren Fälle der nicht ordnungsgemäßen Leistungserbringung auf, die in der Rechtsprechung relevant geworden sind.

Nummer 1 betrifft die Pflicht des Sachverständigen, das Gericht zu verständigen, wenn der Auftrag nicht in sein Fachgebiet fällt, wenn es der Hinzuziehung weiterer Sachverständiger bedarf oder wenn Zweifel an Inhalt sowie Umfang des Auftrags bestehen. Daneben soll die Pflicht des Sachverständigen, das Gutachten persönlich zu erstatten (§ 407 Absatz 2 ZPO), umfasst sein.

Nummer 2 betrifft die inhaltlich mangelhafte Leistung und

Nummer 3 die Schaffung von Ablehnungsgründen während des Verfahrens.

Dabei soll im Fall der Nummer 3 nur grobe Fahrlässigkeit und Vorsatz zu einer Minderung des Anspruchs führen. Dies wurde in der bisherigen Rechtsprechung bereits so gehandhabt und erscheint sachgerecht. Fälle der verspäteten Leistung sollen grundsätzlich nicht geregelt werden, weil das Gericht durch Aufsichts- und Führungsmaßnahmen zum Beispiel nach § 411 Absatz 2 ZPO auf eine Fristversäumnis mit Ordnungsmitteln reagieren kann und daneben der Entzug des Auftrags in Betracht kommt. Nur für den Fall, dass die gesetzlich beschriebenen Ordnungsmittel (Ordnungsgeld wegen Fristversäumnis und wegen wiederholter Fristversäumnis) fruchtlos bleiben, soll nach

Nummer 4 der Vergütungsanspruch gemindert werden. Auch für die sonstigen Fälle des Absatzes 2 soll die Vergütung nicht generell vollständig entfallen, sondern (nur) für die verwertbaren Leistungen gewährt werden. Denn in dem Maße, in dem Teilleistungen fristgerecht erbracht und verwertbar sind, wäre ein vollständiger Wegfall unangemessen. Soweit jedoch verwertbare Leistungen oder Leistungsteile nicht festgestellt werden, soll der Vergütungsanspruch vollständig entfallen.

Absatz 2 Satz 2 legt fest, dass im Falle der tatsächlichen Berücksichtigung durch das Gericht die Leistung als verwertbar im Sinne des Absatzes 2 Satz 1 gilt. Auch dies entspricht der bisherigen Handhabung der Rechtsprechung (KG, MDR 10, 719) und soll verhindern, dass Streitigkeiten über die Verwertbarkeit in den Kosteninstanzen

---

6 OLG Hamburg, in JurBüro 93.119; OLG Köln, in MDR 93.1024 = JurBüro 94.49 = OLGR 93.159 = VersR 94.76; OLG Düsseldorf, in OLGR 94.252 LS; LG Coburg, in JurBüro 87.1580 zum ZSEG; a.A. *Bleutge*, Rn. 6 zu § 3.

7 OLG Düsseldorf, in JurBüro 89.1741 m. Anm. von *Mümmler* zum ZSEG.

wiederholt werden. Der Sachentscheidung für eine Verwertbarkeit im Hauptsacheverfahren soll präjudizierende Wirkung zukommen.

Eine **Minderung oder ein Wegfall der Vergütung** ist demnach **gemäß Abs. 2 Nr. 1** gerechtfertigt, 5

a. wenn der Sachverständige die heranziehende Stelle gemäß § 407a Abs. 1 Satz 2 ZPO nicht unverzüglich darüber informiert hat, dass
   - der Auftrag nicht in sein Fachgebiet fällt (§ 407a Abs. 1 Satz 1 ZPO),
   - es der Hinzuziehung eines weiteren Sachverständigen bedarf (§ 407a Abs. 1 Satz 1 ZPO).

b. wenn der Sachverständige den Auftrag nicht persönlich erledigt hat (§ 407a Abs. 2 ZPO),

c. wenn der Sachverständige mit der heranziehenden Stelle nicht unverzüglich eine Klärung herbeigeführt hat, wenn er Zweifel über Inhalt und Umfang des Auftrags hat gemäß § 407a Abs. 3 Satz 1 ZPO.

zu a. Fachkundigkeit des Sachverständigen; Hinzuziehung eines weiteren Sachverständigen

Der Sachverständige ist gemäß § 407a ZPO gesetzlich verpflichtet, unverzüglich zu prüfen, ob er für die Erstellung des Gutachtens fachkundig ist und den Auftrag ohne Hilfe weiterer Sachverständiger erledigen kann. Der Sachverständige muss die heranziehende Stelle davon verständigen, wenn der Auftrag sein Sachgebiet überhaupt nicht oder nur am Rande berührt oder wenn ihm für Teile der Beweisfrage die Sachkunde fehlt.[8] Das Gericht kann sodann einen anderen oder einen weiteren Sachverständigen bestellen (§ 407a Abs. 1, 2 ZPO). Zeigt das Gutachten, dass der Sachverständige nicht über die zur Beurteilung der Beweisfrage erforderlichen Sachkenntnisse verfügt, so ist der Vergütungsanspruch zu versagen, wenn der Sachverständige bei Übernahme des Auftrags erkannte oder erkennen musste, dass seine Fachkenntnisse zur Erfüllung des Auftrags nicht ausreichen würden.[9] 6

Für die Vorprüfung des Sachverständigen, ob er das Gutachten erstatten kann, kann i.d.R. eine Vergütung nicht verlangt werden.[10] Die mit der Rücksendung der Akten verbundenen Aufwendungen sind dem Sachverständigen nach § 7 zu ersetzen.

Stellt der Sachverständige erst nach einem Aktenstudium fest, dass er aus Gründen, die er nicht zu vertreten hat, das gewünschte Gutachten nicht erstatten kann (z.B. weil die Fragen nicht in sein Fachgebiet fallen), so ist er für die geleistete Arbeit zu

---

8 BT-Drucks. 11/3621 S. 40; *Jessnitzer/Ulrich*, 12. Aufl., Rn. 230.

9 OLG Köln, in MDR 09.1015.

10 OLG Hamburg, in JurBüro 93.119; OLG Köln, in MDR 93.1024 = JurBüro 94.49 = OLGR 93.159 = VersR 94.76; OLG Düsseldorf, in OLGR 94.252 LS; LG Coburg, in JurBüro 87.1580 zum ZSEG.

vergüten.[11] Der Sachverständige kann dabei denselben Stundensatz beanspruchen, der ihm bei Ausführung des Gutachtens zustehen würde.[12]

zu b. Persönliche Leistung des Sachverständigen

7 Nach § 407a Abs. 2 S. 1 ZPO darf der Sachverständige den ihm erteilten Auftrag nicht ganz oder teilweise auf eine andere Person übertragen.[13] Dieses Recht steht nur dem Gericht zu (§ 404 ZPO). Hilfspersonen – § 12 Abs. 1 Nr. 2 – darf der Sachverständige nur hinzuziehen, wenn er die Verantwortung für das Gutachten behält.[14] Er hat daher – spätestens bei Abgabe des Gutachtens – die am Gutachten beteiligten Mitarbeiter und den Umfang deren Arbeitsanteils anzugeben, sofern es sich nicht um Hilfsdienste von untergeordneter Bedeutung handelt.[15] Es ist nicht erforderlich, dass der beteiligte Mitarbeiter das vom beauftragten Sachverständigen unterschriebene Gutachten ebenfalls unterzeichnet[16] und damit die diesbezüglichen Angaben des beauftragten Sachverständigen bestätigt. Die von einer zugezogenen Hilfskraft aufgewendete Zeit kann der Sachverständige nicht als eigene Arbeitszeit abrechnen.[17]

Der Honoraranspruch nach § 9 besteht nur, wenn das in gerichtlichem Auftrag erstellte Gutachten als eine **überwiegend persönliche Leistung** des Sachverständigen gewertet werden kann. Diese Voraussetzung ist dann nicht mehr gegeben, wenn die Mitwirkung eines von dem Sachverständigen hinzugezogenen Mitarbeiters so umfangreich ist, dass das Gutachten den Charakter einer persönlichen Leistung des gerichtlichen Sachverständigen verliert.[18] Ein Gutachten kann daher dann unverwertbar sein – und damit eine Minderung oder ein Wegfall der Vergütung in Betracht kommen – wenn es von einer anderen Person als dem im Beweisbeschluss benannten Sachverständigen eigenverantwortlich erstellt worden ist.[19]

– S.a. § 12 Rdn. 11 ff. –

Wenn der Auftrag zur Erstattung eines Gutachtens an den Chefarzt eines Krankenhauses persönlich gerichtet ist, darf dieser den Auftrag nicht an seinen Oberarzt oder einen anderen Arzt abgeben. Überträgt er, ohne eine Änderung des gerichtlichen Auftrags herbeizuführen, die Erstattung des Gutachtens alleinverantwortlich seinem Oberarzt, so macht er das Gutachten unverwertbar und verliert seinen Entschädigungsanspruch.[20] Es genügt auch nicht, dass der Chefarzt ein von dem Oberarzt

11 OLG Düsseldorf, in OLGR 94.252 LS; *Jessnitzer/Ulrich*, Rn. 230, 482.
12 OLG Bamberg, in JurBüro 73.672.
13 BSG in VersR 90.992.
14 BGH, Beschl. v. 25.05.2011 – 2 StR 585/2010 – in openJur 11, 94433.
15 *Jessnitzer/Ulrich*, Rn. 232.
16 OLG Köln, in OLGR 94.75 LS zum ZSEG.
17 LG Mainz, in JBl.RP 94.185 zum ZSEG.
18 *Jessnitzer/Ulrich*, Rn. 232.
19 KG Berlin in r+s 06.219.
20 OLG Frankfurt am Main, in JurBüro 77.1613 = Rpfleger 77.382 zum ZSEG.

verfasstes und unterzeichnetes Gutachten lediglich mitunterzeichnet. Durch einen Vermerk, dass er dem Gutachten zustimmt, muss er die Mitverantwortung für den Inhalt des Gutachtens übernehmen.[21] Diese Voraussetzung ist jedenfalls dann erfüllt, wenn der Sachverständige das von seinem Mitarbeiter gefertigte Gutachten überprüft, die Begutachtung zu seiner eigenen macht und dies durch einen Vermerk »Einverstanden aufgrund eigener Urteilsbildung« dokumentiert.[22]

Kein Vergütungsanspruch des Mitarbeiters

Der das Gutachten im Wesentlichen erstellende Mitarbeiter hat keinen Vergütungsanspruch nach § 9, weil er nicht zum gerichtlichen Sachverständigen bestellt worden ist. **8**
Gerichtlicher Sachverständiger ist nur derjenige, der vor der Erstattung des Gutachtens durch das Gericht dazu bestimmt worden ist.[23] Die Aufwendungen für den das Gutachten erstellenden Mitarbeiter können auch nicht nach § 12 geltend gemacht werden.

Beauftragung einer Klinik oder eines Institutes

Beauftragt die heranziehende Stelle mit der Erstattung eines Gutachtens nicht einen **9**
bestimmten Sachverständigen sondern eine Klinik (z.B. Universitätsklinik) oder ein Institut (z.B. Gerichtsmedizinisches Institut), so kann i.d.R. davon ausgegangen werden, dass die anfordernde Stelle zwar Wert auf ein Gutachten der Klinik oder des Instituts legt, es aber der Leitung überlässt, welchen oder welche Mitarbeiter sie mit der Bearbeitung beauftragt. Dann ist letztlich Gutachter der Sachverständige, der von dem Direktor oder Leiter des Instituts dazu bestimmt worden ist. Dabei können auch mehrere Sachverständige jeweils als Spezialisten in ihrem Fachbereich an der Gutachtenerstellung mitwirken. Sie sind dann nicht als »Hilfskräfte« einzustufen. Vielmehr ist ihre Mitwirkung an der Erstellung des Gutachtens als Sachverständigenleistung zu honorieren.[24]

Berufung einer Kommission

Ein Sachverständiger macht pflichtwidrig die Erfüllung seiner Gutachtertätigkeit **10**
unmöglich und verliert seinen Vergütungsanspruch, wenn er zur ihm übertragenen Beurteilung der Kenntnisse und Fähigkeiten einer Person eine Kommission beruft.

Beauftragung eines Sachverständigenbüros

Wird mit der Erstellung eines Gutachtens ein Sachverständigenbüro beauftragt, sind **11**
die durch einen Bearbeiterwechsel entstandenen Mehrkosten nicht zu vergüten. Der Wechsel des Sachbearbeiters im Sachverständigenbüro geht zulasten des beauftragten Büros; dieses hat die Kosten für die Einarbeitung des neuen Mitarbeiters zu tragen.[25]

21 BSG in VersR 90.992 zum ZSEG.
22 LG Koblenz, in r+s 93.280; OLG Oldenburg, in r+s 97.124 zum ZSEG.
23 OLG Celle, in Nds.Rpfl. 85.172 zum ZSEG; a.A.: LSG Bad.-Württ. in Justiz 86.151 zum ZSEG.
24 OLG Koblenz, in JBl.RP 94.267 = JurBüro 95.151 zum ZSEG.
25 LG Osnabrück, in Nds.Rpfl. 95.396 zum ZSEG.

zu c. Klärung von Zweifeln über Inhalt und Umfang des Auftrags

Der Sachverständige soll Zweifel am Inhalt und Umfang des ihm erteilten Auftrags unverzüglich mit dem Gericht klären, um unnötige Ermittlungen und Kosten zu vermeiden (§ 407a Abs. 3 Satz 1 ZPO). Hält der Sachverständige z.B. die Beweisfrage für unklar, so hat er sich vor der Abfassung des Gutachtens durch Rückfrage bei dem Gericht Klarheit zu verschaffen.[26]

12 Eine **Minderung oder ein Wegfall der Vergütung gemäß Abs. 2 Nr. 2 ist** gerechtfertigt, wenn die erbrachte Leistung mangelhaft ist.

Unverwertbarkeit des Gutachtens

Der Honoraranspruch des Sachverständigen besteht grds. unabhängig davon, ob das Gutachten objektiv »richtig« ist und davon, wie die Parteien oder das Gericht das Gutachten »bewerten«.[27] Der Anspruch steht dem Sachverständigen insb. auch dann zu, wenn das Gericht das Gutachten nicht für überzeugend erachtet und es deshalb nicht zur Grundlage seiner Entscheidung macht.[28] Der Sachverständige kann seinen Anspruch auf Vergütung jedoch verlieren, wenn das Gutachten »unverwertbar« ist und der Sachverständige die Unverwertbarkeit verschuldet hat.[29]

Der Sachverständige verliert seinen Honoraranspruch jedoch nur, wenn er die Unverwertbarkeit seines Gutachtens durch grobe Fahrlässigkeit verschuldet hat.[30]

Der in der Rechtsprechung bisher teilweise vertretenen Ansicht, dass der Sachverständige seinen Vergütungsanspruch auch verliert, wenn er die Unverwertbarkeit des Gutachtens nicht verschuldet hat, kann nicht gefolgt werden. Ist ein Gutachten unbrauchbar, so schließt das den Entschädigungsanspruch nur aus, falls der Sachverständige die Unbrauchbarkeit pflichtwidrig grob fahrlässig verursacht hat.[31]

Ein Sachverständiger führt grob fahrlässig die Unverwertbarkeit seines Gutachtens herbei, wenn er nicht beiden Parteien Gelegenheit gibt, an der von ihm angesetzten Augenscheinseinnahme teilzunehmen, aufgrund welcher er sein schriftliches Gutachten gefertigt hat. Das hat den Verlust seiner Leistungsvergütung zur Folge.[32]

---

26 LG Mönchengladbach, in DWW 97.123 zum ZSEG.

27 OLG Düsseldorf, in JurBüro 92.56.

28 OLG München, in OLGR 95.144 = FamRZ 95.1598.

29 OLG Düsseldorf, in JurBüro 01.537; LG Marburg, Beschl. v. 01.12.2005 – 7 StVK 245/05 –.

30 OLG Hamm, Beschl. v. 30.05.1996 – 23 W 140/95 –; OLG Hamburg, in JurBüro 00.663; OLG Rostock, Beschl. v. 07.08.2006 – 3 W 39/06, in JurBüro 07.215; OLG Koblenz, Beschl. v. 26.01.2011 – 2 Ws 19/11 – in juris; OLG Hamm, Beschl. v. 24.02.2012 – I – 25 W 409/11 –.

31 OLG Düsseldorf, Beschl. v. 12.01.1995 – 10 W 135/94 –; KG, Beschl. v. 26.01.2010 – 19 AR 2/09 – in FamRZ 11, 838.

32 OLG München, in MDR 98.1123 = NJW-RR 98.1687.

Der Vergütungsanspruch kann auch dann ausgeschlossen sein, wenn der Sachverständige den Exploranden lediglich fernmündlich exploriert und dies in seinem Gutachten nicht vermerkt hat.[33]

Den Sachverständigen trifft ein über einfache Fahrlässigkeit hinausgehendes Verschulden, wenn er bei der Erstellung seines Gutachtens in nicht unerheblicher Weise seiner Pflicht zur Ermittlung der für die Wertbemessung maßgebenden Faktoren nicht nachgekommen ist.[34]

Ist das Gutachten durch **inhaltliche Mängel**, die der Sachverständige verschuldet hat, 13
unverwertbar geworden, so hat der Sachverständige keinen Anspruch auf eine Vergütung.[35] Schon leichte Fahrlässigkeit reicht hier für den Ausschluss des Vergütungsanspruchs aus.[36] Inhaltliche Mängel des Gutachtens können u.a. darauf beruhen, dass das Gutachten nicht dem Auftrag der heranziehenden Stelle entspricht und nicht die gestellten Beweisfragen beantwortet,[37] oder dass der Sachverständige nur das Ergebnis seiner Untersuchung mitteilt, sodass das Gutachten dem Gericht nicht ermöglicht, den Gedankengängen des Sachverständigen nachzugehen, sie zu prüfen und sich ihnen anzuschließen oder sie abzulehnen.[38] Ist das Gutachten wegen schwerer inhaltlicher Mängel nicht verwertbar, so entfällt der gesamte Vergütungsanspruch, d.h. sowohl der Anspruch auf das Leistungshonorar als auch der Anspruch auf Auslagenersatz.[39]

Ist das Gutachten des Sachverständigen von dem ihn beauftragenden Gericht verwertet worden, so entfällt der Vergütungsanspruch des Sachverständigen nicht schon deshalb, weil das Rechtsmittelgericht das Gutachten für unbrauchbar hält.[40]

Ein Gutachten wird auch nicht deshalb unverwertbar, weil die im zulässigen Umfang beteiligte Hilfskraft, die aus übersandten Akten medizinisch relevante Teile auszusondern hatte, bedeutsame medizinische Daten übersieht und wegen dieses Mangels eine weitere Beweisaufnahme nicht erfolgt.[41]

Soll die Vergütung eines Gutachtens wegen der inhaltlichen Mängel versagt, gekürzt oder zurückgefordert werden, so ist dem Sachverständigen nach dem Grundrecht auf rechtliches Gehör vorher Gelegenheit zur Stellungnahme zu geben.[42]

---

33 OLG Düsseldorf, in JurBüro 89.1169 = FamRZ 89.889.

34 OLG Hamm, Beschl. v. 06.10.1995 – 6 WF 492/94 – Bewertung einer Ballettschule –.

35 OLG Naumburg, in OLGR 98.423 = JMBl. LSA 98.513.

36 OLG Hamm, in MDR 84.964; a.A.: OLG Schleswig, in JurBüro 84.583.

37 AG Dortmund, in JurBüro 95.151; LSG Schleswig, Beschl. v. 22.04.2008, KostRspr. JVEG § 8 Nr. 8.

38 OLG Düsseldorf, in MDR 95.1267 = OLGR 96.24 = JurBüro 96.323; LSG Schleswig, Beschl. v. 22.04.2008, KostRspr. JVEG § 8 Nr. 8.

39 A.A. OLG Frankfurt am Main, in OLGR 94.10 – bejaht den Auslagenersatz –; KG in MDR 10.719.

40 OLG Düsseldorf, in MDR 92.912 = JurBüro 93.561.

41 BSG in Juris/SGG.

42 OLG Koblenz, in JurBüro 08.379 LS.

Überschreiten des Auftrags

14 Geht der Sachverständige in seinem Gutachten über die ihm gestellte Beweisfrage hinaus oder weicht er von dem ihm erteilten Auftrag ab, so hat er grds. für die darauf verwendete Zeit keinen Anspruch auf das Leistungshonorar.[43] Es kann den Prozessparteien[44] oder der Staatskasse nicht zugemutet werden, die durch die Überschreitung des Auftrags entstehenden Mehrkosten zu tragen.

Ein Sachverständiger handelt auftragsgemäß, solange er nur Beweisfragen beantwortet und dazu Arbeiten ausführt, die er aufgrund seiner Fachkenntnisse für erforderlich hält. Bestehen hierüber bei dem Prozessgericht abweichende Vorstellungen, so wirkt sich das auf den Vergütungsanspruch des Sachverständigen nicht aus, sofern nicht das Gericht eindeutig eine Beschränkung auf ganz bestimmte Arbeiten vorgeschrieben hat. Erkennt der Sachverständige jedoch, dass bei dem Gericht möglicherweise abweichende Vorstellungen bestehen, so muss er das Gericht auf seine Auffassung des Auftrags hinweisen.

Hat der Sachverständige die mit dem Gericht geführte Korrespondenz nicht genügend beachtet und deshalb überflüssige Arbeit geleistet, so kann er für diese Tätigkeit keine Vergütung beanspruchen, auch wenn ihm nur leichte Fahrlässigkeit vorzuwerfen ist. Auch sonst besteht für überflüssige Arbeiten (z.B. völlig unnötig lange Auszüge aus den Akten)[45] kein Anspruch auf Honorierung.

15 Auch eine etwa auf Parteiauftrag gebotene Mehrleistung kann nicht aus der Staatskasse vergütet werden.

Für Vergleichsbemühungen oder den Versuch einer gütlichen Einigung zwischen den Parteien kann der Sachverständige auch dann keine Vergütung fordern, wenn er dafür, ohne vom Gericht beauftragt worden zu sein, nahezu einen ganzen Tag aufgewendet hat.[46]

Wenn ein Sachverständiger im Allgemeinen für eine Tätigkeit, die über den erteilten Auftrag hinausgeht, eine Vergütung nicht beanspruchen kann, so wäre es doch unbillig, ein Honorar zu versagen, wenn das Gutachten von der heranziehenden Stelle auch hinsichtlich des Teils, der den Rahmen der gestellten Anforderungen übersteigt, für notwendig gehalten und auch verwertet wird.[47] Erstattet z.B. der mit einer kurzen gutachtlichen Stellungnahme beauftragte Sachverständige von sich aus ein ausführliches Gutachten, so steht ihm dafür ein Honorar zu, wenn – nach sorgfältiger Prüfung – das Gericht feststellt, dass eine kurze gutachtliche Stellungnahme nicht

---

43 OLG Hamm, Beschl. v. 04.08.1994 – 23 W 420/93 –; OLG München, in OLGR 95.144 = FamRZ 95.1598; AG Hannover, in FamRZ 00.175 zum ZSEG.

44 OLG Koblenz, in Rpfleger 81.248 zum ZSEG.

45 OLG München, in OLGR 95.144 = FamRZ 95.1598 zum ZSEG.

46 OLG Hamm, Beschl. v. 12.02.1997 – 6 WF 423/96 –.

47 LG Bochum, in Rpfleger 76.32 zum ZSEG.

ausgereicht hätte, sondern ein ausführliches Gutachten unbedingt notwendig war und das Gericht das Gutachten auch verwertet hat.

Bei Auftragsüberschreitung besteht ein Vergütungsanspruch jedenfalls dann – aber auch nur dann –, wenn das Gericht die zusätzliche Tätigkeit für notwendig erachtet und sie in seiner Entscheidung verwendet.

Eine Kürzung des Sachverständigenhonorars wegen Überschreitung des Auftrags kommt i.Ü. nur in Betracht, wenn festgestellt werden kann, dass die Pflichtverletzung des Sachverständigen höhere Kosten verursacht hat, als ohne die Überschreitung entstanden wären.[48]

Unzulänglichkeit des Sachverständigen

Wird ein Gutachter in seiner Tätigkeit belassen, obwohl alsbald erkennbar war, dass 16
er den Anforderungen nicht genügt, so müssen sich die Beteiligten so behandeln lassen, als ob sie mit den Kenntnissen, den Fähigkeiten und der Arbeitsweise des Sachverständigen einverstanden gewesen wären. In einem solchen Fall entsteht jedenfalls für die vorbereitende Tätigkeit des Sachverständigen auch dann eine Vergütungspflicht, wenn das spätere Gutachten für den Rechtsstreit nicht verwertbar ist.[49]

Einem Sachverständigen, dem – grundlos – der erteilte Gutachtenauftrag entzogen 17
und sein Honoraranspruch aberkannt worden ist, steht gegen die Entziehung des Auftrags eine Beschwerde nicht zu. Gegen die Versagung seiner Vergütung ist jedoch die Beschwerde nach § 4 Abs. 3 gegeben.[50]

Eine **Minderung oder ein Wegfall der Vergütung** ist **gemäß Abs. 2 Nr. 3** gerechtfertigt, 18
wenn der Sachverständige im Laufe des Verfahrens bzw. im Laufe seiner Tätigkeit Gründe geschaffen hat, die seine Ablehnung wegen der Besorgnis der Befangenheit rechtfertigen würden. Eine Minderung ist jedoch nur dann gerechtfertigt, wenn der Sachverständige vorsätzlich oder grob fahrlässig gehandelt hat. Liegt eine Besorgnis der Befangenheit, schon zu Beginn der Tätigkeit vor, entfällt der Anspruch auf Vergütung gemäß Abs. 1 vollständig.

Ablehnung des Sachverständigen

Die Tatsache, dass ein Sachverständiger mit Erfolg abgelehnt und das von ihm 19
erstattete Gutachten dadurch unverwertbar wird, macht den Vergütungsanspruch des Sachverständigen allein nicht hinfällig. Der Sachverständige, der zwischen den Parteien mit widerstreitenden Interessen steht, muss zur Erfüllung seines Auftrags eindeutig Stellung beziehen. Dadurch gerät er i.d.R. in Widerspruch zu den Interessen einer Partei, deren Kritik und nicht selten deren Angriffen er ausgesetzt ist. Auch bei noch so ernsthaftem Bemühen um objektive Sachlichkeit und unvoreingenommene

48 OLG Düsseldorf, in JurBüro 92.56 zum ZSEG.
49 LG Bayreuth, in JurBüro 91.437; OLG Düsseldorf, in JurBüro 92.56 zum ZSEG.
50 OLG Brandenburg, in ZfBR 96.98 zum ZSEG.

Beurteilung kann er nicht immer vermeiden, bei einer Partei in den Verdacht der Parteilichkeit zu geraten. Da für die Ablehnung wegen Besorgnis der Befangenheit bereits die begründete Befürchtung einer Partei ausreicht, kann schon ein unbedachtes Wort, eine ungeschickte Formulierung oder die Ablehnung eines Wunsches oder einer Anregung einer Partei zur erfolgreichen Ablehnung des Sachverständigen und zur Unverwertbarkeit des Gutachtens führen.

Bei dieser schwierigen Stellung des Sachverständigen kann die Ablehnung wegen Besorgnis der Befangenheit nur dann den Verlust der Vergütung rechtfertigen, wenn der Sachverständige die Ablehnung grob fahrlässig oder durch bewusste Pflichtwidrigkeit herbeigeführt hat.[51]

Es kann einem Sachverständigen jedenfalls nicht als bewusste Pflichtwidrigkeit oder gar als eine grobe Fahrlässigkeit angelastet werden, wenn er sich gegen die seine Leistung und seine Person betreffenden massiven Angriffen einer Partei mit deutlichen Worten, aber sachbezogen zur Wehr setzt.[52] Dagegen kann sich die Besorgnis der Befangenheit daraus ergeben, dass der Sachverständige auf Einwendungen und Vorhaltungen gegen sein Gutachten mit abwertenden Äußerungen über die Prozessbevollmächtigten der anwaltlich vertretenen Partei reagiert.[53] Hingegen begründet es nicht die Besorgnis der Befangenheit, wenn der Sachverständige erklärt, er werde sich gegen die Bezeichnung als »Lobbyist« auch außerhalb des Gerichtssaals zur Wehr setzen.[54]

20 a) Erstattet ein Sachverständiger sein Gutachten unter Verwendung mündlicher Informationen, die er von einer Partei eingeholt hat, ohne die andere Partei hinzuzuziehen und wird er deshalb mit Erfolg abgelehnt, so verwirkt er seinen Vergütungsanspruch.[55]

b) Der Sachverständige verliert seinen Vergütungsanspruch ferner auch dann, wenn er eine Partei nach seiner Bestellung einseitig berät oder für seine Tätigkeit außergerichtlich Geld entgegennimmt und dadurch vorsätzlich oder grob fahrlässig einen Ablehnungsgrund setzt.[56]

c) Einem erfolgreich wegen Besorgnis der Befangenheit abgelehnten Sachverständigen, der eine Partei oder deren Prozessbevollmächtigten unsachlich oder persönlich angegriffen hat, steht eine Vergütung nicht zu.[57] Trotz eines mit Erfolg eingelegten Befangenheitsantrags steht der Partei, die diesen Antrag gestellt hat,

---

51 LAG Köln, in Juris/ZSEG = NZA 96.560; OLG Hamburg, in JurBüro 99.426; OLG Koblenz, in KRspr. § 3 ZSEG Nr. 60 LS; OLG Düsseldorf, in KRspr. § 3 ZSEG Nr. 62 LS – alle zum ZSEG –.

52 OLG Brandenburg, in MDR 09.288; OLG Köln, Beschl. v. 08.098.2011 – 5 W 34/11 – in JurBüro 12, 36.

53 OLG Hamm, in MDR 10.653.

54 OLG Karlsruhe, Beschl. v. 10.07.2013 – 12 W 32/13 – in MDR 13, 931.

55 LG Bielefeld, in MDR 75.238 zum ZSEG.

56 OLG Hamm, in FamRZ 94.974 zum ZSEG.

57 OLG Düsseldorf, in JMBl.NRW 02.270 zum ZSEG.

kein eigenes Antragsrecht auf gerichtliche Rückforderung einer gezahlten Vergütung zu. Lehnt der Vertreter der Landeskasse die Rückforderung ab, ist darin ein Antrag auf (ggf. erneute) gerichtliche Festsetzung zu sehen.[58]

d) Der Sachverständige handelt grob fahrlässig, wenn er in seinem schriftlichen Gutachten Formulierungen verwendet, die ein subjektives Misstrauen einer Partei in die Unparteilichkeit des Sachverständigen rechtfertigen können. Die absolut erforderliche Unparteilichkeit des Sachverständigen gebietet es, dass sich der Sachverständige während der Zeit der Gutachtenerstattung absolut neutral verhalten muss und dass er an die Beantwortung der Beweisfragen unvoreingenommen und objektiv herangeht. Bereits der durch seine Formulierungen verursachte Anschein von Parteilichkeit macht das Gutachten unbrauchbar, auch wenn es sachlich ohne Mängel ist. Der Sachverständige verliert dann seinen Vergütungsanspruch.[59]

e) Die Besorgnis der Befangenheit eines Sachverständigen kann sich daraus ergeben, dass er zu erkennen gibt, einzelne Beweisthemen für verfehlt zu halten und dass er außerdem abweichende Gutachten deshalb ablehnt, weil sie von Angestellten aus dem Lager einer Partei »ergebnisorientiert« erstellt worden seien.[60]

f) Die Befangenheit eines ärztlichen Sachverständigen kann angenommen werden, wenn der Sachverständige ohne Einwilligung des zu untersuchenden Patienten dem Praxismitinhaber des Antragsgegners die Anwesenheit bei der Untersuchung gestattet, mit diesem während der Untersuchung den Fall erörtert und aufgrund der Erörterungen Feststellungen trifft, die der Patient als einseitige Information des Arztes durch die Gegenseite werten kann.[61]

Die Feststellungen, die in der Entscheidung über das Ablehnungsgesuch über das der Ablehnung zugrunde liegende Verhalten des Sachverständigen getroffen werden, sind für das Gericht, das über die Aberkennung des Entschädigungsanspruchs zu befinden hat, nicht bindend.[62] 21

Wird das Gutachten trotz begründeter Ablehnung wegen schuldhaften Verhaltens des Sachverständigen ganz oder teilweise verwertet, hat der Sachverständige insoweit einen Anspruch auf sein Honorar.[63] 22

Für die Stellungnahme zu dem gegen ihn gerichteten Ablehnungsgesuch ist der Sachverständige nicht zu vergüten. Die Stellungnahme zu einem Befangenheitsantrag ist nicht ein Teil der von ihm geforderten Sachverständigenleistung, sondern lediglich 23

58 OLG Koblenz v. 01.12.2009 – 14 W 788/09 -.
59 LG Osnabrück, in Nds.Rpfl. 06.63.
60 OLG Saarbrücken, Beschl. v. 18.04.2007 – 5 W 90/07, in MDR 08.1393.
61 OLG Frankfurt am Main in MDR 10.652.
62 OLG Hamm, in JurBüro 79, 1687 = MDR 79.942 zum ZSEG.
63 LG Bayreuth, in JurBüro 91.437; OLG Düsseldorf, in JurBüro 92.56 zum ZSEG.

eine »anlässlich der Gutachtertätigkeit« ausgeführte Maßnahme, für die das JVEG eine Vergütung nicht vorsieht.[64]

Ortsbesichtigung, Zeugenbefragung

24 Die Ortsbesichtigung durch einen Sachverständigen ohne Benachrichtigung der Beteiligten stellt eine unrichtige Sachbehandlung dar, soweit der Sachverständige das Erfordernis von Feststellungen an Ort und Stelle nicht mit vertretbaren Erwägungen verneint hat und das Gericht daraufhin dem Sachverständigen nicht anweist, den Ortstermin durchzuführen.[65]

Wird der Sachverständige mit Erfolg abgelehnt, weil er es unterlassen hat, die Parteien zu dem Ortstermin zu laden, so verliert er seinen Vergütungsanspruch, wenn sein Verhalten als grob fahrlässig zu werten ist.[66]

Die Nichtbeachtung eines lediglich formularmäßig im Auftragsschreiben an den Sachverständigen enthaltenen Hinweises zur Benachrichtigung der Parteien »von einem etwaigen Besichtigungstermin« reicht für sich allein nicht aus, den Vorwurf einer groben Fahrlässigkeit zu rechtfertigen, insb., wenn der Sachverständige keine Erfahrung mit der Erstattung gerichtlicher Gutachten hat.[67]

Hat der Sachverständige die Parteivertreter von einem Ortstermin nicht verständigt und wird infolgedessen eine Wiederholung der Besichtigung erforderlich, so sind die entstandenen Mehrkosten des Sachverständigen nicht erstattungsfähig, da insoweit keine auftragsgemäße Erledigung vorliegt.

25 Ein Sachverständiger verliert seinen Vergütungsanspruch auch dann, wenn er ohne Unterrichtung der Parteien und des Gerichts eine Zeugenbefragung vornimmt und deshalb mit Erfolg abgelehnt wird.[68]

Führt der Sachverständige aus Gründen, die er allein zu vertreten hat, den Auftrag nicht vollständig aus, versäumt er insb. schuldhaft den Termin, in dem er sein Gutachten erläutern soll, dann steht ihm ein Honoraranspruch nicht zu, wenn die vom ihm erbrachte Teilleistung für das Gericht ohne Wert ist.[69]

---

64 OLG Koblenz, in MDR 00.416 zum ZSEG; KG in MDR 10.719; a.A. OLG Frankfurt am Main, in MDR 93.484 = Rpfleger 93.421 = OLGR 93.187; LSG Bad.-Württ. in Justiz 04.277 – zum ZSEG –; teilweise a.A. OLG Stuttgart, in KostRspr. JVEG 8 Nr. 4 = JurBüro 08.98 = MDR 07, 1456; LG Osnabrück, Beschl. v. 20.06.2012 – 1 T 17/12 – in JurBüro 13, 99 = Nds. Rpfl. 13, 158; OLG Celle, Beschl. v. 28.06.2012 – 2 W 171/12 – in Nds.Rpfl. 12, 309.

65 OLG Koblenz, in KostRspr. JVEG 8 Nr. 6 = JurBüro 08.379.

66 OLG Oldenburg, in Nds.Rpfl. 04.130; OLG Karlsruhe, Beschl. v. 23.02.2010 – 14 W 37/09 – in MDR 10, 1148; einschränkend: OLG Saarbrücken, Beschl. v. 16.08.2011 – 5 W 189/11-81 – in MDR 11, 1315.

67 OLG Koblenz, in MDR 10.463.

68 OLG Frankfurt am Main, in KRspr. § 3 ZSEG Nr. 46 LS m. Anm. von *Herget*.

69 OLG Köln, in MDR 70.855 zum ZSEG.

Eine **Minderung oder ein Wegfall der Vergütung** ist **gemäß Abs. 2 Nr. 4** gerechtfertigt, wenn der Sachverständige seine Leistung nicht vollständig erbracht hat, obwohl er mit Ordnungsmitteln (Ordnungsgeld wegen Fristversäumung und wegen wiederholter Fristversäumnis) dazu angehalten worden war. 26

Entzieht das Gericht dem Sachverständigen den Gutachtenauftrag, weil es ihn für unfähig oder unwillig hält, so entfällt der Vergütungsanspruch nur dann, wenn der Sachverständige grob fahrlässig gehandelt hat, insb., wenn er damit rechnen musste, dass sein Verhalten Anlass geben würde, ihm den Auftrag zu entziehen. Diese Voraussetzung liegt nicht vor, wenn das Gericht dem Sachverständigen keine Frist nach § 411 Abs. 1 Satz 2 ZPO gesetzt oder gegen ihn ein zweites Ordnungsgeld nach § 411 Abs. 2 ZPO verhängt hat.[70] 27

Fertigstellung des Gutachtens unterbleibt durch Verschulden des Sachverständigen

Ein Sachverständiger hat erst dann Anspruch auf seine Vergütung, wenn er entsprechend der Beweisanordnung der heranziehenden Stelle die Beweisfrage beantwortet hat.[71] Unterbleibt die Fertigstellung des Gutachtens durch Verschulden des Sachverständigen, so entfällt der Vergütungsanspruch für die bereits geleisteten Arbeiten.[72] Ein Verschulden liegt z.B. dann vor, wenn der Sachverständige den Fortgang der Begutachtung deshalb ablehnt, weil eine von ihm begehrte Vereinbarung nach § 13 nicht zustande gekommen ist.[73] Ist jedoch die erbrachte Teilleistung für die heranziehende Stelle verwertbar, so ist der Sachverständige für diese Teilleistung zu vergüten.[74] 28

Der Sachverständige hat jedoch keinen Anspruch auf eine Vergütung, wenn er vor Erstattung des Gutachtens wegen einer vom Gericht abweichenden Vorstellung über die Vorgehensweise um seine Entpflichtung nachsucht, ohne das Gericht zuvor auf seine Bedenken hinzuweisen.[75]

Fertigstellung des Gutachtens unterbleibt ohne Verschulden des Sachverständigen

Unterbleibt die Fertigstellung des Gutachtens ohne Verschulden des Sachverständigen, z.B. wenn das Gericht den Auftrag zurückzieht, weil sich die Parteien verglichen haben, so hat er einen Anspruch auf Vergütung für die Vorbereitungsarbeiten und die bereits erbrachten Teilleistungen.[76] Die bereits geleistete Arbeit ist mit dem Stundensatz zu vergüten, der bei Erledigung des Auftrags anzuwenden wäre. 29

Eine Vergütung für die von ihm nicht mehr verlangten Leistungen kann er, auch wenn er den Wegfall des Gutachtenauftrags nicht zu vertreten hat, nicht erhalten.[77]

70 OLG München, in MDR 02.57 = AnwBl. 02.67 zum ZSEG.
71 LG Mönchengladbach, in DWW 97.123.
72 OLG Köln, in MDR 70.855.
73 OVG Berlin-Brandenburg in JurBüro 01.485.
74 OLG Hamm, in Rpfleger 63.314.
75 KG in FamRZ 99.1515.
76 OLG Düsseldorf, in KostRspr. JVEG Nr. 7 = JurBüro 09.151.
77 OLG München, in Rpfleger 78.272 = JurBüro 78.900.

Für sämtliche Fälle des Abs. 2 gilt indes:

30 Wird die Sachverständigenleistung tatsächlich verwertet, ist sie auch zu vergüten (Abs. 2 Satz 2). Wenn sich beispielsweise das Gericht in seiner Entscheidung im Hauptsachverfahren auf das Gutachten stützt, gilt die Sachverständigenleistung nach Abs. 2 S. 2 immer als verwertbar. Diese Hauptsacheentscheidung ist auch für das Festsetzungsverfahren nach dem JVEG bindend. Lässt sich aus den Akten des Hauptsacheverfahrens nicht eindeutig feststellen, ob das Gutachten verwertet worden ist, etwa weil die Parteien sich vor einer gerichtlichen Entscheidung verglichen haben, wird eine schriftliche Äußerung des Gerichts erforderlich werden.

Hat der Sachverständige Teilleistungen erbracht und verwertet die heranziehende Stelle diese, werden sie auch vergütet. Nur in dem Fall, dass die erbrachten Teilleistungen nicht verwertbar sind, entfällt ein Vergütungsanspruch vollständig.

Hinweispflicht des Sachverständigen

31 Mit der gesetzlichen Regelung des § 407a Abs. 3 ZPO ist die früher in Rechtsprechung und Literatur umstrittene Frage, ob der Sachverständige eine Überschreitung des Auslagenvorschusses auch ohne ausdrückliche Aufforderung durch das Gericht mitzuteilen habe, i.S.d. Hinweispflicht entschieden worden. Zwar soll das Gericht den Sachverständigen auf die Pflichten nach § 407a ZPO hinweisen (§ 407a Abs. 5 ZPO), die Belehrung wird aber als entbehrlich angesehen, wenn es sich um einen Sachverständigen handelt, mit dem das Gericht schon wiederholt nach den Grundsätzen verfahren ist, die in § 407a ZPO ihren Niederschlag gefunden haben.[78] Die Verpflichtung aus § 407a Abs. 3 ZPO besteht jedenfalls unabhängig davon, ob das Gericht den Sachverständigen hierauf hingewiesen hat oder nicht.

IV. Kosten stehen in einem Missverhältnis zum Streitwert (Abs. 3)

32 Wenn der Sachverständige erkennt oder erkennen muss, dass die Kosten des Gutachtens in einem offensichtlichen Missverhältnis zum Wert des Streitgegenstandes stehen, hat er das Gericht darauf hinzuweisen und die Stellungnahme des Gerichts abzuwarten (§ 407a Abs. 3 Satz 2 ZPO). Hat der Sachverständige dies unterlassen kann die heranziehende Stelle nach billigem Ermessen bestimmen, in welcher Höhe dem Sachverständigen eine Vergütung zusteht. Vor einer solchen Entscheidung sind die Beteiligten anzuhören. Sodann wird eine fiktive Vergütung bestimmt, die in einem »angemessenen« Verhältnis zum Streitgegenstand steht.

Der Sachverständige wird i.d.R. nicht überblicken können, ob die im Verhältnis zum Streitwert ungewöhnlich hohen Kosten des Gutachtens vom Gericht und den Parteien vorausgesehen sind und in Kauf genommen werden

Ein Missverhältnis wird jedenfalls dann anzunehmen sein, wenn die Vergütung des Sachverständigen mehr als die Hälfte des Streitwertes erreicht.[79]

---

78 BT-Drucks. 11/3621 S. 40.

Kommen dem Sachverständigen, dem ein Auftrag zur Erstattung eines Gutachtens erteilt war, während der Vorbereitung des Gutachtens Zweifel, ob die zu erwartenden Kosten in einem angemessenen Verhältnis zum Streitwert stehen, und teilt er dies dem Gericht unter näherer Begründung mit, so ist, auch wenn es danach zur Gutachtenerstattung nicht mehr kommt, der erforderliche Zeitaufwand für die vorbereitenden Arbeiten zu vergüten.[80]

Auch wenn der Sachverständigenauftrag ohne Kostenlimit erteilt worden ist, hat der Sachverständige das Gericht nach § 407a Abs. 3 Satz 2 ZPO zu informieren, sobald Kosten erwachsen, die erkennbar außer Verhältnis zum Streitgegenstand stehen.

Die Verpflichtung des Sachverständigen, das Gericht darauf hinzuweisen, dass voraussichtlich Kosten erwachsen, die erkennbar außer Verhältnis zum Wert des Verfahrensgegenstandes stehen, gilt auch im Verfahren der freiwilligen Gerichtsbarkeit.[81] In Sorge- und Umgangsverfahren ist die Mitteilung jedenfalls dann geboten, wenn Kosten für 100 Gutachterstunden angefallen sind.[82]

Unterlässt der Sachverständige den gebotenen Hinweis, so hängt eine Kürzung seiner Vergütung davon ab, ob bei verständiger Würdigung aller Umstände davon auszugehen ist, dass auch bei rechtzeitigem Hinweis die Tätigkeit des Sachverständigen nicht eingeschränkt oder unterbunden worden wäre. Das Risiko einer Unaufklärbarkeit trifft den Sachverständigen.[83]

Eine **Minderung** des Vergütungsanspruchs tritt dann **nicht** ein, wenn der Sachverständige sich auf **mangelndes Verschulden** (vorsätzlich oder grob fahrlässig) berufen kann (Absatz 5).

V. Erhebliche Überschreitung des Auslagenvorschusses (Abs. 4)

Der Sachverständige ist nach § 407a Abs. 3 Satz 2 ZPO verpflichtet, die heranziehende Stelle zu verständigen, wenn die voraussichtlichen Kosten seiner Tätigkeit den von den Parteien angeforderten Auslagenvorschuss (§§ 379, 402 ZPO) erheblich übersteigen. Hierdurch soll den Parteien die Gelegenheit gegeben werden, von einer kostspieligen Beweisaufnahme Abstand zu nehmen und sich ggf. gütlich zu einigen. Schließlich kann das Gericht eine Fortsetzung der Beweisaufnahme von der Zahlung eines weiteren Auslagenvorschusses abhängig machen. 33

Wenn der Sachverständige den Hinweis gemäß § 407a Abs. 3 Satz 2 ZPO unterlässt, kann die Vergütung auf den Betrag des angeforderten Vorschusses begrenzt werden. Eine solche Begrenzung auf den eingezahlten Vorschusses gilt indes nur, wenn die

79 SchlHOLG in JurBüro 89.1173 zum ZSEG.

80 KG in Rpfleger 81.164 = JurBüro 81.1866 zum ZSEG.

81 BayObLG in FamRZ 98 Heft 6.VII LS = FGPrax 98.73 = NJW-RR 98.1294.

82 AG Kempen, in FamRZ 98.41 LS – die vom Sachverständigen eingelegte Beschwerde ist durch OLG Köln, Beschl. v. 27.06.1997 – 14 WF 75/97 – verworfen worden –.

83 BayObLG in FamRZ 98 Heft 6.VII LS = FGPrax 98.73 = NJW-RR 98.1294.

Vergütung den Vorschuss »erheblich« übersteigt. Wann eine erhebliche Überschreitung des Auslagenvorschusses durch die voraussichtlichen Gutachterkosten vorliegt, wird im Einzelfall zu beurteilen sein.

Bei höheren Gutachterkosten werden Überschreitungen des Auslagenvorschusses um mehr als 10 % vereinzelt nicht mehr als unerheblich anzusehen sein.[84] Eine erhebliche Vorschussüberschreitung liegt nach der überwiegenden Rechtsprechung und einem Teil der Literatur (*Zöller/Greger*, 25. Auflage, § 413 ZPO, Rn. 6) bis dato bei mehr als 20 % vor. Ein Teil der Rechtsprechung[85] sieht eine »erhebliche Überschreitung« erst bei mehr als 25 %. Die »Grenze« von 20 % gilt auch in den sonstigen Kostengesetzen, zum Beispiel auch für die Bemessung von anwaltlichen Rahmengebühren gemäß § 14 RVG. Es besteht deshalb keine Veranlassung, davon zugunsten von Sachverständigen »nach Oben« abzuweichen.

In diesem Fall gilt wie zuvor: Der Sachverständige muss schuldhaft oder grob fahrlässig gehandelt, besser: nicht gehandelt haben. Die Verpflichtung des Sachverständigen, das Gericht darauf hinzuweisen, dass voraussichtlich Kosten erwachsen, die einen angeforderten Kostenvorschuss erheblich übersteigen, gilt auch im Verfahren der freiwilligen Gerichtsbarkeit.[86]

VI. Verschulden (Abs. 5)

34 Absatz 5 legt ein Verschuldenserfordernis in den Fällen der Absätze 3 und 4 fest, welches dem Berechtigten ermöglicht, sich auf ein mangelndes Verschulden zu berufen, um die Rechtsfolge der Vergütungsminderung nicht eintreten zu lassen. Systematisch wird ein Verschulden generell vermutet, so dass es dem Berechtigten obliegt, mangelndes Verschulden darzulegen. Als Verschuldensmaßstab soll Vorsatz und Fahrlässigkeit genügen.

35 Hat der Sachverständige angezeigt, dass der geleistete Vorschuss im Wesentlichen erschöpft sei, so kann ihm bei der Festsetzung seiner Vergütung nicht entgegengehalten werden, er habe nach der Anzeige in der Begutachtung nicht fortfahren dürfen, wenn ihm dies vom Gericht nicht mitgeteilt worden ist.[87] Eine Fehlkalkulation des Sachverständigen bei der Kostenschätzung geht zu seinen Lasten.[88]

---

84 LSG Nordrhein-Westfalen (Essen) in Meso B 20b/59 S. 63; LSG Nordrhein-Westfalen in Meso B 20b/60 S. 66.

85 OLG Stuttgart, Beschl. v. 19.11.2007 – 8 W 452/07 = BauR 07, 2119 L; OLG Celle, DS 08, 77 = BauR 08, 718; LG Kiel, Beschl. v. 06.07.2009 – 9 O 216/05, BeckRS 13, 12012 u. hierzu Anm. Lehmann, IBR 10, 1197; OLG Koblenz, JurBüro 10, 214 L = BeckRS 10, 00135.

86 BayObLG in FamRZ 98 Heft 6.VII LS = FGPrax 98.73 = NJW-RR 98.1294.

87 OLG Düsseldorf, Beschl. v. 06.06.1989 – 10 W 45/89 – zum ZSEG.

88 OLG Koblenz, Beschl. v. 29.06.2009 – 14 W 207/09 –.

§ 9 JVEG Honorar für die Leistung der Sachverständigen und Dolmetscher

(1) Der Sachverständige erhält für jede Stunde ein Honorar

in der Honorargruppe ...	in Höhe von ... Euro
1	65
2	70
3	75
4	80
5	85
6	90
7	95
8	100
9	105
10	110
11	115
12	120
13	125
M 1	65
M 2	75
M 3	100

Die Zuordnung der Leistungen zu einer Honorargruppe bestimmt sich entsprechend der Entscheidung über die Heranziehung nach der Anlage 1. Ist die Leistung auf einem Sachgebiet zu erbringen, das in keiner Honorargruppe genannt wird, ist sie unter Berücksichtigung der allgemein für Leistungen dieser Art außergerichtlich und außerbehördlich vereinbarten Stundensätze einer Honorargruppe nach billigen Ermessen zuzuordnen; dies gilt entsprechend, wenn ein medizinisches oder psychologisches Gutachten einen Gegenstand betrifft, der in keiner Honorargruppe genannt wird. Ist die Leistung auf mehreren Sachgebieten zu erbringen oder betrifft das medizinische oder psychologische Gutachten mehrere Gegenstände und sind die Sachgebiete oder Gegenstände verschiedenen Honorargruppen zugeordnet, bemisst sich das Honorar einheitlich für die gesamte erforderliche Zeit nach der höchsten dieser Honorargruppen; jedoch gilt Satz 3 entsprechend, wenn dies mit Rücksicht auf den Schwerpunkt der Leistung zu einem unbilligen Ergebnis führen würde. § 4 gilt entsprechend mit der Maßgabe, dass die Beschwerde auch zulässig ist, wenn der Wert des Beschwerdegegenstandes 200 Euro nicht übersteigt. Die Beschwerde ist nur zulässig, solange der Anspruch auf Vergütung noch nicht geltend gemacht worden ist.

(2) Beauftragt das Gericht den vorläufigen Insolvenzverwalter, als Sachverständiger zu prüfen, ob ein Eröffnungsgrund vorliegt und welche Aussichten für eine Fortführung des Unternehmens des Schuldners bestehen (§ 22 Absatz 1 Satz 2 Nummer 3 der Insolvenzordnung, auch in Verbindung mit § 22 Absatz 2 der Insolvenzordnung), beträgt das Honorar in diesem Fall abweichend von Absatz 1 für jede Stunde 80 Euro.

(3) Das Honorar des Dolmetschers beträgt für jede Stunde 70 Euro und, wenn er ausdrücklich für simultanes Dolmetschen herangezogen worden ist, 75 Euro; maßgebend ist ausschließlich die bei der Heranziehung im Voraus mitgeteilte Art des Dolmetschens. Ein ausschließlich als Dolmetscher Tätiger erhält eine Ausfallentschädigung, soweit er durch die Aufhebung eines Termins, zu dem er geladen war und dessen Aufhebung nicht durch einen in seiner Person liegenden Grund veranlasst war, einen Einkommensverlust erlitten hat und ihm die Aufhebung erst am Terminstag oder an einem der beiden vorhergehenden Tage mitgeteilt worden ist. Die Ausfallentschädigung wird bis zu einem Betrag gewährt, der dem Honorar für zwei Stunden entspricht.

Anlage 1 (zu § 9 Abs. 1)

Nr.	Sachgebietsbezeichnung	Honorargruppe
1	Abfallstoffe – soweit nicht Sachgebiet 3 oder 18 – einschließlich Altfahrzeuge und -geräte	11
2	Akustik, Lärmschutz – soweit nicht Sachgebiet 4	4
3	Altlasten und Bodenschutz	4
4	*Bauwesen – soweit nicht Sachgebiet 13 – einschließlich technische Gebäudeausrüstung*	
4.1	Planung	4
4.2	handwerklich-technische Ausführung	2
4.3	Schadensfeststellung, -ursachenermittlung und -bewertung – soweit nicht Sachgebiet 4.1 oder 4.2 –, Bauvertragswesen, Baubetrieb und Abrechnung von Bauleistungen	5
4.4	Baustoffe	6
5	Berufskunde und Tätigkeitsanalyse	10
6	*Betriebswirtschaft*	
6.1	Unternehmensbewertung, Betriebsunterbrechungs- und -verlagerungsschäden	11
6.2	Kapitalanlagen und private Finanzplanung	13
6.3	Besteuerung	3
7	Bewertung von Immobilien	6
8	Brandursachenermittlung	4
9	Briefmarken und Münzen	2

10	*Datenverarbeitung, Elektronik und Telekommunikation*	
10.1	Datenverarbeitung (Hardware und Software)	8
10.2	Elektronik – soweit nicht Sachgebiet 38 – (insbesondere Mess-, Steuerungs- und Regelungselektronik)	9
10.3	Telekommunikation (insbesondere Telefonanlagen, Mobilfunk, Übertragungstechnik)	8
11	Elektrotechnische Anlagen und Geräte – soweit nicht Sachgebiet 4 oder 10	4
12	Fahrzeugbau	3
13	*Garten- und Landschaftsbau einschließlich Sportanlagenbau*	
13.1	Planung	3
13.2	handwerklich-technische Ausführung	3
13.3	Schadensfeststellung, -ursachenermittlung und -bewertung – soweit nicht Sachgebiet 13.1 oder 13.2	4
14	Gesundheitshandwerk	2
15	Grafisches Gewerbe	6
16	Hausrat und Inneneinrichtung	3
17	Honorarabrechnungen von Architekten und Ingenieuren	9
18	Immissionen	2
19	Kältetechnik – soweit nicht Sachgebiet 4	5
20	Kraftfahrzeugschäden und -bewertung	8
21	Kunst und Antiquitäten	3
22	Lebensmittelchemie und -technologie	6
23	Maschinen und Anlagen – soweit nicht Sachgebiet 4, 10 oder 11	6
24	Medizintechnik	7
25	Mieten und Pachten	10
26	Möbel – soweit nicht Sachgebiet 21	2
27	Musikinstrumente	2
28	Rundfunk- und Fernsehtechnik	2
29	Schiffe, Wassersportfahrzeuge	4
30	Schmuck, Juwelen, Perlen, Gold- und Silberwaren	2
31	Schrift- und Urkundenuntersuchung	8
32	Schweißtechnik	5
33	Spedition, Transport, Lagerwirtschaft	5

34	Sprengtechnik	2
35	Textilien, Leder und Pelze	2
36	Tiere	2
37	Ursachenermittlung und Rekonstruktion bei Fahrzeugunfällen	12
38	Verkehrsregelungs- und -überwachungstechnik	5
39	*Vermessungs- und Katasterwesen*	
39.1	Vermessungstechnik	1
39.2	Vermessungs- und Katasterwesen im Übrigen	9
40	Versicherungsmathematik	10

Gegenstand medizinischer und psychologischer Gutachten	Honorargruppe
Einfache gutachtliche Beurteilungen, insbesondere – in Gebührenrechtsfragen, – zur Minderung der Erwerbsfähigkeit nach einer Monoverletzung, – zur Haft-, Verhandlungs- oder Vernehmungsfähigkeit, – zur Verlängerung einer Betreuung.	M 1
Beschreibende (Ist-Zustands-)Begutachtung nach standardisiertem Schema ohne Erörterung spezieller Kausalzusammenhänge mit einfacher medizinischer Verlaufsprognose und mit durchschnittlichem Schwierigkeitsgrad, insbesondere Gutachten – in Verfahren nach dem SGB IX, – zur Minderung der Erwerbsfähigkeit und zur Invalidität, – zu rechtsmedizinischen und toxikologischen Fragestellungen im Zusammenhang mit der Feststellung einer Beeinträchtigung der Fahrtüchtigkeit durch Alkohol, Drogen, Medikamente oder Krankheiten, – zu spurenkundlichen oder rechtsmedizinischen Fragestellungen mit Befunderhebungen (z.B. bei Verletzungen und anderen Unfallfolgen), – zu einfachen Fragestellungen zur Schuldfähigkeit ohne besondere Schwierigkeiten der Persönlichkeitsdiagnostik, – zur Einrichtung oder Aufhebung einer Betreuung und der Anordnung eines Einwilligungsvorbehalts gemäß § 1903 BGB, – zu Unterhaltsstreitigkeiten aufgrund einer Erwerbs- oder Arbeitsunfähigkeit, – zu neurologisch-psychologischen Fragestellungen in Verfahren nach der FeV.	M2

Gutachten mit hohem Schwierigkeitsgrad (Begutachtungen spezieller Kausalzusammenhänge und/oder differenzialdiagnostischer Probleme und/oder Beurteilung der Prognose und/oder Beurteilung strittiger Kausalitätsfragen), insbesondere Gutachten – zum Kausalzusammenhang bei problematischen Verletzungsfolgen, – zu ärztlichen Behandlungsfehlern, – in Verfahren nach dem OEG, – in Verfahren nach dem HHG, – zur Schuldfähigkeit bei Schwierigkeiten der Persönlichkeitsdiagnostik, – in Verfahren zur Anordnung einer Maßregel der Besserung und Sicherung (in Verfahren zur Entziehung der Fahrerlaubnis zu neurologisch/psychologischen Fragestellungen), – zur Kriminalprognose, – zur Aussagetüchtigkeit, – zur Widerstandsfähigkeit, – in Verfahren nach den §§ 3, 10, 17 und 105 JGG, – in Unterbringungsverfahren, – in Verfahren nach § 1905 BGB, – in Verfahren nach dem TSG, – in Verfahren zur Regelung von Sorge- oder Umgangsrechten, – zur Geschäfts-, Testier- oder Prozessfähigkeit, – zu Berufskrankheiten und zur Minderung der Erwerbsfähigkeit bei besonderen Schwierigkeiten, – zu rechtsmedizinischen, toxikologischen und spurenkundlichen Fragestellungen im Zusammenhang mit einer abschließenden Todesursachenklärung, ärztlichen Behandlungsfehlern oder einer Beurteilung der Schuldfähigkeit.	M3

Übersicht **Rdn.**

I. Allgemeine Bemerkungen

§ 9 stellte das **Kernstück der Reform im Bereich der Vergütung** der Sachverständigen und Dolmetscher durch das Kostenrechtsmodernisierungsgesetz 2004 dar. Dolmetscher erhielten – unabhängig von der zu übertragenden Sprache und unabhängig von der Schwierigkeit des zu übertragenden Textes – immer denselben Stundensatz in Höhe von 55,00 Euro. Die am häufigsten in Anspruch genommenen Sachverständi- 1 genleistungen waren in insgesamt 13 Honorargruppen mit festen Stundensätzen zwischen 50,00 € und 95,00 € aufgeführt. Leistungen aus anderen Sachgebieten sollten anhand des 13er-Katalogs einer »vergleichbaren« Honorargruppe vergütet werden. Die Erstellung eines umfangreicheren Katalogs mit zusätzlichen Sachgebieten wurde seinerzeit abgelehnt, weil dies der angestrebten grundlegenden Vereinfachung des Kostenrechts widerspräche. Eine Festlegung in nicht aufgelisteten Sachgebieten zu einer bestimmten Honorargruppe könne nach billigem Ermessen im Verfahren nach § 4 geschehen. Die Stundensätze schlossen die laufenden Gemeinkosten, insb. für die Alterssicherung und Krankheitsvorsorge, ein.[1]

Das neue System erwies sich schnell als wenig praxistauglich. Die Zuordnung von nicht aufgelisteten Sachgebieten zu einer »vergleichbaren« Honorargruppe beschäftigte die Rechtsprechung über Gebühr. Die Gerichte bewerteten die erbrachten Leistungen zum Teil sehr unterschiedlich, sodass die Honorare für vergleichbare Leistungen mit weit voneinander abweichenden Honoraren vergütet wurden. Die angestrebte »Vereinfachung« kehrte sich zum Teil in ihr Gegenteil um.

§ 9 in der Fassung des 2. KostRMoG enthält nunmehr 40 Sachgebiete mit Honorarstufen von 65,00 bis 125,00 Euro vor. Dies ist eine deutliche Ausweitung des Katalogs der Sachgebiete. Die Sachgebiete orientieren sich in Zahl und Ausgestaltung den Ergebnisses der Studie von Hommerich/Reiß (JVEG – Evaluation und Marktanalyse) aus dem Jahr 2009 zur Häufigkeit von Aufträgen in diesen Sachgebieten. In die neue Liste wurden neue Sachgebiete aufgenommen, die nach Ansicht der Praxis gefehlt haben (z.B. Nr. 38), andere Sachgebiete, die bisher aufgeführt waren, fehlen nun oder sind an andere Stellen verschoben (z.B. Wasserversorgung und Abwässer). Die Zusammenfassung mancher Sachgebietsbezeichnungen unter einer gemeinsamen Überschrift (z.B. Nr. 4 mit Nrn. 4.1 – 4.4) soll die Zuordnung erleichtern. Die vereinzelt vorkommenden Hinweise »soweit nicht Sachgebiet ...« (z.B. in Nr. 1) versuchen eine Abgrenzung zu vergleichbaren Sachgebieten.

Der Gesetzgeber hat auf die Kritik gegen den als zu schmal angesehenen Sachgebietekatalog reagiert. Er hat die Relevanz der nun aufgelisteten Sachgebiete durch die genannte Studie von Hommerich/Reiß wissenschaftlich ermitteln lassen und die Ergebnisse in den neuen Katalog einfließen lassen. Er ist damit einerseits seiner Absicht der Vereinfachung des Kostenrechts treu geblieben und andererseits auf die Kritik der gerichtlichen Praxis, der Sachverständigen und ihrer Verbände eingegangen. Ob und wann der neue Katalog wiederum überarbeitet werden muss, wird die Praxis zeigen.

Unter das neue Sachgebiet »Tiere« (Nr. 36) ist auch der Bereich der Veterinärmedizin zu fassen. Die in der Praxis aktuell diskutierte Frage, ob Veterinärmedizin nicht der Humanmedizin vergleichbar wäre, sodass die Honorargruppen M 1 bis M 3 angewendet werden müssten, erscheint für das Ergebnis wenig erheblich. Nach Honorargruppe 2 beträgt der Stundensatz 70 Euro und liegt damit genau zwischen

1 BT-Drucks. 15/1971 – Begründung zu § 9 JVEG – S. 223 –.

den Honoraren M 1 und M 2. Eine in der Diskussion befürchtete Diskriminierung der Veterinärmedizin ist – zumindest unter finanziellem Aspekt – dadurch ausgeschlossen.

Die Höhe des Honorars für die jeweiligen Sachgebiete orientiert sich ebenfalls an den Ergebnissen der Studie von *Hommerich/Reiß* (JVEG – Evaluation und Marktanalyse) aus dem Jahr 2009. Von den darin ermittelten und gemittelten Werten wurde ein »Justizrabatt« von 10 % abgezogen. Zu der von Sachverständigen und ihren Verbänden geforderten »Vollkostenerstattung« ist es somit nicht gekommen. Nach dem bis zum 31.07.2013 geltenden Recht wurde bei der Höhe der Sachverständigenhonorare mit Rücksicht auf die öffentlichen Haushalte ein Abschlag auf die Stundensätze für Geschäftskunden (ermittelte Marktpreise) in Höhe von sogar 20 Prozent vorgenommen. Der Abschlag begründet sich damit, dass die Justiz als öffentlicher Auftraggeber ein solventer Schuldner ist und auf dem Markt als Großauftraggeber auftritt. Zudem bestehe für Sachverständige eine staatsbürgerliche Pflicht zur Mitwirkung an gerichtlichen Verfahren.

Der Justizrabatt steht seit Jahren in der Kritik der Sachverständigen und ihrer Verbände und ist auch im Laufe des Gesetzgebungsverfahrens zum 2. KostRMoG heftig kritisiert worden (s. stellvertretend: *Bleutge*, Die Novelle zum JVEG – Änderungen, Verbesserungen, Mängel, Praxistipps in DS 2013, 256).

Dabei wird übersehen, dass die Ausgaben im Bereich des JVEG nicht vollständig von den Zahlungen der Parteien gedeckt sind. Der Gesetzentwurf spricht von einer »Rückflussquote« von 50 % (BT-Drucks. 17/11471 neu S. 151, 152). Das bedeutet, dass nur jeder zweite in diesem Bereich ausgegebene Euro durch Zahlung der Parteien im Rahmen der Gerichtskosten wieder in die Justizkasse zurückfließt. Die Berechnung ist unzweifelhaft richtig. Der mit dem 2. KostRMoG eingeführte Abschlag von 10 % ist demnach ein Kompromiss zwischen dem Bemühen, die Vergütung im gerichtlichen Bereich weitgehend an den außergerichtlichen Bereich anzugleichen und fiskalischen Überlegungen. Im Übrigen wird damit berücksichtigt, dass zwischen der Untersuchung von *Hommerich/Reiß* in den Jahren 2008/2009 und dem Inkrafttreten des 2. KostRMoG mehr als vier Jahre liegen, in denen die Vergütungen im außergerichtlichen Bereich eher gestiegen sein dürften.

In Abs. 1 S. 3 und 4 ist eine redaktionelle Änderung vorgenommen worden. Anstelle der bisherigen Fassung »wird die Leistung erbracht« bzw. »erfolgt die Leistung« verwendet das Gesetz nun den Ausdruck »ist die Leistung zu erbringen«. Als entscheidendes Kriterium für die Honorarbemessung wird dadurch der erteilte Auftrag und nicht die tatsächliche Ausführung herausgestellt.

II. Zuordnung zu einer Honorargruppe

a) Die Aufzählung der in der Anlage 1 genannten Honorargruppen erfasst 40 in der Praxis häufig vorkommende Sachgebiete, in denen Sachverständige tätig sind. Sie kann deshalb wegen der Vielzahl der in Betracht kommenden Sachgebiete nicht als eine abschließende Aufzählung angesehen werden. 2

Bei der Bemessung der Vergütung für eine gutachterliche Leistung aus **einem in der Anlage 1 (zu § 9 Abs. 1) eindeutig ausgewiesenen Sachgebiet** ist das Gericht an die diesem Sachgebiet vom Gesetzgeber zugeordnete Honorargruppe gebunden.[2] Der Schwierigkeitsgrad des zu erledigenden Auftrags ist dabei unerheblich.[3]

Die Zuordnung eines Sachverständigen zu der **Honorargruppe M (M 1 bis M 3)** richtet sich nach dem konkreten Gegenstand des in Auftrag gegebenen medizinischen oder psychologischen Gutachtens. Der Schwierigkeitsgrad eines Gutachtens wiederum wird durch die konkrete Fragestellung des Gutachtens bestimmt.

Mit **Honorargruppe M 1** werden sog. »einfache gutachterliche Beurteilungen« vergütet. Das Gesetz nennt vier solcher Tätigkeiten, nämlich 1) Gebührenrechtsfragen, 2) was mit der »Minderung der Erwerbsfähigkeit nach einer Monoverletzung« gemeint ist, 3) Beurteilung einer Haft-, Verhandlungs- oder Vernehmungsfähigkeit und 4) Beurteilungen zur Verlängerung einer Betreuung. Die Aufzählung ist nicht abschließend sondern beispielhaft, wie sich aus dem Wort »insbesondere« vor der Aufzählung ergibt[4]

Mit **Honorargruppe M 2** werden beschreibende (Ist-Zustands-)Begutachtungen nach standardisiertem Schema ohne Erörterung spezieller Kausalzusammenhänge mit einer medizinischer Verlaufsprognose und mit durchschnittlichem Schwierigkeitsgrad vergütet. Das Gesetz nennt acht Beispiele. Auch diese Aufzählung ist nicht abschließend, wie sich auch hier durch die Einleitung »insbesondere« ergibt. Hierunter fallen in erster Linie Gutachten, die eine Kausalitätsbeurteilung zum Gegenstand haben, die sog. »Zusammenhangsgutachten«,[5] darin zahlreiche Einzelbeispiele).

Mit **Honorargruppe M 3** werden letztlich Gutachten mit hohem Schwierigkeitsgrad vergütet. Nach der Rechtsprechung muss es sich dabei um die Beurteilung von

---

2 LG Flensburg, Beschl. v. 01.06.2005 – 2 O 337/04, in JurBüro 05.600 m. Anm. von *Meyer*, bestätigt durch OLG Schleswig, Beschl. v. 28.07.2005 – 9 W 133/05 –.

3 LG Flensburg, Beschl. v. 01.06.2005 – 2 O 337/04, in JurBüro 05.600 m. Anm. von *Meyer*, bestätigt durch OLG Schleswig, Beschl. v. 28.07.2005 – 9 W 133/05 –; OLG Schleswig, in KostRspr. § 9 Nr. 9 = FamRZ 09.1706.

4 OLG Nürnberg, Beschl. v. 16.11.2010 – 6 W 1936/10 – in FamRZ 11, 844 L; LSG Sachsen, Beschl. v. 26.04.2010 – L 6 AS 118/10 B KO in BeckRS 10, 70160 m.w.N.; LG Kassel, Beschl. v. 05.06.2012 – 3 T 194/12 – in BeckRS 12, 13505 (für M 2).

5 LSG Bayern, Beschl. v. 06.02.2009 – L 15 B 852/07 SF KO – in BeckRS 09, 61081; LSG Hessen, Beschl. v. 03.02.2011 – L 2 R 490/10 B in BeckRS 11, 69543; LSG Berlin-Brandenburg, Beschl. v. 23.09.2011 – L 2 SF 254/11 – in BeckRS 11, 78328 – in BeckRS 11, 78328; LSG Thüringen, Beschl. v. 05.01.2012 – L 6 SF 172/12 E – in BeckRS 12, 68296; LSG Thüringen, Beschl. v. 28.03.2012 – L 6 SF 172/12 E – in BeckRS 12, 68365; LG Kassel, Beschl. v. 05.06.2012 – § T 194/12 – in BeckRS 12, 13505; LSG Thüringen, Beschl. v. 17.04.2013 – L 6 SF 433/13 E – in BeckRS 13, 68561; LSG Thüringen, Beschl. v. 24.04.2013 – L 6 SF 287/13 E – in BeckRS 13, 69762; SG Karlsruhe, Beschl. v. 03.04.2013 – S 1 KO 1111/13 in BeckRS 13, 68246; SG Karlsruhe, Beschl. v. 07.08.2013 – S 1 KO 2754/13 in BeckRS 13, 71475; SG Karlsruhe, Beschl. v. 14.08.2013 – S 1 KO 283/13 in BeckRS 13, 72026.

speziellen Kausalzusammenhängen und/oder Beurteilung strittiger Kausalitätsfragen handeln, nicht um Gutachten zu allgemeinen oder wissenschaftlich bereits geklärte Kausalitätsfragen.[6]

Kommt es nicht zur Erstattung des Gutachtens, weil etwa die zu begutachtende Person sich verweigert, ist der Sachverständige für erbrachte Leistungen mit dem dem Gutachten zugeordneten Honorarstundensatz zu vergüten. Eine Ermäßigung des Honorarstundensatzes sieht § 9 nicht vor.[7]

b) Nach Abs. 1 Satz 3 ist eine **Sachverständigenleistung aus einem Sachgebiet, das in der Anlage 1 nicht aufgeführt ist**, einer – der aufgeführten – Honorargruppe nach billigem Ermessen zuzuordnen. Maßgebliches Kriterium für die Zuordnung sind dabei die außergerichtlich und außerbehördlich vereinbarten Stundensätze für Leistungen auf dem betroffenen Sachgebiet, weil auch die Einteilung der Gruppen in der Anlage 1 diesem Maßstab folgt.
   Erzielt bspw. ein Sachverständiger für eine gutachtliche Leistung aus einem in der Anlage 1 nicht aufgeführten Sachgebiet außergerichtlich ein Stundenhonorar von 72,50 €, so wird er der Honorargruppe 2 mit einem Stundensatz von 70,00 € zuzuordnen sein.
   Seine außergerichtlich erzielte Stundenvergütung übersteigt zwar den der Honorargruppe 2 zugeteilten Stundenvergütungssatz von 70,00 €, bleibt aber unter dem der Honorargruppe 3 zugewiesenen Satz von 75,00 €/Stunde. Einen Honorierung der Sachverständigenleistung mit einem zwischen den gesetzlich vorgesehenen Beträgen liegenden Stundenvergütungssatz – hier: 72,50 € – sieht § 9 Abs. 1 nicht vor. Es erscheint daher gerechtfertigt, das frei vereinbarte Honorar auf den gesetzlichen Betrag der Honorarstufe 5 nach billigem Ermessen »abzurunden«.
   Vorstehendes gilt entsprechend, wenn ein medizinisches Gutachten einen Gegenstand betrifft, der in keiner der Honorargruppen M 1 bis M 3 genannt ist.

Die Heranziehung von Vergleichswerten fällt aktuell nicht sonderlich schwer, wenn und soweit auf die Marktanalyse von Hommerich/Reiß zurückgegriffen werden kann. Soweit es an im Wege der Marktanalyse ermittelten Marktpreisen fehlt, sind die Leistungen wie bisher nach billigem Ermessen einer Honorargruppe zuzuordnen. Dies gilt namentlich für kartellrechtliche Zivil-, Verwaltungs- und Bußgeldgerichtsverfahren, die an die Qualifikation des Sachverständigen regelmäßig Anforderungen stellen, die der Honorargruppe 13 entsprechen.

6 VG Augsburg, Beschl. v. 04.11.2009 – Au 6 M 09.1507 in BeckRS 09, 48034; LSG Thüringen, Beschl. v. 15.03.2010 – L 6 B 209/09 SF in BeckRS 12, 66586; LSG Berlin-Brandenburg, Beschl. v. 06.02.2012 – L 2 SF 503/11 E in BeckRS 12, 67121; OVG Münster, Beschl. v. 15.06.2012 – 17 A 2508/09 – in BeckRS 12, 53193.

7 LG Koblenz, Beschl. v. 10.05.2005 – 1 Qs 57/05, in JurBüro 05.601 LS, bestätigt durch OLG Koblenz, Beschl. v. 04.07.2005 – 1 Ws 461/05 –.

Bleutge, ansonsten sicher kein Freund des Justizrabatts, rät Sachverständigen in diesen Fällen, der heranziehenden Stelle den Marktpreis und den davon abgezogenen »Justizrabatt« anzugeben und anhand des so errechneten Betrages eine Zuordnung zu der Tabelle nach § 9 zu beantragen.[8]

Eine erhebliche Hilfe bei der Zuordnung von Leistungen aus dem Handwerksbereich stellt die von der Abteilung Recht des Zentralverbands des Deutschen Handwerks (Zentralverband des Deutschen Handwerks, Mohrenstraße20/21,10117 Berlin) herausgegebene Liste der »Zuordnung von handwerklichen Sachverständigentätigkeiten zu den Sachgebieten der Anlage 1 zu § 9 Abs. 1 JVEG, Stand: August 2013« dar.

3 Erbringt der Sachverständige **Leistungen aus mehreren der in der Anlage 1 zu § 9 bezeichneten Sachgebiete** oder betrifft das medizinische Gutachten mehrere Gegenstände der in den Honorargruppen M 1 bis M 3 bezeichneten Art und sind für die Sachgebiete oder Gegenstände verschieden hohe Honorarstundensätze vorgesehen, ist für die Bemessung der Leistungsvergütung **einheitlich** für die gesamte erforderliche Zeit **der höchste Stundensatz** maßgebend. Das gilt entsprechend, wenn Sachverständigenleistungen aus einem in der Anlage 1 bezeichneten Sachgebiet und aus einem dort nicht genannten Sachgebiet erbracht werden.

Die Bestimmung, dass die Vergütung in den vorgenannten Fällen einheitlich nach dem höchsten Honorarstundensatz zu bemessen ist, soll verhindern, dass die Gesamtvergütung aus verschiedenen Stundensätzen nach dem jeweiligen Umfang der zeitlichen Inanspruchnahme oder etwa auf der Grundlage eines »gemischten« Stundensatzes zu berechnen ist.

Die einheitliche Honorarberechnung nach dem höchsten Stundensatz führt jedoch dann zu einem unbilligen Ergebnis, wenn der auf das Sachgebiet mit dem höchsten Stundenhonorarsatz entfallende Teil an der Gesamtleistung nur geringfügig ist. Dann ist in diesem Fall die maßgebliche Honorargruppe entsprechend der Regelung in Satz 3 nach freiem Ermessen zu bestimmen.[9]

4 Mit Rücksicht darauf, dass Sachverständige ein berechtigtes Interesse daran haben können, die Bemessungsgrundlagen für ihr Leistungshonorar schon sehr frühzeitig – möglichst alsbald nach ihrer Heranziehung und vor Aufnahme der ihnen übertragenen Aufgaben – zu erfahren, eröffnet Abs. 1 Satz 5 dem Sachverständigen die Möglichkeit, die »**Festsetzung der Honorargruppe und damit des Honorarstundensatzes**« entsprechend der Regelung des § 4 in den Fällen zu verlangen, in denen

– sich sein Sachgebiet oder der Gegenstand der Begutachtung sich nicht zweifelsfrei aus dem Katalog der Anlage 1 ergibt oder nicht eindeutig einer bestimmten Honorargruppe zugeordnet werden kann,

8 *Bleutge*, Die Novelle zum JVEG – Änderungen, Verbesserungen, Mängel, Praxistipps in DS 2013, 256 (unter III. 2.).

9 BT-Drucks. 15/1971 – Begründung zu § 9 JVEG – S. 223/224 –.

– die maßgebliche Honorargruppe bei einer Gesamtvergütung nach freiem Ermessen zu bestimmen ist.

Wegen der Einzelheiten des Festsetzungsverfahrens wird zunächst auf die Erläuterungen zu § 4 verwiesen.

Das Verfahren auf Festsetzung des Honorarstundensatzes wird i.d.R. immer dann in Betracht kommen, wenn der Sachverständige noch nicht in der Lage ist, seinen Honoraranspruch insgesamt geltend zu machen, aber er gleichwohl ein Interesse an der frühzeitigen Feststellung hat, mit welchem Honorarsatz die von ihm erwartete Gutachterleistung vergütet wird. Ist die Gutachterleistung bereits restlos erbracht, kann der Sachverständige nur noch das Verfahren nach § 4 Abs. 1 und 2 auf Festsetzung der gesamten ihm zustehenden Vergütung betreiben.[10]

Gegen die gerichtliche Festsetzung des Honorarstundensatzes ist stets die Beschwerde ohne Rücksicht auf den Wert des Beschwerdegegenstandes zulässig, solange der Sachverständige seinen Vergütungsanspruch noch nicht geltend gemacht hat, weil sich in diesem Fall der Beschwerdewert noch nicht beziffern lässt. Zugleich dient die Beschwerderegelung der Rechtsfortbildung, weil sie in der für den Sachverständigen wichtigen Frage der sachgerechten Zuordnung seiner gutachterlichen Leistung in die entsprechende Honorargruppe obergerichtliche Entscheidungen unabhängig von dem Beschwerdewert ermöglicht.[11]

Für den **Bereich der Sozialgerichtsbarkeit** hält die Rechtsprechung die Regelungen des JVEG über die Vergütung gerichtlicher Sachverständiger für unvollständig und wenig praktikabel; die Vorabentscheidung über den Stundensatz der Sachverständigenvergütung stehe daher systemimmanent unter dem Vorbehalt der späteren Überprüfung i.R.d. Vergütungsabrechnung.[12]

III. Sachverständiger nach § 22 Abs. 1 Satz 2 Nr. 3 InsO (Abs. 2)

Der nach § 22 Abs. 1 Satz 2 Nr. 3 InsO bestellte Sachverständige erhält unabhängig 5
davon, in welchem Sachgebiet er seine Sachverständigenleistung erbringt, nach § 9 Abs. 2 ein Stundenhonorar von 80,00 €. Das gilt auch für den **vorläufigen Insolvenzverwalter** (§ 22 Abs. 2 InsO), wenn dieser nach § 22 Abs. 1 Satz 2 Nr. 3 InsO als Sachverständiger beauftragt wird.[13]

Für den vorläufigen Insolvenzverwalter beträgt das Honorar für jede Stunde 80 €. Im Fall einer isolierten Gutachtertätigkeit ist das Honorar nach Absatz 1 zu bemessen

10 OLG Stuttgart, Beschl. v. 26.06.2005 – 4 Ws 115/05, in Justiz 05.436.

11 BT-Drucks. 15/1971 – Begründung zu § 9 JVEG – S. 224 –.

12 LSG Bad.-Württ., Beschl. v. 15.09.2004 – L 12 U 3685/04 Ko-A, in Justiz 05.27 = KostRsp. JVEG § 9 Nr. 1 LS; LSG Bad.-Württ., Beschl. v. 22.09.2004 – L 12 RJ 3686/04 Ko-A, in Justiz 05.91 = KostRsp. JVEG § 9 Nr. 2 LS.

13 OLG München, Beschl. v. 20.05.2005 – 11 W 1422/05, in Rpfleger 05.571.

(Nr. 6 der neuen Sachgebietsliste: 75 €, 115 € oder 125 €). I.d.R. wird Nr. 6.1 (Unternehmensbewertung) mit 115 € in Frage kommen.

Auf den **isolierten Sachverständigen**, der aufgrund eines Beweisbeschlusses in einem schriftlichen Gutachten Feststellungen darüber treffen soll, ob

- und ggf. welche Sicherungsmaßnahmen zu treffen sind,
- ein nach der Rechtsform der Schuldnerin maßgeblicher Eröffnungsgrund vorliegt,
- Aussichten für eine Fortführung des schuldnerischen Unternehmens bestehen,
- eine kostendeckende Masse vorhanden ist,

findet § 9 Abs. 2 keine unmittelbare Anwendung. Der Aufgabenbereich des isolierten Sachverständigen entspricht aber qualitativ dem Aufgabenbereich des nach § 22 Abs. 1 Satz 2 Nr. 3 InsO beauftragten vorläufigen Insolvenzverwalter. Im Rahmen des billigen Ermessens nach § 9 Abs. 1 Satz 3 JVEG bestehen daher keine Bedenken, den isolierten Sachverständigen entsprechend der Honorargruppe 4 des § 9 Abs. 1 Satz 1 zuzuordnen und mit dem Honorarsatz von 80 € zu vergüten.[14]

Äußert sich ein Sachverständiger ausschließlich im Auftrag des Staatsanwalts im Rahmen eines Ermittlungsverfahrens u.a. zu Konkursvergehen des Angeklagten, so wird er weder als vorläufiger Insolvenzverwalter noch in sonstiger Funktion nach der InsO tätig. Eine Anwendung des § 9 Abs. 2 auf seine Vergütung scheidet damit aus. Die Tätigkeit des Sachverständigen kommt vielmehr einer »Unternehmensbewertung (6.1)« i.S.d. Honorargruppe 11 nach der Anlage 1 zu § 9 zumindest nahe und ist mit einem Stundensatz von 115,00 € zu vergüten.[15]

IV. Dolmetscherhonorar (Abs. 3)

6 Für die Frage, ob die nach § 1 herangezogene Person als Dolmetscher, d.h. wie ein Sachverständiger oder als Übersetzer nach § 14 zu vergüten ist, kommt es auf die erbrachte Leistung an.

Als **Dolmetscher** wird tätig, wer mündliche oder schriftliche Erklärungen durch eine mündliche Übertragung in eine andere Sprache der anderen Seite verständlich macht oder die Verständigung mit tauben und stummen Personen vermittelt.

Auch die als Sprachsachverständiger zur Hauptverhandlung geladene Beweisperson, die gerichtlich beauftragt war, umfangreiche fremdsprachige Druckerzeugnisse unter Berücksichtigung politischer Inhalte und des damit verfolgten Zwecks zu sichten, in die deutsche Sprache zu übertragen sowie ihre Sinngehalte aus der Sicht der Verfasser und der angesprochenen Leserkreise bei Beachtung ihrer sprachlichen Eigenarten aufzuzeigen bzw. zu interpretieren, ist als Dolmetscher zu entschädigen.[16]

---

14 LG Mönchengladbach, Beschl. v. 19.01.2005 – 5 T 627/04, in Rpfleger 05.328.

15 OLG Düsseldorf, Beschl. v. 13.09.2006 – III-4 Ws 448/06, in JMBl. NRW 07.127 = JurBüro 07.43 LS.

16 Im Ergebnis ebenso: OLG Düsseldorf, in NStZ-RR 00.96 = JurBüro 00.211 – Entschädigung als Sachverständiger unmittelbar über § 3 ZSEG –.

Als **Übersetzer** wird tätig, wer einen schriftlichen Text schriftlich in eine andere Sprache überträgt.

Ein beeidigter Dolmetscher, der ein fremdsprachiges Schriftstück schriftlich übersetzt, wird deshalb als Übersetzer tätig und daher auch als Übersetzer und nicht als Dolmetscher honoriert.

Die Leistung eines Dolmetschers wird – unabhängig von der zu übertragenden Sprache – mit einem **festen Stundensatz** honoriert. Eine Anhebung des Stundensatzes wegen besonderer Schwierigkeiten ist gesetzlich ausgeschlossen. Auch auf eine analoge Anwendung des für Übersetzer geltenden § 11 Abs. 1 Satz 2 kann eine Erhöhung der Dolmetschervergütung nicht gestützt werden.[17] 7

Der Stundensatz orientiert sich seit Inkrafttreten des 2. KostRMoG an den von Hommerich/Reiß (JVEG – Evaluation und Marktanalyse) festgestellten Marktpreisen.

Neu ist die nunmehr vorgenommene Unterscheidung nach der Art des Dolmetschens in konsekutives Dolmetschen und simultanes Dolmetschen.

Das **konsekutive Dolmetschen** wird oftmals als klassische Form des Dolmetschens bezeichnet. Der Dolmetscher befindet sich mit den Teilnehmern in einem Konferenzraum und überträgt die Worte des Redners zeitversetzt; die Übersetzung der Rede erfolgt in logischen Abschnitten oder einzelnen Sätzen auf den Redner folgend. Dabei trägt der Redner entweder einen vollständigen Diskurs vor und der Dolmetscher übersetzt anschließend oder es werden Teilstücke eines Vortrages mit einer Länge von etwa drei bis zwölf Minuten gedolmetscht. Ein Vortrag beim Konsekutiv-Dolmetschen dauert somit doppelt so lange. Aufgrund der zeitlichen Verzögerung eignet sich diese Art des Dolmetschens vor allem für Veranstaltungen mit begrenzter Teilnehmerzahl, auf denen nur zwei Sprachen gesprochen werden.

Simultanes Dolmetschen ist eine Form des Dolmetschens, bei der die Verdolmetschung fast gleichzeitig mit dem Ausgangstext produziert wird. Der Begriff »simultan« bezieht sich hierbei nicht auf die zeitliche Dimension, sondern darauf, dass der Dolmetscher zwei Tätigkeiten zur gleichen Zeit ausübt, nämlich Hören und Sprechen.

Das konsekutive (= zeitversetzte) Dolmetschen wird mit einem Stundensatz von 70 Euro vergütet, das simultane (= zeitgleiche) Dolmetschen mit einem Stundensatz von 75 Euro. Für die Höhe des Stundensatzes ist **nicht die tatsächlich vorgenommene Tätigkeit** maßgebend, sondern »ausschließlich die bei der Heranziehung im Voraus mitgeteilte Art des Dolmetschens« (Abs. 3 Satz 1, 2. Hs.), also der Auftrag der heranziehenden Stelle.

Die Unterscheidung nach der Art der Sprachmittlung folgt den Feststellungen von *Hommerich/Reiß* (JVEG – Evaluation und Marktanalyse) aus dem Jahr 2009. Dolmetscher fordern und erhalten höhere Honorare für simultanes Dolmetschen als für

17 OLG Hamburg, Beschl. v. 04.08.2006 – 2 Ws 180/06, in HambJVBl. 06.109.

konsekutives Dolmetschen (*Hommerich/Reiß*, JVEG – Evaluation und Marktanalyse, Gliederung 5.2.2.2 – S. 159). Diese Unterscheidung wird im Gesetz nachvollzogen.

Im Gesetzgebungsverfahren ist kritisiert worden, dass nicht immer zweifelsfrei vorhersehbar sei, welche Art des Dolmetschens tatsächlich benötigt werde. Dies ergebe sich in vielen Fällen erst im Termin, vielfach werde im Termin auch die Übertragungsart gewechselt. Beispielsweise werde eine Zeugenaussage innerhalb einer Gerichtsverhandlung konsekutiv übersetzt, während der Verlauf der Verhandlung in der Regel simultan übersetzt werde. Zudem seien die qualitativen Anforderungen an den Dolmetscher in beiden Fällen gleich hoch (BT-Drucks. 17/11471 neu S. 323). Die Kritik ist unberücksichtigt geblieben.

Für die Höhe des Stundensatzes ist **ausschließlich die bei der Heranziehung im Voraus mitgeteilte Art** des Dolmetschens maßgeblich. Wer als Konsekutiv-Dolmetscher geladen wird, erhält demnach auch dann ein Honorar von 70 Euro, wenn er – sei es aus eigenem Entschluss, sei es auf Wunsch des Gerichts – simultan dolmetscht. Auch ein Wechsel der Übertragungsart im Termin, von konsekutiv zu simultan oder umgekehrt, ändert nichts an dem im Voraus festgelegten Stundensatz.

Ob dies sachgerecht oder überhaupt gerecht ist, darf bezweifelt werden. Mit der Heranziehung muss demnach im Voraus ausdrücklich bestimmt werden, ob konsekutives oder simultanes Dolmetschens erwartet wird. Enthält die Aufforderung zur Heranziehung keine Mitteilung über die Art des Dolmetschens, wird der geringere Stundensatz zu gewähren sein, denn der Dolmetscher ist dann nicht »ausdrücklich für simultanes Dolmetschen herangezogen worden« (Abs. 3 Satz 1, 1. Hs.). Die Dolmetscher werden im eigenen Interesse auf eine schriftliche Festlegung im Voraus hinwirken, um Honorarstreitigkeiten zu vermeiden. Der Stundensatz wird einheitlich für die gesamte Zeit der Heranziehung gewährt (einschließlich Reise und Wartezeiten).

Die Ausfallentschädigung (Abs. 3 Satz 2) ist angehoben worden. Sie wird nunmehr »bis zu einem Betrag, der dem Honorar für 2 Stunden entspricht», gewährt. Ob ein »Ausfall« eingetreten ist, wird vom Dolmetscher nachvollziehbar darzulegen sein, andernfalls dürften 2 Stunden zum Regelfall werden.

Erfordert eine Dolmetschertätigkeit nur eine geringe zeitliche Inanspruchnahme bis zu 30 Minuten (wird z.B. ein aus anderen Gründen am Gerichtsort anwesender Dolmetscher vom Gericht an Ort und Stelle für eine Dolmetschertätigkeit herangezogen, die ihn nur 20 Minuten in Anspruch nimmt), dann erscheint es gerechtfertigt, entsprechend dem Grundgedanken des § 8 Abs. 2 Satz 2[18] nur den halben Stundensatz i.H.v. 35,00 € als Honorar zu gewähren.

§ 9 Abs. 3 gilt auch für einen von einer der in § 1 Abs. 1 genannten Stelle zur Verständigung mit einem hörbehinderten Betroffenen hinzugezogenen **Gebärden-**

18 BT-Drucks. 15/1971 – Begründung zu § 8 Abs. 2 JVEG – S. 222 –.

sprachdolmetscher. Dieser erhält wie sonstige i.R.d. § 1 hinzugezogenen Dolmetscher eine Vergütung mit einem festen Stundensatz von 70,00 €.

Soweit ein Gebärdensprachdolmetscher von einer anderen als der in § 1 genannten Stelle herangezogen wird, findet das JVEG für die Berechnung seiner Vergütung keine Anwendung.

Nach Abs. 3 Satz 2 kann eine **ausschließlich als Dolmetscher tätige Person eine** 8
pauschale Ausfallentschädigung mit einem Stundensatz von 70,00 bzw. 75,00 € erhalten, wenn sie durch eine kurzfristige, von ihr nicht zu vertretende Aufhebung oder Verschiebung des Termins, zu dem sie geladen war, einen Einkommensverlust erleidet. Dieser Einkommensverlust kann im Bereich der Dolmetscher – anders als bei Sachverständigen oder Übersetzern – regelmäßig nicht dadurch ausgeglichen werden, dass in derselben Zeit, die für den Termin einschließlich vorgesehener Reise- und Wartezeiten eingeplant war, andere Aufgaben wie etwa das Abdiktieren eines Gutachtens oder einer Übersetzung ausgeführt werden.[19] Einem Dolmetscher, der auch als Übersetzer tätig ist, kann die pauschale Aufwandsentschädigung nicht gewährt werden.[20]

Die pauschale Ausfallentschädigung kann daher nur unter den folgenden Voraussetzungen gewährt werden:

a) die herangezogene Person ist ausschließlich als Dolmetscher tätig,
b) der vorgesehene Termin wird aus Gründen, die der Dolmetscher nicht zu vertreten hat, aufgehoben oder verschoben,
c) die Benachrichtigung von der Aufhebung oder Verschiebung des Termins erreicht den Dolmetscher erst am Tage des vorgesehenen Termins oder an einem der beiden vorangehenden Tage und
d) durch die Aufhebung oder Verschiebung hat der Dolmetscher einen unvermeidbaren Einkommensverlust erlitten.

Dass diese Voraussetzungen vorliegen, wird der Dolmetscher glaubhaft darzulegen haben.

Durch die Formulierung in Abs. 3 Satz 3, dass die Ausfallentschädigung »**bis zu einem** Betrag gewährt wird, der dem **Honorar für 2 Stunden** entspricht«, wird verdeutlicht, dass die Ausfallentschädigung auch niedriger ausfallen kann, wenn der Einkommensverlust des Dolmetschers hinter dem »Höchstsatz« zurückbleibt.

Eine höhere Entschädigung als 140,00 bzw. 150,00 € kann der Dolmetscher auch dann nicht erhalten, wenn der unvermeidbare Einkommensverlust aus Anlass der Terminsänderung deutlich höher ist.

Soweit **Justizbedienstete** weder hauptberuflich noch nebenamtlich gegen eine lau- 9
fende Vergütung **als Dolmetscher** oder Übersetzer für Gericht oder Staatsanwaltschaft

19 BT-Drucks. 15/1971 – Begründung zu § 9 JVEG – S. 224 –.
20 OLG Düsseldorf, Beschl. v. 05.01.2007 – II-3 Ws 574/06, in JMBl. NRW 07.139.

tätig sind, haben sie für Dolmetscherleistungen oder Übersetzungen einen Anspruch auf eine Honorierung i.R.d. §§ 9, 11; das gilt auch dann, wenn es bei den Übersetzungen nur um kleine Schriftsätze (z.B. Ladungen oder Zustellungsurkunden) handelt. Ein Justizbediensteter ist nicht verpflichtet, seine privat erworbenen Sprachkenntnisse, deren Beherrschung nicht Voraussetzung für die Wahrnehmung seiner Dienstaufgaben ist, ohne Vergütung zur Verfügung zu stellen.

Als Dolmetscher oder Übersetzer bei Gerichten oder bei der Staatsanwalt in Anspruch genommene Justizbedienstete, die für diese Tätigkeit eine laufende Vergütung erhalten, haben nach Abs. 3 keinen Anspruch auf Vergütung nach dem JVEG. Die besondere Entschädigung der Dolmetschertätigkeit würde, wenn bereits eine laufende Vergütung für diese Tätigkeit gezahlt wird, zu einer doppelten Bezahlung derselben Tätigkeit führen. Wird aber z.B. der **Protokollführer** im Termin zugleich als Dolmetscher tätig, so erhält er dafür die Vergütung nach § 9 Abs. 3 Satz 1, es sei denn, er ist hauptamtlicher Dolmetscher und erhält für diese Nebentätigkeit eine laufende, nicht auf den Einzelfall abgestellte Vergütung.

Ehrenbeamte oder ehrenamtlich tätige Angehörige einer Behörde oder einer sonstigen öffentlichen Stelle, die für ihre ehrenamtliche Tätigkeit keine Vergütung aus einer öffentlichen Kasse erhalten, haben für eine Tätigkeit z.B. als Dolmetscher für Gericht oder Staatsanwaltschaft immer einen persönlichen Anspruch auf Vergütung nach dem JVEG.

10 Die Frage, ob der beauftragte **Rechtsanwalt** für Dolmetscherleistungen eine besondere Vergütung erhalten kann oder ob der Einsatz seiner Fremdsprachenkenntnisse als »Verwertung besonderer Kenntnisse« durch seine Vergütung nach dem RVG abgegolten ist, wird in Rechtsprechung und Schrifttum uneinheitlich beantwortet. Mit der wohl überwiegenden Meinung bin ich der Auffassung, dass der die Fremdsprache beherrschende Rechtsanwalt jedenfalls dann keine besondere Vergütung erhalten kann, wenn er sich mit seinem ausländischen Mandanten in dessen Sprache unterhält und von ihm sich mündlich oder schriftlich informieren lässt.[21]

11 Zieht eine zur Ausführung gerichtlicher Dolmetscheraufträge von der heranziehenden Stelle ausdrücklich beauftragte **juristische Person (Übersetzungsbüro)** nach ihrer Wahl einen freiberuflichen Dolmetscher als sog. **freien Mitarbeiter** heran, so steht dem Übersetzungsbüro und nicht dem für sie tätigen Dolmetscher der Honoraranspruch zu. Herangezogen i.S.d. § 1 ist nicht der von dem Übersetzungsbüro ausgewählte freie Dolmetscher, sondern das Übersetzungsbüro. Dem Übersetzungsbüro ist dann auch der Betrag der Umsatzsteuer nach § 12 Abs. 1 Satz 2 Nr. 4 zu erstatten, auch wenn der ausgewählte Dolmetscher die Voraussetzungen dafür nicht erfüllt.[22]

---

21 OLG Hamburg, in JurBüro 71.685; OLG Stuttgart, in JurBüro 81.65; a.A.: KG in NJW 61.737.

22 OLG Celle, in JurBüro 05, 147 m. abl. Anm. von *Bund.*

V. Einzelfälle in der Rechtsprechung

Durch die Ausweitung des Katalogs in § 9 Anlage 1 sind viele Sachgebiete jetzt ausdrücklich aufgeführt, die in der bis zum 31.07.2013 geltenden Fassung nicht enthalten waren. Von der Auflistung der Rechtsprechung zu diesen Fällen wird deshalb abgesehen, andere Entscheidungen können weiter herangezogen werden. 12

Wegen der Honorargruppen M 1 bis M 3 s. Rdn. 2.

Gutachten zu den Voraussetzungen über die Fortdauer einer Betreuung

Eine gutachtliche Beurteilung der Frage, ob bei dem Betreuten die Voraussetzungen für eine Betreuung weiterhin vorliegen,[23] wird nach Inkrafttreten des 2. KostRMoG wegen der Ergänzung im 6. Spiegelstrich mit Honorargruppe M 2 vergütet. 13

Gutachten zu den Voraussetzungen der Erweiterung einer bestehenden Betreuung

Eine gutachtliche Beurteilung der Frage, ob eine Betreuung um einen Einwilligungsvorbehalt für vermögensrechtliche Angelegenheiten zu erweitern ist, weiterhin vorliegen, ist mit dem Honorarsatz M 2 zu vergüten. 14

Anthropologisches Vergleichsgutachten 15

Gutachten zu der Frage, ob der Betroffene mit der auf den Lichtbildern abgebildeten Person identisch ist (Anthropologische Vergleichsgutachten) waren bis zum Inkrafttreten des 2. KostRMoG nach Honorargruppe 6 zu vergüten.[24] Nach den Gesetzesmaterialien (BT-Drucks. 17/11471 neu S. 355) sind sie nunmehr über Abs. 1 Satz 3 mit einer der Honorargruppe M 1 bis M 3 zu vergüten.

– s. Rdn. 2 –

Gutachten zur Verkehrsüberwachung (jetzt Sachgebiet Nr. 38) 16

Verkehrsmedizinisches Gutachten zur Fragestellung der Fahrtüchtigkeit oder Begleitstoffgutachten zur Fragestellung eines Nachtrunks

Bei einem verkehrsmedizinisches Gutachten zur Fragestellung der Fahrtüchtigkeit handelt es sich um eine beschreibende Begutachtung nach standardisiertem Schema ohne Erörterung spezieller Kausalzusammenhänge mit einfacher medizinischer Verlaufsprognose und mit durchschnittlichen Schwierigkeitsgrad zu rechtsmedizinischen und toxikologischen Fragen im Zusammenhang mit der Feststellung einer Beeinträchtigung der Fahrtüchtigkeit durch Alkohol, Drogen, Medikamente oder Krankheiten, für das der Sachverständige mit dem Honorarsatz M 2 zu 17

23 LG Magdeburg, Beschl. v. 29.11.2004 – 3 T 847/04, in JurBüro 05.434.

24 OLG Düsseldorf, in JMBl. NRW 06.165; OLG Dresden, Beschl. v. 13.10.2005 – 3 Ws 49/05 –; OLG Stuttgart, Beschl. v. 02.06.2006 – 4 Ws 115/05 –; OLG Bamberg, Beschl. v. 27.04.2005 – Ws 255/05 –.

vergüten ist.[25] Dasselbe gilt für ein Begleitstoffgutachten zur Fragestellung eines Nachtrunks.[26]

18 **Vermessungstechnik** (jetzt Sachgebiet Nr. 39.1 und Nr. 39.2)

Das bisherige Sachgebiet Vermessungstechnik wurde nach Honorarstufe 1 vergütet. Das Sachgebiet ist nun unter Nr. 39 aufgeteilt. Danach werden die »einfachen vermessungstechnischen Arbeiten«, die von Vermessungstechnikern erledigt werden, weiterhin nach Honorarstufe 1 vergütet. Werden »anspruchsvolle, interpretatorische Arbeiten« von Vermessungsingenieuren durchgeführt« werden diese mit dem Honorar nach Honorargruppe 9 vergütet (s. für beides: BT-Drucksache 17/11471 neu S. 326, 327).

Sachverständigengutachten zur Frage über die Wachstumszeit von Canabispflanzen in einer Wohnung

19 Ein Sachverständigengutachten zur Frage über die Wachstumszeit von Canabispflanzen in einer Wohnung betrifft ein Sachgebiet, das in keiner der in der Anlage 1 zu § 9 aufgeführten Honorargruppen genannt ist. Das Sachgebiet fällt insbesondere nicht unter die Honorargruppe 13 (Garten- und Landschaftsbau einschließlich Sportanlagen).

Die von dem Sachverständigen begehrte Vergütung nach der Honorargruppe 5 ist antragsgemäß festzusetzen, auch wenn er in seinem Vergütungsantrag glaubhaft dargelegt hat, bei außergerichtlichen Aufträgen nach einem entsprechend der Honorargruppe 6 abzurechnen.[27]

20 **Nachprüfung einer technischen Verkehrsüberwachungsmaßnahme, insb. zur Ordnungsmäßigkeit einer durchgeführten Geschwindigkeitsmessung** (jetzt Sachgebiet Nr. 38)

Äußerung u.a. zu Konkursvergehen

21 Die **Äußerung des Sachverständigen u.a. zu Konkursvergehen** kommt einer »Unternehmensbewertung (6.1)« i.S.d. Honorargruppe 11 nach der Anlage 1 zu § 9 zumindest nahe.[28]

22 **Gutachten zu Fragen zu Wasserversorgung und Abwässern, Wasserverschmutzung**

Gutachten zu diesen, insbesondere in der verwaltungsgerichtlichen Praxis häufig vorkommenden, Fragen waren bis zum Inkrafttreten des 2. KostRMoG nach

25 LG Magdeburg, Beschl. v. 14.06.2005 – 21 Qs 24/05, in JurBüro 05.600.
26 LG Magdeburg, Beschl. v. 10.06.2005 – 21 Qs 2/05, in JurBüro 05.600.
27 OLG Celle, Beschl. v. 05.04.2006 – 1 Ws 177/06, in Nds.Rpfl. 06.283 –.
28 OLG Düsseldorf, Beschl. v. 13.09.2006 – III-4 Ws 448/06, in JMBl. NRW 07.127 = JurBüro 07.43 LS.

Honorargruppe 3 »Wasserversorgung und Abwässer« zu vergüten. Das bisherige gesonderte Sachgebiet ist nun in dem Sachgebiet »Bauwesen« – Nr. 4 mit Unterteilen 4.1 bis 4.3 – erfasst (BT-Drucks. 17/11471 neu S. 356).

Sachverständigenleistungen zur unterhaltsrechtlichen Leistungsfähigkeit eines Gesellschafters

Ein Gutachten zur Frage, ob die Verwertung (Aufgabe, Verkauf oder Schließung) eines Unternehmens oder eines Unternehmensteils gerechtfertigt ist, geht über die steuerrechtliche Betrachtung hinaus und ist dem Sachgebiet »Unternehmensbewertung« zuzuordnen[29] 23

Sachverständigenleistungen im Zusammenhang mit Schäden an Gebäuden

Die auftragsgemäße Begutachtung von Schäden an Rollläden und Fensterbänken geht über die bloße Tätigkeit bei der Begutachtung von »Fenstern« hinaus. Die Sachverständigenleistung ist daher einheitlich nach Honorargruppe 6 »Schäden an Gebäuden« – jetzt: Honorargruppe 4.3 – zu bewerten.[30] 24

Ein Gutachten über die Qualität verlegter Treppenstufen aus chinesischen Granit ist nach Honorarstufe »Baustoffe« (jetzt Stufe 6) zu vergüten.[31] 25

§ 10 JVEG Honorar für besondere Leistungen

(1) Soweit ein Sachverständiger oder ein sachverständiger Zeuge Leistungen erbringt, die in der Anlage 2 bezeichnet sind, bemisst sich das Honorar oder die Entschädigung nach dieser Anlage.

(2) Für Leistungen der in Abschnitt O des Gebührenverzeichnisses für ärztliche Leistungen (Anlage zur Gebührenordnung für Ärzte) bezeichneten Art erhält der Sachverständige in entsprechender Anwendung dieses Gebührenverzeichnisses ein Honorar nach dem 1,3fachen Gebührensatz. § 4 Absatz 2 Satz 1, Absatz 2a Satz 1, Absatz 3 und 4 Satz 1 und § 10 der Gebührenordnung für Ärzte gelten entsprechend; im Übrigen bleiben die §§ 7 und 12 unberührt.

(3) Soweit für die Erbringung einer Leistung nach Absatz 1 oder Absatz 2 zusätzliche Zeit erforderlich ist, erhält der Berechtigte ein Honorar nach der Honorargruppe 1.

29 OLG Braunschweig, Beschl. v. 07.08.2009 in Nds. Rpfl. 09.426.

30 OLG Hamm (I – 19 U 148/08).

31 OLG Brandenburg, Beschl. v. 0804.2010, 12 W 14/10, MDR 10, 1351.

Übersicht

I. Vorbemerkung

1 Die in Absatz 1 genannte »Anlage 2« ist im Anschluss an § 10 kommentiert.

Die in Absatz 2 genannte »Anlage zur Gebührenordnung für Ärzte« ist als Teil II Abschnitt O des Gebührenverzeichnisses für ärztliche Leistungen abgedruckt.

II. Entsprechend geltende Bestimmungen der GOÄ (Abs. 2)

2 Der Verweis auf die Regelungen zu den Gebühren nach § 4 GOÄ ist durch das 2. KostRMoG konkreter gefasst, um Missverständnissen vorzubeugen. Dadurch wird zum Beispiel verhindert, dass der Arzt Eigenlaborleistungen abrechnet (§ 4 Abs. 2 S. 2 GOÄ).

Die nach Abs. 2 Satz 2 entsprechend geltenden Bestimmungen der Gebührenordnung für Ärzte (GOÄ) in der Fassung der Bekanntmachung vom 09.02.1996 (BGBl. I S. 210) haben den folgenden Wortlaut:

§ 4 GOÄ

Gebühren

(1) …

(2) Der Arzt kann Gebühren nur für selbstständige ärztliche Leistungen berechnen, die er selbst erbracht hat oder die unter seiner Aufsicht nach fachlicher Weisung erbracht wurden (eigene Leistungen). Als eigene Leistungen gelten auch von ihm berechnete Laborleistungen des Abschnitts M II (Basislabor), die nach fachlicher Weisung unter der Aufsicht eines anderen Arztes in Laborgemeinschaften oder in von Ärzten ohne eigene Liquidationsberechtigung geleiteten Krankenhauslabors erbracht werden. Als eigene Leistungen im Rahmen einer wahlärztlichen stationären, teilstationären oder vor- und nachstationären Krankenhausbehandlung gelten nicht

1. *Leistungen nach den Nr. 1 bis 62 des Gebührenverzeichnisses innerhalb von 24 Stunden nach der Aufnahme und innerhalb von 24 Stunden vor der Entlassung,*
2. *Visiten nach den Nr. 45 und 46 des Gebührenverzeichnisses während der gesamten Dauer der stationären Behandlung sowie*
3. *Leistungen nach den Nr. 56, 200, 250, 250a, 252, 271 und 272 des Gebührenverzeichnisses während der gesamten Dauer der stationären Behandlung,*

wenn diese nicht durch den Wahlarzt oder dessen vor Abschluss des Wahlarztvertrages dem Patienten benannten ständigen ärztlichen Vertreter persönlich erbracht werden; der ständige Vertreter muss Facharzt desselben Gebiets sein. Nicht persönlich durch den Wahlarzt oder dessen ständigen ärztlichen Vertreter erbrachte Leistungen nach Abschnitt E des Gebührenverzeichnisses gelten nur dann als eigene wahlärztliche Leistungen, wenn der Wahlarzt oder dessen ständiger ärztlicher Vertreter durch die Zusatzbezeichnung »Physikalische Therapie« oder durch die Gebietsbezeichnung »Facharzt für Physikalische und Rehabilitative Medizin« qualifiziert ist und die Leistungen nach fachlicher Weisung unter deren Aufsicht erbracht werden.

(2a) Für eine Leistung, die Bestandteil oder eine besondere Ausführung einer anderen Leistung nach dem Gebührenverzeichnis ist, kann der Arzt eine Gebühr nicht berechnen, wenn er für die andere Leistung eine Gebühr berechnet. Dies gilt auch für die zur Erbringung der im Gebührenverzeichnis aufgeführten operativen Leistungen methodisch notwendigen operativen Einzelschritte. Die Rufbereitschaft sowie das Bereitstehen eines Arztes oder Arztteams sind nicht berechnungsfähig.

(3) Mit den Gebühren sind die Praxiskosten einschließlich der Kosten für den Sprechstundenbedarf sowie die Kosten für die Anwendung von Instrumenten und Apparaten abgegolten, soweit nicht in dieser Verordnung etwas anderes bestimmt ist. Hat der Arzt ärztliche Leistungen unter Inanspruchnahme Dritter, die nach dieser Verordnung nicht selbst liquidationsberechtigt sind, erbracht, so sind die hierdurch entstandenen Kosten ebenfalls mit der Gebühr abgegolten.

(4) Kosten, die nach Abs. 3 mit den Gebühren abgegolten sind, dürfen nicht berechnet werden. Eine Abtretung des Vergütungsanspruchs in Höhe solcher Kosten ist ggü. dem Zahlungspflichtigen unwirksam.

§ 10 GOÄ

Ersatz von Auslagen

(1) Neben den für die einzelnen ärztlichen Leistungen vorgesehenen Gebühren können als Auslagen nur berechnet werden

1. *die Kosten für diejenigen Arzneimittel, Verbandmittel und sonstige Materialien, die der Patient zur weiteren Verwendung behält oder die mit einer einmaligen Anwendung verbraucht sind, soweit in Abs. 2 nichts anderes bestimmt ist,*
2. *Versand- und Portokosten, soweit deren Berechnung nach Abs. 3 nicht ausgeschlossen ist,*
3. *die im Zusammenhang mit Leistungen nach Abschnitt O bei der Anwendung radioaktiver Stoffe durch deren Verbrauch entstandenen Kosten sowie*
4. *die nach den Vorschriften des Gebührenverzeichnisses als gesondert berechnungsfähig ausgewiesenen Kosten.*

Die Berechnung von Pauschalen ist nicht zulässig.

(2) Nicht berechnet werden können die Kosten für

1. *Kleinmaterialien wie Zellstoff, Mulltupfer, Schnellverbandmaterial, Verbandspray, Gewebeklebstoff auf Histoacrylbasis, Mullkompressen, Holzspatel, Holzstäbchen, Wattestäbchen, Gummifingerlinge,*
2. *Reagenzien und Narkosemittel zur Oberflächenanästhesie,*
3. *Desinfektions- und Reinigungsmittel,*
4. *Augen-, Ohren-, Nasentropfen, Puder, Salben und geringwertige Arzneimittel zur sofortigen Anwendung sowie für*
5. *folgende Einmalartikel: Einmalspritzen, Einmalkanülen, Einmalhandschuhe, Einmalharnblasenkatheter, Einmalskalpelle, Einmalproktoskope, Einmaldarmrohre, Einmalspekula.*

(3) Versand- und Portokosten können nur von dem Arzt berechnet werden, dem die gesamten Kosten für Versandmaterial, Versandgefäße sowie für den Versand oder Transport entstanden sind. Kosten für Versandmaterial, für den Versand des Untersuchungsmaterials und die Übermittlung des Untersuchungsergebnisses innerhalb einer Laborgemeinschaft oder innerhalb eines Krankenhausgeländes sind nicht berechnungsfähig; dies gilt auch, wenn Material oder ein Teil davon unter Nutzung der Transportmittel oder des Versandweges oder der Versandgefäße einer Laborgemeinschaft zur Untersuchung einem zur Erbringung der Leistung beauftragten Arzt zugeleitet wird. Werden aus demselben Körpermaterial sowohl in einer Laborgemeinschaft als auch von einem Laborarzt Leistungen aus den Abschnitten M oder N ausgeführt, so kann der Laborarzt bei Benutzung desselben Transportweges Versandkosten nicht berechnen; dies gilt auch dann, wenn ein Arzt eines anderen Gebiets Auftragsleistungen aus den Abschnitten M oder N erbringt. Für die Versendung der Arztrechnung dürfen Versand- und Protokosten nicht berechnet werden.

Abschnitt O des Gebührenverzeichnis zur GOÄ ist abgedruckt unter Teil II.

III. Allgemeine Bemerkungen

3 § 10 sieht vor, dass für **bestimmte Sachverständigenleistungen**, die in häufig wiederkehrender Art für die beauftragende Stelle auf medizinischen Gebiet erbracht zu werden pflegen, **feste Vergütungssätze oder Vergütungen innerhalb eines durch Mindest- und Höchstsätze begrenzten Vergütungsrahmens** gewährt werden. Die Berechnung des Honorars für diese häufig wiederkehrenden Fälle wird dadurch wesentlich erleichtert.

Schließlich sind für **ärztliche Sachverständigenleistungen aus dem Bereich der Strahlendiagnostik, der Anwendung radioaktiver Stoffe (Radionuklide) und der Strahlentherapie** die Vergütungen unmittelbar aus Abschnitt O des Gebührenverzeichnisses für ärztliche Leistungen (Anlage zur GOÄ) zu entnehmen und zwar überwiegend i.H.d. 1,3fachen des dort genannten Gebührensatzes. Dadurch soll für diesen Bereich eine differenziertere Honorierung der Leistung ärztlicher Sachverständiger ermöglicht werden.

Bei den in der Anlage 2 aufgeführten Verrichtungen handelt es sich um Leistungen, die für die gerichtliche Gutachtertätigkeit typisch sind und für die sich in langjähriger

Erfahrung angemessene spezielle Vergütungssätze herausgebildet haben. Die **Vergütungsregelung des § 9 findet auf diese Gutachtertätigkeit keine Anwendung.**

Gutachtliche Leistungen, die weder in der Anlage 2 noch in Abschnitt O des Gebührenverzeichnisses zur GOÄ aufgeführt sind, können ausschließlich nach § 9 honoriert werden. Die Leistungsmerkmale in der Anlage 2 und in Abschnitt O der Anlage zur GOÄ sind **als Spezialregelungen eng auszulegen.** Eine analoge Anwendung dieser Spezialregelungen auf dort nicht einzuordnende Sachverständigenleistungen ist ausgeschlossen.

Ebenso wie Sachverständige werden **sachverständige Zeugen** nach den Sätzen der 4 Anlage 2 vergütet, wenn sie die dort angeführten Leistungen erbringen. Sie erhalten dann neben der Vergütung nach der Anlage 2 auch Ersatz ihrer Aufwendungen nach § 12.[1]

Lässt der Sachverständige Verrichtungen der in der Anlage 2 bezeichneten Art durch 5 **Hilfskräfte** ausführen, so gelten für deren Entschädigung nicht die in der Anlage 2 bestimmten Vergütungsbeträge. Wegen der Entschädigung der Hilfskräfte wird auf Rdn. 12.21 verwiesen.

IV. Pauschalvergütung neben dem Honorar nach § 9

Benötigt ein Sachverständiger als Material für ein umfassendes Gutachten eine 6 Untersuchung, für die nach der Anlage 2 oder nach Abschnitt O des Gebührenverzeichnisses zur GOÄ eine Pauschalvergütung gewährt wird, so erhält der Sachverständige für die Untersuchung diese Vergütung und i.Ü. für das Gutachten das nach der erforderlichen Zeit zu bemessende Honorar nach § 9. Hierbei ist jedoch der für die Untersuchung erforderliche Zeitaufwand unberücksichtigt zu lassen, da dieser bereits durch die Pauschalvergütung abgegolten ist.[2]

Durch die Pauschalvergütung ist auch abgegolten der Zeitaufwand für Arbeiten, die für die Erstellung einer »**kurzen gutachtlichen Äußerung**« nach Abschnitt 3 der Anlage 2 erforderlich sind.[3]

Auch neben der Vergütung für einen **Befundschein** nach Abschnitt 2 der Anlage 2 ist ein Honorar nach § 9 begrifflich ausgeschlossen.

V. Vergütung für zusätzlich erforderliche Zeit (Abs. 3)

Anders als bei dem Honorar nach § 9, bei dessen Berechnung auch notwendige 7 Vorbereitungs-, Reise- oder Wartezeiten pp. zu berücksichtigen sind, wird bei den Verrichtungen nach der Anlage 2 oder nach Abschnitt O des Gebührenverzeichnisses zur GOÄ durch die pauschale Vergütung nur der durch die Verrichtung selbst

1 BSG in ZSW 86.15 m. Anm. von *Müller* = SGb 85.561 zum ZSEG.
2 LSG Ba.-Wü. in JVBl. 71.140; LSG Hessen in JVBl. 71.119; VGH Bayern in NJW 73.1429 zum ZSEG.
3 OLG Düsseldorf, in Rpfleger 80.406 = JurBüro 80.1551 zum ZSEG.

erforderliche Zeitaufwand erfasst. Jeder darüber hinausgehende erforderliche Zeitaufwand ist als »**zusätzlich erforderliche Zeit**« i.S.d. Abs. 3 anzusehen und mit dem Honorarsatz der Honorargruppe 1 i.H.v. 50,00 € für jede Stunde zusätzlich zu vergüten. Der für die Verrichtung selbst erforderliche Zeitaufwand bleibt bei der Berechnung der zusätzlichen Vergütung außer Betracht.

Abs. 3 enthält hinsichtlich der zu vergütenden »zusätzlich erforderlichen Zeit« keine Regelung über die **Berechnung der letzten angefangenen Stunde**. Gleichwohl wird die letzte bereits begonnene Stunde entsprechend der Regelung in § 8 Abs. 2 berechnet werden müssen.

– S. hierzu § 8 Rdn. 17 –.

»Zusätzlich erforderliche Zeit« i.S.d. Abs. 3 ist nur die Zeit, die in einem unmittelbaren Zusammenhang mit einer der zu vergütenden Verrichtungen steht. Ist eine dieser Verrichtungen in einem späteren gerichtlichen Termin zu erläutern, so ist die Beweisperson hierfür entweder als sachverständiger Zeuge oder als Sachverständiger zu vergüten. Die **Zeit für die Terminswahrnehmung** ist keine »zusätzlich erforderliche Zeit« i.S.d. Abs. 3.

VI. Vergütung für Leistungen nach Abschnitt O der Anlage zur GOÄ

8 Für gutachtliche Leistungen der in Abschnitt O der Anlage zur GOÄ bezeichneten Art erhält der Sachverständige – soweit nicht ausdrücklich anders geregelt – eine Vergütung nach dem **1,3fachen Gebührensatz**. Mit diesem Gebührensatz sind auch alle Aufwendungen, insb. die durch die Anwendung von Instrumenten und Apparaten entstehenden Kosten abgegolten (§ 4 Abs. 3 GOÄ in Verb. mit § 5 Abs. 2 JVEG), sofern in der GOÄ nicht ausdrücklich etwas anderes bestimmt ist.

Das gilt auch dann, wenn der Sachverständige im Rahmen seiner Gutachtertätigkeit die Geräte eines Dritten in Anspruch genommen hat, und er hierfür dem selbst nicht liquidationsberechtigten Dritten ein **Nutzungsentgelt** zu zahlen hat.

Neben dem 1,3fachen Vergütungssatz nach Abschnitt O der Anlage zur GOÄ können dem Sachverständigen die durch die Leistung entstandenen Sachkosten weder nach § 12 noch im Rahmen des § 7 – wenn die Leistung durch ärztliche Hilfskräfte erbracht worden ist – erstattet werden. Wenn sich ein niedergelassener Arzt mit entsprechender personeller und apparativer Ausstattung für eine Verrichtung nach Abschnitt O der Anlage zur GOÄ mit dem 1,3fachen Satz als Vergütung abfinden muss, so muss dies auch für den Krankenhausarzt gelten, der im Rahmen seiner Gutachtertätigkeit eine Leistung nach Abschnitt O der Anlage zur GOÄ erbringt. Es würde zu einer nicht zu vertretenden Ungleichbehandlung führen, wenn dem Krankenhausarzt neben dem 1,3fachen Vergütungssatz die an das Krankenhaus abzuführenden Sachkosten als zusätzliche Fremdkosten erstattet würden.

Für die Vergütungen der in der Anlage 2 bezeichneten Verrichtungen sind teilweise Rahmensätze vorgesehen. Für die Ausfüllung dieser sehr weit gespannten Rahmen können die Gebührentatbestände der GOÄ, und zwar deren einfache Sätze, einen Anhalt bieten.[4]

VII. Ersatz von Aufwendungen

Neben der in der Anlage 2 vorgesehenen Leistungsvergütung werden dem Sachverständigen auch seine **notwendigen Aufwendungen** ersetzt. 9

Das gilt grds. auch für die in Abs. 2 genannten Leistungen nach Abschnitt O der Anlage zur GOÄ. Da nach dem letzten Satz des Abs. 2 die §§ 7 und 12 unberührt bleiben, sind neben den **nach § 10 GOÄ erstattungsfähigen Auslagen** auch Aufwendungen nach § 7 und sonstige Auslagen nach § 12 zu erstatten.

Soweit **durch die Pauschalvergütung der Anlage 2 und der GOÄ bestimmte Auslagen ausdrücklich mit abgegolten** sind, wie z.B. in:

Abschnitt 3	das verbrauchte Material an geringwertigen Stoffen,
Abschnitt 4	das Material einschließlich höherwertiger Stoffe und Testseren
Abschnitt 5	die dort genannten Aufwendungen,
§ 10 Nr. 1 GOÄ	die unter den Buchst. a) bis e) aufgeführten Kosten,

können diese auch nicht über die §§ 7 und 12 entschädigt werden.

Neben der Pauschalvergütung sind bei **notwendigen Reisen** Fahrtkostenersatz nach § 5 und Aufwandsentschädigung nach § 6 zu leisten. Für die Berechnung der Aufwandsentschädigung nach § 6 sind der Zeitaufwand für die Verrichtung selbst und ggf. die zusätzlich erforderliche Zeit zu berücksichtigen; das Tagegeld ist mithin für die gesamte Zeit der Abwesenheit zu gewähren.

4 LSG Niedersachsen in NJW 78.606 = Nds.Rpfl. 78.38; OLG Karlsruhe, in Justiz 93.242 zum ZSEG.

Anlage 2 (zu § 10 Abs. 1) JVEG

Abschnitt 1
Leichenschau und Obduktion

(1) Das Honorar in den Fällen der Nr. 100, 102 bis 108 umfasst den zur Niederschrift gegebenen Bericht, in den Fällen der Nr. 102 bis 106 umfasst das Honorar auch das vorläufige Gutachten. Das Honorar nach den Nr. 102 bis 106 erhält jeder Obduzent gesondert.

(2) Aufwendungen für die Nutzung fremder Kühlzellen, Sektionssäle und sonstiger Einrichtungen werden bis zu einem Betrag von 300 € gesondert erstattet, wenn die Nutzung wegen der großen Entfernung zwischen dem Fundort der Leiche und dem rechtsmedizinischen Institut geboten ist.

Nr.	Bezeichnung der Leistung	Honorar in €
100	Besichtigung einer Leiche, von Teilen einer Leiche, eines Embryos oder eines Fetus oder Mitwirkung bei einer richterlichen Leichenschau	60,00
	für mehrere Leistungen bei derselben Gelegenheit jedoch höchstens	140,00
101	Fertigung eines Berichts, der schriftlich zu erstatten oder nachträglich zur Niederschrift zu geben ist	30,00
	für mehrere Leistungen bei derselben Gelegenheit jedoch höchstens	100,00
102	Obduktion	380,00
103	Obduktion unter besonders ungünstigen äußeren Bedingungen: Das Honorar 102 beträgt	500,00
104	Obduktion unter anderen besonders ungünstigen Bedingungen (Zustand der Leiche etc.): Das Honorar 102 beträgt	670,00
105	Sektion von Teilen einer Leiche oder Öffnung eines Embryos oder nicht lebensfähigen Fetus	100,00
106	Sektion oder Öffnung unter besonders ungünstigen Bedingungen: Das Honorar 105 beträgt	140,00

Abschnitt 2
Befund

200	Ausstellung eines Befundscheins oder Erteilung einer schriftlichen Auskunft ohne nähere gutachtliche Äußerung	21,00

201	Die Leistung der in Nr. 200 genannten Art ist außergewöhnlich umfangreich: Das Honorar 200 beträgt	bis zu 44,00
202	Zeugnis über einen ärztlichen Befund mit kurzer gutachtlicher Äußerung oder Formbogengutachten, wenn sich die Fragen auf Vorgeschichte, Angaben und Befund beschränken und nur ein kurzes Gutachten erfordern	38,00
203	Die Leistung der in Nr. 202 genannten Art ist außergewöhnlich umfangreich: Das Honorar 202 beträgt bis zu 44,00	bis zu 75,00

Abschnitt 3
Untersuchungen, Blutentnahme

300	Untersuchung eines Lebensmittels, Bedarfsgegenstandes, Arzneimittels, von Luft, Gasen, Böden, Klärschlämmen, Wässern oder Abwässern und dgl. und eine kurze schriftliche gutachtliche Äußerung: Das Honorar beträgt für jede Einzelbestimmung je Probe	5,00 bis 60,00
301	Die Leistung der in Nr. 300 genannten Art ist außergewöhnlich umfangreich oder schwierig: Das Honorar 300 beträgt	bis zu 1.000,00
302	Mikroskopische, physikalische, chemische, toxikologische, bakteriologische, serologische Untersuchung, wenn das Untersuchungsmaterial von Menschen oder Tieren stammt: Das Honorar beträgt je Organ oder Körperflüssigkeit Das Honorar umfasst das verbrauchte Material, soweit es sich um geringwertige Stoffe handelt, und eine kurze gutachtliche Äußerung.	5,00 bis 60,00
303	Die Leistung der in Nr. 302 genannten Art ist außergewöhnlich umfangreich oder schwierig: Das Honorar 302 beträgt	bis zu 1.000,00
304	Herstellung einer DNA-Probe und ihre Überprüfung auf Geeignetheit (z.B. Hochmolekularität, humane Herkunft, Ausmaß der Degradation, Kontrolle des Verdaus) Das Honorar umfasst das verbrauchte Material, soweit es sich um geringwertige Stoffe handelt, und eine kurze gutachtliche Äußerung.	bis zu 205,00
305	Elektrophysiologische Untersuchung eines Menschen Das Honorar umfasst eine kurze gutachtliche Äußerung und den mit der Untersuchung verbundenen Aufwand.	15,00 bis 135,00

306	Rasterelektronische Untersuchung eines Menschen oder einer Leiche, auch mit Analysenzusatz Das Honorar umfasst eine kurze gutachtliche Äußerung und den mit der Untersuchung verbundenen Aufwand.	15,00 bis 355,00
307	Blutentnahme	9,00

Abschnitt 4
Abstammungsgutachten

Vorbemerkung 4:

(1) Das Honorar umfasst die gesamte Tätigkeit des Sachverständigen einschließlich aller Aufwendungen mit Ausnahme der Umsatzsteuer und mit Ausnahme der Auslagen für Probenentnahmen durch vom Sachverständigen beauftragte Personen, soweit nichts anderes bestimmt ist. Das Honorar umfasst ferner den Aufwand für die Anfertigung des schriftlichen Gutachtens und von drei Überstücken.

(2) Das Honorar für Leistungen der in Abschnitt M III 13 des Gebührenverzeichnisses für ärztliche Leistungen (Anlage zur GOÄ) bezeichneten Art bemisst sich in entsprechender Anwendung dieses Gebührenverzeichnisses nach dem 1,15fachen Gebührensatz. § 4 Abs. 2 Satz 1, Abs. 2a Satz 1, Abs. 3 und 4 Satz 1 und § 10 GOÄ gelten entsprechend.

400	Erstellung des Gutachtens	140,00 €
	Das Honorar umfasst 1. die administrative Abwicklung, insbesondere die Organisation der Probenentnahmen, und 2. das schriftliche Gutachten, erforderlichenfalls mit biostatistischer Auswertung.	
401	Biostatistische Auswertung, wenn der mögliche Vater für die Untersuchungen nicht zur Verfügung steht und andere mit ihm verwandte Personen an seiner Stelle in die Begutachtung einbezogen werden (Defizienzfall):	
	je Person	25,00 €
	Beauftragt der Sachverständige eine andere Person mit der biostatistischen Auswertung in einem Defizienzfall, werden ihm abweichend von Vorbemerkung 4 Absatz 1 Satz 1 die hierfür anfallenden Auslagen ersetzt.	
402	Entnahme einer genetischen Probe einschließlich der Niederschrift sowie der qualifizierten Aufklärung nach dem GenDG:	
	je Person	25,00 €

	Untersuchung mittels 1. Short Tandem Repeat Systemen (STR) oder 2. diallelischer Polymorphismen: – Single Nucleotide Polymorphisms (SNP) oder – Deletions-/Insertionspolymorphismen (DIP)	
403	– bis zu 20 Systeme: je Person	120,00 €
04	– 21 bis 30 Systeme: je Person	170,00 €
405	– mehr als 30 Systeme: je Person	220,00 €
406	Mindestens zwei Testkits werden eingesetzt, die Untersuchungen erfolgen aus voneinander unabhängigen DNA-Präparationen und die eingesetzten parallelen Analysemethoden sind im Gutachten ausdrücklich dargelegt: Die Honorare nach den Nummern 403 bis 405 erhöhen sich um jeweils	80,00 €
407	Herstellung einer DNA-Probe aus anderem Untersuchungsmaterial als Blut oder Mundschleimhautabstrichen einschließlich Durchführung des Tests auf Eignung: je Person	bis zu 120,00 €

Übersicht **Rdn.**

I. Vorbemerkung

Der bisherige Abschnitt 5 wurde durch das 2. KostRMoG gestrichen, weil erbbiologische Abstammungsgutachten nicht mehr dem aktuellen wissenschaftlichen Standard entsprechen und deshalb von den Gerichten nicht mehr beauftragt werden. 1

II. Erläuterungen zu Abschnitt 1 der Anlage 2

2 Der Vorbemerkung zu Abschnitt 1 wurde ein neuer Absatz hinzugefügt, der die Nutzung von fremden Räumlichkeiten regelt. Es handelt sich um eine Auslagenpauschale, deren Höhe jedoch auf 300,00 Euro begrenzt ist. Die Pauschale kann gewährt werden, wenn a) »fremde« Kühlzellen, Sektionssäle oder sonstige Einrichtungen genutzt werden,

b) deren Nutzung, wegen der »großen Entfernung«, geboten ist.

zu a) Fremde Räumlichkeiten:

Die Anzahl der Rechtsmedizinischen Institute, in deren Räumen Leichenschauen und Obduktionen durchgeführt werden, hat sich in den vergangenen Jahren aus unterschiedlichen Gründen deutlich reduziert. Leichenschauen und Obduktionen werden deshalb nicht mehr durchgehend in den »eigenen« Räumlichkeiten des Leichenbeschauers oder Obduzenten durchgeführt. Damit wird zugleich der Zeitaufwand für den Leichentransport höher. Da Leichentransporte von der Polizei begleitet werden (müssen), entsteht zusätzlicher Zeit- und Personalaufwand. Aufgefundene Leichen werden deshalb häufig zunächst in Kliniken in Fundortnähe gebracht, die sachgerecht ausgestattet sind. Die Kliniken wiederum berechnen für die Nutzung ihrer Räumlichkeiten Nutzungsgebühren, die bislang nicht gesondert vergütet wurden, sondern als Gemeinkosten des Leichenbeschauers oder Obduzenten angesehen wurden. Da es sich tatsächlich um Fremdkosten handelt, ist dies aber nicht angemessen.

Zu b) Große Entfernung

Durch die verminderte Anzahl der Rechtsmedizinischen Institute werden die Entfernungen zwischen dem Fundort der Leiche und dem Ort ihrer Untersuchung ebenfalls größer.

Die Entfernung von Fund- und Untersuchungsort der Leiche muss deutlich geringer sein, als die Entfernung zwischen Fundort und dem Ort des Sitzes des Rechtsmedizinischen Instituts.

Voraussetzung für die Entschädigung nach Nr. 100

3 Das Honorar nach Nr. 100 wird sowohl für die Mitwirkung bei einer Leichenschau (§ 87 StPO) als auch bei einer anderen auf Anordnung des Gerichts oder der Staatsanwaltschaft durchgeführten Besichtigung einer Leiche, von Leichenteilen oder einer Leibesfrucht, bei der ein Richter oder Staatsanwalt nicht mitwirkt, gewährt.

Diktat des Berichts

4 Das Diktat des Berichts im Termin oder im unmittelbaren Anschluss an den Termin zur Niederschrift wird durch die Vergütung nach Nr. 100 abgegolten.

Die zusätzliche »Berichtsvergütung« nach Nr. 101 erhält der Arzt nur, wenn Berichte schriftlich »zu erstatten« oder »nachträglich« zur Niederschrift »zu geben« sind, d.h. wenn dies so gefordert und damit notwendig ist oder wenn der Bericht unmittelbar zur Niederschrift nicht möglich war. Zur Vermeidung von Rückfragen durch die Anweisungsstelle oder anlässlich der späteren Rechnungsprüfung, empfiehlt es sich daher, bereits im Vergütungsantrag die Gründe für die Zusatzvergütung anzugeben.

Mehrere Verrichtungen

Mehrere Verrichtungen der in Nr. 100 bezeichneten Art »bei derselben Gelegenheit«, die eine Erhöhung bis auf 140,00 € zulassen, nimmt der Arzt dann vor, wenn er in einem zeitlichen Zusammenhang aufgrund eines Auftrags in derselben Sache mehrere Leichen, Teile mehrerer Leichen oder eine Leiche und eine Leibesfrucht besichtigt. 5

Die Besichtigung mehrerer Teile einer Leiche ist nur eine Verrichtung und löst daher nur eine Vergütung von 60,00 € aus.

Die Besichtigung mehreren Leichen im zeitlichen Zusammenhang, jedoch in verschiedenen Verfahren, sind selbstständige Verrichtungen bei verschiedenen Gelegenheiten, für die jeweils eine Vergütung von 60,00 € anfällt.

Für mehrere Verrichtungen bei derselben Gelegenheit beträgt die Vergütung höchstens 140,00 €. Dabei kann der Höchstsatz nur gewährt werden, wenn mindestens drei Verrichtungen vorgenommen worden sind. Bei nur zwei Verrichtungen der in Nr. 100 bezeichneten Art kann die Vergütung nicht mehr als höchstens 120,00 € betragen, denn die Vergütung kann nicht höher sein als das Honorar für zwei bei verschiedenen Gelegenheiten durchgeführte Besichtigungen. Da der Sinn dieser Regelung darin besteht, für die bei derselben Gelegenheit durchgeführten Verrichtungen die Vergütung zu ermäßigen, dürfte es gerechtfertigt sein, die Vergütung für zwei bei derselben Gelegenheit durchgeführte Verrichtungen unter 120,00 € festzusetzen.

Grundsätzliche Bemerkungen zur Vergütung nach den Nrn. 102 – 106

Mit der Vergütung nach den Nrn. 102 – 106 wird die **gesamte Tätigkeit** der nach § 87 StPO an der Leichenöffnung beteiligten Ärzte abgegolten. Sie tritt an die Stelle des sonst nach § 9 zu gewährenden Stundenhonorars. 6

Die Vergütung nach Nr. 102 f. umfasst auch den am Schluss der Leichenöffnung zur Niederschrift zugebenden **Bericht** über den Fall einschließlich des zu erstellenden **vorläufigen Gutachtens.** Gehört zu dem vorläufigen Gutachten eine Lichtbildmappe, so ist auch diese von der Pauschalvergütung nach Nr. 102 f. erfasst. Dem Sachverständigen steht für die Fertigung der Lichtbildmappe eine Vergütung nach § 10 Abs. 3 für die zusätzlich erforderliche Zeit nicht zu.[5] Wegen der im vorläufigen Gutachten verwendeten Lichtbilder s. Rdn. 9.

Wird darüber hinaus von dem Sachverständigen ein begründetes Gutachten gefordert, so ist dieses Gutachten nach § 9 zu vergüten.

5 A.A. LG Osnabrück, in Nds.Rpfl. 99.175 zum ZSEG.

Teilobduktion

7 Hat das Gericht oder die Staatsanwaltschaft nur den Auftrag auf **Teilobduktion** erteilt, so ist der Sachverständige nach Nr. 105 auch dann zu vergüten, wenn er über den Auftrag hinausgeht, weil er eine Teilobduktion wissenschaftlich nicht verantworten kann.[6]

– S. a. § 8a Rdn. 14 –.

Zusätzliche Untersuchungen

8 Im Zusammenhang mit der Leichenöffnung etwa notwendig werdende **mikroskopische oder chemische Untersuchungen** werden nach Abschnitt 3 der Anlage 2 besonders honoriert.

Besondere Erstattungen

9 Neben der Pauschalvergütung nach Nr. 102 f. werden erstattet
- die Aufwendungen für den Sektionsgehilfen nach § 12 Abs. 1 Satz 2 Nr. 1,
- die Aufwendungen für die im vorläufigen Gutachten verwendeten Fotos nach § 12 Abs. 1 Satz 2 Nr. 2,
- die Fahrtkosten nach § 5,
- der Aufwand nach § 6 und
- sonstige Auslagen nach § 7

und wird für die notwendige Reisezeit ein Honorar nach § 10 Abs. 3 gewährt.

– S. a. § 10 Rdn. 7 –.

Vergütung bei besonders ungünstigen Bedingungen

10 Muss die Obduktion unter ungenügenden räumlichen Verhältnissen ausgeführt werden oder machen sonstige Umstände die Leichenöffnung besonders zeitraubend und schwierig, kann die erhöhte Vergütung nach Nr. 103 i.H.v. 500,00 € gerechtfertigt sein. Die erhöhte Honorierung setzt jedoch voraus, dass die Erschwerungen merklich ins Gewicht fallen, da nur **besonders ungünstige äußere Bedingungen** das höhere Honorar rechtfertigen.

Eine **Obduktion an einem Sonntag oder einem gesetzlichen Feiertag** rechtfertigt nicht die erhöhte Entschädigung für die Tätigkeit unter »besonders ungünstigen äußeren Bedingungen«.[7]

Wenn die Voraussetzungen für die erhöhte Vergütung gegeben sind, gelten sie für beide Obduzenten, da nur **äußere** nicht in der Person der Obduzenten liegende Umstände die erhöhte Vergütung rechtfertigen.

---

6 OLG Schleswig, in JurBüro 85.1374 = KRspr. § 16 ZSEG Nr. 83 LS m. Anm. von *Lappe* = SchlHA 85.46 = MDR 75.79.

7 OLG Düsseldorf, in KRspr. § 5 ZSEG Nr. 41 LS m. Anm. von *Lappe*.

Andere besonders ungünstige Bedingungen

Der Höchstsatz von 670,00 € nach Nr. 104 ist dann gerechtfertigt, wenn die Obduktion unter **anderen besonders ungünstigen Bedingungen**, die z.B. auf dem Zustand der Leiche beruhen, ausgeführt werden musste. Diese Voraussetzungen liegen insb. vor, wenn die Leiche schon beerdigt war oder erst nach längerer Zeit aufgefunden wurde,[8] aber auch bei der Obduktion oder Sektion von Wasser- und Brandleichen.[9] 11

Wann die Voraussetzung, dass die Leiche »erst nach längerer Zeit aufgefunden wurde«, erfüllt ist, lässt sich nicht nach einer bestimmten Anzahl von Tagen oder Wochen festlegen. Die Zeit zwischen dem Tod und dem Auffinden der Leiche muss mindestens den Zeitraum übersteigen, der unter gewöhnlichen Umständen zwischen dem Tod und der Beerdigung liegt. Die Erschwernisse bei der Obduktion müssen infolge der zwischen Tod und Auffinden der Leiche liegenden Zeit den Erschwernissen vergleichbar sein, die bei der Obduktion einer Leiche auftreten, die schon beerdigt war.[10]

Leichenausgrabung

Für die Teilnahme des Sachverständigen an einer der Leichenöffnung unmittelbar vorangehenden **Leichenausgrabung** kann eine besondere Vergütung nicht beansprucht werden. Sie wird durch die erhöhte Vergütung nach Nr. 104 für die Leichenöffnung i.H.v. 500,00 € abgegolten. 12

Entschädigung der Sektionsgehilfen

Das JVEG enthält für die einem von dem Obduzenten hinzugezogenen Sektionsgehilfen zu gewährende Entschädigung keine Regelung. Insoweit wird zunächst auf die Anmerkungen zu Rdn. 12.21 verwiesen. 13

Die notwendigen Aufwendungen des Obduzenten für den Sektionsgehilfen sind nach den § 12 Abs. 1 Satz 2 Nr. 1 zu erstatten. Die Entschädigungen der Sektionsgehilfen liegen nach der Rechtsprechung im Durchschnitt bei etwa 30 bis 50 % der dem Obduzenten nach Nr. 102 zustehenden Vergütung.[11]

Gehört die Mitwirkung an Leichenöffnungen zu den **hauptberuflichen Dienstaufgaben** eines hinzugezogenen Sektionsgehilfen, so kann der Obduzent für die Hinzuziehung des Sektionsgehilfen eine Aufwandentschädigung nach § 12 Abs. 1 Satz 2 Nr. 1 nicht beanspruchen. Dem Sektionsgehilfen steht in diesem Fall neben seinen Dienstbezügen eine zusätzliche Entschädigung nicht zu. Hat der Obduzent ihm gleichwohl eine Entschädigung gezahlt, so können die Aufwendungen hierfür nicht als notwendig i.S.d. § 12 Abs. 1 Satz 2 Nr. 1 angesehen werden.

8 OLG Düsseldorf, in JurBüro 88.1399 zum ZSEG.
9 BR-Drucks. 796/93 S. 257.
10 OLG Hamm, in KRspr. § 5 ZSEG Nr. 45.
11 OLG Hamm, in Rpfleger 89.525 = JMBl.NRW 90.11

Der mit der Leichenöffnung beauftragte Sachverständige (Institut für Rechtsmedizin) kann jedoch für den bei ihm in einem festen Arbeitsverhältnis stehenden Sektionsgehilfen einen entsprechenden **Anteil der an diesen gezahlten Bruttobezüge** einschließlich Sonderzahlungen und Arbeitgeberanteile zur Sozialversicherung nach § 12 Abs. 1 Satz 2 Nr. 1 geltend machen.

– S. a. § 12 Rdn. 19 –.

Maßgebend für die Berechnung der Aufwandsentschädigung ist die von dem Sektionsgehilfen aufgewendete Arbeitszeit für die Dauer der Obduktion sowie für notwendige Vor- und Nachbereitungsarbeiten.[12]

Nutzungsentgelt

14 Hat dagegen ein im Nebenamt tätiger Obduzent für die Obduktion Einrichtungen und Personal (z.B. den Sektionsgehilfen) seines Dienstherrn in Anspruch genommen und muss er diesem dafür ein **Nutzungsentgelt** entrichten, so kann er den auf den Personaleinsatz entfallenden Anteil des Nutzungsentgelts als notwendige Aufwendungen nach § 12 Abs. 1 Satz 2 Nr. 1 geltend machen.

– S. a. § 12 Rdn. 10 –.

Gerichtsarzt

15 Nach § 87 StPO muss einer der beiden zur richterlichen Leichenöffnung hinzugezogenen Ärzte ein Gerichtsarzt oder Leiter eines öffentlichen gerichtsmedizinischen oder pathologischen Instituts oder ein von diesem beauftragter Arzt des Instituts mit gerichtsmedizinischen Fachkenntnissen sein. Wer Gerichtsarzt ist, bestimmt sich nach Landesrecht. Das können ein besonders bestellter Arzt oder ein Arzt des Gesundheitsamtes sein.

Der als Gerichtsarzt zugezogene Arzt oder der Arzt des örtlichen zuständigen Gesundheitsamtes führt die Leichenöffnung in Erfüllung seiner Dienstaufgaben durch. Er hat dann nach § 1 Abs. 3 **keinen persönlichen Vergütungsanspruch**.[13] Seine Dienststelle hat jedoch, sofern nicht durch Verwaltungsvereinbarung auf die Aufwandserstattung verzichtet ist, nach § 1 Abs. 2 einen Anspruch auf Entschädigung nach dem JVEG.

Zweiter Obduzent

16 Der als **zweite Obduzent** zugezogene Arzt ist nicht »Gerichtsarzt« und übt daher diese Tätigkeit nur dann als Dienstaufgabe aus, wenn ihm die Tätigkeit als zweiter Obduzent ausdrücklich als Dienstaufgabe übertragen worden ist.

12 OLG Hamm, Beschl. v. 24.11.1988 – 2 Ws 84, 129 u. 269/88 –.
13 LG Mainz, in Rpfleger 76.264 zum ZSEG.

Das Honorar nach Nr. 102 f. der Anlage erhält **jeder Obduzent**. Da eine Leichenöffnung nach § 87 Abs. 2 StPO von zwei Ärzten vorgenommen werden muss, haben beide den Vergütungsanspruch. Dem steht auch nicht entgegen, dass die Staatsanwaltschaft oder das Gericht allein den Leiter eines gerichtsmedizinischen Instituts mit der Durchführung der Obduktion beauftragt. Dieser kann aufgrund der zwingenden Regelung des § 87 Abs. 2 StPO die Obduktion nicht allein durchführen. Er muss in jedem Fall einen weiteren Arzt hinzuziehen oder – wenn er nicht selbst als Erstobduzent tätig wird – zwei Ärzte bereitstellen. Jeder der die angeordnete Obduktion durchführende Arzt ist als »herangezogen« i.S.d. § 1 anzusehen mit der Folge, dass er den unmittelbaren Anspruch auf Vergütung nach dem JVEG erwirbt.[14]

III. Erläuterungen zu Abschnitt 2 der Anlage 2

Umfang der Abgeltung

Das **Honorar nach Nr. 200 f.** tritt an die Stelle der sonst an die ärztlichen 17
sachverständigen Zeugen zu gewährenden Entschädigung. Daneben werden dem Arzt die notwendigen Aufwendungen i.R.d. Katalogs des § 19 Abs. 1 ersetzt; für evtl. erforderliche Reisezeiten erhält er eine Vergütung nach § 10 Abs. 3.

– S. a. § 10 Rdn. 7 –.

Die unter Nr. 200 erfasste ärztliche Tätigkeit geht in **Umfang und Aufwand** über die 18
sonst in der ärztlichen Praxis übliche Tätigkeit für die Erstellung von schriftlichen Befund- und Krankheitsberichten hinaus und umfasst i.d.R. eine ins Einzelne gehende Darstellung der Krankheitsgeschichte mit detaillierten Angaben zu den erhobenen Befunden und die Zusammenstellung der Untersuchungsberichte wie Röntgenaufnahmen, EEG-, EKG- und sonstige Laborbefunde.[15]

Mit der Vergütung nach Nr. 200 sind auch abgegolten notwendige körperliche **Untersuchungen der zu beurteilenden Person und die Absetzung des Befundscheins oder der schriftlichen Auskunft**. Eine Zerlegung der Vergütung nach der bei der Untersuchung und der Absetzung des Befundscheins ausgeübten Tätigkeit ist nicht möglich. In der Anlage 2 zu § 10 ist eine Vergütung für ein Befundattest »ohne vorgängige Untersuchung« nicht vorgesehen und wohl auch nicht denkbar. Sind jedoch Untersuchungen erforderlich, für die in Abschnitt 3 der Anlage 2 zu § 10 oder nach § 10 Abs. 2 eine besondere Vergütung (z.B. in Abschnitt O des Gebührenverzeichnisses zur GOÄ) vorgesehen ist, so ist diese Vergütung neben dem Honorar Nr. 200 zu gewähren.

Für die Frage, ob **ein Honorar nach Nr. 200, 201 oder nach Nr. 202, 203** 19
beansprucht werden kann, kommt es auf den Auftrag an. Hierbei ist von dem

14 LG Bonn, Beschl. v. 09.07.1998 – 7 O 485/97 –.
15 BR-Drucks. 796/93 S. 258.

Rechtsgrundsatz auszugehen, dass behördliche Verlautbarungen grds. immer so zu verstehen sind, wie dies verständliche Empfänger unter Würdigung aller ihnen bekannten Umständen aufzufassen pflegen. Dadurch, dass sich ein formularmäßiges Auftragsschreiben nur auf bereits aktenkundige Tatsachen aus vorliegenden Unterlagen bezieht, ist eindeutig erklärt, dass der Arzt als sachverständiger Zeuge – das entspricht der Nr. 200 – und nicht als Gutachter – das entspricht der Nr. 202 – in Anspruch genommen wird.[16] Auch wenn ein Arzt auf Veranlassung eines Sozialleistungsträgers neben seinem Befundbericht zusätzlich detaillierte Fragen in Form eines Formblatt-Fragebogens beantwortet, bemisst sich seine Vergütung nur nach Nr. 200. Dann kann es ggf. gerechtfertigt sein, die Tätigkeit als »außergewöhnlich umfangreich« i.S.d. Nr. 201 einzustufen.[17]

Notwendige Aufwendungen sind dem Arzt in den Fällen der Nr. 200 nicht nach § 12, sondern wie einem Zeugen zu erstatten.[18] Ein Arzt hat danach keinen Anspruch auf die Erstattung der ggf. auf seine Entschädigung nach Nr. 200 anfallenden USt.[19]

20 Werden in einem Schriftstück **über mehrere Personen** Befundscheine oder schriftliche Auskünfte erteilt, so ist für jede Person das Honorar nach Nr. 200 zu gewähren.

21 Wird ein Arzt beauftragt, über einen Patienten einen Befundbericht i.S.d. Nr. 200 zu erstatten, stellt er nach Durchsicht seiner Patientenkartei fest, dass die im Auftrag genannte Person nicht zu seinen Patienten zählt und teilt er dies der beauftragenden Stelle mit, so handelt es sich bei dem »**Negativattest**« nicht um einen »Befundschein« i.S.d. vorgenannten Regelung. Dem Arzt steht ein Honorar nach Nr. 200 nicht zu.[20]

Die Feststellung, dass ein bestimmter Patient in der Patientenkartei nicht enthalten ist, ist vergleichbar der Vorprüfungspflicht nach § 407a ZPO für einen Sachverständigen, ob der Auftrag sein Sachgebiet betrifft. Für eine solche Vorprüfung erhält der Sachverständige keine Vergütung.

– S. a. § 8a Rdn. 3 –.

Der mit einer Leistung nach Nr. 200 beauftragte Arzt ist einem Zeugen gleichzustellen, der mit einer schriftlichen Zeugenaussage beauftragt ist. Für den mit der einfachen Überprüfung der Patientenkartei und der entsprechende Benachrichtigung verbundenen Zeitaufwand kann dem Arzt ggf. eine Entschädigung als Zeuge gewährt werden.

– S. a. § 19 Rdn. 2 –.

16 BSG, Beschl. v. 04.07.1989 – 9 VRs 5/88, in Juris/ZSEG.
17 SG Augsburg in Breith. 93.435.
18 BSG, Beschl. v. 26.11.1991 – 9 a RV 25/90, in Juris/ZSEG; SG Augsburg in Breith. 93.435.
19 LSG Niedersachsen-Bremen in SGb 03.159 LS zum ZSEG.
20 LSG NRW in Juris/ZSEG; BSg in Breith. 98.148.

Ersatz von Aufwendungen

Ein Arzt, der als sachverständiger Zeuge einen pauschal zu vergütenden Befundbericht erstattet, kann nicht neben der Pauschale nach Nr. 200 **Aufwendungen für eine Hilfskraft** nach § 12 Abs. 1 Satz 2 Nr. 1 ersetzt verlangen, da diese Vorschrift auf ihn nicht anwendbar ist. 22

Soweit er das technische Vorbereiten des Befundscheins, z.B. das Formulieren seiner Wahrnehmungen, einer Arzthelferin überträgt, statt es selbst zu besorgen, besonders von ihr Karteiunterlagen des Patienten heraussuchen und nachher wieder einordnen sowie den Befundbericht und die Anlagen postfertig machen lässt, nimmt er keine Hilfe in Anspruch, wie sie ein Sachverständiger bei dem Erstatten eines Gutachtens i.S.d. § 12 Abs. 1 Satz 2 Nr. 1 benötigt.

Die geringfügige Belastung seiner Angestellten durch eine mit dem Praxisbetrieb verflochtenen Verrichtung gehört zu den allgemeinen Praxisunkosten und wird durch die Pauschale nach Nr. 200 abgegolten.

Stellt der Arzt auf Verlangen des Gerichts **Mehrfertigungen** des Befundberichts oder der schriftlichen Auskunft zur Verfügung, so erhält er hierfür die Aufwendungen für Ablichtungen nach § 7 Abs. 2 ersetzt. 23

Für die **Urschrift des Befundberichts** fallen weder Schreibauslagen nach § 7 Abs. 2 noch sonstige Aufwendungen nach § 12 Abs. 1 Satz 2 Nr. 3 an.

Bei Abgabe des Befundberichts nach Nr. 200 handelt der Arzt als sachverständiger Zeuge und ist daher i.Ü. als »Zeuge« zu entschädigen.[21] Damit scheidet auch eine analoge Anwendung des § 12 Abs. 1 Satz Nr. 3 für die Erstellung des Befundberichts aus, da § 12 nur für Sachverständige gilt.

Erteilt der Arzt anstelle des erbetenen Befundberichts einen **unbearbeiteten Computerausdruck**, der alle im Behandlungszeitraum angefallenen Behandlungsdaten des Patienten enthält, kann er hierfür eine Vergütung nach Nr. 200 nicht erhalten. Der unbearbeitete Computerausdruck erfüllt die an einen Befundbericht gestellten Anforderungen nicht. Für die mit der Erteilung der »schriftlichen Auskunft« verbundene Arbeitszeitversäumnis steht dem Arzt als sachverständiger Zeuge lediglich die Mindestentschädigung nach § 20 zu.[22]

Erläuterungen in der mündlichen Verhandlung

Die **Vergütung nach Nr. 200** umfasst nicht die Erläuterung des jeweiligen Befundes in der mündlichen Verhandlung. Erläutert ein sachverständiger Zeuge, der als Arzt einen Befundschein oder eine schriftliche Auskunft ohne nähere gutachtliche Äußerung erteilt hat, in der mündlichen Verhandlung seinen erhobenen Befund, so ist er für die Teilnahme an der mündlichen Verhandlung als Zeuge zu entschädigen. 24

21 BSG, Beschl. v. 26.11.1991 – 9a RV 25/90 – zum ZSEG.

22 BSG, Beschl. v. 09.02.2000 – B 9 SB 8/98 R – zum ZSEG.

Wird ein Arzt in der mündlichen Verhandlung zu seiner gutachtlichen Äußerung im Befundzeugnis vernommen, so übt er eine Sachverständigenleistung aus und ist insoweit nach § 9 zu entschädigen.[23] Die **Vergütung nach Nr. 203** erfasst nicht die Erläuterung des Befundes in der mündlichen Verhandlung.

Außergewöhnlich umfangreiche Leistung

25 Dass Befundscheine (Nr. 200) oder Zeugnisse (Nr. 202) eine außergewöhnlich umfangreiche Tätigkeit erfordern, wird verhältnismäßig selten sein. Müssen diese Leistungen zu ungewöhnlicher Zeit oder unter außergewöhnlichen Umständen erbracht werden, so kann die Gesamtvergütung nach Nr. 201 um bis zu 44,00 € und nach Nr. 203 um bis zu 75,00 € erhöht werden.

Werden Befundscheine oder Zeugnisse mit kurzer gutachtlicher Äußerung über mehrere Personen – s. Rdn. 20 – während der ungewöhnlichen Zeit oder unter außergewöhnlichen Umständen ausgestellt, so fällt die Vergütung nach Nr. 201 bzw. 203 für jede Person gesondert an.

26 Die Tätigkeit des Arztes nach den Nrn. 202, 203 ist eine Sachverständigenleistung.

– S. a. Rdn. 19 –.

Daraus folgt, dass dem Arzt neben der Vergütung auch der Aufwendungsersatzanspruch aus § 12 zusteht. Betraut der Arzt mit der Erstellung des Zeugnisses oder des Formbogengutachtens mit kurzer gutachtlicher Stellungnahme eine Hilfskraft, so hat er Anspruch auf die Aufwendungspauschale nach § 12 Abs. 1 Satz 2 Nr. 1.

Die Tätigkeit des Arztes ist durch die Vergütung nach den Nrn. 202, 203 abgegolten.

Schreibauslagen (Dokumentenpauschale)

27 Schreibauslagen fallen **für die Urschrift des Zeugnisses oder des Formbogengutachtens mit kurzer gutachtlicher Stellungnahme** (Nr. 202) nicht an. Sie können nur für erforderliche Mehrausfertigungen erstattet werden.

– S. a. Rdn. 13 –

Abgrenzung zwischen Gutachten und gutachtlicher Äußerung

28 Bei Beantwortung der Frage, ob ein ausführlich begründetes Gutachten oder lediglich ein Befundschein mit näherer gutachtlicher Äußerung vorliegt, kann nicht nur auf den Umfang der schriftlichen Äußerung abgestellt werden, sondern in erster Linie auf den Inhalt der Beweisfragen, die einen Rückschluss auf die von dem Sachverständigen geleistete Arbeit gestatten.

Um einen Befundschein ohne nähere gutachtliche Äußerung (Nr. 200) handelt es sich, wenn der Arzt sich auf die Mitteilung des festgestellten Befundes beschränkt.

---

23 A.A. LG Berlin, in JurBüro 92.566 m. abl. Anm. von *Bach* in JurBüro 92.764.

Das gilt insbesondere, wenn die Tätigkeit des Arztes nur in dem Ausfüllen eines übersandten Formblattes besteht. Nimmt er darüber hinaus Stellung zu den Ursachen oder den Auswirkungen des festgestellten Befundes (z.B. Umfang der Erwerbsbeschränkungen), ohne diese Stellungnahme ausführlich zu begründen und sich mit der wissenschaftlichen Lehrmeinung auseinanderzusetzen, so liegt darin eine gutachtliche Äußerung, und es handelt sich um ein Zeugnis über einen ärztlichen Befund mit kurzer gutachtlicher Äußerung (Nr. 203).

Ersucht das Gericht oder die Staatsanwaltschaft einen Arzt um »Erstattung eines Gutachtens«, ohne ihm nähere Anweisungen über den notwendigen Umfang des Gutachtens zu geben, dann ist es dem Arzt überlassen, ob er sich auf ein Befundzeugnis mit kurzer gutachtlicher Äußerung oder ein Formbogengutachten beschränken oder ob er ein ausführlich begründetes Gutachten abgeben will. Aus der vorgelegten Frage wird der Arzt nicht immer erkennen können, ob ein umfassendes Gutachten mit eingehender Begründung erforderlich ist oder nicht. Oft wird dem Gericht oder der Staatsanwaltschaft ein Befundzeugnis mit kurzer gutachtlicher Äußerung genügen. Erstattet der Arzt trotzdem ein ausführliches Gutachten, wird ihm ein entsprechender Vergütungsanspruch nicht versagt werden können.Es dürfte sich deshalb empfehlen, bei allen Ersuchen um Erstattung eines ärztlichen Gutachtens anzugeben, ob ein Befundzeugnis mit kurzer gutachtlicher Äußerung, ein Formbogengutachten oder ein ausführlich begründetes Gutachten gefordert wird. Zweckmäßig ist, dabei den Wortlaut der Nr. 203 zu wählen, falls nicht ein ausführlich begründetes Gutachten für erforderlich angesehen wird. Auf diese Weise können Zweifel über die Höhe der zu gewährenden Vergütung bereits im Vorfeld beseitigt werden.

Für die Frage, welches Honorar zu zahlen ist, ist entscheidend, welche Leistung 29
von dem Sachverständigen gefordert wird. Wenn ein Befundzeugnis mit kurzer gutachtlicher Äußerung oder ein Formbogengutachten gefordert ist, der Sachverständige aber ein ausführlich begründetes Gutachten erstattet, kann nur das Honorar nach Nr. 202 und nicht eine Vergütung nach § 9 gewährt werden. Stellt jedoch das Gericht nach Eingang des Gutachtens fest, dass die von ihm geforderte kurze gutachtliche Äußerung oder ein Formbogengutachten nicht ausgereicht hätte und hat es das Gutachten auch verwertet, so wäre es unbillig, dem Sachverständigen die Entschädigung nach § 9 zu versagen und ihn auf die Entschädigung nach Nr. 202 zu beschränken. Dasselbe muss gelten, wenn der Arzt statt des angeforderten Befundscheines oder der schriftlichen Auskunft ohne gutachtliche Äußerung (Nr. 200) ein Befundzeugnis mit kurzer gutachtlicher Äußerung (Nr. 202) einreicht und die kurze gutachtliche Äußerung sich nachträglich als notwendig erweist.

IV. Erläuterungen zu Abschnitt 3 der Anlage 2

Untersuchung eines Lebensmittels pp. (Nr. 300, 301) 30

Die Aufzählung des zu untersuchenden Materials in Nr. 300 ist nur beispielhaft, wie sich aus den Worten »und dgl.« ergibt. Auch aus dem Begriff »Bedarfsgegenstand«

ergibt sich schon ein weiter Anwendungsbereich. Nr. 300 findet dabei praktisch auf die Untersuchung aller Gegenstände Anwendung, deren Untersuchung nicht nach Nr. 302 oder nach Abschnitt O des Gebührenverzeichnisses zur GOÄ zu vergüten ist. Unter Nr. 300 fällt auch die Untersuchung von Mineralölproben zur Bestimmung von Dichte und Flammpunkt.[24]

Vergütung für jede Einzelbestimmung

31 Durch die Regelung »für jede Einzelbestimmung je Probe« ist die Vergütungsregelung an die außergerichtliche Praxis angeglichen worden. Wegen der verfeinerten und aufwendigeren Untersuchungsmethoden hatte die bisherige Regelung in Einzelfällen zu unzureichenden Vergütungen geführt.[25]

Die Vergütung nach Nr. 300 wird für jede in sich abgeschlossene Einzeluntersuchung gewährt, z.B. bei den Untersuchungen einer Abwasserprobe nach verschiedenen Schadstoffen. Je nach Umfang und Schwierigkeit der Einzeluntersuchung ist die Höhe der Vergütung innerhalb des vorgegebenen Rahmens von 4,00 bis 60,00 € zu bestimmen.

Verbrauchte Stoffe

32 Die bei der Untersuchung verbrauchten Stoffe sind nach § 12 Abs. 1 Satz 2 Nr. 1 zusätzlich zu vergüten.

Durchführung der Untersuchung durch den Sachverständigen

33 Die Vergütung richtet sich nur dann nach Nr. 300, wenn der Sachverständige die Untersuchungen selbst durchführt. Dabei ist es nicht erforderlich, dass er alle vorzunehmenden technischen Arbeiten selbst ausführt. Er kann sich für die vorbereitenden Tätigkeiten qualifizierter Hilfskräfte bedienen, die seiner Weisung und Aufsicht unterstehen.

Eine Vergütung nach Nr. 300 setzt aber voraus, dass der Sachverständige neben der Auswertung der in Nr. 300 (ebenso in den Nrn. 302 und 305) bezeichneten Untersuchungen eine kurze gutachtliche Äußerung abgibt, die auch, wenn sie innerhalb der Beurteilung eines Gutachtens abgegeben wird, eindeutig als gutachtliche Äußerung zu erkennen sein muss.

Untersuchung durch eine andere Stelle

34 Lässt der Sachverständige zur Vorbereitung eines ausführlichen Gutachtens die Untersuchungen durch eine andere Stelle ausführen, so werden ihm die notwendigen Aufwendungen nach § 12 ersetzt. Die Höhe dieser Auslagen ist grds. nicht durch die Sätze der Nr. 300 begrenzt.

---

24 OLG Hamm, Beschl. v. 09.08.1990 – 2 Ws 435/89, in Juris/ZSEG.

25 BT-Drucks. 12/6992 S. 99.

Zu erstatten sind die tatsächlichen Auslagen, soweit sie notwendig waren. I.Ü. wird auf die Ausführungen zu Rdn. 12.12 f. verwiesen.

Untersuchungen zur Vorbereitung eines Gutachtens

Wenn die Untersuchungen zur Vorbereitung eines nach § 9 zu entschädigenden Gutachtens erforderlich sind, können die Honorare nach Nr. 300 (Nrn. 302 und 305) neben der Vergütung nach § 9 gewährt werden. Die für die Untersuchungen benötigte Zeit darf aber in die nach § 9 zu vergütende erforderliche Zeit nicht eingerechnet werden, weil sonst diese Tätigkeit doppelt honoriert würde. 35

Abgeltung der gutachtlichen Äußerung

Die Vergütung für eine Untersuchung nach Nr. 300 (auch Nrn. 302 und 305) umfasst auch eine kurze gutachtliche Äußerung, d.h. eine über die kurze Darstellung des Untersuchungsergebnisses hinausgehende Wertung des Befundes. Eine besondere Vergütung für den Zeitaufwand, der für die gutachtliche Äußerung benötigt wird, kann neben der Vergütung für die Untersuchung nicht gewährt werden.[26] 36

Außergewöhnlich umfangreiche und schwierige Untersuchungen

Die Vergütungsregelungen in den Nr. 301 und 303 sehen sowohl bei außergewöhnlich umfangreichen Untersuchungen als für außergewöhnlich schwierige Untersuchungen eine Erhöhung der Vergütung bis 1.000,00 € vor, um auch technisch äußerst aufwendige und kostspielige Untersuchungen – z.B. auf Dioxine und Furane – angemessen vergüten können.[27] 37

Die Höhe der im Einzelfall zu gewährenden Vergütung bis zu 1.000,00 € ist nach dem notwendigen Umfang oder der Schwierigkeit der Untersuchung abzustufen. Die höchstmögliche Entschädigung von 1.000,00 € wird auch nur bei einem höchstmöglichen Umfang oder bei äußerster Schwierigkeit, d.h. nur in ganz besonderen Ausnahmefällen gerechtfertigt sein. Eine Überschreitung des Höchstsatzes lässt die gesetzliche Regelung nicht zu.[28]

Eine den normalen Höchstsatz von 60,00 € überschreitende Vergütung ist bei einer Untersuchung nach Nr. 301 für »jede Einzelbestimmung« zu gewähren und kann daher bei mehreren Untersuchungsgängen sowie umfangreichen und schwierigen Untersuchungen mehrfach erwachsen.[29]

Untersuchung eines Organs oder einer Körperflüssigkeit von Menschen oder Tieren

Die Vergütung nach Nr. 302 wird für die **Untersuchung je eines Organs oder einer Körperflüssigkeit** gewährt. Danach erwächst für die Untersuchung eines Organs oder einer Körperflüssigkeit die Vergütung nach Nr. 302 unabhängig von der Zahl der 38

26 OLG Düsseldorf, in Rpfleger 80.406 zum ZSEG.
27 BR-Drucks. 796/93 S. 259.
28 OLG Celle, in Nds.Rpfl. 93.167 zum ZSEG.
29 SG Hannover in JVBl. 71.287 = Nds.Rpfl. 72.71 zum ZSEG.

notwendigen Untersuchungsgänge nur einmal. Die Zahl der notwendigen Untersuchungsgänge und der von dem Organ oder der Körperflüssigkeit durchgeführten Probeuntersuchungen ist bei der Bemessung der Vergütung innerhalb des Rahmens von 5,00 bis 51,00 € zu berücksichtigen.

Untersuchungen, die nach Nr. 302 zu vergüten sind, sind z.B. Blutalkoholuntersuchungen, Lumbalpunktion, Encephalographie, Gewebeuntersuchungen, Harnuntersuchungen.

Entschädigungsrahmen

39 Anders als bei der Vergütung nach Nr. 300, die für »jede Einzelbestimmung je Probe« gewährt wird, gilt die Vergütung nach Nr. 302 die Untersuchung »**je Organ oder Körperflüssigkeit**« ab und zwar unabhängig davon, wie viele Einzeluntersuchungen je Organ oder Körperflüssigkeit anfallen.[30] Auch in Nr. 302 ist je nach Umfang und Schwierigkeit der Untersuchung die Höhe der Vergütung innerhalb des vorgegebenen Rahmens von 5,00 bis 60,00 € zu bestimmen.

I.d.R. sind z.B. für eine **Blutalkoholuntersuchung** mehrere Einzelanalysen erforderlich. Das gilt insb. auch bei der Alkoholbestimmung mithilfe der Gaschromatographie. Diese Untersuchungsmethode ermöglicht die Verwendung von Geräten mit automatischer Probeneingabe und führt zu einer größeren Genauigkeit als die herkömmlichen Untersuchungsmethoden nach dem Widmark-Verfahren und dem ADH-Verfahren. Die automatisierte Abläufe voraussetzende und seit längerer Zeit mögliche erhöhte Messpräzision lässt trotz der bei den einzelnen Analyseschritten und deren Kontrolle aufzuwendenden Sorgfalt nicht den Schluss darauf zu, dass die vorliegende Tätigkeit des Sachverständigen als außergewöhnlich umfangreich zu bewerten wäre[31] – s.a. Rdn. 41 –. Die Einzelanalysen lösen auch nicht jeweils die Vergütung nach Nr. 302 aus, sondern sind lediglich von Einfluss auf die Höhe der innerhalb des Rahmens zu bemessenden Vergütung. Die mehreren Einzelanalysen können eine Vergütung mit dem höchsten Rahmenbetrag rechtfertigen.[32]

Bei der Ausfüllung des Rahmens der Regelvergütung sind auch der Zeitaufwand und die Kosten des Geräteeinsatzes zu berücksichtigen.[33]

Außergewöhnlich umfangreiche und schwierige Untersuchungen

40 Auch die Vergütung nach Nr. 303 kann bis zu 1.000,00 € erhöht werden, wenn zu den im Regelfall anfallenden Untersuchungsgängen Umstände hinzutreten, die die Untersuchungen außergewöhnlich umfangreich oder schwierig gestalten.

Muss z.B. ein Mageninhalt nach mehreren Giftstoffen untersucht werden, so ist eine **Vielzahl von Untersuchungen** nach den verschiedensten Stoffen notwendig. Dadurch

---

30 OLG Karlsruhe, in MDR 94.314 zum ZSEG.

31 OLG Karlsruhe, in Justiz 96.415 zum ZSEG.

32 OLG Karlsruhe, in KRspr. § 5 ZSEG Nr. 71 LS m. Anm. von Herget = Justiz 96.415.

33 SchlHOLG in SchlHA 86.47 zum ZSEG.

kann die Gesamtuntersuchung einen außergewöhnlich großen Umfang annehmen, der eine Überschreitung des Normal-Höchstsatzes rechtfertigt. Erstreckt sich die Untersuchung des Mageninhalts nur auf die Feststellung eines bestimmten Giftstoffes (z.B. Arsen), so wird i.d.R. die Untersuchung nicht so außergewöhnlich umfangreich sein, dass die Voraussetzungen zur Überschreitung des Regelhöchstsatzes von 51,00 € gegeben sind.

Bei der Erstellung einer Begleitstoffanalyse handelt es sich um außergewöhnlich umfangreiche und schwierige Untersuchungen i.S.d. Nr. 303, die eine Vergütung i.H.v. einem Viertel des Höchstsatzes rechtfertigen.[34]

Verbrauchte Stoffe

Anders als bei Nr. 300 werden bei den Untersuchungen nach Nr. 302 die Kosten für das verbrauchte Material an Farbstoffen und anderen geringwertigen Stoffen mit abgegolten. Materialien, die höhere Aufwendungen erfordern, sind nach § 12 besonders zu vergüten. 41

Hilfskräfte

Notwendige Aufwendungen für wissenschaftlich tätige Hilfskräfte werden durch die pauschalierte Vergütung nach Nr. 302 nicht abgegolten; sie sind dem Sachverständigen i.R.d. Notwendigen nach § 12 Abs. 1 Satz 2 Nr. 1 zu ersetzen.[35] 42

Herstellung einer DNA-Probe

Wegen der bei der Herstellung einer **DNA-Probe** zum Teil sehr umfangreichen Aufbereitung des zu untersuchenden Materials (Blut, Liquor und anderer Körperzellen) ist die Höchstvergütungsgrenze gegenüber Nr. 302 deutlich höher bemessen.[36] 43

Elektrophysiologische und raster-elektronische Untersuchungen.

Die Nrn. 305 und 306 regeln die Vergütung für elektrophysiologische und rasterelektronische Untersuchungen. 44

Die Vergütung für röntgenologische Untersuchungen richtet sich nach Abschnitt O des Gebührenverzeichnisses zur GOÄ

– S. Teil II –.

Abgeltungsbereich der Vergütung

Die Vergütung nach Nr. 305 und Nr. 306 umfasst jeweils die Untersuchung und eine kurze **gutachtliche Äußerung**. 45

---

34 OLG Koblenz, in JBl.RP 01.230 zum ZSEG.

35 OLG Karlsruhe, in Justiz 91.204 = JurBüro 91.997 und in Justiz 91.206 zum ZSEG.

36 BR-Drucks. 796/93 S. 259/260.

Ein aufgrund der Untersuchung erstattetes **ausführliches Gutachten** ist jedoch, wenn es vom Gericht verlangt oder verwertet worden ist, daneben nach § 9 zu vergüten.

Bei elektrophysiologischen und rasterelektronischen Untersuchungen wird ausdrücklich bestimmt, dass die Vergütung den **mit der Untersuchung verbundenen Aufwand** umfasst. Zu diesem Aufwand, der durch die Vergütung nach Nr. 305 und Nr. 306 abgegolten ist, gehört neben den verbrauchten Stoffen insb. das Entgelt, das der Sachverständige etwa für die Benutzung der Räume und Geräte eines Krankenhauses zahlt.[37] Auch Aufwendungen für evtl. Hilfskräfte sind durch die Vergütung nach den Nrn. 305, 306 abgedeckt.

Bei den Untersuchungen nach den Nrn. 305 und 306 richtet sich die Vergütung innerhalb der vorgegebenen Rahmen nach den sich aus **Bedeutung, Umfang und Schwierigkeit** ergebenden Besonderheiten des jeweiligen Falles. Die Sätze der GOÄ und die Sätze des Krankenhaustarifs der Deutschen Krankenhausgesellschaft sind nicht entsprechend anzuwenden.

Vergütung für die Blutentnahme

46 Die Vergütung nach Nr. 307 umfasst das Aufsuchen, An- bzw. Einstechen der Kanüle in das Blutgefäß und die darauf folgende **Blutentnahme.** Diese ist eine einheitliche Leistung und unabhängig von der entnommenen Blutmenge. Ein Wechsel der Entnahmespritze unterbricht die Blutentnahme nicht.

Wird nach einer Wartezeit die Entnahme einer **weiteren Blutprobe**, z.B. zur Feststellung von Alkohol im Blut, erforderlich, so fällt hierfür die Vergütung nach Nr. 307 erneut an.

Die Entschädigung nach Nr. 307 deckt nur den für die Blutentnahme erforderlichen Zeitaufwand ab. Für die mit der Blutentnahme zusammenhängende **zusätzlich erforderliche Zeit (Reise- und Wartezeit)** ist der Sachverständige mit dem Honorar nach der Honorargruppe 1 zu vergüten (§ 10 Abs. 3).

Zusätzliche ärztliche Untersuchung

47 Ist der Sachverständige beauftragt, den Betroffenen anlässlich der Blutentnahme auch **ärztlich zu untersuchen**, so steht ihm für die ärztliche Untersuchung neben der Vergütung nach Nr. 307 eine Vergütung nach § 9 Abs. 1 zu und zwar einheitlich für die gesamte erforderliche Zeit – ausgenommen die Zeit für die Blutentnahme –. Der einheitliche Stundensatz wird dann auch für Reise- und Wartezeiten zu gewähren sein. Die im Zusammenhang mit einer Blutentnahme zu erbringenden ärztlichen Leistungen werden i.d.R. als einfach zu bewerten sein, die den Mindeststundensatz der Honorargruppe M 1 rechtfertigen.

37 BT-Drucks. 7/4599.

Feststellung der Identität

Durch die Vergütung nach Nr. 307 wird auch die **Feststellung der Identität** und die Niederschrift über die Feststellung abgegolten. Neben der Vergütung nach Nr. 307 kann nicht noch eine Gebühr nach der GOÄ für den Identitätsnachweis durch Finger- oder Fußabdruck gewährt werden. 48

Außergewöhnliche Zeit, ungewöhnliche Umstände

Für Blutentnahmen, die zu außergewöhnlicher Zeit oder unter ungewöhnlichen Umständen durchgeführt werden müssen, ist eine Erhöhung nicht vorgesehen. 49

Blutentnahme durch einen anderen Arzt oder eine Hilfskraft

Die Vergütung des Sachverständigen nach Nr. 307 setzt voraus, dass der Sachverständige die Blutentnahme selbst vorgenommen hat. Wird die Blutentnahme durch einen anderen Arzt als den Sachverständigen oder durch eine Hilfskraft vorgenommen, so sind dem Sachverständigen die Kosten dafür i.R.d. Notwendigen nach § 12 Abs. 1 Satz 2 Nr. 1 zu ersetzen. Die Kosten sind grds. nicht durch den in Nr. 307 festgelegten Satz von 9,00 € begrenzt. 50

– S. a. § 12 Rdn. 12 f. –.

Kosten der Venüle

Die Kosten für die Venüle sind nach § 12 Abs. 1 Satz 2 Nr. 1 zu ersetzen. 51

V. Erläuterungen zu Abschnitt 4 der Anlage 2

Neben einer an die wirtschaftliche Entwicklung angepassten Erhöhung ist Abschnitt 4 durch das 2. KostRMoG modernisiert, stark gestrafft und pauschaliert worden. Statt bislang 16 enthält er nur noch 8 Honorartatbestände. Darin sind auch die bislang in Abschnitt 5 geregelten Honorare eingeflossen. 52

Die bis zum 31.07.2013 geltende Regelung bezieht den Honoraranspruch nach der Gesetzesbegründung (BT-Drucks. 17/11471 neu S. 263) auf das einzelne untersuchte STR-DNA-System (Nummer 414 der Anlage 2); die anderen Honorartatbestände besitzen praktisch keine Bedeutung mehr. DNA-Untersuchungen werden jedoch fast ausschließlich in sogenannten Mulitplex-Ansatzen durchgeführt, es werden also typischerweise 12 bis 16 »Systeme« (Polymorphismen unabhängig vererbter Genorte) parallel nachgewiesen. Dies kann zu unvertretbar hoch erscheinenden Honoraren von z.B. 600,00 Euro pro Person (15 x 40 Euro) führen.

Mit Inkrafttreten des 2. KostRMoG wird die Vergütung deshalb pauschaliert und der Aufwand für die Erstellung des schriftlichen Gutachtens einschließlich der administrativen Abwicklung getrennt davon honoriert. Hierdurch wird die Abrechnung transparenter. Außerdem berücksichtigt die vorgeschlagene Regelung in angemessener Weise den Qualitätsstandard im Labor (Akkreditierungspflicht nach DIN EN ISO/IEC 17025 gemäß § 5 des Gendiagnostikgesetzes (GenDG) seit dem 01.02.2011) und der Untersuchung (Zahl der eingesetzten Systeme, Doppelbestimmungen).

Vorbemerkung

53 Nach der Gesetzesbegründung (BT-Drucksache 17/11471 neu S. 263) zu Absatz 1 der Vorbemerkung werden mit dem Honorar nach Abschnitt 4 auch die sonstigen Aufwendungen (z.B. für die Erstellung des schriftlichen Gutachtens und die Fertigung von drei Kopien) abgegolten. Lediglich die Umsatzsteuer und die Auslagen für Probenentnahmen durch vom Sachverständigen beauftragte Personen soll der Sachverständige gesondert berechnen können.

Nach Absatz 2 wird für Untersuchungen, für die derzeit Honorare in den Nummern 400 bis 413 der Anlage 2 bestimmt sind, auf die Gebührenordnung für Ärzte (GOÄ) verwiesen. Diese Untersuchungen werden mit dem 1,15-fachen Satz des Betrages in der GOÄ bemessen. Ebenso wie nach § 10 Abs. 2 wird auch für Abschnitt 4 auf die Vorschriften von § 4 und § 10 GOÄ verwiesen.

Nummer 400

54 Das Honorar für die Erstellung des Gutachtens wird von dem Honorar für die Untersuchungen getrennt geregelt. Nach der Gesetzesbegründung (BT-Drucksache 17/11471 neu S. 264) entfällt ein beträchtlicher Teil des Aufwands des Sachverständigen gerade nicht auf die Untersuchungen, sondern auf die formal korrekte Abwicklung der Begutachtung:

In Erfüllung des GenDG müssen die Probenentnahmen ggf. extern durch im Verfahren objektive Stellen organisiert werden. Hierzu muss Untersuchungsmaterial z.B. an Gesundheitsämter verschickt werden, die Beteiligten müssen unter Umständen mehrfach geladen werden, die beauftragende Stelle muss über Verzögerungen und Besonderheiten informiert werden. Dieser Aufwand entsteht unabhängig vom Umfang der Analytik und in besonderem Maße z.B. auch, wenn es nicht zur Begutachtung kommt, weil nicht von allen Beteiligten Proben erlangt werden konnten.

Das Honorar für die Erstellung des Gutachtens schließt daher auch den Aufwand für die Berechnung einer Vaterschaftswahrscheinlichkeit in Standardfällen ein.

Nummer 401

55 In bestimmten Sonderfällen, in denen komplexere Stammbäume begutachtet werden (z.B. in Fällen, bei denen der Putativvater verstorben ist und dessen Angehörige mit in die Untersuchung einbezogen werden), ist oftmals eine zeitaufwändige biostatistische Auswertung zur Berechnung der Verwandtschaftswahrscheinlichkeiten erforderlich. In einem solchen Sonderfall soll der Sachverständige pauschal mit 25,00 Euro zusätzlich abrechnen können.

Beauftragt der Sachverständige in einem solchen Fall eine externe Person, sollen ihm die hierfür anfallenden tatsächlichen Auslagen ersetzt werden (nach der Gesetzesbegründung, BT-Drucksache 17/11471 neu S. 264).

Nummer 402

Die Anforderungen an die Probenentnahme haben sich mit dem Inkrafttreten des GenDG deutlich verändert. Neben der Anfertigung einer Niederschrift über die Probenentnahme ist auch die Aufklärung des Probanden über Zweck, Umfang, Art und Aussagekraft der Untersuchung nach § 9 bzw. § 17 Abs. 1 GenDG zu dokumentieren. Die Pauschale beträgt 25,00 Euro je Person. 56

Nummern 403 bis 405

Das beherrschende analytische Verfahren ist nach der Gesetzesbegründung (BT- 57 Drucksache 17/11471 neu S. 264) die Untersuchung von so genannten STR (Short Tandem Repeat) Systemen. Mit dieser Technik werden praktisch alle Abstammungsgutachten in Deutschland wie international erstellt. Die übrigen Verfahren spielen entweder kaum noch eine Rolle oder sind lediglich als zusätzliche Untersuchungen denkbar. Diallelische Polymorphismen (SNPs und DIPs) sind dagegen berücksichtigt, weil sie bereits ergänzend eingesetzt werden und zu erwarten ist, dass diese Methoden in die künftigen Richtlinien für die Erstattung von Abstammungsgutachten der Gendiagnostik-Kommission aufgenommen werden.

Der Untersuchungsaufwand lässt sich in drei Kategorien einteilen:

1. Nummer 403 (bis zu 20 Systeme je Person):

ein STR-Analysekit wurde eingesetzt;

2. Nummer 404 (21 bis 30 Systeme je Person):

mindestens zwei STR-Analysekits wurden eingesetzt (zusätzliche Methode zur Absicherung des Ergebnisses z.B. bei Auftreten von genetischen Besonderheiten, die eine ergänzende Abklärung der Befunde nach sich ziehen);

3. Nummer 405 (über 30 Systeme je Person):

mindestens drei STR-Analysekits (z.B. in Fällen mit einem aufwändigen Stammbaum) wurden eingesetzt.

Entsprechendes gilt für den Einsatz von diallelischen Polymorphismen in einem entsprechenden Umfang.

Die Honorierung nach dem beschriebenen Aufwand ist für den Festsetzungsbeamten gut nachvollziehbar. Der Aufwand lässt sich leicht durch Abzählen der im Gutachten aufgeführten Einzelbefunde zu den untersuchten Systemen auch von einem Laien überprüfen und erlaubt zudem eine sehr gute Einschätzung der Qualität der Begutachtung.

Die Vergütungsansatz für bis zu 20 Systeme beträgt 120,00 Euro (Nr. 403), 170,00 Euro (Nr. 404) und 220,00 Euro (Nr. 405).

Nummer 406

58 In bestimmten Fällen (Ausschluss von der Vaterschaft) oder auf Grund der notwendigen Qualität werden Personen nicht nur einfach, sondern aus unabhängig aufbereiteten Proben doppelt untersucht (s. Gesetzesbegründung, BT-Drucksache 17/11471 neu S. 264). Durch unabhängig bestätigte Befunde können Fehler vermieden werden. Es wäre nicht sachgerecht, wenn hiervon aus wirtschaftlichen Gründen abgewichen werden müsste. In diesen Fällen erhöht sich das Honorar nach den Nummern 403 bis 405 jeweils um 80,00 Euro.

Nummer 407

59 Die Aufbereitung von DNA aus der Originalprobe ist bei Standardmaterialien wie Blut oder Mundschleimhautabstrich mit der Vergütung für die Analytik abgegolten. Besondere Materialien wie Gewerbe, histologische Präparate, Knochen, Rückstellproben, forensische Proben usw. können im Einzelfall jedoch einen außerordentlich hohen Aufwand nach sich ziehen, der gesondert vergütet wird.

§ 11 JVEG Honorar für die Leistung der Übersetzer

(1) Das Honorar für eine Übersetzung beträgt 1,55 Euro für jeweils angefangene 55 Anschläge des schriftlichen Textes (Grundhonorar). Bei nicht elektronisch zur Verfügung gestellten editierbaren Texten erhöht sich das Honorar auf 1,75 Euro für jeweils angefangene 55 Anschläge (erhöhtes Honorar). Ist die Übersetzung wegen der besonderen Umstände des Einzelfalls, insbesondere wegen der häufigen Verwendung von Fachausdrücken, der schweren Lesbarkeit des Textes, einer besonderen Eilbedürftigkeit oder weil es sich um eine in Deutschland selten vorkommende Fremdsprache handelt, besonders erschwert, beträgt das Grundhonorar 1,85 Euro und das erhöhte Honorar 2,05 Euro. Maßgebend für die Anzahl der Anschläge ist der Text in der Zielsprache; werden jedoch nur in der Ausgangssprache lateinische Schriftzeichen verwendet, ist die Zahl der Anschläge in der Ausgangssprache maßgebend. Wäre eine Zählung der Anschläge mit unverhältnismäßigem Aufwand verbunden, wird deren Anzahl unter Berücksichtigung der durchschnittlichen Anzahl der Anschläge je Zeile nach der Anzahl der Zeilen bestimmt.

(2) Für eine oder mehrere Übersetzungen aufgrund desselben Auftrags beträgt das Honorar mindestens 15 Euro.

(3) Soweit die Leistung des Übersetzers in der Überprüfung von Schriftstücken oder Aufzeichnungen der Telekommunikation auf bestimmte Inhalte besteht, ohne dass er insoweit eine schriftliche Übersetzung anfertigen muss, erhält er ein Honorar wie ein Dolmetscher.

Übersicht

I. Allgemeine Bemerkungen

Wegen der Abgrenzung zwischen Dolmetscher und Übersetzer wird auf die Erläuterungen zu § 9 Rdn. 6 verwiesen. 1

Die Leistung eines Übersetzers wird nach § 11 honoriert; daneben hat er Anspruch auf die in § 8 Abs. 1 Nrn. 2 bis 4 JVEG aufgezählten Aufwendungen. Ein Anspruch auf Erstattung der Kosten für Ablichtungen der zu übersetzenden Schriftstücke für seine Handakten steht einem Übersetzer nicht zu.

II. Zur Höhe des Übersetzerhonorars

Der Übersetzer erhält **eine nach der Anzahl der Anschläge bemessene Vergütung.** 2
Die moderne Computertechnik macht es entbehrlich, zur Vermeidung unzumutbaren

Zählaufwands bei der Ermittlung der Anzahl der Anschläge auf die Zeilenzählung abzustellen. Maßeinheit für das Honorar ist die im Bereich des Übersetzerwesens allgemein eingeführte Standardzeile, die sich aus 55 Anschlägen einschließlich der Leerzeichen zusammensetzt. Unter Anschlägen sind nach dem üblichen Sprachgebrauch sämtliche Tastenanschläge zu verstehen, sodass nach dem Wortlaut und Wortsinn des § 11 Abs. 1 JVEG von einer Zählung der Anschläge unter Einschluss der Leerzeichen auszugehen ist.[1]

Die erforderliche Anzahl der Anschläge bei einer Übersetzung wird i.d.R. durch ein entsprechendes Computer-Protokoll belegt werden können.

Sofern wegen z.B. fehlender technischer Ausstattung des Übersetzers oder der Anweisungsstelle nach wie vor auf die Zeilenzählung abgestellt werden muss, um einen mit der Zählung der Anschläge verbundenen unzumutbaren Aufwand zu vermeiden, greift die Regelung des § 11 Abs. 1 Satz 3 JVEG. Danach ist zunächst die durch Stichproben festgestellte durchschnittliche Anzahl der Anschläge je Zeile mit der Anzahl der Zeilen zu multiplizieren und das Ergebnis sodann durch 55 zu dividieren.[2]

▶ **Beispiel:**

Das übersetzte Schriftstück enthält 39 Zeilen mit durchschnittlich 84 Anschlägen pro Zeile. Daraus ist die Zahl der der Honorierung zugrunde zu legenden »Standardzeilen« wie folgt zu ermitteln:

Durchschnittliche Zahl der Anschläge	84
multipliziert mit der Zahl der Zeilen	39,
ergibt	3.276;
dividiert durch die Anzahl der Anschläge der Standardzeile	55,
ergibt die Zahl der abzurechnenden Standardzeilen mit =	59,55;
aufgerundet auf angefangene »Anschläge«	**60.**

3 Die bisherige Regelung des Honorars für Übersetzer, die ein **Zeilenhonorar** in drei Stufen vorsah (1,25 Euro/1,85 Euro und 4,00 Euro) ist durch ein System mit einem »Grundhonorar« (s.u. 1.) und einem »erhöhten Honorar« (s.u. 2.) sowie einem »Erschwernis-Grundhonorar« (s.u. 3) und einem »Erschwernis-erhöhten Honorar« (s.u. 4) ersetzt worden. Die bisherige Stufe 3 mit einem Zeilenhonorar von 4 Euro für außergewöhnlich schwierige Texte ist entfallen.

1 KG, Beschl. v. 14.01.2009, in NStZ-RR 09.328; OLG Stuttgart, in Rpfleger 05.218; LG Dortmund, Beschl. v. 30.11.2004 – 14 (VI) Ars 25/04; OLG Bamberg, in KostRsp. JVEG § 7 Nr. 4 = JurBüro 06.653; OLG Hamburg, Beschl. v. 15.11.2004 – 2 BJs 85/01/2 StE 4/02-5, in Rpfleger 05.111 m. zust. Anm. von *Grau*.

2 BT-Drucks. 15/1971 – Begründung zu § 11 S. 225.

1. Das »Grundhonorar« für eine Übersetzung beträgt 1,55 Euro für jeweils angefangene 55 Anschläge eines schriftlichen Textes, wenn es sich um einen elektronisch zur Verfügung gestellten und editierbaren Text handelt. Wie schon bisher vermeidet das Gesetz den Begriff »einfacher Text«.
2. Das »erhöhte Honorar« für eine Übersetzung beträgt 1,75 Euro für jeweils angefangene 55 Anschläge eines schriftlichen Textes, wenn es sich um einen nicht elektronisch zur Verfügung gestellten und nicht editierbaren Text handelt.
3. Das »Erschwernis-Grundhonorar« ist das von 1,55 Euro auf 1,85 Euro angehobene »Grundhonorar« für jeweils angefangene 55 Anschläge eines schriftlichen Textes, wenn die Übersetzung des elektronisch zur Verfügung gestellten und editierbaren Textes erschwert ist.
4. Das »Erschwernis-erhöhte Honorar« ist das von 1,75 Euro auf 2,05 Euro angehobene »erhöhte Honorar« für jeweils angefangene 55 Anschläge eines schriftlichen Textes, wenn die Übersetzung eines nicht elektronisch zur Verfügung gestellten und nicht editierbaren Textes erschwert ist.
   Die Unterscheidungen folgen den Feststellungen von *Hommerich/Reiß*, JVEG – Evaluation und Marktanalyse) aus dem Jahr 2009.

Elektronisch zur Verfügung gestellter und editierbarer Text

Übersetzer fordern und erhalten höhere Honorare, wenn ihnen nicht editierbare Texte elektronisch zur Verfügung gestellt werden. (*Hommerich/Reiß*, JVEG – Evaluation und Marktanalyse, Gliederung 6.2.5 – S. 201). Alternativ gewähren sie Preisnachlässe für die Übersetzung editierbarer Texte (a.a.O., Gliederung 6.2.4 – S. 199).

Das entscheidende Kriterium ist die »**Editierbarkeit**« (= **Veränderbarkeit**), nicht die elektronische Zurverfügungstellung.

Dabei bearbeitet oder erarbeitet der Übersetzer den vorgelegten Text und gibt ihn danach zurück. So kann z.B. ein zur Verfügung gestelltes word-Dokument auf einfache Art bearbeitet und geändert, etwa anders formatiert, und elektronisch zurückgesandt werden. Hingegen kann ein elektronisch zur Verfügung gestelltes Dokument im pdf-Format nicht editiert werden und wird mit einem höheren Honorar abgerechnet.

Die für Aufträge des Gerichts und der Staatsanwaltschaft bislang gebräuchlichste Form eines zu übersetzenden Textes ist die Schriftform auf Papier. Sie löst stets das Zeilenhonorar von 1,75 Euro oder 2,05 Euro aus.

Erschwernis 4

Das »Grundhonorar« und das »erhöhte Honorar« werden heraufgesetzt, wenn die Übersetzung **erschwert** ist.

Entscheidend für die Bemessung des Vergütungssatzes ist nicht, ob die Übertragung für den Übersetzer subjektiv erschwert oder schwierig ist, sondern ob sie **objektiv** erschwert oder schwierig ist, d.h. ob sie einem erfahrenen Übersetzer, der über eine durchschnittliche Kenntnis der betreffenden Fremdsprache verfügt, Schwierigkeiten bereitet.[3]

Abs. 1 Satz 3 führt konkrete Tatbestände auf, die eine Erhöhung rechtfertigen. Aus dem Wort »insbesondere« folgt, dass die angeführten Beispiele nicht erschöpfend sind.

Als erhebliche Erschwerungen, die nicht in dem zu übersetzenden Text begründet sind, können beispielsweise auch ungewöhnlich schwierige Arbeitsbedingungen oder eine kompliziert gestaltete grafische Darstellung des zu übersetzenden Textes (z.B. in Vordrucken zum Versorgungsausgleich), welche ebenfalls zu übertragen ist, gerechnet werden.

a. Häufige Verwendung von Fachausdrücken

Aus der Formulierung ergibt sich, dass es sich nicht um ausgesprochene Fachtexte wie technische oder medizinische Gutachten handeln muss, sondern dass eine besonders erschwerte Übertragung bereits dann vorliegt, wenn der zu übertragende Text Fachausdrücke, z.B. juristische Fachausdrücke, enthält, auch wenn es sich dabei um Begriffe handelt, die in gerichtlichen Verfahren häufiger vorkommen. Sind z.B. Übersetzungen eines Versäumnisurteils einschließlich der beizufügenden Rechtsmittelbelehrung und eines Kostenfestsetzungsbeschlusses oder die Übersetzungen einer Klageschrift bzw. von Rechtshilfeunterlagen – alle jeweils mit zahlreichen juristischen Fachausdrücken – vorzunehmen, so sind diese mit dem erhöhten Honorarsatz zu vergüten.

Die schon bis dato bestehende Bezeichnung »Verwendung von Fachausdrücken« wurde um das Wort »häufig« ergänzt. Der Begriff ist auslegungsfähig, er wird in der Gesetzesbegründung nicht erläutert. *Hommerich/Reiß* (JVEG – Evaluation und Marktanalyse, Gliederung 6.2.5 – S. 200, Tabelle 147) benutzen die Definition »Übersetzungen mit hoher Komplexität (z.B. viele seltene Fachausdrücke)«. Diese Definition erscheint als Anhaltspunkt für eine Einschätzung hilfreich.

Der Auffassung,[4] dass z.B. für die Übertragung eines juristischen Fachtextes durch einen Rechtsanwalt nicht der erhöhte Satz für eine »erschwerte« Übersetzung gewährt werden könne, vermag ich nicht zu folgen. Man kann nicht einen Übersetzer, dem die Übertragung eines Fachtextes aufgrund seines speziellen Fachwissens leichter fällt als anderen Übersetzern, die über dieses Fachwissen nicht verfügen, deswegen geringer vergüten; denn das würde bedeuten, das größere Fachwissen geringer zu honorieren.

Der Vergütungssatz für eine erheblich erschwerte Übersetzung i.H.v. 1,85 € bzw. 2,05 € ist gerechtfertigt, wenn ein zu übersetzendes Schriftstück fachbezogene (juristische) Texte, bspw. Fachausdrücke wie »Rechtsstreit, Forderung, Versäumnisurteil, Einspruch, Zustellung, Fristverlängerung, Anwaltszwang, Einreden, Einwendungen, Beweisangebote, Beweiseinreden« oder wie »Antragseingang,

3 OLG Koblenz in KRspr. § 17 Nr. 48 LS; LG Hannover in Nds.Rpfl. 90.50 zum ZSEG; Fn neu: OLG Düsseldorf, Beschl. v. 27.02.92, in Juris/ZSEG.

4 OLG Frankfurt am Main, in JurBüro 77.1752 = Rpfleger 77.462 = MDR 78.238 = KRspr. § 17 ZSEG Nr. 36 LS m. abl. Anm. von *Lappe*.

Basiszinssatz, Gegenstandswert, Prozessgebühr, Verhandlungsgebühr, vorsteuerabzugsberechtigt« enthält.[5]

Auch mit der Übersetzung eines gerichtsmedizinischen Gutachtens aus einer Fremdsprache wird eine Leistung vollbracht, die mit dem höheren Zeilensatz von 1,85 € bzw. 2,05 € zu vergüten ist. Das gilt insbesondere dann, wenn das übersetzte Gutachten deutlich über den Wortschatz eines nicht fachgebundenen Alltagstextes hinausgeht und auch deshalb erhebliche höhere Anforderungen an die zu erbringende Übersetzung gestellt werden.[6]

b. Schwere Lesbarkeit des Textes

Darunter ist ein Text zu verstehen, der schwer zu entziffern ist. Sei es wegen einer schlecht leserlichen Handschrift, sei es wegen der mangelnden Papierqualität (verblichener Text oder Beschädigung des Papiers).

c. Besondere Eilbedürftigkeit

Das Bearbeiten oder Erarbeiten einer Übersetzung unter Zeitdruck stellt eine besondere Erschwernis dar. Hommerich/Reiß (JVEG – Evaluation und Marktanalyse, Gliederung 6.2.5 – S. 201, Tabelle 149) benutzen die Definition »Knapp bemessene Zeitspanne für die Leistungserbringung (Eilzuschlag)«.

Was darunter konkret zu verstehen ist, wird im Einzelfall zu entscheiden sein und bedarf konkreter Angaben des Übersetzers. Allein die Tatsache, dass die Tätigkeit am Wochenende erledigt wurde, reicht dazu sicherlich nicht aus.

d. In Deutschland selten vorkommende Fremdsprache

Schon nach altem Recht waren Übertragungen aus Sprachen, die in Deutschland wenig gebräuchlich sind und bei denen dem Übersetzer nur unzureichende übersetzungswissenschaftliche Hilfsmittel zur Verfügung stehen, als erschwert eingestuft, z.B. dann, wenn dem Übersetzer nur unzureichende übersetzungswissenschaftliche Hilfsmittel zur Verfügung stehen. Die Schwierigkeit, die sich daraus ergibt, dass es nur eine lückenhafte terminologische Erschließung durch Wörterbücher gibt oder dass die Erschließung des Wortschatzes mit Wörterbüchern nur über eine dritte Sprache möglich ist,[7] sodass der Übersetzer mehr Zeit aufwenden muss, wurde vor allem bei außereuropäischen Sprachen angenommen.

Auch auf dem außergerichtlichen Markt ist die Höhe der Vergütungssätze sehr stark von der Art der gesprochenen Sprache abhängig (vgl. Hommerich/Reiß, JVEG – Evaluation und Marktanalyse, Tabelle 153 – S. 204).

Im Gesetzgebungsverfahren ist bemängelt worden, der Begriff einer »selten« vorkommenden Fremdsprache sei zu unbestimmt und werde daher absehbar zu einer Zunahme förmlicher Festsetzungsverfahren und Beschwerden führen, die

5 OLG München, Beschl. v. 30.12.2004 – 11 W 2931/04 –; OLG München, Beschl. v. 29.03.2005 – 12 W 90/05 –; OLG München, Beschl. v. 31.03.2005 – 11 W 2738/04; a.A. KG, Beschl. v. 19.12.2008 – 1 AR 1427/08 –.

6 Hessisches Landessozialgericht, Beschl. v. 12.01.2007 – L2 SF 35/06 –.

7 OLG Bamberg, in JurBüro 81.1873 – Übersetzung in die Urdu-Sprache, Höchstzeilensatz nach § 17 Abs. 3 Satz 2, 1. Alt. ZSEG –.

die Gerichte zusätzlich belasten (BT-Drucksache 17/11471 neu S. 323). Darüber hinaus liege eine besondere Erschwernis auf Seiten des Übersetzers, der der seltenen Sprache ja mächtig sei, im Vergleich zu Übersetzern anderer Sprachen nicht vor.

Änderungen sind gleichwohl nicht vorgenommen worden.

Der Definition von Hommerich/Reiß folgend, werden nahöstliche, afrikanische und fernöstliche Sprachen als »selten« anzusehen sein.

5 Die Vergütung für die Übersetzung ist nach dem durchschnittlichen Schwierigkeitsgrad des gesamten Textes und somit nach einem **einheitlichen Vergütungssatz** zu bemessen, sofern der Text nicht aus einzelnen selbstständigen Teilen besteht, die sich ohne Weiteres völlig trennen lassen.[8] Das gilt grds. auch dann, wenn der Übersetzungsauftrag sich auf mehrere Schriftstücke bezieht, denen jeweils keine besondere Eigenständigkeit i.R.d. Gesamtübersetzungsauftrags zukommt. Bei der Höhe des einheitlichen Vergütungssatzes ist neben dem Grad der Schwierigkeit der Anteil der schwer zu übersetzenden Teile angemessen zu berücksichtigen.

Das gilt auch für Textwiederholungen, sie sind – als Erleichterungen – bei der Bemessung des einheitlichen Vergütungssatzes zu berücksichtigen. Einem Übersetzer, der im Auftrag des Gerichts eine Mehrzahl überwiegend textgleicher Übersetzungen anzufertigen hat, steht für jede der Übersetzungen eine Vergütung zu. Dass der Übersetzungsauftrag inhaltsgleiche Texte zum Gegenstand hat, kann nur bei der Höhe des einheitlich zu bemessenden Honorars berücksichtigt werden.[9]

6 **Das Mindesthonorar** (Abs. 2) für eine oder mehrere Übertragungen aufgrund desselben Auftrags beträgt 15,00 €. Es erwächst für die Erledigung des gesamten Auftrags, nicht für die Übersetzung des einzelnen Schreibens. Sind z.B. aufgrund eines Auftrags zwei kurze Schreiben zu übertragen, so ist für beide Schreiben zusammen der Mindestsatz von 15,00 € – nicht 2 × 15,00 € – zu gewähren.

7 **Für die Berechnung der Vergütung ist der Text der Übersetzung**, d.h. das Ergebnis der Übersetzertätigkeit maßgebend. Der zu übersetzende Text ist für den Honorarsatz nur dann zu berücksichtigen, wenn in der angefertigten Übersetzung keine lateinischen Schriftzeichen verwendet werden, der zu übersetzende Text aber mit lateinischen Schriftzeichen geschrieben ist.

Dasselbe gilt für die Übersetzung eines mit lateinischen Schriftzeichen abgefassten Schriftstückes in die **Blindenschrift (Brailleschrift)**. Die von hinten in das tragende Papier gepressten Punktmuster der Brailleschrift sind keine »lateinischen Schriftzeichen«. Für die Übersetzung eines Dokuments in die Blindenschrift sind daher für die Bemessung des Honorars die Anzahl der Anschläge in der Ausgangssprache maßgebend.

---

8 LSG Ba.-Wü. in Rpfleger 74.374; OLG München, in OLGR 94.191 zum ZSEG.

9 OLG Köln, in JurBüro 91.1397 zum ZSEG.

Die Leistung des Übersetzers, die mit dem Honorar nach Abs. 1 abgegolten wird, besteht, ebenso wie bei dem Sachverständigen, der ein schriftliches Gutachten erstattet, nicht im Niederschreiben der Übersetzung, das auch durch Schreibkräfte erfolgen kann, vielmehr liegt die eigentliche Tätigkeit des Übersetzers in der geistigen Leistung der Übertragung des Textes aus einer Sprache in die andere. Nur diese Leistung wird durch das Honorar nach Abs. 1 abgegolten. Mit diesem Honorar wird die gesamte Tätigkeit des Übersetzers vergütet. Er kann außer Ersatz der baren Aufwendungen (§§ 7, 12) eine weitere Vergütung, insb. eine Entschädigung für einen evtl. Verdienstausfall, nicht beanspruchen. Auch eine »Beglaubigungsgebühr« für die Beglaubigung seiner Übersetzung, die in entsprechender Anwendung von § 410 ZPO vom Gericht verlangt wird, steht ihm nicht zu. 8

III. Übersetzertätigkeit durch Behördenangehörige und Rechtsanwälte

Behördenangehörige, zu deren Dienstaufgaben die Anfertigung von Übersetzungen gehört oder die für ihre nebenamtliche Übersetzertätigkeit eine laufende, nicht auf den Einzelfall abgestellte Vergütung erhalten, haben keinen Anspruch auf ein Honorar nach § 11. 9

Die Übersetzertätigkeit eines **Rechtsanwalts** geht über den Rahmen der anwaltlichen Tätigkeit hinaus und ist nicht durch die Vergütung nach dem RVG abgegolten. Das gilt insb. dann, wenn der Rechtsanwalt für das Gericht bestimmte Urkunden aus der Sprache oder die Schriftsätze des Gegners und die gerichtlichen Entscheidungen in die Sprache seines Mandanten übersetzt.[10] 10

Für die Höhe der zusätzlichen Vergütung können die Sätze des § 11 entsprechend herangezogen werden.[11] Für den fremdsprachigen Schriftwechsel mit seinem Mandanten kann dagegen keine »Übersetzerentschädigung« beansprucht werden.[12]

IV. Auf Erfordern beigebrachte Übersetzungen

Wenn das Gericht von der Befugnis des § 142 Abs. 3 ZPO Gebrauch macht anzuordnen, »dass von den in fremder Sprache abgefassten Urkunden eine durch einen beeidigten Übersetzer angefertigte Übersetzung beigebracht werde«, so ist die Beibringung Sache der Partei. Die Bewilligung einer Vergütung an den Übersetzer aus der Staatskasse kann in diesem Fall nicht infrage kommen, weil es an der Voraussetzung fehlt, dass der Übersetzer von dem Gericht herangezogen ist. Dies gilt auch dann, wenn das Gericht etwa auf den Wunsch der Parteien deren Auftrag an den Übersetzer vermittelt. Denn durch eine solche Vermittlung wird der Parteiauftrag nicht zu einer an den Übersetzer gerichteten Anordnung des Gerichts. Dem Übersetzer erwächst daher aus der Annahme und Ausführung des vom Gericht nur übermittelten Parteiauftrages ein Anspruch nicht gegen die Staatskasse, sondern nur gegen die Partei. 11

10 OLG Karlsruhe, in JurBüro 89.100.

11 OLG Düsseldorf, in Rpfleger 83.367.

12 OLG Hamburg, in JurBüro 71.685; OLG Stuttgart, in JurBüro 81.65; Baumbach/*Lauterbach*/*Albers*/*Hartmann*, ZPO, Rn. 210 zu 91 m.w.N.

V. Einzelfälle in der Rechtsprechung

12

Sprache	Bewertung	Gericht/Fundstelle
Afghanisch	Afghanisch ist eine besonders schwierige Sprache, sodass bereits ohne Erschwerungstatbestände ein Honorarsatz von 1,85 € angemessen ist.	OLG Zweibrücken, in Rpfleger 86.322 = KRspr. § 17 Nr. 55 – zum ZSEG –
Albanisch	Die albanische Sprache mag schwerer sein als andere europäische Sprachen. Dies rechtfertigt allein nicht, für die Übersetzung in die albanische Sprache generell den erhöhten Honorarsatz von 1,85 € anzusetzen, wenn der zu übersetzende Text (eine Anklageschrift) weder schwer lesbar ist noch Fachausdrücke enthält.	LG Bayreuth, Beschl. v. 04.02.2005, Qs 7/05
Dänisch	Dänisch ist in Deutschland wenig verbreitet und schwerer erlernbar als andere europäische Sprachen. Bei Übertragung eines juristischen Fachtextes ist eine Anhebung des Honorarsatzes auf 1,85 € gerechtfertigt.	OLG Hamburg, in JurBüro 72.895 = KRspr. § 17 Nr. 15, OLG Koblenz, in KRspr. § 17 Nr. 34, OLG Oldenburg, in Nds. Rpfl. 94.164 = KRspr. § 17 Nr. 68 – jeweils zum ZSEG –
Englisch	Englisch ist die Weltsprache Nummer 1 ohne sprachliche Besonderheiten. Angemessen ist der niedrigste Honorarsatz, wenn die Übersetzung andere Erschwernisgründe nicht aufweist.	OLG Stuttgart, in JurBüro 84.92 = Die Justiz 83.391 = KRspr. § 17 Nr. 47, KG in KRspr. § 17 Nr. 1 – jeweils zum ZSEG –
Flämisch	Flämisch gehört nicht zu den schwierigen europäischen Fremdsprachen. Ohne Vorliegen besonderer Erschwernistatbestände kann nur ein Honorarsatz von 1,25 € als angemessen angesehen werden.	OLG Koblenz, in KRspr. § 17 Nr. 48 – zum ZSEG –

Sprache	Bewertung	Gericht/Fundstelle
Französisch	Französisch ist eine gebräuchliche Weltsprache ohne wesentliche sprachliche Besonderheiten. Angemessen ist der niedrigste Honorarsatz, wenn die Übersetzung andere Erschwernisgründe nicht aufweist. Die Übersetzung einer Anklageschrift in die französische Sprache ist i.d.R. auch dann nicht erschwert, wenn Fachausdrücke zu übersetzen sind.	LG Siegen, in KRspr. § 17 Nr. 20 – zum ZSEG – LG Osnabrück, in JurBüro 09.657 = Nds.Rpfl. 09.399
Griechisch	Griechisch gehört nicht zu den besonders schwierigen Fremdsprachen. Wegen des abweichenden Schriftbildes kann jedoch bereits ohne Erschwerungstatbestände ein Honorarsatz von 1,85 € als angemessen angesehen werden.	LG Hannover, in Nds. Rpfl. 90.48 – zum ZSEG –
Iranisch/ Persisch	Die Übersetzung eines Schriftstückes mit juristischen Fachausdrücken, die durch Arabismen wiedergegeben werden mussten, in die persische Sprache ist erheblich erschwert i.S.d. § 11 Abs. 1 Satz 2. Auch ohne Erschwerungstatbestände ist ein Honorarsatz von 1,85 € angemessen.	OLG Celle, in JurBüro 93.560 = Nds.Rpfl. 93.132 = KRspr. § 17 Nr. 65 – zum ZSEG –
Italienisch	Die Übersetzung in die italienische Sprache ist nicht durch Besonderheiten der Sprache erschwert; angemessen ist der niedrigste Honorarsatz, wenn die Übersetzung andere Erschwernisgründe nicht aufweist.	LG Offenburg, in KRspr. § 17 Nr. 10 OLG Koblenz, in JurBüro 75.1374 = Rpfleger 75.336 = KRspr. § 17 Nr. 29, LG Hannover, in Nds. Rpfl. 90.50 = KRspr. § 17 Nr. 61 – alle zum ZSEG –
Niederländisch	Niederländisch gehört nicht zu den schwierigen europäischen Fremdsprachen. Ohne Vorliegen besonderer Erschwernistatbestände kann nur ein Honorarsatz von 1,25 € als angemessen angesehen werden.	OLG Celle, in Nds.Rpfl. 64.243 = KRspr. § 17 Nr. 3 – zum ZSEG –

Sprache	Bewertung	Gericht/Fundstelle
Norwegisch	Die norwegische Sprache gehört innerhalb des europäischen Zivilisationskreises zur Gruppe der sog. schwierigen Sprachen; bei Übertragung eines juristischen Fachtextes in die norwegische Sprache ist eine Anhebung des Honorarsatzes auf 1,85 € gerechtfertigt.	OLG Bamberg, in JurBüro 73.354 m. zust. Anm. von Mümmler (ohne Erschwernistatbestände lediglich 1,25 €) – zum ZSEG –
Polnisch	Die polnische Sprache kann nicht (mehr) als seltene oder objektiv schwierige Sprache angesehen werden. Ohne Vorliegen besonderer Erschwernistatbestände kann nur ein Honorarsatz von 1,25 € als angemessen angesehen werden.	OLG Stuttgart, in Die Justiz 72.397 = KRspr. § 17 Nr. 17 – zum ZSEG –
Russisch	Russisch gehört nicht zu den in Deutschland gebräuchlichen Fremdsprachen. Auch wegen des abweichenden Schriftbildes kann bereits ohne Erschwernistatbestände ein Honorarsatz von 1,85 € als angemessen angesehen werden. Auch mit der Übersetzung eines gerichtsmedizinischen Gutachtens aus der russischen Sprache wird eine Leistung erbracht, die mit dem erhöhten Honorarsatz von 1,85 € zu vergüten ist.	OLG Stuttgart, in Rpfleger 73.265 = Die Justiz 73.259 = KRspr. § 17 Nr. 23, OLG Stuttgart, in Die Justiz 78.37 = KRspr. § 17 Nr. 37 – alle zum ZSEG – Hessisches Landessozialgericht, Beschl. v. 12.01.2007 – L 2 SF 35/06 –
Serbisch/ Kroatisch	Serbisch und kroatisch gehören nicht zu den besonders schwierigen europäischen Fremdsprachen. Ohne Vorliegen besonderer Erschwerungstatbestände kann nur ein Honorarsatz von 1,25 € als angemessen angesehen werden.	OLG Karlsruhe, in KRspr. § 17 Nr. 9 – zum ZSEG –
Spanisch	Spanisch ist eine gebräuchliche Weltsprache ohne sprachliche Besonderheiten. Angemessen ist der niedrigste Honorarsatz, wenn die Übersetzung andere Erschwernis nicht aufweist.	OLG Hamm, in JurBüro 99.427 – zum ZSEG –

Sprache	Bewertung	Gericht/Fundstelle
Spanisch (Lateinamerika)	Für die Übersetzung von Telefonüberwachungsprotokollen von in Costa Rica auf Spanisch geführten Ferngesprächen unter Zeitdruck ist ein Honorarsatz von 1,85 € angemessen.	OLG Hamm, in JurBüro 99.427 – zum ZSEG –
Tschechisch	Für die Übersetzung einer Anklageschrift und die Übersetzung schwer entziffernder Briefe in »Ganovenschrift« ist ein Honorarsatz von 1,85 € angemessen. Ansonsten verbleibt es bei dem Honorarsatz von 1,25 €.	OLG Koblenz, in MDR 75.780 = KRspr. § 17 Nr. 11; OLG Düsseldorf, in Rpfleger 65.1 = KRspr. § 17 Nr. 2 – zum ZSEG –
Türkisch	Die türkische Sprache kann nicht (mehr) als seltene oder objektiv schwierige Sprache angesehen werden. Für die Übersetzung einer Anklageschrift ohne außergewöhnliche Schwierigkeiten in die türkische Sprache kann nur ein Honorarsatz von 1,25 € als angemessen angesehen werden.	OLG Koblenz, in JurBüro 96.152 = KRspr. § 17 Nr. 74 – zum ZSEG –
Ungarisch	Ungarisch ist schwierig zu erlernen und in Deutschland wenig verbreitet. Eine Übersetzung in die ungarische Sprache mit einem nicht unerheblichen Anteil juristischer Fachtexte rechtfertigt daher allemal eine Anhebung des Honorarsatzes auf 1,85 €.	OLG Celle, in Nds.Rpfl. 93.187 = KRspr. § 17 Nr. 67 – zum ZSEG –
Urdu	Urdu ist eine besonders schwierige Sprache, sodass bereits ohne weitere Erschwernisse ein Honorarsatz von 1,85 € angemessen ist.	OLG Bamberg, in JurBüro 81.1873 = KRspr. § 17 Nr. 39 – zum ZSEG –
Vietnamesisch	Vietnamesisch ist eine deutlich überdurchschnittlich schwierige Sprache, sodass bereits ohne weitere Erschwernistatbestände ein Honorarsatz von 1,85 € angemessen ist.	OLG Jena, in JurBüro 97.98 = KRspr. § 17 Nr. 79 – zum ZSEG –

VII. Honorar nach Abs. 3

13 Die Regelung des Abs. 3 wurde durch das Kostenrechtsmodernisierungsgesetz 2004 eingeführt. Sie soll die Fälle erfassen, in denen Übersetzer Schriftstücke oder Aufzeichnungen der Telekommunikation – etwa umfangreiche Mitschriften von Tonbandaufzeichnungen – nur auf bestimmte Inhalte überprüfen, ohne eine schriftliche Übersetzung des gesamten – für das Verfahren überwiegend irrelevanten – Inhalts anfertigen zu müssen. Die Übersetzer erbringen insoweit eine Leistung, die diejenige eines Dolmetschers vergleichbar ist, auch wenn der überprüfte Text nicht mündlich in die Zielsprache übertragen wird. Die Honorierung sollte in diesen Fällen nach den Vergütungsbestimmungen für Dolmetscher mit einem Stundensatz von seinerzeit 55,00 € erfolgen.[13]

§ 9 Abs. 3 in der Fassung des 2. Kostenrechtsmodernisierungsgesetzes gewährt unterschiedliche Dolmetscherhonorare für konsekutives und simultanes Dolmetschern. Eine verständige Auslegung lässt für den Übersetzer in den Fällen des § 11 Abs. 3 nur die Honorierung mit 70,00 € zu.

§ 12 JVEG Ersatz für besondere Aufwendungen

(1) Soweit in diesem Gesetz nichts anderes bestimmt ist, sind mit der Vergütung nach den §§ 9 bis 11 auch die üblichen Gemeinkosten sowie der mit der Erstattung des Gutachtens oder der Übersetzung üblicherweise verbundene Aufwand abgegolten. Es werden jedoch gesondert ersetzt

1. **die für die Vorbereitung und Erstattung des Gutachtens oder der Übersetzung aufgewendeten notwendigen besonderen Kosten, einschließlich der insoweit notwendigen Aufwendungen für Hilfskräfte, sowie die für eine Untersuchung verbrauchten Stoffe und Werkzeuge;**
2. **für jedes zur Vorbereitung und Erstattung des Gutachtens erforderliche Foto 2 Euro und, wenn die Fotos nicht Teil des schriftlichen Gutachtens sind (§ 7 Absatz 2), 0,50 Euro für den zweiten und jeden weiteren Abzug oder Ausdruck eines Fotos;**
3. **für die Erstellung des schriftlichen Gutachtens 0,90 Euro je angefangene 1000 Anschläge; ist die Zahl der Anschläge nicht bekannt, ist diese zu schätzen;**
4. **die auf die Vergütung entfallene Umsatzsteuer, sofern diese nicht nach § 19 Abs. 1 Umsatzsteuergesetz unerhoben bleibt.**

(2) Ein auf die Hilfskräfte (Absatz 1 Satz 2 Nr. 1) entfallener Teil der Gemeinkosten wird durch einen Zuschlag von 15 Prozent auf den Betrag abgegolten, der als notwendige Aufwendung für die Hilfskräfte zu ersetzen ist, es sei denn, die Hinzuziehung der Hilfskräfte hat keine oder nur unwesentlich erhöhte Gemeinkosten veranlasst.

---

13 BT-Drucks. 15/1971 – Begründung zu § 11 S. 225.

Übersicht Rdn.

I. Allgemeine Bemerkungen

Mit dem Honorar nach den §§ 9 bis 11 JVEG sind grds. die allgemeinen Geschäfts-, Praxis- und Bürokosten (**Gemeinkosten**) des Sachverständigen, Dolmetschers und Übersetzers sowie der mit der Erstattung des Gutachtens oder der Übersetzung üblicherweise verbundene Aufwand abgegolten (Abs. 1 Satz 1). Zu den üblichen Gemeinkosten zählen in erster Linie die mit dem Bürobetrieb verbundenen Kosten sowie die Aufwendungen, die sich aus einer angemessenen Ausstattung mit technischen Geräten und fachbezogener Literatur ergeben.[1] 1

Die Gewährung eines **Gewinnzuschlag**s oder eines **allgemeinen Unkostenzuschlags** zu der Leistungsvergütung des Sachverständigen ist nicht zulässig.[2]

Auch wenn eine juristische Person als Sachverständiger hinzugezogen wird, kann ein Unkostenzuschlag zur Abgeltung des allgemeinen Kapitaleinsatzes nicht gewährt werden.[3]

Aufwendungsersatz

Nur soweit von dem Anspruchsberechtigten darüber hinaus für die Vorbereitung und Erstattung des Gutachtens oder der Übersetzung notwendigerweise **zusätzliche Kosten aufgewendet** werden müssen, werden ihm diese nach den §§ 5 bis 7 und § 12 neben der Leistungsvergütung ersetzt. 2

Nach den §§ 5 bis 7 werden Aufwendungen ersetzt, die sowohl durch Sachverständige, Dolmetscher oder Übersetzer, durch ehrenamtliche Richter als auch durch Zeugen oder Dritte verauslagt worden sind. Voraussetzung für einen Auslagenersatz nach den §§ 5 bis 7 ist in jedem Fall, dass der Anspruchsberechtigte einen entsprechenden Aufwand gehabt hat.

§ 12 regelt den Ersatz von besonderen Aufwendungen, die ausschließlich im Zusammenhang mit der Erbringung einer Sachverständigenleistung oder einer Übersetzung anfallen können.

1 BT-Drucks. 15/1971 – Begründung zu § 12 JVEG – S. 225 –; BGH, Beschl. 14.10.2010 – Xa ZR 62/07 in DS 11, 33.

2 LG München, in JurBüro 74.103 = KRspr. § 8 ZSEG Nr. 31 LS m.w.N. zum ZSEG.

3 A.A. LG Stuttgart, in Justiz 72.123 = KRspr. § 8 ZSEG Nr. 27.

Den Umfang der aufzuwendenden Kosten bestimmt der Sachverständige oder Übersetzer nach pflichtgemäßem Ermessen.[4]

Die Notwendigkeit der vom Anspruchsberechtigten zur Erstattung angeforderten Aufwendungen und ihre tatsächliche Höhe können vom Gericht einer sachlichen Nachprüfung unterzogen werden. Mit dem Recht des Anspruchsberechtigten, Ersatz seiner Aufwendungen zu fordern, verbindet sich die Pflicht, diese auf Verlangen zu erläutern und zu belegen. Eine pauschale Abgeltung von Nebenkosten über § 12 ist nicht möglich.[5]

II. Aufgewendete Kosten (Abs. 1 Satz 2 Nr. 1)

3 Die dem Sachverständigen (Übersetzer) für die Vorbereitung und Erstattung des Gutachtens oder der Übersetzung entstandenen **Portoauslagen** für Schreiben an die Parteien oder deren Vertreter über die Bestimmung eines Ortstermins oder über notwendige Umladungen sowie für die Übersendung des Gutachtens oder der Übersetzung an die heranziehende Stelle[6] sind ihm zu erstatten.

Dagegen gehören die Portoaufwendungen des Anspruchsberechtigten für die Einreichung der Kostenliquidation oder für Schreiben zu Anfragen des Gerichts zu den durch die Leistungsvergütung abgegoltenen Gemeinkosten. Diese Kosten sind nicht für das Gutachten oder die Übersetzung, sondern anlässlich der Gutachtertätigkeit aufgewendet worden.

Fahrtkosten

4 Fahrtkosten aus Anlass der Vorbereitung und Erstattung des Gutachtens werden dem Sachverständigen ausschließlich nach § 5 ersetzt. Etwaige – die Entschädigung nach § 5 übersteigende – höhere Fahrtauslagen können nicht nach § 12 ersetzt werden.

Kosten für Fremduntersuchungen

5 Kosten für Untersuchungen oder Laboratoriumsversuche (z.B. Blutuntersuchungen und dergl.), die der Sachverständige von einer anderen Stelle hat ausführen lassen und i.R.d. Zulässigen bei der Erstellung seines Gutachtens verwertet, sind, soweit sie notwendig waren, nach Abs. 1 Satz 2 Nr. 1 zu erstatten.

Kosten für die Beschaffung von Fachliteratur

6 a) Kosten für die Beschaffung von Fachliteratur sind i.d.R. nicht erstattungsfähig. Da jeder Sachverständige oder Übersetzer sich über die in der Fachliteratur seines Tätigkeitsbereichs vertretenen Auffassungen und mitgeteilten neuen Erkenntnisse auf dem Laufenden halten muss, gehören die damit verbundenen Aufwendungen zu den **nicht erstattungsfähigen Gemeinkosten**.

---

4 OLG Frankfurt am Main, in JurBüro 83.413 zum ZSEG.
5 LG München, in JurBüro 93.746 zum ZSEG.
6 LG Mannheim, in Rpfleger 91.36 zum ZSEG.

b) Nur in ganz besonders gelagerten **Ausnahmefällen** wird die Beschaffung von Fachliteratur, die auf anderem Wege dem Anspruchsberechtigten nicht zugänglich ist und speziell zur Beantwortung der gestellten Beweisfrage benötigt wird und nicht für den Sachverständigen allgemein verwendbar ist, als notwendig für die Vorbereitung des Gutachtens und damit als erstattungsfähig angesehen werden können.

c) Ist im Einzelfall für die Gutachtenerstellung die Benutzung einer **Datenbank** erforderlich, so sind die Benutzungsentgelte als Aufwendungen nach Abs. 1 Satz 2 Nr. 1 zu erstatten.[7]

Kosten einer stationären Behandlung

a) Bei einer **zur Begutachtung erforderlichen stationären Behandlung** können die entstandenen Sach- und Personalkosten von dem Sachverständigen beansprucht und als notwendige Aufwendungen nach Abs. 1 Satz 2 Nr. 1 erstattet werden. Es erscheint gerechtfertigt, hierbei den »Großen Pflegesatz« nach § 3 Abs. 1 BPflV zugrunde zu legen.[8] Er gilt auch für Begutachtungsfälle. Durch den großen Pflegesatz werden neben Unterkunft und Verpflegung auch die ärztlichen Leistungen abgegolten. Stets muss es sich aber um Auslagen handeln, die dem Sachverständigen selbst erwachsen sind, bei Klinikkosten also um solche, die der Sachverständige der Klinik ggü. zu tragen hat. Anspruchsberechtigt nach dem JVEG ist nur der Sachverständige, nicht das Krankenhaus, an dem er tätig ist. Das gilt auch für Aufwendungen, die dem Krankenhaus selbst bei der Begutachtung entstehen. 7

Neben dem allgemeinen Pflegesatz können bei stationärer Aufnahme zur Begutachtung nur Sach- und Personalkosten für solche Leistungen erstattet werden, die eindeutig über die Untersuchungs- und Diagnoseleistungen hinausgehen, die typischerweise bei der Aufnahme zur Heilbehandlung oder zur Abklärung einer Diagnose entstehen.[9]

b) Kosten einer **stationären Behandlung, die wegen eines auf gerichtliche Anordnung durchgeführten diagnostischen Eingriffs** durchgeführt werden muss, gehören zu den notwendigen, nach Abs. 1 Satz 2 Nr. 1 zu erstattenden Aufwendungen des Sachverständigen. Krankenhaus- oder Behandlungskosten, die zwar mit einem auf gerichtliche Anordnung durchgeführten diagnostischen Eingriff in ursächlichen Zusammenhang stehen, aber nicht mehr zu den gewöhnlichen Folgeerscheinungen eines solchen Eingriffs gehören, sind keine erstattungsfähigen Kosten des Gutachtens. Es sind Schadensersatzansprüche, die nicht im Verfahren nach dem JVEG nachgeprüft werden können.

7 LSG RP in Rpfleger 86.32 zum ZSEG.
8 OLG Zweibrücken, in Rpfleger 82.328 = JurBüro 83.107 = KRspr. § 8 ZSEG Nr. 62.
9 LSG Ba.-Wü. (Stuttgart) in Justiz 75.353 = Breith. 75.1075 = NJW 76.391; LSG Berlin in KRspr. § 8 ZSEG Nr. 44 LS; LSG RP in Rpfleger 76.336; LSG Schl.-H. in SchlHA 77.108; OLG Zweibrücken, in Rpfleger 82.328 = JurBüro 83.107 = KRspr. § 8 ZSEG Nr. 62.

Nutzungsentgelt

8 a) Bei dem Nutzungsentgelt handelt es sich um eine Geldleistung, die dafür zu entrichten ist, dass der Beamte für die Ausübung seiner Nebentätigkeit Einrichtungen, Personal und Material des Dienstherrn in Anspruch nehmen darf. Mit dem Nutzungsentgelt sollen die wirtschaftlichen Vorteile ausgeglichen werden, die dem Beamten dadurch zugutekommen, dass er die von seinem Dienstherrn zur Verfügung gestellten Hilfsmittel nicht selbst und auf eigenes Risiko anzuschaffen und zu unterhalten hat und auch nicht die Arbeitskraft des ihm zur Verfügung gestellten Personals vergüten muss.[10]

b) Ein Sachverständiger, der bei der Vorbereitung und Erstattung seines Gutachtens Einrichtungen einer Körperschaft, Anstalt oder Stiftung des öffentlichen Rechts in Anspruch nimmt und hierfür ein Nutzungsentgelt an diese Stelle abführen muss, kann diese **Aufwendungen nur insoweit erstattet verlangen, wie auch ein anderer Sachverständiger die Aufwendungen, für deren Abgeltung das Nutzungsentgelt bestimmt ist, nach § 12 erstattet erhält.**[11]

c) Ist das von dem Sachverständigen abzuführende Nutzungsentgelt, das meist in einem bestimmten Prozentsatz der ihm durch die Erstattung des Gutachtens erzielten Einnahmen besteht, eine **Entschädigung für die Gestellung des Raumes einschließlich Beleuchtung, Heizung, Reinigung, Verwendung von Werkzeugen und Geräten**, so kann der von dem Sachverständigen abgeführte Betrag nicht als notwendige Aufwendung neben der Leistungsentschädigung erstattet werden, da auch der Sachverständige, der für die Vorbereitung und Erstattung des Gutachtens seine eigenen Räume und Geräte benutzt, weder für die allgemeinen Geschäftsunkosten (Gemeinkosten), zu denen auch die Kosten für Raummiete, Beleuchtung, Heizung und Reinigung gehören, noch für die normale Abnutzung von Geräten und Werkzeugen neben der Leistungsentschädigung nach § 3 oder der Anlage zu § 5 eine Aufwendungsentschädigung nach § 8 erhält.[12]

d) Nimmt der Sachverständige nicht nur Einrichtungen einer öffentliche Stelle, sondern auch deren **Personal und Material** für seine Gutachtertätigkeit in Anspruch, sind die ihm für die Inanspruchnahme von Personal und Material abzuführenden Beträge in den Grenzen des § 12 als notwendige Aufwendungen für Hilfskräfte und verbrauchte Stoffe zu erstatten.[13]

---

10 BVerwG in NJW 74.1440; OVG Nordrhein-Westfalen in ZBR 86.172 zum ZSEG.

11 SchlHOLG, Beschl. v. 06.10.2005 – 1 Ws 221/05, in SchlHA 06.96.

12 OLG Düsseldorf, in Rpfleger 74.127; KG in Rpfleger 74.414 = MDR 74.1041 = NJW 75.705; BVerwG in NJW 74.1440, 1443; OLG Stuttgart, in Justiz 77.426; LG Freiburg, in Justiz 78.179; LSG Ba.-Wü. in Justiz 78.416 LS = KRspr. § 8 ZSEG Nr. 57 m. Anm. von *Noll*; OVG Niedersachsen in Rpfleger 82.122; LSG Berlin in KRspr. § 8 ZSEG Nr. 97 LS = Breith. 88.980; OLG Düsseldorf, in OLGR 95.103; a.A.: LSG Berlin in KRspr. § 8 ZSEG Nr. 28; KG in KRspr. § 8 ZSEG Nr. 34 LS; KG in NJW 76.380 = Rpfleger 76.70 m. abl. Anm. von *Höver*; OLG Schleswig, in SchlHA 88.99 zum ZSEG.

13 OLG Karlsruhe, in Justiz 80.452 und in Rpfleger 83.507 = Justiz 83.391; SchlHOLG in JurBüro 82.1546 = SchlHA 82.175; OLG Stuttgart, in Rpfleger = Justiz 82.342; OLG Zweibrücken, in Rpfleger 83.508; LG Aachen, in JurBüro 89.547 zum ZSEG.

Der von dem Sachverständigen für die Inanspruchnahme von »Personal« abzuführende Betrag ist jedoch nur insoweit erstattungsfähig, als es sich bei dem in Anspruch genommenen Personal um echte Hilfskräfte i.S.d. Abs. 1 handelt, die Hinzuziehung notwendig ist[14] und die Personalkosten nicht bereits anderweitig abgegolten sind.

– S. nachstehenden Abschnitt III –.

e) Soweit der Sachverständige einen **einheitlichen Pauschalsatz** für die Inanspruchnahme von Einrichtungen, Personal und Material abzuführen hat, wird er ggf. den Nachweis führen müssen, welcher Teil der von ihm abzuführenden Beträge zur Abgeltung der Aufwendungen für verbrauchtes Material und für die Inanspruchnahme von Hilfskräften bestimmt ist. Soweit eine sachgerechte Aufteilung der abzuführenden Nutzungspauschale nicht möglich ist, kann sie nicht anders behandelt werden als die Gemeinkosten eines frei praktizierenden Sachverständigen, die nicht erstattungsfähig sind.[15]

Fernsprechkosten

Die Kosten für die Beschaffung und Unterhaltung von Fernsprech- und sonstigen Telekommunikationseinrichtungen gehören zu den durch die Leistungsvergütung des Sachverständigen abgegoltenen Gemeinkosten.[16] Dagegen zählen die Entgelte für die im Zusammenhang mit dem Auftrag geführten Gespräche im Orts-, Nah- oder Fernbereich zu den nach Abs. 1 Satz 2 Nr. 1 zu ersetzenden Aufwendungen. 9

Sonstige Aufwendungen

a) Beauftragt der Sachverständige mit vorbereitenden Arbeiten (hier: Räumung einer zu untersuchenden Werkshalle) ein Unternehmen, so sind dem Sachverständigen die tatsächlich entstandenen Kosten (hier: **Räumungskosten**) nach § 12 Abs. 1 Satz 2 Nr. 1 zu ersetzen. Das Gleiche gilt, wenn der Sachverständige statt eines Unternehmens eine Hilfskraft mit einer Maßnahme zur Vorbereitung einer Inaugenscheinnahme eines von ihm zu begutachtenden Bauteils heranzieht.[17] Eine Herabsetzung dieser Aufwendungen kann nur in Betracht kommen, wenn der Sachverständige mit dem Unternehmer offensichtlich eine überhöhte Werklohnvereinbarung getroffen oder sich gegen offensichtlich überzogene Vergütungsansprüche nicht zur Wehr gesetzt hat. Auch Ansprüche der Parteien wegen Beschädigung des Eigentums bei Durchführung der Räumung mindern nicht den Entschädigungsanspruch des Sachverständigen.[18] 10

14 SchlHOLG in SchlHA 84.134 = Rpfleger 84.373 und in SchlHA 85.163 zum ZSEG.
15 LSG Ba.-Wü. in Justiz 78.416 LS = KRspr. § 8 ZSEG Nr. 57 m. Anm. von *Noll* zum ZSEG.
16 VGH Ba.-Wü. in Justiz 82.381 zum ZSEG.
17 OLG Hamm, Beschl. v. 02.12.2011 – I-25 W 200/11 – BauR 2012, 679 = NZBau 12, 239.
18 OLG München, in OLGR 96.59 zum ZSEG.

b) Wird ein Sachverständiger bei der Erstellung eines Gutachtens notwendigerweise außerhalb der gewöhnlichen Bürozeit tätig, so ist diese Tätigkeit i.R.d. §§ 9, 10 zu vergüten.
Ein besonderer »**Zuschlag für eine Tätigkeit zu außergewöhnlicher Zeit**« ist im JVEG nicht enthalten. Der Zuschlag kann auch nicht als Ersatz für besondere Aufwendungen i.S.d. § 12 angesehen und erstattet werden.

c) Entsprechendes gilt für Geltendmachung eines **Zuschlags für den Bereitschaftsdienst**. Auch dieser ist keine besondere Aufwendung des Sachverständigen i.S.d. § 12. Der Aufwand des Sachverständigen für die Wahrnehmung eines Bereitschaftsdienstes zählt vielmehr zu den Gemeinkosten des Sachverständigen, die mit dem Honorar nach den §§ 9, 10 abgegolten werden.[19]

III. Hilfskräfte (Abs. 1 Satz 2 Nr. 1)

11 Aufwendungen, die dem Sachverständigen oder Übersetzer durch die Zuziehung einer Hilfskraft (Assistent, Techniker, Angestellter) entstanden sind, können – vorausgesetzt, dass die Zuziehung »notwendig« war – nur dann nach Abs. 1 Satz 2 Nr. 1 erstattet werden, wenn der Anspruchsberechtigte darlegt, dass ihm die Aufwendungen aus Anlass der Gutachtenerstellung oder der Übersetzung entstanden sind.

Begriff der Hilfskraft

12 Hilfskräfte i.S.d. Abs. 1 Satz 2 Nr. 1 sind Personen, die Arbeiten verrichten, die der Sachverständige oder der Übersetzer zur Erfüllung des ihm erteilten Auftrags ohne fremde Hilfe selbst leisten müsste. Durch den Begriff »Hilfskraft« wird nicht zum Ausdruck gebracht, dass es sich hierbei um eine weniger qualifizierte Kraft als die des Sachverständigen handeln muss.[20]

Hilfskraft kann auch eine in einem Gutachteninstitut angestellte Mitarbeiterin sein, der organisatorische Arbeiten zur Vorbereitung und Erstellung medizinischer Gutachten übertragen sind, sofern solche Arbeiten der Vorbereitung oder Erstattung eines bestimmten Gutachtens zugeordnet werden können und es sich nicht um Arbeiten i.S.d. Abs. 1 Satz 2 Nr. 2 und 3 handelt.[21]

Verantwortung des Sachverständigen

13 Für die Arbeit der Hilfskraft und deren Ergebnis muss der Sachverständige die volle Verantwortung übernehmen. Er darf bei der Vorbereitung und Abfassung seines schriftlichen Gutachtens wissenschaftliche Mitarbeiter und sonstige geeignete Hilfskräfte nur insoweit zu seiner Unterstützung heranziehen, als seine persönliche

---

19 OLG Frankfurt am Main, Beschl. v. 20.09.2006 – 2 Ws 107/06 –; OLG Stuttgart, Beschl. v. 08.11.2007 – 2 Ws 183/07; a.A. OLG Stuttgart, Beschl. v. 08.08.2005 – 4 Ws 181/05, in Die Justiz 05.437.

20 OLG Zweibrücken, in JBl. RP 83.130; s.a. *Bleutge* in JurBüro 98.340.

21 LSG Erfurt, Beschl. v. 04.04.2005 – L 6 SF 83/05, in KostRsp. JVEG § 12 Nr. 1 LS.

Verantwortung für das Gutachten uneingeschränkt gewahrt bleibt.[22] Die Mitwirkung der Hilfsperson ist so zu gestalten, dass sie die persönliche Verantwortung des vom Gericht ausgewählten Sachverständigen nicht ausschließt. Sie darf daher nicht so umfangreich sein, dass das Gutachten den Charakter einer überwiegend persönlichen Leistung des gerichtlich bestellten Sachverständigen verliert.[23]

Unterzeichnet z.B. ein zum gerichtlichen Sachverständigen bestellter Klinikdirektor das von einem ärztlichen Mitarbeiter aufgrund klinischer Untersuchungen erstellte schriftliche Gutachten lediglich mit dem Vermerk »Einverstanden«, so wird dadurch nicht genügend erkennbar, dass der Sachverständige die ihm obliegende volle Verantwortung für das Gutachten übernommen hat und dazu nach seinem eigenen Kenntnisstand auch in der Lage war.[24]

Zur Erläuterung des schriftlichen Gutachtens in der mündlichen Verhandlung sind die wissenschaftlichen Mitarbeiter nicht befugt.[25]

Weiterer Sachverständiger

a) Aufwendungen, die dadurch entstanden sind, dass **der gerichtlich bestellte Sachverständige einen weiteren Sachverständigen hinzugezogen hat**, sind nur dann nach Abs. 1 Satz 2 Nr. 1 erstattungsfähig, wenn die Zuziehung sachlich notwendig war.[26] Nicht zu erstatten sind diese Aufwendungen, wenn das Gutachten im Wesentlichen durch den hinzugezogenen Sachverständigen erstellt worden ist. 14
   Die Leistungspflicht des gerichtlich oder behördlich bestellten Sachverständigen ist eine persönliche. Ist der beauftragte Sachverständige zur Erstellung des Gutachtens nicht in der Lage, so ist er verpflichtet, den Auftrag zurückzugeben. Die Weitergabe des Auftrags an einen anderen Sachverständigen ohne Einschaltung der beauftragenden Stelle ist mit dem Grundsatz der persönlichen Gutachterpflicht nicht zu vereinbaren.[27]
b) Grundlage für die Entschädigung eines Sachverständigen für eine von ihm hinzugezogene **ärztliche Hilfskraft** ist auch dann Abs. 1 Satz 2 Nr. 1, wenn die ärztliche Hilfskraft eine Leistung i.S.d. Anlage 2 erbracht hat. Eine unmittelbare Anwendung der Anlage 2 scheidet aus, weil es insoweit nicht um die Vergütung des Sachverständigen für seine eigene Leistung geht, sondern um den Aufwendungsersatzanspruch nach Abs. 1 Satz 2 Nr. 1 für die Heranziehung einer Hilfskraft.[28]

22 BVerwG in NJW 84.2645 = BayVBl. 85.57; OLG Karlsruhe, in Justiz 91.204 = JurBüro 91.997.
23 *Jessnitzer/Ulrich*, Rn. 232; OLG Zweibrücken, in JBl. RP 83.130; OLG Köln, in KRspr. § 8 ZSEG Nr. 67 LS.
24 BVerwG in NJW 84.2645 = BayVBl. 85.57.
25 BVerwG in NJW 84.2645 = BayVBl. 85.57.
26 OLG Schleswig, in Rpfleger 84.373 = SchlHA 84.134 zum ZSEG.
27 OLG Oldenburg, in Nds.Rpfl. 82.223; OLG Celle, in Nds.Rpfl. 85.172 zum ZSEG.
28 LSG Niedersachsen in Nds.Rpfl. 88.283 zum ZSEG.

Zur **Höhe des Aufwendungsersatzes** nach Abs. 1 Satz 2 Nr. 1 für einen hinzugezogenen weiteren Sachverständigen wird auf die Erläuterungen zu Rdn. 19 verwiesen.

Anspruch der Hilfskraft

15 Die von dem gerichtlich bestellten Sachverständigen oder Übersetzer hinzugezogene Hilfskraft hat **keinen unmittelbaren Anspruch** auf Entschädigung gegen die Staatskasse, sondern nur gegen den beauftragenden Sachverständigen oder Übersetzer.[29] Das gilt auch dann, wenn der Sachverständige selbst einen anderen Sachverständigen mit einer Untersuchung beauftragt hat, deren Ergebnis er für die Fertigstellung seines Gutachtens benötigt. Der andere Sachverständige hat nur dann einen eigenen Erstattungsanspruch gegen die Staatskasse, wenn er nicht von dem gerichtlich bestellten Sachverständigen, sondern unmittelbar von dem Gericht oder der Behörde beauftragt worden ist.[30]

Erstattungsausschluss in besonderen Fällen

16 a) Aufwendungen für Hilfskräfte werden dem Sachverständigen auch bei **Verrichtungen nach der Anlage 2** neben den dort bestimmten Beträgen erstattet, wenn in der Anlage nichts anderes bestimmt ist und sofern die Hinzuziehung der Hilfskräfte sachlich geboten war.

b) Die Aufwendungen für die Hinzuziehung einer Hilfskraft für eine **Blutgruppenbestimmung nach Abschnitt 4 der Anlage 2** können jedenfalls dann nicht als notwendig und damit als erstattungsfähig angesehen werden, wenn sich die Tätigkeit der Hilfskraft auf die in Abschnitt 4 der Anlage 2 beschriebenen Verrichtungen beschränkt, da die Vergütungsbeträge in dieser Vorschrift bereits den normalen Personalaufwand für die dort genannten Tätigkeiten abgelten.[31]

Schreibkräfte

17 a) Aufwendungen für den Einsatz von Schreibkräften können nach Abs. 1 Satz 2 Nr. 1 nur insoweit geltend gemacht werden, als die Schreibkräfte Arbeiten ausführen, für die Schreibauslagen nach § 7 Abs. 2 nicht erstattet werden[32] und es sich nicht um Schreiben handelt, deren Aufwand bereits als Gemeinkosten durch die geltend gemachte Leistungsvergütung des Sachverständigen abgegolten ist.
Nur für solche Schreibarbeiten der Hilfskräfte, für die der Sachverständige oder Übersetzer, würde er diese Arbeiten selbst ausführen, ein Leistungshonorar beanspruchen könnte, kann ein **Aufwendungsersatz nach Abs. 1 Satz 2 Nr. 1**

29 LG Frankenthal, in Rpfleger 82.242 zum ZSEG.

30 OLG Zweibrücken, in JBl. RP 83.130 zum ZSEG.

31 OLG Schleswig, in SchlHA 85.163; OLG Stuttgart, in Justiz 87.154 = JurBüro 87.1581; OLG Karlsruhe, in Rpfleger 89.173 = Justiz 89.87 zum ZSEG; a.A.: OLG Koblenz, in KRspr. § 5 ZSEG Nr. 33.

32 OLG Hamburg, in JurBüro 83.1358; OLG Düsseldorf, in JurBüro 87.1855; LG Hannover, in JurBüro 88.390; OLG Koblenz, in JurBüro 94.563 zum ZSEG.

in Betracht kommen. Für den Aufwand des Sachverständigen oder Übersetzers, der mit der Fertigung seiner Kostenrechnung durch eine Schreibkraft verbunden ist, kann daher ein Aufwendungsersatz nicht gewährt werden.[33]

b) Fertigt der Sachverständige die der **Vorbereitung des Gutachtens** dienenden Schreiben nicht selbst, sondern delegiert er diese Arbeiten an eine Büro- oder Schreibkraft, so kann er die Aufwendungen für diese Hilfskraft nach Maßgabe des Abs. 1 Satz 2 Nr. 1 geltend machen.[34] Die Aufwendungen für eine Hilfskraft zum Schreiben eines aufgenommenen Ortsbesichtigungsprotokolls sind nach Abs. 1 Satz 2 Nr. 1 als notwendige Aufwendungen zur Vorbereitung des Gutachtens zu erstatten.[35]

   Dasselbe gilt, wenn ein Übersetzer mit der Reinschrift des von ihm übersetzten und diktierten Textes der Übersetzung eine Schreibkraft betraut.

c) Der Sachverständige oder Übersetzer muss in seinem Antrag auf Vergütung die jeweiligen Verrichtungen seiner Hilfskraft, für die er Aufwendungsersatz verlangt, im Einzelnen bezeichnen.[36] Insb. muss er neben einer **substanziierten Darstellung der Leistungen der Schreibkraft** auch deren Zeitaufwand genau angeben. Nur dann sind die Anweisungsstelle oder das die Entschädigung festsetzende Gericht in der Lage zu beurteilen, ob es sich nicht um eine von der Pauschale nach Abs. 1 Satz 2 Nr. 3 oder durch die Aufwendungen nach § 7 abgegoltene Tätigkeit handelt und wie hoch die Entschädigung der Hilfskraft zu bemessen ist.[37] Neben dem Aufwendungsersatz nach Abs. 1 Satz 2 Nr. 1 steht dem Anspruchsberechtigten ein Schreibauslagenersatz nicht zu.

d) Dagegen hat der Sachverständige neben der Entschädigung nach Abs. 1 Satz 2 Nr. 3 für die **Erstellung des schriftlichen Gutachtens** keinen Anspruch nach Abs. 1 Satz 2 Nr. 1 für den Einsatz einer Hilfskraft zur Diktataufnahme des Gutachtens, für eine Korrektur oder das Ordnen und Heften des Gutachtens. Alle mit der Herstellung des schriftlichen Gutachtens zusammenhängenden Arbeiten der Hilfskraft sind durch die pauschale Entschädigung nach Abs. 1 Satz 2 Nr. 3 abgegolten.[38]

   – S.a. Rdn. 26 –.

Bürokräfte

Aufwendungen für typische Büroarbeiten (Aktenan- und -ablage, Einkleben von Fotoaufnahmen, Überprüfung mathematischer Rechenvorgänge, Binden des Gutachtens pp.) werden i.d.R. durch die Leistungsvergütung des Sachverständigen oder 18

33 OLG Düsseldorf, in MDR 97.1165 = JurBüro 98.151 zum ZSEG.

34 OLG Hamm, in Rpfleger 90.228 = JurBüro 90.1516; OLG München, in JurBüro 91.995 = MDR 91.800 zum ZSEG.

35 LG Darmstadt, in JurBüro 83.586 zum ZSEG.

36 OLG Düsseldorf, in OLGR 95.103 zum ZSEG.

37 OLG München, in JurBüro 91.995 = MDR 91.800 zum ZSEG.

38 OLG München, in Rpfleger 88.428 = JurBüro 88.1249 zum ZSEG.

die Aufwandsentschädigungen nach Abs. 1 Satz 2 Nrn. 2 und 3 abgegolten.[39] Die ständige Bürokraft des Sachverständigen kann daher im Allgemeinen nicht als Hilfskraft i.S.d. Abs. 1 Satz 2 Nr. 1 angesehen werden. Eine ständige Bürokraft kann jedoch »Hilfskraft« sein, soweit sie nur Tätigkeiten ausübt, die – aussonderbar von ihren sonstigen Verrichtungen – auf die Anfertigung eines konkreten Gutachtens bezogen werden können.[40]

Festangestellte Hilfskräfte

19 Hat der Sachverständige (Übersetzer) mit der Erledigung notwendiger Arbeiten Hilfskräfte betraut, die sich bei ihm in einem festen Arbeitsverhältnis befinden und ein festes Gehalt beziehen, so ist ihm ein entsprechender Anteil davon als Aufwand nach Abs. 1 Satz 2 Nr. 1 zu ersetzen.

Soweit die Hilfskräfte für ihre Inanspruchnahme einen tariflichen Lohn erhalten, ist dieser Tariflohn zu erstatten.

Zu den durch die Hinzuziehung von Hilfskräften entstandenen Aufwendungen zählen neben dem reinen Grundgehalt/-lohn auch die Arbeitgeberanteile zur Sozialversicherung[41] und die Beiträge zur Vermögensbildung. Anteilig zu berücksichtigen sind ferner zu zahlende Urlaubs- und Weihnachtsgelder.[42]

Macht der Sachverständige Aufwendungen für angestellte Hilfskräfte geltend, so hat er darzulegen, was die jeweilige Hilfskraft bezogen auf den Einzelfall konkret erledigt hat.[43]

Höhe der Entschädigung für Hilfskräfte

20 a) Die Höhe der einer zugezogenen Hilfskraft von dem Sachverständigen (Übersetzer) zu gewährenden Entschädigung bestimmt sich weder nach Abschnitt 3 des JVEG noch nach der Anlage 2, sondern nach der zwischen dem Sachverständigen und der Hilfskraft getroffenen **Vereinbarung**[44] **oder nach einer für die Hilfskraft geltenden Gebührenordnung.**[45] Die Sachverständigenvergütung nach Abschnitt 3 beruht auf dem Prinzip der Vergütung, während die Kosten der Hilfskraft nach dem Prinzip des vollen Aufwendungsersatzes erstattet werden.[46] Dieser Aufwendungsersatz ist nicht an die im JVEG festgelegten Höchstgrenzen gebunden,[47] jedoch sind sowohl die Notwendigkeit der Zuziehung als auch die

39 OLG Braunschweig, in Nds.Rpfl. 84.13; LG München, in JurBüro 89.1464; OLG Koblenz, in KRspr. § 8 ZSEG Nr. 120 LS.

40 OLG Köln, in KRspr. § 8 ZSEG Nr. 75 LS.

41 OLG Bamberg, in KRspr. § 8 ZSEG Nr. 9 LS.

42 OLG Braunschweig, in KRspr. § 8 ZSEG Nr. 52.

43 OLG Düsseldorf, in JurBüro 90.1047; LG Mainz, in JBl. RP 94.185 zum ZSEG.

44 OVG Nordrhein-Westfalen (Münster) in NWVBl. 98.239 zum ZSEG.

45 OLG Hamm, Beschl. v. 20.01.2004 – 26 U 113/01 – zum ZSEG.

46 VG Hamburg in JurBüro 80.1706 m. Anm. von *Mümmler*.

47 OLG Zweibrücken, in JBl. RP. 83.130 = JurBüro 83.1543 = Rpfleger 83.295 zum ZSEG.

Angemessenheit der gezahlten Vergütung nachprüfbar, denn es sind dem Sachverständigen nur die notwendigen Aufwendungen für Hilfskräfte zu ersetzen.[48] Die Vergütung der Hilfskraft muss in einem angemessenen Verhältnis zu dem dem Sachverständigen für seine Leistung zu gewährenden Honorar stehen.[49] Für die Beurteilung der Angemessenheit können die Vergütungsgrundsätze des Abschnittes 3 JVEG und der Anlage 2 als Anhalt dienen[50] und die in diesen Regelungen enthaltenen Höchstsätze auch für die Vergütung der Hilfskraft zu berücksichtigen sein.

Die Höhe der Vergütung ein und derselben Leistung kann nicht davon abhängig sein, ob die Leistung von dem Sachverständigen selbst oder von der vom Sachverständigen hinzugezogenen Hilfskraft erbracht worden ist.[51] Auch die Sätze der GOÄ können als Anhalt für die Angemessenheit der Aufwandsentschädigung nach Abs. 1 Satz 2 Nr. 1 dienen.

Die tatsächlich an die Hilfskraft vereinbarungsgemäß gezahlte Entschädigung ist nur dann zu korrigieren, wenn nach den Umständen des Einzelfalles eindeutig zu hohe Kosten geltend gemacht werden und der Bereich der Billigkeit verlassen wird. Die Zuziehung einer sachverständigen Hilfskraft ist jedenfalls dann als kostenrechtlich unbedenklich anzusehen, wenn dadurch keine Mehrkosten entstehen, d.h. wenn die Entschädigung der sachverständigen Hilfskraft nach Abs. 1 Satz 2 Nr. 1 nicht über eine Vergütung des Sachverständigen nach Abschnitt 3 JVEG hinausgeht.[52]

b) Zieht der Sachverständige zur Beurteilung von Fachfragen, die außerhalb seines Fachgebietes liegen, einen **weiteren Sachverständigen** zu, so wird man die Aufwendungen für diese Hilfskraft, soweit sie über die Sätze des JVEG hinausgehen, nicht als notwendig ansehen können. Die Mehrkosten hätten sich vermeiden lassen, wenn der gerichtlich bestellte Sachverständige die Bestellung auch des Zusatzgutachters zum gerichtlichen Sachverständigen angeregt hätte.[53]

c) Fordert die Hilfskraft ein **Entgelt, das** im Verhältnis zur Vergütung des Sachverständigen **unangemessen hoch ist**, so hat der Sachverständige dies dem Gericht anzuzeigen und abzuwarten, ob dieses nicht einen weiteren Sachverständigen heranziehen will, der dann statt einer Hilfskraft tätig wird und nach den Sätzen des JVEG zu vergüten ist.[54]

d) Zur Entschädigung eines **Sektionsgehilfen** wird auf die Erläuterungen zu Anlage 2 zu § 10 Abs. 1 Rdn. 13 verwiesen.

---

48 OLG Düsseldorf, in BauR 93.772 = JurBüro 94.565 zum ZSEG zum ZSEG.

49 OLG Stuttgart, in Justiz 73.59; OLG Düsseldorf, in JurBüro 87.1852 zum ZSEG.

50 VGH Bayern in KRspr. § 8 ZSEG Nr. 49 LS.

51 LSG Niedersachsen in Nds.Rpfl. 88.283 zum ZSEG.

52 OVG Nordrhein-Westfalen (Münster) in NWVBl. 98.239; OLG München, in JurBüro 98.484 = NJW-RR 99.73 zum ZSEG.

53 OLG Hamm, in Rpfleger 74.243 = JurBüro 74.643 = JMBl. NW. 74.96 = KRspr. § 8 ZSEG Nr. 32; VGH Bayern in KRspr. § 8 ZSEG Nr. 49 LS; OLG München, in MDR 93.1024 = AnwBl. 94.96 = JurBüro 94.181 zum ZSEG.

54 OLG Düsseldorf, in MDR 90.164 zum ZSEG.

Sprechstundenhilfe, frei praktizierender Arzt

21 Ein frei praktizierender Arzt hat als gerichtlicher Sachverständiger keinen Anspruch auf anteiligen Ersatz seiner allgemeinen Praxisunkosten, die in der Zeit der Vorbereitung und der Erstattung eines Sachverständigengutachtens anfallen. Die durch die Inanspruchnahme einer fest angestellten Sprechstundenhilfe i.R.d. Sachverständigentätigkeit entstandenen Aufwendungen sind ihm jedoch nach Abs. 1 Satz 2 Nr. 1 zu erstatten.[55]

Nachweis der Aufwendungen

22 Der Sachverständige muss seine Aufwendungen auf Verlangen erläutern und belegen. Ein Nachweis über die von dem Sachverständigen an die Hilfskraft gezahlten Beträge wird nur dann zu fordern sein, wenn die Höhe der geltend gemachten Aufwendungen im Einzelfall dazu Anlass gibt.

Grds. wird davon auszugehen sein, dass die Angaben des Sachverständigen über die Heranziehung der Hilfskraft richtig sind.[56] Der heranziehenden Stelle fehlt insoweit i.d.R. auch jede Möglichkeit der Überprüfung. Ein Anlass zur Nachprüfung, ob die angegebene Zeit auch erforderlich war, wird nur dann bestehen, wenn der angesetzte Zeitaufwand im Verhältnis zur erbrachten Leistung ungewöhnlich hoch erscheint.

S. dazu auch § 8 Rdn. 13 –.

IV. Verbrauchte Stoffe und Werkzeuge (Abs. 1 Satz 2 Nr. 1)

23 a) Abs. 1 Satz 2 Nr. 1 führt unter den zu erstattenden Kosten die »notwendigen Aufwendungen für die bei einer Untersuchung verbrauchten Stoffe und Werkzeuge« auf. Bei Anwendung dieser Vorschrift ist davon auszugehen, dass einem Sachverständigen neben der ihm zustehenden Leistungsvergütung grds. alle Auslagen und Unkosten ersetzt werden sollen, die durch die zur Erstellung des Gutachtens erforderlichen Arbeiten, Untersuchungen und dgl. unmittelbar angefallen sind. Dabei ist aber zu berücksichtigen, dass das JVEG ausdrücklich von dem Ersatz für **»verbrauchte«** Stoffe und Werkzeuge spricht; nur insoweit steht dem Sachverständigen ein Aufwendungsersatzanspruch zu.

b) Werkzeuge, die bei der Arbeit für das Gutachten **durch eigenes Verschulden des Sachverständigen zerstört** worden sind, können nicht als »verbraucht« i.S.d. Abs. 1 Satz 2 Nr. 1 angesehen werden. Für sie steht dem Sachverständigen keine Ersatzleistung zu.

c) Der Sachverständige kann auch **für die Benutzung** derjenigen Werkzeuge, Geräte usw. keinen Aufwendungsersatz erhalten, die er bei Ausübung der Wissenschaft, der Kunst oder des Gewerbes, die Voraussetzung seiner Zuziehung als Sachverständiger sind, i.d.R. gebraucht und auch im Einzelfall zu den Vorarbeiten und bei der Erstellung seines Gutachtens benutzt hat.

---

55 LSG NRW in SGb. 77.419 = KRspr. § 8 ZSEG Nr. 56 m. krit. Anm. von Noll.

56 OLG Brandenburg, Beschl. v. 28.02.2012 – 5 U 152/08 in BeckRS 12, 06784.

d) Die Gewährung einer **Abnutzungsentschädigung** für die bei der Erstellung des Gutachtens benutzten Geräte ist nicht zulässig. Eine Abnutzung im üblichen Rahmen begründet keinen Ersatzanspruch.[57] Das gilt selbst dann, wenn die durch die normale Benutzung eines eingesetzten Gerätes eingetretene Wertminderung im Hinblick auf den hohen Wert des Gerätes besonders ins Gewicht fällt.[58]
e) Auch für die **Benutzung technischer Einrichtungen** bei der Erstellung des Gutachtens kann der Sachverständige keine Entschädigung nach Abs. 1 Satz 2 Nr. 1 erhalten.

Erstattungsausschluss

Soweit verbrauchte Stoffe bereits durch Vergütung nach der Anlage 2 ausdrücklich 24
mit abgegolten sind, kann eine Entschädigung nach Abs. 1 Satz 2 Nr. 1 nicht mehr erfolgen.

V. Aufwendungen nach Abs. 1 Satz 2 Nr. 2 (Fotos)

Die Abrechnung der Kosten für Fotos ist durch das 2. KostRMoG anders gestaltet 25
worden. Sie entspricht jedoch insoweit der bisherigen Regelung, als dass Originale und Abzüge von Fotos mit unterschiedlich hohen Pauschalen vergütet werden.

a) Für die Anfertigung der zur Vorbereitung und zur Erstattung des Gutachtens erforderlichen Fotos werden dem Sachverständigen für jedes Foto 2,00 Euro ersetzt. Für den zweiten und jeden weiteren Abzug oder Ausdruck eines Fotos werden 0,50 Euro ersetzt. Sind die Fotos Teil des schriftlichen Gutachtens geworden, werden sie nicht nach § 12 ersetzt, sondern im Rahmen der Erstattung der Kopiekosten nach § 7 Absatz 2. Mit der Verwendung des Begriffs »Foto« ist zudem klargestellt, dass § 12 auf **Grafiken und Diagramme** nicht anzuwenden ist. Kosten dafür sind vielmehr mit dem Honorar nach § 9 abgegolten (BT-Drucksache 17/11471 neu Seite 261).
Damit soll auch klargestellt werden, dass jedenfalls Grafiken und Diagramme, wie dies zum Teil in den Kommentierungen (*Hagen Schneider*, JVEG, § 12, Rnr. 33) und von der Rechtsprechung angenommen wird (OLG Bamberg vom 4.1.2006, OLGR Bamberg 2006, 460), nicht unter diese Vorschrift fallen. Die Notwendigkeit einer besonderen Vergütung für Grafiken und Diagramme besteht auch nicht, weil der Sachverständige für deren Anfertigung mit dem Stundensatz honoriert wird.
Es spielt keine Rolle, ob es sich bei den Fotos um Schwarz-Weiß- oder Farbabzüge handelt und in welchem Format die Fotos gefertigt sind. Die Regelung dient der Vereinfachung der Abrechnung des Sachverständigen, indem sie für die Herstellung von Fotos einen pauschalen Aufwendungsersatz zulässt. Damit sind Einzelnachweise für die Fertigungskosten von Lichtbildern regelmäßig nicht erforderlich. Dem Sachverständigen können daher auch nachgewiesene höhere

57 OLG Hamm, in JMBl. NW. 73.287; OLG Zweibrücken, in JBl. RP. 87.183 zum ZSEG.
58 OLG Hamm, in Rpfleger 75.377 = JurBüro 76.72 m. Anm. von *Mümmler* – zum ZSEG.

Fertigungskosten nur bis zur Höhe der o.a. Beträge erstattet werden.[59] Für die Fotos, die in einem Gutachten verwendet werden, bedeutet dies:
Die Fotos in der »Urschrift« des Gutachtens werden mit 2,00 Euro pro Stück abgegolten. Dies gilt auch für die dem Gutachten beigefügten gesonderten Fotodokumentationen oder Fotobände.
Die Pauschale kann auch für Fotos berechnet werden, die im Gutachten nicht verwendet worden sind, wenn sie der Vorbereitung des Gutachtens gedient haben. Entscheidend ist nur, dass deren Anfertigung zur Vorbereitung und zur Erstattung des Gutachtens – etwa als Gedankenstütze – erforderlich war. Nach der Gesetzesbegründung (BT-Drucksache 17/11471 neu, S. 261) müssen die Fotos nicht ausgedruckt werden, um die Entstehung der Pauschale nachzuweisen.
Im Gesetzgebungsverfahren wurde auf die Gefahr eines möglichen Missbrauchs hingewiesen (BT-Drucksache 17/11471 neu S. 324) und vorgeschlagen, nur die Fotos zu vergüten, die im Gutachten letztlich verwendet werden. Der Vorschlag wurde nicht umgesetzt. Seine Ablehnung wurde damit begründet, die Auswahl des geeigneten Fotos für das Gutachten werde in vielen Fällen erst durch Vergleich mehrerer Aufnahmen getroffen. Welches Foto dann verwendet werden könne bzw. welches Foto für die Beantwortung der Beweisfrage geeignet sei, entscheide der Sachverständige erst, wenn er die Gesamtheit der gefertigten Fotos gesichtet habe (BT-Drucksache 17/11471 neu S. 354). Eine Erstattung könne ohnehin nur erfolgen, für »erforderliche« (Formulierung im Gesetz) bzw. »notwendige« (Formulierung in der Gesetzesbegründung) Fotos. Dies wird im Einzelfall zu entscheiden sein. Bei Zweifeln an der Anzahl der Fotos wird sich die Vorlage einer Fotodokumentation jedoch nicht umgehen lassen.[60]
Die Kosten für Abzüge von Fotos werden nur dann mit 0,50 Euro vergütet »wenn die Fotos nicht Teil des schriftlichen Gutachten sind (§ 7 Abs. 2 Nr. 2)«.
Ferner ist zur Vereinfachung der Abrechnung eine besondere Vergütung für den zweiten und jeden weiteren Abzug oder Ausdruck eines Fotos nur noch dann vorgesehen, wenn keine Aufwendungen nach § 7 Absatz 2 ersetzt werden. Sind Fotos aber Teil des schriftlichen Gutachtens geworden, sollen für einen zusätzlichen Ausdruck des Gutachtens die Fotos nicht gesondert abgerechnet werden.
Durch den Verweis auf § 7 Abs. 2 dürfte beabsichtigt sein, die Doppelabgeltung von Abzügen auszuschließen, die einerseits über die Abzügepauschale nach § 12 Abs. 1 S. 2 Nr. 2 abgerechnet werden und zusätzlich über die Kopiepauschale nach § 7 Abs. 2, wenn nämlich Fotoseiten kopiert werden. Wenn die Mehrfertigungen eines Gutachtens durch Kopieren hergestellt werden, entsteht für die Kopie der Seite, auf der entweder Text **und** Fotos, oder auf der ausschließlich Fotos sind, die Kopiepauschale. Für kopierte Digitalfotos werden somit pro Seite

59 OLG Saarbrücken in MDR 96, 1077 .
60 OLG Saarbrücken in MDR 96, 1077 .

1,00 oder 0,30 Euro vergütet, soweit es sich um Kopien von Seiten bis zu einer Größe von DIN A3 handelt. Bei Kopien in einer Größe von mehr als DIN A3 werden dementsprechend 6,00 Euro oder die tatsachlichen Auslagen vergütet. Dies gilt auch, wenn im Originalgutachten Analogfotos verwendet werden und für die Mehrfertigungen des Gutachtens diese Seiten als Farbkopien eingereicht werden.

Werden die Fotoseiten nicht kopiert, sondern werden Analogfotos aufgeklebt, wird die Seite nicht über § 7 Abs. 2 abgegolten. Hier entsteht allein die Abzügepauschale nach § 12 Abs. 1 S. 2 Nr. 2.

b) Mit den Pauschalbeträgen für die Erst- und Zweitabzüge der Fotos ist **sämtlicher Aufwand für die Anfertigung von** Fotos abgegolten. Zu dem Aufwand gehört auch der Einsatz von Hilfskräften für die Anfertigung der Fotos. Damit sind auch die Kosten für die Beschaffung des Filmmaterials und die Kosten der Entwicklung des Analog-Films erfasst.[61]

c) Der Aufwand – einschließlich des Einsatzes von Hilfskräften – **für das Einkleben** von – analogen – Fotos **in das Gutachten** wird nicht durch die Pauschalregelung des Abs. 1 Satz 2 Nr. 2 abgegolten. Dieser wird durch die Pauschale nach Abs. 1 Satz 2 Nr. 3 für die Erstellung des schriftlichen Gutachtens erfasst.

d) Zu den mit dem Pauschalbetrag nach Abs. 1 Satz 2 Nr. 2 abgegoltenen Aufwendungen gehören ferner nicht die **Kosten für die Beschaffung der Kamera**.

e) Der mit der Herbeischaffung von Fotos verbundene **Zeitaufwand des Sachverständigen** ist in der Leistungsvergütung nach §§ 8, 9 zu berücksichtigen.[62]

f) Dem Sachverständigen können jedoch die Aufwendungen für gefertigten Fotos nur dann erstattet werden, wenn die Erstellung des geforderten Gutachtens ohne Vorlage entsprechender Fotos grundsätzlich nicht möglich ist.

Mit der Pauschale sind auch die Kosten für die Fertigung der Aufnahmen und die Kosten der dafür verwendeten Kamera abgegolten, wenn Digitalfotos erstellt werden.

VI. Aufwendungen nach Abs. 1 Satz 2 Nr. 3 (Schreibkosten)

a) Durch die Aufwendungspauschale nach Abs. 1 Satz 2 Nr. 3 soll Ersatz für **die zur Erstellung des schriftlichen Gutachtens erforderlichen Schreibarbeiten** geleistet werden. Für die gedankliche Erarbeitung des Gutachtens erhält der Sachverständige ein nach Stunden bemessenes Honorar; die Vorschrift des Abs. 1 Satz 2 Nr. 3 soll dagegen lediglich die mit der reinen Schreibarbeit verbundenen Aufwendungen abgelten. 26

Für den Umfang des Aufwendungsersatzes wird – wie in der vergleichbaren Regelung des § 11 Abs. 1 JVEG – auf die Anzahl der Anschläge (einschließlich der Leerzeichen) abgestellt. Der Sachverständige soll – anders als der Übersetzer –, 0,90 € für jeweils angefangene 1.000 Anschläge des Gutachtentextes erhalten. Die

61 BR-Drucks. 796/93 S. 254/255; OLG Stuttgart, in Justiz 97.443 zum ZSEG.

62 OLG Düsseldorf, in JurBüro 87.1584; in MDR 93.1024 zum ZSEG.

Gesamtzahl der Anschläge ist auf volle 1.000 aufzurunden.[63] Dies entspricht einem Aufwendungsersatz von ca. 2,40 € je Textseite, legt man einen Umrechnungsmaßstab von 2.700 Anschlägen je Textseite zugrunde.[64]
Da die Höhe der Pauschale nach Abs. 1 Satz 2 Nr. 3 nach der Zahl der Anschläge bestimmt wird, kann sie für Seiten, die keine Schriftzeichen – z.B. nur Fotos – enthalten, nicht gewährt werden.

b) Durch die Aufwendungspauschale i.H.v. ca. 2,40 € pro Seite des schriftlichen Gutachtens wird der gesamte mit der Erstellung des Gutachtens verbundene **Aufwand einschließlich der Kosten einer hierfür eingesetzten Hilfskraft (Schreibkraft)** abgegolten. Es bedarf insoweit keines Nachweises der Höhe der entstandenen Aufwendungen mehr. Der Sachverständige kann daher für die Fertigung des schriftlichen Gutachtens selbst dann keine höhere Entschädigung erhalten, wenn er einen höheren Aufwand nachweist.
Die Entgegennahme des Gutachtenmanuskripts – auch in der Form einer Tonträgeraufzeichnung oder einer Stenogrammaufnahme – durch die Schreibkraft zählt bereits zu den durch die Pauschale nach Abs. 1 Nr. 3 abgegoltenen Verrichtungen.[65]

c) Mit der Pauschale nach Abs. 1 Satz 2 Nr. 3 werden nicht nur das Schreiben, das Zusammenstellen und das Binden des Gutachtens abgegolten, sondern auch die **Kosten für die dazu verwendeten Materialien** wie Papier, Einbanddecken,[66] Umschlagkarton und Binderücken. Kostenunterschiede in der konkreten Herstellungsart sind dabei ohne Bedeutung, sodass auch höhere Kosten für die Verwendung einer Schutzfolie nicht gesondert entschädigt werden.[67]
Werden im Original des Gutachtens auch Kopien der im Gutachten abgehandelten technischen Daten eines Gerätes, der Zeichnungen eines Geräteaufbaues u. ä. verwendet, so sind diese Bestandteile der Urschrift des Gutachtens und daher mit der Pauschale des Abs. 1 Satz 2 Nr. 3 zu entschädigen.[68]

d) Auch der **Aufwand für das Einkleben von** Fotos ist durch die Pauschale nach Abs. 1 Satz 2 Nr. 3 abgegolten, da diese auch für nur mit Fotos beklebte Seiten des Gutachtens gewährt wird.[69]

e) Die **Tätigkeit des Sachverständigen** im Zusammenhang mit der Herstellung des schriftlichen Gutachtens ist nach den §§ 8 bis 10 zu vergüten, da die Fertigung des Gutachtens zu der von ihm zu erbringenden Leistung gehört. Die Aufwendungspauschale ersetzt auch nicht die Leistungsvergütung, sondern sie ist grds. neben dieser zu gewähren.

---

63 VG Berlin, Beschl. v. 21.12.2009 – 2 I 2/09 – in BeckRS 10, 45604 und *Schneider*, JVEG, § 12 Rn. 35.
64 BT-Drucks. 15/1971 – Begründung zu § 12 S. 226 –.
65 OLG Hamm, in MDR 91.800 zum ZSEG.
66 OLG Hamm, Beschl. v. 04.08.1994 – 23 W 420/93 –; DS 95 Heft 6 S. 4 m. Anm. von *Jessnitzer*.
67 OLG München, in JurBüro 91.995 = MDR 91.800 zum ZSEG.
68 OLG Stuttgart, in JurBüro 91.1550 zum ZSEG.
69 BR-Drucks. 796/93 S. 255; OLG Stuttgart, in Justiz 97.443 zum ZSEG.

f) Als »Gutachten« i.S.v. Abs. 1 Satz 2 Nr. 3 werden auch das »Zeugnis mit kurzer gutachtlicher Äußerung« oder das »Formbogengutachten« i.S.v. Abschnitt 4 der Anlage 2 anzusehen sein.
g) Die vorgenannte Vorschrift ist auf Übersetzer nicht anwendbar. Der Gesetzgeber unterscheidet in § 12 Abs. 1 Satz 2 JVEG aber zwischen dem für die »Erstattung des Gutachtens« und dem für die »Übersetzung« verbundenen Aufwand. Folgerichtig sind nach § 12 Abs. 1 Satz 2 Nr. 1 JVEG die für die Vorbereitung und Erstattung des »Gutachtens oder der Übersetzung« aufgewendeten Kosten sowohl dem Sachverständigen als auch dem Übersetzer zu erstatten. Der Aufwendungsersatz nach § 12 Abs. 1 Satz 2 Nr. 3 JVEG gilt nach seinem Wortlaut aber nur »für die Erstellung des schriftlichen Gutachtens« und nicht für die »Übersetzung«. Dieser Aufwendungsanspruch kann daher nur dem Sachverständigen gewährt werden. Hätte der Gesetzgeber ihn auch dem Übersetzer zu billigen wollen, hätte er dies wie in § 12 Abs. 1 Satz 2 Nr. 1 JVEG zum Ausdruck gebracht. Damit scheidet auch eine sinngemäße Anwendung der angesprochenen Vorschrift auf den Übersetzer aus.[70]
Der Schreibaufwand des Übersetzers für die Erstellung der schriftlichen Übersetzung ist daher mit dem Honorar nach § 11 JVEG abgegolten.

VII. Umsatzsteuer (Abs. 1 Satz 2 Nr. 4)

a) Nach Abs. 1 Satz 2 Nr. 4 kann der Sachverständige, Dolmetscher oder Übersetzer 27
die auf seine Vergütung entfallende und im Grundsatz von ihm als persönliche Steuerschuld zu entrichtende **USt als »Aufwendung«** geltend machen. Das gilt nicht, wenn nach § 19 Abs. 1 UStG von der Erhebung abgesehen wird, weil der steuerpflichtige Umsatz 17.500 € bzw. 50.000 € im Jahr nicht übersteigt. Der Sachverständige kann die Umsatzsteuer auch dann geltend machen, wenn zwischen ihm und der für ihn zuständigen Finanzbehörde streitig ist, ob eine Umsatzsteuerpflicht überhaupt besteht. Sofern festgestellt wird, dass eine Umsatzsteuerpflicht nicht besteht, ist die von der Staatskasse zunächst vergütete Umsatzsteuer zurückzuzahlen.[71]
Der Steuersatz der USt beträgt seit dem 01.01.2007: 19 %
b) Ein **Dolmetscher** kann die auf seine Vergütung entfallende USt nur dann nach Abs. 1 Satz 2 Nr. 4 erstattet bekommen, wenn er herangezogen worden ist und in seiner Person die Voraussetzungen für die Umsatzsteuerpflicht erfüllt sind. Herangezogen i.S.v. § 1 Abs. 1 ist derjenige Dolmetscher, der die Dienstleistung des Übertragens aus einer fremden Sprache oder in eine fremde Sprache auf Veranlassung der heranziehenden Stelle erbracht hat.[72]

---

70 LG Stuttgart, Beschl. v. 20.10.2004 – 14 AR 8/04 –; OLG Stuttgart, Beschl. v. 11.11.2004 – 5 Ws 39/04, in Rpfleger 05.218 = Die Justiz 05.251; OLG Frankfurt am Main, Beschl. v. 15.10.2004 – 2 Ws 113/04 –; OLG Frankfurt am Main, Beschl. v. 16.02.2005 – 2 Ws 10/05 –; OLG München, Beschl. v. 16.03.2005 – 1 AR 310/04 –.

71 Thüringer OLG, Beschl. v. 07.11.2011 – 1 Ws 398/11 in JurBüro 12, 159

72 VGH Hessen in KRspr. § 17 ZSEG Nr. 58 m. Anm. von *Lappe*; LG Hannover, OLG Celle, in Nds.Rpfl. 03.11 zum ZSEG.

Ein **Dolmetscherbüro**, das den Gerichten freie Mitarbeiter als Dolmetscher vermittelt und deren Entschädigung aufgrund Abtretung des Anspruchs einzieht, hat keinen Anspruch auf Erstattung der USt, wenn der freie Mitarbeiter nicht umsatzsteuerpflichtig ist.[73]

c) Muss ein Sachverständiger dem Finanzamt USt auch auf die nicht mehrwertsteuerpflichtige **Fremdleistung** (hier: Materialprüfungsamt) zahlen, so kann er diesen Teil der USt nach Abs. 1 Satz 2 Nr. 4 geltend machen. Auch die USt auf Portoauslagen kann gesondert geltend gemacht werden.[74]

d) Die Regelung des Abs. 1 Satz 2 Nr. 4 gilt nur für die vom Sachverständigen, Dolmetscher oder Übersetzer zu entrichtende USt. Für **Zeugen oder wie Zeugen zu behandelnde Dritte** (§ 23) sieht das JVEG die Erstattung einer evtl. zu entrichtenden USt als »Aufwendungsersatz« nicht vor.[75]

Heilberufe

28 **Leistungen** aus heilberuflicher Tätigkeit sind nach § 4 Nr. 14 UStG nur dann **umsatzsteuerfrei**, wenn sie der medizinischen Betreuung von Personen durch das Diagnostizieren und Behandeln von Krankheiten oder anderen Gesundheitsstörungen dienen. Dies gilt unabhängig davon, um welche konkrete heilberufliche Leistung es sich handelt (Untersuchung, Attest, Gutachten usw.), für wen sie erbracht wird (Patient, Gericht, Sozialversicherung o.a.) und wer sie erbringt (z.B. freiberuflicher oder angestellter Arzt, Krankenhäuser, Kliniken usw.). Heilberufliche Leistungen sind daher nur steuerfrei, wenn bei der Tätigkeit ein therapeutisches Ziel im Vordergrund steht. Danach sind z.B. die Erstellung von Alkohol-Gutachten, Zeugnissen oder Gutachten über das Sehvermögen, über Berufstauglichkeit **nicht** nach § 4 Nr. 14 UStG steuerfrei (Nr. 91 a UStR 2005).

Gutachterausschuss

29 Bei einem Gutachten des Gutachterausschusses nach §§ 136 ff. BBauG fällt keine USt an, da es sich um ein Gutachten einer Fachbehörde handelt. Behörden sind aber nach § 2 Abs. 3 UStG im Wesentlichen nur ihm Rahmen gewerblicher Betriebe umsatzsteuerpflichtig.[76]

VIII. Zuschlag zu den Gemeinkosten (Abs. 2)

30 Abs. 2 sieht vor, dass ein auf die Hilfskraft entfallender Teil der Gemeinkosten des Sachverständigen durch einen Zuschlag von 15 % auf den Betrag abgegolten werden

73 LG Hannover, in Nds.Rpfl. 98.151 zum ZSEG.

74 OLG Oldenburg, in Nds.Rpfl. 93.195 = JurBüro 94.179 zum ZSEG; KG, Beschl. v. 14.01.2009 in NStZ-RR 09.328.

75 LG Hannover, Beschl. v. 09.05.2005 – 58 AR 1/05 – in DS 05, 355 = NdsRpfl. 05, 288; JurBüro 05, 433 (Bund).

76 OLG München, in Rpfleger 76.264 = JurBüro 76.1362.

kann, der als notwendige Aufwendung für die Hilfskraft zu ersetzen ist. Die Regelung bestimmt für den Zuschlag in Abweichung von der bisherigen Regelung einen festen Prozentsatz von 15 %

Dem Sachverständigen steht der Zuschlag nach Abs. 2 jedoch nur zu, wenn ihm durch die Hinzuziehung der Hilfskraft auch tatsächlich Gemeinkosten entstanden sind.[77] Bei einem nicht im Büro des Sachverständigen beschäftigten freien Mitarbeiter, der für den Sachverständigen keine oder nur ganz geringe Gemeinkosten verursacht, wird i.d.R. kein Zuschlag nach Abs. 2 zu gewähren sein.

§ 13 JVEG Besondere Vergütung

(1) Haben sich die Parteien oder Beteiligten dem Gericht gegenüber mit einer bestimmten oder einer von der gesetzlichen Regelung abweichenden Vergütung einverstanden erklärt, wird der Sachverständige, Dolmetscher oder Übersetzer unter Gewährung dieser Vergütung erst herangezogen, wenn ein ausreichender Betrag für die gesamte Vergütung an die Staatskasse gezahlt ist. Hat in einem Verfahren nach dem Gesetz über Ordnungswidrigkeiten die Verfolgungsbehörde eine entsprechende Erklärung abgegeben, bedarf es auch dann keiner Vorschusszahlung, wenn die Verfolgungsbehörde nicht von der Zahlung der Kosten befreit ist. In einem Verfahren, in dem Gerichtskosten in keinem Fall erhoben werden, genügt es, wenn ein die Mehrkosten deckender Betrag gezahlt worden ist, für den die Parteien oder Beteiligten nach Absatz 6 haften.

(2) Die Erklärung nur einer Partei oder eines Beteiligten oder die Erklärung der Strafverfolgungsbehörde oder der Verfolgungsbehörde genügt, soweit sie sich auf den Stundensatz nach § 9 oder bei schriftlichen Übersetzungen auf ein Honorar für jeweils angefangene 55 Anschläge nach § 11 bezieht und das Gericht zustimmt. Die Zustimmung soll nur erteilt werden, wenn das Doppelte des nach § 9 oder § 11 zulässigen Honorars nicht überschritten wird und wenn sich zu dem gesetzlich bestimmten Honorar keine geeignete Person zur Übernahme der Tätigkeit bereit erklärt. Vor der Zustimmung hat das Gericht die andere Partei oder die anderen Beteiligten zu hören. Die Zustimmung und die Ablehnung der Zustimmung sind unanfechtbar.

(3) Derjenige, dem Prozess- oder Verfahrenskostenhilfe bewilligt worden ist, kann eine Erklärung nach Absatz 1 nur abgeben, die sich auf den Stundensatz nach § 9 oder bei schriftlichen Übersetzungen auf ein Honorar für jeweils angefangene 55 Anschläge nach § 11 bezieht. Wäre er ohne Rücksicht auf die Prozess- oder Verfahrenskostenhilfe zur vorschussweisen Zahlung der Vergütung verpflichtet, hat er einen ausreichenden Betrag für das gegenüber der gesetzlichen Regelung oder der vereinbarten Vergütung (§ 14) zu erwartende zusätzliche Honorar an die Staatskasse zu zahlen; § 122 Abs. 1 Nr. 1 Buchstabe a der Zivilprozessordnung ist

77 OLG Hamm, in OLGR 98.275.

insoweit nicht anwendbar. Der Betrag wird durch unanfechtbaren Beschluss festgesetzt. Zugleich bestimmt das Gericht, welcher Honorargruppe die Leistung des Sachverständigen ohne Berücksichtigung der Erklärungen der Parteien oder Beteiligten zuzuordnen oder mit welchem Betrag für 55 Anschläge in diesem Fall eine Übersetzung zu honorieren wäre.

(4) Ist eine Vereinbarung nach den Absätzen 1 und 3 zur zweckentsprechenden Rechtsverfolgung notwendig und ist derjenige, dem Prozess- oder Verfahrenskostenhilfe bewilligt worden ist, zur Zahlung des nach Absatz 3 Satz 2 erforderlichen Betrags außerstande, bedarf es der Zahlung nicht, wenn das Gericht seiner Erklärung zustimmt. Die Zustimmung soll nur erteilt werden, wenn das Doppelte des nach § 9 oder § 11 zulässigen Honorars nicht überschritten wird. Die Zustimmung und die Ablehnung der Zustimmung sind unanfechtbar.

(5) Im Musterverfahren nach dem Kapitalanleger-Musterverfahrensgesetz ist die Vergütung unabhängig davon zu gewähren, ob ein ausreichender Betrag an die Staatskasse gezahlt ist. Im Fall des Absatzes 2 genügt die Erklärung eines Beteiligten (§ 8 des Kapitalanleger-Musterverfahrensgesetzes). Die Absätze 3 und 4 sind nicht anzuwenden. Die Anhörung der übrigen Beteiligten kann dadurch ersetzt werden, dass die Vergütungshöhe, für die die Zustimmung des Gerichts erteilt werden soll, öffentlich bekannt gemacht wird. Die öffentliche Bekanntmachung wird durch Eintragung in das Klageregister nach § 2 des Kapitalanleger-Musterverfahrensgesetzes bewirkt. Zwischen der öffentlichen Bekanntmachung und der Entscheidung über die Zustimmung müssen mindestens vier Wochen liegen.

(6) Schuldet nach den kostenrechtlichen Vorschriften keine Partei oder kein Beteiligter die Vergütung, haften die Parteien oder Beteiligten, die eine Erklärung nach Absatz 1 oder Absatz 3 abgegeben haben, für die hierdurch entstandenen Mehrkosten als Gesamtschuldner, im Innenverhältnis nach Kopfteilen. Für die Strafverfolgungs- oder Verfolgungsbehörde haftet diejenige Körperschaft, der die Behörde angehört, wenn die Körperschaft nicht von der Zahlung der Kosten befreit ist. Der auf eine Partei oder einen Beteiligten entfallende Anteil bleibt unberücksichtigt, wenn das Gericht der Erklärung nach Absatz 4 zugestimmt hat. Der Sachverständige, Dolmetscher oder Übersetzer hat eine Berechnung der gesetzlichen Vergütung einzureichen.

Übersicht Rdn.

I. Vorbemerkung

§ 13 ist durch das 2. KostRMoG nochmals umgestaltet worden. 1

Der bis zum 31.07.2013 geltende Abs. 7 ist gestrichen worden. Sein Regelungsgehalt findet sich nun in Abs. 3 wieder. Die Abs. 1 – 4 und 6 sind umgestaltet worden. Der Anwendungsbereich ist wesentlich erweitert worden, weil durch Absatz 1 nun auch die Sozialgerichtsbarkeit und bestimmte Straf- und Bußgeldverfahren in die Regelung einbezogen worden sind (siehe BT-Drucksache 17/11471 neu Seiten 262, 324 und 355).

Es soll jedoch die Möglichkeit erhalten bleiben, dass die Parteien oder Beteiligten übereinstimmend einer höheren Vergütung zustimmen können, auch wenn letztlich keinem der an dem Verfahren Beteiligten die Kosten auferlegt werden. In diesem Fall sollen sie jedoch für die Mehrkosten gegenüber der Staatskasse als Gesamtschuldner haften.

Ferner soll mit dem Änderungsvorschlag einem Bedürfnis der gerichtlichen Praxis Rechnung getragen werden, in bestimmten Straf- und Bußgeldverfahren Sachverständige mit einem über den gesetzlichen Honorarsätzen liegenden Honorar zu vergüten. Dies gilt namentlich für kartellrechtliche Bußgeldverfahren, weil es sonst nicht möglich ist, qualifizierte Sachverständige für die Feststellung des kartellbedingten Mehrerlöses und des wirtschaftlichen Vorteils zu finden.

Absatz 1 ist so geändert worden, dass unabhängig davon, ob die Kosten in jedem Fall einer Partei oder einem Beteiligten aufzuerlegen sind, mit Einverständnis der Parteien oder Beteiligten eine höhere als die gesetzliche Vergütung gezahlt werden kann. Dies führt dazu, dass auch in Verfahren nach dem FamFG, in dem das Gericht nach § 81 Absatz 1 Satz 2 FamFG anordnen kann, von der Erhebung der Kosten abzusehen, die Zustimmung zu einer höheren als der gesetzlichen Vergütung erteilt werden kann. Eine erhöhte Sachverständigenvergütung wird damit auch im Verfahren vor den Gerichten der Sozialgerichtsbarkeit und in Straf- und Bußgeldverfahren ermöglicht. Wie verfahren wird, wenn keiner Partei oder keinem Beteiligten die Kosten auferlegt werden, ist in dem neugefassten **Absatz 6** geregelt. Wird eine entsprechende Erklärung von der Strafverfolgungsbehörde oder von der Verfolgungsbehörde in einem Bußgeldverfahren abgegeben, ist diese Behörde nicht zur Vorschusszahlung verpflichtet, weil sie entweder von der Zahlung der Kosten befreit ist oder die Verwaltungsbehörde in Bußgeldsachen ausdrücklich ausgeschlossen ist. In einem Verfahren, in dem grundsätzlich keine Gerichtskosten erhoben werden, wie zum Beispiel in den meisten Verfahren vor den Gerichten der Sozialgerichtsbarkeit, genügt die vorherige Zahlung der Mehrkosten, für die die Beteiligten nach dem vorgeschlagenen Absatz 6 haften. Die vorgeschlagene Regelung steht auch nicht in einem Widerspruch zu § 109 SGG und ersetzt ihn auch nicht. Nach dieser Vorschrift muss auf Antrag des Versicherten, des behinderten Menschen, des Versorgungsberechtigten oder Hinterbliebenen ein bestimmter Arzt gutachtlich gehört werden. Die Anhörung kann davon abhängig gemacht werden, dass der Antragsteller die Kosten vorschießt und vorbehaltlich einer anderen Entscheidung des Gerichts endgültig trägt. In dieser Vorschrift geht es um die Haftung für die gesetzlichen Gutachterkosten, bei dem Regelungsvorschlag um die Zahlung eines erhöhten Honorars.

Nach **Absatz 2** Satz 1 genügt die Erklärung nur einer Partei oder eines Beteiligten, wenn das Gericht zustimmt. Es soll nunmehr ausdrücklich klargestellt werden, dass auch die Erklärung der Strafverfolgungsbehörde oder der Staatsanwaltschaft als Verfolgungsbehörde in Bußgeldsachen genügt, wenn das Gericht zustimmt. Nach dem bis zum 31.07.2013 geltenden Recht konnte einem Sachverständigen im Fall der Zustimmung des Gerichts bis zum Eineinhalbfachen des gesetzlichen Honorars gezahlt werden. Nun ist dies bis zum Doppelten möglich, um insbesondere in kartellrechtlichen Gerichtsverfahren in Zivil-, Verwaltungs- und Bußgeldsachen auf ausreichend qualifizierte Sachverständige zurückgreifen zu können. Wegen des weitergehenden Spielraums bei der Überschreitung des gesetzlichen Honorars und weil das erhöhte Honorar in die Gerichtskosten einfließt, ist die Zustimmung des Gerichts davon abhängig, dass sich keine geeignete Person bereit erklärt, zu den gesetzlichen Honorarsätzen tätig zu werden. Die vorgeschlagene Regelung verpflichtet das Gericht, diese Voraussetzung zunächst in geeigneter Weise zu schaffen oder zu überprüfen. Namentlich in kartellrechtlichen Gerichtsverfahren in Zivil-, Verwaltungs- und Bußgeldsachen wird eine geeignete Person jedoch regelmäßig nicht bereit sein, zu dem gesetzlich bestimmten Honorar tätig zu werden.

Der vorgeschlagene neue **Absatz 6** enthält eine Regelung darüber, wie zu verfahren ist, wenn keine Partei oder kein Beteiligter die Kosten des Verfahrens zu tragen hat. Für diesen Fall wird die besondere, sich mittelbar aus Absatz 1 ergebende Kostenhaftung auf die Mehrkosten gegenüber der gesetzlichen Vergütung beschränkt. Die gesetzliche Vergütung ist in einem solchen Fall von der Kasse derjenigen Körperschaft zu tragen, der die Strafverfolgungs- oder Verfolgungsbehörde angehört. Für die Mehrkosten sollen die Parteien oder Beteiligten als Gesamtschuldner haften. Dies gilt jedoch nicht für eine Partei, der die Prozesskostenhilfe bewilligt ist und deren Erklärung das Gericht nach Absatz 4 zugestimmt hat. Der auf diesen Beteiligten entfallende Anteil an den Mehrkosten verbleibt bei der Staatskasse.

II. Besondere Vergütung

2 § 13 eröffnet die Möglichkeit, einem Sachverständigen, Dolmetscher oder Übersetzer **anstelle der gesetzlichen Vergütung (§ 8 Abs. 1)** eine anderweitig vereinbarte bestimmte oder abweichend von der gesetzlichen Regelung zu bemessende Vergütung zu gewähren, wenn sich die Parteien oder die Beteiligten[1] mit dieser besonderen Vergütung einverstanden erklärt haben und ein zur Deckung dieser besonderen Vergütung ausreichender Betrag an die Staatskasse gezahlt ist. Die Beauftragung eines

1 BT-Drucks. 16/3038 – Begründung der Änderung des § 13 JVEG – S. 121 –.

Sachverständigen, Dolmetscher oder Übersetzer unter Gewährung der besonderen Vergütung darf erst erfolgen, wenn der Betrag der besonderen Vergütung auch tatsächlich in voller Höhe an die Staatskasse gezahlt ist.[2]

– S.a. Rdn. 10 –.

Die Bestimmung des § 13 gilt auch für Übersetzer. Unter den dort genannten Voraussetzungen kann, etwa bei ganz besonders schwierigen Übersetzungsleistungen, eine höhere als die in § 11 vorgesehene Vergütung an einen Übersetzer gezahlt werden.

Eine von allen Parteien vereinbarte besondere Vergütung ist der Höhe nach nicht begrenzt.

– S. aber Rdn. 7 lit. a) –.

Da die gesetzliche Vergütung nach § 8 Abs. 1 auch den **Ersatz von Aufwendungen** 3
der in den §§ 5 bis 7, 12 genannten Art umfasst, kann die besondere Vergütung nach § 13 nicht nur anstelle des Honorars (§ 8 Abs. 1 Nr. 1) treten, sondern über den Aufwendungsersatz nach § 8 Abs. 1 Nr. 2 bis 4 vereinbart werden. Dies betrifft jedoch nur die Fälle des Abs. 1 und Abs. 5 S. 1, in denen sich sämtliche Parteien oder Beteiligte auf eine besondere Vergütung verständigt haben. Wird die Zustimmung einer oder mehrerer Parteien oder Beteiligter durch das Gericht ersetzt (Abs. 2), ist lediglich eine Vereinbarung über den Stundensatz (§ 9) oder das Zeilenhonorar (§ 11) möglich.

Eine Vereinbarung über eine besondere Vergütung für **Zeugen, ehrenamtliche** 4
Richter oder Dritte ist nicht möglich.

III. Gerichtliche Verfahren

a) In allen gerichtlichen Verfahren können die **Parteien oder die Beteiligten** durch 5
eine dem Gericht ggü. abzugebende Erklärung und durch Einzahlung eines ausreichenden Betrages an die Staatskasse dem Sachverständigen, Dolmetscher oder Übersetzer einen Anspruch auf die »besondere Vergütung« sicherstellen.
Eine Vereinbarung nach § 13 zulasten eines Dritten oder der Staatskasse ist ausgeschlossen.
b) § 13 kann seit dem 1. August 2013 nicht nur dort Anwendung finden, wo mehrere Verfahrensbeteiligte sich als Parteien oder Beteiligte gegenüberstehen. Er kommt zum Beispiel auch in **den gerichtlichen Verfahren nach dem** FamFG **zur Anwendung**, in denen das Gericht anordnen kann, von der Erhebung der Kosten abzusehen (§ 81 Abs. 1 Satz 2 FamFG). § 13 findet weiterhin in Verfahren Anwendung, in den sich die Beteiligten mit widerstreitenden Interessen gegenüberstehen (Landwirtschaftssachen, Wohnungseigentumssachen, Vertragshilfesachen, usw.).
c) Sozialgerichtliche Verfahren sind durch das 2. KostRMoG in die Regelung einbezogen worden, obwohl in vielen Verfahren die Vergütung von Sachver-

2 BT-Drucks. 16/3038 – Begründung der Änderung des § 13 JVEG – S. 122 –.

ständigen, Dolmetschern und Übersetzern von der Staatskasse und nicht von den Parteien getragen wird (z.B. in den kostenfreien Verfahren für Versicherte, Leistungsempfänger einschließlich Hinterbliebenenleistungsempfänger, behinderte Menschen oder deren Sonderrechtsnachfolger nach § 56 des Ersten Buches Sozialgesetzbuch, § 183 SGG).

d) Auch im **arbeitsgerichtlichen Verfahren** ist eine Vereinbarung nach § 13 möglich. Die Gewährung einer vereinbarten Leistungsvergütung an den Sachverständigen, Dolmetscher oder Übersetzer aus der Staatskasse setzt auch in arbeitsgerichtlichen Verfahren die vorherige Zahlung eines zur Deckung der gesamten vereinbarten Vergütung ausreichenden Betrages an die Staatskasse voraus.[3]

e) Straf- und Bußgeldverfahren:
Auch in Verfahren nach dem Gesetz über Ordnungswidrigkeiten (OWiG) können Verfolgungsbehörden eine Einverständniserklärung im Sinne von § 13 abgeben. Dass der Begriff Verfolgungsbehörde weit gefasst zu verstehen ist, zeigt Abs. 2 Satz 1 der Vorschrift:
Unter »Strafverfolgungsbehörden« sind Staatsanwaltschaft und Polizei zu verstehen, unter »Verfolgungsbehörden« sind Ordnungs-/Verwaltungsbehörden (siehe z.B. § 35 OWiG), also Kommunen und andere Gebietskörperschaften, aber auch der Landesbetrieb Mess- und Eichwesen NRW und vergleichbare Institutionen anderer Länder zu verstehen.
Auch in Privatklagesachen wird § 13 anwendbar sein, da hier die Verfahrensbeteiligten eine parteiähnliche Stellung haben.

f) Auch im **aktienrechtlichen Spruchstellenverfahren nach § 306 AktG** kann grds. eine Vereinbarung der Beteiligten über eine besondere Vergütung in Betracht kommen. Sie löst auch die Vorschusspflicht nach Abs. 1 aus. Der Grundsatz der Amtsermittlung gilt auch im o.a. Spruchstellenverfahren.[4]

g) Nach Abs. 5 kann im **Musterverfahren nach dem Kapitalanleger-Musterverfahrensgesetz** die besondere Vergütung nach § 13 auch dann gewährt werden, wenn der erforderliche Betrag nach Abs. 1 nicht an die Staatskasse gezahlt ist.

IV. Einverständniserklärung

6 a) Die Einverständniserklärung der Parteien oder Beteiligten muss **ggü. dem Gericht** abgegeben werden. Bei Streitgenossen werden alle Betroffenen ihr Einverständnis erklären müssen. Das gilt auch für Nebenintervenienten.
Die Erklärung der Parteien oder Beteiligten ist an keine Form gebunden. Auch der Prozessbevollmächtigte kann im Rahmen seiner Prozessvollmacht die Erklärung für seine Partei abgeben.
Das Einverständnis kann formlos auch in schlüssiger Weise erklärt werden. Ein stillschweigendes Einverständnis kann jedoch nur dann angenommen werden, wenn z.B. auf einen entsprechenden konkreten Vorschlag des Sachverständigen

---

3 LAG Düsseldorf, in JurBüro 92.765 = MDR 92.1063; a.A.: LAG Frankfurt, in KRspr. § 7 ZSEG Nr. 2.

4 OLG Düsseldorf, in OLGR 98.56 zum ZSEG.

hin die Parteien zwar eine Erklärung nicht abgeben, indes eindeutige Anhaltspunkte dafür vorhanden sind, dass damit dem Vorschlag des Sachverständigen nicht widersprochen, er vielmehr von den Parteien angenommen werden soll. Das bloße Stillschweigen einer der Parteien ist jedoch keine Vereinbarung nach § 13.[5] Auch in der bloßen Zahlung eines Vorschusses kann ein Einverständnis i.S.d. § 13 nicht gesehen werden.[6] Dies gilt erst recht, wenn sich lediglich einer von mehreren Betroffenen eines (Kartell-) Bußgeldverfahrens mit der »besonderen Vergütung« einverstanden erklärt, während die übrigen Betroffenen ihr Einverständnis oder eine Stellungnahme verweigern. Die Partei, die ihr Einverständnis nur für einen (ihren) Teil der »besonderen Vergütung« erklärt, kann auch nur für diesen Anteil in Anspruch genommen werden.[7]

Die von beiden Parteien oder Beteiligten abgegebene Erklärung ist unwiderruflich.[8]

b) Haben die Parteien oder Beteiligten ihre Einverständniserklärung **nur ggü. dem Sachverständigen, Dolmetscher oder Übersetzer** abgegeben, so verpflichtet dies nicht die Staatskasse zur Zahlung der besonderen Vergütung.

Unberührt bleibt ein möglicher Anspruch des Sachverständigen gegen die Parteien, wenn diese sich ihm ggü. verbindlich zur Zahlung einer anderweitigen Vergütung einverstanden erklärt haben. Diesen privatrechtlichen Anspruch muss der Sachverständige selbst gegen die sich verpflichtende Partei geltend machen. Einen entsprechenden Anspruch gegen die Staatskasse hat er nicht.

Da die Vereinbarung einer besonderen Vergütung zwischen dem Sachverständigen und einer Partei stets die Gefahr eines Befangenheitsantrags durch die andere Partei in sich birgt, sollte der Sachverständige im eigenen Interesse darauf hinwirken, dass die Erklärung der Partei dem Gericht ggü. abgegeben und dass ggf. eine Entscheidung des Gerichts nach Abs. 2 Satz 1 herbeigeführt wird.

V. Zustimmung durch das Gericht

a) Keine Partei und kein Beteiligter ist verpflichtet, einer Honorarvereinbarung nach § 13 zuzustimmen.[9] 7

In Straf- und Bußgeldsachen wird der Betroffene der besonderen Vergütung für ein Gutachten im Ermittlungsverfahren gegen ihn nicht zustimmen oder gar einen Vorschuss dafür bezahlen wollen. In diesen Fällen kann die Straf- und Bußgeldbehörde eine entsprechende Erklärung abgeben.

Hat sich **nur eine Partei oder nur ein Beteiligter** dem Gericht ggü. mit einem bestimmten anderweitigen Honorar des Sachverständigen nach § 9 oder eines

5 OLG Nürnberg, Beschl. v. 06.12.1990 – 5 W 3801/90, in Juris/ZSEG; LG Heilbronn, in MDR 93.1245 zum ZSEG.

6 OLG Hamburg, in JurBüro 83.743 = MDR 83.413 = ZSW 84.30 zum ZSEG; a.A.: OLG Koblenz, Beschl. v. 01.09.2009 in JurBüro 10, 214 LS.

7 BVerfG, Beschl. v. 24.03.2010 – 2 BvR 1257/09 und 1607/09.

8 OLG Stuttgart, in Justiz 84.366 zum ZSEG.

9 OLG Düsseldorf, in OLGR 98.56 zum ZSEG.

Übersetzers nach § 11 einverstanden erklärt, so kann nach Abs. 2 Satz 1 die fehlende Zustimmung der anderen Partei oder des anderen Beteiligten durch das Gericht ersetzt werden, **sofern durch die besondere Vergütung das Doppelte des nach den §§ 9 bis 11 zulässigen Honorars nicht überschritten wird.** Gericht i.S. d. Abs. 2 ist das Prozessgericht, nicht lediglich ein Mitglied des Gerichts.[10] Der höchstmögliche Stundensatz für den Sachverständigen wurde vom eineinhalbfachen auf den doppelten Satz erhöht. Das wird in der Gesetzesbegründung damit gerechtfertigt, um insbesondere in kartellrechtlichen Gerichtsverfahren in Zivil-, Verwaltungs- und Bußgeldsachen auf ausreichend qualifizierte Sachverständige zurückgreifen zu können. Wegen des weitergehenden Spielraums bei der Überschreitung des gesetzlichen Honorars und weil das erhöhte Honorar in die Gerichtskosten einfließt, soll die Zustimmung des Gerichts davon abhängig sein, dass sich keine geeignete Person bereit erklärt, zu den gesetzlichen Honorarsätzen tätig zu werden. Die vorgeschlagene Regelung verpflichtet das Gericht, diese Voraussetzung zunächst in geeigneter Weise zu schaffen oder zu überprüfen. Namentlich in kartellrechtlichen Gerichtsverfahren in Zivil-, Verwaltungs- und Bußgeldsachen wird eine geeignete Person jedoch regelmäßig nicht bereit sein, zu dem gesetzlich bestimmten Honorar tätig zu werden«. Die zeitliche Verzögerung die dadurch eintritt, dass ggfls. mehrere geeignet erscheinende Personen befragt werden müssen, muss hingenommen werden.

Im **Musterverfahren nach dem Kapitalanleger-Musterverfahrensgesetz** genügt im Fall des Abs. 2 die Erklärung eines Beteiligten. Die Anhörung der anderen Beteiligten kann unter den Voraussetzungen des Abs. 5 ersetzt werden.

Da die Einverständniserklärung der Verfahrensbeteiligten nicht nur wegen der Verpflichtung zur Vorauszahlung der vereinbarten Vergütung von Bedeutung ist, sondern weil die andere Partei u.U. durch die Entscheidung mit den höheren Sachverständigenkosten belastet werden könnte, wird das Gericht nicht nur zu prüfen haben, ob die Aufbringung der erforderlichen Vorauszahlung die Partei, deren Zustimmung ersetzt werden soll, unangemessen belastet, sondern es wird auch die endgültige Kostentragungspflicht berücksichtigen und prüfen müssen, ob die erhöhte Vergütung im Verhältnis zum Streitgegenstand angemessen ist. Gutachterkosten, die den Wert des Streitgegenstandes ganz oder im Wesentlichen aufzehren, sind unangemessen.[11] Wenn sich eine wirtschaftlich starke Partei mit der Zahlung einer hohen Vergütung nach § 13 einverstanden erklärt und zur erforderlichen Vorauszahlung des Betrages bereit ist, wird doch das Gericht die von der wirtschaftlich schwachen Partei versagte Zustimmung nicht erteilen können, wenn für diese Partei durch die Erhöhung der Sachverständigenvergütung das Kostenrisiko unangemessen vergrößert wird.

Das muss auch dann gelten, wenn eine Bundesanstalt verlangt, statt nach den Sätzen des JVEG nach ihrer Gebührenordnung entschädigt zu werden und nur

10 OLG Düsseldorf, in JurBüro 88.924 = MDR 88.507 = KRspr. § 7 ZSEG Nr. 28 LS m. Anm. von *Herget.*

11 OVG Nordrhein-Westfalen, in KRspr. § 7 ZSEG Nr. 37 LS.

eine Partei zustimmt. Das Gericht kann nicht beurteilen, ob die ihrer Höhe nach nicht feststehenden Kosten der nicht zustimmenden Partei im Fall ihres Unterliegens zumutbar sind.

b) Das Gericht muss der Erklärung einer Partei (eines Beteiligten), sie sei mit einer bestimmten Entschädigung für die Leistung des Sachverständigen einverstanden, **klar und eindeutig zustimmen.** Es ersetzt die Erklärung der anderen Partei nicht, wenn es einen zuvor festgesetzten Auslagenvorschuss auf Antrag des Sachverständigen schlicht erhöht.[12]

c) Die Entscheidung des Gerichts, die nach Anhörung der anderen Partei ohne mündliche Verhandlung durch Beschluss erfolgt ist, kann nicht angefochten werden. Das gilt auch dann, wenn die Erklärung einer Partei ersetzt worden ist, der Prozess- oder Verfahrenskostenhilfe bewilligt wurde.[13]

VI. Zeitpunkt der Zustimmung nach Abs. 2

a) Das Verfahren auf Ersetzung der Zustimmung einer Partei durch das Gericht nach 8
Abs. 2 ist **nur vor Erstattung** des Gutachtens durch den Sachverständigen statthaft.[14] Die Zustimmung der anderen Partei kann nach Erstattung des Gutachtens nicht mehr durch das Gericht ersetzt werden.[15] Eine nach Erstattung des Gutachtens erteilte Zustimmung des Gerichts ist beschwerdefähig.[16]

b) Erst recht nach Erlass der **Kostengrundentscheidung** oder einer Kostenregelung durch **Vergleich** kann ein Zustimmungsverfahren nach Abs. 2 nicht mehr stattfinden.[17]

VII. Höhe der vereinbarten Vergütung

Die vereinbarte besondere Vergütung muss ihrer Höhe nach bestimmt oder genau 9
bestimmbar sein. Die endgültige Höhe der Vergütung für den Sachverständigen oder Übersetzer und damit das Kostentragungsrisiko muss den Parteien bzw. Beteiligten bewusst sein.

---

12 OLG Düsseldorf, in JurBüro 89.1172 zum ZSEG.

13 OLG Düsseldorf, in MDR 89.366 zum ZSEG.

14 OLG Düsseldorf, in JurBüro 89.259 = MDR 89.171 = KRspr. § 7 ZSEG Nr. 30 LS m. Anm. von *Herget* = AnwBl. 90.54; in JurBüro 94.48 zum ZSEG.

15 OLG Stuttgart, in JurBüro 76.657 = Rpfleger 76.190 = Justiz 76.258; LG Bielefeld, in ZSW 83.62; OLG München, in MDR 85.333; OLG Düsseldorf, in MDR 85.420 = VersR 86.269 zum ZSEG.

16 OLG Stuttgart, in JurBüro 76.657 = Rpfleger 76.190 = Justiz 76.258; OLG Düsseldorf, in MDR 85.420 = VersR 86.269 und in JurBüro 89.1172 zum ZSEG.

17 OLG Hamm, in Rpfleger 73.230 = KRspr. § 7 ZSEG Nr. 9; OLG München, in MDR 85.333 zum ZSEG.

VIII. Zahlung eines ausreichenden Betrages an die Staatskasse, Haftung

10 a) Die besondere Vergütung nach § 13 kann dem Sachverständigen, Dolmetscher oder Übersetzer nach Abs. 1 erst gewährt werden, wenn zur Deckung der vereinbarten besonderen Vergütung ein »ausreichender Betrag an die Staatskasse gezahlt ist«. **Ausreichend** ist der Betrag, der die von den Parteien oder Beteiligten vereinbarte besondere Vergütung insgesamt abdeckt. Mit der gesetzlichen »Zahlungsverpflichtung« wird klargestellt, dass die vereinbarte Vergütung letztlich zu den von den Parteien bzw. Beteiligten allein zu tragenden Kosten gehört und nicht die Staatskasse – und damit die Allgemeinheit – belastet. Voraussetzungen für die Zahlung der besonderen Vergütung an den Sachverständigen sind daher

aa) die Vereinbarung der Parteien oder Beteiligten – ggf. mit Zustimmung des Gerichts nach Abs. 2 – auf eine bestimmte Vergütung **und**

bb) **Zahlung eines Betrages** i.H.d. bestimmten Vergütung an die Staatskasse.[18]

Trotz des Einverständnisses der Parteien mit der besonderen Vergütung oder der gerichtlichen Zustimmung nach Abs. 2 kann die besondere Vergütung an den Sachverständigen nur gezahlt werden, wenn der ausreichende Betrag an die Staatskasse gezahlt ist.[19] Dies wiederum ist dadurch klargestellt, dass die Beauftragung eines Sachverständigen, Dolmetscher oder Übersetzer unter Gewährung der besonderen Vergütung erst erfolgen darf, wenn der Betrag der besonderen Vergütung auch tatsächlich in voller Höhe gezahlt ist.

– S.a. Rdn. 2 –.

Das gibt auch den Parteien oder Beteiligten eine hinreichende Sicherheit vor weiteren, ggf. nachgeschobenen Ansprüchen eines Sachverständigen, Dolmetschers oder Übersetzers. »Schätzfehler« gehen allein zu dessen Lasten.

– Sie auch Rdn. 13 –.

Wenn die Strafverfolgungsbehörde der besonderen Vergütung zugestimmt hat, bedarf es keiner Vorschusszahlung (Abs. 1 S. 2) selbst wenn die Behörde sich nicht auf eine ihr zustehende Kostenbefreiung berufen kann.

b) Ersetzt die besondere Vereinbarung nur das gesetzliche Honorar nach § 8 Abs. 1 Nr. 1 oder § 11, braucht der ausreichende Betrag nicht **die von der Vereinbarung nicht betroffenen Aufwendungen nach § 8 Abs. 1 Nr. 2 bis 4** abzudecken. Die Auszahlung der besonderen Vergütung des Sachverständigen oder Übersetzers darf daher nicht verweigert werden, weil der an die Staatskasse gezahlte Betrag zwar das vereinbarte Leistungshonorar, nicht aber die sonstigen Aufwendungen des Anspruchsberechtigten abdeckt.

---

18 OLG Hamm, in KRspr. § 7 ZSEG Nr. 20 LS.

19 OLG Koblenz, in JurBüro 95.153 m. Anm. von *Enders* = MDR 95.211; OLG Hamm, Beschl. v. 21.03.1997 – 24 U 126/95 – zum ZSEG; OLG Düsseldorf, in KostRsp. JVEG § 13 Nr. 1.

Nur dann, wenn die besondere Vergütung die gesamte Vergütung nach § 8 Abs. 1 ersetzt, muss der ausreichende Betrag auch die sonstigen Aufwendungen des Anspruchsberechtigten umfassen.

c) Auch eine Partei, der **Prozess- oder Verfahrenskostenhilfe** bewilligt ist, ist zur Zahlung des »ausreichenden Betrages« nach § 13 verpflichtet. Zwar fällt eine an den Sachverständigen – nach § 13 vereinbarte – gezahlte Vergütung unter die gerichtlichen Auslagen i.S.v. Nr. 9005 KV-GKG (Nr. 31005 KV-GNotKG) und damit unter die Regelung des § 122 Abs. 1 Nr. 1 a ZPO, wodurch eine unmittelbare Inanspruchnahme der *armen* Partei nach den Vorschussbestimmungen der Gerichtskostengesetze ausscheidet. Gleichwohl ist die Partei gehalten, den Betrag zur Deckung der von ihr vereinbarten besonderen Vergütung nach § 13 zu zahlen, da ohne die Zahlung des Betrages dem Sachverständigen, Dolmetscher oder Übersetzer die vereinbarte Vergütung nicht gewährt werden kann. Der nach § 13 zu zahlende Betrag zählt nicht zu den »Gerichtskosten« i.S.d. § 122 Abs. 1 Nr. 1a ZPO; erst die »gezahlte Sachverständigenvergütung« ist eine gerichtliche Auslage i.S.d. Gerichtskostengesetze. Bei der Zahlung des Betrages nach § 13 durch die Partei im Fall der bewilligten Prozess- oder Verfahrenskostenhilfe handelt es sich um eine »freiwillige« Zahlung; eine Zwangseinziehung oder Beitreibung scheidet hier aus. Dasselbe muss gelten, wenn die zahlungspflichtige Partei Kostenfreiheit genießt.

Haftung (Abs. 6)

Die Vorschrift stellt klar, wer wie für die Mehrkosten der besonderen Vergütung haftet, wenn keine kostenrechtliche Inanspruchnahme möglich ist. 11

Für die besondere Vergütung haftet die Partei, die ihr zugestimmt hat. Ist die Erklärung von mehreren Parteien oder Beteiligten abgegeben worden, haften diese als Gesamtschuldner. Im Innenverhältnis haften die Gesamtschuldner nach Kopfteilen (Abs. 6 S. 1).

In den Fällen, in denen keine Partei oder kein Beteiligter nach kostenrechtlichen Bestimmungen für die Kosten haftet (z.B. in Verfahren nach dem FamFG, in denen keine Kosten erhoben werden oder im sozialgerichtlichen Verfahren für Versicherte), beschränkt sich die Haftung auf die »Mehrkosten«. Dies ist die Differenz zwischen der Regelvergütung mit den Stundensätzen aus § 9 JVEG oder dem »normalen« Zeilenhonorar nach § 11 JVEG und der besonderen Vergütung. Deshalb muss der Sachverständige, Dolmetscher oder Übersetzer nach Abs. 6 S. 1 neben der Abrechnung der besonderen Vergütung auch eine Berechnung seiner gesetzlichen Vergütung einreichen.

Um die PKH/VKH-Partei nicht von der Rechtsgewährung auszuschließen, enthält Abs. 4 eine besondere Vorschrift zum Schutz dieser Partei bzw. Beteiligten. Ist die Partei zur Zahlung des Vorschusses nicht imstande, aber auf die Beauftragung des Sachverständigen bzw. Übersetzers angewiesen, um ihre Rechtsziele zweckentsprechend zu verfolgen, muss sie den Betrag der besonderen Vergütung nicht zahlen, wenn das Gericht zugestimmt hat. Der Anteil einer PKH/VKH-Partei bleibt immer unerhoben nach § 6 Abs. 3, wenn eine Zustim-

mung des Gerichts vorliegt. Der auf die Partei entfallende Anteil, ihre Kostenschuld, wird demnach von der Staatskasse getragen.
Ist eine Strafverfolgungs- oder Verfolgungsbehörde beteiligt (s. Rdn. 5 lit. f), bleibt der auf sie entfallende Betrag ebenfalls unerhoben, wenn sie kostenbefreit ist. Ansonsten trägt diejenige Körperschaft die Mehrkosten, der die Strafverfolgungs- oder Verfolgungsbehörde angehört.

IX. Kostenvorschuss

12 a) Von dem nach § 13 Abs. 1 an die Staatskasse zu zahlenden Betrag ist der nach den einschlägigen Verfahrens- und Kostengesetzen zu zahlende **Kosten- oder Auslagenvorschuss** zu unterscheiden.
Das Gericht kann z.B. in den Fällen der §§ 379, 402 ZPO die Beauftragung des Sachverständigen davon abhängig machen, dass der Zahlungspflichtige einen hinreichenden Vorschuss zur Deckung der durch die Beauftragung des Sachverständigen entstehenden Auslagen (Kosten) entrichtet (vgl. auch § 17 GKG). Dieser Kostenvorschuss soll die gesamte voraussichtlich entstehende Vergütung des Sachverständigen abdecken. Er erstreckt sich mithin sowohl auf die Leistungsvergütung, auf die vereinbarte Vergütung nach § 13 sowie auf die sonstigen Aufwendungen.
Hat das Gericht die Beauftragung des Sachverständigen nicht von der Vorschusszahlung abhängig gemacht, so bleibt die Vorschusspflicht gleichwohl bestehen. Der Kostenvorschuss kann dann auch der Gerichtskasse zur Einziehung überwiesen und beigetrieben werden.
Das Gleiche gilt in den Fällen, in denen ein Sachverständigenbeweis von Amts wegen zu erheben und ein Kostenschuldner vorhanden ist.
Die Verpflichtung zur Zahlung des Kostenvorschusses ist eine endgültige Kostenpflicht. Stellt sich nachträglich heraus, dass ein Vorschuss zur Deckung der anfallenden Kosten nicht ausreicht, so ist der Restbetrag nachzufordern.

b) Ein Vorschuss kann auch nach Erstellung des Sachverständigengutachtens eingefordert werden, wenn er **zur Deckung der besonderen Vergütung** nach § 13 dient, mit der sich die Parteien einverstanden erklärt haben.[20]
Ist der zur Zahlung des Vorschusses verpflichteten Partei Prozess- oder Verfahrenskostenhilfe bewilligt, kann von ihr ein Auslagenvorschuss in der Höhe des Betrages angefordert werden, um den der nach § 13 erforderliche Betrag die gesetzliche Vergütung überschreitet.[21]

c) Die Vergütung eines beauftragten Sachverständigen kann jedoch nicht davon abhängig gemacht werden, dass der zahlungspflichtige Kostenschuldner den angeforderten Kostenvorschuss (Auslagenvorschuss) auch tatsächlich an die Staats-

---

20 OLG Stuttgart, in Justiz 84.366 = JurBüro 85.1370 m. Anm. von *Mümmler*; in Justiz 86.322 = JurBüro 86.897 = KRspr. § 68 GKG a.F. Nr. 21 LS m. Anm. von *Lappe*; OLG Koblenz, in KRspr. § 68 GKG a.F. Nr. 22 LS m. Anm. von *Schneider*.

21 OLG Frankfurt am Main, in JurBüro 86.79.

kasse zahlt. **Das dem Sachverständigen zustehende Honorar ist unabhängig von der Vorschusszahlung zu zahlen.**
Lediglich die besondere Leistungsvergütung nach § 13 ist dem Sachverständigen zu versagen, wenn hierfür kein ausreichender Betrag durch einen Kostenvorschuss gezahlt worden ist. Anstelle der besonderen Vergütung nach § 13 ist dem Sachverständigen dann das gesetzliche Honorar zu gewähren.

X. Zahlung der besonderen Vergütung an den Sachverständigen, Dolmetscher und Übersetzer

Die bestimmte vereinbarte Vergütung ist dem Sachverständigen, Dolmetscher oder Übersetzer ohne weitere Nachprüfung in der vollen Höhe zu gewähren, wenn ein entsprechender Betrag an die Staatskasse gezahlt ist. Dann ist auch eine ins Einzelne gehende Berechnung der Leistungsvergütung, insb. eine Angabe über die verwendete Zeit, nicht erforderlich.[22] 13

Haben sich die Parteien auf Vorschlag des Sachverständigen mit einer bestimmten Vergütung für die zu erbringende Leistung des Sachverständigen nach § 13 einverstanden erklärt, so trägt der Sachverständige das Risiko einer Fehleinschätzung des zur ordnungsgemäßen Erfüllung der ihm gestellten Aufgabe erforderlichen Leistungsaufwandes. Er kann die vereinbarte Vergütung auch nicht als Teilhonorar für die bis dahin erbrachte Teilleistung beanspruchen.[23] Es bleibt ihm allerdings unbenommen, nach Fertigstellung des Gutachtens sein Honorar nach den gesetzlichen Maßstäben des JVEG zu berechnen.

XI. Behandlung der besonderen Vergütung als Gerichtskosten

Die an Sachverständige, Dolmetscher und Übersetzer in der vollen vereinbarten Höhe »gezahlten« besonderen Vergütungen nach § 13 sind »nach dem JVEG zu zahlende Beträge« und damit Gerichtskosten (Auslagen) gemäß Nr. 9005 KV-GKG, Nr. 31005 KV-GNotKG, Nr. 2005 KV-FamGKG. 14

Die Vergütungen sind als notwendige Kosten der Rechtsverfolgung auch erstattungsfähig. Ausgenommen hiervon sind die Mehrkosten der vereinbarten besonderen Vergütung, die eben nicht zu den sonstigen Verfahrenskosten zählt.

– S. auch Rdn. 5 lit. g) –

XII. Nachtragsgutachten

a) Die Voraussetzungen für die besondere Vergütung des Sachverständigen nach § 13, **die für das Hauptgutachten vorliegen, erstrecken sich nicht ohne Weiteres auf ein Nachtragsgutachten.** 15

---

22 OLG Frankfurt am Main, in KRspr. § 7 ZSEG Nr. 25 LS.
23 OLG Köln, in BauR 93.770 = JurBüro 94.567 zum ZSEG.

b) Hat allerdings der Sachverständige nach Einsicht in die Akten sich mit einem Pauschalhonorar nach § 13 Abs. 1 einverstanden erklärt, so muss er seinem Auftrag, die Beweisfrage gründlich und fachgerecht zu erörtern und eine den Erfordernissen eines ordentlichen Gutachtens entsprechende Ausarbeitung vorzulegen, ggf. auch durch Erstellung eines gründlichen **Ergänzungsgutachtens** nachkommen.

c) Ist ein **Ergänzungsgutachten aufgrund eines erweiterten Auftrags** des Gerichts erforderlich oder wird der Sachverständige vom Rechtsmittelgericht erneut herangezogen, so müssen auch die Voraussetzungen des § 13 – Erklärung der Parteien ggü. dem Gericht oder Erklärung einer Partei und Zustimmung des Gerichts sowie die Einzahlung eines ausreichenden Betrages – **erneut** erfüllt sein. Sind diese Voraussetzungen für die aufgrund der erneuten Heranziehung geleistete Sachverständigentätigkeit nicht erfüllt, so hat der Sachverständige insoweit nur einen Anspruch auf die gesetzliche Vergütung.

d) Ist für das schriftliche Gutachten die besondere Vergütung nach § 13 vereinbart worden, so wird dadurch nicht auch eine spätere **Erläuterung des Gutachtens in der mündlichen Verhandlung** abgegolten. Sofern nicht aus der Vereinbarung über die besondere Vergütung nach § 13 eindeutig hervorgeht, dass die vereinbarte Vergütung auch die Erläuterung in der mündlichen Verhandlung abdecken soll, oder dass auch für den neuen Auftrag die Voraussetzungen des § 13 vorliegen, ist der Sachverständige für die Erläuterung seines Gutachtens in der mündlichen Verhandlung nach den einschlägigen Bestimmungen des JVEG zu vergüten.

XIII. Vertrauensschutz des Sachverständigen in eine Zusage des Gerichts

16 a) Eine **Vereinbarung oder Absprache des Sachverständigen mit dem Gericht** über eine bestimmte pauschalierte Vergütung oder über einen bestimmten Honorarsatz ist grds. ohne Bedeutung und verpflichtet die Staatskasse auch nicht unter dem Gesichtspunkt des Vertrauensschutzes.[24] Sendet das Gericht die Akten dem Gutachter wieder zurück, ohne seinen Antrag auf Bewilligung eines höheren Stundensatzes ausdrücklich abzulehnen, kann der Sachverständige lediglich den Stundensatz nach seiner Honorargruppe abrechnen. Ein bloßes Schweigen von Gericht und Parteien zur Mitteilung des Sachverständigen, er werde einen höheren Stundensatz abrechnen, kann nicht als Zustimmung gewertet werden.[25]

b) Hat das Gericht einem Sachverständigen mitgeteilt, **er könne sein Honorar nach einem von ihm vorgeschlagenen Stundensatz abrechnen**, »die Anwälte und Parteien hätten dagegen keine Einwendungen erhoben«, so ist der gerichtlichen Zustimmung im Verhältnis zu dem Sachverständigen aus dem Gesichtspunkt des Vertrauensschutzes ausnahmsweise eine bindende Wirkung beizumessen, auch wenn die Voraussetzungen des § 13 im Einzelfall nicht vorliegen, insb. dann, wenn die Gesamtvergütung des Sachverständigen durch den von den Parteien

---

24 KG in JurBüro 89.698; OLG Koblenz, in JurBüro 95.153 m. Anm. von *Enders* = MDR 95.211 zum ZSEG; a.A.: LG Aschaffenburg, in JurBüro 97.540 zum ZSEG.

25 OLG Koblenz, in JurBüro 10.213 = MDR 10.346.

eingezahlten Kostenvorschuss gedeckt ist.[26] Dies gilt im Einzelfall auch dann, wenn die PKH- oder VKH-Partei ihr Einverständnis mit der »besonderen Vergütung« erteilt, das Gericht die Zustimmung des Prozessgegners ersetzt, es aber versäumt, den Vorschuss für die Mehrkosten anzufordern.[27]

c) Auch einer Mitteilung des Gerichts an den Sachverständigen, seine Gesamtkostenaufstellung habe die Zustimmung der Parteien gefunden, obwohl nicht alle Parteien zugestimmt haben, kann ausnahmsweise aus Vertrauensschutzerwägungen eine bindende Wirkung zukommen. Dasselbe muss gelten, wenn das Gericht dem Sachverständigen mitgeteilt hat, die fehlende Zustimmung der anderen Partei zu dem von dem Sachverständigen angegebenen Tagessatz »notfalls gemäß§ 7 Abs. 2 ZSEG« (jetzt § 13 Abs. 2 JVEG) ersetzen zu wollen.[28] Die Schutzwirkung kann aber nicht weitergehen als die Reichweite des Abs. 1 selbst, d.h. in der zugesagten Höhe muss ein ausreichender Betrag an die Staatskasse gezahlt sein.

d) Hat das Gericht der von dem Sachverständigen geltend gemachten Vergütung nach § 13 Abs. 2 zugestimmt, **obwohl für das Gericht erkennbar war, dass nicht der Sachverständige, sondern dessen Mitarbeiter die zu begutachtenden Schäden i.R.d. Ortstermins aufgenommen hat**, so kann der ausgezahlte Vergütungsbetrag aus dem Grundsatz von Treu und Glauben nicht zurückverlangt werden.[29]

§ 14 JVEG Vereinbarung der Vergütung

Mit Sachverständigen, Dolmetschern und Übersetzern, die häufiger herangezogen werden, kann die oberste Landesbehörde, für die Gerichte und Behörden des Bundes die oberste Bundesbehörde oder eine von diesen bestimmte Stelle eine Vereinbarung über die zu gewährende Vergütung treffen, deren Höhe die nach diesem Gesetz vorgesehene Vergütung nicht überschreiten darf.

Übersicht Rdn.

---

26 OLG Hamm, in Rpfleger 88.550 = KRspr. § 7 ZSEG Nr. 29 LS m. Anm. von *Herget* = JurBüro 89.546 m. Anm. von *Mümmler*; OLG Hamm, Beschl. v. 20.05.1996 – 23 W 349/95 –; OLG Koblenz, Beschl. v. 01.09.2009 – 14 W 554/09.

27 OLG Koblenz, Beschl. v. 03.09.2009 – 14 W 563/09.

28 OLG Düsseldorf, in MDR 99.1528 = NJW-RR 00.139 = JMBl.NRW 00.69 = JurBüro 00.662; LG Frankfurt am Main, in JurBüro 03.97 zum ZSEG.

29 LG Düsseldorf, in Rpfleger 91.435 = MDR 91.1207 zum ZSEG.

I. Vereinbarung durch die zuständige Stelle

1 Durch § 14 ist **der obersten Bundes- und Landesbehörde oder der von ihr bestimmten Stelle** die Möglichkeit eingeräumt, mit einzelnen Sachverständigen, Dolmetschern oder Übersetzern, die häufiger herangezogen werden, für die im Einzelfall zu erbringende Leistung eine Vergütung i.R.d. Vorschriften des JVEG zu vereinbaren.

Zuständig für den Abschluss der Vereinbarung mit dem Sachverständigen, Dolmetscher oder Übersetzer ist die oberste Bundes- oder Landesbehörde, d.h. das für jeden Zweig der Gerichtsbarkeit zuständige Ministerium. Die Vereinbarung mit einem Fachministerium betrifft aber immer nur die zu seinem Geschäftsbereich gehörenden Gerichte oder Behörden. Ein Sachverständiger, der von Gerichten oder Behörden aus verschiedenen Zuständigkeitsbereichen häufiger herangezogen wird, muss daher mit den für die verschiedenen Gerichte oder Behörden zuständigen Ministerien jeweils für die ihnen verwaltungsmäßig unterstellten Gerichte oder Behörden eine Vereinbarung treffen.

Die oberste Bundes- oder Landesbehörde kann die Befugnis zum Abschluss von Vereinbarungen nach § 14 allgemein[1] oder im Einzelfall auf andere Stellen übertragen.

II. Zweck der Vereinbarung

2 a) **Zweck der Vereinbarung** ist es, durch die Festlegung einer Pauschalvergütung die Honorarabrechnung zu vereinfachen.[2] Die Vereinbarung soll dem Sachverständigen, Dolmetscher oder Übersetzer für seine gesamte durch gerichtliche oder staatsanwaltschaftliche Hinzuziehung veranlasste Tätigkeit eine angemessene Vergütung sichern, aber möglichst jede Nachprüfung des Honorarbegehrens im Einzelfall ersparen. Auch die gerichtliche Festsetzung und die Nachprüfung des Beschwerdegerichts werden sich dann auf die Feststellung beschränken können, ob eine ordnungsgemäße Vereinbarung vorliegt und ob sie auf die zur Entscheidung stehende Vergütung richtig angewandt worden ist.

b) Bedenklich erscheint eine sich abzeichnende Praxis von einigen der nach § 14 bestimmten Stellen, von herangezogenen Dolmetschern allein aus fiskalischen

---

1 ***Bayern***: Verwaltungsvorschrift vom 25.02.2011 (5670 – VI – 1471/11) mit Übertragung auf die Präs. der Amts- und Landgerichte und die LOStA;
Hamburg: Anordnung über den Abschluss von Vereinbarungen mit Sachverständigen, Dolmetschern und Übersetzern, AV der Justizbehörde Nr. 21/2004 vom 06.12.2004 (Az. 5672/2-3) – HmbJVBl. 2004 S. 95 –;
Nordrhein-Westfalen: durch Erlasse vom 05.11.2001, 08.02.2002, 14.07.2004 und 06.10.2004 (5672 – Z. 6) übertragen auf Mittelbehörden, Präsidentinnen und Präsidenten der Gerichte, Leitenden Oberstaatsanwältinnen und Oberstaatsanwälte und Leiterinnen oder Leiter der Vollzugsanstalten;
Sachsen: Verwaltungsvorschrift über die Zuständigkeit zum Abschluss von Pauschalvereinbarungen nach § 14 JVEG (Sächs. JMBl. 2009.316).

2 *Otto/Klüsener/May*, Das neue Kostenrecht, Anm. zu § 14 JVEG.

Gründen regelmäßig den Abschluss einer Vereinbarung nach § 14 zu fordern, die teilweise zu einer deutlich unter der nach diesem Gesetz vorgesehenen Vergütung führt. So ist z.B. in einer Vereinbarung u.A. bestimmt:

»I.

Für jede Dolmetschertätigkeit beim Landgericht ..., der Staatsanwaltschaft ..., den Amtsgerichten ... wird unabhängig von der Schwierigkeit der Dolmetschertätigkeit im Einzelfall und der tatsächlichen erforderlichen Anfahrtszeit und Anfahrtstrecke folgende Entschädigung gewährt:

	Landgericht/Staatsanwaltschaft Amtsgerichte ...					
Sprache	türkisch					
Stundensatz für Tätigkeit	45,00 €					
Pauschale Gesamtfahrzeit in Minuten	AG ...	AG ...	AG ...	AG/ StA/ LG ...	AG ...	AG ...
	120	60	45	30	45	90
Fahrtkosten	Bundesbahn 2. Klasse mit BahnCard oder PKW = 0,30 €/km zzgl. evtl. nachgewiesener Parkauslagen					
Tagegeld	nach den gesetzlichen Bestimmungen«					

In einer anderen Vereinbarung lautet die Regelung:

»§ 2

Der Dolmetscher erhält für seine Tätigkeit gemäß § 1 folgende Grundvergütung:

1. Beeidigter Dolmetscher: € 25,00/Std
2. Unbeeidigter Dolmetscher: € 15,00/Std
3. Zuschlag für hauptberufliche Tätigkeit: 30 % der vorstehenden Beträge
4. Zuschlag für Nachtzeit (20.00 – 06.00 Uhr): € 4,50/Std
5. Zuschlag für Samstag (ab 13 Uhr): € 4,50/Std
6. Zuschlag für Sonn- oder Feiertag: € 4,50/Std
7. Zuschlag für schwierige Übersetzungen: € 2,00/Std

(muss besonders begründet werden)

Diese Zuschläge (4–6) können nicht nebeneinander gewährt werden.

WICHTIG:

a) angefangene Stunden werden nicht auf volle Stunden, sondern auf Viertelstunden aufgerundet.
b) Die Vergütungen pro Stunde verstehen sich incl. Fahrtkosten ohne MwSt.

Bei Verfahren in denen der Dolmetscher länger als einen Tag ohne Unterbrechung (unabhängig von der Zahl der geleisteten Stunden) in Anspruch genommen wird, gilt eine Pauschale von 15,00 €/Stunde als vereinbart.

Hierin sind sämtliche Kosten (Zuschläge, Fahrtkosten) enthalten. Ausgenommen sind die Zuschläge für hauptberufliche Tätigkeit.

Außerdem wird bei Verfahren, in denen der Dolmetscher zur Übersetzung von Daten, insbesondere aus der Überwachung von Telekommunikationsverbindungen, mehr als zwei Tage eingesetzt ist, ebenfalls die reduzierte Vergütung (Pauschale von 15,00 €/Std. zzgl. Zuschläge für hauptberufliche Tätigkeit) bezahlt. Dies gilt auch, wenn der Dolmetscher tageweise nicht anwesend ist. Ferner ist bei solchen Verfahren die Abrechnung grundsätzlich am Ende des gesamten Zeitraums zu erstellen. In der Abrechnung sind zunächst die gesamten Einsatzzeiten zu einer Summe zu addieren und erst dann auf die nächste Viertelstunde aufzurunden.«

Diese in Vereinbarungen nach § 14 enthaltenen Honorarbestimmungen dienen in keinem Fall der vom Gesetzgeber beabsichtigten Vereinfachung der Vergütungsabrechnung der Dolmetscher, sondern nur einer Unterschreitung der im JVEG für Dolmetscher vorgesehenen gesetzlichen Vergütung im Interesse der Staatskasse.

Besonders problematisch sind in diesem Zusammenhang die an Dolmetscher herangetragenen »Angebote zum Abschluss eines Rahmenvertrages«, wenn die zuständige Stelle zugleich zum Ausdruck bringt »allgemein zu empfehlen, vorrangig diejenigen Dolmetscher zu beauftragen, die sich zum Abschluss eines entsprechenden Rahmenvertrages entschließen konnten« oder in dem Angebot an den Dolmetscher unmissverständlich erklärt: »Sollten Sie dieser Vereinbarung nicht zustimmen, können wir Sie in Zukunft leider nicht mehr berücksichtigen«.

III. Vereinbarung im Rahmen der nach dem JVEG zulässigen Sätze

3 Die Vergütung **kann nur** im Rahmen der **nach dem JVEG zulässigen Sätze vereinbart werden**. Die Sätze für die Leistungsvergütung nach § 9 Abs. 1 Satz 1 (Regelsätze) dürfen demnach durch die Vereinbarung nicht überschritten werden. Die Vereinbarung einer Vergütung, die unterhalb der Mindestsätze liegt, ist dagegen zulässig. Der Sachverständige wird nach § 2 nur auf Verlangen vergütet. Ebenso wie er darauf verzichten kann, dieses Verlangen zu stellen, kann er auch nur eine geringere Vergütung verlangen und auf die Geltendmachung des darüber hinausgehenden Teiles seiner Vergütung verzichten. Er wird diesen Verzicht nicht nur im Einzelfall dadurch bewirken können, dass er nur die niedrigere Vergütung »verlangt«, sondern auch allgemein, indem er sich in einer Vereinbarung nach § 14 für alle Fälle seiner Zuziehung als Sachverständiger mit einem geringeren Honorar einverstanden erklärt.

Auch sie ist eine Vergütung, die im Rahmen der nach der nach dem JVEG zulässigen höchsten Vergütung liegt.

IV. Vereinbarung mit dem einzelnen Sachverständigen, Dolmetscher oder Übersetzer

Die Vereinbarung muss **mit dem einzelnen Sachverständigen, Dolmetscher oder** 4
Übersetzer abgeschlossen werden. Eine Vereinbarung mit einem Berufsverband für alle seine Mitglieder oder mit dem Leiter eines Instituts für alle dem Institut angehörenden sachverständigen Mitarbeiter (z.B. im gerichtsmedizinischen Institut einer Universität) ist ausgeschlossen.

V. Pauschalvergütung als Gesamthonorar

Dem Sinn des § 14 entspricht die Vereinbarung einer **Pauschalvergütung als Ge-** 5
samthonorar für die im Einzelfall zu erbringende Sachverständigenleistung, d.h. eine Pauschalentschädigung, die sowohl die Leistungsvergütung als auch alle Aufwendungen und Auslagen umfasst.

Eine derartige Vereinbarung setzt aber voraus, dass der Sachverständige häufig wiederkehrende Gutachterleistungen aus einem begrenzten Sachgebiet (z.B. Kfz-Gutachten) erbringt, die auch hinsichtlich des erforderlichen Zeitaufwandes und der anfallenden Aufwendungen und Auslagen **keinen allzu großen Schwankungen** unterworfen sind.

VI. Pauschalvergütung für einzelne häufig wiederkehrende Verrichtungen

Die Vereinbarung einer **Pauschalvergütung für einzelne häufig wiederkehrende** 6
Verrichtungen – auch soweit sie nicht in der Anlage 2 aufgeführt sind – dürfte nach § 14 grds. zulässig sein. Eine derartige Vereinbarung einer »Teilvergütung« würde aber dem Zweck der Vorschrift des § 14 nur sehr bedingt gerecht werden, da nur die der Vereinbarung unterworfenen Teile des Gesamthonorars einer Nachprüfung durch die Anweisungsstellen und das Gericht entzogen sind, i.Ü. aber die weiteren Ansprüche sachlich und rechnerisch geprüft werden müssen. Eine wesentliche Vereinfachung des Anweisungsverfahrens wird sich durch eine »Teilvereinbarung« in der Regel nicht erreichen lassen.

Abschnitt 4 Entschädigung von ehrenamtlichen Richtern

§ 15 JVEG Grundsatz der Entschädigung

(1) Ehrenamtliche Richter erhalten als Entschädigung

1. Fahrtkostenersatz (§ 5),
2. Entschädigung für Aufwand (§ 6),
3. Entschädigung für sonstige Aufwendungen (§ 7),
4. Entschädigung für Zeitversäumnis (§ 16),
5. Entschädigung für Nachteile bei der Haushaltsführung (§ 17) sowie,
6. Entschädigung für Verdienstausfall (§ 18).

(2) Soweit die Entschädigung nach Stunden bemessen ist, wird sie für die gesamte Dauer der Heranziehung einschließlich notwendiger Reise- und Wartezeiten, jedoch für nicht mehr als zehn Stunden je Tag gewährt. Die letzte bereits begonnene Stunde wird voll gerechnet.

(3) Die Entschädigung wird auch gewährt,

wenn ehrenamtliche Richter von der zuständigen staatlichen Stelle zu Einführungs- und Fortbildungstagungen herangezogen werden,

wenn ehrenamtliche Richter bei den Gerichten der Arbeits- und der Sozialgerichtsbarkeit in dieser Eigenschaft an der Wahl von gesetzlich für sie vorgesehenen Ausschüssen oder an den Sitzungen solcher Ausschüsse teilnehmen (§§ 29, 38 des Arbeitsgerichtsgesetzes, §§ 23, 35 Abs. 1, § 47 des Sozialgerichtsgesetzes).

Übersicht **Rdn.**

I. Entschädigungskatalog

1 Abs. 1 enthält eine Zusammenstellung der Vorschriften des JVEG, nach denen die einzelnen Entschädigungsansprüche der nach § 1 herangezogenen ehrenamtlichen Richter (s. § 1 Rdn. 22) zu berechnen sind.

Hiernach haben die ehrenamtlichen Richter zunächst die Ansprüche, die allen Anspruchsberechtigten nach diesem Gesetz zustehen, wie:

a) **den Fahrtkostenersatz nach § 5;**

– s. hierzu im Einzelnen § 5 Rdn. 1 f. –

Hinsichtlich der Höhe der Fahrtkostenentschädigung für die Benutzung eines eigenen oder eines von einem Dritten unentgeltlich zur Verfügung gestellten Kfzs sind die ehrenamtlichen Richter einem Sachverständigen gleich gestellt; sie erhalten eine Kilometerentschädigung von 0,30 €.

b) **die Aufwandsentschädigung nach § 6;**

– s. hierzu § 6 Rdn. 1 f. –

c) **den Ersatz für sonstige Aufwendungen nach § 7;**

– s. hierzu § 7 Rdn. 1 f. –

Der ehrenamtliche Richter erhält keinen Ersatz von Kosten für die Fertigung von Kopien aus den Verfahrensakten. Die notwendige Information des ehrenamtlichen Richters über das Verfahren oder den Sachverhalt wird durch den Sachvortrag in der mündlichen Verhandlung und - ggfls. zusätzlich - durch Erläuterungen oder Erklärungen des Vorsitzenden gewährleistet.[1]

sowie

d) **die Entschädigung für Zeitversäumnis nach § 16;**

– s. hierzu § 16 Rdn. 1 f. –

e) **eine Entschädigung für Nachteile bei der Haushaltsführung nach § 17;**

– s. hierzu § 17 Rdn. 1 f. –

f) **eine Entschädigung für Verdienstausfall nach § 18.**

– s. hierzu § 18 Rdn. 1 f. –.

II. Stundensatzentschädigung

Die Entschädigung wird für die Heranziehung eines ehrenamtlichen Richters 2
gewährt, also üblicherweise für die Anwesenheit bei einer Sitzung. Macht das Gericht von der Möglichkeit des Selbstleseverfahrens nach § 249 Abs. 2 StPO Gebrauch, müssen sowohl die Berufsrichter als auch die Schöffen vom Wortlaut der Urkunden Kenntnis nehmen, diese also tatsächlich gelesen haben. Der Vorsitzende muss gem. § 249 Abs. 2 Satz 3 StPO die Feststellung über die Kenntnisnahme sowie die Gelegenheit hierzu in das Protokoll aufnehmen. Ergibt sich die Beteiligung des ehrenamtlichen Richters am Selbstleseverfahren aus dem Protokoll der Hauptverhandlung, ist für die Lesezeit eine Entschädigung zu gewähren.

Nach Abs. 2 ist die nach Stunden zu bemessende Entschädigung des ehrenamtlichen Richters (§§ 16, 17 und 18) für die gesamte Zeit seiner Heranziehung zu gewähren, wobei die letzte begonnene Stunde – abweichend von der Regelung für Sachverständige in § 8 Abs. 2 (s. § 8 Rdn. 17) –, regelmäßig voll gerechnet wird. Unter der »letzten begonnenen Stunde« ist die letzte Stunde der gesamten Dienstleistung des

1 SG Nürnberg, Beschl. v. 22.06.2010 - S 13/vgb19/KO; KostRsp. JVEG § 4 Nr. 4.

ehrenamtlichen Richters i.S.d. § 2 Abs. 1 Satz 2 Nr. 4 zu verstehen. Eine Aufrundung der Stundensatzentschädigungen für einzelne Abschnitte der Dienstleistung, etwa für die einzelnen Sitzungstage, kann nicht in Betracht kommen.

III. Teilnahme an Einführungs- und Fortbildungsveranstaltungen, Teilnahme an der Wahl von Ausschüssen und an deren Sitzungen

3 Durch Abs. 3 ist klargestellt, dass den ehrenamtlichen Richtern die ihnen nach Abs. 1 zustehende Entschädigung auch für die Teilnahme an den in Abs. 3 genannten Veranstaltungen zu gewähren ist.

§ 16 JVEG Entschädigung für Zeitversäumnis

Die Entschädigung für Zeitversäumnis beträgt 6 € je Stunde.

1 Die Entschädigung für Zeitversäumnis ist zum 1. August 2013 an die Entwicklung der Verbraucherpreise angepasst und zugleich auf einen vollen Euro-Betrag aufgerundet worden.

Die **Zeitversäumnisentschädigung nach § 16 i.H.v. 6,00 € je Stunde** erhält der nach § 1 Abs. 1 Nr. 2 herangezogene ehrenamtliche Richter stets für die gesamte Dauer seiner Heranziehung einschließlich der notwendigen Reise- und Wartezeiten und zwar unabhängig davon, ob er durch seine Heranziehung einen Einkommensverlust oder einen sonstigen Nachteil erlitten hat. Die Entschädigung nach § 16 wird für höchstens 10 Stunden je Tag gewährt. Die letzte bereits begonnene Stunde wird voll gerechnet (§ 15 Abs. 2).[1]

2 Die Entschädigung wird dem ehrenamtlichen Richter auch dann gewährt, wenn er für dieselbe Zeit eine Entschädigung nach den §§ 17, 18 erhält. Die Entschädigung nach § 16 ist daher weiter gehender als die entsprechende Entschädigung nach § 20 für Zeugen.

§ 17 JVEG Entschädigung für Nachteile bei der Haushaltsführung

Ehrenamtliche Richter, die einen eigenen Haushalt für mehrere Personen führen, erhalten neben der Entschädigung nach § 16 eine zusätzliche Entschädigung für Nachteile bei der Haushaltsführung von 14 Euro je Stunde, wenn sie nicht erwerbstätig sind oder wenn sie Teilzeit beschäftigt sind und außerhalb ihrer vereinbarten regelmäßigen täglichen Arbeitszeit herangezogen werden. Ehrenamtliche Richter, die ein Erwerbsersatzeinkommen beziehen, stehen erwerbstätigen ehrenamtlichen Richtern gleich. Die Entschädigung von Teilzeitbeschäftigten wird für höchstens zehn Stunden je Tag gewährt abzüglich der Zahl an Stunden, die der

1 S. § 15 Rdn. 2.

vereinbarten regelmäßigen täglichen Arbeitszeit entspricht. Die Entschädigung wird nicht gewährt, soweit Kosten einer notwendigen Vertretung erstattet werden.

Die Entschädigung für Nachteile bei der Haushaltsführung (die so genannte Haus- 1 frauenentschädigung) ist ebenfalls an die Entwicklung der Verbraucherpreise angepasst worden. Darüber hinaus hat der Gesetzgeber nunmehr durch einen neu eingefügten Satz 2 klargestellt, dass die Hausfrauenentschädigung nur noch denjenigen Personen zusteht, die weder einen Verdienstausfall haben, noch denjenigen, die anstatt eines Arbeitsentgelts ein Erwerbsersatzeinkommen beziehen.

Als Erwerbsersatzeinkommen sind z.B. die Bezüge von Rente, Pension, Krankengeld, Arbeitslosengeld und -hilfe, Sozialhilfe, sonstige Leistungen nach dem Sozialgesetzbuch anzusehen. Diese Leistungen ersetzen die Erwerbstätigkeit, so dass die Haushaltsführungsentschädigung nicht gewährt werden kann. Der Gesetzgeber vollzieht hier den Trend der jüngeren Rechtsprechung (z.B. KG, JurBüro 2010, 660; LSG Berlin-Brandenburg, zitiert nach Juris) nach. Die sogenannte Hausfrauenentschädigung war ursprünglich als »Entschädigung« für Personen gedacht, die eine Erwerbstätigkeit aufgegeben hatten, um einen Mehr-Personen-Haushalt zu führen (z.B., wenn Kinder oder Pflegebedürftige zu versorgen waren). Diese ursprüngliche Absicht war in der gerichtlichen Praxis zunehmend ausgehöhlt worden und erst durch die zitierte Rechtsprechung wieder in die ursprüngliche Richtung gebracht worden.

Die Regelung über die Gewährung der Nachteilsentschädigung nach § 17 ist identisch 2 mit der entsprechenden Entschädigungsregelung für Zeugen in § 21. Auf die Erläuterungen zu § 21 wird verwiesen.

§ 18 JVEG Entschädigung für Verdienstausfall

Für den Verdienstausfall wird neben der Entschädigung nach § 16 eine zusätzliche Entschädigung gewährt, die sich nach dem regelmäßigen Bruttoverdienst einschließlich der vom Arbeitgeber zu tragenden Sozialversicherungsbeiträgen richtet, jedoch höchstens 24 Euro je Stunde beträgt. Die Entschädigung beträgt bis zu 46 Euro je Stunde für ehrenamtliche Richter, die in demselben Verfahren an mehr als 20 Tagen herangezogen oder innerhalb eines Zeitraums von 30 Tagen an mindestens sechs Tagen ihrer regelmäßigen Erwerbstätigkeit entzogen werden. Sie beträgt bis zu 61 Euro je Stunde für ehrenamtliche Richter, die in demselben Verfahren an mehr als 50 Tagen herangezogen werden.

Übersicht Rdn.

I. Vorbemerkung

Die Verdienstausfallentschädigung ist zum 1. August 2013 nach der Entwicklung des 1 Tarifindex für Tariflöhne und Tarifgehälter im produzierenden Gewerbe und im Dienstleistungsbereich angehoben worden.

II. Verdienstausfallentschädigung

2 Im Hinblick darauf, dass ehrenamtliche Richter im Allgemeinen häufiger und auch andauernder nach § 1 herangezogen werden, sieht der Gesetzgeber für ehrenamtliche Richter höhere und gestaffelte Stundensätze an Verdienstausfallentschädigung als für Zeugen vor.

a) I.d.R. beträgt die Verdienstausfallentschädigung für ehrenamtliche Richter je Stunde höchstens ...	24,00 €.
b) Wird der ehrenamtliche Richter **in demselben Verfahren** an mehr als 30 Tagen herangezogen oder innerhalb eines Zeitraums von 30 Tagen an mindestens 6 Tagen seiner regelmäßigen Erwerbstätigkeit entzogen, beträgt die Verdienstausfallentschädigung je Stunde höchstens ...	46,00 €.
c) Wird der ehrenamtliche Richter **in demselben Verfahren** an mehr als 50 Tagen herangezogen, erhält er als Verdienstausfallentschädigung je Stunde höchstens ...	61,00 €.

Voraussetzung für die Gewährung der vorgenannten Stundensätze ist auf jeden Fall, dass der ehrenamtliche Richter einen Erwerbsverlust in entsprechender Höhe erlitten hat. Hat z.B. ein ehrenamtlicher Richter nur einen regelmäßigen Bruttoverdienst von 19,00 € stündlich, so kann ihm auch bei Vorliegen der sonstigen Voraussetzungen keine höhere Verdienstausfallentschädigung als 19,00 € je Stunde der Heranziehung gewährt werden.

Beträgt z.B. der Verdienstausfall des ehrenamtlichen Richters regelmäßig 51,00 € je Stunde, so beträgt die Verdienstausfallentschädigung je Stunde

zu a)	24,00 €,
zu b)	46,00 €
zu c)	und 51,00 €.

3 Voraussetzung für die Gewährung der erhöhten Entschädigungssätze ist in jedem Fall, dass die häufigere Inanspruchnahme des ehrenamtlichen Richters **in demselben Verfahren erfolgt**. Bei einer Heranziehung des ehrenamtlichen Richters in verschiedenen Verfahren müssen die Erhöhungsvoraussetzungen in jedem Verfahren vorliegen.

Die erhöhte Entschädigung wird gemäß Abs. 2 Satz 2 Halbs. 1, Satz 3 für den Zeitraum gewährt, ab dem der Erhöhungstatbestand gegeben ist (ab dem 21. bzw. dem 51. Tag). Wird der ehrenamtliche Richter innerhalb eines Zeitraums von 30 Tagen an mindestens 6 Tagen herangezogen, wird die Entschädigung demgemäß ab dem 7. Tag gewährt.[1]

1 *Binz/Dörndorfer/Petzold/Zimmermann*, § 18 Rdn. 1; *Hartmann*, Kostengesetze, § 18; a. A. KG, Beschl. v. 12.12.2011 - 1 Ws 121/10 juris; OLG Frankfurt, in NStZ-RR 02.352; LG Offenburg in JurBüro 96, 491.

I.Ü. sind an die Gewährung der Verdienstausfallentschädigung an einen ehrenamtlichen Richter dieselben Ansprüche zu stellen, **wie bei der einem Zeugen zustehenden Verdienstausfallentschädigung**. Insoweit wird auf die Erläuterungen zu § 22 Rdn. 1 f. verwiesen. 4

Zum **Nachweis eines Verdienstausfalls** bei einem ehrenamtlichen Richter gelten die Ausführungen zu § 22 Rdn. 3 entsprechend. 5

In Rheinland-Pfalz ist hierzu das folgende Rundschreiben des Ministeriums der Justiz ergangen:

»Vollzug des Justizvergütungs- und -entschädigungsgesetzes (JVEG) betreffend die Entschädigung von ehrenamtlichen Richterinnen und ehrenamtlichen Richtern

Rundschreiben des Ministeriums der Justiz vom 3. August 2004 (5680 – 1 – 3)

– JBl. RP 2004 S. 215 –

1. **Nachweis von Verdienstausfall und Auslagen**

   1.1 Zur Festsetzung einer Entschädigung für Verdienstausfall (§ 18 JVEG) genügt in der Regel der einmalige schriftliche Nachweis über die Höhe des Einkommens der ehrenamtlichen Richterin oder des ehrenamtlichen Richters zu Beginn der Wahlperiode; ist die ehrenamtliche Richterin oder der ehrenamtliche Richter freiberuflich tätig und ist die Vorlage eines schriftlichen Nachweises nicht möglich oder nicht zumutbar, so genügt es, wenn die Höhe des Einkommens durch Angaben über Art und Umfang der beruflichen Tätigkeit glaubhaft gemacht wird.
   Der Einkommensnachweis oder ein zu fertigender Vermerk über die Höhe des glaubhaft gemachten Einkommens ist als Grundlage für spätere Festsetzungen sowie für die Rechnungsprüfung von der für die Festsetzung der Entschädigung zuständigen Urkundsbeamtin oder dem zuständigen Urkundsbeamten der Geschäftsstelle bis zum Ablauf von 2 Jahren nach Beendigung der Wahlperiode aufzubewahren.

   1.2 Wird eine Entschädigung nach § 18 JVEG geltend gemacht, so hat die ehrenamtliche Richterin oder der ehrenamtliche Richter zu versichern, dass am Sitzungstag ein entsprechender Verdienstausfall entstanden ist.

   1.3 Zur Festsetzung der Entschädigungen nach den §§ 5, 6 und 7 JVEG genügt ebenfalls die Versicherung der Antragstellerin oder des Antragstellers, wenn ein schriftlicher Nachweis nicht vorgelegt werden kann und die Vorlage nach den Umständen unter Berücksichtigung der Würde des Laienrichteramtes nicht zuzumuten ist.

2. **Auszahlungsanordnung für die Entschädigung**
   In die Auszahlungsanordnung ist ein Vermerk darüber aufzunehmen, dass die ehrenamtliche Richterin oder der ehrenamtliche Richter die nach den Nummern 1.3 und 1.4 vorgesehenen Versicherungen abgegeben hat.
3. Dieses Rundschreiben tritt am 1. Januar 2005 in Kraft.«

Abschnitt 5 Entschädigung von Zeugen und Dritten

§ 19 JVEG Grundsatz der Entschädigung

(1) Zeugen erhalten als Entschädigung

1. Fahrtkostenersatz (§ 5),
2. Entschädigung für Aufwand (§ 6),
3. Entschädigung für sonstige Aufwendungen (§ 7),
4. Entschädigung für Zeitversäumnis (§ 20),
5. Entschädigung für Nachteile bei der Haushaltsführung (§ 21) sowie
6. Entschädigung für Verdienstausfall (§ 22).

Dies gilt auch bei schriftlicher Beantwortung der Beweisfrage.

(2) Soweit die Entschädigung nach Stunden bemessen ist, wird sie für die gesamte Dauer der Heranziehung einschließlich notwendiger Reise- und Wartezeiten, jedoch für nicht mehr als zehn Stunden je Tag gewährt. Die letzte bereits begonnene Stunde wird voll gerechnet, wenn insgesamt mehr als 30 Minuten auf die Heranziehung entfallen; anderenfalls beträgt die Entschädigung die Hälfte des sich für eine volle Stunde ergebenden Betrags.

(3) Soweit die Entschädigung durch die gleichzeitige Heranziehung in verschiedenen Angelegenheiten veranlasst ist, ist sie auf diese Angelegenheiten nach dem Verhältnis der Entschädigungen zu verteilen, die bei gesonderter Heranziehung begründet wären.

(4) Den Zeugen, die ihren gewöhnlichen Aufenthalt im Ausland haben, kann unter Berücksichtigung ihrer persönlichen Verhältnisse, insbesondere ihres regelmäßigen Erwerbseinkommens, nach billigem Ermessen eine höhere als die in Absatz 1 bestimmte Vergütung gewährt werden.

Übersicht

I. Entschädigungsanspruch des Zeugen im Allgemeinen (Abs. 1)

1 Zur **Abgrenzung zwischen Zeugen, sachverständigen Zeugen und Sachverständigen** wird auf die Erläuterungen unter § 8 Rdn. 2 Bezug genommen.

Entschädigungsberechtigte i.S.d. § 19 sind die nach § 1 herangezogenen Zeugen und sachverständigen Zeugen.

Die Gesamtentschädigung eines Zeugen setzt sich zusammen aus

a) dem Fahrtkostenersatz nach § 5;

– s. hierzu § 5 Rdn. 1 f. –

b) der Aufwandsentschädigung nach § 6;

– s. hierzu § 6 Rdn. 1 f. –

c) dem Ersatz für sonstige Aufwendungen nach § 7;

– s. hierzu § 7 Rdn. 1 f. –

d) der Entschädigung für Zeitversäumnis nach § 20;

– s. hierzu § 20 Rdn. 1 f. –

e) einer Entschädigung für Nachteile bei der Haushaltsführung nach § 21;

– s. hierzu § 21 Rdn. 1 f. –

f) einer Entschädigung für Verdienstausfall nach § 22.

– s. hierzu § 22 Rdn. 1 f. –

II. Schriftliche Zeugenaussage

Auch ein Zeuge, der gem. § 377 Abs. 3 ZPO[1] seine Aussage unter eidesstattlicher 2
Versicherung ihrer Richtigkeit schriftlich erstattet, ist nach § 1 herangezogen worden. Er hat nach § 19 Abs. 1 Satz 2 den gleichen **Entschädigungsanspruch wie ein mündlich im Termin vernommener Zeuge**. Er hat neben dem Anspruch auf Auslagenersatz auch den Anspruch auf Entschädigung für Zeitversäumnis (§ 20), für Nachteile bei der Haushaltsführung (§ 21) und Verdienstausfall (§ 22), sofern die Voraussetzungen dafür gegeben sind.

Während bei der Terminswahrnehmung die Terminsdauer und die feststellbare Reisezeit Anhaltspunkte für die Berechnung der erforderlichen Zeitversäumnis geben, fehlt es bei der schriftlichen Zeugenaussage an solchen Anhaltspunkten. Welche Zeit für die Beantwortung der schriftlichen Beantwortung erforderlich war, wird nach den Umständen des Falles zu beurteilen sein. Hierbei muss man berücksichtigen, dass ein wenig schriftgewandter Zeuge für eine schriftliche Abfassung mehr Zeit benötigt als ein schriftgewandter Zeuge. Ob und welcher Verdienstausfall bei der schriftlichen Beantwortung einer Beweisfrage eingetreten und erforderlich war, wird, wie auch bei den mündlich vernommenen Zeugen, nach freiem Ermessen unter Berücksichtigung

1 § 377 Abs. 3 ZPO lautet:
(3) Das Gericht kann eine schriftliche Beantwortung der Beweisfrage anordnen, wenn es dies im Hinblick auf den Inhalt der Beweisfrage und die Person des Zeugen für ausreichend erachtet. Der Zeuge ist darauf hinzuweisen, daß er zur Vernehmung geladen werden kann. Das Gericht ordnet die Ladung des Zeugen an, wenn es dies zur weiteren Klärung der Beweisfrage für notwendig erachtet.

der Lebensverhältnisse und der regelmäßigen Erwerbstätigkeit des Zeugen zu beurteilen sein.

Die Kosten der notariellen Beurkundung seiner eidesstattlichen Versicherung kann er z.B. als notwendige Auslagen nach § 7 Abs. 1 geltend machen.

Soweit dem Zeugen durch eine **notwendige Vorbereitung** auf die Beantwortung der schriftlichen Beweisfrage (z.B. Sichtung von Unterlagen) ein Verdienstausfall entsteht, ist dieser nach § 22 zu entschädigen.

– S. § 22 Rdn. 1 f. –

Ist dem Zeugen in der durch die Beantwortung der Beweisfrage versäumten Zeit ein Verdienstausfall nicht entstanden, weil er, wie es i.d.R. der Fall sein wird, die schriftliche Beantwortung in seiner Freizeit erledigt hat, kann er nach § 20 die **Nachteilsentschädigung** oder – bei Vorliegen der entsprechenden Voraussetzungen – die »**Hausarbeitsentschädigung**« nach § 21 beanspruchen.

– S. § 20 Rdn. 1 und § 21 Rdn. 1 –.

Die **Höhe der Gesamtentschädigung**, die bei mündlicher Vernehmung entstanden wäre, wird in aller Regel auch die oberste Grenze der bei schriftlicher Beantwortung zu gewährenden Gesamtentschädigung darstellen.

3 Wird eine **Person irrtümlich als Zeuge** geladen oder mit der schriftlichen Beantwortung einer Beweisfrage beauftragt und teilt sie den »Irrtum« dem Gericht schriftlich mit, das daraufhin von der weiteren Inanspruchnahme des »Zeugen« absieht, so liegt weder eine Heranziehung noch die schriftliche Beantwortung einer Beweisfrage vor. Für die Benachrichtigung des Gerichts sieht das Gesetz keine Entschädigung vor.

4 Ein **Zeuge, der auf Entschädigung verzichtet hat**, hat keinen Anspruch auf Entschädigung gegen die Staatskasse. Wird ihm trotz des Verzichtes Zeugenentschädigung ausgezahlt, ist der Zeuge um den erhaltenen Betrag ungerechtfertigt bereichert. Die Staatskasse muss die zu Unrecht ausgezahlte Entschädigung von dem Zeugen zurückfordern. Sie ist nicht berechtigt, die gezahlte Entschädigung als Auslage dem Kostenschuldner gemäß Nr. 9005 KV-GKG in Rechnung zu stellen.

Die dem Gericht zugegangene Verzichtserklärung des Zeugen ist nicht frei widerruflich, sondern nur nach den Regeln des öffentlichen Rechts, die hier mit den Grundsätzen des BGB übereinstimmen, anfechtbar.[2] Ein Widerruf des Verzichts auf Zeugenentschädigung wegen Wegfalls der Geschäftsgrundlage muss unverzüglich nach Eintritt der maßgeblichen Umstände und jedenfalls vor der Vernehmung dem

2 OLG München, in Rpfleger 75.406 = JurBüro 75.1646 = KRspr. § 15 ZSEG Nr. 7; OLG Düsseldorf, in JurBüro 97.374 zum ZSEG.

Gericht ggü. erklärt werden.[3] Dem Gericht muss die Möglichkeit erhalten bleiben, vor der Vernehmung ggf. einen entsprechenden Auslagenvorschuss von dem Beweisführer einzuholen.

Hat der Zeuge vor seiner Vernehmung auf Entschädigung in der erkennbaren Erwartung verzichtet, er werde im Wege der Rechtshilfe an seinem Wohnsitz gerichtlich vernommen, so darf ihm dieser Verzicht nicht entgegengehalten werden, wenn sich nachträglich eine Vernehmung durch das Prozessgericht als erforderlich erweist.[4] Dasselbe muss gelten, wenn der am Sitz des Gerichts wohnhafte Zeuge eine Verzichtserklärung abgegeben hat, weil er davon ausging, dass durch seine Vernehmung am Aufenthaltsort keine nennenswerten Aufwendungen anfallen würden, sich nach Abgabe der Verzichtserklärung die persönlichen Lebensumstände des Zeugen jedoch grundlegend verändert haben und er dies dem Gericht rechtzeitig vor dem Beweistermin mitgeteilt hat.[5]

Hat die obsiegende Partei die Aufwendungen des Zeugen, der auf Entschädigung ggü. dem Gericht verzichtet hat, getragen, so kann sie im Kostenfestsetzungsverfahren eine Erstattung dieser Aufwendungen i.R.d. Sätze des JVEG verlangen, wenn die Zahlung der Entschädigung notwendig i.S.d. § 91 ZPO war.[6]

Ein in Zivilsachen auf »**Veranlassung des Gerichts**« **von der Partei gestellter Zeuge** ist hinsichtlich seiner Entschädigung wie ein geladener Zeuge zu behandeln. 5

Ein **sonst von einer Partei gestellter Zeuge** hat einen Anspruch auf Entschädigung nur dann, wenn das Prozessgericht die Zweckdienlichkeit der Gestellung anerkannt hat.[7] Bei auswärtigen Zeugen wird i.d.R. darauf abzustellen sein, ob das Gericht ihn zum Termin geladen oder seine Vernehmung durch den ersuchten Richter angeordnet hätte. Gibt das Gericht dem Zeugen im Voraus zu verstehen, es sei damit einverstanden, dass er im Termin gestellt werde, ist er wie ein geladener Zeuge zu entschädigen.[8] Ein Zeuge hat auch dann Anspruch auf Entschädigung nach dem 6

3 OLG München, in Rpfleger 75.406 = JurBüro 75.1646 = KRspr. § 15 ZSEG Nr. 7; OLG München, in JurBüro 95.373; OLG Hamm, Beschl. v. 30.05.1996 – 23 W 33/96 – zum ZSEG.

4 OLG Düsseldorf, in MDR 91.66 = AnwBL. 91.56 = JurBüro 91.126 zum ZSEG.

5 OLG Düsseldorf, in JurBüro 97.374 – der Zeuge hatte nach seiner Verzichtserklärung eine Arbeitsstelle im Ausland angenommen und mitgeteilt, dass er zu dem verlegten Beweistermin von seinem Beschäftigungsort im Ausland anreisen werde.

6 OLG Hamm, in JMBl.NRW. 72.242 = Rpfleger 72.415; OLG Düsseldorf, in Rpfleger 72.180 zum ZSEG; a.A.: OLG Koblenz, in Rpfleger 73.368 m.w.N. zum ZSEG.

7 KG in NJW 75.1422 zum ZSEG.

8 KG in Rpfleger 86.283 zum ZSEG.

JVEG, wenn er von der Partei in der Sitzung gestellt, aber vom Gericht nicht vernommen worden ist, sofern die Gestellung nur zweckmäßig war.

Auch die Entschädigung einer gestellten Beweisperson kann in Zivilsachen von einer entsprechenden **Vorschusszahlung** durch die beweispflichtige Partei abhängig gemacht werden, da sonst eine Umgehung der Vorschusspflicht (§§ 379, 402 ZPO, § 12 GKG) möglich wäre.

Hat eine Partei einen von ihr gestellten Zeugen, der vernommen worden ist, **selbst entschädigt**, so ist, wenn diese Zahlung nach einer Entscheidung des Prozessgerichts zur zweckentsprechenden Rechtsverfolgung notwendig war, der gezahlte Betrag nach § 91 ZPO erstattungsfähig. Die Partei kann jedoch vom Gegner Erstattung nur bis zur Höhe einer nach den Bestimmungen des JVEG berechneten Entschädigung begehren.[9] Einen eigenen Erstattungsanspruch gegen die Staatskasse hat die Partei nicht. Sie kann jedoch einen ihr von dem Zeugen abgetretenen Entschädigungsanspruch gegen die Staatskasse geltend machen.

7 **Der Prozessbevollmächtigte**, der Terminsbevollmächtigte oder der Rechtsanwalt, dem die Ausführung der Parteirechte übertragen wurde, der in gleicher Sache als **Zeuge** vernommen wird, erhält hierfür **keine Entschädigung.**[10] Das gilt auch für einen im Ausland zugelassenen, die Parteirechte wahrnehmenden Rechtsanwalt.[11]

Wenn der Rechtsanwalt an auswärtiger Gerichtsstelle für eine Partei einen Termin wahrzunehmen hat, am selben Tage aber vor demselben Gericht in irgendeiner Sache als Zeuge vernommen wird, dann findet eine Aufteilung des **Reisekostenaufwands** nicht statt. Hier hat der Auftraggeber den vollen Reisekostenaufwand zu tragen. Die aus Anlass der Vernehmung des Rechtsanwalts als Zeuge versäumte Zeit ist dagegen nach den Vorschriften des JVEG zu entschädigen.

Zur Vergütung eines Rechtsanwalts für **Dolmetscher- und Übersetzertätigkeit** vgl. § 11 Rdn. 10.

8 Ein **zwangsweise vorgeführter Zeuge** ist, unbeschadet einer etwaigen Verurteilung in die durch sein Ausbleiben verursachten Kosten, wie ein aufgrund der Ladung freiwillig erschienener Zeuge zu entschädigen.

Sind ihm die Kosten der Säumnis auferlegt worden, so kann es angezeigt erscheinen, mit den gerichtlichen Säumniskosten ggü. dem Entschädigungsanspruch des Zeugen aufzurechnen.

---

9 KG in NJW 75.1422 m.w.N. = Rpfleger 75.258 = MDR 75.762 = JurBüro 75.815.
10 LG München, in MDR 90.64 zum ZSEG.
11 OLG München, in MDR 89.830 zum ZSEG.

Zeugen, deren **schriftliche eidesstattliche Versicherung** in einem Verfahren betr. einen Arrest oder eine einstweilige Verfügung eingereicht wird, haben keinen Entschädigungsanspruch nach dem JVEG, da es sowohl an einer »Heranziehung« durch das Gericht als auch an einer gerichtlichen Anordnung nach § 377 Abs. 3 ZPO, die Voraussetzung für die Entschädigung bei schriftlicher Beantwortung einer Beweisfrage ist, fehlt. 9

III. Heranziehung durch Sachverständige

Auch ein Zeuge, der z.B. zur gerichtlich angeordneten Erstattung eines Gutachtens von einem Sachverständigen untersucht wird oder der zur Blutentnahme bei einem Blutgruppengutachten den Sachverständigen aufsucht, ist »in einem gerichtlichen Verfahren nach § 1 herangezogen« worden und hat daher Anspruch auf Entschädigung i.R.d. § 19. 10

Soweit es sich **nicht um die Parteien selbst** handelt, sind diese Personen auch als »Zeugen« anzusehen und daher, auch wenn die Untersuchung nicht vor Gericht stattfindet, wie jeder andere Zeuge vom Gericht zu entschädigen.

Ist der Sachverständige **durch ein ausländisches Gericht** mit der Erstattung des Gutachtens beauftragt worden, so kann den untersuchten Personen eine Entschädigung von einem deutschen Gericht nicht gewährt werden.

IV. Sonstige wie Zeugen zu entschädigende Verfahrensbeteiligte

a) Auch die **Prozessparteien** sind hinsichtlich der vom Prozessgegner nach § 91 Abs. 1 ZPO zu erstattenden außergerichtlichen Kosten wie Zeugen zu behandeln. Ihnen steht die Entschädigung für eine entstandene Zeitversäumnis i.R.d. §§ 20 bis 22 zu. 11

   – S. i.Ü. § 1 Rdn. 23 –.

b) Hinsichtlich der Verdienstausfallentschädigung nach § 22 ist der **freigesprochene Beschuldigte** einem Zeugen gleichgestellt. Die Entschädigung nach § 22 gehört zu den dem Freigesprochenen zu erstattenden notwendigen Auslagen.

   – S. i.Ü. § 1 Rdn. 26 –.

V. Dauer der Heranziehung (Absatz 2)

Zeugen und Dritte erhalten für die gesamte Dauer ihrer Heranziehung eine gleichhohe Stundenentschädigung, auch für notwendige Reise- oder Wartezeiten. Die Höchstdauer der Entschädigung liegt bei 10 Stunden pro Tag. Auch nach Inkrafttreten des 2. KostRMoG wird die Entschädigung auf eine volle Stunde aufgerundet, wenn die Heranziehung des Zeugen mehr als eine halbe Stunde beträgt. Nur in den Fällen, in denen die **gesamte** Heranziehung nicht länger als 30 Minuten dauert, wird lediglich eine halbe Stunde entschädigt. Damit wird die Entschädigung für Zeugen 12 und Dritte an diejenige der Sachverständigen und Dolmetscher (§ 8 Abs. 2) angeglichen. Als Begründung für die »Kürzung« führt die Gesetzesbegründung als »Musterbeispiel« die Anfrage der Strafverfolgungsbehörden an gewerbliche Autovermieter nach der Person des Mieters eines Kraftfahrzeugs an. Da die Beantwortung einer solchen Anfrage nur wenige Minuten dauere, sei es nicht gerechtfertigt, dafür eine Entschädigung von einer vollen Stunden zu gewähren. In den Fällen, in denen der tatsächliche Aufwand jedoch mehr als eine halbe Stunde beträgt, wird - wie bisher - auf eine volle Stunde aufgerechnet.

Die Rundungsregelung gilt für sämtliche Entschädigungen, die nach Stunden bemessen sind. Sie gilt demnach für die Entschädigung für Zeitversäumnis (§ 20), für die Entschädigung für Nachteile bei der Haushaltsführung (§ 21) und für die Entschädigung von Verdienstausfall (§ 22).

VI. Gleichzeitige Heranziehung des Zeugen zu mehreren Verfahren (Abs. 3)

13 Abs. 3 stellt klar, dass durch die gleichzeitige Heranziehung des Zeugen zu mehreren Vernehmungen die in Abs. 1 Nr. 1 genannten Entschädigungen nicht mehrfach abgerechnet werden dürfen. Dient z.B. die Reise des Zeugen der Vernehmung in mehreren nicht verbundenen, aber unmittelbar nacheinander verhandelten Sachen, kann er nur einmal die entsprechenden Fahrtkosten und den durch die Heranziehung entstandenen Verdienstausfall abrechnen.

Die im Umfang der gleichzeitigen Heranziehung zu gewährende Entschädigung ist nach dem Verhältnis der Entschädigungen auf die verschiedenen Angelegenheiten umzulegen, die bei gesonderter Heranziehung des Zeugen zu zahlen wären.[12]

I.Ü. wird auf die Erläuterungen in § 8 Rdn. 20, 21 verwiesen.

VII. Zeugen aus dem Ausland (Abs. 4)

14 Zur Entschädigung der aus dem Ausland herangezogenen Zeugen wird zur Vermeidung von Wiederholungen auf die auch für Zeugen geltenden Erläuterungen in § 8 Rdn. 22 bis 30 Bezug genommen.

§ 20 JVEG Entschädigung für Zeitversäumnis

Zeugen erhalten als Entschädigung für Zeitversäumnis 3,50 Euro je Stunde, soweit weder für einen Verdienstausfall noch für Nachteile bei der Haushaltsführung eine Entschädigung zu gewähren ist, es sei denn, dem Zeugen ist durch seine Heranziehung ersichtlich kein Nachteil entstanden.

12 BT-Drucks. 15/1971 – Begründung zu § 19 Abs. 3 JVEG – S. 228 –.

Übersicht Rdn.

I. Vorbemerkung

1 § 20 gewährt denjenigen herangezogenen Zeugen einen Anspruch auf eine Entschädigung, die weder Ersatz für Verdienstausfall noch für entstandene Nachteile bei der Haushaltsführung erhalten. Sie ist mithin kein Ausgleich für eine durch die Heranziehung erlittene Vermögenseinbuße, sondern eine **Entschädigung für sonstige Nachteile.**

Die Entschädigung beträgt 3,50 € für jede angefangene Stunde der Inanspruchnahme einschließlich notwendiger Reise- und Wartezeiten, jedoch höchstens für 10 Stunden je Tag (§ 19 Abs. 2). Die Rundungsregelung des § 19 Abs. 2 S. 2 (30 Minuten oder 60 Minuten) ist zu beachten.

Die Entschädigung nach § 20 i.H.v. 3,50 €/Std. ist immer dann zu gewähren, wenn

- nicht eine Entschädigung nach den §§ 21, 22 gewährt werden kann und
- nicht ersichtlich ist, dass der Zeuge durch seine Heranziehung keine Nachteile erlitten hat.
- für die Wahrnehmung eines Gerichts- oder Ortstermin bezahlter Urlaub genommen wird.[1]

Voraussetzung ist, wie in allen anderen Fällen einer Entschädigung, dass ein Antrag auf Entschädigung gestellt wird.

Die Entschädigung wird jedenfalls dann gewährt, wenn feststeht, **dass der Zeuge keinen Verdienstausfall gehabt hat** (z.B. als Rentner) und, dass der Zeuge vermutlich einen Nachteil (nicht einen Verdienstausfall oder eine sonstige Vermögenseinbuße) erlitten hat. Als ein derartiger Nachteil ist der Umstand zu werten, dass der Zeuge die während seiner Heranziehung versäumte Arbeit nachholen muss.

II. Nachteilsentschädigung für Festbesoldete

2 Auch bei **Festbesoldeten** kann hiernach eine Entschädigung nach § 20 gewährt werden, wenn sie während ihrer Abwesenheit nicht vertreten worden sind, sondern die nicht erledigte Arbeit nachholen müssen.[2]

3 **Zeugen, die keinem Gelderwerb nachgehen** (Personen, die im Haushalt helfen, Rentner, Pensionäre, Arbeitslose),[3] erleiden durch die Heranziehung als Zeuge einen Nachteil, wenn sie gezwungen sind, diese nutzbringende Beschäftigung zu anderer

1 BGH, Beschl. v. 26.01.2012 - VII ZB 60/09 -, in NJW-RR 12, 761 = RPfleger 12, S. 350;
2 OLG Düsseldorf, in KRspr. § 2 ZSEG Nr. 3.
3 a.A.: LG Wuppertal, in JurBüro 79.1184.

Zeit nachzuholen. Sie haben Anspruch auf die Entschädigung nach § 20. Für Zeugen, die einen Mehrpersonenhaushalt führen, wird auf die Ausführungen zu § 21 verwiesen.

4 Es ist nicht erforderlich, dass dem Zeugen geldwerte Vorteile entgehen. Auch ein **Verlust an Freizeit** ist als Nachteil i.S.d. § 20 zu werten. Gleiches gilt, wenn der Zeuge »Überstundenfrei« nimmt oder ein Guthaben seines Gleitzeitkontos zur Wahrnehmung eines Termins nutzt.[4]

5 Nur wenn der Zeuge durch die Heranziehung **ersichtlich keinen Nachteil** erlitten hat (z.B. ein Festbesoldeter wird während seiner Abwesenheit vertreten oder bei einem arbeitslosen Sozialhilfeempfänger),[5] ist keine Entschädigung nach § 20 zu gewähren.

Da die Entschädigung nach § 20 nur dann ausgeschlossen sein soll, wenn der Zeuge ersichtlich keine Nachteile erlitten hat, wird man von dem Zeugen einen Nachweis, dass er durch die Heranziehung Nachteile erlitten hat, nicht verlangen können. Insoweit enthält das Gesetz bei der Fassung »ersichtlich« eine Vermutung des Inhalts, dass regelmäßig Nachteile anzunehmen sind. Diese können lediglich dann nicht angenommen werden, wenn offensichtlich ist, dass Nachteile nicht eingetreten sind.

6 Eine Entschädigung nach § 20 kann **nicht neben einer Entschädigung nach § 22 gewährt werden**, auch wenn der Zeuge nur während eines Teiles der durch die Heranziehung versäumten Zeit einen Verdienstausfall erleidet. Nur wenn überhaupt kein Verdienstausfall eingetreten ist, entsteht nach der Gesetzeslage ein Anspruch auf die Entschädigung nach § 20. Kann ein im Schichtdienst beschäftigter Arbeitnehmer aus Anlass seiner Zeugenvernehmung eine vor oder nach der Vernehmung liegende Schicht nicht wahrnehmen und erhält er für den dadurch eingetretenen Verdienstausfall eine Entschädigung nach § 22, so steht ihm daneben für die in seine Freizeit fallende Zeugenvernehmung die Nachteilsentschädigung nach § 20 nicht zu.

7 Wird ein **Polizeibeamter** in seiner Freizeit von dem Gericht als Zeuge herangezogen, steht ihm die Nachteilentschädigung nach § 20 auch dann zu, wenn ihm der Zeitaufwand für die Zeugenvernehmung durch den Dienstherrn nachträglich als Arbeitszeit anerkannt wird.[6] – S. a. § 22 Rdn. 13, 15 –.

8 Der gerichtlich bestellte Betreuer, dessen persönliches Erscheinen als Vertreter eines Beteiligten angeordnet worden ist, erhält für die Teilnahme am Termin eine Entschädigung als Zeuge. Eine zusätzliche Entschädigung für Verdienstausfall (§ 22 JVEG) entsteht hingegen nicht, weil er im Rahmen des Aufgabenkreises der Betreuung handelt um ihm dafür eine Vergütung nach dem Gesetz über die Vergütung von Vormündern und Betreuern (VBVG) zusteht.[7]

---

4 OLG Hamm, in Rpfleger 91.266 = JurBüro 91.994 zum ZSEG; LSG München in KostRspr. JVEG § 20 Nr. 4 = JurBüro 09.265.

5 LSG Erfurt, Beschl. v. 13.04.2005 – l 6 SF 2/05, in KostRsp. JVEG § 20 Nr. 1 LS.

6 OLG Düsseldorf, Beschl. v. 22.12.2005 – III 4 Ws 572/05, in ZBR 07.65.

7 Bayer.LSG, Beschl. v. 16.07.2012 - L 15 SF 42/11 in JurBüro 12, S. 602 m. w. N.

§ 21 JVEG Entschädigung für Nachteile bei der Haushaltsführung

Zeugen, die einen eigenen Haushalt für mehrere Personen führen, erhalten eine Entschädigung für Nachteile bei der Haushaltsführung von 14 Euro je Stunde, wenn sie nicht erwerbstätig sind oder wenn sie Teilzeit beschäftigt sind und außerhalb ihrer vereinbarten regelmäßigen täglichen Arbeitszeit herangezogen werden. Zeugen, die ein Erwerbsersatzeinkommen beziehen, stehen erwerbstätigen Zeugen gleich. Die Entschädigung von Teilzeitbeschäftigten wird für höchstens zehn Stunden je Tag gewährt abzüglich der Zahl an Stunden, die der vereinbarten regelmäßigen täglichen Arbeitszeit entspricht. Die Entschädigung wird nicht gewährt, soweit Kosten einer notwendigen Vertretung erstattet werden.

Übersicht Rdn.

I. Haushaltführung

Voraussetzung für den Anspruch auf die Entschädigung für Nachteile bei der Haushaltsführung ist zunächst, dass der Zeuge oder ehrenamtliche Richter **einen gemeinsamen Haushalt für mindestens eine weitere Person** führt.[1] Ein eigener Haushalt i.S.d. §§ 17 und 21 liegt nur dann vor, wenn die betreute Person im Haushalt des Zeugen oder ehrenamtlichen Richters lebt und nicht etwa einen eigenen Haushalt im selben Haus führt.[2] Für einen Zeugen oder ehrenamtlichen Richter, der neben seinem eigenen Einzelhaushalt auch den Haushalt einer weiteren Person versorgt (z.B. die Tochter führt auch den Haushalt ihrer pflegebedürftigen Eltern in deren Wohnung), sieht das Gesetz die erhöhte Entschädigung nicht vor. 1

II. Keine Erwerbstätigkeit des Anspruchsberechtigten

Es ist nach den §§ 17 und 21 weiter erforderlich, dass der Anspruchsberechtigte, der den eigenen Haushalt für mehrere Personen führt, **nicht erwerbstätig ist**, d.h. keiner beruflichen auf Einkommenserwerb ausgerichteten Tätigkeit nachgeht. 2

Die Entschädigung für Nachteile bei der Haushaltsführung (die so genannte Hausfrauenentschädigung) ist ebenfalls an die Entwicklung der Verbraucherpreise angepasst

1 OLG Nürnberg, in Rpfleger 79.234 = KRspr. § 2 ZSEG Nr. 57.
2 SchlHOLG in SchlHA 90.59 zum ZSEG.

worden. Darüber hinaus hat der Gesetzgeber nunmehr durch einen neu eingefügten Satz 2 klargestellt, dass die Hausfrauenentschädigung nur noch denjenigen Personen zusteht, die weder einen Verdienstausfall haben, noch denjenigen, die anstatt eines Arbeitsentgelts ein Erwerbsersatzeinkommen beziehen.

Als Erwerbsersatzeinkommen sind z.B. die Bezüge von Rente, Pension, Krankengeld, Arbeitslosengeld und -hilfe, Sozialhilfe, sonstige Leistungen nach dem Sozialgesetzbuch anzusehen. Diese Leistungen ersetzen die Erwerbstätigkeit, sodass die Haushaltsführungsentschädigung nicht gewährt werden kann. Der Gesetzgeber vollzieht hier den Trend der jüngeren Rechtsprechung (z.B. KG, JurBüro 10, 660; LSG Berlin-Brandenburg, zitiert nach Juris) nach. Die sogenannte Hausfrauenentschädigung war ursprünglich als »Entschädigung« für Personen gedacht, die eine Erwerbstätigkeit aufgegeben hatten, um einen Mehr-Personen-Haushalt zu führen (z.B., wenn Kinder oder Pflegebedürftige zu versorgen waren). Diese ursprüngliche Absicht war in der gerichtlichen Praxis zunehmend ausgehöhlt worden und erst durch die zitierte Rechtsprechung wieder in die ursprüngliche Richtung gebracht worden.

III. Teilzeitbeschäftigung

3 **Teilzeitbeschäftigte Zeugen oder ehrenamtliche Richter** sind den nicht erwerbstätigen Personen gleichgestellt, wenn sie

- außerhalb ihrer vereinbarten regelmäßigen Arbeitszeit herangezogen werden und
- i.Ü. die Voraussetzungen der §§ 17 und 21 erfüllen.

Diese Regelung soll vor allem Nachteile für die Anspruchsberechtigten beseitigen, denen nach einer früheren strengen Regelung die erhöhte Entschädigung nur deshalb nicht gewährt werden konnte, weil sie in ganz geringem Umfang einer Erwerbstätigkeit nachgegangen sind, obwohl ihre Hauptaufgabe in der Führung des gemeinsamen Haushalts lag.

Der Begriff »Teilzeitbeschäftigte« ist im JVEG nicht näher definiert. Nach der Begründung im Gesetzesentwurf des KostRÄndG 94[3] werden nicht erwerbstätige und teilzeitbeschäftigte Personen den Vollerwerbstätigen gegenübergestellt. Danach ist als »Teilzeitbeschäftigter« jede Person anzusehen, die mit ihrer vereinbarten regelmäßigen Arbeitszeit unter der tariflichen Regelarbeitszeit liegt. Bei einer tariflichen Regelarbeitszeit von 40 Wochenstunden ist ein Zeuge »teilzeitbeschäftigt«, wenn er z.B. vereinbarungsgemäß nur an 36 Wochenstunden der Erwerbstätigkeit nachgeht oder bei einer tariflichen Wochenarbeitszeit von 35 Stunden nur für 20 Stunden beruflich beschäftigt ist. Unter diesen Voraussetzungen wird auch ein **»Kurzarbeiter«** als Teilzeitbeschäftigter anzusehen sein.

Auch eine Geschäftsfrau, die ihr Ladenlokal nur an drei Wochentagen oder täglich nur wenige Stunden anstatt der sonst üblichen Ladenöffnungszeiten geöffnet hat und i.Ü. der »Hausarbeit« nachgeht, übt eine Teilzeitbeschäftigung aus.

---

3 BR-Drucks. Nr. 796/93 S. 251.

IV. Heranziehung außerhalb der vereinbarten regelmäßigen Arbeitszeit

Nur dann, wenn der teilzeitbeschäftigte ehrenamtliche Richter oder Zeuge **außerhalb der vereinbarten regelmäßigen Arbeitszeit** herangezogen wird, steht ihm bei Vorliegen der sonstigen Voraussetzungen die Entschädigung nach den §§ 17 und 21 zu. Es ist nicht erforderlich, dass der gesamte Zeitraum der Heranziehung außerhalb der regelmäßigen Arbeitszeit des Anspruchsberechtigten liegt. Der Anspruch auf die Entschädigung nach den §§ 17 und 21 entsteht auch, wenn er nur z.T. außerhalb seiner Arbeitszeit herangezogen wird. Die Entschädigung nach den §§ 17 und 21 kann allerdings auch nur für die Zeit der Inanspruchnahme außerhalb der regelmäßigen Arbeitszeit beansprucht werden, denn nur insoweit liegt eine »Hausarbeitsversäumnis« vor. 4

▶ **Beispiel:**
Ein Zeuge wird für insgesamt 6 Stunden herangezogen. Davon entfallen 4 Stunden auf seine Teilerwerbstätigkeit und 2 Stunden auf die Zeit der Haushaltsführung.
Ergebnis:
Die Entschädigung nach § 21 steht ihm nur für 2 Stunden zu; für die 4 Stunden Arbeitszeitversäumnis hat der Zeuge den Anspruch nach § 22.

Ist z.B. bei Niedriglohngruppen das Arbeitsentgelt niedriger als die »Hausarbeitsentschädigung«, so kann einem teilzeitbeschäftigten Zeugen selbst bei einem Verzicht auf die Verdienstausfallentschädigung die erhöhte Entschädigung nach § 21 nicht für die gesamte Zeit seiner Heranziehung gewährt werden, weil die Voraussetzungen für die Gewährung der »Hausarbeitsentschädigung« nur für die Zeit der Inanspruchnahme »außerhalb« der regelmäßigen Arbeitszeit vorliegen.

V. Stundenbegrenzung

Teilzeitbeschäftigten ehrenamtlichen Richtern oder Zeugen sollen jedoch keine Vorteile insb. ggü. Vollerwerbstätigen erwachsen, die für Hausarbeit keine besondere Entschädigung beanspruchen können. Deshalb sieht § 21 Satz 2 vor, dass bei der Entschädigungsberechnung von der **Anzahl der max. zu entschädigenden 10 Stunden für Hausarbeit die Anzahl der Stunden, die der vereinbarten regelmäßigen Arbeitszeit entspricht, abzuziehen ist**. Damit soll erreicht werden, dass der Teilzeitbeschäftigte pro Tag im Ergebnis nur insoweit die erhöhte Entschädigung erhält, wie er zugunsten der Hausarbeit auf Erwerbstätigkeit verzichtet.[4] Die Rundungsregelung des § 19 Abs. 2 S. 2 (30 Minuten oder 60 Minuten) ist zu beachten. 5

VI. Beschäftigungsnachweis

Ein **Nachweis der Teilzeitbeschäftigung** wird ebenso wie der Nachweis des Verdienstausfalls nicht verlangt werden können. Da jedoch die Zeit einer Teilzeitbe- 6

4 BR-Drucks. 796/93 S. 250–252.

schäftigung auf die Zeit, für die die erhöhte Entschädigung nach § 21 begehrt wird, ggf. anzurechnen ist, wird ein Teilzeitbeschäftigter ggü. der Anweisungsstelle regelmäßig anzugeben haben, in welchen Tageszeitraum seine vereinbarte regelmäßige Arbeitszeit fällt und ob und in welchem Umfang er durch seine Heranziehung als Zeuge oder ehrenamtlicher Richter eine Arbeitszeitversäumnis erlitten hat.

VII. Entschädigung bei Vertretung einer den Haushalt führenden Person

7 Die Gewährung einer Entschädigung nach den §§ 17 und 21 ist ausgeschlossen, soweit dem Zeugen oder ehrenamtlichen Richter Kosten einer notwendigen Vertretung erstattet werden.

Durch die Wortwahl »soweit« ist zum Ausdruck gebracht, dass die »Hausarbeitsentschädigung« auch nur dann ausgeschlossen sein soll, wenn die dem Anspruchsberechtigten obliegenden Hausarbeiten während dessen Inanspruchnahme durch den Vertreter erledigt worden sind. Ist die Vertretung jedoch wegen anderer Aufgaben hinzugezogen worden, z.B. für die Beaufsichtigung von Kleinkindern, und muss der Anspruchsberechtigte die liegen gebliebene Hausarbeit nach seiner Hinzuziehung ausführen, wird neben den Vertretungskosten auch die Hausarbeitsentschädigung zu erstatten sein.

VIII. Entschädigung bei Vertretung in sonstigen Fällen

8 Anders als bei der Entschädigung nach § 17 bzw. § 21 ist neben einer Verdienstausfallentschädigung nach § 18 bzw. § 22 und der Nachteilsentschädigung nach § 20 eine Erstattung von Vertreterkosten nicht ausdrücklich ausgeschlossen. Gleichwohl werden auch insoweit dieselben Grundsätze, die der Regelung des § 21 Satz 2 und 3 zugrunde liegen, zu berücksichtigen sein.

Die Erstattung der tatsächlich aufgewandten und nachgewiesenen Vertreterkosten **schließt i.d.R. auch eine Erstattung von Verdienstausfall nach § 22 aus.** Die Vertretungskraft wird ja gerade eingestellt, um zu vermeiden, dass ein Verdienstausfall eintritt. Dennoch sind Fälle denkbar, wo beide Entschädigungen nebeneinander zu gewähren sind, z.B. bei einer Heimarbeiterin, die für die Dauer ihrer Abwesenheit die Vertretung für die Beaufsichtigung ihrer Kleinkinder benötigt.

Macht der Anspruchsberechtigte keinen Verdienstausfall geltend, so sind ihm die notwendigen Vertreterkosten in voller Höhe zu erstatten. Der durch den Vertreter erzielte Verdienst ist, anders als bei einem Sachverständigen, der eine Leistungsvergütung erhält, nicht gegenzurechnen.[5]

Als Verdienstausfall kann der Anspruchsberechtigte, der vertreten wird, immer nur die Differenz zwischen dem Betrag geltend machen, den sein Vertreter in seiner Abwesenheit verdient hat, und dem, was er selbst in der gleichen Zeit verdient haben würde.

---

5 OLG Hamm, in KRspr. § 11 ZSEG Nr. 1; OLG Bamberg, in JurBüro 87.79; OLG Düsseldorf, in MDR 93.485 = JurBüro 93.493 zum ZSEG.

§ 22 JVEG Entschädigung für Verdienstausfall

Zeugen, denen ein Verdienstausfall entsteht, erhalten eine Entschädigung, die sich nach dem regelmäßigen Bruttoverdienst einschließlich der vom Arbeitgeber zu tragenden Sozialversicherungsbeiträge richtet und für jede Stunde höchstens 21 Euro beträgt. Gefangene, die keinen Verdienstausfall aus einem privatrechtlichen Arbeitsverhältnis haben, erhalten Ersatz in Höhe der entgangenen Zuwendung der Vollzugsbehörde.

Übersicht Rdn.

I. Vorbemerkung

Die Verdienstausfallentschädigung ist nach der Entwicklung des Tarifindex für Tariflöhne und Tarifgehälter im produzierenden Gewerbe und im Dienstleistungsbereich angehoben worden. 1

II. Verdienstausfall

Ein Zeuge oder ein ehrenamtlicher Richter, der in einem gerichtlichen oder in einem anderen Verfahren nach § 1 herangezogen wird, erfüllt eine allgemeine Staatsbürgerpflicht und hat daher nach den §§ 18 bzw. 22 aus Billigkeitsgründen einen Anspruch auf Ersatz des ihm durch die Heranziehung entstandenen Verdienstausfalls i.R.d. dort vorgesehenen Höchstgrenzen. 2

– S.a. § 18 Rdn. 2 –.

Ein »Entgelt« für seine Heranziehung kann der Anspruchsberechtigte nicht erhalten.[1] Ihm soll jedoch für die durch seine Heranziehung erlittene Vermögenseinbuße eine »billige Entschädigung« für den Verdienstausfall gewährt werden. Für diese Entschädigung sind in den §§ 18 bzw. 22 Höchstsätze vorgesehen, die auch dann nicht überschritten werden dürfen, wenn der tatsächlich eingetretene Verdienstausfall höher ist.[2]

Der Gesetzgeber mutet demnach einem Großteil der entschädigungsberechtigten Personen im Interesse einer funktionsfähigen Rechtsprechung materielle Opfer zu. Der Entschädigungsanspruch nach §§ 18 und 22 kann deshalb seinem klaren Wortlaut, Sinn und Zweck nach nicht einem Schadensersatzanspruch gleichgestellt werden; er ist eben kein vermögenswertes Äquivalent der versäumten Arbeitsleistung.[3]

Eine Entschädigung nach §§ 18 und 22 ist grds. nur zu gewähren, wenn der Anspruchsberechtigte infolge seiner Heranziehung einen Verdienstausfall erlitten hat.

Eine Entschädigung »ohne Verdienstausfall« ist nur i.R.d. §§ 16 und 17 bzw. §§ 20 und 21 möglich.

III. Nachweis des Verdienstausfalls

3 Das JVEG sieht nicht vor, dass der Zeuge oder ehrenamtliche Richter zur Geltendmachung seines Anspruches nachweisen muss, dass und in welcher Höhe ein Verdienstausfall eingetreten ist.

§ 2 Abs. 2 Satz 2 der früheren GebOZS, der durch Gesetz vom 10.06.1914 eingefügt wurde, hatte folgenden Wortlaut:

»Ob eine Erwerbsversäumnis stattgefunden hat, ist nach freiem Ermessen unter Berücksichtigung der Lebensverhältnisse und der regelmäßigen Erwerbstätigkeit des Zeugen zu beurteilen.«

Die Begründung zu dieser Bestimmung führte aus:

»Bei der Prüfung der Frage, ob eine Erwerbsversäumnis stattgefunden hat, gehen die Gerichte vielfach von der Auffassung aus, daß selbständigen Gewerbetreibenden (wie Gastwirten, Kaufleuten usw.) eine Zeugenentschädigung nur dann zu gewähren sei, wenn sie den sicheren Nachweis erbringen, daß sie im Einzelfall wirklich einen Schaden erlitten haben. Diese Auffassung entspricht nicht der Absicht, von welcher die gesetzgebenden Faktoren bei der Beratung des Gesetzes ausgegangen sind. Um den in der Praxis vielfach laut gewordenen Klagen abzuhelfen, soll eine ausdrückliche Vorschrift in § 2 klarstellen, daß die Frage, ob ein Zeuge eine Erwerbsversäumnis

1 BR-Drucks. Nr. 138/56 S. 213.
2 OLG Bremen, in Juris/ZSEG = JurBüro 94.182 zum ZSEG.
3 OLG Stuttgart, in Justiz 90.409 zum ZSEG.

erlitten hat, nach freiem Ermessen unter Berücksichtigung der Lebensverhältnisse und der regelmäßigen Erwerbstätigkeit des Zeugen zu beurteilen ist.«

Die Einfügung des Satzes 2 diente danach nur der Klarstellung des damals schon gewollten und geltenden Rechtszustandes. Die gleichen Grundsätze gelten für das JVEG weiter, auch wenn § 22 eine entsprechende ausdrückliche Klarstellung nicht enthält.[4] § 22 bestimmt ausdrücklich, dass sich die Entschädigung nach dem regelmäßigen Bruttoverdienst einschließlich der vom Arbeitgeber zu tragenden Sozialversicherungsbeiträge richtet. Hieraus ergibt sich, dass es nicht erforderlich ist, die Höhe des im Einzelfall eingetretenen Verdienstausfalls nachzuweisen.

Die Gewährung einer Entschädigung für Verdienstausfall ist daher i.d.R. nicht von der Führung eines entsprechenden Nachweises abhängig zu machen. I.Ü. wäre die Führung eines Verdienstausfallnachweises bei bestimmten Berufsgruppen (z.B. bei selbstständigen Gewerbetreibenden, selbstständigen Handwerkern und bei Angehörigen freier Berufe) nur sehr schwer oder überhaupt nicht möglich. Eine Entschädigung für Verdienstausfall ist daher immer zu gewähren, wenn die Lebensstellung des Zeugen und seine regelmäßige Erwerbstätigkeit die Vermutung rechtfertigen, dass er überhaupt etwas versäume.[5] Die Höhe der Entschädigung ist, soweit ein Nachweis nicht erbracht wird, unter freier Beurteilung der Erwerbstätigkeit des Zeugen zu bemessen.

Erscheint die geltend gemachte Erwerbsversäumnis nach der Lebensstellung und der regelmäßigen Erwerbstätigkeit des Zeugen ungewöhnlich hoch, so kann Glaubhaftmachung verlangt werden.

Soweit ein Nachweis über die Höhe des eingetretenen Verdienstausfalls unschwer geführt werden kann, z.B. bei Lohnempfängern, ist es unbedenklich, schon aus praktischen Erwägungen auf die Vorlage einer Verdienstausfallbescheinigung zu dringen.

Bei den ordentlichen Gerichten ist es üblich, den Zeugen durch einen in dem Ladungsvordruck enthaltenen Vermerk darauf hinzuweisen, dass Lohnausfall durch eine Bescheinigung des Arbeitgebers, die sich auf den Terminstag beziehen muss, nachzuweisen ist.

IV. Begründung der Verdienstausfallentschädigung

Soweit nach dem Beruf des Anspruchsberechtigten eine Erwerbsversäumnis nicht 4
ohne Weiteres zu vermuten ist, müsste die Gewährung einer Versäumnisentschädigung von einer Begründung (i.d.R. wird eine mündliche Erläuterung, die auf der

4 SG Berlin in JurBüro 84.261 zum ZSEG.
5 KG (20.04.1992) in Juris/ZSEG.

Berechnung kurz zu vermerken ist, genügen), nötigenfalls auch von der Beibringung eines Nachweises abhängig gemacht werden.

V. Versäumte Arbeitszeit

5 Die Entschädigung für den Verdienstausfall ist nicht nur für die Zeit der eigentlichen Dienstleistung zu gewähren, sondern für die gesamte durch die Heranziehung erforderliche Zeit, d.h. für die Zeit, in der der Zeuge oder ehrenamtliche Richter infolge seiner Heranziehung notwendigerweise Arbeitszeit versäumen musste – **notwendige Arbeitszeitversäumnis** –.

Auch für die Zeit, die ein Zeuge benötigt, um Unterlagen (Briefwechsel, Geschäftsbücher u.ä.) einzusehen, deren Inhalt er für die Beantwortung der Beweisfrage benötigt, ist ihm eine Verdienstausfallentschädigung zu gewähren.

Zu der zu entschädigenden Zeit gehören auch notwendige **Reisezeiten und Wartezeiten** (§§ 15 Abs. 2, 19 Abs. 2).

Hinsichtlich des Zeitpunkts des **Reiseantritts** und der davon abhängigen Höhe der Versäumnis-, Aufwands- und etwaiger Übernachtungsentschädigung können die für die Dienstreisen der Beamten geltenden Bestimmungen, nach denen Dienstreisen der Beamten i.d.R. in den Monaten April bis September von 6 Uhr an und in den Monaten Oktober bis März von 7 Uhr an anzutreten sind, wenn nicht besondere Umstände einen späteren Antritt rechtfertigen, auch auf Zeugen, ehrenamtliche Richter, Sachverständige oder Dritte sinngemäß angewendet werden.

Entscheidend werden immer die Umstände des einzelnen Falles sein, insb. Alter und Gesundheitszustand der anspruchsberechtigten Person oder z.B. die Witterungsverhältnisse am Reisetag.

Eine Entschädigung kann immer nur für notwendige Zeitversäumnis gewährt werden. Die Zeitversäumnis für nicht notwendige Umwege bei der Hin- und Rückreise muss bei der Bemessung der Verdienstausfallentschädigung unberücksichtigt bleiben. Hat der Zeuge oder Sachverständige die Tatsache, dass er die Reise von einem anderen als dem in der Ladung bezeichneten Ort antritt, **dem Gericht nicht oder schuldhaft so spät mitgeteilt**, dass eine Abbestellung ihn nicht mehr erreichte, kann er nur Verdienstausfall oder Leistungsvergütung und Aufwandsentschädigung von dem in der Ladung bezeichneten Ort zum Gerichtsort und zurück erhalten.[6]

6 Bei der Berechnung des zu entschädigenden Verdienstausfalls wird die **letzte angefangene Stunde** voll bzw. zur Hälfte gerechnet (§ 15 Abs. 2, § 19 Abs. 2 S. 2), jedoch kann die Entschädigung für Verdienstausfall nie größer sein als der innerhalb dieser Zeitspanne tatsächlich eingetretene Verdienstausfall.

---

6 OLG Brandenburg, in JurBüro 10.314.

Bescheinigt der Arbeitgeber, dass dem bei ihm beschäftigten Zeugen an dem Tag seiner Heranziehung eine Aufnahme seiner Tätigkeit nach erfolgter Vernehmung nicht mehr möglich sei, ist dem Zeugen die Verdienstausfallentschädigung für den gesamten Arbeitstag zu gewähren. Es ist nicht zusätzlich zu prüfen, ob zwingende betriebliche Gründe einer Arbeitsaufnahme nach der Vernehmung tatsächlich entgegenstanden.[7] 7

VI. Bruttoverdienst

a) Dem Zeugen oder ehrenamtlichen Richter ist der Bruttoverdienstausfall zu ersetzen. Dies gilt sowohl für Anspruchsberechtigte, die ein Einkommen aus selbstständiger Tätigkeit beziehen und ihr Bruttoeinkommen versteuern müssen, als auch für Anspruchsberechtigte, die in einem Gehalts- oder Lohnverhältnis stehen. Die Frage, ob die **Verdienstausfallentschädigung zu versteuern** ist und ob der Anspruchsberechtigte diese Versteuerung durchführt, braucht die Anweisungsstelle nicht zu prüfen. 8

b) Es ist auch der eigenen Entscheidung des Zeugen oder ehrenamtlichen Richter zu überlassen, ob er die ihm mit dem Bruttoverdienstausfall erstatteten **Arbeitnehmeranteile** zur Kranken- und Arbeitslosenversicherung durch Vermittlung seines Arbeitgebers abführt und zur Rentenversicherung eine entsprechende Höherversicherung durchführt, um so eine Minderung seiner Versicherungsansprüche zu verhindern oder diese Minderung – unter Zurückbehaltung der ihm erstatteten Arbeitnehmeranteile – in Kauf nimmt.
Die Bestimmung, dass sich die Verdienstausfallentschädigung nach dem regelmäßigen Bruttoverdienst richtet, soll gewährleisten, dass dem Anspruchsberechtigten i.R.d. Höchstsätze die volle Vermögenseinbuße, die er durch seine Heranziehung erleidet, erstattet wird. Insb. soll hierdurch der Nachteil ausgeglichen werden, der dem als Arbeitnehmer tätigen Anspruchsberechtigten dadurch entstehen kann, dass für die Zeit seiner Heranziehung die Sozialabgaben nicht gezahlt werden. Ein wirklicher Ausgleich tritt jedoch nur insoweit ein, als die Arbeitnehmeranteile, die sonst vom Arbeitgeber mit abgeführt werden, mit dem Bruttoverdienstausfall dem Anspruchsberechtigten ausgezahlt werden.

c) Eine Minderung der Sozialversicherungsleistungen kann aber nur dadurch voll ausgeschlossen werden, dass neben den Arbeitnehmeranteilen auch die **Arbeitgeberanteile** abgeführt werden.
Da jedoch die Höhe dieser Beitragsanteile aufgrund einer einfachen Bescheinigung über die Höhe des Bruttolohnes weder feststeht noch von der Anweisungsstelle errechnet werden kann, wird die Anweisungsstelle über den vom Arbeitgeber bescheinigten Bruttolohn hinaus die Arbeitgeberanteile zu den Sozialabgaben als Bestandteil des Bruttolohns nur dann berücksichtigen, wenn ein Nachweis

7 LAG Düsseldorf, in JurBüro 98.152 zum ZSEG.

darüber beigebracht wird, wie hoch diese Beitragsanteile sind, und dass sie nicht vom Arbeitgeber geleistet und endgültig getragen werden.

d) Zum Bruttoverdienst gehören auch **Zuschläge**, die für besondere, schwierige Arbeitsbedingungen gezahlt werden, wie z.B. Schmutzzulagen, Nachtdienstzulagen, Zulagen für auswärtige Beschäftigung, soweit diese Auslagen nicht ausschließlich zum Ersatz von Aufwendungen gewährt werden, die infolge der Heranziehung als Zeuge nicht entstehen. Dasselbe gilt für die einer Soldatin entgangene **Auslandsverwendungszulage.**[8] Die Tatsache, dass in der Zulage auch ein nicht auszusondernder Anteil zum Ausgleich von Aufwendungen enthalten ist, kann die Erstattung dieser Zulage nicht ausschließen.

e) Legt ein Arbeitnehmer eine Bescheinigung über die Höhe seines regelmäßigen Stunden- oder Tagesverdienstes vor, so ist dieser Betrag der Berechnung der Verdienstausfallentschädigung zugrunde zu legen. Legt er eine Bescheinigung über den tatsächlichen Arbeitsverdienst in einem zurückliegenden Zeitraum vor, so ist, falls der Arbeitsverdienst in diesem Zeitraum ungleich hoch war, vom **Mittelwert** auszugehen, da der regelmäßige Bruttoverdienst zu erstatten ist.

VII. Fortzahlung der Bezüge

9 Ein Angestellter verliert nach § 616 Abs. 1 Satz 1 BGB seinen Anspruch auf Gehalt nicht dadurch, »dass er für eine verhältnismäßig nicht erhebliche Zeit durch einen in seiner Person liegenden Grund ohne sein Verschulden an der Dienstleistung verhindert wird«. Wenn hiernach seine Bezüge für die Zeit seiner Inanspruchnahme als Zeuge von seinem Arbeitgeber weitergezahlt werden, erleidet er **keinen Verdienstausfall**. Er hat dann – bei Vorliegen der sonstigen Voraussetzungen – nur einen Anspruch auf die Mindestentschädigung nach § 20.

§ 616 Abs. 1 BGB ist jedoch ein dispositives Recht und kann sowohl durch einen Tarifvertrag als auch durch einen Einzelvertrag abbedungen werden. Das kann auch stillschweigend geschehen. Da bei der Verhinderung durch eine Zeugenvernehmung der Zeuge einen Anspruch auf Ersatz seines Verdienstausfalls aus der Staatskasse – i.R.d. § 22 hat, wird in diesen Fällen § 616 Abs. 1 Satz 1 BGB i.H.d. Erstattungsanspruchs als stillschweigend abbedungen zu gelten haben, soweit nichts anderes vereinbart worden ist.

Legt der Zeuge der Anweisungsstelle eine Verdienstausfallbescheinigung seines Arbeitgebers vor, so wird ihm regelmäßig die Verdienstausfallentschädigung i.R.d. § 22 zu gewähren sein.

Hat der Zeuge nach dem Arbeitsvertrag einen Anspruch auf Weiterzahlung der Bezüge, so erleidet er durch die Inanspruchnahme als Zeuge keinen Erwerbsverlust, und weder er noch sein **Arbeitgeber** haben einen Erstattungsanspruch nach dem JVEG. Der Arbeitgeber kann auch keine Entschädigung aus der Staatskasse dafür

8 OLG Hamm, Beschl. v. 10.10.2005 – 13 U 52/05 –.

verlangen, dass ihm die Arbeitskraft des Zeugen (seines Angestellten) durch die gerichtliche Inanspruchnahme entzogen wurde.[9]

VIII. Abtretung des Entschädigungsanspruchs

Erklärt sich der Arbeitgeber bereit, dem Zeugen den üblichen Lohn auch für die Zeit seiner gerichtlichen Inanspruchnahme weiterzuzahlen, obwohl er nach dem Arbeitsvertrag hierzu nicht verpflichtet ist, so kann der Zeuge seinen Erstattungsanspruch **an den Arbeitgeber** abtreten, und dieser kann die Erstattung des gezahlten Bruttolohnes einschließlich der Arbeitgeberbeiträge zur Sozialversicherung – allerdings nur in den Grenzen des § 22 – aus der Staatskasse begehren. Dasselbe gilt, wenn ein Angestellter im öffentlichen Dienst für die Dauer der Heranziehung als Zeuge freigestellt wird, der Anspruch auf Weiterzahlung der Vergütung aber nur besteht, wenn der Anspruch auf Zeugenentschädigung an den Dienstherrn abgetreten wird (§ 52 Abs. 1 Nr. 1 BAT; jetzt § 27 TV-L).[10] **10**

Die Weiterzahlung des Lohnes an den Zeugen und die Abtretung des Erstattungsanspruches an den Arbeitgeber ist auch ein zuverlässiger Weg, Schwierigkeiten hinsichtlich der Abführung der Sozialversicherungsbeiträge zu vermeiden.[11]

IX. Ansprüche des Arbeitgebers

a) **Berufsgenossenschaftsbeiträge** u.ä. kann der Arbeitgeber nicht erstattet verlangen, da ihm ein eigener Entschädigungsanspruch gegen die Staatskasse nicht zusteht und auch der Zeuge selbst einen Anspruch auf die Erstattung dieser Beiträge nicht hat. **11**

b) **Ist der Arbeitgeber Partei** in dem Rechtsstreit, in dem der bei ihm beschäftigte Zeuge vernommen worden ist, so kann er den an seinen Arbeitnehmer für die Zeit der Heranziehung als Zeuge weitergezahlten Arbeitsverdienst bis zur Höhe der nach dem JVEG zulässigen Entschädigungssätze als Verfahrenskosten geltend machen. Auf die Höhe der zu erstattenden Kosten ist das JVEG entsprechend anzuwenden, denn nur insoweit handelt es sich um notwendige Kosten der Rechtsverfolgung.

X. Begrenzung der Entschädigung

Neben der in § 19 Abs. 2 vorgesehenen **Höchstbegrenzung** der Entschädigung auf 10 Stunden je Tag sieht § 22 eine Begrenzung der Verdienstausfallentschädigung für Zeugen auf **höchstens 21,00 € für jede angefangene Stunde** der versäumten Arbeitszeit vor. Innerhalb dieser Begrenzung ist der volle Verdienstausfall zu ersetzen. Eine Entschädigung von mehr als 21,00 € für jede versäumte Arbeitsstunde darf auch dann nicht gewährt werden, wenn der Zeuge durch Vorlage von Belegen nachweist, **12**

9 OLG Bremen, in NJW 76.685 zum ZSEG.

10 VG Köln, Beschl. v. 22.10.1996 – 11 K 2466/92 – zum ZSEG.

11 LG Düsseldorf, in KRspr. § 2 ZSEG Nr. 4.

dass ihm durch die Heranziehung tatsächlich ein höherer Verdienstausfall entstanden ist.

Hinsichtlich der Entschädigungssätze für ehrenamtliche Richter wird auf § 18 Rdn. 2 verwiesen.

Versäumt ist nur die **tatsächliche Arbeitszeit**. Für Arbeitspausen (z.B. Mittagspause), für die kein Arbeitsentgelt gezahlt wird, kann auch keine Entschädigung für Verdienstausfall gewährt werden.

XI. Entschädigung von Behördenangehörigen

13 a) **Beamte**, die während der Arbeitszeit als Zeuge herangezogen werden, haben **keinen Verdienstausfall**, weil ihre Dienstbezüge für die Dauer der Abwesenheit vom Dienst weitergezahlt werden. Dies gilt auch dann, wenn sie die durch den Termin versäumte Berufsarbeit in ihrer arbeitsfreien Zeit nachholen müssen (s. aber nachstehend unter k).

b) **Angestellte und Arbeiter** (Beschäftigte) im öffentlichen Dienst, die während der Arbeitszeit nach § 1 herangezogen werden, haben einen Anspruch auf Fortzahlung ihrer Vergütung nur insoweit, als sie nicht Ansprüche auf Ersatz der Vergütung geltend machen können (§ 52 Abs. 1 Satz 2 BAT; jetzt § 27 TV-L). Der Anspruch auf Zahlung der Entschädigung nach dem JVEG ist ein solcher Ersatzanspruch. Die Bediensteten sind daher tarifvertraglich verpflichtet, den Anspruch auf Verdienstausfallentschädigung geltend zu machen und die erhaltenen Beträge an den Dienstherrn abzuführen. In der Praxis ist es zulässig und üblich, dass der als Zeuge herangezogene Bedienstete seinen Entschädigungsanspruch an den Dienstherrn abtritt und dieser dann – bei Fortzahlung der Vergütung an den Bediensteten – den Entschädigungsanspruch geltend macht.[12]

c) Ein Beamter oder Angestellter. der während seiner Heranziehung als Zeuge in vollem Umfang vertreten wird oder aus sonstigen Gründen die versäumte Arbeit nicht nachholen kann, wie dies z.B. bei Schalterbeamten, Fahrpersonal oder bei Polizeibeamten im reinen Streifendienst oder Verkehrspostendienst i.d.R. der Fall sein wird, erleidet durch die **während seiner Dienstzeit** durchgeführte Vernehmung **keine Nachteile** und hat daher auch **keinen Anspruch auf eine Entschädigung nach §§ 22** (s. aber nachstehend unter k).

d) Ein an seinem **dienstfreien Tag oder außerhalb der Dienstzeit** als Zeuge herangezogener Beamter oder Angestellter erleidet einen Nachteil dadurch, dass die ihm zur Erholung gewährte Freizeit durch die Heranziehung verkürzt wird.[13] Er hat daher Anspruch auf die Entschädigung nach § 20.

---

12 VG Köln, Beschl. v. 22.10.1996 – 11 K 2466/92 – zum ZSEG.

13 LG Münster, in JVBl. 70.45 = KRspr. § 2 ZSEG Nr. 24 LS m. Anm. von *Lappe*;

Auch wenn sich die Zeugenvernehmung einschließlich der Reise- und Wartezeiten über das Ende der Dienstzeit hinaus ausdehnt, hat der als Zeuge in Anspruch genommene Bedienstete einen Anspruch auf die Mindestentschädigung nach § 20 für die Dauer der Inanspruchnahme während der dienstfreien Zeit.

e) Wird für die Zeit der Heranziehung durch das Gericht ein **Freizeitausgleich** gewährt, kann die Heranziehung für den Bediensteten dann einen Nachteil bedeuten, wenn er durch die Wahrnehmung des Zeugentermins gehindert wird, seine Freizeit nach eigenem Ermessen zu gestalten. Das trifft vor allem auf Polizeivollzugsbeamte im Wechseldienst zu, die in der freien Zeit zwischen zwei Dienstschichten oder an dienstfreien Tagen als Zeuge vernommen werden.[14]

f) Nach § 3 Abs. 1 Nr. 3 der Verordnung über die Gewährung von Mehrarbeitsvergütung für Beamte (MVergV) vom 26.04.1972 (BGBl. I S. 747) in der Fassung der Bekanntmachung vom 4.11.2009 (BGBl. I S. 3701) steht den in der Verordnung näher beschriebenen Beamten eine **Mehrarbeitsvergütung** u.a. nur dann zu, wenn die von ihnen geleisteten Überstunden aus zwingenden dienstlichen Gründen nicht durch Dienstbefreiung innerhalb von 3 Monaten ausgeglichen werden können. Wird einem zur Hauptverhandlung geladenen Polizeibeamten am Terminstag »unter Anrechnung auf sein Mehrarbeitsguthaben« dienstfrei gewährt, so steht ihm keine Entschädigung für versäumte Arbeitszeit, sondern die Nachteilsentschädigung zu.[15]

g) Beamte, die anstelle eines festen Einkommens oder neben einem solchen eine **Bezahlung ihrer einzelnen Dienstleistungen** erhalten, haben, wenn sie hierin durch eine Terminswahrnehmung eine Einbuße erleiden, einen Anspruch auf Verdienstausfallentschädigung. Eine solche ist ihnen im nachgewiesenen oder glaubhaft gemachten Betrage in der Grenze des § 22 zu erstatten.

h) Beamte, die im Rahmen einer genehmigten **Nebentätigkeit** Unterricht erteilen und hierfür eine nach Stunden bemessene Lehrvergütung erhalten, haben, wenn sie infolge ihrer Heranziehung als Zeuge einen solchen vergüteten Unterricht versäumen, Anspruch auf Verdienstausfallentschädigung.

i) Eine Erstattung von **Stellvertretungskosten** an Beamte kann regelmäßig nicht infrage kommen, da die betreffenden Behörden für die Stellvertretung ihrer als Zeugen oder Sachverständige vor Gericht geladenen Beamten selbst sorgen und die etwa aufgewendeten Kosten auf ihre Haushaltsmittel übernehmen.

j) Soweit ein Behördenangehöriger eine **Zeugentätigkeit in Ausübung seines Dienstes** ausübt, steht ihm für die aus Anlass der Zeugenvernehmung erforderliche Dienstreise oder für den Dienstgang auch Reisekostenvergütung nach dem einschlägigen Reisekostengesetz gegen seinen Dienstherrn zu. In diesem Fall ist

14 OLG Düsseldorf, Beschl. v. 27.12.2005 – III-4 Ws 572/05, in ZBR 07.68; a.A.: AG Bad Neustadt, in JurBüro 81.85 m. abl. Anm. von *Mümmler*; AG Bückeburg, in Rpfleger 84.335.

15 OLG Düsseldorf, in JMBl. NW 83.108 zum ZSEG.

die entsprechende Entschädigung nach dem JVEG auf die Reisekostenvergütung anzurechnen.

Die Zeugenentschädigung ist als »Zuwendung, die dem Dienstreisenden von dritter Seite für dieselbe Dienstreise oder denselben Dienstgang gewährt wurde« i.S.d. § 5 Abs. 3 BRKG anzusehen. Dies entspricht dem das Reisekostenrecht beherrschenden Sparsamkeitsgrundsatz, nach dem der Dienstreisende nur für den durch die Dienstreise oder den Dienstgang verursachten Mehraufwand zu entschädigen ist.

Der Behördenangehörige muss nicht nur die Anrechnung der Zeugenentschädigung auf die Reisekostenvergütung hinnehmen, er ist auch verpflichtet, von der Entschädigungsmöglichkeit nach dem JVEG Gebrauch zu machen.[16] Auch eine von ihm nicht in Anspruch genommene Zeugenentschädigung ist daher auf die Reiskostenvergütung anzurechnen.[17]

k) Einer **teilzeitbeschäftigten** Beamtin, die außerhalb ihrer regelmäßigen Dienstzeit als Zeugin herangezogen wird, steht bei Vorliegen der sonstigen Voraussetzungen die erhöhte Entschädigung nach § 21 Satz 1 zu.

– S.a. § 21 Rdn. 3 –.

l) In Nordrhein-Westfalen sind zur Zeugenentschädigung für Angehörige des öffentlichen Dienstes durch das Justizministerium NRW die folgenden Grundsätze bekannt gegeben worden.

»Zeugenentschädigung für Angehörige des öffentlichen Dienstes RV d. JM vom 16. Juli 2004 (5671 – Z. 11) in der Fassung vom 24. November 2006

Für die Entschädigung von Angehörigen des öffentlichen Dienstes, die als Zeuginnen oder Zeugen herangezogen werden, gelten folgende Grundsätze:

1. Keine Entschädigung für Verdienstausfall (§ 22 JVEG)

1.1 Beamtinnen oder Beamte, die während ihres Dienstes zu Zeugenvernehmungen herangezogen werden, haben keinen Anspruch auf Verdienstausfallentschädigung nach § 22 JVEG, weil ihre Dienstbezüge für die Dauer der Abwesenheit vom Dienst aus Anlass der Zeugenvernehmung fortgezahlt werden (§ 17 Abs. 1 Satz 1 i.V. mit § 3 Abs. 1 Nr. 2 SUrlV).

1.2 Beschäftigte des Landes im Sinne des Tarifvertrags für den öffentlichen Dienst der Länder (TV-L), die während ihrer Arbeitszeit zu Zeugenvernehmungen herangezogen werden, haben ebenfalls keinen Anspruch auf Verdienstausfallentschädigung nach § 22 JVEG, weil auch ihre Bezüge für die Dauer der Abwesenheit von der Arbeit aus Anlass der Zeugenvernehmung nach § 29 Abs. 2 TV-L fortgezahlt werden.

16 S.a. FG Bremen, in Juris/ZSEG.
17 BVerwG, Beschl. v. 06.09.1990 – 6 C 42/88, in Juris/ZSEG.

1.3.1 Das gilt ebenso für sonstige Beschäftigte im öffentlichen Dienst, deren Vernehmung im engen Zusammenhang mit ihren arbeitsvertraglichen Pflichten steht. Auch in diesen Fällen hat der Arbeitgeber die Bezüge für die Dauer der Abwesenheit von der Arbeit fortzuzahlen. Ein Anspruch auf Verdienstausfallentschädigung nach § 22 JVEG besteht nicht.

1.3.2 Werden sonstige Beschäftigte im öffentlichen Dienst dagegen im Rahmen ihrer Allgemeinen staatsbürgerlichen Pflichten als Zeuginnen oder Zeugen herangezogen, kann die Erstattung von Verdienstausfallentschädigung nach § 22 JVEG in Betracht kommen. Der Verdienstausfall ist nachzuweisen, und zwar in der Regel durch die Bescheinigung des Arbeitgebers, dass für die Dauer der Heranziehung keine Bezüge fortgezahlt werden oder – für den Fall der Fortzahlung – die erhaltenen Beträge an den Arbeitgeber abzuführen sind.

2. Entschädigung für Zeitversäumnis (§ 20 JVEG)

2.1 Da Angehörige des öffentlichen Dienstes während ihrer Abwesenheit vom Dienst in der Regel vertreten werden und die versäumte Arbeitszeit nicht nachzuholen haben, ist davon auszugehen, dass sie durch die Heranziehung als Zeuginnen oder Zeugen keine Nachteile erleiden. Sie können daher eine Entschädigung nach § 20 JVEG grundsätzlich nicht erhalten. Wird gleichwohl die Entschädigung beansprucht, ist durch eine Bescheinigung der Beschäftigungsbehörde nachzuweisen, dass die Zeugin oder der Zeuge nicht vertreten worden ist und die versäumte Arbeitszeit nachgeholt werden muss.

2.2 Die Entschädigung nach § 20 JVEG wird gezahlt, soweit sich die Zeugenvernehmung über die Dienst- oder Arbeitszeit hinaus erstreckt oder in die Freizeit fällt.

3. Entschädigung von Polizeivollzugsbeamtinnen und Polizeivollzugsbeamten für entgangene Nachtdienstzulagen

3.1 Die Gewährung einer Entschädigung nach § 22 JVEG setzt den Nachweis voraus, dass die Befreiung von dem der Zeugenvernehmung vorhergehenden Nachtdienst zu einer dauerhaften Verkürzung der nach dem Dienstplan ursprünglich vorgesehenen, abrechnungsfähigen Nachtdienstzeiten führt. Der Nachweis ist durch Vorlage einer entsprechenden Bescheinigung zu führen.

3.2 Nachtdienst ist nach § 8 a Abs. 6 der Verordnung über die Arbeitszeit der Polizeivollzugsbeamten des Landes Nordrhein-Westfalen – AZVOPol – (SGV. NRW. 20302) der Dienst innerhalb der regelmäßigen Arbeitszeit zwischen 20 Uhr und 6 Uhr. Die Bescheinigung nach Nummer 3.1 muss daher auch Angaben zu Beginn und Ende des entfallenen Nachtdienstes enthalten.

3.3 Die Stundenbeträge der Zulage für Dienst zu ungünstigen Zeiten ergeben sich aus § 4 Abs. 2 der Verordnung über die Gewährung von Erschwerniszulagen.

XII. Gerichtsvollzieher

14 Den Gerichtsvollziehern, die ein festes Gehalt beziehen, ist im Fall ihrer Heranziehung als Zeuge regelmäßig eine Entschädigung für Verdienstausfall nicht zu gewähren, da sie einen Erwerb nicht versäumen. Auch die Nebenbezüge (Anteil an den Gebühren, Dokumentenpauschale o.Ä.) werden ihnen infolge der örtlichen Abgrenzung ihrer Zuständigkeit i.d.R. nicht entgehen. Ausnahmsweise kann ein Verdienstausfall dadurch eintreten, dass ihnen solche Nebenbezüge bei Wechselprotesten oder Eilaufträgen entgehen. In solchen Fällen ist der Verdienstausfall zu begründen, nachzuweisen oder glaubhaft zu machen.

Da der Gerichtsvollzieher jedoch die während seiner Heranziehung als Zeuge liegen gebliebene Arbeit nachholen muss, erleidet er einen Nachteil i.S.d. § 21 hat daher einen Anspruch auf diese Nachteilsentschädigung.[18]

XIII. Polizeibeamte

15 a) Das BVerwG[19] hat zur Tätigkeit eines Polizeibeamten als Zeuge u.a. festgestellt: »**Die Wahrnehmung von Gerichtsterminen durch Polizeibeamte ist eine dienstliche Tätigkeit**, gleichgültig, ob es sich um ein Zivil-, Straf- oder Ordnungswidrigkeitenverfahren handelt, sofern die Bekundungen des Zeugen auf seine dienstliche Tätigkeit zurückzuführen sind. Diese Tätigkeit ist grundsätzlich dem Dienstherrn gegenüber zu erbringen und gehört zu den Aufgaben des Hauptamtes eines Polizeibeamten«.
Hieraus folgt, dass die Polizeibeamten für die aus dienstlichem Anlass erforderlichen Dienstgänge oder Dienstreisen zur Wahrnehmung der Gerichtstermine als Zeuge grds. einen Entschädigungsanspruch nach den einschlägigen reisekostenrechtlichen Bestimmungen gegen ihren Dienstherrn haben. Hierdurch ist jedoch ein Anspruch auf Entschädigung nach dem JVEG nicht ausgeschlossen.
Die Ausnahmeregelung des § 1 Abs. 2 für Behördenangehörige gilt nur für Sachverständigenleistungen, nicht auch für die Vernehmung als Zeuge. Für die Entschädigung als Zeuge ist es mithin ohne Bedeutung, ob die Zeugentätigkeit zu den Dienstaufgaben eines öffentlichen Bediensteten gehört oder nicht. Dem »dienstlich« tätigen Polizeibeamten steht die Nachteilsentschädigung nach § 21 zu, sofern er durch die Heranziehung als Zeuge Nachteile erleidet.[20]

b) Wird ein Polizeibeamter wegen einer anstehenden Vernehmung als Zeuge in einem Gerichtstermin von der dem Terminstag vorausgegangenen Nachtschicht, für die er eingeteilt gewesen war, befreit mit der Folge, dass ihm für die

---

18 LG Schweinfurt, in DGVZ 73.121; *Graf* in DGVZ 73.101.
19 BVerwG in DÖD 87.230 = Recht im Amt 88.101.
20 OLG Düsseldorf, Beschl. v. 20.09.2005 – III – 4 Ws 572/05.

Nachtschicht die Zulage für Dienst zu ungünstigen Zeiten[21] (**Nachtdienstzulage**) nicht gezahlt werden kann, so kann die entgangene Zulage als Verdienstausfall i.S.d. § 22 angesehen werden.[22]

Mit der Zulage soll eine bei der Bewertung des Amtes nicht berücksichtigte Erschwernis abgegolten werden (§ 1 EZulV). Zugleich wird mit der Zulage auch ein mit der Erschwernis verbundener Aufwand mit abgedeckt (§ 2 Abs. 3 EZulV). Der Charakter der Zulage als Aufwandsentschädigung bleibt jedoch hinter dem Motiv des § 1 EZulV zurück.

Der infolge einer Heranziehung als Zeuge entstandene »Verdienstausfall« (Wegfall der Erschwerniszulage) ist nach § 22 zu erstatten. Daneben ist die Gewährung der Nachteilsentschädigung nach § 21 ausgeschlossen.

c) Anders als die Nachtdienstzulage sind Entschädigungen für Verdienstausfall i.d.R. **steuerpflichtig**. Der einem Arbeitnehmer zufließende Ersatz für entgangenen oder entgehenden Arbeitslohn gehört deshalb zu den Einkünften aus nicht selbstständiger Arbeit (§ 19 i.V.m. § 24 Nr. 1 b EStG, § 2 Abs. 2 Nr. 4 LStDV). Das wird auch für eine Entschädigung für eine entgangene Zulage für Dienst zu ungünstigen Zeiten zu gelten haben; Abschnitt 30 Abs. 7 LStR 90 sagt hierzu Folgendes:

»Steuerfrei sind nur Zuschläge, die für tatsächlich geleistete Sonntags-, Feiertags- oder Nachtarbeit gezahlt werden. Soweit Zuschläge gezahlt werden, ohne dass der Arbeitnehmer in der begünstigten Zeit gearbeitet hat, z.B. bei Lohnfortzahlungen im Krankheits- oder Urlaubsfall und bei Lohnfortzahlung an von der betrieblichen Tätigkeit freigestellte Betriebsratsmitglieder, sind sie steuerpflichtig.«

Polizeibeamte werden deshalb die für die entgangene Zulage gewährte »Verdienstausfallentschädigung« bei einer evtl. erforderlichen Einkommensteuererklärung anzugeben haben.

d) Kann ein Polizeibeamter aus Anlass seiner Vernehmung als Zeuge für die Fahrt zum Dienstort nicht an einer üblicherweise von ihm mitbenutzten preisgünstigen Fahrgemeinschaft teilnehmen und benutzt er für die Anreise zur Nachtschicht und die Rückreise zum Wohnort seinen eigenen Pkw, so steht ihm für die Mehraufwendungen ein Fahrtkostenersatz nach dem JVEG nicht zu.[23]

Die Polizeidienststellen sind bemüht, den Zeitaufwand zu verringern, der sich daraus ergibt, dass sich Polizeibeamte als Zeugen in Straf- und Bußgeldverfahren herangezogen werden. Sie haben entsprechende organisatorische Maßnahmen (z.B. besondere Rufbereitschaft, Abstimmung von Dienstplänen) getroffen.[24]

---

21 Verordnung über die Gewährung von Erschwerniszulagen (Erschwerniszulagenverordnung – EZulV) vom 03.12.1998 (BGBl. I S. 3497).

22 LG Bad Kreuznach in, JurBüro 92.633; SchlHOLG in SchlHA 95.36 zum ZSEG.

23 LG Mainz, in JBl. RP 92.20; LG Frankenthal, in KRspr. § 9 ZSEG Nr. 21.

24 In NRW: RdErl. d. Ministeriums für Inneres und Kommunales v. 15.07.2011, in MBl. NRW. 11.402.

XIV. Rechtsanwälte

16 a) Ein als Zeuge vernommener Rechtsanwalt hat Anspruch auf **Entschädigung ausschließlich nach den Regelungen des JVEG** und nicht nach den Bestimmungen des RVG. Er kann daher für einen eingetretenen Verdienstausfall keine höhere Entschädigung als 21,00 € für jede angefangene Stunde (§ 22)[25] und – bei Benutzung eines eigenen Kfz – keine höheren Fahrtkosten als 0,25 € für jeden gefahrenen Kilometer (§ 5 Abs. 2) erhalten. Sonstige notwendige Aufwendungen können i.R.d. § 7 erstattet werden.

b) Wird **der in eine Sozietät eingebundene Rechtsanwalt** für die Dauer seiner Vernehmung als Zeuge in der Weise vertreten, dass dringende Fälle erledigt werden und durch seine Abwesenheit der Sozietät keine Aufträge entgehen, so ist durch die Zeugenvernehmung des Rechtsanwalts kein Verdienstausfall eingetreten. Zum Ausgleich des Nachteils, der dem Rechtsanwalt durch die Nachholung liegen gebliebener Arbeit entstanden ist, kann dem Rechtsanwalt die Nachteilsentschädigung nach § 21 zugebilligt werden.[26]

XV. Detektive

17 Die Verdienstausfallentschädigung von Detektiven ist lebhaft umstritten. Dies gilt insb. für Detektive mit ständig wechselnden Einsatzorten, nicht dagegen für den sog. Hausdetektiv.

Detektive werden häufig beauftragt, an ganzen Arbeitstagen (Schichten) an wechselnden Einsatzorten ihrer Tätigkeit nachzugehen. In diesen Fällen wird häufig vorgetragen, eine Arbeitsaufnahme vor und/oder nach der Heranziehung sei nicht möglich, sodass der vollständige Arbeitstag als Entschädigungszeit angemeldet wird. An einen solchen Nachweis oder eine Glaubhaftmachung sind besondere Anforderungen zu stellen.

Während einem **angestellten** Detektiv überwiegend eine Entschädigung für Verdienstausfall zugesprochen wird, verweist ein Teil der Rechtsprechung darauf, dass dem Detektiv für die Aussage seiner i.R.d. Detektivtätigkeit beobachteten Ereignisse, die unzweifelhaft zu seiner Arbeitstätigkeit zählen, ein Lohnanspruch gegen seinen Arbeitgeber zusteht. Eine Kürzung des Gehaltes für solche Verhinderungen an der eigentlichen Arbeit sei dann aber gänzlich ausgeschlossen, sodass weder dem Zeugen noch seinem Arbeitgeber ein Erstattungsanspruch zustünde.[27]

---

25 LG Dresden, Beschl. v. 22.06.2005 – 10 O 2618/04, in Rpfleger 05.633.

26 OLG Hamm, in MDR 91.263 und Beschl. v. 11.02.1997 – 26 U 77/96 –.

27 AG Bonn, Beschl. v. 21.07.1997 – 71 Ds 40/97; Beschl. v. 27.10.1997 – 73 Ds 95/97; LG Düsseldorf, Beschl. v. 19.04.2010 – 10 KLs 18/09.

Dem kann nicht gefolgt werden. Wenn und soweit ein Detektiv nachweist, dass sein Lohn vom Arbeitgeber gekürzt wird, ist ihm Verdienstausfall zu erstatten. Ein Verweis auf die vermeintlichen Pflichten seines Arbeitgebers aus dem jeweiligen Arbeitsverhältnis ist nicht angemessen.

Auch die Entschädigung von **selbstständigen** Detektiven wird unterschiedlich gehandhabt.

Auch hier verweist ein Teil der Rechtsprechung darauf,[28] dass zur Arbeit eines Detektivs nicht nur die in den Kaufhäusern ausgeübte Überwachungstätigkeit, die er regelmäßig ausführt, sondern auch solche Tätigkeiten zählen, die sich als Fortsetzung und Ergänzung seiner Arbeit darstellen. Dies sei auch bei einer strafrechtlichen Verfolgung eines von dem Zeugen beobachteten Ladendiebstahls zweifellos der Fall. Der Zeuge habe kein eigenes – privates – Interesse an dem Strafverfahren, sondern seine Aussage sei eine direkte Folge seiner beruflichen Tätigkeit und daher seiner Arbeit zuzuordnen. Demgemäß bestehe ein Erstattungsanspruch gegen den (damaligen) Auftraggeber.

Dem kann ebenfalls nicht gefolgt werden. Eine Verlagerung der Erstattungspflicht ist nicht angemessen.

Bei einer nur kurzfristigen Unterbrechung seiner Tätigkeit kann von einem selbstständigen Detektiv erwartet werden, dass er seine Tätigkeit zu einem anderen Zeitpunkt fortsetzt, sodass ein Verdienstausfall nicht entstehen wird. Wird ein Detektiv aber von seinem Auftraggeber für einen ganzen Arbeitstag »gebucht«, werden bis zu 10 Stunden als Verdienstsaufall zu entschädigen sein.[29]

XVI. Sonstige selbstständige Erwerbstätige

a) Für die Bemessung des Verdienstausfalles eines als Zeugen hinzugezogenen selbstständigen **Landwirtes** lassen sich allgemeingültige Regeln nicht aufstellen. Ob und in welcher Höhe ein Verdienstausfall eingetreten ist, wird nach den örtlichen Verhältnissen, der Größe und Ertragsfähigkeit des landwirtschaftlichen Betriebes sowie nach der Art der Bewirtschaftung zu beurteilen sein. I.d.R. wird ein Anspruch auf Entschädigung für Verdienstausfall dann zu bejahen sein, wenn der Zeuge in seinem Betrieb selbst mitarbeitet. Dabei braucht die Mitarbeit nicht eine rein körperliche zu sein, es genügt vielmehr, wenn sich der Landwirt in irgendeiner Weise in seinem Betrieb betätigt. **18**
Da bei selbst mitarbeitenden Landwirten ein Verdienstausfall ohne Weiteres anzunehmen ist, wird auch die Zahlung der Entschädigung nicht von der Beibringung eines besonderen Nachweises über das Entstehen des Erwerbsverlustes abhängig zu machen sein.

28 AG Bonn, Beschl. v. 27.07.2005 – 71 Ds 464/04; AG Königswinter, Beschl. v. 18.05.2007 – 20 Cs 590/06.

29 OLG Hamm, Beschl. v. 15.12.2005 – 4 Ws 357/05 –.

b) **Selbstständige Kaufleute und Handwerker** haben im Allgemeinen ohne Nachweis einen Anspruch auf Entschädigung für Verdienstausfall.
c) **Inhaber großer Betriebe, geschäftsführende Gesellschafter oder leitende Angestellte** werden i.d.R. bei nur kurzer Abwesenheit einen Erwerbsverlust dann nicht haben, wenn sie lediglich die Aufsicht führen und der Geschäftsbetrieb auch ohne sie weiterläuft.[30] Ihnen kann jedoch ggf. die Nachteilsentschädigung gewährt werden.[31]

Bei längerer Abwesenheit kann aber auch in größeren Betrieben die Abwesenheit des Inhabers stören und zu Einkommensverlusten führen.[32] Nach Lage des Einzelfalles wird zu entscheiden sein, ob und in welcher Höhe eine Erwerbsversäumnis eingetreten und zu erstatten ist; u.U. kann sich eine Glaubhaftmachung empfehlen.[33]

XVII. Weitere Erwerbstätige

19 a) Bei **Geschäftsreisenden**, die i.d.R. neben einem festen Monatsgehalt noch Reisespesen sowie eine Provision beziehen, kommt als Verdienstausfall, sofern nicht eine Bescheinigung über einen Gehaltsabzug vorgelegt wird, nur die Provision in Betracht, da die Spesen lediglich einen Ersatz für Aufwendungen darstellen, die bei der Heranziehung als Zeuge nach den §§ 6 und 7 erstattet werden.

Macht der Zeuge glaubhaft, dass er die ihm pauschal gewährten Spesen regelmäßig nicht voll verausgabt und der ersparte Teil eine regelmäßige Einnahme darstellt, kann auch die insoweit entgangene Einnahme als Verdienstausfall geltend gemacht werden.

Der sichere Nachweis einer entgangenen Provision ist – insb. bei Versicherungsagenten – i.d.R. nicht zu verlangen. Die Entschädigung wird vielmehr aufgrund der von dem Zeugen gegebenen mündlichen Erläuterung nach freiem Ermessen zu gewähren sein.

Dass der Zeuge eine sonst für den Terminstag geplante Geschäftsreise nicht durchführen kann, wird i.d.R. noch nicht ausreichen, ihm den Verdienstausfall (Provisionsverlust) für einen ganzen Tag zu erstatten. Der Zeuge wird, insb. bei kurzer Terminsdauer, glaubhaft machen müssen, dass er keine Gelegenheit hat, noch am Terminstage anderweitig, z.B. am Ort seiner gewerblichen Niederlassung, seinen Geschäften nachzugehen. Wird eine Entschädigung für den Verdienstausfall eines ganzen Tages begehrt, so wird eine ausführliche Begründung, die eine Nachprüfung ermöglicht, notwendig sein. Eine Entschädigung kann jedenfalls dann nicht gewährt werden, wenn der Zeuge die verbleibenden

---

30 OLG Hamm, in OLGR 93.315 zum ZSEG.
31 OLG Koblenz, in JurBüro 82.1056; in JurBüro 91.85 zum ZSEG.
32 KG in KostRsp. JVEG § 22 Nr. 1 = MDR 07.920; BGH, in KostRsp. JVEG § 20 Nr. 2 = JurBüro 09.141 = MDR 09.239.
33 SchlHOLG in SchlHA 92.84 zum ZSEG.

Stunden für allgemeine Büroarbeiten nutzen konnte, wie sie bei einem Selbstständigen i.d.R. anfallen.[34]

b) Ein Zeuge, dem z.B. als **Monteur** eine **»Auslösung«** für Mehraufwendungen an einem auswärtigen Beschäftigungsort vom Arbeitgeber gewährt wird, hat grds. keinen Anspruch auf Erstattung der durch die Zeugenvernehmung entgangenen Auslösung, da diese nur zur Deckung der Mehrausgaben bestimmt ist.[35] Die Auslösung wird ihm nur deswegen vom Arbeitgeber für den Tag seiner Heranziehung als Zeuge nicht gewährt werden, weil an diesem Tag die Mehraufwendungen, zu deren Deckung die Auslösung bestimmt ist, nicht entstehen.
Macht jedoch der Zeuge glaubhaft, dass er die Auslösung regelmäßig nicht in voller Höhe verbraucht, sodass der nicht verbrauchte Teil für ihn zum regelmäßigen Einkommen geworden ist, so ist ihm die Höhe dieses regelmäßig nicht verbrauchten Teils der Auslösung als Verdienstausfall zu erstatten.

c) Ein **Fernfahrer**, dessen Lastzug nach einem bestimmten Fahrplan fahren und für den infolge der Zeugenvernehmung ein Ersatzmann einspringen muss, kann, falls er keine anderweitige Beschäftigung für diese Zeit findet, Verdienstausfallentschädigung u.U. für mehrere Tage beanspruchen. Er hat jedoch keinen Anspruch auf eine Entschädigung für Verdienstausfall, wenn sein Arbeitgeber selbst den Ersatzfahrer für die Fernfahrt entlohnt hat und dem Zeugen kein Lohnausfall erwachsen ist.
Erstreckt sich die zusammenhängende Arbeitsschicht, wie häufig bei Fernfahrern, auf mehrere Tage, so ist der Verdienstausfall für die ganze Schicht mit Hin- und Rückfahrt, die er infolge seiner Heranziehung als Zeuge versäumt,[36] zu entschädigen.
Hat ein Fernfahrer, um eine Fernfahrt für seinen Arbeitgeber durchführen zu können und Verdienstausfall in hohem Maße zu vermeiden, den Beweistermin verlegen lassen und nicht darauf hingewiesen, dass am neuen Termin die gleiche Situation vorlag, so kann ihm Verdienstausfall nur für einen Tag gewährt werden.[37]

d) Ein **Auszubildender** erleidet keinen Verdienstausfall. Seine Heranziehung als Zeuge ist eine Verhinderung i.S.d. § 616 Abs. 1 Satz 1 BGB und des § 12 Abs. 1 Nr. 2 b Berufsbildungsgesetz (BBiG).
Während § 616 Abs. 1 BGB abbedungen werden kann, ist die Regelung des § 12 Abs. 1 Nr. 2 b BBiG unabdingbar.[38] Nach § 18 BBiG ist eine Vereinbarung, die zuungunsten des Auszubildenden von den §§ 3 bis 17 BBiG abweicht, nichtig. Der Ausbildende ist mithin in jedem Fall kraft Gesetzes verpflichtet, dem

34 OLG Hamm, Beschl. v. 28.04.1995 – 30 U 249/63 – zum ZSEG.
35 AG Bremen, in KRspr. § 2 ZSEG Nr. 14 m. Anm. von Lappe.
36 AG Krefeld, in KRspr. § 2 Nr. 15.
37 LG Coburg, in JurBüro 90.1515.
38 Das Deutsche Bundesrecht, Abschnitt III B 70 – S. 56, 57 –, Erläuterungen zu § 12 BBiG.

Auszubildenden, der während der Ausbildung als Zeuge herangezogen wird, die Ausbildungsvergütung unverkürzt zu zahlen.[39] Daraus folgt, dass der Auszubildende keinen Anspruch auf eine Verdienstausfallentschädigung nach § 22 haben kann.[40] Ihm kann jedoch die Nachteilsentschädigung nach § 20 gewährt werden, sofern die Voraussetzungen dafür vorliegen.

e) Ein Arbeitnehmer, der wegen einer Verletzung arbeitsunfähig ist und **Krankenbezüge** erhält, erleidet, wenn er in dieser Zeit als Zeuge herangezogen wird, keinen Nachteil und hat daher auch keinen Anspruch auf Entschädigung nach § 22.

f) Ein Zeuge, der infolge seiner Heranziehung den Anspruch auf Zahlung einer **Anwesenheitsprämie** durch den Arbeitgeber verliert, hat einen Anspruch auf Erstattung dieses Verdienstausfalles.[41]

g) Die Dienstausgleichszulage und die Zulage für Dienst zu ungünstigen Zeiten – s.a. Rdn. 15 lit. b) – sind einem **Soldaten** als Verdienstausfall zu erstatten.

Bei der Dienstausgleichszulage handelt es sich nicht um eine Aufwandsentschädigung sondern um eine Vergütung.[42]

XVIII. Heranziehung eines Zeugen während des Urlaubs

20 a) Der **während seines bezahlten Urlaubs** herangezogene Zeuge erleidet keinen »Verdienstausfall«, da während des Urlaubes sein Arbeitsentgelt weiter gezahlt wird. Er erfährt durch die Kürzung seines der Erholung dienenden Urlaubes keine Vermögenseinbuße, sondern einen Nachteil i.S.d. § 20. Er hat daher lediglich einen Anspruch auf die Nachteilsentschädigung von 3,00 € je Stunde.[43]

---

39 *Herkert*, Berufsbildungsgesetz, Stand: 01.07.1994 – Anm. 12, 31 zu § 12 BBiG.

40 AG Berlin-Tiergarten, in KostRsp. JVEG § 22 Nr. 2; a.A.: OLG Hamm, in KRspr. § 2 ZSEG Nr. 85 LS.

41 A.A.: LG Essen, in Rpfleger 73.379 – hält den Arbeitgeber für verpflichtet, die Anwesenheitsprämie weiterzuzahlen, wenn der Arbeitnehmer seiner staatsbürgerlichen Pflicht, als Zeuge vor Gericht zu erscheinen, nach kommt –.

42 SchlHOLG in SchlHA 95.36.

43 LG Bamberg, in JVBl. 72.23; LG Bremen, in KRspr. § 2 ZSEG Nr. 51; OLG München, in Rpfleger 73.190 = BayJMBl. 73.60 = JurBüro 73.349 und in Rpfleger 81.31; OVG Niedersachsen in JurBüro 83.1180; KG in JurBüro 83.738 = Rpfleger 83.172; OLG Köln, in JurBüro 86.445; OLG Koblenz, in MDR 86.328 = AnwBl. 86.253; OVG Rheinland-Pfalz (Koblenz) in JurBüro 88.921 = NJW 88.1807; VG Karlsruhe, in KRspr. § 2 ZSEG Nr. 74 m. Anm. von *Noll*; LG Göttingen, in Nds.Rpfl. 90.233 = JurBüro 90.1326; OLG Stuttgart, in Justiz 90.409; SchlHOLG in SchlHA 91.84 = JurBüro 91.545 und in SchlHA 91.162; OLG Hamm, in Rpfleger 91.266 = JurBüro 91.994; OLG Stuttgart, in JurBüro 92.123 = Justiz 92.66; LAG Düsseldorf, in JurBüro 92.686 m. Anm. von *Mümmler*; LG Freiburg, in MDR 93.89 = Justiz 93.121; OVG Nordrhein-Westfalen, Beschl. v. 05.09.1994 – 11 E 166/94, in Juris/ZSEG; SG Hamburg in Juris/ZSEG; OLG Hamm, in Rpfleger 96.420; OLG Düsseldorf, in MDR 97.1070; OLG Düsseldorf, in JMBl. NW. 98.94 = NStZ-RR 98.157 – alle zum ZSEG –.

Die teilweise vertretene Auffassung,[44] dass der im Urlaub vernommene Zeuge statt des Anspruches auf die Nachteilsentschädigung einen Anspruch auf Entschädigung für »Verdienstausfall« hat, vermag nicht zu überzeugen.
Der Zeuge, der in einem festen Arbeitsverhältnis steht und während seines bezahlten Urlaubs vernommen wird, hat keine »Einkommensminderung« hinzunehmen. Die »Unterbrechung« seines Urlaubes ist ein »immaterieller« Nachteil, für den das Gesetz nur die Entschädigung nach § 20 vorsieht. Das muss auch dann gelten, wenn eine Partei, die zu einer notwendigen Wahrnehmung eines auswärtigen Termins bezahlten Urlaub nimmt, gegen den unterlegenen Prozessgegner nach § 91 Abs. 1 Satz 2 ZPO eine »Verdienstausfallentschädigung« geltend macht.[45]

b) Einen Verdienstausfallausgleich nach § 22 kann der während des Urlaubs herangezogene Zeuge nur dadurch erhalten, dass er für die Zeit, um die sein normaler Urlaub durch die Zeugenvernehmung verkürzt worden ist, **unbezahlten Urlaub** nimmt. Dadurch erleidet er einen Verdienstausfall i.H.d. regelmäßigen Bruttoverdienstes. Er hat in diesem Fall für die durch seine Inanspruchnahme erforderliche Zeit einen Anspruch auf die Verdienstausfallentschädigung genauso, als ob er den Beweistermin ohne ausdrückliche Beurlaubung wahrgenommen hätte.[46] Die Verdienstausfallentschädigung nach § 22 ist dem Zeugen zu gewähren, wenn er innerhalb der Frist des § 2 Abs. 1 durch eine Bescheinigung seines Arbeitgebers nachweist, dass er seinen Urlaub zur Wahrnehmung seiner Zeugenpflicht unterbrochen oder dass er zum Ausgleich für die Verkürzung des Erholungsurlaubes unbezahlten Urlaub genommen hat und wie hoch der regelmäßige Bruttoverdienst ist.

c) Ein Zeuge, der für die Dauer seiner Inanspruchnahme **Zeitguthaben** aus Überstunden verwendet, kann mangels eines Verdienstausfalls keine Entschädigung nach § 22, sondern nur die Nachteilsentschädigung nach § 20 erhalten.[47]

d) Ein im **öffentlichen Dienst** stehender Zeuge, der für die Wahrnehmung des Beweistermins Urlaub nimmt, erleidet einen Nachteil und hat Anspruch auf die Entschädigung nach § 20.[48]

XIX. Gefangene als Zeugen

a) Gefangene erhalten **Ersatz einer entgangenen Zuwendung** der Vollzugsbehörde, sofern sie nicht einen Verdienstausfall aus einem privatrechtlichen Arbeitsverhältnis 21

44 OLG Frankfurt am Main, in JurBüro 81.1700; OLG Celle, in JurBüro 82.107 = KRspr. § 2 ZSEG Nr. 60 LS m.w.N.; OLG Karlsruhe, in Justiz 87.156; LG Freiburg, in MDR 93.89 = NStZ 93.89 = Justiz 93.122; AG Lübeck, in Rpfleger 95.127 zum ZSEG.

45 A.A. LG Augsburg, in JurBüro 88.1573 m. krit. Anm. von *Mümmler*.

46 OLG Frankfurt am Main, in JurBüro 81.1700 zum ZSEG.

47 KG in JurBüro 83.738 = Rpfleger 83.172 zum ZSEG; a.A.: AG Lübeck, in Rpfleger 95.127.

48 LG Kiel, in KRspr § 91 ZPO (B-Auslagen) Nr. 137 LS.

haben. Zuwendungen der Vollzugsbehörde sind Arbeits- und Leistungsbelohnung, Übergangsgeld, Ausbildungsbeihilfe, Taschengeld und Billigkeitsentschädigungen für Zeiten, in denen der Gefangene unverschuldet nicht arbeiten konnte.
Die Höhe der entgangenen Zuwendung ist i.d.R. durch eine entsprechende Bescheinigung der Justizvollzugsanstalt nachzuweisen.[49]

b) Die Kosten der **Begleitperson** eines als Zeugen geladenen Gefangenen oder im Maßregelvollzug Untergebrachten sind keine Aufwendungen des Zeugen, die nach dem JVEG zu ersetzen sind.[50]

XX. Erwerbsverluste Dritter

22 Erstattungsfähig können u.U. auch Erwerbsverluste sein, die ein Dritter infolge der Heranziehung des Zeugen erlitten hat. Das kann in Betracht kommen, wenn der berufstätige Ehegatte eines Zeugen während dessen Inanspruchnahme seiner Arbeitsstelle fernbleibt, um während dieser Zeit den Haushalt und die Kinder zu versorgen. Der dadurch eintretende Verdienstausfall trifft nicht nur den Ehegatten, sondern »mittelbar« auch den Zeugen selbst, der damit einen Entschädigungsanspruch nach § 22 hat.

Das gilt auch dann, wenn eine im Geschäft ihres Ehemannes unentgeltlich mitarbeitende Ehefrau als Zeugin herangezogen wird und durch ihre dadurch bedingte Abwesenheit ein Einnahmeverlust eintritt, der letztlich auch sie betrifft.

§ 23 JVEG Entschädigung Dritter

(1) Soweit von denjenigen, die Telekommunikationsdienste erbringen oder daran mitwirken (Telekommunikationsunternehmen), Anordnungen zur Überwachung der Telekommunikation umgesetzt oder Auskünfte erteilt werden, für die in der Anlage 3 zu diesem Gesetz besondere Entschädigungen bestimmt sind, bemisst sich die Entschädigung ausschließlich nach dieser Anlage.

(2) Dritte, die aufgrund einer gerichtlichen Anordnung nach § 142 Abs. 1 Satz 1 oder § 144 Abs. 1 der Zivilprozessordnung Urkunden, sonstige Unterlagen oder andere Gegenstände vorlegen oder deren Inaugenscheinnahme dulden, sowie Dritte, die aufgrund eines Beweiszwecken dienenden Ersuchens der Strafverfolgungsbehörde

1. Gegenstände herausgeben (§ 95 Abs. 1, § 98a der Strafprozessordnung) oder die Pflicht zur Herausgabe entsprechend einer Anheimgabe der Strafverfolgungsbehörde abwenden oder

---

49 *Hessen*: RdErl. d. MdJuE vom 07.05.1997 (4446 – IV/8 – 1217/96) – JMBl. S. 474 – Gült.-Verz.Nr. 2107, 245 –; *Sachsen-Anhalt*: AV. d. MJ vom 27.05.1991 – 4520 – 403.3 – MBl. LSA S. 338 –; *Berlin*: Ausführungsvorschrift zu § 47 StVollzG vom 23.03.1992 (ABl. Berlin S. 1138); *Thür.*: VV des Thür. JM vom 16.11.1991 – 4520 – 4 – 4191 – JMBl. 93 S. 205 –.

50 OLG Koblenz, in JBl. RP 91.93 = JurBüro 91.593 = NStZ 91.345 zum ZSEG.

2. in anderen als den in Absatz 1 genannten Fällen Auskunft erteilen, werden wie Zeugen entschädigt.

Bedient sich der Dritte eines Arbeitnehmers oder einer anderen Person, werden ihm die Aufwendungen dafür (§ 7) im Rahmen des § 22 ersetzt; § 19 Abs. 2 und 3 gilt entsprechend.

(3) Die notwendige Benutzung einer eigenen Datenverarbeitungsanlage für Zwecke der Rasterfahndung wird entschädigt, wenn die Investitionssumme für die im Einzelfall benutzte Hard- und Software zusammen mehr als 10 000 Euro beträgt. Die Entschädigung beträgt

1. bei einer Investitionssumme von mehr als 10 000 bis 25 000 Euro für jede Stunde der Benutzung 5 Euro; die gesamte Benutzungsdauer ist auf volle Stunden aufzurunden;
2. bei sonstigen Datenverarbeitungsanlagen
   a) neben der Entschädigung nach Absatz 2 für jede Stunde der Benutzung der Anlage bei der Entwicklung eines für den Einzelfall erforderlichen, besonderen Anwendungsprogramms 10 Euro und
   b) für die übrige Dauer der Benutzung einschließlich des hierbei erforderlichen Personalaufwands ein Zehnmillionstel der Investitionssumme je Sekunde für die Zeit, in der die Zentraleinheit belegt ist (CPU-Sekunde), höchstens 0,30 Euro je CPU-Sekunde.

Die Investitionssumme und die verbrauchte CPU-Zeit sind glaubhaft zu machen.

(4) Der eigenen elektronischen Datenverarbeitungsanlage steht eine fremde gleich, wenn die durch die Au!skunftserteilung entstandenen direkt zurechenbaren Kosten (§ 7) nicht sicher feststellbar sind.

Anlage 3 (zu § 23 Abs. 1)

Nr.	Tätigkeit	Höhe
Allgemeine Vorbemerkung: (1) Die Entschädigung nach dieser Anlage schließt alle mit der Erledigung des Ersuchens der Strafverfolgungsbehörde verbundenen Tätigkeiten des Telekommunikationsunternehmens sowie etwa anfallende sonstige Aufwendungen (§ 7 JVEG) ein. (2) Für Leistungen, die die Strafverfolgungsbehörden über eine zentrale Kontaktstelle des Generalbundesanwalts, des Bundeskriminalamtes, der Bundespolizei oder des Zollkriminalamtes oder über entsprechende für ein Bundesland oder für mehrere Bundesländer zuständige Kontaktstellen anfordern und abrechnen, ermäßigen sich die Entschädigungsbeträge nach den Nr. 100, 101, 300 bis bis 312, 400 und 401 um 20 Prozent, wenn bei der Anforderung darauf hingewiesen worden ist, dass es sich bei der anfordernden Stelle um eine zentrale Kontaktstelle handelt.		

Nr.	Tätigkeit	Höhe
	Abschnitt 1. Überwachung der Telekommunikation	
	Vorbemerkung 1: (1) Die Vorschriften dieses Abschnitts gelten für die Heranziehung im Zusammenhang mit Funktionsprüfungen der Aufzeichnungs- und Auswertungseinrichtungen der berechtigten Stellen entsprechend. (2) Leitungskosten werden nur entschädigt, wenn die betreffende Leitung innerhalb des Überwachungszeitraums mindestens einmal zur Übermittlung überwachter Telekommunikation an die Strafverfolgungsbehörde genutzt worden ist. (3) Für die Überwachung eines Voice-over-IP-Anschlusses oder eines Zugangs zu einem elektronischen Postfach richtet sich die Entschädigung für die Leitungskosten nach den Nummern 102 bis 104. Dies gilt auch für die Überwachung eines Mobilfunkanschlusses, es sei denn, dass auch die Überwachung des über diesen Anschluss abgewickelten Datenverkehrs angeordnet worden ist und für die Übermittlung von Daten Leitungen mit Übertragungsgeschwindigkeiten von mehr als 144 kbit/s genutzt werden müssen und auch genutzt worden sind. In diesem Fall richtet sich die Entschädigung einheitlich nach den Nummern 111 bis 113.	
100	Umsetzung einer Anordnung zur Überwachung der Telekommunikation, unabhängig von der Zahl der dem Anschluss zugeordneten Kennungen:	
	je Anschluss	100,00 €
	Mit der Entschädigung ist auch der Aufwand für die Abschaltung der Maßnahme entgolten.	
101	Verlängerung einer Maßnahme zur Überwachung der Telekommunikation oder Umschaltung einer solchen Maßnahme auf Veranlassung der Strafverfolgungsbehörde auf einen anderen Anschluss dieser Stelle	35,00 €
	Leitungskosten für die Übermittlung der zu überwachenden Telekommunikation: für jeden überwachten Anschluss,	
102	wenn die Überwachungsmaßnahme nicht länger als eine Woche dauert	24,00 €
103	wenn die Überwachungsmaßnahme länger als eine Woche, jedoch nicht länger als 2 Wochen dauert	42,00 €
104	wenn die Überwachungsmaßnahme länger als 2 Wochen dauert: je angefangenen Monat	75,00 €
	Der überwachte Anschluss ist ein ISDN-Basisanschluss:	
105	Die Entschädigung nach Nr. 102 beträgt	40,00 €
106	Die Entschädigung nach Nr. 103 beträgt	70,00 €
107	Die Entschädigung nach Nr. 104 beträgt	125,00 €

Nr.	Tätigkeit	Höhe
	Der überwachte Anschluss ist ein ISDN-Primärmultiplexanschluss:	
108	Die Entschädigung nach Nr. 102 beträgt	490,00 €
109	Die Entschädigung nach Nr. 103 beträgt	855,00 €
110	Die Entschädigung nach Nr. 104 beträgt	1.525,00 €
	Der überwachte Anschluss ist ein digitaler Teilnehmeranschluss mit einer Übertragungsgeschwindigkeit von mehr als 144 kbit/s, aber kein ISDN-Primärmultiplexanschluss:	
111	Die Entschädigung nach Nr. 102 beträgt	65,00 €
112	Die Entschädigung nach Nr. 103 beträgt	110,00 €
113	Die Entschädigung nach Nr. 104 beträgt	200,00 €
	Abschnitt 2. Auskünfte über Bestandsdaten	
200	Auskunft über Bestandsdaten nach § 3 Nr. 3 TKG, sofern 1. die Auskunft nicht über das automatisierte Auskunftsverfahren nach § 112 TKG erteilt werden kann und die Unmöglichkeit der Auskunftserteilung auf diesem Wege nicht vom Unternehmen zu vertreten ist und 2. für die Erteilung der Auskunft nicht auf Verkehrsdaten zurückgegriffen werden muss: je angefragten Kundendatensatz	18,00 €
201	Auskunft über Bestandsdaten, zu deren Erteilung auf Verkehrsdaten zurückgegriffen werden muss: für bis zu 10 in demselben Verfahren gleichzeitig angefragte Kennungen, die der Auskunftserteilung zugrunde liegen Bei mehr als 10 angefragten Kennungen wird die Pauschale für jeweils bis zu 10 weitere Kennungen erneut gewährt. Kennung ist auch eine IP-Adresse.	35,00 €
	Abschnitt 3. Auskünfte über Verkehrsdaten	
300	Auskunft über gespeicherte Verkehrsdaten: für jede Kennung, die der Auskunftserteilung zugrunde liegt .... Die Mitteilung der die Kennung betreffenden Standortdaten ist mit abgegolten.	30,00 €
301	Die Auskunft wird im Fall der Nummer 300 aufgrund eines einheitlichen Ersuchens auch oder ausschließlich für künftig anfallende Verkehrsdaten zu bestimmten Zeitpunkten erteilt:	

Nr.	Tätigkeit	Höhe
	für die zweite und jede weitere in dem Ersuchen verlangte Teilauskunft	10,00 €
302	Auskunft über gespeicherte Verkehrsdaten zu Verbindungen, die zu einer bestimmten Zieladresse hergestellt wurden, durch Suche in allen Datensätzen der abgehenden Verbindungen eines Betreibers (Zielwahlsuche):	
	je Zieladresse	90,00 €
	Die Mitteilung der Standortdaten der Zieladresse ist mit abgegolten.	
303	Die Auskunft wird im Fall der Nummer 302 aufgrund eines einheitlichen Ersuchens auch oder ausschließlich für künftig anfallende Verkehrsdaten zu bestimmten Zeitpunkten erteilt:	
	für die zweite und jede weitere in dem Ersuchen verlangte Teilauskunft	70,00 €
304	Auskunft über gespeicherte Verkehrsdaten für eine von der Strafverfolgungsbehörde benannte Funkzelle (Funkzellenabfrage)	30,00 €
305	Auskunft über gespeicherte Verkehrsdaten für mehr als eine von der Strafverfolgungsbehörde benannte Funkzelle:	
	Die Pauschale 304 erhöht sich für jede weitere Funkzelle um	4,00 €
306	Auskunft über gespeicherte Verkehrsdaten in Fällen, in denen lediglich Ort und Zeitraum bekannt sind:	
	Die Abfrage erfolgt für einen bestimmten, durch eine Adresse bezeichneten Standort	60,00 €
	Die Auskunft erfolgt für eine Fläche:	
307	– Die Entfernung der am weitesten voneinander entfernten Punkte beträgt nicht mehr als 10 Kilometer:	
	Die Entschädigung nach Nummer 306 beträgt	190,00 €
308	– Die Entfernung der am weitesten voneinander entfernten Punkte beträgt mehr als 10 und nicht mehr als 25 Kilometer:	
	Die Entschädigung nach Nummer 306 beträgt	490,00 €
309	– Die Entfernung der am weitesten voneinander entfernten Punkte beträgt mehr als 25, aber nicht mehr als 45 Kilometer:	
	Die Entschädigung nach Nummer 306 beträgt	930,00 €

Nr.	Tätigkeit	Höhe
	Liegen die am weitesten voneinander entfernten Punkte mehr als 45 Kilometer auseinander, ist für den darüber hinausgehenden Abstand die Entschädigung nach den Nummern 307 bis 309 gesondert zu berechnen.	
310	Die Auskunft erfolgt für eine bestimmte Wegstrecke:	
	Die Entschädigung nach Nummer 306 beträgt für jeweils angefangene 10 Kilometer Länge	110,00 €
311	Umsetzung einer Anordnung zur Übermittlung künftig anfallender Verkehrsdaten in Echtzeit:	
	je Anschluss	100,00 €
	Mit der Entschädigung ist auch der Aufwand für die Abschaltung der Übermittlung und die Mitteilung der den Anschluss betreffenden Standortdaten entgolten.	
312	Verlängerung der Maßnahme im Fall der Nummer 311	35,00 €
	Leitungskosten für die Übermittlung der Verkehrsdaten in den Fällen der Nummern 311 und 312:	
313	– wenn die Dauer der angeordneten Übermittlung nicht länger als eine Woche dauert	8,00 €
314	– wenn die Dauer der angeordneten Übermittlung länger als eine Woche, jedoch nicht länger als zwei Wochen dauert	14,00 €
315	– wenn die Dauer der angeordneten Übermittlung länger als zwei Wochen dauert:	
	je angefangenen Monat	25,00 €
316	Übermittlung der Verkehrsdaten auf einem Datenträger	10,00 €
	Abschnitt 4. Sonstige Auskünfte	
400	Auskunft über den letzten dem Netz bekannten Standort eines Mobiltelefons (Standortabfrage)	90,00 €
401	Auskunft über die Struktur von Funkzellen: je Funkzelle	35,00 €

Übersicht **Rdn.**

I. Vorbemerkung

1 § 23 wurde durch das Gesetz zur Neuordnung der Entschädigung von Telekommunikationsunternehmen für die Heranziehung i.R.d. Strafverfolgung (TK-Entschädigungs-Neuordnungsgesetz – TKEntschNeuOG) vom 29.04.2009 mit Wirkung vom 01.07.2009 vollständig neu gefasst. Die Entschädigung von Telekommunikationsanbietern wurde in einer neuen Anlage 3 geregelt. § 110 Abs. 9 TKG wurde zeitgleich aufgehoben.

II. Telekommunikationsunternehmen

2 Durch die in den letzten Jahren erheblich gestiegene Anzahl von Maßnahmen zur Überwachung der Telekommunikation und von Auskunftsersuchen über Bestands-, Verkehrs- und Standortdaten wurden die Telekommunikationsunternehmen in immer stärkerem Maße in die Aufgaben staatlicher Stellen eingebunden. Die Entschädigungen dafür wurden von den Telekommunikationsunternehmen als nicht angemessen und das Abrechnungsverfahren als zu kompliziert kritisiert.

Nach dem TKEntschNeuOG wird nunmehr berücksichtigt, dass die Telekommunikationsunternehmen als Ermittlungshelfer der Strafverfolgungsbehörden häufig Tätigkeiten ausüben, die über die Auskunftserteilung hinausgehen. Ebenfalls berücksichtigt ist der Umstand, dass die Unternehmen eine 24-Stunden-Bereitschaft gewährleisten und Maßnahmen z.T. auch außerhalb der üblichen Arbeitszeit durchgeführt werden müssen.

Die Gesetzesbegründung (BT-Drucks. 16/7103, S. 8) führt dazu aus:

Eine stark pauschalierende Regelung unterstützt das Bestreben nach Einrichtung elektronischer Schnittstellen, verbunden mit einer Sammelabrechnung der erbrachten Leistungen. Eine Sammelabrechnung setzt voraus, dass die zentrale Abrechnungsstelle die Abrechnungsdaten für das einzelne Verfahren nicht an den Bedarfsträger mitteilen muss, weil dies ansonsten zu einer erheblichen Mehrbelastung insbesondere für die Länder führen würde. Der Verzicht der Aufteilung der Kosten auf die einzelnen Verfahren ist jedoch nur möglich, wenn die Strafverfolgungsbehörde die Berechnung der Höhe der Entschädigung ohne großen Aufwand aufgrund der veranlassten Maßnahme selbst vornehmen kann, ohne die Abrechnung des Unternehmens einzusehen.

Der Bemessung der Entschädigungssätze liegen folgende Überlegungen zugrunde:

Soweit die Unternehmen Auskünfte aus vorhandenem Datenmaterial erteilen, auf das sie ohne weiteres zugreifen können, ist die Entschädigung so kalkuliert, dass die Aufwendungen für den Einsatz eines Arbeitnehmers wie bei sonstigen Dritten mit 17 Euro je Stunde entsprechend der Regelung im geltenden § 23 Abs. 2 JVEG entschädigt werden.

Soweit die Unternehmen als Ermittlungshelfer der Strafverfolgungsbehörden Tätigkeiten ausüben, die über die Auskunftserteilung hinausgehen, werden die Personalkosten in tatsächlicher Höhe in die Berechnung einbezogen und eine Sachkostenpauschale berücksichtigt.

Für Tätigkeiten, die auch außerhalb der üblichen Arbeitszeiten erbracht werden müssen, wird das Bruttoentgelt in einer Größenordnung von 20 Prozent erhöht.

Den tatsächlich erforderlichen Zeiten für eine Maßnahme, die ohne jegliche Schwierigkeiten verläuft, wird ein Aufschlag in der Größenordnung von 25 Prozent hinzugerechnet, um den Mehraufwand zu entgelten, der bei Rückfragen oder Übermittlungsproblemen anfällt.

Für die Nutzung der Leitungen zur Übermittlung der zu überwachenden Telekommunikation werden Flatrates vorgeschlagen, die den marktüblichen Tarifen in etwa entsprechen.

Telekommunikationsunternehmen, die Maßnahmen der Strafverfolgungsbehörden 3
ausführen oder Auskünfte erteilen, für die in der neuen Anlage 3 zu diesem Gesetz besondere Entschädigungen bestimmt sind, erhalten Entschädigungen **ausschließlich** nach dieser Anlage. Die sonstigen Regelungen des § 23 JVEG sind in diesen Fällen nicht mehr anwendbar.

Vorbemerkung 4

Die Ergänzung der Überschrift dient der Unterscheidung von der Vorbemerkung vor Nummer 100, die künftig »Allgemeine Vorbemerkung« heißen soll (folgender Buchstabe b). Wie in den Kosten- und Vergütungsverzeichnissen sollen die Vorbemerkungen im Übrigen grundsätzlich mit Nummern versehen werden, die sich an der Gliederungseinheit orientieren, zu der sie gehören. Dies dient einer verbesserten Zitierfähigkeit. Da die hier betroffene Vorbemerkung die gesamte Anlage betrifft wird als Bezeichnung »Allgemeine Vorbemerkung« vorgeschlagen.Mit der vorgeschlagenen Ergänzung des Absatzes 2 der Vorbemerkung soll die Beantragung der Entschädigung für die Unternehmen erleichtert werden. Wegen der Vielzahl möglicher zentraler Kontaktstellen ist es für die Unternehmen oftmals nicht erkennbar, ob es sich bei der beauftragenden Stelle um eine solche handelt. Dies macht oft Rückfragen erforderlich. Mit der Änderung soll erreicht werden, dass bereits bei der Erteilung des Auftrags auf die Eigenschaft einer zentralen Kontaktstelle hingewiesen wird. Dies könnte z.B. auch dadurch geschehen, dass bei der Absenderangabe der Zusatz »als zentrale Kontaktstelle« verwendet wird.

Zu b):

Zur Verbesserung der Zitierfähigkeit soll die Vorbemerkung künftig »Vorbemerkung 1« heißen, weil sie für Abschnitt 1 gilt.

Der Vorbemerkung sollen zwei zusätzliche Absätze angefügt werden. Absatz 2 entspricht dem Absatz 2 der geltenden Anmerkung zu den Nummern 102 bis 104. Es soll jedoch nicht mehr von der Erstattung der Leitungskosten die Rede sein, sondern zutreffender von deren Entschädigung. Die Anmerkung soll zur klareren Strukturierung der Vorschrift in die Vorbemerkung übernommen werden, weil sie mit dem neuen Absatz 3 in einem engen Zusammenhang steht und dessen Regelungsgehalt zum Teil die Nummern 102 bis 104 und zum Teil die Nummern 111 bis 113 betrifft.

Absatz 3 Satz 1 übernimmt den Regelungsgehalt des Absatzes 1 der geltenden Anmerkung zu den Nummern 102 bis 104, erweitert ihn aber um den Fall der Überwachung eines elektronischen Postfachs. Dazu gehört auch ein De-Mail-Postfach im Sinne des De-Mail-Gesetzes. Mit der Ergänzung werden Zweifelsfragen vermieden, ob sich die Entschädigung nach den Nummern 102 bis 104 oder nach den Nummern 111 bis 113 richtet.

Mit Satz 2 wird eine entsprechende Klarstellung auch für den Mobilfunk erreicht, weil neue Techniken zum Teil auch hohe Übertragungsgeschwindigkeiten für Daten ermöglichen. Es soll dabei bleiben, dass die Leitungskosten für die Übermittlung der Überwachungskopie eines einfachen Mobilfunkanschlusses auch zukünftig grundsätzlich nach den Nummern 102 bis 104 entschädigt wird. Wenn jedoch auch die Überwachung des über diesen Anschluss abgewickelten Datenverkehrs ausdrücklich angeordnet worden ist und für die Übermittlung von Daten Leitungen genutzt worden sind, deren Entschädigung sich nach den Nummern 111 bis 113 richtet, sollen diese Entschädigungssätze für die gesamte Überwachungsmaßnahme einheitlich gelten

Die Entschädigung für Telekommunikationsüberwachungen ist durch das 2. KostRMoG nicht angehoben worden. In Abschnitt 3. sind mit den neuen Nummern 301 und 303 zwei neue Entschädigungstatbestände hinzugekommen, die bestehen gebliebenen bisherigen Nummern werden entsprechend redaktionell geändert.

Als wesentliche Änderungen lassen sich festhalten:

1. Allgemeine Vorbemerkung (2), letzter Halbsatz:

In den Fällen, in denen Auskunftsersuchen (Anforderungen) durch zentrale Kontaktstellen gestellt werden, müssen sich diese als solche zu erkennen geben. Damit sollte der in der Praxis häufige Streit über die Berechtigung der Ermäßigung beendet sein.

2. Vorbemerkung 1 Abs. 2:

In der Vergangenheit hat es immer wieder Streit (- und damit gerichtliche Entscheidungen -) gegeben, in welchem Fall welche Entschädigungs-Nummer abgerechnet werden kann. Die Netzbetreiber haben die Auffassung vertreten, dass sich die Entschädigung allein nach dem Auftragsinhalt zu richten habe, da sie danach ihre

Tätigkeit auszurichten hätten. Welche Anschlussart dann tatsächlich wie genutzt worden sei oder ob sie überhauptgenutzt worden sei, sei für die Entschädigung unmaßgeblich. Dem ist auch mehrheitlich die Rechtsprechung gefolgt.[1]

Die in der Anlage vorgesehenen Pauschalen decken sämtliche dem Unternehmen entstehenden Aufwendungen ab, daneben werden **keine weiteren Aufwendungen** (etwa für Porto) erstattet. Auch die Erstattung einer evtl. zu entrichtenden USt als »Aufwendungsersatz« ist daher nicht möglich.[2]

Wenn die Strafverfolgungsbehörden Leistungen der Telekommunikationsunternehmen über zentrale Kontaktstellen anfordern und abrechnen, ermäßigen sich die Entschädigungszahlungen bei einzelnen, ausdrücklich genannten Entschädigungsbeträgen um 20 %.

Abschnitt 1 enthält die Entschädigungsbeträge, die für die **Überwachung der** 5
Telekommunikation zu zahlen sind.

Als Anschluss i.S.d. Nr. 100 ff. gilt jede Zugangsmöglichkeit zu öffentlich zugänglichen Telekommunikationsnetzen oder zum Internet, die einem Nutzer zur Verfügung gestellt wird über

- einen analogen Telefonanschluss;
- einen ISDN-Anschluss;
- einen Mobilfunkanschluss;
- einen VoIP-Anschluss mit einer eigenen zugewiesenen Zugangskennung (Benutzerkennung), unabhängig von der Anzahl der dieser Zugangskennung zugeordneten Rufnummern oder anderen Adressangaben und unabhängig vom Ort der möglichen Nutzung;
- einen Zugang zur elektronischen Post (E-Mail-Konto; De-Mail-Postfach) mit einer eigenen zugewiesenen Zugangskennung (Benutzerkennung), unabhängig von der Anzahl der dieser Zugangskennung zugeordneten E-Mail-Adressen und unabhängig vom Ort der möglichen Nutzung oder
- einen Übertragungsweg für den unmittelbaren teilnehmerbezogenen Zugang zum Internet wie z.B. DSL, Breitbandkabel oder vergleichbare technische Realisierungen; mit der Entschädigung sind alle über diesen Übertragungsweg abgewickelten Telekommunikationsdienste, wie etwa E-Mail-Verkehr und VoIP, abgegolten.

Nrn. 100 und 101

Die Umsetzung der Anordnung der Strafverfolgungsbehörde beträgt je Anschluss 100 €, mit der Entschädigung ist auch die Abschaltung der Maßnahme abgegolten. Wird die zunächst festgelegte Dauer der Überwachung verlängert oder auf einen anderen Anschluss umgeschaltet, beträgt die Entschädigung weitere 35 €.

---

1 LG Essen, Beschl. v. 13.09.2011 – 26 KLs 80/10; LG Dortmund, Beschl. v. 22.06.2011 – 36 KLs 4/10; LG Karlsruhe, 15.02.2011 – AR 3/10, u.W.

2 LG Hannover, Beschl. v. 09.05.2005 – 58 AR 1/05 – in DS 05.355 = NdsRpfl. 05.288; JurBürO 05, 433 (Bund).

Nr. 102 bis 104

Leitungskosten für die Übermittlung der zu überwachenden Telekommunikation werden nach der Dauer der Überwachungsmaßnahme gestaffelt. Während dieser Zeit muss die betreffende Leitung mindestens einmal zur Übermittlung der Daten an die Strafverfolgungsbehörde genutzt worden sein (Anmerkung 2 zu Nr. 104). Anmerkung 2 beschränkt die Erstattung von Leitungskosten auf die Betreiber, deren Netz tatsächlich zur Telekommunikation genutzt wird.

Die Überwachung eines ISDN-Basisanschlusses wird durch die Nrn. 105 bis 107 entschädigt, die Überwachung eines ISDN-Basisanschlusses durch die Nummern 108 bis 110, Ist der überwachte Anschluss ein digitaler Teilnehmeranschluss mit einer Übertragungsgeschwindigkeit von mehr als 144 kbit/s, aber kein ISDN-Primärmultiplexanschluss, richtet sich die Entschädigung nach Nummern 111 bis 113.:

In der Vorbemerkung vor Nr. 101 wird der Begriff »hohe Übertragungsgeschwindigkeit (DSL)« ebenso wie in Abs. 3 der Vorbemerkung 1 ersetzt durch den Begriff »Übertragungsgeschwindigkeit von 144 kbit/s« ersetzt. Die Grenzziehung bei 144 kbit/s erklärt der Gesetzgeber folgendermaßen:

Ein herkömmlicher digitaler Sprachkanal beansprucht eine Übertragungsrate von 64 kbit/s. Diese Fallgestaltung wird durch die Nummern 102 bis 104 abgedeckt. Ein ISDN-Basisanschluss verfügt über zwei gleichzeitig nutzbare Sprachkanäle zu je 64 kbit/s und darüber hinaus über einen ebenfalls gleichzeitig nutzbaren Signalisierungskanal von 16 kbit/s, mithin also 2 x 64 kbit/s + 16 kbit/s = 144 kbit/s. Diese Fallgestaltung wird durch die Nummern 105 bis 107 abgedeckt. Datenübertragungen im Mobilfunk im sog. GRPS-Dienst erreichen Datenübertragungsgeschwindigkeiten bis etwa 56 kbit/s. Für die Überwachung eines solchen Anschlusses reicht mithin ein »normaler« Sprachkanal aus. Datenübertragung im Mobilfunk mit der sog. UMTS-Technik erfolgt jedoch in der Regel mit deutlich höheren Übertragungsraten (300 kbit/s und darüber). Es erscheint daher angezeigt, den Bereich der Übertragungswege mit höherer Übertragungsgeschwindigkeit gegenüber den sehr häufig anzutreffenden ISDN-Basisanschlüssen durch die Leistungsgrenze eben dieser ISDN-Basisanschlüsse von 144 kbit/s abzugrenzen. Eine dabei zu berücksichtigende Ausnahme bildet der ISDN-Primärmultiplexanschluss, der für den Anschluss von großen Telefonanlagen an das Telefonnetz konzipiert ist und dafür 30 Sprachkanäle zu je 64 kbit/s, einen Signalisierungskanla und einen Synchronisierungskanal mit insgesamt 2,048 Mbit/s, bereitstellt. Diese Übertragungsgeschwindigkeit steht beim ISDN-Primärmultiplexanschluss jedoch nicht zur freien Verfügung, sondern kann ausschließlich im Rahmen der aufgezeigten Struktur genutzt werden.

6 **Abschnitt 2 (Auskünfte über Bestandsdaten)**

Die Entschädigungsbeträge bestimmen sich nach dem auf eine volle Stunde aufgerundeten Zeitaufwand der Unternehmen und legen die einem Zeugen zu zahlende Entschädigung zugrunde. Auslagen für Porto und Telefonkosten sind pauschal mit 1 € einberechnet.

Nr. 201

Die Entschädigung beträgt je angefragtem Kundendatensatz pauschal 18 €, sofern für die Auskunft das automatisierte Auskunftsverfahren nach § 112 TKG nicht genutzt werden kann und nicht auf Verkehrsdaten zurückgegriffen werden muss.

Nr. 201

Der Entschädigungsbetrag ist doppelt so hoch wie derjenige nach Nr. 200, wenn auf Verkehrsdaten zurückgegriffen werden muss. Werden jedoch **in demselben Verfahren gleichzeitig** mehrere Kennungen abgefragt, bleibt der Entschädigungsbetrag unverändert für bis zu zehn Kennungen. Dies wird insb. dann relevant werden, wenn nur die IP-Adressen bekannt sind. Eine Entschädigung i.H.v. 35 € für jede einzelne Adresse wäre angesichts des tatsächlichen Aufwands überhöht. Für die Abfrage weiterer Kennungen wird die Entschädigung für jeweils bis zu zehn Kennungen erneut gewährt.

Abschnitt 3 (Auskünfte über Verkehrsdaten) 7

Die Entschädigungsbeträge bestimmen sich nach dem geltenden Zeugenstundensatz nebst einem Zuschlag für die 24-Stunden-Bereitschaft, den Dienst außerhalb der üblichen Arbeitszeit (20 %) und eventuellen Rückfragen.

In der Pauschalierung von Funkzellenabfragen ist der unterschiedliche Personalaufwand, der sich durch eine unterschiedlich große Anzahl von zu ermittelnden Funkzellen ergibt, berücksichtigt. Es werden unterschiedlich hohe Entschädigungen gewährt, wenn die Funkzellenabfrage die Funkzellen eines festen, durch eine Adresse individualisierten Standorts betrifft. Die Entschädigung für Funkzellenabfragen, die eine bestimmte Fläche und damit mehrere Funkzellen betreffen, soll sich grds. entsprechend der durchschnittlichen Zahl der zusätzlich betroffenen Funkzellen erhöhen. Die am Durchmesser der Fläche orientierten Intervalle sind vorgesehen, um die Abrechnung zu vereinfachen.

Es werden 2 neue Entschädigungstatbestände als neue Nummern 301 und 303 eingefügt.

Nr. 300

Die Mitteilung derjenigen Standortdaten, die zu der angefragten Kennung gehören, ist durch den Entschädigungsbetrag mit abgegolten.

Nr. 301

Die Gebühr nach Nr. 300 erhöht sich für die zweite und jede weitere Teilauskunft.

Die neue Tätigkeit soll nach der Gesetzesbegründung (BT-Drucksache 17/11471 neu S. 266) klären, wie zu entschädigen ist, wenn für einen in der Zukunft liegenden Zeitraum die Übermittlung gespeicherter Verkehrsdaten jeweils zu bestimmten, von der beauftragenden Stelle bestimmten Zeitpunkten (keine Übermittlung in Echtzeit) erfolgen soll. Da der mit 20 Euro kalkulierte administrative Aufwand für die mehrmaligen Auskünfte gleich hoch wie bei einer Einzelauskunft ist, wird eine Regelung vorgeschlagen, nach der die erste Teilauskunft wie bisher zu entschädigen sein soll. Für die zweite und jede weitere Teilauskunft soll nur noch ein um den administrativen Anteil am Aufwand gekürzter Betrag anfallen.

Nr. 302

Die Mitteilung derjenigen Standortdaten, die zu der angefragten Kennung gehören, ist durch den Entschädigungsbetrag mit abgegolten. Bei der Zielwahlsuche kommt lediglich der Standort der Zieladresse in Betracht, die allerdings nur der Betreiber der Zieladresse mitteilen kann.

Nr. 303

Die Gebühr nach Nr. 302 erhöht sich für die zweite und jede weitere Teilauskunft. Begründung siehe unter Nr. 301.

Nr. 304 und 305

Verkehrsdaten eines Mobilfunknetzes können nicht nur unter Angabe des Standorts, der Fläche oder einer Strecke abgefragt werden. Können die Strafverfolgungsbehörden die Daten zu konkret benannten Funkzellen unter Angabe des LAC (Local Area Code) und der Cell-ID (Bezeichnung der Funkzelle) bezeichnen, ist für die Abfrage ein deutlich geringerer Aufwand erforderlich. Daher beträgt die Entschädigung für **eine** Funkzelle 30 € und erhöht sich für jede weitere Funkzelle um 4 €.

Nr. 307 bis 309

Die Entschädigung für Flächenauskünfte wird gestaffelt nach der Entfernung der am weitesten voneinander liegenden Punkten.

Ohne die Vorgabe einer Höchstgrenze für die flächenbezogene Funkzellenabfrage ist die Pauschale angesichts des dafür zu betreibenden Aufwands nicht sachgerecht. Theoretisch wären ohne die Vorgabe einer Obergrenze auch die Funkzellen für das gesamte Bundesgebiet abfragbar. Abfragen für größere Flächen sind allerdings sehr selten. Für konkrete Abfragen, die 45 km überschreiten, wird die Entschädigung für die über 45 km hinausgehende Entfernung gesondert berechnet. Insofern werden weitere Entschädigungen in den Entfernungsstaffeln nach Nr. 305 bis 307 gewährt.

Nr. 311

Die Mitteilung derjenigen Standortdaten des in der Anordnung genannten Anschlusses ist durch den Entschädigungsbetrag mit abgegolten ist.

III. Dritte i.S.d. § 23

8 a) Durch die Regelung in Abs. 2 ist der Kreis der bisherigen »Dritten« zugunsten der Personen erweitert worden, die nach § 142 Abs. 1 Satz 1 und § 144 Abs. 1 ZPO zur Vorlegung von Urkunden, sonstigen Unterlagen oder Augenscheinsobjekten oder zur Duldung der Inaugenscheinnahme prozessual verpflichtet werden.

b) **Dritte i.S.d. § 23** sind i.Ü. Personen, die, ohne Zeugen oder Sachverständige zu sein, durch die Strafverfolgungsbehörden zu Beweiszwecken in Anspruch genommen werden. Das können sein
- private Einzelpersonen (z.B. ein Steuerberater, ein Autovermieter),
- private Körperschaften (z.B. Firmen, Kreditinstitute)

oder
- Behörden.

Diese müssen Unbeteiligte in dem entsprechenden Ermittlungs- oder Strafverfahren sein, denen für ihre Inanspruchnahme in dem Verfahren keine anderweitigen Ersatzansprüche zustehen.

c) **Ein Geschädigter**, der i.R.d. Ermittlungs- oder Strafverfahrens mithilfe seiner Bediensteten die Informationen beschafft, die zur Aufklärung des Sachverhalts erforderlich waren, hat keinen Entschädigungsanspruch nach § 23.[3]

IV. Strafverfolgungsbehörden

a) Zu den Strafverfolgungsbehörden gehören alle Behörden, die aufgrund gesetzli- 9
chen Auftrags zur Ermittlung strafrechtlicher Vorgänge verpflichtet sind. Neben der Staatsanwaltschaft zählen hierzu z.B. auch die Finanzbehörden, die in steuerstrafrechtlichen Angelegenheiten ermitteln sowie die Polizeibehörden, die i.R.d. § 163 StPO Straftaten erforschen.

b) Unter Ersuchen sind alle Aufforderungen der Strafverfolgungsbehörde an den Dritten zu verstehen, dem Anliegen der Strafverfolgungsbehörde nachzukommen. Hierbei ist es unbeachtlich, ob dem Ersuchen z.B. eine gerichtliche Beschlagnahmeanordnung zugrunde liegt oder nicht.[4] Damit hat auch die früher in der Rechtsprechung äußerst umstrittene Frage, ob dem Dritten für den Fall einer gerichtlichen Beschlagnahmeanordnung mit anschließender freiwilliger Herausgabe von Unterlagen oder Kopien ein Entschädigungsanspruch zustand oder nicht, ihre Bedeutung verloren. Worauf die Verpflichtung des Dritten zur Herausgabe oder Auskunftserteilung beruht, ist für den Entschädigungsanspruch des Dritten ohne Bedeutung. Entscheidend ist allein, das der Dritte einem Ersuchen der Strafverfolgungsbehörde nachkommt.

V. Zu entschädigende Leistung

Die Palette der von einem Dritten zu erbringenden und i.R.d. § 23 zu entschädi- 10
genden Leistungen ist vielseitig. Neben der Herausgabe körperlicher Gegenstände (z.B. Geschäfts- oder Kontounterlagen) werden zu den zu entschädigenden Leistungen auch die Fertigung von Kopien oder Abdrucken der Unterlagen oder die Ausdrucke von gespeicherten Daten zu rechnen sein.

---

3 OLG Frankfurt am Main, in NJW 98.551 – zum ZSEG –.

4 OLG Schleswig, in SchlHA 91.170 zum ZSEG.

VI. Entschädigung

11 a) Die Dritten – **Privatpersonen, private oder öffentlich-rechtliche Körperschaften** – werden wie Zeugen entschädigt. Nur insoweit sind die Bestimmungen des JVEG sinngemäß anzuwenden. Es gelten mithin für die Entschädigung der Dritten die Regelungen des Abschnitts 5 des JVEG entsprechend. Die in der Rechtsprechung umstrittene Frage, ob einem Autovermieter eine Entschädigung zusteht, wenn er der Ordnungsbehörde bzw. der Bußgeldbehörde dem Mieter eines Fahrzeugs mitteilt,[5] ist nunmehr nach der Begründung des neuen § 19 JVEG in dem Sinne geregelt, dass eine solche Entschädigung entsteht.[6]

b) Eine **Verdienstausfallentschädigung** nach § 22 wird für Körperschaften (z.B. Banken, Sparkassen, Behörden) i.d.R. nicht in Betracht kommen, da ihnen durch die Tätigkeit im Zuge des Ersuchens der Strafverfolgungsbehörde ein »Verdienstausfall« nicht entstehen dürfte.
Ist der Dritte jedoch eine Privatperson, z.B. ein Steuerberater, die infolge des Heraussuchens, Zusammenstellens, Kopierens und der Weiterleitung der herauszugebenden Unterlagen an die Strafverfolgungsbehörde ihrer sonstigen beruflichen Tätigkeit nicht nachgehen kann, so wird ihr eine Verdienstausfallentschädigung zu gewähren sein.

c) Dritte, die Leistungen nach § 23 Abs. 1 erbracht haben, haben keinen Anspruch auf Erstattung der **USt** nach § 12 Abs. 1 Satz 1 Nr. 4, da diese Vorschrift nur für Sachverständige, Dolmetscher und Übersetzer, nicht aber für Zeugen und Dritte gilt.[7] – S.a. § 12 Rdn. 27 lit. d). –

VII. Hilfskräfte des Dritten

12 a) Betraut der Dritte – z.B. ein Kreditinstitut – mit den durch das Ersuchen der Strafverfolgungsbehörde erforderlichen Arbeiten einen seiner **Arbeitnehmer** oder eine **andere Person**, so werden ihm die Aufwendungen dafür nach § 7 ersetzt. Die Höhe der Aufwendungen ist jedoch auf die Höchstbeträge nach den § 19 Abs. 2, § 22 begrenzt. Der personelle Zeitaufwand ist detailliert darzulegen.[8]
Die »Hilfskräfte« des Dritten werden für die Dauer ihrer Tätigkeit mit den durch das Ersuchen der Strafverfolgungsbehörde bedingten Arbeiten als »Zeugen« angesehen. Hinsichtlich der erstattungsfähigen Aufwendungen werden sie **wie Zeugen behandelt**, die von einem Gericht zu Beweiszwecken herangezogen und

---

5 AG Hannover, Beschl. v. 29.12.2004 - 239 OWi 33A/04 - in NdsRpfl 05, 125; AG Heilbronn, Beschl. v. 03.03.2011 - 32 OWi 8010/11 - in BeckRS 11, 04827; AG Liebenwerda, Urteil v. 20.03.2008 - 41 OWi 103/08 - ; a.A. AG Herford, Urteil v. 23.03.2009 - 11 OWi 76423.03.2009 - 11 OWi 764/08 in BeckRS 10, 14358, AG Regensburg, Urteil vom 11.01.2005 - 21 OWi 2158/04, AG Ravensburg, Urteil v. 03.01.2005 - 3 OWi 718/04;

6 BT-Drucks. 17/11471 neu, S. 263 zu § 19;

7 LG Hannover, Beschl. v. 09.05.2005 – 58 AR 1/95, in JurBüro 05.433 m. zust. Anm. von *Bund* = Nds.Rpfl. 05.288.

8 LG Osnabrück, in Nds.Rpfl. 99.22 zum ZSEG.

entschädigt werden. Der Berechnung des Aufwendungsanspruches ist daher der dem Arbeitnehmer von dem Dritten gezahlte Bruttoarbeitslohn zugrunde zu legen.

b) Der **Höchstsatz des § 22** kann bei der Entschädigungsberechnung auch dann nicht überschritten werden, wenn der Dritte seinem Bediensteten einen höheren Bruttolohn zahlt oder der sonst hinzugezogenen Person eine höhere Vergütung als 21,00 € je Arbeitsstunde gewährt. Dasselbe gilt für den Höchstbetrag der Tagesentschädigung nach § 19 Abs. 2.

c) Nach § 19 Abs. 2 S. 2 wird nur **die letzte, bereits begonnene** volle **Stunde** der Heranziehung der »Hilfskraft« **aufgerundet** (s. § 19 Rdn. 12). Das bedeutet, dass bei einer längeren Inanspruchnahme eines Arbeitnehmers (etwa bei einer längeren Überwachung des Fernsprechverkehrs) der gesamte angefallene Zeitaufwand des Mitarbeiters exakt zu ermitteln und die letzte bereits begonnene Stunde der Gesamtzeit aufzurunden ist. Es ist nicht statthaft, den benötigten Zeitaufwand täglich zu ermitteln und an jeden Tag der Heranziehung auf volle Stunden aufzurunden.[9]

d) Die »Hilfskräfte« haben **keinen eigenen** Entschädigungsanspruch nach § 23. Die Entschädigung kann nur durch den Dritten als Aufwendungsersatz geltend gemacht werden.

VIII. Sonstige bare Aufwendungen

Neben den Aufwendungen für die »Hilfskräfte« können dem Dritten i.R.d. § 7 **sonstige bare Aufwendungen** erstattet werden. Hierzu zählen insb. Portoauslagen und notwendige Ausgaben für Ferngespräche. U.U. kann auch Fahrtkostenersatz nach § 5 in Betracht kommen, z.B. wenn der Dritte die herauszugebenden Unterlagen der ersuchenden Behörde überbringt oder überbringen lässt und ihm hierdurch Aufwendungen erwachsen. 13

IX. Schreibauslagen des Dritten

Für die von dem Dritten durch die Strafverfolgungsbehörde geforderten Mehrfertigungen (Abdrucke, Kopien) wird dem Dritten wie einem Zeugen die **Dokumentenpauschale** i.R.d. § 7 ersetzt. 14

X. Kopien von Mikrofilmen und Datenträgern

Nach § 7 sind dem Dritten auch die notwendigen Aufwendungen für die **Fertigung von Kopien von Mikrofilmen oder anderen Datenträgern** zu erstatten. 15

Allerdings hat der Dritte die Mehrkosten selbst zu tragen, die dadurch entstanden sind, dass er die Unterlagen statt im Original auf Mikrofilmen oder anderen Datenträgern archiviert hat. Der Dritte ist nach **§ 261 HGB** verpflichtet, wenn er Unter-

9 LG Osnabrück, in Nds.Rpfl. 97.11; OLG Oldenburg, in Nds.Rpfl. 97.141 = NJW 97.2693 zum ZSEG.

lagen nicht im Original bereithält, auf seine Kosten Hilfsmittel zur Lesbarmachung zur Verfügung zu stellen und, soweit erforderlich, Unterlagen auszudrucken oder Reproduktionen beizubringen, die ohne Hilfsmittel lesbar sind. Zu erstatten sind lediglich die Schreibauslagen (Dokumentenpauschale) nach § 7 Abs. 2, die entstanden wären, wenn der Dritte die Unterlagen nicht mikroverfilmt oder anderweitig gespeichert, sondern im Original aufbewahrt hätte.[10] Dies entspricht i.Ü. der überwiegenden Auffassung in Rechtsprechung und Literatur, wonach der allgemeine Rechtsgedanke des § 261 HGB sich nicht nur auf die Fälle der Vorlage von Unterlagen nach den §§ 258 bis 260 HGB beschränkt, sondern auch für die Vorlage der Unterlagen in zivilgerichtlichen Verfahren, für die Vorlage i.R.d. § 95 StPO[11] oder für die freiwillige Vorlage ohne rechtliche Verpflichtung gilt.[12]

Entsprechendes gilt für die Vorlage von Unterlagen an die Finanzbehörde (§§ 97 Abs. 3 Satz 2, 147 Abs. 5 AO). Es besteht keine Veranlassung diese grundsätzliche Regelung des § 261 HGB (§ 147 Abs. 5 AO) auf die Fälle des § 23 nicht anzuwenden.

XI. Benutzung einer Datenverarbeitungsanlage (Abs. 3)

16 a) Verwendet der Dritte für das Heraussuchen von Unterlagen, für das Aufbereiten und die Zusammenstellung der Unterlagen oder zur Erteilung einer Auskunft eine Datenverarbeitungsanlage, so kann hierfür **i.d.R. eine Entschädigung nicht gewährt werden**. Das JVEG sieht für einen Zeugen – als solche sind die Dritten anzusehen – eine derartige Entschädigung nicht vor. Lediglich für die i.R.d. Ersuchens der Strafverfolgungsbehörde im Rahmen einer Rasterfahndung an der Rechenanlage eingesetzten Bediensteten kann der Dritte den Aufwendungsersatz nach § 23 Abs. 3 erhalten.

b) Eine Entschädigung für die Benutzung einer eigenen oder einer fremden Datenverarbeitungsanlage kann dem Dritten nur gewährt werden, wenn die Verwendung der Anlage i.R.d. **Rasterfahndung** (§ 98 a StPO) erfolgt, die nur unter Einsatz elektronischer Datenverarbeitungsanlagen möglich ist.
Bei der Rasterfahndung gem. § 98 a StPO handelt es sich um einen maschinellen Abgleich personenbezogener Daten von Personen, die bestimmte, auf den Täter vermutlich zutreffende Prüfungsmerkmale erfüllen, mit anderen Daten, um Nichtverdächtige auszuschließen oder Personen festzustellen, die weitere für die Ermittlung bedeutsame Prüfungsmerkmale erfüllen. Für den Abgleich sind die folgende Schritte erforderlich:

---

10 OLG Schleswig, Beschl. v. 14.02.1990 – 1 Ws 23/90, in SchlHA 91.170 (Auszug); LG Bielefeld, Beschl. v. 25.05.1995 – Qs 219/95 I –; OLG Koblenz, Beschl. v. 08.09.2005 – 2 Ws 514/05, in JurBüro 05.658 (LS);

11 *Löwe/Rosenberg*, Rn. 20 zu § 95 StPO.

12 *Koller/Roth/Morck*, HGB, Anm. 1 zu § 261 HGB; *Baumbach/Hopt*, HGB, Anm. 1 zu § 261 HGB.

- Recherche in elektronisch gespeicherten Datenbeständen mithilfe von Suchfragen,
- Aussonderung der mit den Suchfragen übereinstimmenden Informationen und Übernahme in separate Dateien,
- maschineller Abgleich der so herausgefilterten Datenbestände mehrerer Speicherstellen, um Personen festzustellen, die als Schnittmenge die Merkmale erfüllen, oder Personen auszuscheiden, die die Merkmale nicht erfüllen.

Kern der Rasterfahndung ist mithin der maschinelle Abgleich von Datenbeständen mehrerer Speicherstellen.

c) Für den Einsatz der Datenverarbeitungsanlage **bei sonstigen Maßnahmen**, die die Merkmale einer Rasterfahndung nicht erfüllen, kommt die Entschädigung nach Abs. 3, 4 nicht in Betracht.[13]
Auch Mietkosten der Polizei für Computer zur Aufzeichnung einer Telefonüberwachung fallen nicht unter die Entschädigungsregelung des § 23 Abs. 3, 4.[14]

Für den Einsatz einer Datenverarbeitungsanlage, deren **Investitionssumme** für im Einzelfall benutzte Hard- und Software **bis zu 10.000 €** beträgt, kommt eine Entschädigung auch i.R.d. Rasterfahndung nicht in Betracht. Der Gesetzgeber ist offensichtlich davon ausgegangen, dass es sich bei den betreffenden Anlagen zumeist um weniger aufwendige Rechner handeln dürfte, die als Einzelplatzsysteme nicht ständig im Einsatz sind. Ein unmittelbarer entschädigungspflichtiger Schaden werde hier auch i.R.d. Rasterfahndung nicht eintreten. 17

Bei dem Einsatz einer Datenverarbeitungsanlage mit einer **Investitionssumme** für die verwendete Hard- und Software **von mehr als 10.000 bis zu 25.000 €** beträgt die Entschädigung für jede angefangene Stunde der Benutzung 5,00 € (Abs. 3 Satz 2). 18

Bei diesen »mittleren« Datenverarbeitungsanlagen handelt es sich i.d.R. um höherwertige Rechner, bei denen sich die Rechenzeit von der Einschaltzeit nicht trennen lässt. Deshalb ist hier die Entschädigung nach einer Stundenpauschale für die Dauer ihrer Benutzung i.R.d. Rasterfahndung zu bemessen.

Die Entschädigung nach Abs. 4 Satz 2 wird **neben** der Entschädigung nach Abs. 2 gewährt.

Bei Datenverarbeitungsanlagen mit einer **Investitionssumme von mehr als 25.000 €** ist zu unterscheiden zwischen dem Einsatz des Systems bei der Entwicklung eines für den Einzelfall erforderlichen besonderen Programms (Abs. 3 Satz 2 Nr. 2 a) und der Benutzung der Anlage, d.h. der Laufzeit, unter Einsatz des speziell entwickelten Programms (Abs. 3 Satz 2 Nr. 2 b). 19

---

13 LG Heilbronn, Beschl. v. 16.09.1997 – 1 Qs 304/97 –; LG Stuttgart, Beschl. v. 05.11.1997 – 12 ARs 9/97 –; LG Hildesheim, in JurBüro 99.428 = Nds.Rpfl. 99.269 = NJW 00.230 zum ZSEG.

14 OLG Celle, in Nds.Rpfl. 01.135 = NStZ 01.221 zum ZSEG.

20 Für die **Verwendung der Anlage zur Entwicklung eines** zur Rasterfahndung erforderlichen **besonderen Anwendungsprogramms** wird neben der Entschädigung nach Abs. 1 ein Betrag von 10,00 € je Stunde für die Benutzung der Anlage gewährt.

Diese Regelung wurde gewählt, weil der Umfang der Benutzung der Datenverarbeitungsanlage bei der Programmentwicklung je nach Arbeitsweise des Programmierers sehr unterschiedlich ist und weil die genaue Nutzungszeit häufig nicht gesondert gemessen werden kann.

Die Entschädigung des Dritten für den **Einsatz eines Programmierers** an der eigenen Datenverarbeitungsanlage zur Entwicklung des besonderen Anwendungsprogramms beträgt höchstens 27,00 € je Stunde (Abs. 3 Satz 2 Nr. 2 a in Verb. mit Abs. 2 und § 22).

21 Für die **Laufzeit der Datenverarbeitungsanlage** unter Einsatz des speziell hierfür entwickelten oder eines evtl. bereits vorhandenen Programms berechnet sich die Entschädigung nach dem Zeitfaktor »CPU-Sekunde«. Die CPU-Zeit (Central Processing Unit = Zentraleinheit) ist im Bereich der Datenverarbeitung ein feststehender Begriff.

Die Rechenpauschale für jede CPU-Sekunde der Laufzeit beträgt ein Zehnmillionstel der Investitionssumme von 1 Cent bis höchstens 0,30 €.

▶ **Beispiele:**

a) Bei einer Datenverarbeitungsanlage mit einer Investitionssumme von 250.000,00 € beträgt die Rechenpauschale 3 Cent (250.000: 10.000.000 = 0,03 €);
b) bei einer Investitionssumme von 2.5 Mill. € beläuft sich die Rechenpauschale auf 25 Cent (2.500.000: 10.000.000 = 0,25 €);
c) bei einer Investitionssumme von 75 Mill. € beträgt die Rechenpauschale 0,30 € (75.000.000: 10.000.000 = 7,5, höchstens: 0,30 €).

22 Durch die Entschädigung für die Laufzeit der Datenverarbeitungsanlage sind auch die **Personalkosten abgegolten** (Abs. 3 Satz 2 Nr. 2 b). Für die während der Laufzeit an der Datenverarbeitungsanlage eingesetzte Kraft kann neben der nach Abs. 3 Satz 2 Nr. 2 b berechneten Entschädigung nicht noch eine Entschädigung nach Abs. 2 gewährt werden.

23 Die Höhe der Investitionssumme und die verbrauchte CPU-Zeit sind glaubhaft zu machen. Wie dies zu geschehen hat, lässt der Gesetzgeber offen. Die verbrauchte CPU-Zeit wird i.d.R. durch ein von der Datenverarbeitungsanlage zu erstellendes Protokoll nachgewiesen werden können, aus dem sich der durchgeführte Rechenvorgang und die verbrauchte CPU-Zeit ergeben.

Schwieriger wird der Nachweis – wenn auch in Form der Glaubhaftmachung – über die Höhe der Investitionssumme zu führen sein.

Verwendet der Dritte im Zuge der Rasterfahndung eine **fremde** – z.B. angemietete – **Datenverarbeitungsanlage**, so sind die Aufwendungen hierfür, sofern sie ausscheidbar festzustellen sind, über § 7 zu erstatten. 24

Sind ausscheidbare Auslagen nicht sicher feststellbar, weil der Dritte über die fremde Anlage auch andere Rechenvorgänge ablaufen lässt, ist die Entschädigung wie bei einer eigenen Datenverarbeitungsanlage zu bestimmen (Abs. 4).

XII. Amtshilfe durch Behörden

a) Auch Behörden, die von der Strafverfolgungsbehörde zu Beweiszwecken im Wege der Amtshilfe um Herausgabe von Unterlagen oder um Auskünfte nach § 23 ersucht werden, haben nur i.R.d. JVEG einen Entschädigungsanspruch ggü. der ersuchenden Stelle. Aufwendungen der Behörde können nur in dem Umfang und in der Höhe erstattet werden, wie dies bei einem Zeugen möglich ist. Eigene Gebührenordnungen der ersuchten Behörde können der Entschädigungsberechnung nicht zugrunde gelegt werden. 25

b) Fertigt ein **Gerichtsvollzieher** auf Anfordern der Staatsanwaltschaft eine Aufstellung der gegen einen Beschuldigten erteilten Vollstreckungsaufträge an, so ist er nicht Dritter i.S.d. § 23 und hat daher keinen Entschädigungsanspruch nach dieser Vorschrift. Adressat des staatsanwaltlichen Ersuchens ist, auch wenn dieses an den Gerichtsvollzieher direkt gerichtet ist, das Amtsgericht, dem der Gerichtsvollzieher als Bediensteter angehört. Das Amtsgericht ist als Behörde gem. § 161 StPO zur Amtshilfe verpflichtet; als Behördenangehöriger trifft diese Verpflichtung auch den Gerichtsvollzieher.[15]

XIII. Keine Entschädigungsvereinbarung

Die Vereinbarung einer Entschädigung mit dem Dritten ist weder i.R.d. § 13 noch des § 14 möglich, da diese Bestimmungen nur für Sachverständige und nicht für Zeugen – als solche sind die Dritten zu behandeln – gelten. 26

XIV. Frist für die Geltendmachung des Entschädigungsanspruchs

Da die Dritten wie Zeugen entschädigt werden, gilt für sie auch die Regelung des § 2 Abs. 1. Die Dritten müssen ihren Entschädigungsanspruch innerhalb der dort genannten Dreimonatsfrist geltend machen. Die Frist beginnt mit der Beendigung der Maßnahme (§ 2 Abs. 1 Satz 2 Nr. 3 JVEG). Ein bereits vor der Inanspruchnahme (z.B. Telefonüberwachung) gestelltes Entschädigungsbegehren muss nicht innerhalb der Dreimonatsfrist des § 2 Abs. 1 nach Beendigung der Tätigkeit wiederholt werden.[16] 27

– S.a. § 2 Rdn. 1 f. –.

---

15 LG Nürnberg-Fürth, in DGVZ 98.60 = JurBüro 98.485 zum ZSEG.
16 OLG Oldenburg, in JurBüro 96.322 zum ZSEG.

XV. Bearbeitung des Entschädigungsantrags

28 Über den Entschädigungsantrag des Dritten wird i.d.R. die Strafverfolgungsbehörde im Verwaltungsweg befinden.

– S. hierzu § 2 Rdn. 7 –.

XVI. Gerichtliche Festsetzung

29 Die Entscheidung der Strafverfolgungsbehörde kann nicht mit der Beschwerde angefochten werden. Infolge der Einbettung der Entschädigung des Dritten in die Regelungen des JVEG, kommt auch für den Dritten nur die Festsetzung nach § 4 in Betracht.

Der Dritte kann somit nur die gerichtliche Festsetzung nach § 4 beantragen, wenn er mit dem Bescheid der Strafverfolgungsbehörde nicht einverstanden ist.

– S. i.Ü. § 4 Rdn. 1 f. –.

XVII. Wiedereinziehung der Entschädigung

30 Die nach § 23 an den Dritten gezahlte Entschädigung kann nach Nr. 9005 KV-GKG von dem in die Kosten des Verfahrens verurteilten Kostenschuldner als Gerichtskosten (Auslagen) wieder eingezogen werden.

Abschnitt 6 Schlussvorschriften

§ 24 JVEG Übergangsvorschrift

Die Vergütung und die Entschädigung sind nach bisherigem Recht zu berechnen, wenn der Auftrag an den Sachverständigen, Dolmetscher oder Übersetzer vor dem Inkrafttreten einer Gesetzesänderung erteilt oder der Berechtigte vor diesem Zeitpunkt herangezogen worden ist. Dies gilt auch, wenn Vorschriften geändert werden, auf die dieses Gesetz verweist.

Übersicht

I. Vorbemerkung

§ 24 ist eine allgemeine Übergangsvorschrift, die **für künftige Gesetzesänderungen** gilt. 1

Die Änderungen, die durch das 2. KostRMoG verursacht werden, sind deshalb ausschließlich nach den Übergangsvorschriften in § 24 zu beurteilen. Die Bestimmung ist als »ewige« Übergangsvorschrift anzusehen, die auch bei möglichen weiteren Gesetzesänderungen maßgeblich bleiben wird.

Die Übergangsvorschrift in § 25 bezieht sich allein auf das Kostenrechtsmodernisierungsgesetz vom 5. Mai 2004 (BGBl. I S. 718). Sie war erforderlich, um eine Bewertung von Ansprüchen nach dem durch das Kostenrechtsmodernisierungsgesetz 2004 aufgehobenen ZSEG und dem durch das Kostenrechtsmodernisierungsgesetz 2004 ebenfalls aufgehobenen EhrRiEG einerseits und dem neugeschaffenen JVEG andererseits festzulegen. Geltend gemachte Ansprüche nach dem ZSEG und EhrRiEG können indes nicht mehr erfüllt werden, sie sind spätestens mit Ablauf des Jahres 2007 verjährt.

Die Übergangsvorschrift erstreckt sich auf alle Anspruchsberechtigten nach dem JVEG.

Durch Satz 2 wird erreicht, dass diese Übergangsvorschrift auch dann anwendbar ist, wenn z.B. Vorschriften der GOÄ geändert werden, auf die in § 10 Abs. 2 verwiesen wird.[1]

1 Amtl. Begründung, BT-Drucks. 10/5113.

II. Auftragserteilung

2 Ist ein Auftrag an einen Sachverständigen, Dolmetscher oder Übersetzer vor dem Inkrafttreten der Gesetzesänderung erteilt worden oder wurde der Berechtigte vor diesem Zeitpunkt herangezogen, so ist für die Bemessung der Entschädigung oder der Vergütung ausschließlich das frühere Recht maßgebend, auch wenn die Leistung erst nach dem Inkrafttreten des Änderungsgesetzes erbracht worden ist.

III. Mündliche Erläuterung des Gutachtens, Nachtragsgutachten

3 War der Sachverständige vor Inkrafttreten der Gesetzesänderung mit der Erstellung eines schriftlichen Gutachtens beauftragt und erhält er nach dem Zeitpunkt des Inkrafttretens des Änderungsgesetzes einen weiteren Auftrag des Gerichts, das Gutachten in der mündlichen Verhandlung zu erläutern oder ein Nachtragsgutachten abzugeben, so werden i.d.R. **voneinander unabhängige Aufträge** vorliegen, sodass die Entschädigung für das schriftliche Gutachten nach bisherigem, die Entschädigung für die mündliche Erläuterung oder das Nachtragsgutachten nach neuem Recht zu berechnen ist.[2]

Entspricht dagegen das zunächst erstellte schriftliche Gutachten nicht im vollen Umfang dem erteilten Auftrag und beauftragt das Gericht daher den Sachverständigen, das **Gutachten zu ergänzen oder ein Zusatzgutachten** abzugeben, so werden beide Aufträge als ein Auftrag anzusehen sein. Die Entschädigung für die Ergänzung des ursprünglichen Gutachtens ist dann auch nach dem bisherigen Recht zu bestimmen, wenn der »Ergänzungsauftrag« erst nach dem Inkrafttreten der Gesetzesänderung erteilt worden ist.[3]

IV. Hinzuziehung zur Hauptverhandlung

4 Für einen nach § 185 Abs. 1 Satz 1 GVG hinzugezogenen **Dolmetscher** ist als Zeitpunkt der Auftragserteilung der Tag seiner Hinzuziehung in der Verhandlung zu verstehen. Hierbei ist es ohne Bedeutung, dass der Dolmetscher bereits vor dem Inkrafttreten der Gesetzesänderung zur Hauptverhandlung geladen wurde.[4]

---

2 OLG Bamberg, in Rpfleger 87.339 = JurBüro 87.1820; LG Zweibrücken, in KRspr. § 18 ZSEG Nr. 1 LS m. Anm. von Herget; FG München, in JurBüro 88.246 = KRspr. § 18 ZSEG Nr. 6 LS m. Anm. von *Herget*; OLG Karlsruhe, in JurBüro 88.661; KG in JurBüro 89.698 m. Anm. von *Mümmler*; OLG Hamm, in JurBüro 89.1175 = AnwBl. 90.102; OLG Frankfurt am Main, in OLGR 95.226 = KRspr. § 18 ZSEG Nr. 13 LS m. Anm. von *Herget*; OLG Düsseldorf, in OLGR 97.133 zum ZSEG; OLG Celle, Beschl. v. 09.07.2005 – 2 W 141/05, in JurBüro 05.550 m. Anm. von *Bund*; a.A. LG Gießen, in KRspr. § 18 Nr. 3 LS; SchlHOLG in SchlHA 88.145 = JurBüro 89.258 m. Anm. von *Mümmler* = KRspr. § 18 ZSEG Nr. 7 LS m. Anm. von *Herget*; OLG Hamburg, in MDR 90.64 = JurBüro 90.256 m. Anm. von *Mümmler*.

3 *Herget* in Anm. zu KRspr. § 18 ZSEG Nr. 1 und 6; OLG Düsseldorf, in OLGR 97.133 zum ZSEG.

4 OLG Hamburg, in KRspr. § 18 ZSEG Nr. 2 LS; OLG Stuttgart, in Justiz 95.55 zum ZSEG.

Dasselbe muss für einen **Sachverständigen** gelten, der in Strafsachen ein Gutachten »unter Berücksichtigung des Ergebnisses der mündlichen Verhandlung« erstatten soll. Die Ladung des Sachverständigen zur Hauptverhandlung ist dann nicht als Gutachtenauftrag anzusehen, wenn der Sachverständige erst in der Hauptverhandlung das genaue Beweisthema und die erforderlichen Beurteilungsgrundlagen erfährt, seine Gutachtertätigkeit mithin erst vom Zeitpunkt der Hauptverhandlung an ausführen kann.[5]

Die Verlängerung der Frist zur Geltendmachung der Vergütungs- und Entschädigungsansprüche hat keinen Einfluss auf die Anwendung der Übergangsvorschriften in § 24 JVEG. Für die Frage, ob altes oder neues Recht anzuwenden ist, ist allein maßgeblich, wann ein Auftrag erteilt oder ein Berechtigter herangezogen worden ist. Zu welchem Zeitpunkt der Anspruch spätestens geltend gemacht werden muss, hat darauf keinen Einfluss.

§ 25 JVEG Übergangsvorschrift aus Anlass des Inkrafttretens dieses Gesetzes

Das Gesetz über die Entschädigung der ehrenamtlichen Richter in der Fassung der Bekanntmachung vom 1. Oktober 1969 (BGBl. I S. 1753), zuletzt geändert durch Artikel 1 Abs. 4 des Gesetzes vom 22. Februar 2002 (BGBl. I S. 981) und das Gesetz über die Entschädigung von Zeugen und Sachverständigen in der Fassung der Bekanntmachung vom 1. Oktober 1969 (BGBl. I S. 1756), zuletzt geändert durch Artikel 1 Abs. 5 des Gesetzes vom 22. Februar 2002 (BGBl. I S. 981) sowie Verweisungen auf diese Gesetze sind weiter anzuwenden, wenn der Auftrag an den Sachverständigen, Dolmetscher oder Übersetzer vor dem 1. Juli 2004 erteilt oder der Berechtigte vor diesem Zeitpunkt herangezogen worden ist. Satz 1 gilt für Heranziehungen vor dem 1. Juli 2004 auch dann, wenn der Berechtigte in derselben Rechtssache auch nach dem 1. Juli 2004 herangezogen worden ist.

§ 25 enthält die aus Anlass des Inkrafttretens des JVEG notwendigen Übergangs- 1
regelungen. Danach sind die aufgehobenen Bestimmungen des ZSEG und des EhrRiEG über den 01.07.2004 hinaus weiter anzuwenden, wenn die Beauftragung oder Heranziehung des Anspruchsberechtigten vor diesem Zeitpunkt erfolgt ist. Insb. durch Satz 2 wird klargestellt, dass für die Heranziehung vor dem Stichtag 01.07.2004 das bisherige Recht und für die Heranziehung nach dem Stichtag das neue Recht Anwendung findet, und zwar sowohl hinsichtlich der Höhe der Entschädigung oder Vergütung als auch hinsichtlich der Verfahrens.[1]

– S.a. § 24 Rdn. 2 bis 4 –.

Die Änderungen, die durch das 2. KostRMoG verursacht werden, sind ausschließlich nach den Übergangsvorschriften in § 24 zu beurteilen. § 24 ist als »ewige«

5 OLG Karlsruhe, in Justiz 88.73 = JurBüro 87.1853 = NStE Nr. 1 zu § 18 ZSEG.
1 BT-Drucks. 15/1971 – Begründung zu § 25 JVEG – S. 229 –.

Übergangsvorschrift anzusehen, die auch bei möglichen weiteren Gesetzesänderungen maßgeblich bleiben wird.

2 Für die Frage, ob ein Anspruchsberechtigter (hier: eine Prozesspartei – s. Rdn. 1.24) nach dem ZSEG oder dem JVEG wie ein Zeuge zu entschädigen ist, kommt es auf den Zeitpunkt seiner Heranziehung in der mündlichen Verhandlung an, also darauf, ob die mündliche Verhandlung vor dem Stichtag »1. Juli 2004« oder danach stattgefunden hat.[2]

3 Bei der Heranziehung eines Sachverständigen am 01.07.2004 (oder später) zur mündlichen Vernehmung zu einem früheren schriftlichen Gutachten handelt es sich um einen neuen Auftrag, der nach den Regelungen des JVEG zu vergüten ist.[3]

---

2 BVerwG, Beschl. v. 29.12.2004 – 9 KSt 6.04, in Rpfleger 05.331.

3 OLG Celle, Beschl. v. 06.07.2005 – 2 W 142/05, in JurBüro 05.657 mit zustimmen der Anm. von *Bund* = Nds.Rpfl. 06.62.

Teil II Abschnitt O des Gebührenverzeichnisses für ärztliche Leistungen (Anlage zur Gebührenordnung für Ärzte)

Der nach § 10 Abs. 2 Satz 1 anzuwendende Abschnitt O des Gebührenverzeichnisses für ärztliche Leistungen (Anlage zur GOÄ) hat den folgenden Wortlaut – gekürzt –; in dem Gebührenverzeichnis sind die Gebührenbeträge auf den 1,3-fachen Gebührensatz umgerechnet worden.

Abschnitt O der Anlage zur Gebührenordnung für Ärzte

O. Strahlendiagnostik, Nuklearmedizin, Magnetresonanztomografie und Strahlentherapie

I. Strahlendiagnostik

Allgemeine Bestimmungen

1. Mit den Gebühren sind alle Kosten (auch für Dokumentation und Aufbewahrung der Datenträger) abgegolten.
2. Die Leistungen für Strahlendiagnostik mit Ausnahme der Durchleuchtung(en) (Nr. 5295) sind nur bei Bilddokumentation auf einem Röntgenfilm oder einem anderen Langzeitdatenträger berechnungsfähig.
3. Die Befundmitteilung oder der einfache Befundbericht mit Angaben zu Befund (en) und zur Diagnose ist Bestandteil der Leistungen und nicht gesondert berechnungsfähig.
4. Die Beurteilung von Röntgenaufnahmen (auch Fremdaufnahmen) als selbstständige Leistung ist nicht berechnungsfähig.
5. Die nach der Strahlenschutzverordnung bzw. Röntgenverordnung notwendige ärztliche Überprüfung der Indikation und des Untersuchungsumfangs ist auch im Überweisungsfall Bestandteil der Leistungen des Abschnitts O und mit den Gebühren abgegolten.
6. Die Leistungen nach den Nr. 5011, 5021, 5031, 5101, 5106, 5121, 5201, 5267, 5295, 5302, 5305, 5308, 5311, 5318, 5331, 5339, 5376 und 5731 dürfen unabhängig von der Anzahl der Ebenen, Projektionen, Durchleuchtungen bzw. Serien insgesamt jeweils nur einmal berechnet werden.
7. Die Kosten für Kontrastmittel auf Bariumbasis und etwaige Zusatzmittel für die Doppelkontrastuntersuchung sind in den abrechnungsfähigen Leistungen enthalten.

Nummer	Leistung	1,3-fache-Gebühr in €
1. Skelett		
Allgemeine Bestimmung		
Neben den Leistungen nach den Nr. 5050, 5060 und 5070 sind die Leistungen nach den Nr. 300 bis 302, 372, 373, 490, 491 und 5295 nicht berechnungsfähig.		
Zähne		
5000	Zähne, je Projektion	**3,78**
	Werden mehrere Zähne mittels einer Röntgenaufnahme erfasst, so darf die Leistung nach Nr. 5000 nur einmal und nicht je aufgenommenen Zahn berechnet werden.	
5002	Panoramaaufnahme(n) eines Kiefers	**18,94**
5004	Panoramaschichtaufnahme der Kiefer	**30,31**
Finger und Zehen		
5010	jeweils in zwei Ebenen	**13,64**
5011	ergänzende Ebene(n)	**4,55**
	Werden mehrere Finger oder Zehen mittels einer Röntgenaufnahme erfasst, so dürfen die Leistungen nach den Nr. 5010 und 5011 nur einmal und nicht je aufgenommenen Finger oder Zehen berechnet werden.	
Handgelenk, Mittelhand, alle Finger einer Hand, Sprunggelenk, Fußwurzel und/oder Mittelfuß, Kniescheibe		
5020	jeweils in 2 Ebenen	**16,67**
5021	ergänzende Ebene(n)	**6,06**
	Werden mehrere der in der Leistungsbeschreibung genannten Skeletteile mittels einer Röntgenaufnahme erfasst, so dürfen die Leistungen nach den Nr. 5020 und 5021 nur einmal und nicht je aufgenommenen Skeletteil berechnet werden.	
Oberarm, Unterarm, Ellenbogengelenk, Oberschenkel, Unterschenkel, Kniegelenk, ganze Hand oder ganzer Fuß, Gelenke der Schulter, Schlüsselbein, Beckenteilaufnahme, Kreuzbein oder Hüftgelenk		
5030	jeweils in zwei Ebenen	**27,27**
5031	ergänzende Ebene(n)	**7,58**
	Werden mehrere der in der Leistungsbeschreibung genannten Skeletteile mittels einer Röntgenaufnahme erfasst, so dürfen die Leistungen nach den Nr. 5030 und 5031 nur einmal und nicht je aufgenommenen Skeletteil berechnet werden.	

5035	Teile des Skeletts in einer Ebene, je Teil	12,13
	Die Leistung nach Nr. 5035 ist je Skeletteil und Sitzung nur einmal berechnungsfähig. Das untersuchte Skeletteil ist in der Rechnung anzugeben.	
	Die Leistung nach Nr. 5035 ist neben den Leistungen nach den Nr. 5000 bis 5031 und 5037 bis 5121 nicht berechnungsfähig.	
5037	Bestimmung des Skelettalters – ggf. einschließlich Berechnung der prospektiven Endgröße, einschließlich der zugehörigen Röntgendiagnostik und gutachterlichen Beurteilung	22,73
5040	Beckenübersicht	22,73
5041	Beckenübersicht bei einem Kind bis zum vollendeten 14. Lebensjahr	15,16
5050	Kontrastuntersuchung eines Hüftgelenks, Kniegelenks oder Schultergelenks, einschließlich Punktion, Stichkanalanästhesie und Kontrastmitteleinbringung – ggf. einschließlich Durchleuchtung(en) –	71,98
5060	Kontrastuntersuchung eines Kiefergelenks, einschließlich Punktion, Stichkanalanästhesie und Kontrastmitteleinbringung – ggf. einschließlich Durchleuchtungen (en)	37,88
5070	Kontrastuntersuchung der übrigen Gelenke, einschließlich Punktion, Stichkanalanästhesie und Kontrastmitteleinbringung – ggf. einschließlich Durchleuchtungen(en) –, je Gelenk	30,31
5090	Schädel-Übersicht, in zwei Ebenen	30,31
5095	Schädelteile in Spezialprojektionen, je Teil	15,16
5098	Nasennebenhöhlen – ggf. auch in mehreren Ebenen –	19,70
5100	Halswirbelsäule, in zwei Ebenen	22,74
5101	ergänzende Ebene(n)	12,13
5105	Brust- oder Lendenwirbelsäule, in zwei Ebenen, je Teil	30,31
5106	ergänzende Ebene(n)	13,64
5110	Ganzaufnahme der Wirbelsäule oder einer Extremität	37,89
5111	ergänzende Ebene(n)	15,16
	Die Leistung nach Nr. 5111 ist je Sitzung nicht mehr als zweimal berechnungsfähig.	

	Die Leistungen nach den Nr. 5110 und 5111 sind neben den Leistungen nach den Nr. 5010, 5011, 5020, 5021, 5030 und 5031 nicht berechnungsfähig. *Die Nebeneinanderberechnung der Leistungen nach den Nr. 5100, 5105 und 5110 bedarf einer besonderen Begründung.*	
5115	Untersuchung von Teilen der Hand oder des Fußes mit Feinstfokustechnik (Fokusgröße max. 0,2 mm) oder Xeroradiografietechnik zur gleichzeitigen Beurteilung von Knochen und Weichteilen, je Teil	**30,31**
5120	Rippen einer Thoraxhälfte, Schulterblatt oder Brustbein, in einer Ebene	**19,70**
5121	ergänzende Ebene(n)	**10,61**
2. Hals- und Brustorgane		
5130	Halsorgane oder Mundboden – ggf. in mehreren Ebenen –	**21,22**
5135	Brustorgane – Übersicht, in einer Ebene	**21,22**
	Die Leistung nach Nr. 5135 ist je Sitzung nur einmal berechnungsfähig.	
5137	Brustorgane – Übersicht – ggf. einschließlich Breischluck und Durchleuchtung(en) –, in mehreren Ebenen	**34,10**
5139	Teil der Brustorgane	**13,64**
	Die Berechnung der Leistung nach Nr. 5139 neben den Leistungen nach den Nr. 5135, 5137 und/oder 5140 ist in der Rechnung zu begründen.	
5140	Brustorgane, Übersicht im Mittelformat	**7,58**
3. Bauch- und Verdauungsorgane		
5150	Speiseröhre, ggf. einschließlich ösophagogastraler Übergang, Kontrastuntersuchung (auch Doppelkontrast) – einschließlich Durchleuchtung(en) –, als selbstständige Leistung)	**41,68**
5157	Oberer Verdauungstrakt (Speiseröhre, Magen, Zwölffingerdarm und oberer Abschnitt des Dünndarms), Monokontrastuntersuchung – einschließlich Durchleuchtung(en)	**53,04**
5158	Oberer Verdauungstrakt (Speiseröhre, Magen, Zwölffingerdarm und oberer Abschnitt des Dünndarms), Kontrastuntersuchung – einschließlich Doppelkontrastdarstellung und Durchleuchtung(en), ggf. einschließlich der Leistung nach Nr. 5150	**90,92**

5159	Zuschlag zu den Leistungen nach den Nr. 5157 und 5158 bei Erweiterung der Untersuchung bis zum Ileozökalgebiet	22,74
5163	Dünndarmkontrastuntersuchung mit im Bereich der Flexura duodenojejunalis endender Sonde – einschließlich Durchleuchtung(en)	**98,50**
5165	Monokontrastuntersuchung von Teilen des Dickdarms – einschließlich Durchleuchtung(en) –	**53,04**
5166	Dickdarmdoppelkontrastuntersuchung – einschließlich Durchleuchtung(en) –	**106,08**
5167	Defäkografie nach Markierung der benachbarten Hohlorgane – einschließlich Durchleuchtung(en) –	75,78
5168	Pharyngografie unter Verwendung kinematografischer Techniken – einschließlich Durchleuchtung(en) –, als selbstständige Leistung	**60,62**
5169	Pharyngografie unter Verwendung kinematografischer Techniken – einschließlich Durchleuchtung(en) und einschließlich der Darstellung der gesamten Speiseröhre –	**83,36**
5170	Kontrastuntersuchung von Gallenblase und/oder Gallenwegen und/oder Pankreasgängen	**30,32**
5190	Bauchübersicht, in einer Ebene oder Projektion	22,74
	Die Leistung nach Nr. 5190 ist je Sitzung nur einmal berechnungsfähig.	
5191	Bauchübersicht, in zwei oder mehreren Ebenen oder Projektionen	**37,88**
5192	Bauchteilaufnahme – ggf. in mehreren Ebenen oder Spezialprojektionen –	**15,16**
5200	Harntraktkontrastuntersuchung – einschließlich intravenöser Verabreichung des Kontrastmittels –	**45,46**
5201	Ergänzende Ebene(n) oder Projektion(en) im Anschluss an die Leistung nach Nr. 5200 – ggf. einschließlich Durchleuchtung(en) –	**15,16**
5220	Harntraktkontrastuntersuchung – einschließlich retrograder Verabreichung des Kontrastmittels, ggf. einschließlich Durchleuchtung(en) –, je Seite	22,74
5230	Harnröhren- und/oder Harnblasenkontrastuntersuchung (Urethrozystografie) einschließlich retrograder Verabreichung des Kontrastmittels – ggf. einschließlich Durchleuchtung(en) –, als selbstständige Leistung	22,74

5235	Refluxzystografie – einschließlich retrograder Verabreichung des Kontrastmittels, einschließlich Miktionsaufnahmen und ggf. einschließlich Durchleuchtung (en) –, als selbstständige Leistung	**37,88**
5250	Gebärmutter- und/oder Eileiterkontrastuntersuchung – einschließlich Durchleuchtung(en) –	**30,30**
4. Spezialuntersuchungen		
5260	Röntgenuntersuchung natürlicher, künstlicher oder krankhaft entstandener Gänge, Gangsysteme, Hohlräume oder Fisteln (z.B. Sialografie, Galaktografie, Kavernografie, Vesikulografie) – ggf. einschließlich Durchleuchtung(en)	**30,30**
	Die Leistung nach Nr. 5260 ist nicht berechnungsfähig für Untersuchungen des Harntrakts, der Gebärmutter und Eileiter sowie der Gallenblase.	
5265	Mammografie einer Seite, in einer Ebene	**22,74**
	Die Leistung nach Nr. 5265 ist je Seite und Sitzung nur einmal berechnungsfähig.	
5266	Mammografie einer Seite, in zwei Ebenen	**34,10**
5267	Ergänzende Ebene(n) oder Spezialprojektion(en) im Anschluss an die Leistung nach Nr. 5266	**11,36**
5280	Myelografie	**56,84**
5285	Bronchografie – einschließlich Durchleuchtung(en) –	**34,10**
5290	Schichtaufnahme(n) (Tomografie), bis zu fünf Strahlenrichtungen oder Projektionen, je Strahlenrichtung oder Projektion	**49,26**
5295	Durchleuchtung(en), als selbstständige Leistung	**18,19**
5298	Zuschlag zu den Leistungen nach den Nr. 5010 bis 5290 bei Anwendung digitaler Radiografie (Bildverstärker-Radiografie)	
	Der Zuschlag nach Nr. 5298 beträgt 25 % des einfachen Gebührensatzes der betreffenden Leistung.	
5. Angiografie		
Allgemeine Bestimmungen		
Die Zahl der Serien i.S.d. Leistungsbeschreibungen der Leistungen nach den Nr. 5300 bis 5327 wird durch die Anzahl der Kontrastmittelgaben bestimmt.		
Die Leistungen nach den Nr. 5300, 5302, 5303, 5305 bis 5313, 5315, 5316, 5318, 5324, 5325, 5327, 5329 bis 5331, 5338 und 5339 sind je Sitzung jeweils nur einmal berechnungsfähig.		

5300	Serienangiografie im Bereich von Schädel, Brust- und/ oder Bauchraum, eine Serie	**151,55**
5301	Zweite bis dritte Serie im Anschluss an die Leistung nach Nr. 5300, je Serie	**30,30**
	Bei der angiografischen Darstellung von hirnversorgenden Arterien ist auch die vierte bis sechste Serie jeweils nach Nr. 5301 berechnungsfähig.	
5302	Weitere Serien im Anschluss an die Leistungen nach den Nr. 5300 und 5301, insgesamt	**45,46**
5303	Serienangiografie im Bereich von Schädel, Brust- und Bauchraum im zeitlichen Zusammenhang mit einer oder mehreren Leistungen nach den Nr. 5315 bis 5327, eine Serie	**75,78**
5304	Zweite bis dritte Serien im Anschluss an die Leistung nach Nr. 5303, je Serie	**15,16**
	Bei der angiografischen Darstellung von hirnversorgenden Arterien ist auch die vierte bis sechste Serie jeweils nach Nr. 5304 berechnungsfähig.	
5305	Weitere Serien im Anschluss an die Leistungen nach den Nr. 5303 und 5304, insgesamt	**22,74**
5306	Serienangiografie in Bereich des Beckens und beider Beine, eine Serie	**151,55**
5307	Zweite Serie im Anschluss an die Leistung nach Nr. 5306	**45,46**
5308	Weitere Serien im Anschluss an die Leistungen nach den Nr. 5306 und 5307, insgesamt	**60,62**
	Neben den Leistungen nach den Nr. 5306 bis 5308 sind die Leistungen nach den Nr. 5309 bis 5312 für die Untersuchung der Beine nicht berechnungsfähig.	
	Werden die Leistungen nach den Nr. 5306 bis 5308 im zeitlichen Zusammenhang mit einer oder mehreren Leistung(en) nach den Nr. 5300 bis 5305 erbracht, sind die Leistungen nach den Nr. 5306 bis 5308 nur mit dem einfachen Gebührensatz berechnungsfähig.	
5309	Serienangiografie einer Extremität, eine Serie	**136,40**
5310	Weitere Serien im Anschluss an die Leistung nach Nr. 5309, insgesamt	**45,46**
5311	Serienangiografie einer weiteren Extremität im zeitlichen Zusammenhang mit der Leistung nach Nr. 5309, eine Serie	**75,78**

5312	Weitere Serien im Anschluss an die Leistung nach Nr. 5311, insgesamt	**45,46**
5313	Angiografie der Becken- und Beingefäße in Großkassetten-Technik je Sitzung	**60,62**
	Die Leistung nach Nr. 5313 ist neben den Leistungen nach den Nr. 5300 bis 5312 sowie 5315 bis 5339 nicht berechnungsfähig.	
5315	Angiokardiografie einer Herzhälfte, eine Serie	**166,70**
	Die Leistung nach Nr. 5315 ist je Sitzung nur einmal berechnungsfähig.	
5316	Angiokardiografie beider Herzhälften, eine Serie	**277,32**
	Die Leistung nach Nr. 5316 ist je Sitzung nur einmal berechnungsfähig.	
	Neben der Leistung nach Nr. 5316 ist die Leistung nach Nr. 5315 nicht berechnungsfähig.	
5317	Zweite bis dritte Serie im Anschluss an die Leistungen nach den Nr. 5315 oder 5316, je Serie	**30,30**
5318	Weitere Serien im Anschluss an die Leistungen nach Nr. 5317, insgesamt	**45,46**
	Die Leistungen nach den Nr. 5315 bis 5318 sind neben den Leistungen nach den Nr. 5300 bis 5302 sowie 5324 bis 5327 nicht berechnungsfähig.	
5324	Selektive Koronarangiografie eines Herzkranzgefäßes oder Bypasses mittels Cinetechnik, eine Serie	**181,86**
	Die Leistungen nach den Nr. 5324 und 5325 sind nicht nebeneinander berechnungsfähig.	
5325	Selektive Koronarangiografie aller Herzkranzgefäße oder Bypasse mittels Cinetechnik, eine Serie	**277,32**
5326	Selektive Koronarangiografie eines oder aller Herzkranzgefäße im Anschluss an die Leistungen nach den Nr. 5324 oder 5325, zweite bis fünfte Serie, je Serie	**30,30**
5327	Zusätzliche Linksventrikulografie bei selektiver Koronarangiografie	**75,78**
	Die Leistungen nach den Nr. 5324 bis 5327 sind neben den Leistungen nach den Nr. 5300 bis 5302 und 5315 bis 5318 nicht berechnungsfähig.	
5328	Zuschlag zu den Leistungen nach den Nr. 5300 bis 5327 bei Anwendung der simultanen Zwei-Ebenen-Technik	**69,94**

	Der Zuschlag nach Nr. 5328 ist je Sitzung nur einmal und nur mit dem einfachen Gebührensatz berechnungsfähig.	
5329	Venografie im Bereich des Brust- und Bauchraums	**121,24**
5330	Venografie einer Extremität	**56,84**
5331	Ergänzende Projektion(en) (insb. des zentralen Abflussgebiets) im Anschluss an die Leistung nach Nr. 5330, insgesamt	**15,16**
5335	Zuschlag zu den Leistungen nach den Nr. 5300 bis 5331 bei computergestützter Analyse und Abbildung	**46,63**
	Der Zuschlag nach Nr. 5335 kann je Untersuchungstag unabhängig von der Anzahl der Einzeluntersuchungen nur einmal und nur mit dem einfachen Gebührensatz berechnet werden.	
5338	Lymphografie, je Extremität	**75,78**
5339	Ergänzende Projektion(en) im Anschluss an die Leistung nach Nr. 5338 – einschließlich Durchleuchtung (en) –, insgesamt	**18,94**
6. Interventionelle Maßnahmen		
Allgemeine Bestimmung		
Die Leistungen nach den Nr. 5345 bis 5356 können je Sitzung nur einmal berechnet werden.		
5345	Perkutane transluminale Dilatation und Rekanalisation von Arterien mit Ausnahme der Koronararterien – einschließlich Kontrastmitteleinbringungen und Durchleuchtung(en) im zeitlichen Zusammenhang mit dem gesamten Eingriff –	**212,16**
	Neben der Leistung nach Nr. 5345 sind die Leistungen nach den Nr. 350 bis 361 sowie 5295 nicht berechnungsfähig. Wurde innerhalb eines Zeitraums von vierzehn Tagen vor Erbringung der Leistung nach Nr. 5345 bereits eine Leistung nach den Nr. 5300 bis 5313 berechnet, darf neben der Leistung nach Nr. 5345 für dieselbe Sitzung einer Leistung nach den Nr. 5300 bis 5313 nicht erneut berechnet werden. Im Fall der Nebeneinanderberechnung der Leistung nach Nr. 5345 neben einer Leistung nach den Nr. 5300 bis 5313 ist in der Rechnung zu bestätigen, dass in den vorhergehenden vierzehn Tagen eine Leistung nach den Nr. 5300 bis 5313 nicht berechnet wurde.	

5346	Zuschlag zu der Leistung nach Nr. 5345 bei Dilatation und Rekanalisation von mehr als zwei Arterien, insgesamt	**45,46**
	Neben der Leistung nach Nr. 5346 sind die Leistungen nach den Nr. 350 bis 361 sowie 5295 nicht berechnungsfähig.	
5348	Perkutane transluminale Dilatation und Rekanalisation von Koronararterien – einschließlich Kontrastmitteleinbringungen und Durchleuchtung(en) im zeitlichen Zusammenhang mit dem gesamten Eingriff	**287,94**
	Neben der Leistung nach Nr. 5348 sind die Leistungen nach den Nr. 350 bis 361 sowie 5295 nicht berechnungsfähig. Wurde innerhalb eines Zeitraums von vierzehn Tagen vor Erbringung der Leistung nach Nr. 5348 bereits eine Leistung nach den Nr. 5315 bis 5327 berechnet, darf neben der Leistung nach Nr. 5348 für dieselbe Sitzung einer Leistung nach den Nr. 5315 bis 5327 nicht erneut berechnet werden. Im Fall der Nebeneinanderberechnung der Leistung nach Nr. 5348 neben einer Leistung nach den Nr. 5315 bis 5327 ist in der Rechnung zu bestätigen, dass in den vorhergehenden vierzehn Tagen eine Leistung nach den Nr. 5315 bis 5327 nicht berechnet wurde.	
5349	Zuschlag zu der Leistung nach Nr. 5348 bei Dilatation und Rekanalisation von mehr als einer Koronararterie, insgesamt	**75,78**
	Neben der Leistung nach Nr. 5349 sind die Leistungen nach den Nr. 350 bis 361 sowie 5295 nicht berechnungsfähig.	
5351	Lysebehandlung, als Einzelbehandlung oder ergänzend zu den Leistungen nach den Nr. 2826, 5345 oder 5348 – bei einer Lysedauer von mehr als einer Stunde –	**37,88**
5352	Zuschlag zu der Leistung nach Nr. 5351 bei Lysebehandlung der hirnversorgenden Arterien	**75,78**
5353	Perkutane transluminale Dilatation und Rekanalisation von Venen – einschließlich Kontrastmitteleinbringungen und Durchleuchtung(en) im zeitlichen Zusammenhang mit dem gesamten Eingriff –	**151,54**
	Neben der Leistung nach Nr. 5353 sind die Leistungen nach den Nr. 345 bis 347, 5295 sowie 5329 bis 5331 nicht berechnungsfähig.	

5354	Zuschlag zu der Leistung nach Nr. 5353 bei Dilatation und Rekanalisation von mehr als zwei Venen, insgesamt	**15,16**
	Neben der Leistung nach Nr. 5354 sind die Leistungen nach den Nr. 344 bis 347, 5295 sowie 5329 bis 5331 nicht berechnungsfähig.	
5355	Einbringung von Gefäßstützen oder Anwendung alternativer Angioplastiemethoden (Atherektomie, Laser), zusätzlich zur perkutanen transluminalen Dilatation – einschließlich Kontrastmitteleinbringungen und Durchleuchtung(en) im zeitlichen Zusammenhang mit dem gesamten Eingriff –	**151,54**
	Neben der Leistung nach Nr. 5355 sind die Leistungen nach den Nr. 344 bis 361, 5295 sowie 5300 bis 5327 nicht berechnungsfähig.	
5356	Einbringung von Gefäßstützen oder Anwendung alternativer Angioplastiemethoden (Atherektomie, Laser), zusätzlich zur perkutanen transluminalen Dilatation einer Koronararterie – einschließlich Kontrastmitteleinbringungen und Durchleuchtung(en) im zeitlichen Zusammenhang mit dem gesamten Eingriff –	**189,44**
	Neben der Leistung nach Nr. 5356 sind die Leistungen nach den Nr. 350 bis 361, 5295, 5315 bis 5327, 5345, 5353 sowie 5355 nicht berechnungsfähig.	
	Neben der Leistung nach Nr. 5356 ist die Leistung nach Nr. 5355 für Eingriffe an Koronararterien nicht berechnungsfähig.	
5357	Embolisation einer oder mehrerer Arterie(n) mit Ausnahme der Arterien im Kopf-Hals-Bereich oder Spinalkanal – einschließlich Kontrastmitteleinbringung(en) und angiografischer Kontrollen im zeitlichen Zusammenhang mit dem gesamten Eingriff –, je Gefäßgebiet	**265,21**
	Neben der Leistung nach Nr. 5357 sind die Leistungen nach den Nr. 350 bis 361, 5295 sowie 5300 bis 5312 nicht berechnungsfähig.	
5358	Embolisation einer oder mehrerer Arterie(n) im Kopf-Hals-Bereich oder Spinalkanal – einschließlich Kontrastmitteleinbringung(en) und angiografischer Kontrollen im zeitlichen Zusammenhang mit dem gesamten Eingriff –, je Gefäßgebiet	**340,98**

	Neben der Leistung nach Nr. 5358 sind die Leistungen nach den Nr. 350, 351, 5295 sowie 5300 bis 5305 nicht berechnungsfähig.	
5359	Embolisation der Vena spermatica – einschließlich Kontrastmitteleinbringung(en) und angiografischer Kontrollen im zeitlichen Zusammenhang mit dem gesamten Eingriff	**189,44**
	Neben der Leistung nach Nr. 5359 sind die Leistungen nach den Nr. 344 bis 347, 5295 sowie 5329 bis 5331 nicht berechnungsfähig.	
5360	Embolisation von Venen – einschließlich Kontrastmitteleinbringung(en) und angiografischer Kontrollen im zeitlichen Zusammenhang mit dem gesamten Eingriff	**151,54**
	Neben der Leistung nach Nr. 5360 sind die Leistungen nach den Nr. 344 bis 347, 5295 sowie 5329 bis 5331 nicht berechnungsfähig.	
5361	Transhepatische Drainage und/oder Dilatation von Gallengängen – einschließlich Kontrastmitteleinbringung(en) und cholangiografischer Kontrollen im zeitlichen Zusammenhang mit dem gesamten Eingriff –	**197,01**
	Neben der Leistung nach Nr. 5361 sind die Leistungen nach den Nr. 370, 5170 sowie 5295 nicht berechnungsfähig.	
7. Computertomografie		
Allgemeine Bestimmungen		
Die Leistungen nach den Nr. 5369 bis 5375 sind je Sitzung nur einmal berechnungsfähig.		
Die Nebeneinanderberechnung von Leistungen nach den Nr. 5370 bis 5374 ist in der Rechnung gesondert zu begründen. Bei Nebeneinanderberechnung von Leistungen nach den Nr. 5370 bis 5374 ist der Höchstwert nach Nr. 5369 zu beachten.		
5369	Höchstwert für Leistungen nach den Nr. 5370 bis 5374	**277,32**
	Die im Einzelnen erbrachten Leistungen sind in der Rechnung anzugeben.	
5370	Computergesteuerte Tomografie im Kopfbereich – ggf. einschließlich des kranio-zervikalen Übergangs –	**151,54**
5371	Computergesteuerte Tomografie im Hals- und/oder Thoraxbereich	**174,28**
5372	Computergesteuerte Tomografie im Abdominalbereich	**197,01**

5373	Computergesteuerte Tomografie des Skeletts (Wirbelsäule, Extremitäten oder Gelenke bzw. Gelenkpaare)	**143,97**
5374	Computergesteuerte Tomografie der Zwischenwirbelräume im Bereich der Hals-, Brust- und/oder Lendenwirbelsäule – ggf. einschließlich der Übergangsregionen –	**143,97**
5375	Computergesteuerte Tomografie der Aorta in ihrer gesamten Länge	**151,54**
	Die Leistung nach Nr. 5375 ist neben den Leistungen nach den Nr. 5371 und 5372 nicht berechnungsfähig.	
5376	Ergänzende computergesteuerte Tomografie(n) mit mindestens einer zusätzlichen Serie (z.B. bei Einsatz von Xenon, bei Einsatz der High-Resolution-Technik, bei zusätzlichen Kontrastmittelgaben) – zusätzlich zu den Leistungen nach den Nr. 5370 bis 5375	**37,88**
5377	Zuschlag für computergesteuerte Analyse – einschließlich speziell nachfolgender 3D-Rekonstruktion –	**46,63**
	Der Zuschlag nach Nr. 5376 ist nur mit dem einfachen Gebührensatz berechnungsfähig.	
5378	Computergesteuerte Tomografie zur Bestrahlungsplanung oder zu interventionellen Maßnahmen	**75,78**
	Neben oder anstelle der computergesteuerten Tomografie zur Bestrahlungsplanung oder zu interventionellen Maßnahmen sind die Leistungen nach den Nr. 5370 bis 5376 nicht berechnungsfähig.	
5380	Bestimmung des Mineralgehalts (Osteodensitometrie) von repräsentativen (auch mehreren) Skeletteilen mit quantitativer Computertomographie oder quantitativer digitaler Röntgentechnik	**22,74**

II. Nuklearmedizin

Allgemeine Bestimmungen

1. Szintigrafische Basisleistung ist grds. die planare Szintigrafie mit der Gammakamera, ggf. in mehreren Sichten/Projektionen. Bei der Auswahl des anzuwendenden Radiopharmazeutikums sind wissenschaftliche Erkenntnisse und strahlenhygienische Gesichtspunkte zu berücksichtigen. Wiederholungsuntersuchungen, die nicht ausdrücklich aufgeführt sind, sind nur mit besonderer Begründung und wie die jeweilige Basisleistung berechnungsfähig.
2. Ergänzungsleistungen nach den Nr. 5480 bis 5485 sind je Basisleistung oder zulässiger Wiederholungsuntersuchung nur einmal berechnungsfähig. Neben Basisleistungen, die quantitative Bestimmungen enthalten, dürfen Ergänzungs-

leistungen für Quantifizierungen nicht zusätzlich berechnet werden. Die Leistungen nach den Nr. 5473 und 5481 dürfen nicht nebeneinander berechnet werden. Die Leistungen nach den Nr. 5473, 5480, 5481 und 5483 sind nur mit Angabe der Indikation berechnungsfähig.

3. Die Befunddokumentation, die Aufbewahrung der Datenträger sowie die Befundmitteilung oder der einfache Befundbericht mit Angaben zu Befund(en) und zur Diagnose sind Bestandteil der Leistungen und nicht gesondert berechnungsfähig.
4. Die Materialkosten für das Radiopharmazeutikum (Nuklid, Markierungs- oder Testbestecke) sind gesondert berechnungsfähig. Kosten für Beschaffung, Aufbereitung, Lagerung und Entsorgung der zur Untersuchung notwendigen Substanzen, die mit der Anwendung verbraucht sind, sind nicht gesondert berechnungsfähig.
5. Die Einbringung von zur Diagnostik erforderlichen Stoffen in den Körper – mit Ausnahme der Einbringung durch Herzkatheter, Arterienkatheter Subokzipitalpunktion oder Lumbalpunktion – sowie die ggf. erforderlichen Entnahmen von Blut oder Urin sind mit den Gebühren abgegolten, soweit zu den einzelnen Leistungen dieses Abschnitts nichts anderes bestimmt ist.
6. Die Einbringung von zur Therapie erforderlichen radioaktiven Stoffen in den Körper – mit Ausnahme der intraartikulären, intralymphatischen, endoskopischen oder operativen Einbringungen des Strahlungsträgers oder von Radionukliden – ist mit den Gebühren abgegolten, soweit zu den einzelnen Leistungen dieses Abschnitts nichts anderes bestimmt ist.
7. Rechnungsbestimmungen

a) Der Arzt darf nur die für den Patienten verbrauchte Menge an radioaktiven Stoffen berechnen.
b) Bei der Berechnung von Leistungen nach Abschnitt O II sind die Untersuchungs- und Behandlungsdaten der jeweils eingebrachten Stoffe sowie die Art der ausgeführten Maßnahmen in der Rechnung anzugeben, sofern nicht durch die Leistungsbeschreibung eine eindeutige Definition gegeben ist.

Nummer	Leistung	1,3-fache-Gebühr in €
1. Diagnostische Leistungen (In-vivo-Untersuchungen)		
a. Schilddrüse		
5400	Szintigrafische Untersuchung (Schilddrüse) – ggf. einschließlich Darstellung dystoper Anteile –	**26,52**
5401	Szintigrafische Untersuchung (Schilddrüse) – einschließlich quantitativer Untersuchung –, mit Bestimmung der globalen, ggf. auch der regionalen Radionuklidaufnahme in der Schilddrüse mit Gammakamera und Messwertverarbeitungssystem als Jodidclearance-Äquivalent – einschließlich individueller	**98,50**

	Kalibrierung und Qualitätskontrollen (z.B. Bestimmung der injizierten Aktivität)–	
5402	Radiojodkurztest bis zu 24 Stunden (Schilddrüse) – ggf. einschließlich Blutaktivitätsbestimmungen und/ oder szintigrafischer Untersuchung(en) –	75,78
	Die Leistungen nach den Nr. 5400 bis 5402 sind nicht nebeneinander berechnungsfähig.	
5403	Radiojodtest (Schilddrüse) vor Radiojodtherapie mit mindestens drei zeitlichen Messpunkten, davon zwei später als 24 Stunden nach Verabreichung – ggf. einschließlich Blutaktivitätsbestimmungen –	90,93
	Die Leistungen nach den Nr. 5402 und 5403 sind nicht nebeneinander berechnungsfähig.	
b. Gehirn		
5410	Szintigrafische Untersuchung des Gehirns	90,93
5411	Szintigrafische Untersuchung des Liquorraums	68,20
	Für die Leistung nach Nr. 5411 sind zwei Wiederholungsuntersuchungen zugelassen, davon eine später als 24 Stunden nach Einbringung(en) des radioaktiven Stoffes.	
c. Lunge		
5415	Szintigrafische Untersuchung der Lungenperfusion – mindestens vier Sichten/Projektionen –, insgesamt	98,50
5416	Szintigrafische Untersuchung der Lungenbelüftung mit Inhalation radioaktiver Gase, Aerosole oder Stäube	98,50
d. Herz		
5420	Radionuklidventrikulografie mit quantitativer Bestimmung von mindestens Auswurffraktion und regionaler Wandbewegung in Ruhe – ggf. einschließlich EKG im zeitlichen Zusammenhang mit der Untersuchung	90,93
5421	Radionuklidventrikulografie als kombinierte quantitative Mehrfachbestimmung von mindestens Auswurffraktion und regionaler Wandbewegung in Ruhe und unter körperlicher oder pharmakologischer Stimulation ggf. einschließlich EKG im zeitlichen Zusammenhang mit der Untersuchung	287,94
	Neben der Leistung nach Nr. 5421 ist bei zusätzlicher Erste-Passage-Untersuchung die Leistung nach Nr. 5473 berechnungsfähig.	

5422	Szintigrafische Untersuchung des Myokards mit myokardaffinen Tracern in Ruhe – ggf. einschließlich EKG im zeitlichen Zusammenhang mit der Untersuchung –	75,78
	Die Leistungen nach den Nr. 5422 und 5423 sind nicht nebeneinander berechnungsfähig.	
5423	Szintigrafische Untersuchung des Myokards mit myokardaffinen Tracern unter körperlicher oder pharmakologischer Stimulation – ggf. einschließlich EKG im zeitlichen Zusammenhang mit der Untersuchung –	**151,54**
5424	Szintigrafische Untersuchung des Myokards mit myokardaffinen Tracern in Ruhe und unter körperlicher oder pharmakologischer Stimulation – ggf. einschließlich EKG im zeitlichen Zusammenhang mit der Untersuchung –	**212,16**
	Neben der Leistung nach Nr. 5424 sind die Leistungen nach den Nr. 5422 und/oder 5423 nicht berechnungsfähig.	
e. Knochen- und Knochenmarkszintigrafie		
5425	Ganzkörperskelettszintigrafie, Schädel und Körperstamm in zwei Sichten/Projektionen – einschließlich der proximalen Extremitäten, ggf. einschließlich der distalen Extremitäten –	**170,49**
5426	Teilkörperskelettszintigrafie – ggf. einschließlich der kontralateralen Seite –	**95,47**
5427	Zusätzliche szintigrafische Abbildung des regionalen Blutpools (Zwei-Phasenszintigrafie) – mindestens zwei Aufnahmen –	**30,31**
5428	Ganzkörperknochenmarkszintigrafie, Schädel und Körperstamm in zwei Sichten/Projektionen – einschließlich der proximalen Extremitäten, ggf. einschließlich der distalen Extremitäten –	**170,50**
f. Tumorszintigrafie		
	Tumorszintigrafie mit radioaktiv markierten unspezifischen Tumormarkern (z.B. Radiogallium oder -thallium), metabolischen Substanzen (auch 131J), Rezeptorsubstanzen oder monoklonalen Antikörpern	
5430	eine Region	**90,93**
5431	Ganzkörper (Stamm und/oder Extremitäten)	**170,50**
	Für die Untersuchung mehrerer Regionen ist die Leistung nach Nr. 5430 nicht mehrfach berechnungsfähig.	

	Für die Leistung nach Nr. 5430 sind zwei Wiederholungsuntersuchungen zugelassen, davon eine später als 24 Stunden nach Einbringung der Testsubstanz(en).	
	Die Leistungen nach den Nr. 5430 und 5431 sind nicht nebeneinander berechnungsfähig.	
g. Nieren		
5440	Nierenfunktionsszintigrafie mit Bestimmung der quantitativen Ganzkörper-Clearance und der Einzelnieren-Clearance – ggf. einschließlich Blutaktivitätsbestimmung und Vergleich mit Standards –	**212,16**
5441	Perfusionsszintigrafie der Nieren – einschließlich semiquantitativer oder quantitativer Auswertung –	**121,24**
5442	Statische Nierenszintigrafie	**45,46**
	Die Leistungen nach den Nr. 5440 bis 5442 sind je Sitzung nur einmal und nicht nebeneinander berechnungsfähig.	
5443	Zusatzuntersuchung zu den Leistungen nach den Nr. 5440 oder 5441 – mit Angabe der Indikation (z.B. zusätzliches Radionephrogramm als Einzel- oder Wiederholungsuntersuchung, Tiefenkorrektur durch Verwendung des geometrischen Mittels, Refluxprüfung, forcierte Diurese) –	**53,04**
5444	Quantitative Clearanceuntersuchungen der Nieren an Sondenmessplätzen – ggf. einschließlich Registrierung mehrerer Kurven und Blutaktivitätsbestimmungen –	**75,78**
	Neben der Leistung nach Nr. 5444 ist die Leistung nach Nr. 5440 nicht berechnungsfähig.	
h. Endokrine Organe		
5450	Szintigrafische Untersuchung von endokrin aktivem Gewebe – mit Ausnahme der Schilddrüse –	**75,78**
	Das untersuchte Gewebe ist in der Rechnung anzugeben. Für die Leistung nach Nr. 5450 sind zwei Wiederholungsuntersuchungen zugelassen, davon eine später als 24 Stunden nach Einbringung der radioaktiven Substanz (en). Die Leistung nach Nr. 5450 ist neben den Leistungen nach den Nr. 5430 und 5431 nicht berechnungsfähig.	

i. Gastrointestinaltrakt		
5455	Szintigrafische Untersuchung im Bereich des Gastrointestinaltrakts (z.B. Speicheldrüsen, Ösophagus-Passage – ggf. einschließlich gastralem Reflux und Magenentleerung –, Gallenwege – ggf. einschließlich Gallenreflux-, Blutungsquellensuche, Nachweis eines Meckel'schen Divertikels)	**98,50**
5456	Szintigrafische Untersuchung von Leber und/oder Milz (z.B. mit Kolloiden, gallengängigen Substanzen, Erythrozyten), in mehreren Ebenen	**98,50**
j. Hämatologie, Angiologie		
5460	Szintigrafische Untersuchung von großen Gefäßen und/oder deren Stromgebieten – ggf. einschließlich der kontralateralen Seite –	**68,20**
	Die Leistung nach Nr. 5460 ist neben der Leistung nach Nr. 5473 nicht berechnungsfähig.	
5461	Szintigrafische Untersuchung von Lymphabflussgebieten an Stamm und/oder Kopf und/oder Extremitäten – ggf. einschließlich der kontralateralen Seite –	**166,70**
5462	Bestimmung von Lebenszeit und Kinetik zellulärer Blutbestandteile – einschließlich Blutaktivitätsbestimmungen –	**166,70**
5463	Zuschlag zu der Leistung nach Nr. 5462, bei Bestimmung des Abbauorts	**37,88**
Szintigrafische Suche nach Entzündungsherden oder Thromben mit Radiogallium, markierten Eiweißen, Zellen oder monoklonalen Antikörpern		
5465	eine Region	**95,47**
5466	Ganzkörper (Stamm und Extremitäten)	**170,50**
	Für die Untersuchung mehrerer Regionen ist die Leistung nach Nr. 5465 nicht mehrfach berechnungsfähig. Für die Leistungen nach den Nr. 5462 bis 5466 sind zwei Wiederholungsuntersuchungen zugelassen, davon eine später als 24 Stunden nach Einbringung der Testsubstanz(en).	
k. Resorptions- und Exkretionsteste		
5470	Nachweis und/oder quantitative Bestimmung von Resorption, Exkretion oder Verlust von körpereigenen Stoffen (durch Bilanzierung nach radioaktiver Markierung) und/oder von radioaktiv markierten Analoga, in Blut, Urin, Faeces oder Liquor – einschließlich notwendiger Radioaktivitätsmessungen über dem Verteilungsraum	**71,98**

l. Sonstige		
5472	Szintigrafische Untersuchungen (z.B. von Hoden, Tränenkanälen, Augen, Tuben) oder Funktionsmessungen (z.B. Ejektionsfraktion mit Messsonde) ohne Gruppenzuordnung – auch nach Einbringung eines Radiopharmazeutikums in eine Körperhöhle –	71,98
5473	Funktionsszintigrafie – einschließlich Sequenzszintigrafie und Erstellung von Zeit-Radioaktivitätskurven aus ROI und quantifizierender Berechnung (z.B. von Transitzeiten, Impulsratenquotienten, Perfusionsindex, Auswurffraktion aus Erster-Radio-Nuklid-Passage) –	**68,20**
	Die Leistung nach Nr. 5473 ist neben den Leistungen nach den Nr. 5460 und 5481 nicht berechnungsfähig.	
5474	Nachweis inkorporierter unbekannter Radionuklide	**102,30**
m. Mineralgehalt		
5475	Quantitative Bestimmung des Mineralgehalts im Skelett (Osteodensitometrie) im Einzelnen oder mehreren repräsentativen Extremitäten oder Stammskelettabschnitten mittels Dual-Photonen-Absorptionstechnik	22,74
n. Ergänzungsleistungen		
Allgemeine Bestimmung		
Die Ergänzungsleistungen nach den Nr. 5480 bis 5485 sind **nur mit dem einfachen Gebührensatz** berechnungsfähig.		
5480	Quantitative Bestimmung von Impulsen/Impulsratendichte (Fläche, Pixel, Voxel) mittels Gammakamera mit Messwertverarbeitung – mindestens zwei ROI –	43,72
5481	Sequenzszintigrafie – mindestens sechs Bilder in schneller Folge –	**39,64**
5483	Subtraktionsszintigrafie oder zusätzliche Organ- oder Blutpoolszintrigrafie als anatomische Ortsmarkierung	**39,64**
5484	In-vitro-Markierung von Blutzellen, (z.B. Erythrozyten, Leukozyten, Thrombozyten) – einschließlich erforderlicher In-vitro-Qualitätskontrollen –	75,77
5485	Messung mit dem Ganzkörperzähler – ggf. einschließlich quantitativer Analysen von Gammaspektren –	57,12
o. Emissions-Computer-Tomografie		
5486	Single-Photonen-Emissions-Computertomografie (SPECT) mit Darstellung in drei Ebenen	**90,93**

5487	Single-Photonen-Emissions-Computertomografie (SPECT) mit Darstellung in drei Ebenen und regionaler Quantifizierung	**151,54**
5488	Positronen-Emissions-Tomografie (PET) – ggf. einschließlich Darstellung in mehreren Ebenen –	**454,64**
5489	Positronen-Emissions-Tomografie (PET) mit quantifizierender Auswertung – ggf. einschließlich Darstellung in mehreren Ebenen –	**568,30**
2. Therapeutische Leistungen (Anwendung offener Radionuklide)		
5600	Radiojodtherapie von Schilddrüsenerkrankungen	**187,92**
5602	Radiophosphortherapie bei Erkrankungen der blutbildenden Organe	**102,30**
5603	Behandlung von Knochenmetastasen mit knochenaffinen Radiopharmazeutika	**81,84**
5604	Instillation von Radiopharmazeutika in Körperhöhlen, Gelenke oder Hohlorgane	**204,59**
5605	Tumorbehandlung mit radioaktiv markierten, metabolisch aktiven oder rezeptorgerichteten Substanzen oder Antikörpern	**170,50**
5606	Quantitative Bestimmung der Therapieradioaktivität zur Anwendung eines individuellen Dosiskonzepts – einschließlich Berechnungen aufgrund von Vormessungen -	**68,20**
	Die Leistung nach Nr. 5606 ist nur bei Zugrundeliegen einer Leistung nach den Nr. 5600, 5603 und/oder 5605 berechnungsfähig.	
5607	Posttherapeutische Bestimmung von Herddosen – einschließlich Berechnungen aufgrund von Messungen der Kinetik der Therapieradioaktivität –	**122,76**
	Die Leistung nach Nr. 5607 ist nur bei Zugrundeliegen einer Leistung nach den Nr. 5600, 5603 und/oder 5605 berechnungsfähig.	

III. Magnetresonanztomografie

Allgemeine Bestimmungen

Die Leistungen nach den Nr. 5700 bis 5735 sind je Sitzung jeweils nur einmal berechnungsfähig.

Die Nebeneinanderberechnung von Leistungen nach den Nr. 5700 bis 5730 ist in der Rechnung besonders zu begründen. Bei Nebeneinanderberechnung von Leistungen nach den Nr. 5700 bis 5730 ist der Höchstwert nach Nr. 5735 zu beachten.

Nummer	Leistung	1,3-fache-Gebühr in €
5700	Magnetresonanztomografie im Bereich des Kopfes – ggf. einschließlich des Halses –, in zwei Projektionen, davon mindestens eine Projektion unter Einschluss T2-gewichteter Aufnahmen	**333,40**
5705	Magnetresonanztomografie im Bereich der Wirbelsäule, in zwei Projektionen	**318,25**
5715	Magnetresonanztomografie im Bereich des Thorax – ggf. einschließlich des Halses –, der Thoraxorgane und/oder der Aorta in ihrer gesamten Länge	**325,83**
5720	Magnetresonanztomografie im Bereich des Abdomens und/oder des Beckens	**333,40**
5721	Magnetresonanztomografie der Mamma(e)	**303,09**
5729	Magnetresonanztomografie eines oder mehrerer Gelenke oder Abschnitte von Extremitäten	**181,86**
5730	Magnetresonanztomografie einer oder mehrerer Extremität(en) mit Darstellung von mindestens zwei großen Gelenken einer Extremität	**303,09**
	Neben der Leistung nach Nr. 5730 ist die Leistung nach Nr. 5729 nicht berechnungsfähig.	
5731	Ergänzende Serie(n) zu den Leistungen nach den Nr. 5700 bis 5730 (z.B. nach Kontrastmitteleinbringung, Darstellung von Arterien als MR-Angiographie)	**75,78**
5732	Zuschlag zu den Leistungen nach den Nr. 5700 bis 5730 für Positionswechsel und/oder Spulenwechsel	**58,29**
	Der Zuschlag nach Nr. 5732 ist nur mit dem einfachen Gebührensatz berechnungsfähig.	
5733	Zuschlag für computergesteuerte Analyse (z.B. Kinetik, 3D-Rekonstruktion)	**46,63**
	Der Zuschlag nach Nr. 5733 ist nur mit dem einfachen Gebührensatz berechnungsfähig.	
5735	Höchstwert für Leistungen nach den Nr. 5700 bis 5730	**454,64**
	Die im Einzelnen erbrachten Leistungen sind in der Rechnung anzugeben.	

IV. Strahlentherapie

Allgemeine Bestimmungen

1. Eine Bestrahlungsserie umfasst grds. sämtliche Bestrahlungsfraktionen bei der Behandlung desselben Krankheitsfalles, auch wenn mehrere Zielvolumina bestrahlt werden.
2. Eine Betrahlungsfraktion umfasst alle für die Bestrahlung eines Zielvolumens erforderlichen Einstellungen, Bestrahlungsfelder und Strahleneintrittsfelder. Die Festlegung der Ausdehnung bzw. der Anzahl der Zielvolumina und Einstellungen muss indikationsgerecht erfolgen.
3. Eine mehrfache Berechnung der Leistungen nach den Nr. 5800, 5810, 5831 bis 5833, 5840 und 5841 bei der Behandlung desselben Krankheitsfalls ist nur zulässig, wenn wesentliche Änderungen der Behandlung durch Umstellung der Technik (z.B. Umstellung von Stehfeld auf Pendeltechnik, Änderung der Energie und Strahlenart) oder wegen fortschreitender Metastasierung, wegen eines Tumorrezidivs oder wegen zusätzlicher Komplikationen notwendig werden. Die Änderungen sind in der Rechnung zu begründen.
4. Bei Berechnung einer Leistung für Bestrahlungsplanung sind in der Rechnung anzugeben: die Diagnose, das/die Zielvolumen/ina, die vorgesehene Bestrahlungsart und -dosis sowie die geplante Anzahl von Bestrahlungsfraktionen.

Nummer	Leistung	1,3-fache-Gebühr in €
1. Strahlenbehandlung dermatologischer Erkrankungen		
5800	Erstellung eines Betrahlungsplans für die Strahlenbehandlung nach den Nr. 5802 bis 5806, je Bestrahlungsserie	**18,94**
	Der Bestrahlungsplan nach Nr. 5800 umfasst Angaben zur Indikation und die Beschreibung des zu bestrahlenden Volumens, der vorgesehenen Dosis, der Fraktionierung und der Strahlenschutzmaßnahmen und ggf. die Fotodokumentation.	
Orthovoltstrahlenbehandlung (10 bis 100 kV Röntgenstrahlen)		
5802	Bestrahlung von bis zu zwei Bestrahlungsfeldern bzw. Zielvolumina, je Fraktion	**15,16**
5803	Zuschlag zu der Leistung nach Nr. 5802 bei Bestrahlung von mehr als zwei Bestrahlungsfeldern bzw. Zielvolumina, je Fraktion	**5,83**
	Der Zuschlag nach Nr. 5803 ist nur mit dem einfachen Gebührensatz berechnungsfähig.	

	Die Leistungen nach den Nr. 5802 und 5803 sind für die Bestrahlung flächenhafter Dermatosen jeweils nur einmal berechnungsfähig.	
5805	Strahlenbehandlung mit schnellen Elektronen, je Fraktion	75,78
5806	Strahlenbehandlung der gesamten Haut mit schnellen Elektronen, je Fraktion	151,54
2. Orthovolt- oder Hochvoltstrahlenbehandlung		
5810	Erstellung eines Bestrahlungsplans für die Strahlenbehandlung nach den Nr. 5812 und 5813, je Bestrahlungsserie	15,16
	Der Bestrahlungsplan nach Nr. 5810 umfasst Angaben zur Indikation und die Beschreibung des zu bestrahlenden Volumens, der vorgesehenen Dosis, der Fraktionierung und der Strahlenschutzmaßnahmen und ggf. die Fotodokumentation.	
5812	Orthovolt- (100 bis 400 kV Röntgenstrahlen) oder Hochvoltstrahlenbehandlung bei gutartiger Erkrankung, je Fraktion	14,40
	Bei Bestrahlung mit einem Telecaesiumgerät wegen einer bösartigen Erkrankung ist die Leistung nach Nr. 5812 je Fraktion zweimal berechnungsfähig.	
5813	Hochvoltstrahlenbehandlung von gutartigen Hypophysentumoren oder der endokrinen Orbitopathie, je Fraktion	68,20
3. Hochvoltstrahlenbehandlung bösartiger Erkrankungen (mindestens 1 MeV)		
Allgemeine Bestimmungen		
Die Leistungen nach den Nr. 5834 bis 5837 sind grds. nur bei einer Mindestdosis von 1,5 Gy im Zielvolumen berechnungsfähig. Muss diese im Einzelfall unterschritten werden, ist für die Berechnung dieser Leistungen eine besondere Begründung erforderlich. Bei Bestrahlungen von Systemerkrankungen oder metastasierten Tumoren gilt als ein Zielvolumen derjenige Bereich, der in einem Großfeld (z.B. Mantelfeld, umgekehrtes Y-Feld) bestrahlt werden kann.		
Die Kosten für die Anwendung individuell geformter Ausblendungen (mit Ausnahme der Kosten für wieder verwendbares Material) und/oder Kompensatoren oder für die Anwendung individuell gefertigter Lagerungs- und/oder Fixationshilfen sind gesondert berechnungsfähig.		
5831	Erstellung eines Bestrahlungsplans für die Strahlenbehandlung nach den Nr. 5834 bis 5837, je Bestrahlungsserie	113,66

	Der Bestrahlungsplan nach Nr. 5831 umfasst Angaben zur Indikation und die Beschreibung des Zielvolumens, der Dosisplanung, der Berechnung der Dosis im Zielvolumen, der Ersteinstellung einschließlich Dokumentation (Feldkontrollaufnahme).	
5832	Zuschlag zu der Leistung nach Nr. 5831 bei Anwendung eines Simulators und Anfertigung einer Körperquerschnittszeichnung oder Benutzung eines Körperquerschnitts anhand vorliegender Untersuchungen (z.B. Computertomogramm), je Bestrahlungsserie	**29,14**
	Der Zuschlag nach Nr. 5832 ist nur mit dem einfachen Gebührsatz berechnungsfähig.	
5833	Zuschlag zu der Leistung nach Nr. 5831 bei individueller Berechnung der Dosisverteilung mithilfe eines Prozessrechners, je Bestrahlungsserie	**116,57**
	Der Zuschlag nach Nr. 5833 ist nur mit dem einfachen Gebührensatz berechnungsfähig.	
5834	Bestrahlung mittels Telekobaltgerät mit bis zu zwei Strahleneintrittsfeldern – ggf. unter Anwendung von vorgefertigten, wieder verwendbaren Ausblendungen –, je Fraktion	**54,56**
5835	Zuschlag zu der Leistung nach Nr. 5834 bei Bestrahlung mit Großfeld oder von mehr als zwei Strahleneintrittsfeldern, je Fraktion	**9,09**
5836	Bestrahlung mittels Beschleuniger mit bis zu zwei Strahleneintrittsfeldern – ggf. unter Anwendung von vorgefertigten, wieder verwendbaren Ausblendungen –, je Fraktion	**75,78**
5837	Zuschlag zu der Leistung nach Nr. 5836 bei Bestrahlung mit Großfeld oder von mehr als zwei Strahleneintrittsfeldern, je Fraktion	**9,09**

4. Brachytherapie mit umschlossenen Radionukliden

Allgemeine Bestimmungen

Der Arzt darf nur die für den Patienten verbrauchte Menge an radioaktiven Stoffen berechnen.

Bei der Berechnung von Leistungen nach Abschnitt O IV 4 sind die Behandlungsdaten der jeweils eingebrachten Stoffe sowie die Art der ausgeführten Maßnahmen in der Rechnung anzugeben, sofern nicht durch die Leistungsbeschreibung eine eindeutige Definition gegeben ist.

5840	Erstellung eines Bestrahlungsplans für die Brachytherapie nach den Nr. 5844 und/oder 5846, je Bestrahlungsserie	**113,66**
	Der Bestrahlungsplan nach Nr. 5840 umfasst Angaben zur Indikation, die Berechnung der Dosis im Zielvolumen, die Lokalisation und Einstellung der Applikatoren und die Dokumentation (Feldkontrollaufnahmen).	
5841	Zuschlag zu der Leistung nach Nr. 5840 bei individueller Berechnung der Dosisverteilung mithilfe eines Prozessrechners, je Bestrahlungsserie	**116,57**
	Der Zuschlag nach Nr. 5841 ist **nur mit dem einfachen Gebührensatz** berechnungsfähig.	
5842	Brachytherapie an der Körperoberfläche – einschließlich Bestrahlungsplanung, ggf. einschließlich Fotodokumentation –, je Fraktion	**22,74**
5844	Intrakavitäre Brachytherapie, je Fraktion	**75,78**
5846	Interstitielle Brachytherapie, je Fraktion	**159,12**
5. Besonders aufwendige Bestrahlungstechniken		
5851	Ganzkörperstrahlenbehandlung vor Knochenmarktransplantation – einschließlich Bestrahlungsplanung –	**522,83**
	Die Leistung nach Nr. 5851 ist unabhängig von der Anzahl der Fraktionen insgesamt nur einmal berechnungsfähig.	
5852	Oberflächen-Hyperthermie, je Fraktion	**58,29**
5853	Halbtiefen-Hyperthermie, je Fraktion	**116,57**
5854	Tiefen-Hyperthermie, je Fraktion	**145,14**
	Die Leistungen nach den Nr. 5352 bis 5854 sind nur i. V.m. einer Strahlenbehandlung oder einer regionären intravenösen oder intraarteriellen Chemotherapie und nur mit dem einfachen Gebührensatz berechnungsfähig.	
5855	Intraoperative Strahlenbehandlung mit Elektronen	**522,83**

Stichwortverzeichnis

Fette Ziffern = Paragraph, magere Ziffern = zugehörige Randnummer. Hinweise zu den Erläuterungen zur Anlage 2 (zu § 10 Abs. 2 JVEG) sind mit einem vorangestellten **A** gekennzeichnet.

G